ARMIN HETZER

Albanisch – deutsches und deutsch – albanisches Taschenwörterbuch

mit rd. 12000 Stichwörtern und Redewendungen

2., unveränderte Auflage

HELMUT BUSKE VERLAG

HAMBURG 1991

1. Auflage 1990
2., unveränderte Auflage 1991

Ergänzend zu diesem Wörterbuch sind lieferbar:

HETZER, Armin / FINGER, Zuzana
Lehrbuch der vereinheitlichten albanischen Schriftsprache
4., verbesserte Auflage 1991
mit Übungen und Lösungen
ISBN 3-87118-916-2

Zwei Kompaktkassetten, Laufzeit 140 Minuten
ISBN 3-87118-917-0

Die Deutsche Bibliothek – CIP-Einheitsaufnahme

Hetzer, Armin:
Albanisch-deutsches und deutsch-albanisches Taschenwörterbuch : mit rd. 12000 Stichwörtern und Redewendungen / Armin Hetzer. – 2., unveränd. Aufl. – Hamburg : Buske, 1991.
ISBN 3-87118-946-4
NE: HST

2., unveränderte Auflage 1991
ISBN 3-87118-946-4

Gesamtherstellung:
MZ-Verlagsdruckerei GmbH.
8940 Memmingen

INHALT

VORWORT

Das vorliegende Wörterbuch ist aus dem Glossar in der ersten Auflage des »Lehrbuchs der vereinheitlichten albanischen Schriftsprache« hervorgegangen, umfaßt aber viermal soviel Wortschatz. Es ist das erste Wörterbuch im Taschenformat, das etwa 12000 selbständige Lexeme in albanisch-deutscher und deutsch-albanischer alphabetischer Anordnung präsentiert. Es wendet sich an Studenten, Touristen und Kaufleute und ist in der Auswahl des Wortschatzes in erster Linie auf deren Bedürfnisse zugeschnitten. Über den die materiellen Dinge des Alltags bezeichnenden Grundwortschatz hinaus ist in umfassender Weise die Fach-Terminologie der Sprachwissenschaft, des Buch- und Bibliothekswesens sowie des Außenhandels berücksichtigt. Daneben sind Grundbegriffe der Religion, Philosophie, Politik und des Strafrechts eingearbeitet worden. Dabei galt die in der SVR Albanien erfolgte Sprachnormierung als Richtschnur. Der in den von Albanern bewohnten Gebieten Jugoslawiens gepflegte davon abweichende Sprachgebrauch konnte nur selektiv Berücksichtigung finden.

Die ins Wörterbuch aufgenommenen Stichwörter wurden am ›Fjalor i shqipes së sotme‹ *Tirana 1984* überprüft und in Schreibweise und Bedeutung den darin enthaltenen Angaben angepaßt. Daraus ergeben sich deutliche Abweichungen von früher erschienenen albanisch-deutschen Wörterbüchern.

SCHREIBWEISE UND AUSSPRACHE

Das Alphabet

Das albanische Alphabet umfaßt 36 Zeichen, die zum Teil aus zwei Buchstaben zusammengesetzt sind. Jedes dieser Zeichen entspricht einem **Phonem**, so daß sich eine Übereinstimmung von Schrift und Aussprache erwarten läßt, sofern man die Leseregeln für das Alphabet erlernt hat. Albanische Wörterbücher ordnen ë, ç sowie die Buchstabenverbindungen **dh, gj, ll, nj, rr, sh, th, xh, zh** als eigene Einträge. Daraus ergibt sich im albanisch-deutschen Teil des vorliegenden Wörterbuchs eine Sortierfolge, die von der im Deutschen üblichen z. T. erheblich abweicht.

1	A	a	**a**	[a]
2	B	b	**b**	[b]
3	C	c	**(z, ts)**	[ts]
4	Ç	ç	**tsch**	[tʃ]
5	D	d	**d**	[d]
6	Dh	d	(stimmhaftes **th**)	[ð]
7	E	e	**e**, (ä)	[ɛ]
8	E	ë	**e**, (ö)	[ə]
9	F	f	**f**	[f]
10	G	g	**g**	[g]
11	Gj	gj	**(gj, dj)**	[g’], [ʃ]
12	H	h	**h**, (ch)	[h]
13	I	i	**i**	[i]
14	J	j	**j**	[j]
15	K	k	**k**	[k]
16	L	l	**l**	[l]
17	Ll	ll	**(l)**	[L]
18	M	m	**m**	[m]

19	N	n	**n**	[n]
20	Nj	nj	**nj**, (*ñ*)	[ɲ]
21	O	o	**o**	[ɔ]
22	P	p	**p**	[p]
23	Q	q	(**kj**, **tj**)	[k'], [c]
24	R	r	**r**	[r]
25	Rr	rr	(**rr**)	[R]
26	S	s	**s**, (ß)	[s]
27	Sh	sh	**sch**	[ʃ]
28	T	t	**t**	[t]
29	Th	th	**th** (stimmlos, gelispelt)	[þ], [θ]
30	U	u	**u**	[u]
31	V	v	**w**	[v]
32	X	x	(**ds**)	[dz]
33	Xh	xh	(**dsch**)	[d ʒ]
34	Y	y	(**ü**)	[y]
35	Z	z	**s**	[z]
36	Zh	zh	(**stimmhaftes sch**)	[ʒ]

Die Lesarten

In der vierten Spalte von links stehen die deutschen Äquivalente, und sofern es keine exakten Entsprechungen gibt, sind die Werte in Klammern gesetzt. Die fünfte Spalte bietet in eckigen Klammern die Umschrift des Internationalen Phonetischen Alphabets. Wenn im folgenden nichts zu einem Zeichen verlautet, dann wird es mehr oder weniger wie im Deutschen ausgesprochen. Die Buchstaben *w* und *ß* sowie die Buchstabenverbindungen **ch, sch, tz** kommen im Albanischen nicht vor.

C wird ungeachtet der Stellung im Wort immer wie dt. z ausgesprochen. Ç ist deutschem tsch in ›Peitsche‹ gleich. **Dh** und **th** stehen für gelispelte Zahnreibelaute; das erste steht für stimmhaftes, das zweite für stimmloses englisches th. Albanisches e wird zumeist wie deutsches ä ausgesprochen; auf keinen Fall darf man es wie den deutschen Murmellaut artikulieren, der in unbetonten Silben vorkommt. Dafür haben die Albaner nmämlich ein eigenes Zeichen: ë. Es kommt fast in jedem längeren Wort vor, allerdings auch in betonter Stellung. Man sollte es nicht wie gerundetes deutsches ö aussprechen, aber um es vom normalen alb. e zu unterscheiden, kann man sich auch als Umschrift ö merken. **Gj** und **q** sind Laute, die für die albanische Sprache sehr spezifisch sind. Es handelt sich um palatales g und k; die Aussprache klingt für unsere Ohren gewöhnlich wie dj, tj. In den albanischen Mundarten entfällt [h] häufig, und entsprechend wird der Laut in der Umgangssprache auch schlaff artikuliert. Die Bühnensprache bzw. die Aussprache geschulter Rundfunksprecher sieht hingegen vor, daß **h** sehr intensiv gehaucht wird, so daß wir es als ch (*wie in ›ach‹*) wahrnehmen. Das doppelt geschriebene **ll** ist stark velarisiert, d.h. es klingt dumpf. Es ist sehr ähnlich dem l deutscher Mundarten, z.B. dem sogenannten ›dicken l‹ der Kölner. **Nj** ist ein palataler Konsonant, keine Verbindung aus zwei Lauten. Es darf daher beim Zeilenumbruch nie getrennt werden. Die Schreibweisen **gn** bzw. **ñ** einiger romanischer Sprachen vertreten denselben Laut. Die Albaner kennen zwei **r**-Laute: eins mit einem Schlag der Zungenspitze gerollt, das zweite mit mindestens zwei Schlägen. In der Umgangssprache aber hört man in bestimmten Gegenden, besonders in Mittelalbanien um Durrës und Tirana, daß die jungen Leute das einfache **r** retroflex artikulieren wie die Amerikaner. Andererseits wird in bestimmten Gegenden, z. B. um Kortscha, kein Unterschied zwischen den beiden **r** gemacht. Es kommt daher oft zu Rechtschreibungsfehlern bei den Einheimischen. **S** wird immer stimmlos wie deutsches ß, **z** hingegen immer stimmhaft wie deutsches s in ›Rose‹ gesprochen. **X** und **xh** sind die stimmhaften Gegenstücke zu **c** und **ç**; **zh** ist das stimmhafte Gegenstück zu **sh**.

Y wird immer als Vokal (*wie ü*) gesprochen, auch wenn es vor anderen Vokalen steht. Albanisches **o** klingt offener als deutsches o; es ist in jeder Stellung wie in deutsch ›noch‹ oder

›Locke‹ auszusprechen (*nicht wie in ›Rose‹*). **V** darf man auf keinen Fall wie deutsches f aussprechen; das Zäpfchen-**r** ist den Albanern fremd. Der Knacklaut im vokalischen Silbenanfang, der im Deutschen zur korrekten Aussprache gehört, ist im Albanischen zulässig, aber nicht vorgeschrieben. Man darf also **trü'äsa** für tryéza sagen. Die Verschlußlaute **p, t, k** darf man im Albanischen nicht behaucht (*aspiriert*) aussprechen.

Die Vokalfolgen **ue**, **ye** werden nach der Normaussprache zweisilbig artikuliert. Weil sie jedoch im Gegischen gewöhnlich zu [u:], [y:] kontrahiert sind, muß man mit dieser Aussprache auch im mündlichen Umgang mit Albanern rechnen. Dies betrifft insbesondere die Wortbildungssuffixe des Nomen agentis **-ues, -yes**, z. B. *mësúes* ›Lehrer‹, *përkthyes* ›Dolmetscher, Übersetzer‹. Die Normaussprache ist in beiden Fällen dreisilbig, aber es kommt auch [msu:s] ›Lehrer‹ einsilbig vor. Dieses Suffix gehört zu den gegischen Elementen der vereinheitlichten Schriftsprache, und daher liegt es nahe, es mit der gegischen Aussprache in den Standard zu übernehmen. Das toskische Gegenstück ist **-njës**, z. B. *mësónjës*.

Hinweise zur Benutzung

Im Albanischen gibt es drei **grammatische Geschlechter**: männlich, weiblich und sächlich. Die letztgenannte Kategorie kommt in der modernen Sprache jedoch überwiegend nur noch bei Verbalabstrakta (*substantivierten Infinitiven*) vor, z. B. *të ftóhur-it* ›Erkältung‹, *të Shëlbúem-it* ›Christi Himmelfahrt‹. Daher wurde darauf verzichtet, durchgängig das grammatische Geschlecht zu bezeichnen; es ergibt sich in der Regel aus der Artikelform. Im Albanischen wird der Artikel nachgestellt und dann als *determinierte Form* bezeichnet. Die artikellose Form heißt dementsprechend *indeterminiert*. Wenn, wie im Falle des Wortes *zotërí-a* ›Herr‹, das Wort als Femininum dekliniert wird, aber maskuline Attribute bei sich führt, wurde dies durch den Zusatz (*m.*) bezeichnet (*›natürliches Geschlecht‹*). Die Artikelformen werden an die Stichwörter angehängt und lauten: Maskulina *-i, -u*, Feminina *-a, -ja*, Neutra *-it, -t*. Der Pluralstamm, der gleich dem Nominativ/Akkusativ ist, wird im vorliegenden Wörterbuch durch das Kürzel *pl.* eingeleitet, z. B. **shok-u**, *pl.* **-ë-t ›Genosse, Gefährte, Freund‹**. Bei **substantivierten Adjektiven** wie **të kuq**-të ›das Rote‹, **e vërtet|ë**, -a ›die Wahrheit‹ liegen zwei Artikel vor: ein vorangestellter (të, e) sowie ein nachgestellter (-të, -a). Der vorangestellte Artikel wurde im Wörterbuch hinter das alphabetisch einzuordnende Stichwort gestellt, wie es albanischen Wörterbuchkonventionen entspricht, z. B. *bardhë*, i/e ›weiß‹.

Bei nur geringen Ausnahmen ist die **Wortbetonung** im Albanischen fest, das heißt sie bleibt immer auf derselben Silbe, auch wenn eine oder mehrere Silben an die Grundform (Nominativ Singular der Substantive bzw. 1. Person Singular Präsens Aktiv der Verben) angefügt werden. Lautet die Grundform auf Konsonant aus, dann ist sie endbetont (*armík* ›Feind‹, *bërtás* ›schreien‹). Lautet sie hingegen nach dem Schriftbild auf Vokal aus, dann wird die vorletzte Silbe betont (*dítë* ›Tag‹). Maskuline Substantive auf *-as* und *-ës* (z. B. tiránas ›Tiranaer‹)

sowie Adjektive und Partizipien auf *-uar/ur* (*i kullúar* ›rein‹) und *-ët* (*i áthët* ›sauer‹) werden nicht auf der letzten Silbe betont, obwohl sie auf Konsonant auslauten. In allen von obigen Hinweisen abweichenden Fällen setzt das vorliegende Wörterbuch einen Akut als Betonungszeichen, z. B. **kúngull-i** ›Kürbis‹, **folé-ja** ›Nest‹.

Im Albanischen läßt sich von der Grundform der Substantive aus nicht immer sicher auf den **Pluralstamm** schließen. Neutra bilden ihrem Charakter als Verbalabstrakta entsprechend keine Pluralform (*të fólur-it* ›das Sprechen‹). **Maskulina** mit den Wortbildungssuffixen *-as* und *-ës* lauten Nominativ Plural gleich der indeterminierten Form des Singulars; der Artikel lautet hingegen *-it* (z. B. *nxënës-i* ›der Schüler‹, *nxënës-it* ›die Schüler‹). Maskulina mit den Auslauten *-ar, -tar, -or, -tor; -ak, -ol; -an, -at, -ist* bilden den Pluralstamm auf *-ë*, die Artikelform lautet *-t*. Maskulina auf *-et, -im, -on, -nt, -nd* bilden den Plural auf *-e-t*. Dabei wechseln sie das Genus und führen feminine Attribute bei sich. **Feminina** auf *-á, -e, -í, -o, -ú, -y* bilden den Pluralstamm gleich der indeterminierten Form des Singulars. Der Artikel lautet *-t*, wenn der davorstehende Vokal unbetont ist; bei betonten Vokalen *-të*. Feminina, die in der Grundform auf *-ë* auslauten, bilden den Plural überwiegend auf unbetontes *-a-t*. Die wenigen Fälle, in denen auch hier der Pluralstamm gleich der indeterminierten Form des Singulars ist, werden im vorliegenden Wörterbuch eigens angeführt z. B. ditë, *pl.* ditë-t ›die Tage‹. Dasselbe gilt für Maskulina, die nicht unter die oben angegebenen Regeln fallen.

Im albanisch-deutschen Teil werden vier Zeichen zur Abkürzung von Schreibungen verwendet: Komma, Bindestrich, Tilde und senkrechter Strich. Der *Bindestrich* trennt den angehängten Artikel von der indeterminierten Form, die Tilde ersetzt ein ganz Wort, und zwar das halbfett gedruckte Stichwort; der *senkrechte Strich* teilt einen Wortkörper an der Stelle, von der an eine morphonologische Abwandlung erfolgt, z. B.:

1. **abaci-a** ist zu lesen: **abaci** ›Abtei‹, **abacia** ›die Abtei‹, 2. **acar, -e = acar** ›rein‹, **acare** ›rein‹ *feminin*, 3. **açug|e, -ia = açuge** ›Sardelle‹, **açugia** ›die Sardelle‹; 4. **adjutant-i** *pl.* **-ë-t = adjutant** ›Adjutant‹, **adjutanti** ›der Adjutant‹, **adjutantë** ›Adjutanten‹, **adjutantët** ›die Adjutanten‹. Es ist zu beachten, daß die albanische Orthographie keine Betonungsakzente vorsieht. Die *Akzente* im vorliegenden Wörterbuch sind also reine Hilfszeichen. – An der betr. Stelle bedeutet · ~ **i provës**: *afat i provës* ›Bewährungsfrist‹ oder: *afati i provës* ›die Bewährungsfrist‹. Im Plural würde sich die Form des Gelenkartikels ändern: *afate të provës* oder: *afatet e provës*.

Zu den Herkunftsbezeichnungen auf *-as* und den Nomina agentis auf *-ues*, *-ës*, *-ar*, *-or* können gewöhnlich Feminina mit der Endung *-e* gebildet werden, z. B. *tiranas-i*, ›der Tiranaer‹, *tiranas|e*, *-ja* ›die Tiranaerin‹. Im Wörterbuch wurden die Nomina agentis nur dann in der weiblichen Form angeführt, wenn diese Besonderheiten aufweist, z. B. *drejtor-esh|ë*, *-a* ›Direktorin‹ oder wenn eine Tätigkeit vornehmlich von Frauen wahrgenommen wird, z. B. *pastrues|e*, *-ja* ›Putzfrau‹.

Im Albanischen gibt es drei Arten von **Adjektiven:** (1) ohne Artikel und Genusänderung (*zemërgjerë*), (2) mit Artikel und ohne Genusendung im Singular (*i gjatë*), (3) mit Artikel und mit Genusendung in beiden Numeri (*i/e mundshëm*). Die Artikelform *i/e* wird im Wörterbuch hinter das alphabetisch eingeordnete Stichwort gestellt. Die Betonung regelt sich wie folgt: Die Adjektive, die (a) den vorangestellten Artikel bei sich führen, (b) keine eigene Femininform im Singular aufweisen und (c) auf *-ër* enden, tragen die Betonung auf der Silbe vor diesem Suffix und stoßen das *-ë-* aus, wenn die Endung *-a* für fem. Plural angefügt wird, z. B. **i/e shkúrtër**, f. *pl.* **të shkurtra**. Weitere Einzelheiten bezüglich der alb. Adjektive entnehme man dem »Lehrbuch der vereinheitlichten albanischen Schriftsprache« *Buske 1989*, S. 52.

Die Adjektive ohne vorangestellten Artikel können auch als Substantive verwendet werden, z. B. *përtac, -e* ›faul‹, *përtac-i, pl. -ë-t* ›Faulpelz‹. Umgekehrt können Nomina agentis auf *-ues, -ës, -ar, -or* gewöhnlich auch als adjektivische Attribute vorkommen. Es wurde darauf verzichtet, dies in jedem Falle durch eine eigene Eintragung zu belegen.

Da es im Albanischen keinen Infinitiv in unserem Sinne gibt, werden alle **Verben** in der 1. Person Singular Präsens angeführt. Mit Rücksicht auf die Konjugationsparadigmen gilt dies auch dann, wenn das betr. Verb sinnvollerweise nur in der 3. Person vorkommt, z. B. bei Witterungserscheinungen. Angesichts der Vielfalt der Formenlehre wurde Wert darauf gelegt, (1) schwierig zu erklärende Formen als Stichwort mit Verweisung auf die Zitierform aufzunehmen (z. B. *hodha, s. hedh*), (2) beim Stichwort die wichtigsten Stammformen oder morphonologischen Veränderungen durch Symbole bzw. Abkürzungen anzudeuten, z. B. *gje|j, -ta, -tur*. Dies bedeutet, daß das Verb im Aorist und Partizip Perfekt mit *t*-Einschub konjugiert wird (*gjeta, gjetur*). Die Lautveränderungen wurden durch die im Lehrbuch erklärten Formeln wie (a/e/o) bzw. (s/t) bezeichnet. **Marr (a/e/o)** ist also zu lesen: *marr* ›ich nehme‹, *merr* ›er nimmt‹, *mora* ›ich nahm‹, *marrë* ›genommen‹; **fus (s/t)** hingegen deutet an, daß beim Verb *fus* ›ich stecke hinein‹ das s mit t (*fut ›er steckt hinein‹*) alterniert.

Wegen der großen Zahl von nur im Mediopassiv vorkommenden albanischen Verben, sind diese Formen als eigene Stichworte eingefügt. Man erkennt sie an der Endung *-em*, die nie den Ton trägt, z. B. *mbétem* ›bleiben‹, *nísem* ›aufbrechen, starten‹. Ebenso wurden die mediopassiven Formen als eigenes Stichwort gesetzt, wenn sie im Deutschen verschiedenen Verben entsprechen, z. B. *mbys* (s/t) ›ertränken‹, *mbytem* ›ertrinken‹.

Bei deutschen Äquivalenten wird bisweilen in Klammer ein **Fachgebiet** angegeben, in dessen Sprachgebrauch eine spezialisierte Bedeutung angewendet wird. So steht (*spr.*) für sprachliche Erscheinungen, nicht nur für grammatische im engeren Sinne. Die anderen Abkürzungen sprechen für sich selbst: *phi* = Philosophie, *rel* = Religion, *med* = Medizin, Gesundheitswesen, *bot* = Botanik, *jur* = Recht, *ök* = Wirtschaft, Ökonomie, *naut* = Seefahrt, *math* = Mathematik, *chem* = Chemie, *spo* = Sport.

Bei manchen Wörtern wird mit *fig.* auf übertragene (*figürliche*) Bedeutung hingewiesen; *veralt.* deutet an, daß ein Wort im Rahmen der geschriebenen albanischen Sprache heute vermieden werden sollte. In mündlicher Ausdrucksweise werden die betr. Wörter aber noch gerne angewendet, weshalb sie hier aufgeführt sind; der Ausländer sollte sich nur hüten, sie selbst aktiv zu gebrauchen. Im allgemeinen handelt es sich dabei um ursprünglich türkische Wörter. Sie werden im deutsch-albanischen Teil des Wörterbuchs nur nachgewiesen, wenn sie Bestandteil bildhafter Redewendungen sind. – Mit *dial.* werden mundartliche Ausdrücke markiert; gerade im Bereich des religiösen Wortschatzes müssen wir auf solche Lexeme zurückgreifen, weil die Standardsprache keine einheitlichen Bezeichnungen festgelegt hat. Mit *vulg.* gekennzeichnet wurde vulgärer Sprachgebrauch dann, wenn mehrere Synonyme zur Verfügung stehen. Im allgemeinen wurde darauf geachtet, für die albanischen Stichwörter deutsche Äquivalente zu finden, die derselben Stilebene angehören. Dann entfällt eine besondere Kennzeichnung als vulgär oder erhaben.

Es werden zwei Arten von **Verweisungen** verwendet: das Gleichheitszeichen symbolisiert Synonyme; die Abkürzung s. *siehe* verweist von einer schwierig zu erkennenden Wortform auf die Zitierform, z. B. *dil!* ›hinaus‹ zu *dal* ›hinausgehen‹.

Da im Deutschen der Zitierform in der Regel nicht anzusehen ist, ob ein Wort Adjektiv oder Adverb ist, wurde durch den Hinweis ⟨adv⟩ verdeutlicht, welche albanische Form als Adverb benutzt wird, z. B. *absolut, -e,* ›absolut‹; *absolutisht*

⟨adv⟩. Hingegen wurde mit ⟨Adj⟩ der adjektivische Gebrauch nur dann gekennzeichnet, wenn es zu Mißverständnissen kommen könnte. – Bei Präpositionen wurde der davon abhängige albanische Kasus in spitzen Klammern angegeben, z. B. *nga* ⟨+ Nom⟩ ›aus‹. Im allgemeinen stehen albanische Präpositionen mit dem Akkusativ; den Nominativ regieren nur *nga* und *te, tek*; eine große Anzahl von als Präposition verwendeten Wörtern anderer Wortarten regieren den Ablativ, z. B. *rreth* ›um ... herum‹. An sich handelt es sich um das Substantiv *rreth-i* ›Kreis‹.

Verwendete Abkürzungen

~	steht für das fettgedruckte Stichwort
2	steht für das Stichwort mit großem Anfangsbuchstaben
a.	auch
Abl	Ablativ
Akk	Akkusativ
aor	Aorist
bot	botanisch
chem	chemisch
conj	Konjunktiv
Dat	Dativ
dial	mundartlich, Dialektwort
dt.	deutsch
etw.	etwas
f	feminin, weiblich
fig	figürlich, übertragen
FN	Flußname
hist	historisch
Ind	Indikativ
Int	Interjektion, Ausrufungswort
Imp	Imperativ
jur	juristisch
kath.	katholisch
Konj	Konjunktion
m	maskulin, männlich
math	mathematisch
med	medizinisch
mil.	militärisch
muslim	muslimisch
myth	mythisch, sagenhaft
n	neutrum, sächlich
naut	zur Seefahrt gehörig
Nom	Nominativ
NP	Eigenname

ök	ökonomisch
ON	Ortsname
osman.	osmanisch-türkisch
P.	Person
Pers. Pron.	Personalpronomen
pl	Plural
Poss. Pron.	Possessivpronomen
Präp	Präposition
rel	religiös, biblisch
s.	siehe
Sg	Singular
spr	sprachwissenschaftlich
Subst	Substantiv, Hauptwort
tech	technisch
u.	und
veralt.	veraltet, umgangssprachlich
vgl.	vergleiche

Wörterbuch albanisch – deutsch

A

a apo oder; **a . . . a** entweder . . . oder

a *Partikel, leitet Satzfrage ein* ob; **nuk e di a e ka** ich weiß nicht, ob er es hat; **a është e lejueshme?** darf man?, ist es statthaft?; **a më lejoni?** darf ich?; **a thua të vërtetën?** sagst du die Wahrheit?

abací-a Abtei *rel.*

abanoz-i Ebenholz

abat-i, *pl.* -ë-t Abt *rel.*

abazhur-i, *pl.* -ë-t Stehlampe

abdikim-i Abdankung, Rücktritt

abdikoj abdanken, verzichten *Thron*

abetar-i **abetar|e**, -ja Abc-Fibel

abëcë-ja, *pl.* -të Alphabet, Abc

abisinas, -e abessinisch

ablativ-i Ablativ

abonent-i Teilnehmer *Telefon*

abonim ent-i, *pl.* -e-t Abonnement, Ausleihe *Bibliothek*

abort-i Schwangerschaftsabbruch, Abtreibung, Abort *med.*

abses-i Abszess *med.*

abshis|ë, -a Abszisse *math.*

absolut, -e absolut

absolutisht ⟨*adv*⟩ absolut

absolutiz|ëm, -mi Absolutismus

abstenim-i Enthaltung *Wahl*

abstenoj sich enthalten *Stimme*

abstragoj abstrahieren *phi.*

abstraksion-i Abstraktion

abstrakt, -e abstrakt

abstraktësí-a Abstraktheit

abstraktim-i Abstraktion

abstraktoj abstrahieren *phi.*

absurd, -e absurd, unsinnig, sinnlos

absurditet-i Absurdität

abuzim-i Mißbrauch

abuzoj mißbrauchen

acar, -e rein, klar; schroff, scharf

acar-i schneidende Kälte; **bëj acar** bitterkalt sein

acarí-a Kälte; Sauberkeit, Pingeligkeit

acaroj reizen, entzünden

acartë, i/e bitterkalt; **erë e ~** schneidender Wind

acetik, -e sauer *chem.*

acetilen-i *chem.* Azetylen

aceton-i Azeton, Nagellackentferner

acid-i, *pl.* -e-t *chem.* Säure; **~ klorik** Chlorsäure

açik, -e deutlich, hell, klar; **duket ~** es ist deutlich zu sehen

açug|e, -ia Sardelle

adáxhio-ja, *pl.* -t *mus.* Adagio
adekuat, -e adäquat
aderoj anhängen
adet-i, *pl.* -e-t *veralt.* Sitte, Gewohnheit
adhuroj anbeten, verehren, bewundern
adhurues-i Bewunderer, Verehrer
Adíxh|**e**, ja Etsch, Adige
adjektivim-i Adjektivierung
adjutant-i, *pl.* -ë-t Adjutant
administrat|**ë**, -a Verwaltung, Administration
administrativ, -e administrativ, Verwaltungs-; **kundërvajtje administrative** verwaltungsrechtliche Übertretung
administrator-i Administrator, leitender Angestellter, Leiter, Verwalter
administroj verwalten, leiten
admiral-i, *pl.* -ë-t Admiral *mil.*
admirues-i Bewunderer
admiruesh|**ëm**, -me, i/e bewundernswert, wundervoll
adoptim-i Adoption
adoptoj adoptieren *jur.*
adres|**ë**, -a Anschrift, Adresse
adresoj adressieren
adverbializim-i Adverbialisierung
aerodinamik, -e aerodynamisch
aerodinamik|**ë**, -a Aerodynamik
aerodrom-i, *pl.* -e-t Flugplatz
aeronautik|**ë**, -a Aeronautik, Flugwissenschaft
aeroplan-i, *pl.* -ë-t Flugzeug, Flugmaschine; **me ~ per** Luftpost; **~ dymotorësh** zweimotoriges Flugzeug
aeroplanmbajtës|**e**, -ja Flugzeugträger *mil.*
aeroport-i, *pl.* -e-t Flughafen, Flugplatz
afarist-i Geschäftsmann, Geschäftemacher, Schwindler, Schieber
afat-i Termin, Frist; **~i dorëzimit; ~ i huazimit** Ausleihfrist, Leihfrist; **~i provës** Bewährungsfrist *jur.*; **~i skaduar** verstrichene Frist; **~i vjetërsisë** Dienstalter, Dienstjahre
afatgjatë langfristig
afatshkurtër kurzfristig
afazí-a Aphasie
afekt-i, *pl.* -e-t Affekt, Gemütswallung
afektiv, -e affektiv
aferez|**ë**, -a Aphärese
afetar, -e unreligiös
afër ⟨*adv.*⟩ nahe
Afërdit|**ë**, -a Aphrodite
afërm, i/e nah; **të afërm-it** Verwandte
afërsí-a Nähe

afërsira-t Umgebung
afërsish|ëm, -me, i/e approximativ, ungefähr
afërsisht ⟨*adv*⟩ ungefähr
afërt, i/e nah
afgan, -e afghanisch
afganistánas, -e afghanisch
afion-i *veralt.* Opium
afirmim-i Bejahung, Bestätigung
afish|e, -ja Plakat, Anschlag
afishim-i Plakatierung
afishoj anschlagen, plakatieren
aforiz|ëm, -mi, *pl.* -ma-t Aphorismus
afresk-u, *pl.* -e-t Fresko
afri-a Verwandtschaft; **afri gjuhësh** Sprachverwandtschaft
afrikan, -e afrikanisch
afrikat|e, -ja Affrikat *spr.*, Verschlußreibelaut
Afrik|ë, -a Afrika; **Afrika e Jugut** Südafrika
afrim-i Annäherung
afrish|ëm, -me, i/e verwandt *spr.*
afrohem sich nähern
afroj nähern, nahebringen, reichen, annähern
afsh-i Schwüle; Gestank; Glut, Leidenschaft
afshët, i/e stinkend, übelriechend
afshoj stinken
aftë, i/e fähig, geschickt; ~ **të paguajë** solvent, zahlungsfähig
aftësí-a Fähigkeit; ~ **paguese** Zahlungsfähigkeit, Solvenz
aftësim-i Befähigung
ag-u Dämmerung
agá-i, *pl.* -llarë-t Aga, Grundherr; Offizier *hist.*
agim-i Dämmerung
aglutinim-i Agglutinierung
agnosticist-i Agnostizist *phi.*
agnosticiz|ëm, -mi Agnostizismus
agoj tagen, dämmern, grauen; **agon** es wird Tag
agoní-a Agonie, Todeskampf
agrar, -e agrarisch, Landwirtschafts-; **reformë agrare** Agrarreform
agregat-i, *pl.* -e-t Aggregat
agrement-i Agrément
agresion-i Aggression; **vatër agresioni** Aggressionsherd
agresiv, -e aggressiv
agresor-i Aggressor
agrokimí-a Agrochemie
agronom-i, *pl.* -ë-t Agronom, Landwirt
agronomí-a Agronomie
agronomik, -e agronomisch
agrume-t *f.* Agrumen, Zitrusfrüchte
agrumisht|ë, -a Agrumenhain, Pflanzung von Zitrusfrüchten
agjencí-a Agentur; ~ **dogane**

Zollbüro, Zollamt; ~ **e lajmeve** Nachrichtenagentur
agjent-i, *pl.* -ë-t Agent, Vertreter, Repräsentant; ~ **i një shoqërie sigurimi** Versicherungsvertreter
agjentur|ë, -a Agentur, Geheimdienst
agjëroj fasten
agjitacion-i Agitation,
agjitator-i Agitator
agjitprop-i Agitation und Propaganda, Agitprop
ah-u, *pl.* -e-t Buche *bot.*
ahen|g-u, *pl.* -gje-t Unterhaltungsmusik, Musikantengruppe, Volksmusik
ahisht|ë, -a Buchenhain, Buchenwald
ahmarrj|e, -a *dial.* Rache, Blutrache
ahoj leiden, jammern
ahur-i, *pl.* -e-t Stall, Scheune *im Untergeschoß*
ai, *f.* ajo ⟨*Pers. Pron.*⟩ er, sie; jener, jene; **ai vjen** er kommt; **ai qytet** jene Stadt
ajazm|ë, -a Weihwasser *rel.*
aj|er, -ri Luft; Klima; ~**i kondicionuar** Klimaanlage; ~**i ngjeshur** Druckluft; **presion ajri** Luftdruck; **tepricë ajri** zuviel Luft
ajk|ë, -a Rahm, Sahne
ajó *f. Sg.* sie, jene
ajodhim|ë, -a Apsis *rel.*, Gottesdienstraum *orthodox*
ajrim-i = **ajrosj|e**, -a Lüftung
ajroj = **ajros** lüften
ajror, -e Luft-; **inkursim ajror** Luftangriff; **postë ajrore** Luftpost
Ajzenah-u Eisenach
akaci|e, -a Akazie
akademí-a Akademie; ~ **e arteve** Kunstakademie; ~ **e sporteve** Sportakademie; ~ **ushtarake** Militärakademie
akademik, -e akademisch
akademik-u, *pl.* -ë-t Akademiemitglied, Akademiker
akaparim-i Hamstern, Hamsterkäufe
akaparoj horten, hamstern
akaparues-i Hamsterer
akcidenc|ë, -a Akzidenz *phi.*
Akeront-i Acheron
akoma noch
akord-i, *pl.* -e-t Absprache, Einvernehmen; Akkord; **punë me** ~ Akkordarbeit
akordoj gewähren, zugestehen; stimmen *Instrument*; ~ **kredí** Kredit gewähren
akostim-i Landung
akrabá-ja, *pl.* -të *veralt.* Verwandte, Freunde
akraballë|k-u, *pl.* -qe-t Vetternwirtschaft, Kungelei
akreditim-i Akkreditierung
akreditoj akkreditieren
akrep-i, *pl.* -a-t Skorpion; Zeiger, Uhrzeiger

akrilik, -e Akryl-, Acryl-
akrobací-a Akrobatik
akrobat-i, *pl.* -ë-t Akrobat
akrobatik, -e akrobatisch
akroní-a Achronie
akronim-i Akronym
aks-i Achse *tech.*
aksham-i *veralt.* Abend
aksident-i, *pl.* -e-t Unfall; **për shkak aksidenti** wegen eines Unfalls
aksiologjí-a Axiologie *phi.*, Wertlehre
aksiom|ë, -a Axiom *phi.*
aksion-i, *pl.* -e-t Aktion; Aktie *ök.*
aksionar-i Aktionär
akt-i, *pl.* -e-t Akt, Akte, Vorgang; Aufzug; ~ **i të folurit** Sprechakt
aktakuz|ë, -a Anklageschrift *jur.*
aktblerj|e, -a Kaufvertrag
aktiv, -e aktiv; **blozë aktive** Aktivkohle *chem.*
aktivisht ⟨*adv*⟩ aktiv
aktivist-i Aktivist
aktivitet-i Aktivität
aktivizoj aktivieren
aktlindj|e, -a Geburtsurkunde
aktlirim-i Freibrief, Freilassungsschreiben
aktmartes|ë, -a Heiratsurkunde
aktor-i Schauspieler; **aktor filmi** Filmschauspieler
aktor|e, -ja Schauspielerin
aktpadí-a Klageschrift, Zivilklage
aktual, -e aktuell
aktualizoj aktualisieren
aktvdekj|e, -a Sterbeurkunde, Totenschein
aktzotërim-i Besitzurkunde
akuarel-i, *pl.* -e-t Aquarell
akuarium-i, *pl.* -e-t Aquarium
áku|**ll**-i, *pl.* -j-t Eis
akullçarës-i Eispickel
akullmbajtës|e, -ja Eiskasten, Kühlkasten
akullnaj|ë, -a Gletscher
akulloj vereisen
akullor|e, -ja Speiseeis, Eis
akulloreshitës-i Eisverkäufer
ákullt, i/e eisig
akullthyes|e, -ja Eisbrecher
akumulator-i Akkumulator, Akku
akumuloj akkumulieren
akustik, -e akustisch
akut, -e akut *med.*
akuz|ë, -a Anklage *jur.*
akuzoj anklagen
akuzuar, i/e Angeklagter
akuzues-i Ankläger
al-pari au pair
alabast|ër, -ri Alabaster
alarm-i Alarm
alarmoj alarmieren
albanolog-u, *pl.* -ë-t Albanologe
albanologjí-a = **albanistik**|ë,

-a Albanologie, Albanistik
albanologjik, -e albanologisch
album-i, *pl.* -e-t Album
aleanc|ë, -a Allianz, Bündnis
alergjí-a Allergie
alet-i, *pl.* -e-t *veralt.* Handwerkszeug, Gerät
alfabet-i, *pl.* -e-t Alphabet
alfabetik, -e alphabetisch
alg|ë, -a Alge
algjeb|ër, -ra Algebra
algjebrik, -e algebraisch
Algjer-i Algier
Algjerí-a Algerien
algjerian, -e algerisch
aliazh-i, *pl.* -e-t Legierung
alibí-a Alibi *jur.*
aliluja Halleluja *rel.*
aliteracion-i Alliteration, Stabreim
alivan-i = **alivaní**-a Bewußtlosigkeit, Ohnmacht
alivanosem ohnmächtig werden
alkal-i Alkali *chem.*
alkimí-a Alchemie
alkool-i, *pl.* -e-t Alkohol; ~ **i frenave** Bremsflüssigkeit; ~**i çnatyruar** denaturierter Alkohol
alkoolik, -e alkoholisch
alkoolist-i Alkoholiker
alkooliz|ëm, -mi Alkoholismus
alkoolizoj alkoholisieren, Alkohol zuführen
almanak-u Almanach
almis|e, -ja Haushaltsgegenstand
álo hallo!
alofon-i Allophon *spr.*
alomorf-i, *pl.* -a-t Allomorph *spr.*
Alpe-t Alpen
alpin, -e alpin
alpinist-i Alpinist, Bergsteiger
Alsas-Loren|ë, -a Elsaß-Lothringen
altar-i, *pl.* -ë-t Altar
alternativ|ë, -a Alternative
alternohem alternieren, sich abwechseln
álto-ja, *pl.* -t Alt *mus.*
altoparlant-i, *pl.* -e-t Lautsprecher
altruist-i Altruist
altruiz|ëm, -mi Altruismus, Selbstlosigkeit
alumin-i Aluminium
aluminte, i/e aus Aluminium
aluzion-i, *pl.* -e-t Allusion, Anspielung
all, -e leuchtend rot
allafrënga *veralt.* auf westliche Art
Allah-u Allah
allaturka auf orientalische Art; auf türkische Art
allçí-a Gips
allishverish-i, *pl.* -e-t *veralt.* An- und Verkauf; Schiebung *fig.*

alltën-i, *pl.* -ë-t *veralt.* Gold
aman bitte sehr; bei Gott!, fürwahr!, wirklich
amanet-i, *pl.* -e-t Unterpfand
amator-i, *pl.* -ë-t Liebhaber; Amateur; **piktor amator** Freizeitmaler
Amazon|ë, -a Amazonas *FN*
amazon|ë, -a Amazone
ambalazh-i, *pl.* -e-t Verpackung, Tara; ~ **i pakthyeshëm** Einwegverpackung
ambalazhoj verpacken
ambasad|ë, -a Botschaft
ambasador-i Botschafter
ambíci|e, -a Ambition, Ehrgeiz
ambicioz, -e ambitiös, ehrgeizig
ambient-i, *pl.* -e-t Umgebung, Umwelt; Milieu; **ndotja e ambientit** Umweltverschmutzung
ambientohem sich akklimatisieren
ambivalent, -e ambivalent
ambulanc|ë, -a Ambulanz, Poliklinik
ambulator, -e ambulant; **mjekim ambulator** ambulante Behandlung
ameb|ë, -a Amöbe
amendament-i Neufassung *Gesetz*, Novelle *jur.*, Nachtrag
amerikan, -e amerikanisch
amerikanat|ë, -a Amerikanerei, Negermusik
Amerik|ë, -a Amerika; ~ **Latine** Lateinamerika; ~ **Qendrore** Mittelamerika; **Shtetet e Bashkuara të Amerikës** USA
amënor, -e Mutter-, mütterlich; **dashuri amënore** Mutterliebe
amësht, i/e = **amështiq**, -e fad *Geschmack*, lasch
amësí-a Mutterschaft; Name der Mutter
amfib-i, *pl.* -ë-t Amphibium
amfiteat|ër, -ri, *pl.* -ra-t Amphitheater
amiant-i Asbest
amin ⟨*Int.*⟩ Amen, So sei es
amnezí-a Amnesie *med.*
amnistí-a Amnestie *jur.*
amnistoj amnestieren
amnor, -e mütterlich, Mutter-
amoniak-u Ammoniak
amoral, -e amoralisch, unmoralisch, sittenlos
amortizator-i Stoßdämpfer
amortizim-i Ammortisierung, Abschreibung
amortizoj ammortisieren
amper-i, *pl.* -ë-t Ampère
ampermet|ër, -ri, *pl.* -ra-t Ampèremeter
ampul|ë, -a Ampulle
amredit|ë, -a Iterativkompositum
amshim-i Ewigkeit

amshoj verewigen
amshuar, i/e ewig; **të vërteta të amshuara** ewige Wahrheiten
amtar, -e mütterlich, Mutter-; **e drejta amtare** Mutterrecht; **gjuhë amtare** Muttersprache; **lërimi i gjuhës amtare** Sprachpflege
amull ⟨*adv*⟩ unbeweglich, starr
amullí-a Stagnation, Unbeweglichkeit; ~ **ekonomike** wirtschaftlicher Stillstand
amvis|ë, -a Hausfrau
amvisj|e, -a Haushalt, Hausfrauenarbeit
amz|ë, -a Matrikel, Schülerverzeichnis
an-i Gebärmutter
Anadoll-i Anatolien
anadollak, -e = **anadollas**, -e anatolisch
anafor|ë, -a Anapher
anakolut-i Anakoluth
anakroniz|ëm, -mi, *pl.* -ma-t Anachronismus
anale-t Annalen
analfabet-i, *pl.* -ë-t Analphabet
analitik, -e analytisch
analiz|ë, -a Analyse; ~ **gjaku** Blutprobe; ~ **ritmore** Schallanalyse
analizoj analysieren
analogjí-a Analogie; ~**krijuese** Neubildung, Neuschöpfung
analogjik, -e analog *phi.*
ananas-i, *pl.* -e-t Ananas *bot.*
anaptiks-i Anaptyxe
anaptiksor,-e Einschub-, Sproß-; **zanore anaptiksore** Sproßvokal
anarkí-a Anarchie, Unordnung; **anarki feudale** feudale Anarchie
anarkik, -e anarchisch
anarkist-i Anarchist
anarkiz|ëm, -mi Anarchismus
anarkosindikalist-i Anarchosyndikalist
anarkosindikaliz|ëm, -mi Anarchosyndikalismus
anas-i Bewohner in früherer Zeit
ánash ⟨+ *Abl*⟩ neben, seitlich
anasjell|ë, -a, *pl.* -a-t Inversion
anasjelltas ⟨*adv*⟩ umgekehrt
anasjelltë, i/e umgekehrt, invertiv, invers
anastrof|ë, -a Anastrophe *spr.*
Anatolí-a Anatolien
anatomí-a Anatomie
anatomik, -e anatomisch
andant|e, -ja Andante *mus.*
Ande-t Anden
andej ⟨*adv*⟩ jenseits; **s'andejmi** von dort
Ando-u *NP* Anton

andrall|ë, -a Sorge, Kummer
andrallos bekümmern
andronim-i Andronym
ané-ja *dial.* Mutter
anekdot|ë, -a Anekdote
aneks-i, *pl.* -e-t Annex, Anhang; Anbau; ~ **kuzhine** Kochnische
aneksoj annektieren
anemí-a Anemie, Blutarmut
anemik, -e anämisch *med.*
anestezí-a Anästhesie *med.*
an|ë, -a, *pl.* -ë-t Seite, Gegend; Partei; **marr anën e** ⟨+ *G*⟩ Partei ergreifen für; **me ~ të** ⟨+ *G*⟩ durch, vermittels
anëdet-i Küste
anëpëranë = **anembanë** überall
anës ⟨+ *Abl*⟩ bei, an; ~ **lumit** am Fluß
anëshkrim-i Randnotiz
anësí-a Parteilichkeit
anësisht ⟨*adv*⟩ indirekt; parteilich
anësor, -e Rand-, marginal, seitlich, lateral *spr.*
anësor, -e Neben-
anëtar-i Mitglied, Angehöriger
anëtarësí-a = **anëtarí**-a Mitgliedschaft
angarí-a Fronarbeit, Fron *a. fig.*
angazhim-i Engagement
angazhoj engagieren
anglez, -e englisch
Anglí-a England
angliciz|ëm, -mi Anglizismus
anglisht ⟨*adv*⟩ englisch
anglosakson, -e angelsächsisch
angjin|ë, -a Angina *med.*
angjinar|e, -ja Artischoke
anijat|ë, -a Mittelschiff *rel.*
anij|e, -a, *pl.* -e-t Schiff, Boot; ~ **mbytet** das Schiff sinkt; ~ **dydirekëshe** Zweimaster; ~ **lundrimi të brendshëm** Binnenfrachtschiff, Binnenfrachter; ~ **mallrash** Frachtschrift, Frachter; ~ **oqeanike** Ozeandampfer; ~ **peshkimi** Fischerboot; ~ **ruajtëse** Wachschiff; ~ **transoqeanike** Ozeandampfer; ~ **tregtare** Handelsschiff; ~ **zbarkuese** Landungsschiff *mil.*; **nxënësi e anijes** Rauminhalt des Schiffes; **përplasje anijesh** Schiffskollision; **vendqëndrim i anijes** Ankerplatz, Schiffsliegeplatz; ~**-stern|ë**, -a, *pl.* -a-t Tanker
anijendërtues, -e Schiffbau-, Werft-; **kantier anijendërtues** Werft
anijetar-i Seemann, Matrose
anijethyerj|e, -a Schiffbruch
anilin|ë, -a Anilin *chem.*
animiz|ëm, -mi Animismus

ankand-i, *pl.* -e-t Versteigerung, Auktion
Ankara-ja Ankara
ankes|ë, -a Beschwerde, Beanstandung
anket|ë, -a Enquete, Umfrage, Erhebung
anketoj eine Umfrage durchführen
ankim-i Klage
ankohem sich beklagen
ankoj|ë, -a, *pl.* -a-t Nörgler, Querulant
ankoroj ankern
ankth-i, *pl.* -e-t Alptraum, Beklemmung; ~ **mortor** Todesangst
ankues-i Kläger, Beschwerdeführer
anod|ë, -a Anode
anofel|e, -ja Anopheles-Fliege, Malaria-Fliege, Moskito
anoj neigen zu, Partei ergreifen
anomali-a Anomalie
anonim, -e anonym
anormal, -e unnormal, anomal
ansamb|ël, -li Ensemble, Spielgruppe, Schauspieltruppe
antagonist, -e antagonistisch; **kundërti antagoniste** antagonistische Gegensätze
antagoniz|ëm, -mi Antagonismus *phi.*
Antarktid|ë, -a = **Antarktik**-u Antarktis
anten|ë, -a Antenne
antibiotik-u, *pl.* -ë-t Antibiotikum *med.*
anticipim-i Antizipation
antifashist, -e antifaschistisch
antifrixh-i Frostschutzmittel
antik, -e antik
antik|ë, -a Antiquität, Rarum
antikitet-i Altertum
antiklerikal, -e antiklerikal
antikombëtar, -e antinational
antikomuniz|ëm, -mi Antikommunismus
antikuar-i, *pl.* -ë-t Antiquar
Antile-t Antillen
antilënd|ë, -a Antimaterie
antilop|ë, -a Antilope
antimilitarist, -e antimilitaristisch
antinomi-a Antinomie
Antioki-a Antiochien
antiparti parteifeindlich
antipast|ë, -a Vorspeise
antipati-a Antipathie
antipatik, -e antipathisch, unsympathisch; **fytyrë antipatike** unsympathisches Gesicht
antipopullor, -e volksfeindlich
antipushtet regimefeindlich, regierungsfeindlich
antiqeveritar, -e regierungs-

feindlich
antiseptik-u Antiseptikum
antishtetëror, -e staatsfeindlich
antitez|ë, -a Antithese
antologjí-a Anthologie, Gedichtsammlung
antonim-i Antonym
antonimik, -e antonymisch *spr.*
antonomazí-a Antonomasie *spr.*
antracit-i Anthrazit, Anthrazitkohle
antropocentriz|ëm, -mi Anthropozentrismus
antropologjí-a physische Anthropologie
antroponim-i Anthroponym
anulloj annullieren
Anvers|ë, -a Antwerpen *ON*
aorist-i Aorist; ~ **fillimor** inchoativer Aorist; ~ **rrënjor** Wurzelaorist, starker Aorist; ~ **sigmatik** sigmatischer Aorist; schwacher Aorist; s-Aorist
aort|ë, -a Aorta *med.*, Hauptschlagader
aparat-i, *pl.* -e-t Apparat, Maschine, Gerät; ~ **i ekspresit** Espresso-Maschine; ~ **i kilometrazhit** Kilometerzähler; ~ **për lexim filmash** Mikrofilm-Lesegerät; ~ **radiomarrës** Rundfunkempfänger *tech.*; ~ **saldimi** Schweißgerät; ~ **shumëfishimi** Vervielfältigungsapparat, Kopierer
aparatur|ë, -a Apparatur
apartament-i, *pl.* -e-t Wohnung, Appartement
apatí-a Apathie, Teilnahmslosigkeit
apatik, -e apathisch, teilnahmslos
apel-i, *pl.* -e-t Appell; Berufung *jur.*; Aufruf
apelim-i Berufung
apendicit-i Blinddarmentzündung
aperceptim-i Apperzeption *phi.*
aperitiv-i, *pl.* -ë-t Aperitiv
apö oder
apodoz|ë, -a Nachsatz, Apodosis
apofoní-a Ablaut
apofonik, -e Ablaut-
apokalips-i Apokalypse, Ende der Welt
apokop|ë, -a Apokope
apolitik, -e unpolitisch, politikfrei
apologjet-i, *pl.* -ë-t Apologet
apologjí-a Apologie
apopleksí-a Schlaganfall, Apoplexie *med.*
aporí-a Aporie *phi.*
apostafat ⟨*adv*⟩ absichtlich, extra
apostolik, -e apostolisch
apostrof-i, *pl.* -a-t Apostroph

apostrof|ë, -a Apostrophe, feierliche Anrede
apóstu|ll-i, *pl.* -j-t Apostel
apoteoz|ë, -a Apotheose, übermäßige Ehrung
aprovoj billigen, zustimmen
aq soviel; ~ **sa** so daß, soviel wie, wie **ai punon** ~ **sa punon ti** er arbeitet soviel wie du; **shtegu ishte i ngushtë** ~ **sa nuk mund të kalonin** der Pfad war so schmal, daß sie nicht durchkamen
ar-i Gold
ar-i, *pl.* -ë-t Ar *Flächenmaß*
arab, -e arabisch; **shifrat arabe** arabische Ziffern
arabá-ja *veralt.* Wagen, Kutsche
Arabí-a Arabien; **Arabia Saudite** Saudi-Arabien
arabik, -e arabisch
arabisht ⟨*adv*⟩ arabisch
arabisht|e, -ja arabische Sprache
arallë|k-u, *pl.* -qe-t Lücke; Muße, Freizeit; **s'gjej arallëk** keine Zeit finden
arançat|ë, -a Orangeade
arap-i, *pl.* -e-t *veralt.* Neger
Arb|ër-i Arvanit, Gräko-Albaner
arbëresh-i, *pl.* -ë-t Arberesch, Italo-Albaner
arbëror, -e *veralt.*, *poet.* albanisch
arbit|ër, -ri, *pl.* -ra-t Schiedsrichter, Schiedsmann
arbitrar, -e willkürlich
arbitrazh-i Schiedsgerichtsbarkeit
Ardene-t Ardennen
ardenicar, -e aus Ardenica
ardhës-i Zugezogener; Stiefkind; Ankömmling
ardhj|e, -a Eintreten *jur.*
Ardhj|e, -a Advent *rel.*, Adventszeit
ardhm|e, -ja, e Futur *spr.*, Zukunft; **në të ardhmen** zukünftig, in Zukunft; ~ **e përparme** Futurum exactum, zweites Futur
ardhsh|ëm, -me, i/e zukünftig, nächst
ardhunit, t' Advent *rel.*
ardhur s. **vij**
árdhura-t Einkommen, Einkünfte; **e ardhur-a e përgjithshme** Bruttoeinkommen; **tatim mbi të ardhurat** Einkommensteuer
areal-i, *pl.* -e-t Areal, Verbreitungsgebiet
aren|ë, -a Arena
arend|ë, -a Pacht, Verpachtung; **jap në arendë** verpachten
ar|ë, -a Acker; **llagëmi i arave** Ackerentwässerungsrohr
arëz-a Wespe
argano-ja Hebewinde, Winde; Spill

argat-i, *pl.* -ë-t Tagelöhner
argëtim-i Vergnügen
argëtohem sich vergnügen, sich amüsieren
argëtues, -e amüsant, vergnüglich
argó-ja Argot, Sondersprache, Rotwelsch, Slang
argotiz|ëm, -mi Slang-Ausdruck
argument-u Argument
argumentoj argumentieren
argjend-i Silber
argjendar-i Silberschmied
argjendoj versilbern
argjendtë, i/e silbern
argjendurina-t Silberzeug
Argjentin|ë, -a Argentinien
argjentinas, -e argentinisch
argjil|ë, -a Lehm, Ton
argjinatur|ë, -a Uferbefestigung, Deich
argjipeshk|ëv, -vi, *pl.* -vij-të Erzbischof *kathol.*
argjipeshkví-a Erzbistum *rel.*
arí-u, *pl.* -nj-të Bär
arian ,-e arisch
ari|e, -a Arie
aristokraci-a Aristokratie
aristokrat-i, *pl.* -ë-t Aristokrat
aristokratik, -e aristokratisch
aritmetik, -e arithmetisch
aritmetik|ë, -a Arithmetik, Grundrechenarten
aritmí-a Arhythmie *med.*
arixheshk|ë, -a herumziehende Zigeunerin
arixhí-u Landfahrer, Zigeuner
arká-ja Sägeblatt
arkaik, -e archaisch
arkaiz|ëm, -mi Archaismus
arkaizues, -e archaisierend
arketip-i Archetyp
arkeolog-u, *pl.* -ë-t Archäologe
arkeologjí-a Archäologie
arkeologjik, -e archäologisch
ark|ë, -a Kasse; Kasten, Kiste; **levë për të hapur arkat** Kistenöffner; ~ **kursimi** Sparkasse; ~ **veglash** Werkzeugkasten
arkërkues-i Goldsucher
arkëtar-i Kassierer, Schatzmeister
arkëtar|e, -ja Kassiererin
arkëtim-i Inkasso, Einkassieren
arkëtoj kassieren
arkëz-a Kästchen
arkimandrit-i, *pl.* -ë-t Archimandrit
arkipelag-u, *pl.* -ë-t Archipel, Inselgruppe
arkitekt-i, *pl.* -ë-t Architekt
arkitektonik, -e architektonisch, Architektur-
arkitektur|ë, -a Architektur, Baukunst
arkitektural, -e = **arkitekturor**, -e Architektur-
arkitra-u, *pl.* -rë-t Architrav

arkiv-i, *pl.* -a-t Archiv
arkival, -e = **arkivor**, -e Archiv-
arkivist-i Archivar
arkivoj archivieren
arkivol-i, *pl.* -e-t Sarg
arkond-i, *pl.* -ë-t Archont *hist.*; Feudalherr *byzantin. Zeit*
Arktik-u Arktis
armates|ë, -a Armierung
armat|ë, -a Armee
armatim-i Rüstungsgegenstand, Bewaffnung
armator-i, *pl.* -ë-t Reeder, Schiffseigner; Armierungsarbeiter
armatos bewaffnen
armatosj|e, -a Bewaffnung
armé-ja Sauerkohl, Essiggemüse
armen, -e armenisch
Armén-i Armenier
Armenas-i Armenier
Armeni-a Armenien
arm|ë, -a Waffe
armëpunues-i Waffenschmied
armëpushim-i Waffenstillstand
armik, -e feindlich, feindselig; **elementë armiq** feindliche Elemente *in der Bevölkerung*
armik-u Feind, Gegner
armiqësi-a Feindschaft
armiqësisht ⟨*adv*⟩ feindselig
armiqësor, -e feindlich, feindselig
arnaut-i, *pl.* -ë-t *veralt.*, *hist.* Arnaut, Albaner
arnoj flicken
arom|ë, -a Aroma, Wohlgeruch
aromatik, -e aromatisch
arpunues-i Silberschmied; Goldschmied
arsej *e/ye* unterrichten, unterweisen, lehren
arsenal-i, *pl.* -e-t Arsenal, Zeughaus
arsenik-u Arsen *chem.*
arsim-i Erziehung, Erziehungswesen, Unterricht, Bildungswesen
arsimdashës-i Wissensdurstiger, Bildungshungriger
arsimoj lehren, unterrichten
arsimor, -e Erziehungs-
arsimtar-i Erzieher, Pädagoge, Lehrer
arsye-**ja** Grund, Ursache, Vernunft; triftiger Grund *jur.*; Argument; ~ **e qenies** Daseinsberechtigung; ~ **madhore** höhere Gewalt *jur.*; **arsyeja nuk qëndron** das trifft nicht zu
arsyesh|ëm, -me, i/e vernünftig, triftig
arsyetim-i Urteilen *phi.*
arsyetoj urteilen *phi.*
art-i, *pl.* -e-t Kunst
artdashës, -e kunstbeflissen,

kunstliebend
artë, i/e golden
arteri|e, -a Arterie *med.*
arterioskleroz|ë, -a Arteriosklerose *med.*
artezian, -e artesisch; **pus artezian** artesischer Brunnen
artí-ri, *pl.* -nj-të Eiche
artificial, -e künstlich, artifiziell; **frymëmarrje artificiale** künstliche Beatmung; **mbarsje artificiale** künstliche Befruchtung
artíku|ll-i,, *pl.* -j-t Artikel, Eintrag *im Lexikon*
artilerí-a Artillerie
artiljer-i, *pl.* -ë-t Artillerist
artisht|ë, -a Eichenhain, Eichenwald
artist-i Künstler, Schauspieler, Artist
artistik, -e künstlerisch
artizanal, -e handwerklich
artizanat-i, *pl.* -e-t Handwerk
artrit-i Arthritis *med.*, Gelenkrheumatismus
arturin|ë, -a Goldsachen
arumanisht ⟨*adv*⟩ aromunisch, kutzovlachisch
arumun, -e aromunisch, kutzovlachisch
arush|ë, -a Bärin
arushk|ë, -a Bärchen, Bärlein
arzuhall-i, *pl.* -e-t *veralt.* Eingabe, Gesuch

arratí-a Flucht; **marr arratinë** die Flucht ergreifen
arratis vertreiben
arratisem fliehen
arratisj|e, -a Flucht
arratisur-i, i Flüchtling
arr|ë, -a Nuß, Walnuß; Nußbaum; ~ **fyl** taube Nuß; **lëvozhgë arre** Nußschale
arrest-i Arrest
arrestim-i Verhaftung
arrestoj verhaften, festnehmen, arrestieren
arrëz-a Halswirbel, Genick; **thefsh arrëzën** du sollst dir den Hals brechen
arri|j, -ta, -tur ankommen, eintreffen; erreichen *Ziel*, erfüllen *Zweck*
arrisht|ë, -a Nußbaumhain
arritj|e, -a Ankunft; Errungenschaft
arrivist-i = **karrierist-i** Streber
arroganc|ë, -a Arroganz, Anmaßung
arrogant, -e arrogant, anmaßend
as auch nicht, nicht einmal; **as . . . as** weder . . . noch
as-i, *pl.* -e-t As *Spielkarte*; Könner *pl.* -ë-t; ~ **i skuadrës së futbollit** Fußball-As
asaj dite an jenem Tage
asamblé-ja Versammlung; ~ **kushtetuese** verfassunggebende Versammlung

asbest-i Asbest
asfalt-i Asphalt, Bitumen
asfaltoj asphaltieren
asfare = **aspak**
asfiksí-a Erstickung, Asphyxie *med.*, Atemnot
asgjë nichts
asgjëkafshë gar nichts
asgjëkundi ⟨*adv*⟩ nirgends
asgjëmángut trotzdem, nichtsdestoweniger
asgjësí-a das Nichts; Nichtigkeit
asgjësim-i Vernichtung
asgjësoj vernichten
asgjësh|ëm, -me, i/e nichtig, unerheblich
asigmatik, -e asigmatisch
asimetrí-a Asymmetrie
asimetrik, -e asymmetrisch
asimilim-i Assimilierung, Angleichung
asimiloj assimilieren, anpassen
asindet-i Asyndeton
Asirí-a Assyrien
asirian, -e assyrisch
asisoj derartig; **asisoj njerëzish** derartige Leute
asistent-i, *pl.* -ë-t Assistent
asket-i, *pl.* -ë-t Asket
asketiz|ëm, -mi Asketismus
askund nirgends, nirgendwo
askurrë niemals, nie
askush niemand
asllan-i, *pl.* -ë-t *veralt.* Löwe, Leu
asnjanës, -e neutral
asnjanësim-i Neutralisierung
asnjanësoj neutralisieren
asnjëherë ⟨*adv*⟩ niemals, nie
asnjër|i, -a = **asnjerí**-u niemand, keiner
asociacion-i Assoziierung, Assoziation; **ngjall asociacione** Assoziationen hervorrufen
asohere = **asokohe** damals
asonanc|ë, -a Assonanz *spr.*
asortiment-i Sortiment
asp|ër, -ra, *pl.* -ra-t Akçe *osman. Münze*, Asper
aspak ⟨*adv*⟩ keineswegs
aspekt-i, *pl.* -e-t Aspekt, Ausschnitt
aspirant-i, *pl.* -ë-t Feldwebel; junger Wissenschaftler; Aspirant
aspirat|ë, -a Bestrebung
aspirin|ë, -a Aspirin
aspiroj begehren, bezwecken
asqer-i, *pl.* -ë-t *veralt.* Soldat
astar-i, *pl.* -ë-t Futter *im Kleid*; Vorsatzblatt
asterisk-u Sternchen
astm|ë, -a Asthma *med.*; ~ **bronkiale** Bronchialasthma *med.*
astrit-i, *pl.* -ë-t gelbe Schlange; Held
astrolog-u, *pl.* -ë-t Astrologe
astrologjí-a Astrologie
astronaut-i, *pl.* -ë-t Astronaut, Raumfahrer

astronautik|ë, -a Raumfahrt
astronom-i, *pl.* -ë-t Astronom
astronomí-a Astronomie
astronomik, -e astronomisch
Asturie-t Asturien
ash|ër, -ra, *pl.* -ra-t Schindel; Wildkastanie, Kastanie
ashensor-i, *pl.* -ë-t Aufzug
ashensorist-i Liftboy
ashëroj Holz hacken; Dach mit Schindeln decken
ashik-u, *pl.* -ë-t Liebhaber; Lüstling
ashiqare ⟨*adv*⟩ offen, öffentlich; **doli** ~ es kam heraus
ashk-u Begierde, Hitze; **në ashkun e punës** in der Hitze des Gefechts *fig.*; **e puthi me ashk** er küßte sie feurig
ashk|ël, -la, *pl.* -la-t Span; **ashkla druri** Holzspäne
ashpër, i/e hart, rauh; herb, scharf
ashpëroj verhärten, aufrauhen
ashpërsí-a Härte, Rauhheit
ashpërsim-i Verschärfung
ashpërsoj verschärfen, verschlimmern
asht-i, *pl.* eshtra-t Knochen
asht|ë, -a Buchhain, Buchenwald
ashtú so; **makar le të jetë edhe** ~! mag es wenigstens so sein! **ashtú-ashtú, ashtú-kështú** so lala
ashtuquajtur, i/e sogenannt
ashúr|e, -ja Grütze, süße Nachtisch
at-i, *pl.* -llarë-t Pferd, Roß *veralt.*
at|ë, -i, *pl.* étër-it Vater; **i ati** sein/ihr Vater
atá sie *m. Pl.*
atak-u Anfall *med.*; ~ **në zemër** Herzanfall
atashé-u, *pl.* -të Attaché
atashoj anbinden *fig.*
atdhé-u Vaterland, Heimat
atdhedashj|e, -ja = **atdhedashurí-a** Vaterlandsliebe
atdhetar-i Patriot, Landsmann
atdhetarí-a Vaterlandsliebe, Patriotismus
ateiz|ëm, -mi Atheismus
atelié-ja Atelier, Künstlerwerkstatt
atentat-i, *pl.* -e-t Attentat, Anschlag
atentator-i Attentäter
atestoj attestieren, bescheinigen
atëherë = **atëbotë** dann, damals; in dem Fall
atëhersh|ëm, -me, i/e damalig
atëror, -e = **atësor**, -e väterlich, Vater-; **kujdes atëror** väterliche Fürsorge; **shtëpia atërore** Vaterhaus
atësí-a Vatersname
atëvrasës-i Vatermörder

atëvrasj|e, -a Vatermord
Atik|ë, -a Attika
atillë, i/e solch, so ein
atjé dort
atjésh|ëm, -me, i/e dortig
Atlantik-u Atlantik
atlas-i Atlas
atlet-i Leichtathlet
atlet|e, -ja Leichtathletin; **atlete-t** Sportschuhe, Turnschuhe
atletik, -e leichtathletisch
atletik|ë, -a Leichtathletik
atllas-i, *pl.* -e-t Kunstseide, Atlas
atllastë, i/e aus Atlas
atm|e, -ja *poet.* Vaterland
atmosfer|ë, -a Atmosphäre, Atü
atmosferik, -e atmosphärisch
ató sie *f. Pl.*
atom-i, *pl.* -e-t Atom
atomik, -e Atom-, atomar; **bërthamë atomike** Atomkern, **ombrellë atomike** Atomschild
aton, -e unbetont, tieftonig *spr.*
atribut-i, *pl.* -e-t Attribut
atrofi-a Atrophie *med.*, Zellschwund
aty dort, da; **aty për aty** sofort, auf der Stelle
aty-këtú hier und da, gelegentlich
atypëratysh|ëm, -me, i/e sofortig, postwendend
atysh|ëm, -me, i/e dortig
athem steif werden, gefühllos werden; **m'u athën duart** mir sind die Hände wie abgestorben
athët, i/e sauer, scharf
athëtoj säuern; **ma athëtojnë gojën kumbullat** die Pflaumen ziehen mir den Mund zusammen
Athin|ë, -a Athen
Athínas-i Athener
athúa etwa; **athua e bëre?** hast du es etwa gemacht?
audienc|ë, -a Audienz, Empfang
auditor-i, *pl.* -e-t Hörsaal, Auditorium
aureol|ë, -a Aureole, Glanz
auror|ë, -a Aurora, Morgenröte; ~ **polare** Nordlicht; ~ **boreale** Nordlicht
Australi-a Australien
australian-i, *pl.* -ë-t Australier
Austri-a Österreich
austriak, -e österreichisch
austriak-u, *pl.* -ë-t Österreicher
Austro-Hungarí-a Österreich-Ungarn
autarkí-a Autarkie *ök.*
autentik, -e authentisch, echt
autoambulanc|ë, -a Krankenwagen
autobiografí-a Autobiographie

autoblind|ë, -a Panzerwagen
autobot-i, *pl.* -e-t Tankwagen *Lkw*
autobus-i, *pl.* -ë-t Autobus, Bus, Omnibus
autodidakt, -e autodidaktisch
autogol-i, *pl.* -a-t Eigentor *Fußball*
autograf-i, *pl.* -e-t Autograph, Handschrift; Autogramm; **ekzemplar me autograf** signiertes Stück
autoinspektorat-i Verkehrsaufsichtsbehörde
autokinemá-ja Kino-Wagen, Vorführwagen für Filme
autokombajn|ë, -a selbstfahrender Mähdrescher
autokrací-a Autokratie, Selbstherrschaft
autokratik, -e autokratisch
autokritik|ë, -a Selbstkritik
autokton, -e autochthon
autoktoní-a Autochthonie
automat-i, *pl.* -ë-t Automat; ~ **parkimi** Parkuhr
automatik, -e automatisch
automatik-u, *pl.* -ë-t Automatik; Schnellfeuergewehr; ~ **i frenave** Bremsautomatik
automatizoj automatisieren
automjet-i Fahrzeug, Kraftfahrzeug
automobil-i, *pl.* -a-t Auto, Automobil, Kraftfahrzeug, Wagen
automobilist-i Kraftfahrer, Autofahrer
automobilistik, -e Auto-; **rrugë automobilistike** Autostraße, befahrbare Straße
autonom, -e autonom
autonomí-a Autonomie
autoofiçin|ë, -a Werkstatt-Auto, fahrbare Werkstatt
autopar|k-u, *pl.* -qe-t Kraftfahrzeugpark, Fuhrpark
autoportret-i, *pl.* -e-t Selbstporträt
autopsí-a Autopsie
autoqefal, -e autokephal *rel.*, selbständig; **kishë autoqefale** autokephale Kirche
autor-i, *pl.* -ë-t Autor, Verfasser, Urheber; **e drejtë e autorit** Urheberrecht
autorësí-a Autorschaft
autoritar, -e autoritär; **ton autoritar** autoritärer Ton
autoritativ, -e respektiert, autoritativ
autoritet-i Autorität
autoritetsh|ëm, -me, i/e autoritativ, mit Autorität versehen
autorizim-i Autorisierung, Erlaubnis
autorizoj autorisieren, bevollmächtigen
autostrad|ë, -a Autobahn
autotransport-i Kraftverkehr, Autotransport, Kfz-

Transportwesen
autovetur|ë, -a Personenkraftwagen, Pkw
autovinç-i, *pl.* -a-t Wagenwinde, Winde, auf einem Wagen installierte Winde
autsajder-i Außenseiter
avantazh-i, *pl.* -e-t Vorteil
avarí-a Transportschaden, Defekt, Havarie, Panne
avash ⟨*adv*⟩ langsam, gemächlich
avashllëk-u *veralt.* Lahmheit, Langsamkeit, Trägheit
avaz-i Weise, Kehrreim, Refrain, Lied; **avazi i ujkut me qengjin** die Geschichte vom Wolf und dem Lamm
avdall, -e klobig, grob, ungeschlacht
avdes-i *rel.* Abdest, rituelle Waschung
aventur|ë, -a Abenteuer
aventurier i, *pl.* -ë-t Abenteurer
aventuriz|ëm, -mi Abenteurertum
av|ër, *pl.* -ra t Brache, Brachland
aviacion-i Luftfahrt
aviator-i, *pl.* -ë-t Flieger
Avinjon-i *ON* Avignon
avion-i, *pl.* -ë-t Flugzeug; ~ **fluturon** das Flugzeug fliegt; ~ **i linjës** Linienmaschine; ~ **i pajtuar** Chartermaschine; ~ **reaktiv** Düsenflugzeug; **me avion** per Luftfracht
avlëmend-i, *pl.* -e-t Webrahmen, Webstuhl, Handwebstuhl
avokat-i, *pl.* -ë-t Rechtsanwalt, Advokat
ávu|ll-i, *pl.* -j-t Dampf; Hitze
avullor|e, -ja Dampfer, Dampfschiff
avullues-i Vergaser
axh|ë, -a Onkel, Bruder des Vaters
axhamí unreif, kindisch
axhamillë|k-u, *pl.* -qe-t *veralt.* Kinderei, Kinderkram
axhelé-ja *veralt.* Eile; **kam axhele** ich bin in Eile
Azerbajxhanas-i Aserbaidschaner
azhurnoj aufschieben; up-to-date bringen, anpassen, nachtragen
Azí-a Asien; ~ **e Vogël** Kleinasien
aziatik, -e asiatisch
azil-i, *pl.* -e-t Altersheim, Seniorenheim
Azore-t Azoren
azot-i Stickstoff

B

babá-i, *pl.* -llarë-t Vater, Papa; Klostervorsteher; ~ **dovleti** Vater Staat; **i ndjeri baba** sein Vater selig
babagjysh-i, *pl.* -ër-it = **babamadh**-i Opa, Großvater
babanac|e, -ja Maisbrot
babaxhan-i, *pl.* -ë-t Bursche, guter Kerl; Draufgänger
babazot-i Großvater; Oberhaupt einer Sippe
bab|ë, -a *m.* Vater, Papa
babëzitem verfressen sein, Heißhunger haben
babi Papi, Vati
babilonas, -e babylonisch
Babiloní-a Babylonien
bac|ë, -a Papa *Anrede*, Onkel, Bruder
bacil-i, *pl.* -e-t Bazillus
bad|ër, -ra, *pl.* -ra-t Schwertlilie *Asphodelus*
Baden-Vyrtenberg-u Baden-Württemberg
badihavá ⟨*adv*⟩ umsonst, gratis; vergeblich
bagazh-i, *pl.* -e-t Gepäck
Bagdad-i Bagdad
bagëtí-a Vieh, Herde
Bahama, **ishujt** ~ Bahamas, Bahama-Inseln
bahç|e, -ja Garten, Gärtlein
bahçevan-i, *pl.* -ë-t Gärtner
bajam|e, -ja Mandel
bajamisht|ë, -a Mandelhain, Mandelbaumpflanzung
bajat, -e altbacken, abgestanden; unmodern; **muzikë bajate** aus der Mode gekommene Musik
baj|ë, -a Wildente
bajonet|ë, -a Bajonett
bajrak-u, *pl.* -ë-t Banner
bajraktar-i Bannerherr, Fähnrich; Stammesführer
bajram-i Bayram *rel.*
bak|all-i, *pl.* -ëj-të, -áj-të Krämer, Einzelhändler
bakalaro-ja Kabeljau, Stockfisch
bakelit-i Bakalit
bakëm-i, *pl.* -e-t Blauholzbaum *Haematoxylon campechianum*
bak|ër, -ri Kupfer
bakëre-t *f. Pl.* Kupfersachen, Kupfertöpfe
bakëroj verkupfern, mit Kupfer überziehen
bakërpunues-i Kupferschmied
bakllavá-ja Nuß-Blätterteig, Baklava
bakshish-i, *pl.* -e-t *veralt.* Trinkgeld, Almosen
bakter-i, *pl.* -e-t Bakterium
bakteriologjí-a Bakteriologie
balad|ë, -a Ballade
balanc|ë, -a Waage, Gleich-

gewicht
balancoj bilanzieren, ausgleichen
balast-i Ballast
Balaton-i Plattensee
balçik-u, *pl.* -ë-t Nasenring *für Tiere*
baldos|ë, -a Dachs
Baleare-t Balearen
balen|ë, -a Wal
balest|ër, *pl.* -ra-t Feder *tech.*, Federung
balet-i, *pl.* -e-t Ballett
baletmaest|ër, -ri, *pl.* -ra-t Ballettmeister
balistik, -e ballistisch
balo-ja, *pl.* -t weißer Ochse, weißer Hund
balon|ë, -a Ballon
balsam-i, *pl.* -e-t Balsam
balsamoj einbalsamieren, mumifizieren
baltak, -e dreckig, schlammig
balt|ë, -a, *pl.* -ëra-t Schlamm; Dreck, Schmutz, Ton, Erde; **lë në ~** im Stich lassen; **cirkoj me ~** mit Dreck bespritzen
baltërt, i/e tönern, Ton-
Baltik-u Ostsee, Baltikum
balturin|ë, -a Tonwaren, Dreckklumpen
ballafaqim-i Gegenüberstellung
ballafaqoj gegenüberstellen
ball|ë, -i, *pl.* -ë-t Stirn, Front; Vorderseite, Anfang; Ballen, Pack; **Balli Kombëtar** Nationale Front; **bëj ~** Widerstand leisten
ballës-i Handrücken
ballëtar-i Anführer
ballin|ë, -a Fassade, Vorderseite, Frontseite; Titelblatt; Frontispiz, Titelbild
Ballkan-i Balkan
ballkanas, -e = **ballkanik**, -e balkanisch, Balkan-
ballkanist-i, *pl.* -ë-t Balkanist, Balkanologe
ballkaniz|ëm, -mi Balkanismus
ballkanolog-u, *pl.* -ë-t Balkanologe
ballkanologjí-a Balkanologie
ballkanologjik, -e balkanologisch
ballkon-i, *pl.* -ë-t Balkon
bállo-ja, *pl.* -t Ball; Tanz, Gesellschaftstanz; **ballo me maska** Maskenball; **fustan balloje** Ballkleid
balluke-t Fransenhaarschnitt, Pony-Frisur
bam *Int.* peng, bums
bambú-ja Bambus
bamirës, -e wohltätig
bamirës-i Wohltäter
bamirësí-a Wohltätigkeit
bamj|e, -a Okra, Bamya, Eibisch
banak-u Theke, Tresen, Schanktisch

banak-u Tischlerbank, Hobelbank; **nën banak** unter der Hand *fig.*
banakier|e, -ja Schankfrau, Thekenbedienung
banal,-e banal, gewöhnlich
banalitet-i Banalität
banan|e, -ia Banane
bandazh-i, *pl.* -e-t Bandage, Verband, Verbandszeug
banderol|ë, -a, *pl.* -a-t Banderole
band|ë, -a Band *mus.*; Binde *med.*, Verband; Bande
bandit-i, *pl.* -ë-t Bandit
banditiz|ëm, -mi Banditentum; **lufta kundër banditizmit** Kampf gegen das organisierte Verbrechen
banes|ë, -a Wohnhaus
bangladéshas, -e aus Bangladesh
banim-i Wohnsitz; das Wohnen; **banim i përhershëm** ständiger Wohnsitz
bankar, -e Bank-; **kapitali ~** Bankkapital
banket-i, *pl.* -e-t Bankett, Festessen; **~ lamtumire** Abschiedsessen; **~ i pritjes** Empfangsbankett
bank|ë, -a, *pl.* -a-t Bank, Sitzbank; **bankë depozitimi** Depositenbank; **~ pune** Geschäftsbank; Werkbank
bankënot|ë, -a Banknote, Geldschein
bankëprov|ë, -a Prüftisch
bankier-i, *pl.* -ë-t Bankier
bankin|ë, -a Kai
bankrut|ë, -a Bankrott
banoj wohnen; **banojmë derazi** wir wohnen nebeneinander
banor-i, *pl.* -ë-t Einwohner, Bewohner
banuar, i/e bewohnt, bewohnbar
banuesh|ëm, -me, i/e bewohnbar
banj|ë, -a Bad, Badezimmer, Toilette; Waschraum; **mbathje banje** Badehose; **~ dielli** Sonnenbad; **~ me ujë mineral** Mineralbad; **~ publike** Freibad, öffentliches Bad; **brekë banje** Badehose; **kostum banje** Badeanzug; **mantel banje** Bademantel; **qendër banjash** Badeort, Kurort; **rrobë banje** Badeanzug; **vaska e banjës** Badewanne
banjor|e, -ja Badezimmer
baqth-i, *pl.* -e-t Unterleib, Unterbauch
bar-i Bar; **bar-lulishte** Biergarten, Gartencafé, Gartenbar
bar-i, *pl.* -ëra-t Gras
barabar ⟨*adv*⟩ gleich; **doli ~** er erwies sich als gleich
barabartë, i/e gleich
barak|ë, -a Baracke

baras = **bárazi** ⟨*adv*⟩ gleich
barasn|atë, -ata, *pl.* -et-ët Tag- und Nachtgleiche *21. 3. und 21. 9.*
baraspesh|ë, -a Gleichgewicht
barasrrokësh, -e gleichsilbig, isosyllabisch
barasvlerës, -e gleichwertig, äquivalent
báraz ⟨*adv*⟩ gleich
barazí-a Gleichheit
barazim-i Gleichheit; Gleichung; Gleichstand *spo.*; **shenjë e barazimit** Gleichheitszeichen
barazoj gleichmachen; Unentschieden erzielen *spo.*, ausgleichen; gleichstellen
barbar, -e barbarisch
barbar-i, *pl.* -ë-t Barbar
barbarí-a Barbarei
barbariz|ëm, -mi Barbarismus
barbaroz|ë, -a Geranie *bot.*
barbu|n-i, *pl.* -nj-të Seebarbe
barcelet|ë, -a Witz
barçjot, -e aus Barç
bardhas, -e aus Bardhaj
bardhë, i/e weiß; ~ **si bilurí** weiß wie Schnee; ~ **si qefin** weiß wie die Wand; **qyteti ka veshur qyrkun e bardhë** die Stadt trägt ihr Winterkleid
bardhësí-a Weiße, weiße Farbe
barel|ë, -a Bahre, Tragbahre
barí-u, *pl.* -nj-të Hirt, Schafhirt; ~ **shtegtar** Wanderschäfer
barisht|e, -ja Grünzeug, Gemüse; Grün, Pflanzen; **supë me barishte** Gemüsesuppe
barishtor, -e pflanzlich
bariton-i, *pl.* -ë-t Bariton
barium-i Barium *chem.*
bar|k-u, *pl.* -qe-t Bauch, Inneres; **të çjerr barkun** das hältst du nicht aus
barkapóshtas = **bárkas** bäuchlings, auf dem Bauch
bárkas ⟨*adv*⟩ bäuchlings, auf allen Vieren
barkbosh, -e mit leerem Bauch
bark|ë, -a Boot; ~ **me vela** Segelboot; ~ **shpëtimi** Rettungsboot
barkkeq, -e bösartig
barkngopur vollgefressen
barkor|e, -ja Wollschürze, Leibchen
barkplot, -e mit vollem Bauch
barkthatë hungrig, arm
barna-t Heilkräuter, Kräuter, Medizin
barnator|e, -ja Drogerie, Apotheke
baromet|ër, -ri Barometer
baron-i, *pl.* -ë-t Baron, Freiherr
baronesh|ë, -a Baronesse,

Freifrau
barr|ë, -a Last; Menge; Schwangerschaft; **me barrë** schwanger
barrikad|ë, -a Barrikade
barrsë trächtig
bart tragen
bartur, i/e übertragen *spr.*
barut-i, *pl.* -e-t Pulver, Schießpulver; **fuçi me** ~ Pulverfaß
bas-i, *pl.* -ë-t Baß *mus.*
basamak-u, *pl.* -ë-t Treppengeländer; Randstein, Bordstein
bask, -e baskisch
basketboll-i Basketball, Korbball
basketbollist-i Basketballspieler
baskisht|e, -ja baskische Sprache
basm|ë, -a Kattun, Baumwollstoff
basoreliev-i, *pl.* -e-t Basrelief
bast-i, *pl.* -e-t Wette; **vë bast** wetten
bastard-i, *pl.* -ë-t Bastard, Mischling; Bankert
bastardoj kreuzen
bastis durchsuchen, filzen
bastun-i, *pl.* -ë-t Spazierstock
bash ⟨*adv*⟩ genau, deshalb
bash-i, *pl.* -e-t Bug
bashibozuk-u, *pl.* -ë-t Bandit
bashkangjitur, i/e angefügt, beigefügt
bashkatdhetar-i Landsmann, Mitbürger
bashkautor-i Koautor, Mitverfasser
bashkekzistenc|ë, -a Koexistenz
bashkekzistoj koexistieren
bashkë ⟨*adv*⟩ zusammen, gemeinsam; **së bashku** gemeinschaftlich
bashkë- mit-, ko-, zusammen-
bashkëbanim-i Wohngemeinschaft
bashkëbisedim-i Gespräch, Unterhaltung, Unterredung
bashkëbisedues-i Gesprächspartner
bashkëgjegjësí-a Entsprechung; ~ **fonetike** lautliche Übereinstimmung
bashkëjetes|ë, -a das Zusammenleben; Koexistenz
bashkëjetoj zusammenleben, koexistieren
bashkëkohës, -e zeitgenössisch; **burime bashkëkohëse** zeitgenössische Quellen
bashkëlidhj|e, -a Korrelation
bashkëluftëtar-i Mitkämpfer, Mitstreiter
bashkëngjis *s/t* anfügen, beifügen
bashkënxënës-i Mitschüler
bashkëpajtim-i Übereinstim-

mung, Konkordanz *spr.*
bashkëpërkim-i Übereinstimmung *spr.*, Gemeinsamkeit
bashkëpronar-i Mitbesitzer, Miteigentümer
bashkëpunëtor-i Mitarbeiter, Mittäter *jur.*
bashkëpunim-i Zusammenwirken, Kollaboration, Mittäterschaft *jur.*; Zusammenarbeit; ~ **i frytshëm** fruchtbare Zusammenarbeit
bashkëqendror, -e konzentrisch
bashkëqytetar-i Mitbürger
bashkëreferat-i, *pl.* -e-t Korreferat
bashkërenditj|e, -a Koordination, Beiordnung
bashkërenditur, i/e parataktisch, beigeordnet *spr.*, koordiniert
bashkërendoj = **bashkërendit** *s/t* beiordnen
bashkëri-a Gemeinsamkeit, Übereinstimmung
bashkërisht ⟨*adv*⟩ gemeinsam
bashkëshort-i, *pl.* -ë-t Ehegatte, Gemahl, Ehemann
bashkëshort|e, -ja Ehefrau, Gemahlin, Gattin
bashkëshortësi-a Ehe, eheliche Gemeinschaft
bashkëshortor, -e ehelich
bashkësi-a Vereinigung, Verband, Gemeinsamkeit; ~ **gjinore** Gentilgemeinschaft
bashkëtingëllor, -e konsonantisch
bashkëtingëllor|e, -ja Konsonant, Mitlaut; ~ **anësore** Lateral *spr.*; ~ **buzëdhëmbore** Labiodental; ~ **buzoprapaqiellzore** Labiovelar *spr.*; ~ **buzore** Labial; ~ **dhëmbore** Dental *spr.*, Zahnlaut; ~ **dridhëse** Vibrant *spr.*; ~ **dybuzore** Bilabial *spr.*; ~ **e lëngët** Liquida *spr.* liquider Konsonant; ~ **e zhurmët** Geräuschlaut *spr.*; ~ **fërkimore** Frikativ *spr.*, Reibelaut; ~ **fishkëllore Sibilant** *spr.* Zischlaut; ~ **grykore** Guttural *spr.*, Velar; ~ **hundore** Nasal *spr.*; ~ **mbidhëmbore** Supradental *spr.*; ~ **mbyllitore** Verschlußlaut *spr.*, Klusil *spr.* Okklusiv *spr.*; ~ **ndërdhëmbore** Interdental *spr.*
bashkëvarësi-a Interdependenz
bashkëveprim-i Kooperation, Zusammenwirkung, Interdependenz
bashkëveproj in Interdependenz stehen
bashki-a Gemeinde *veralt.*

bashkim-i Verbindung; Vereinigung, Union; Zusammenfassung *jur.* ~ **frazeologjik** phraseologische Verbindung; ~ **profesional** Gewerkschaft
bashkoj vereinigen, zusammenschließen, verbinden
bashku, **së** ~ gemeinsam, zusammen
bashkudhëtar-i, *pl.* -ë-t Weggenossen, Weggefährte
bashtin|ë, -a Erbhof, Erbbesitz
bat-i, *pl.* -a-t Vogelfalle
batak-u, *pl.* -ë-t Sumpf, Morast
batakçí-u, *pl.* -nj-të Gauner, Lump
batalion-i, *pl.* -e-t Bataillon *mil.*
batall, -e unbrauchbar, gammelig
batallohem gammeln; verkommen
batanij|e, -a Decke
baterí-a Batterie
batërdí-a Lärm, Radau
batërdis = **batis** ruinieren, kaputt machen
batiskaf-i, *pl.* -ë-t Tauchboot
batist-i Batist
bath|ë, -a, *pl.* -ë-t Saubohne
bathor|e, -ja Bohnenfeld; dicke Bohne
baull|e, -ja *veralt.* Seekoffer, Schrankkoffer; Truhe, Kasten
bavarez, -e bayerisch
bavarez-i Bayer, Bajuwar
Bavarí-a Bayern
baxhanak-u, *pl.* -ë-t Schwager *über die Frauen verschwägert*
baxh|ë, -a Dachluke
baxho-ja Sennerei; Molkerei
baz|ë, -a Basis, Stützpunkt; **organizatë** ~ Basis-Organisation; **në** ~ **të** ⟨+ *G*⟩ wegen, auf Grund von; ~ **nyjëtimi** Artikulationsbasis; **nocion** ~ Grundbegriff; **skedë** ~ Zugangsvermerk, Journalzettel
Bazel-i *ON* Basel
bazik, -e basisch *chem.*
bazoj gründen, basieren; **duke u bazuar në** ⟨+ *Akk*⟩ bezugnehmend auf
bazuk|ë, -a Bazooka, Panzerfaust
be-ja Eid, Schwur; **bëj be** schwören; **vë në be** zum Schwur drängen
bebe Baby
bedel-i, *pl.* -ë-t *veralt.* Stellvertreter *Arbeit, Wehrdienst*, Strohmann
beden-i, *pl.* -a-t Zinne, Brustwehr; Stadtmauer
béfas ⟨*adv*⟩ plötzlich, unerwartet
befasoj überraschen, verblüffen, übertölpeln

beftë, i/e unerwartet, plötzlich, spontan
begatí-a Wohlergehen, Wohlstand
begatoj bereichern
begatsh|ëm, -me, i/e reich
begení-a Entgegenkommen, Leutseligkeit
begenisur, i/e jovial, leutselig
beh hereinstürzen, überraschen
behar-i *veralt.* Sommer
be|j, -u, *pl.* -j-ler-ë-t Bey, Grundherr, Landadliger
bejendisur, i/e jovial, leutselig
bejle|g-u, *pl.* -gje-t *veralt.* Duell, Zweikampf
bejleresh|ë, -a Frau eines Bey, Hanum
Bejrut-i *ON* Beirut
bejt|e, -ja *veralt.* Vers
bejtexhí-u *veralt.* Dichter *im orientai Stil*
bekçí-u, *pl.* -nj-të Feldhüter
bekim-i Segnung, Segen
bekoj segnen, benedeien
bektashí-u, *pl.* -nj-të Bektaschi *Anhänger des Derwischordens*
bektashian, -e Bektaschi-
bektashiz|ëm, -mi Bektaschismus, Bektaschitum
bel-i Taille
bel-i, *pl.* -a-t dreieckiger Spaten
belá-ja, *pl.* -ra-t Pech, Unglück, Schwierigkeit
belbër ⟨*adv*⟩ stotternd, stammelnd
belbër, i/e stotternd, sprechbehindert
belbëzoj murmeln, stammeln, stottern
beledi|e, -a *veralt.* Bürgermeisterei
belg, -e, **belgjian**, -e belgisch
belg-u, **belgjian-i** Belgier
Belgjik|ë, -a Belgien
belhanxhar-i *veralt.* zweischneidiger Dolch
belhollë schlank, mit schlanker Taille
belicar, -e aus Belica
belshak, -e aus Belsh
ben|g-u, *pl.* -gje-t Pirol
bend-i, *pl.* -e-t Mühlenteich
benzin|ë, -a Benzin, Kraftstoff
Beograd-i *ON* Belgrad
beqar, -e ledig, unverheiratet
beqar-i Junggeselle
Berat-i *ON* Berat
beratas, -e aus Berat
berber-i, *pl.* -ë-t Barbier, Friseur, Haarschneider
berberhan|ë, -a Barbierstube, Frisiersalon
bereqet-i, *pl.* -e-t *veralt.* Getreide; Nutzen, Segen, Ertrag
beret|ë, -a Mütze, Baskenmütze
berilium-i Beryllium *chem.*

berishas, -e aus Berisha
Berlin-i *ON* Berlin
Bermude-t Bermudas, Bermuda-Inseln
Bern|ë, -a Bern
berr-i, *pl.* -a-t Kleinvieh *Ziege, Schaf*
bes|ë, -a Glaube, Vertrauen; Urfehde, Versprechen
besa-bes|ë, -a Ehrenwort, Versprechen
besëlidhj|e, -a Bund, Bündnis; ~ **e vjetër** Altes Testament *rel.*
besëshkalë wortbrüchig
besëthyes, -e treubrüchig
besëtytë abergläubisch
besëtytní-a = **bestytní**-a Aberglaube
besim-i Glaube, Konfession, Bekenntnis; Vertrauen
besimtar-i Gläubiger
besnik, -e treu, ergeben
besnikërí-a Treue, Ergebenheit, Loyalität
besnikërisht ⟨*adv*⟩ treu, ergeben
besoj glauben, vertrauen; anvertrauen
besuesh|ëm, -me, i/e glaubhaft, glaubwürdig
betej|ë, -a, *pl.* -a-t Schlacht, Gefecht
beter ⟨*adv*⟩ sehr schlecht
betim-i Eid; **dëlir prej betimit** vom Eid entbinden
betohem schwören, Eid leisten
beton-i Beton
betonarmé-ja Eisenbeton
betonoj betonieren
betontë, i/e aus Beton
bezdí-a Verdruß, Unannehmlichkeit
bezdis belästigen, stören; langweilen
bezdissh|ëm, -me, i/e lästig, unangenehm, ärgerlich
bez|e, -ja Baumwollstoff
bezistan-i, *pl.* -e-t Bezisten *Bedesten*, überdachter Basar; Marktgewölbe
bëhem werden, sich machen; **bëhuni hazër!** macht euch bereit!; ~ **harbi** schäumen vor Wut; ~ **ikonë** blaß werden, im Gesicht abmagern; ~ **kaike** schwanken *vor Trunkenheit*; ~ **meit** leichenblaß werden; ~ **shkas** verursachen, zum Anlaß werden; ~ **tapë** stockbesoffen werden; ~ **verem** sich ärgern; sich langweilen; ~ **zeher** verbittert werden
bë|**j**, -ra, -rë machen, tun; **athua e bëre?** hast du es etwa gemacht? ~ **acar** bitterkalt sein; ~ **ballë** Widerstand leisten; ~ **be** schwören; ~ **blof** bluffen; ~ **buzën në gaz** lächeln; ~ **çapat e parë** die ersten Schritte machen; ~ **çmos e çnuk** al-

les Erdenkliche tun; ~ **dushk** Laub als Viehfutter schneiden; ~ **elozhe** lobhudeln; ~ **një favor dikujt** jemand einen Gefallen tun; **s'bëj gëk** keinen Ton von sich geben; ~ **grevë** streiken; ~ **gjedhim** eichen; **bëfsh hair!** es möge dir gut gehen!; ~ **jeh** widerhallen; ~ **jetën fli** sein Leben zum Opfer darbringen; ~ **kabull** akzeptieren; ~ **kauzë të përbashkët** gemeinsame Sache machen; ~ **kiametin** lärmen; ~ **kinse fle** sich schlafend stellen; ~ **lëshime** Zugeständnisse machen; ~ **medet** *hajmedet* klagen; ~ **nder** eine Gefälligkeit erweisen; ~ **nijet** beschließen; ~ **nevojën** seine Notdurft verrichten; **më bën keq** es schadet mir; ~ **me një njollë kostumin** einen Fleck auf den Anzug machen; ~ **pjesë në** ⟨+ *Akk*⟩ teilnehmen; gehören zu; ~ **një proçkë** Fehler machen; ~ **qar** gewinnen; ~ **qeder** schädigen; ~ **një radiografi** röntgen, geröntgt werden; **i** ~ **rixha** jemand um Hilfe bitten; ~ **sehir** gaffen, Maulaffen feilhalten; ~ **shurrë** urinieren, Wasser lassen; ~ **teslim** übergeben; ~ **një vrimë në ujë** nichts ausrichten; ~ **rrapitoll me tokën** niedermachen; **bën ftohtë** es ist kalt; **i bëj bisht** ⟨*Dat*⟩ sich drükken vor; ~ **shiqajet** sich beklagen; ~ **shaká** scherzen, Witze machen; **bën vapë** es ist heiß; ~ **xhan** liebkosen, herzen; ~ **zahmet** sich bemühen; ~ **zarar** beschädigen; ~ **një zhbirim** Nachforschung anstellen; ~ **zhele** zusammenstauchen, ausschimpfen, zur Minna machen

bëm|ë, -a Tat, Heldentat

bënjallí-u aus Bënja

bërës-i Täter, Urheber, Autor

bërllok-u Spreu, Abfall

Bërno-ja *ON* Brünn, Brno

bërtas *a/e/i; s/t* schreien

bërtham|ë, -a Kern; **bërthamë e thënies** Aussagekern; **bërthamë atomike** Atomkern

bërthamor, -e Kern-, nuklear; **nëndetëse bërthamore** Atom-U-boot; **fizikë bërthamore** Kernphysik

bërxoll|ë, -a Kotelett

bërzeshtanak, -e aus Bërzeshta

bërzhitén, -e aus Bërzhita

bërryl-i, *pl.* -a-t Ellbogen; Kehre *Fluß, Straße*

bib|ël, -la, *pl.* -la-t Bibel
biban-i, *pl.* -ë-t Truthahn, Puter
biberon-i Säuglingsflasche, Schnuller; **ushqej me biberon** die Flasche geben
biblik, -e biblisch
bibliografi-a Bibliographie, Bücherverzeichnis
bibliografik, -e bibliographisch
biblioman-i Büchernarr
bibliotekar-i, *pl.* -ë-t Bibliothekar
bibliotek|ë, -a Bibliothek, Bücherei; ~ **e profilizuar** Fachbibliothek, Fachbücherei; ~ **institucioni** Behördenbibliothek; ~ **kombëtare** Nationalbibliothek; ~ **krahinore** Regionalbibliothek; ~ **shkollore** Schulbücherei; **ndjekja e bibliotekës** Benutzungsrate der Bibliothek; ~ **qyteti** Stadtbücherei; ~ **universitare** Universitätsbibliothek
bibliotekist-i Bibliothekar
bic|e, -ja Loch; Unterschlupf, Plätzchen; **gjej një** ~ ein warmes Nest finden
bicjan, -e aus Bicaj
biçak-u, *pl.* -ë-t Taschenmesser, Federmesser, Klappmesser
biçiklet|ë, -a Fahrrad, Velo
bidon-i, *pl.* -ë-t Kanister
bie, prura, prurë bringen
bie, rashë, rënë fallen, hinausgehen, liegen nach; **bjeri!** wähl! *am Telefon*; **oburrani, bjerini armikut!** los, auf den Feind!; ~ **fill** in die Klemme geraten; ~ **breshër** es hagelt; ~ **dakord** Einverständnis erzielen; ~ **nga dynjallëku** an den Bettelstab kommen, verarmen; **dhoma** ~ **nga jugu** das Zimmer geht nach Süden hinaus; **era ka rënë** der Wind hat sich gelegt; **i** ~ **të fikët** ohnmächtig werden; ~ **fjala** beispielsweise; **meqë ra fjala** übrigens, nebenbei bemerkt; ~ **të fle** schlafen gehen: zu Bett gehen; **i ka rënë kurteshi** es juckt ihn; ~ **në kurth** in die Patsche geraten; ~ **ndërmend** einfallen; ~ **në pritë** in einen Hinterhalt geraten; ~ **i sëmurë** krank werden; ~ **shi** regnen; ~ **shpatullave** auf die Schultern klopfen; **i** ~ **telefonit** wählen; ~ **në ujdi** Einverständnis erzielen; ~ **nga vakti** herunterkommen *fig.*; **i** ~ **ziles** klingeln
bif|ë, -a Mangold, Runkelrübe
biftek-u Beefsteak
big|ë, -a Gabel *fig.*, Gabe-

lung; **bigë e rrugës** Straßengabelung

bigon|ë, -a Doppelflöte

bigoní-a Verleumdung

bigudí-a Lockenwickler

bihevioriz|ëm, -mi Behaviorismus

bij|ë, -a, *pl.* -a-t Tochter; **e bija** seine/ihre Tochter

bikm|e, -ja Seidenfaden zum Sticken

bilájas, -e aus Bilaj

bilan-i, *pl.* -ë-t Brustschmuck, Halskette aus Münzen

bilanc-i, *pl.* -e-t Bilanz; **bilanc i pagesave** Zahlungsbilanz

bilardo-ja Billard

bilbil-i, *pl.* -a-t Nachtigall

bilé sogar

biletarí-a Kartenverkaufsschalter

bilet|ë, -a Eintrittskarte, Fahrschein, Billet; Flugschein; Banknote; Ticket; ~ **e hyrjes** Eintrittskarte

bil|ë, -a Kugel *aus Metall oder Elfenbein*, Billardkugel

bilik|e, -ja Blechkanne für Wasser oder Öl

bilion-i, *pl.* -ë-t Milliarde, Billion *1000 Milliarden*

bilishtar, -e aus Bilisht

bilur-i Porzellan, Kristall; **bardhë si biluri** weiß wie Schnee

bim|ë, -a Pflanze

bimbash-i, *pl.* -ë-t *veralt.* Bimbasch *Major im osman. Heer*

bimësí-a Flora, Pflanzenwuchs, Vegetation

bimëtor|e, -ja Herbarium

bims|ë, -a Keller

biná-ja *veralt.* Gebäude; Nachkommen; Riese

binar-i, *pl.* -ë-t Geleis

bind überzeugen

bind-i, *pl.* -e-t Riese

bindem überzeugt werden; **bindur**, i/e überzeugt

bindës, -e überzeugend

bindj|e, -a Überzeugung

biografí-a Biographie, Lebensbeschreibung

biolog-u, *pl.* -ë-t Biologe

biologjí-a Biologie

biologjik, -e biologisch

biplan-i, *pl.* -e-t Doppeldekker

bir-i, *pl.* bij-të Sohn; **i biri** sein/ihr Sohn

birërí-a Kindschaft, Sohnschaft

biresoj adoptieren

birinxhí ⟨*adv*⟩ *veralt.* erstklassig

birman, -e burmesisch

birmanez-i Burmese

Birmaní-a Burma

birrarí-a Bierlokal, Biergarten, Bierschwemme

birrem verlorengehen
birr|ë, -a Bier
bis bis, zweimal, Zugabe
bised|ë, -a Unterhaltung, Gespräch; **biseda kishte si-për një tis...** das Gespräch lag unter einem Schleier von...
bisedim-i Unterhaltung, Gespräch, Unterredung
bisedoj sich unterhalten, plaudern
bis|k-u, *pl.* -qe-t Zweig, Stengel, Halm; Rinnsal
Biskaj|ë, -a Biskaya
biskot|ë, -a Biskuit, Keks, Plätzchen, Gebäck
bismut-i Wismut *chem.*
bistricot, -e aus Bistrica
bish|ë, -a Bestie, Raubtier, wildes Tier; Biest
bisht-i, *pl.* -a-t Schwanz, Stiel, Ende; Kippe; **i bëj** ~ ⟨*Dat*⟩ sich drücken vor etw.
bishtaj|ë, -a Hülse, Schote
bishtak-u, *pl.* -ë-t Fohlen, Füllen; Kleinkind im Krabbelalter; Stieltopf
bishtatundës-i Bachstelze
bishtkuq-i, *pl.* -ë-t Rotschwänzchen
biteví ⟨*adv*⟩ ganz, vollständig
bitis *veralt.* beenden, abschließen
bitum-i Bitumen
bitumoj asphaltieren, teeren
biul|e, -ja Strohhalm, Trinkhalm; Mundstück *mus.*
bixhoz-i, *pl.* -ë-t Kartenspiel, Glücksspiel
bixhozçí-u, *pl.* -nj-të Glücksspieler, Spieler
Bizant-i *hist.* Byzanz *ON*
bizantin, -e byzantinisch
biz|ë, -a Pfriem, Ahle; Sticknadel
bizë ⟨*adv*⟩ bis, zweimal, Zugabe!
bizel|e, -ja Erbse
bizg|ë, -a Dünnschiß
biznes-i Geschäft, Business
bizon-i, *pl.* -ë-t Bison
bizhuterí-a Juwelierwaren, Schmuckstücke, Schmuck
Bjalistok-u *ON* Bialystok
Bjellorusí-a Weißrußland, Belorußland
bjer, s. **bie**
bjerr, bora, bjerrë *e/i/o; rr/r* verlieren; **birrem** verlorengehen
bjerraditës-i Tagedieb
bjerrafat, -e mißlich
bjeshk|ë, -a, *pl.* -ë-t Alm, Bergweide
Bjeshkët e Nemuna Prokletije-Gebirge
bjeshkí-a Sennerei, Almwirtschaft
bjond, -e blond
blacar, -e aus Blaca
blan|ë, -a Narbe

blasfemí-a Blasphemie, Gotteslästerung
blat|ë, -a Hostie *rel.*, Oblate
blatoj konsekrieren, weihen; schenken, widmen
ble-u, *pl.* -j-të Band, Teil
blegtor-i Viehzüchter
blegtorí-a Viehzucht, Tierzucht
blej kaufen; ~ **me kredi** auf Pump kaufen
blerës-i Käufer
blerin|ë, -a Wiese, Weide; Au
blerj|e, -a Kauf; ~ **librash** Akzession
bleroj grünen, sprießen
blertë, i/e grün
blet|ë, -a Biene
bletar-i, *pl.* -ë-t Imker
bletarí-a Imkerei, Imkerberuf
bletor|e, -ja Bienenhaus, Imkerei
bli, s. **blej**.
bli-ni, *pl.* -nj-të Stör
bli-ri, *pl.* -ë-t Linde
blic-i, *pl.* -e-t Blitzlicht
blindazh-i, *pl.* -e-t befestigter Unterstand, kleiner Bunker
blind|ë, -a Panzerung, Stahlpanzer
blindoj panzern
blinisht|ë, -a Lindenwald
blinishtas, -e aus Blinisht
blinker-i Blinker, Richtungsanzeiger
blof-i, *pl.* -ë-t Bluff, Übertölpelung; **bëj** ~ bluffen
bloz|ë, -a Ruß; ~ **aktive** Aktivkohle *chem.*
blu blau
bluaj mahlen; verdauen; verarbeiten; **bluante në kokë gjithë ato marrëzira** er hatte den Kopf voll von diesen Narreteien
bluxhins Blue Jeans, Jeans-Hosen
bluz|ë, -a Bluse
bllac|ë, -a Pfütze
bllo|k-u, *pl.* -qe-t Block; ~ **vizatimi** Zeichenblock
bllokad|ë, -a Blockade
bllokohem verstopfen *intrans.*; **rruga bllokohet** es bildet sich ein Stau
bllokoj blockieren, verstopfen
bobin|ë, -a Spule
boboshtar, -e aus Boboshtica
bobotij wehklagen, jammern
boc|ë, -a Fläschchen, Karaffe
boc|ë, -a, *pl.* -a-t Korrekturfahne, Probedruck, Andruck
bocman-i, *pl.* -ë-t Bootsmann
bodrum-i, *pl.* -e-t Keller
boen|ë, -a Überschwemmung
bof *Int.* paff, peng; **bëj** ~ vor

Wut platzen
bogian, -e aus Boga
Bohemí-a Böhmen
bojallí, -e hochgeschossen, groß
bojatis anstreichen, färben; ~ **shtëpinë** das Haus anmalen
bojaxhí-u Anstreicher, Maler
boj|ë, -a, *pl.* -ëra-t Farbe, Farbstoff; ~ **shkrimi** Tinte; ~ **hiri** grau; ~ **qielli** himmelblau; **ngjyej penën në bojë** die Feder in die Tinte tunken
bojëkashtë strohblond
bojkotim-i Boykott
bojkotoj boykottieren
bojskaut-i, *pl.* -ë-t Pfadfinder
bok|ërr, -rra, *pl.* -rra-t rostbraune Feldmaus
boks-i Boxen, Boxsport, Faustkampf
boks-i, *pl.* -e-t Boxcalf-Leder
boksier-i, *pl.* -ë-t Boxer
boksit-i, *pl.* -e-t Bauxit
bolivian, -e bolivisch
Bolonj|ë, -a *ON* Bologna
bolsheviz|ëm, -mi Bolschewismus
boll ⟨*adv*⟩ viel, voll, genügend, reichlich
boll|ë, -a ungiftige Schlange, Äskulapschlange
bollëk-u Überfluß, Menge
bomb|ë, -a Bombe
bombahedhës-i Granatwerfer *mil.*
bombardoj bombardieren
bombardues-i Bomber *mil.*
bombola, *pl.* -a-t Gasflasche *tech.*
Bon-i *ON* Bonn
bonbon|e, -ja Bonbon
bonboneri-a Süßwarengeschäft
bonifikim-i Melioration, Verbesserung, Entwässerung
bonifikoj entwässern, meliorieren
bonz-i, *pl.* -ë-t Bonze *fig.*, Parteihengst
boraks-i Borax *chem.*
bord-i, *pl.* -e-t Bord; **në bordin e avionit, e anijes** an Bord des Flugzeugs, des Schiffes; ~ **drejtues** Steuerbord
bordel-i, *pl.* -e-t Bordell, Puff, Freudenhaus
borderó-ja Gehaltsliste, Payroll
Bordó-ja *ON* Bordeaux
bor|ë, -a Schnee; **bie** ~ es schneit
boreal, -e Nord-; **aurorë boreale** Nordlicht
borgjez, -e bürgerlich, bourgeois
borgjez-i Bourgeois, Bürgerlicher
borgjezí-a Bourgeoisie, Bür-

gertum
borgjezoj verbürgerlichen
bori-a Trompete; Hupe
borig|ë, -a Schwarzkiefer
borim|ë, -a Schneeregen
borizan-i, *pl.* -ë-t Trompeter
borjan, -e aus Borja
bornaj|ë, -a Schneewehe
borovar, -e aus Borova
bors|ë, -a Tasche; Wärmflasche
borsalin|ë, -a Filzhut, Borsalino
borshjot, -e aus Borsh
borxh-i, *pl.* -e-t Schuld, Darlehen; **jap** ~ verleihen, borgen; ~ **i motuar** verjährte Schuld; **e zhyti në borxhe** er stürzte ihn in Schulden; **laj** ~ eine Schuld begleichen; **jam me borxhe** verschuldet sein
borxhli-u, *pl.* -nj-të Schuldner
borzilok-u, *pl.* -ë-t Basilikum *bot.*
Bosfor-i Bosporus
bosh ⟨*adv*⟩ leer, nutzlos; **flas** ~ dummes Zeug reden
bosh, -e leer
bosh-i, *pl.* -e-t Lücke, Leere; **mbush boshet** Lücken füllen
boshatis leeren, ausleeren; evakuieren
boshësi-a Leere
boshllëk-u Leere, Lücke
bosht-i, *pl.* -e-t Achse, Spindel; **fjalë** ~ Grundwort, Kernbegriff; ~ **me gunga** Nockenwelle; ~ **transmisioni** Kurbelwelle
Bosnj|ë, -a Bosnien
bostan-i, *pl.* -e-t Melonenfeld, Melonen
bostanxhi-u, *pl.* -nj-të Gärtner für Gemüse und Melonen; **i shes kastravecë bostanxhiut** Wasser in den Rhein / Eulen nach Athen tragen
bot ⟨*adv*⟩ ununterbrochen, ständig; **thirr e bot** hör nicht auf zu rufen
bot-i, *pl.* -ë-t jemand
botanik, -e botanisch
botanik|ë, -a Botanik
botanist-i Botaniker
bot|e, -ja Krug
bot|ë, -a Welt; Leute; **gjithë bota** alle Leute; **mbarë bota** die ganze Welt
botëkuptim-i Weltanschauung, Weltverständnis
botëkuptimor, -e weltanschaulich, Weltanschauungs-
botëndijim-i Lebensgefühl
botërisht ⟨*adv*⟩ öffentlich
botëror, -e Welt-, weltweit; **kampionat botëror** Weltmeisterschaft; **në shkallë botërore** weltweit, in weltweitem Maßstab

botimi-i Veröffentlichung, Auflage; ~ **dygjuhësh** bilingue Edition, zweisprachige Ausgabe; ~ **fillestar** Erstausgabe; ~ **i paligjshëm, i palejuar** Raubdruck; ~ **jubilar** Jubiläumsausgabe; ~ **në fashikuj** Lieferungswerk; ~ **xhepi** Taschenausgabe, Taschenbuch; **të dhëna të botimit** Impressum

botohem erscheinen, veröffentlicht werden

botoj veröffentlichen, publizieren; **shtëpi botuese** Verlag

botor, -e öffentlich; **ndërtesë botore** öffentliches Gebäude

botuesh|ëm, -me, i/e veröffentlichungsfähig, publizierbar

bov|ë, -a Boje *naut.*

bozaxhí-u, *pl.* -nj-të Boza-Verkäufer

boz|ë, -a Boza *alkoholfreies Maisgetränk*

bozhor-i, *pl.* -ë-t Pelikan

bozhur|e, -ja *bot.* Pfingstrose

brac-i, *pl.* -ë-t Taschendieb

brací-a Taschendiebstahl

braktis verlassen, im Stich lassen

brambulloj = **brambullij** lärmen; prasseln, lodern

Bratislav|ë, -a *ON* Preßburg, Bratislava

bravapunues-i = **bravandreqës**-i Schlosser, Schloßreparierer

brav|ë, -a Schloß, Türschloß

brazd|ë, -a Furche, Graben

brazdoj Furchen ziehen

Brazil-i Brasilien

brazilian, -e brasilianisch

bredh *e/i/o* herumziehen, vagabundieren; eilen

bredh-i, *pl.* -a-t Tanne

bredhacak-u Landfahrer

bredhisht|ë, -a Tannenwald

breg-u, *pl.* brigje-t Ufer, Küste; Hügel, Hang; ~ **ranor** Sandstrand

bregdet-i, *pl.* -e-t Küste, Strand, Ufer

bregdetar, -e Küsten-; **ultësirë bregdetare** Küstentiefebene

bregdetar-i Küstenbewohner; Angehöriger der Küstenwache *mil.*

bregdetas-i Küstenbewohner

bregëzohem landen, anlegen

bregëzoj landen lassen, anlegen lassen

bregor, -e hügelig, Hügel-

bregor|e, -ja kleiner Hügel

Brëil|ë, -a *ON* Braila

brej, -ta, -tur nagen

brejtës-i Nagetier, Nager

brekë-t Hose, Shorts; ~ **banje** Badehose

brekor|e, -ja Windel

Bremen-i *ON* Bremen
brenda ⟨*adv.*⟩ innen, innerhalb, hinein, drinnen, nach drinnen; **futem** ~ hineinschlüpfen
brendaeptim-i Inflexion, Flexion
brendapërbrenda ⟨+ *Abl*⟩ innerhalb; ~ **familjes** nur im Kreise der Familie
brendapërbrenda ⟨*adv*⟩ innen
brendashtes|ë, -a Infix *spr.* Einschiebsel
brendatrupëzim-i Inkorporation *spr.*
brendës-i Füllung *des Börek*; Inneres
brendësí-a das Innere
brendí-a Inhalt, Gehalt
brendsh|ëm, -me, i/e inner, Binnen-, Inlands-; Innen-
breng|ë, -a Trauer, Leiden
brengosem trauern, sich sorgen
brerj|e, -a das Nagen; ~ **ndërgegjeje** Gewissensbiß
breror|e, -ja Heiligenschein, Aureole, Diadem *auf Ikonen*
bresh|ër, -ri Hagel; **bie breshër** es hagelt
breshërí-a Salve *mil.*; ~ **plumbash** Kugelhagel
Bréshia *ON* Brescia
breshk|ë, -a Schildkröte
breshkujës|e, -ja Seeschildkröte, Wasserschildkröte
Bretanj|ë, -a Bretagne
bretkos|ë, -a Frosch
bretonë-t Bretonen
brez-i, *pl.* -a-t Zone, Gürtel; Generation
brezhanak, -e aus Brezhan
brezní-a Generation; Geschlecht *rel.*; **ndërrimi i brezníve** Generationswechsel
bri ⟨+ *Abl*⟩ bei, am Rande von
briri Horn; ~ **i Artë** Goldenes Horn
bric|ë, -a Feuerstein
brigad|ë, -a Brigade
brigadier-i Vorarbeiter, Brigadeleiter, Brigadier *ök.*
brigjatë langhörnig
brijanac-i, *pl.* -ë-t Teufel
briket-i, *pl.* -a-t Brikett
brilant-i, *pl.* -e-t Brillant
brinj|ë, -a Rippe
brirth-i, *pl.* -ë-t Fühler *Käfer, Krebse*
bris|k-u, *pl.* -qe-t Rasiermesser, Rasur
brishtë, i/e zerbrechlich; zart, schwächlich; sensibel; **filxhan i** ~ leicht zerbrechliche Tasse
Británia e Madhe Großbritannien
britanik, -e britisch, britannisch
britm-i Herbst

britm|ë, -a Schrei
britmëqar|e, -ja Klageweib
brivetm-i Einhorn
Broduei Broadway
brof aufspringen; **brofi te dera** er stürzte zur Tür
brohoris *s/t* applaudieren, begrüßen mit tosendem Beifall
brohoritj|e, -a Applaus
brojc|ë, -a Krug, Henkelkrug, kleiner Tonkrug
brok|ë, -a Kännchen, Karaffe; ~ **qumështi** Milchkännchen
broker-i Broker, Makler
bromkëz-a Honigwabe
bronke-t *f. Pl.* Bronchien
bronkial, -e Bronchial-; **astma bronkiale** Bronchialasthma *med.*
bronkit-i, *pl.* -e-t Bronchitis *med.*
bronz-i Bronze
bronztë, i/e bronzen, aus Bronze
broshur|ë, -a Broschur; Broschüre, Faszikel *eines Lieferungswerks*
brozdovecar, -e aus Brozdovec
BRSS UdSSR
brufulloj platzen, sprießen, hervorquellen; **brufulloi plaga** die Wunde ging auf
bruk|ë, -a Tamariske
Bruksel-i *ON* Brüssel
brum|ë, -i, *pl.* -ëra-t Teig, Nudelgericht; Teigwaren
brúmbu|ll-i, *pl.* -j-t Mistkäfer
brumbulloj = **brumbullij** summen
brumç, -e kregel, munter
brumëtor|e, -ja Teigknetmaschine
brumëzoj Teig herstellen
brumos bilden, ausformen; ~ **rininë me frymën revolucionare** die Jugend mit revolutionärem Geist durchdringen
brutal, -e brutal, rücksichtslos; **shkelje brutale e të drejtave** rücksichtslose Verletzung der Rechte
bruto brutto
bruzian, -e aus Bruz
brym|ë, -a Rauhreif
brymës-i *veralt.* November
búa|ll-i, *pl.* -j-t Stier, Büffel
bualot, -e aus Bual
bubarjot, -e aus Bubar
bub|ë, -a Puppe *eines Schmetterlings*; Raupe
bubësllí-u aus Bubës
bubrek-u, *pl.* -ë-t *veralt.* Niere
bubullim|ë, -a Donner
bubullimacak, -e aus Bubullima
bubulloj = **bubullij** donnern
bubuzhel-i, *pl.* -ë-t Mistkäfer
bubuzhelem sich verdreeken

buç, -e = **buçkaran**, -e; **buçkan**, -e gesund: pausbäckig
buç-i Schlange
bucak-u, *pl.* -ë-t Ecke, Platz am Ofen; Heimstatt; Futterwicke
buças *a/e/i; s/t* tönen, schallen
bucel|ë, -a Nabe
buçim|ë, -a Getöse, Lärm
budall|á-i, *pl.* -enj-të Narr, Tor, Idiot
budallallë|**k**-u, *pl.* -qe-t Torheit, Narretei, Verrücktheit
budallaq|**e**, -ja Närrin, Törin, Idiotin
Budapest-i *ON* Budapest
buding-u Pudding
budist, -e buddhistisch
budist-i Buddhist *rel.*
budiz|**ëm**, -mi Buddhismus
Buenos-Ajres-i *ON* Buenos Aires
buf-i, *pl.* -ë-t Uhu
bufé-ja Wohnzimmerschrank, Büfett, Ausschank, Geschirrschrank
bufon-i, *pl.* -ë-t Spaßmacher, Clown *fig.*
buhí-a Gastmahl, Fettlebe
buhish|**ëm**, -me, i/e üppig, genußvoll
buhitem sich den Wanst vollschlagen
buj, -ta, -tur logieren, wohnen *zu Gast*
bujar, -e großzügig, nobel, üppig, edel
bujar-i, *pl.* -ë-t Bojar, Aristokrat
bujaresh|**ë**, -a Bojarin *hist.*
bujarí-a Großzügigkeit, Weitherzigkeit
bujaroj adeln, veredeln
buj|**ë**, -a Lärm, Aufsehen
buj|**k**-u, *pl.* -q-it Pächter, Bauer, Landmann
bujkrob-i, *pl.* -ër-it Leibeigener
bujkrobërí-a Leibeigenschaft
bujqësí-a Ackerbau, Landwirtschaft
bujqësor, -e landwirtschaftlich, Landwirtschafts-
bújrëm *Int.* bitte sehr!
bujsh|**ëm**, -me, i/e lärmig
bujtar, -e gastfreundlich
bujtarí-a Gastfreundlichkeit
bujtës i Gastgeber
bujtin|**ë**, -a = **bujtor**|**e**, -ja Herberge, Schlafplatz
bujtur, i/e abgestanden; **ujë i** ~ abgestandenes Wasser
bukamel-i, *pl.* -ë-t Mickerling, Kümmerling
Bukenvald-i *ON* Buchenwald
buk|**ë**, -a, *pl.* -ë-t Brot; Mahlzeit; Lebensmittel; **mbas buke** Nachtisch; ~ **e bardhë** Weißbrot; ~ **e gojës** das tägliche Brot; ~ **e thekur**

Toastbrot, Toast; ~ **e zezë** Schwarzbrot; **një bulçi** ~ Mundvoll Brot; **njom bukën në qumësht** Brot in Milch einweichen

bukëpjekës-i Bäcker

bukëz|í, -ezë geizig, nicht gastfreundlich

buk|ël, -la, *pl.* -la-t Wiesel

bukinist-i Antiquariatsbuchhändler

Bukovin|ë, -a Bukowina, Buchenland

búkur, i/e schön, hübsch

bukuré-ja = **bukurez|ë**, -a Glühwürmchen

Bukuresht-i *ON* Bukarest

bukurí-a Schönheit

bukurshkrim-i Schönschrift, Kalligraphie

bukurtingëllim-i Euphonie, Wohllaut

bulb-i, *pl.* -e-t Zwiebel, Blumenzwiebel, Bolle; Augapfel; ~ **i flokut** Haarwurzel

bulçí-a Wange, Backe; Mundvoll; **një** ~ **bukë** ein Mundvoll Brot; **fryj bulçitë** die Backen aufblasen

buldozer-i, *pl.* -ë-t Bulldozer

buletin-i Mitteilungsblatt, Bulletin; ~ **i motit** Wetterbericht; ~ **meteorologjik** Wetterbericht

bulevard-i, *pl.* -e-t Boulevard, Flanierstraße

bul|ë, -a Knospe *bot.*; Tropfen

bulkth-i, *pl.* -a-t Heimchen, Grille

bulmet-i, *pl.* -ra-t Milch, Milchprodukt

bulmetor|e, -ja Milchgeschäft

bulon-i, *pl.* -a-t Bolzen *tech.*

Bulonj|ë, -a Boulogne

bulqizak, -e aus Bulqiza

bull|ë, -a *veralt.* mohammedanische Frau; Brautschmückerin, Brautführerin

bullar-i, *pl.* -ë-t Äskulapschlange, Blindschleiche

bullgar, -e bulgarisch

Bullgar-i Bulgare

Bullgarí-a Bulgarien

bullgarí-a viersaitiges Musikinstrument

bullur-i *veralt.* Not, Pech, Unglück

bum-i, *pl.* -e-t Boom *ök.*; ~ **i industrisë së automobilave** Boom der Automobilindustrie

bumerang-u, *pl.* -ë-t Bumerang

bun-i, *pl.* -e-t Sennhütte; Käfernest

Bun|ë, -a Bojana

bun|g-u, *pl.* -gje-t = **bung|ë**, -a Traubeneiche *bot.*

bunac|ë, -a Windstille; Stillstand, Stagnation

bunar-i, *pl.* -ë-t *veralt.* Brunnen

bungisht|ë, -a = **bungaj|ë**, -a Eichenwäldchen

bunker-i, *pl.* -ë-t Bunker *mil.*; Lagerhalle, Schuppen; **bunker i kombajnës** Halle des Mähdreschers

buqet|ë, -a Bukett, Blumenstrauß; ~ **trëndafilash** Strauß Rosen

burbuletem Fasten brechen; gut essen nach Zeit der Enthaltsamkeit

burbuq|e, -ja Knospe

bur|ë, -a aufgewühlte See; Seegang

bur|g-u, *pl.* -gje-t Gefängnis, Haftanstalt, Strafvollzugsanstalt, Kerker

Burgonj|ë, -a Burgund

burgos = **burgoj** einsperren, einkerkern

burgosj|e, -a Einkerkerung

burgosur-i, i/e Häftling

burí-a Menge

burim-i, *pl.* -e-t Quelle, Ursprung; Ressource; **burime bashkëkohëse** zeitgenössische Quellen

burnot-i Schnupftabak; Dummkopf

buroj hervorquellen, entspringen, entstehen, hervorgehen *jur.*

burokrací-a Bürokratie

burokrat-i, *pl.* -ë-t Bürokrat

burokratik, -e bürokratisch; **centralizëm burokratik** bürokratischer Zentralismus

burokratiz|ëm, -mi Bürokratismus

burs|ë, -a Börse; Stipendium; **ndërmjetës burse** Börsenmakler

burran-i, *pl.* -ë-t stattlicher Mann

burrec-i, *pl.* -ë-t Schwächling

burrelas, -e aus Burrel

burr|ë, -i, *pl.* -a-t Mann, Mannskerl, Held; Ehemann

burrërisht ⟨*adv*⟩ mannhaft, edel, tapfer

burrní-a Mannhaftigkeit; ~ **për burrni** wie unter Männern

bust-i, *pl.* -e-t Büste

búsulla, *pl.* -a-t Kompaß

bush-i, *pl.* -e-t *bot.* Buchsbaum

bushatas, -e aus Bushat

bushkashjan, -e aus Bushkash

búsht|ër, -ra, *pl.* -ra-t Hündin; Maulwurfsgrille

bushtricas, -e aus Bushtrica

but-i, *pl.* -e-t Bottich

butaforí-a Requisiten *Theater*

butak-u, *pl.* -ë-t Weichtier

butë, i/e weich, mild *jur.*, sanft, harmlos; **urtë e** ~ brav und sittsam

butësí-a Milde, Zartheit

butësoj mildern
buxhet-i, *pl.* -e-t Budget, Haushalt
buzagaz-i, *pl.* -e-t Lächeln
buz|ë, -a Lippe; **në ~ të greminës** am Rande des Abgrunds; **prish buzët** eine Schnute machen, den Mund verziehen
buzë ⟨+ *Abl*⟩ entlang, am Rande
buzëlépur-i Hasenscharte *med.*
buzëqarë weinerlich
buzëqesh lächeln
buzëqeshj|e, -a Lächeln; **buzëqeshja lë pas një tis mirësie** das Lächeln ließ einen Hauch von Güte zurück; **~ gjithë nënkuptim** vielsagendes, hintergründiges Lächeln
buzorëzim-i Labialisierung
buzorëzuar, i/e labialisiert, gerundet *spr.*
buzuk-u, *pl.* -ë-t Saiteninstrument, Bouzouki
byk-u, *pl.* -ra-t Spreu; Sägemehl
bylyk-u, *pl.* -ë-t *veralt.* Kompanie *Bölük*, Schwadron; Menschenmenge
bylykbash-i, *pl.* -ë-t *hist.* Kompanieführer
bymej *e/ye* ausdehnen, quellen lassen
byrazer-i, *pl.* -ë-t *veralt.* Bruder
byre|k-u, *pl.* -kë-t; -qe-t gefüllte Teigtaschen; Pirogge, Strudel, Börek; **harxhet e byrekut** Zutaten zum Börek
byrektor|e, -ja Börekbude, Imbißstand
byro-ja Büro; **~ e udhëtimeve** Reisebüro; **~ politike** Politbüro
byrynxyk-u, *pl.* -ë-t Nähseide, Seidenfaden; Seidenstoff
byth|ë, -a, *pl.* -ë-t Hinterteil, Hintern, Arsch
bytyntë, i/e *veralt.* eben, flach
byzylyk-u, *pl.* -ë-t Armband

C

ca einige
cafulloj kläffen, dauernd bellen
ca|k-u, *pl.* -qe-t Grenze *spr.*, Limit; **~ i rrokjes** Silbengrenze
cak|ë, -a Beutel, kleiner Sack
cákërr ⟨*adv*⟩ senkrecht, hoch erhoben; **e ka kokën ~** leichtsinnig sein
cakërrí-a Schneeregen
cakësor, -e Grenz-, termina-

tiv *spr.*
cakranjot, -e aus Cakran
caktim-i Bemessung *jur.*
caktoj bestimmen, festsetzen, festlegen, determinieren; bemessen *jur.*; ~ **çmim të arsyeshëm** einen vernünftigen Preis festsetzen
calik-u, *pl.* -ë-t Balg, Blasebalg; Hirtentasche
cangadh|e, -ja Milchschaf, Milchziege
car-i, *pl.* -ë-t Zar
carac-i, *pl.* -ë-t Zürgelbaum
cara|n-i, *pl.* -nj-të Herdstein
caresh|ë, -a Zarin
cecé-ja Tse-tse-Fliege
céd|ër, -ri, *pl.* -ra-t Zeder *bot.*
cedil|ë, -a Cédille
cedim-i Abtretung
cedoj abtreten, zedieren *ök.*
cejlonez-i Ceylonese
cekët, i/e flach, seicht
cekëtin|ë, -a Sandbank, Untiefe
cekoj auflaufen *naut.*, in eine Untiefe geraten; Wasser aus dem Boot schöpfen; nur oberflächlich pflügen
cektësi-a Seichtheit; Untiefe; ~ **ideologjike** ideologische Oberflächlichkeit
celebroj zelebrieren *rel.*, feiern, standesamtlich heiraten
celofan-i Zellophan, Butterbrotpapier
celofanoj einwickeln in Zellophan
celul|ë, -a Zelle
celuloid-i Zelluloid
celuloz|ë, -a Zellulose
Cem-i *FN* Cijevna
cem-i, *pl.* -a-t Bergbach, Sturzbach
cen-i, *pl.* -e-t Mangel, Fehler, Makel, Gebrechen
cen|ë, -a Eifer
cenim-i Druck, Bluterguß
cenoj verletzen, verstoßen gegen
cenosem ein Gebrechen haben
censur|ë, -a Zensur
censuroj zensieren, der Zensur unterziehen
centaur-i, *pl.* -ë-t Kentaur *myth.*
centimet|ër, -ri, *pl.* -ra-t Zentimenter *cm*
central-i, *pl.* -e-t Zentrale, Vermittlung *Telefon*~ **bërthamor** Kernkraftwerk, KKW
centralist-i Vermittlungsbeamter *Telefon*, Telefonvermittlungsmitarbeiter
centraliz|ëm, -mi Zentralismus; ~ **burokratik** bürokratischer Zentralismus
centralizoj zentralisieren
centrifug|ë, -a Zentrifuge, Milchschleuder
centrist-i Zentrumsanhänger
centroj zentrieren

cenuar, i/e gebrechlich; fehlerhaft, mangelhaft
cep-i, *pl.* -a-t Ecke, Spitze, Zacken
cepatar|e, -ja Eckbord, dreieckiges Abstellbrett in einer Zimmerecke
cepik-u, *pl.* -ë-t Eiszapfen
cerebral, -e zerebral
ceremoní-a Zeremonie
cergatar-i Landfahrer
cerg|ë, -a rauhe Wolldecke; Spinnennetz, Spinnwebe
cerjar, -e aus Cerja
cerkovjanit, -e aus Cerkovica
cerm|ë, -a Arthritis *med.*, Gelenkentzündung
certifikat|ë, -a Zeugnis, Zertifikat; ~ **origjine** Ursprungszertifikat; ~ **vaksinimi** Impfpaß, Impfschein
cerújas, -e aus Ceruja
Cetin|ë, -a *ON* Cetinje
cezium-i Zäsium
cezur|ë, -a Zäsur *spr.*, *mus.*
cërmëdell-i Sumach *bot.*
cërr|e, -ja Amsel
cërrikas, -e aus Cërrik
cibun-i, *pl.* -e-t = **cibun|e**, -ia lange Filzjacke; Lodenmantel
ciceron-i, *pl.* -ë-t Fremdenführer
cicëroj zwitschern
cíf|ël, -la, *pl.* -la-t Splitter; ~ **druri** Splint
cigan-i, *pl.* -ë-t Roma, Zigeuner
cigane, -ia Zigeunerin
cigar|e, -ja Zigarette
cigarisht|e, -ja Zigarettenspitze
cik|ë, -a Brachpieper
cik|ël, -li Zyklus
Ciklade-t Kykladen-Inseln
ciklamin-i, *pl.* -ë-t Alpenveilchen *bot.*, Zyklamen
ciklik, -e zyklisch
ciklon-i, *pl.* -e-t Zyklon, Wirbelsturm
ciklop-i, *pl.* -ë-t Zyklop
ciklostil-i, *pl.* -ë-t Vervielfältigungsapparat
cikm|ë, -a = **cikn|ë**, -a Frost, Rauhreif, Glatteis
cikof|úa, -oi, *pl.* -ónj-të Pirol
cikom|ë, -a Seil, Schnur
cilësí-a Beschaffenheit, Qualität, Eigenschaft
cilësim-i qualitative Einschätzung, Qualifizierung
cilësoj qualifizieren, beurteilen, einschätzen
cili welcher?
cilido jeder
cilind|ër, -ri Zylinder
cimbal-i, *pl.* -e-t Becken *mus.*, Zymbal
cim|ë, -a Tau *naut.*, Seil
Cindao-ja *ON* Tsingtao, Qingdao
cingërim|ë, -a Frost, Kälte; Schüttelfrost *med.*, Ohrensausen

cinik, -e zynisch
ciniz|ëm, -mi Zynismus, Kyniker-Schule *phi.*
cinx|ër, -ra, *pl.* -ra-t Zikade
cinxërim|ë, -a Zirpen der Zikade
cinxëroj zirpen
cip|ë, -a Membrane, Häutchen
ciqër, i/e wild, nicht eßbar
Cirenajk|ë, -a Cyrenaika
cirilik, -e kyrillisch; **shkrim ~** kyrillische Schrift
cir|k-u, *pl.* -qe-t Zirkus
cirkoj sprenkeln, tüpfeln, bespritzen; **~ me baltë** mit Dreck bespritzen
cirkuit-i, *pl.* -e-t Kreislauf
cirl|ë, -a Amsel
cirroz|ë, -a Zirrhose *med.*; **~ e mëlçisë së zezë** Leberzirrhose *med.*
cist-i, *pl.* -e-t Zyste
cistern|ë, -a Zisterne, Tank
citat-i, *pl.* -e-t Zitat, Erwähnung
citoj zitieren, anführen, erwähnen
civil, -e zivil
cj|ap-i, *pl.* -ep-të Ziegenbock
cjapok-u, *pl.* -ë-t Ziegenböckchen
cmir|ë, -a = **smir|ë**, -a
cofur, i/e krepiert, verendet
coh|ë, -a, *pl.* -ëra-t Wollstoff, Tuch
cokëloj zerhacken
cop|ë, -a Stück, Bruchstück; Bruch **një ~ herë** eine Weile, eine Zeitlang
copëtim-i Zerstückelung, Teilung, Trennung
copëtoj zerstückeln, stückeln
copëtuar, i/e gestückelt, zerstückelt
copit *s/t* viel essen, fressen
cub-i, *pl.* -a-t Räuber, Strauchdieb
cuc|ë, -a Mädchen
cun|g-u, *pl.* -gje-t Baumstumpf, Stumpf
cungoj abschneiden, verstümmeln
curril-i, *pl.* -a-t Wasserstrahl, Strahl
Cyrih u *ON* Zürich

Ç

ç', **çka** was ?, was für ein ? **në ç'mënyrë?** auf welche Weise? **ç'hall ke?** was hast du auf dem Herzen?; **ç'ke qejf të pish?** was möchtest du trinken?
ç- ent-
Çad-i Tschad
çad|ër, -ra Regenschirm, Zeltplane, Zelt; **~ dielli** Sonnenschirm; **ngreh çadrën** das Zelt errichten
çadjan, -e aus Tschad; tschadisch

ça|j, -va, -rë spalten
çaj-i Tee; **lugë çaji** Teelöffel
çajhan|e, -ia Teehaus
çajnik-u, *pl.* -ë-t Teekanne
çajor|e, -ja Teeglas, Teebecher
çajtor|e, -ja Teestube
çaka|ll-i, *pl.* -ej-të; -aj-të Schakal
çakçirë-t *m. Pl.* Hosen der Volkstracht, Filzhose
çakërdis auseinandertreiben; verwirren, durcheinander bringen
çakmak-u, *pl.* -ë-t Feuerzeug
çakorduar, i/e verstimmt *Instrument*
çalaman, -e hinkend, lahm
çalë, i/e humpelnd; schlecht; **përgatitje e ~** mangelhafte Vorbereitung
çaloj humpeln; zurückbleiben; **~ në mësime** im Unterricht zurückbleiben
çallëstis sich bemühen, sich anstrengen, sich abrackern
çallm|ë, -a Turban
çam, -e tschamisch
Çam-i Tschame
çam-i, *pl.* -e-t Tanne
çamisht|ë, -a Tannenwald
çanak-u Napf, Schüssel
çant|ë, -a Tasche; **~ aktesh** Aktentasche; **~ shpine** Rucksack
çap-i, *pl.* -a-t Jagdhund
çap-i, *pl.* -a-t; -e-t Schritt; **bëj çapat e parë** die ersten Schritte machen
çapok-u, *pl.* -ë-t Oberschenkelknochen, Oberschenkel, Hüftknochen
çap|úa, -oi, *pl.* -ónj-të Sporn des Hahns
çarçaf-i, *pl.* -ë-t Bettlaken, Laken; **çarçafë e këllëfë** Bettzeug, Bettwäsche
çardak-u, *pl.* -ë-t *veralt.* Laube, Terrasse, Loggia
çaré-ja Mittel, Ausweg; **s'ka çare** daran führt kein Weg vorbei
çarj|e, -a das Zerrreißen; **~ gome** Reifenpanne
çar|k-u, *pl.* -qe-t Falle; Vogelfalle; Tabakschneidemesser; Fensterrahmen; Pipette zur Blutentnahme
çarkí-a großes Blech, Kupferplatte
çarmatim Abrüstung
çarmatos entwaffnen
çarmatosj|e, -a Entwaffnung
çarshí-a *veralt.* überdachter Markt; Marktviertel, Basar
çart zerstören, ruinieren
çartabes|ë, -a Wortbruch, Wortbrüchigkeit
çart|ë, -a Zank, Streit
çast-i, *pl.* -e-t Moment, Augenblick; Gelegenheit, Zeitpunkt
çastësí-a Momentaneität, Augenblicklichkeit; **pamje**

e çastësisë punktueller Aspekt *spr.*
çastit, i/e momentan, augenblicklich
çastm|ë, -me, i/e momentan, augenblicklich
çata|ll-i, *pl.* -j-të Astgabel
çatdhesoj ausbürgern, vertreiben, ausweisen *jur.*, ins Exil schicken
çatí-a Dach
çaush-i, *pl.* -ë-t *veralt.* Vorarbeiter, Büttel; Feldwebel
çdo jeder
çdofarësh|ëm, -me, i/e jederlei
çdokush jeder
çdolloj ⟨+ *Abl*⟩ jederlei; **çdolloj pune** jederlei Arbeit
çdollojtë, i/e jederlei
çdonjër|i, -a jeder; **në çdonjërën prej fotografive** auf jedem der Fotos
-çe auf ... Art, **labçe** labisch
çedukoj verziehen, verderben, verwöhnen, schlecht erziehen
çéhr|e, -ja Gesichtsausdruck, Gesichtsfarbe; **i ndërroi çehrja** er erbleichte
çek, -e tschechisch
çek-u, *pl.* -ë-t Tscheche, Böhme
çe|k-u, *pl.* -qe-t Scheck; ~ **postar** Postscheck; ~ **udhëtimi** Reisescheck; **thyej një** ~ einen Scheck einlösen
çekan-i, *pl.* -ë-t Hammer, Vorschlaghammer; **drapër e** ~ Hammer und Sichel
çekanis bearbeiten mit dem Vorschlaghammer; verprügeln; ~ **djalin** den Sohn durchwalken
Çekí-a Tschechei, Böhmen und Mähren
çekiç-i, *pl.* -ë-t Hammer; ~ **pneumatik** Preßlufthammer
çekisht ⟨*adv*⟩ tschechisch
çekmexhé-ja *veralt.* Schublade
çekosllovak, -e tschechoslowakisch
Çekosllovakí-a Tschechoslowakei
çekuilibroj aus dem Gleichgewicht bringen
çel öffnen, eröffnen; ~ **një kredi prej një mijë markash, lekësh** einen Kredit von 1000 DM, Lek eröffnen
çélës-i, *pl.* çelësa-t Schlüssel; Schalter *tech.*; ~ **fiso** Steckschlüssel *tech.*; ~ **konservash** Dosenöffner, Büchsenöffner; ~ **papagall** Engländer *tech.*, Kombinationszange, Kombi-Zange; ~ **poligon** Mutterschlüssel, Schraubenschlüssel
çelësambajtës|e, -ja Schlüsseletui, Schlüselbund mit Lederüberzug

çelët, i/e hell
çeli|k-u, *pl.* -qe-t Stahl; **shkrirje e çelikut** Stahlschmelze
çelikos stählen
çelikshkrirës-i Stahlkocher
çeliktë, i/e stählern
çelnik-u, *pl.* -ë-t *veralt.* Senner, Oberhaupt der Schäfer *bei den Aromunen*
çélur, i/e offen, hell
çemëroj abberufen
çend auftrennen
çerçivé-ja Scharnier; Türrahmen, Fensterrahmen
çerdh|e, -ja Nest, Kinderkrippe; ~ **ditore** Kindertagesstätte, Kita; ~ **fjalësh** Wortfamilie
çerdhúk|ël, -la, *pl.* -la-t Feldlerche
çerek-u Viertel, Viertelstunde; **ora është dy pa një çerek** es ist Viertel vor zwei; **ora është dy e një çerek** es ist Viertel nach zwei
çerekfinal|e, -ja Viertelfinale *spo.*
çerekshékull-i Vierteljahrhundert
çerkez-i, *pl.* -ë-t Tscherkesse
çermenjak, -e aus Çermë-Proshka
çetar-i, *pl.* -ë-t Freischärler; Banditenführer
çet|ë, -a Bande, Freischar
çetin|ë, -a Schwarzkiefer *bot.*
çezmar, -e aus Çezma e Vogël
çezmaxhí-u, *pl.* -nj-të *veralt.* Brunnenbauer
çezm|ë, -a Wasserhahn; gefaßte Quelle; Brunnen
çështj|e, -a Frage, Problem, Streitpunkt; **çështja do zgjidhje** das Problem verlangt eine Entscheidung; **çështja i takon qeverisë** die Sache geht die Regierung an; ~ **kapitale** Kernfrage *fig.*; ~ **organizative** Organisationsfragen; ~ **penale** Strafsache, Strafverfahren *jur.*; **zheu edhe shokun në atë** ~ er zog auch seinen Freund in diese Sache hinein
çfarë was ?, was für ein ?; **nuk pati çfarë të bënte** es blieb ihm nichts anderes übrig; ~ **kërkoni, xhaxho?** was sucht Ihr, Alterchen?
çfarëdo ⟨+ *Abl*⟩ beliebig; ~ **pune** eine beliebige Sache
çfarëdosh|ëm, -me, i/e beliebig; **send i** ~ beliebiges Ding
çhundorëzim-i Entnasalierung
çiban-i, *pl.* -ë-t Furunkel, Pickel
çibuk-u, *pl.* -ë-t *veralt.* Rohrpfeife, Tabakspfeife
çiçibanoz-i, *pl.* -ë-t Johannis-

brotbaum
çidhnak, -e aus Çidhna
çidikë-t = **tirq**-it
çifçí-u, *pl.* -nj-të *veralt.* landloser Bauer; Pächter
çifli|g-u, *pl.* -gje-t *veralt.* Gut, Bauernhof
çifligar-i, *pl.* -ë-t Grundherr, Landbesitzer, Feudalherr
çifligsahibí-u, *pl.* -nj-të *veralt.* Großbauer; Pachtherr
çift ⟨*adv*⟩ paarig, gerade; **faqe** ~ gerade Seite
çift-i, *pl.* -e-t Paar; ~ **bashkëshortësh** Ehepaar; ~ **minimal** Minimalpaar *spr*
çift|e, -ja Zwillingsflinte; Zwillingsdose *für Kaffee und Zucker*
çiftar, -e Zwillings- ; **motër çiftare** Zwillingsschwester
çiftelí, -e aufbrausend, hitzig, cholerisch; **plak çifteli** giftiger Greis
çiftelí-a Mandoline *zweisaitig*
çifut, -e jüdisch
çifut-i, *pl.* -ë-t Jude
çik|ë, -a Stück, Happen; Mädchen; Weidenlaubsänger; **një** ~ **herë** Moment; ~ **e vogël** Wintergoldhähnchen
Çikago-ja *ON* Chicago
çikëloj spalten, stückeln
çiklamin-i, *pl.* -a-t = **ciklamin**-i
çiklist-i Radsportler
çikliz|ëm, -mi Radrennsport
çikrik-u, *pl.* -ë-t Brunnenzug, Göpel; Winde, Flaschenzug
çilimí-u, *pl.* -nj-të kleines Kind
çimento-ja Zement
çimentoj zementieren
çimk|ë, -a = **çím|ërr**, -rra, *pl.* -rra-t Wanze
çín|ërr, -rra-, *pl.* -rra-t Kohlmeise
çinoj imitieren, nachahmen, nachäffen
çinteresim-i Desinteresse
çirak-u, *pl.* -ë-t *veralt.* Gehilfe; Handlanger, Knecht *fig.*; **çirakë të imperializmit** Handlanger des Imperialismus
çitjane-t *veralt.* Pluderhose der Frauen
çiví-a Scharnier
çivit-i Indigo, Waschblau
çizm|e, -ja Stiefel; ~ **gome** Gummistiefel
çjerr *e/i/o* zerreißen, zerfetzen, abschürfen; kastrieren; **të** ~ **barkun** das hältst du nicht aus
çka? was?
çlirët, i/e lose, locker
çlirim-i Befreiung
çlirimtar, -e befreiend, Befreiungs- ; **Lëvizja Antifashiste Nacionalçlirimtare** Antifaschistische Nationale

Befreiungsbewegung
çliroj befreien, entlasten
çlirues-i Befreier
çlodh entspannen, ausruhen, rasten
çlodhj|e, -a Erholung, Entspannung, Ruhepause
çlodhur, i/e ausgeruht, frisch
çmagjeps einen Zauber aufheben, vom Bann befreien
çmallem seine Begierde befriedigen
çmbështjell auspacken, auswickeln
çmend verrückt machen; **na çmendi me atë zhurmë** der Lärm hat uns verrückt gemacht
çmendem verrückt sein; **është çmendur pas saj** er ist verrückt nach ihr
çmendin|ë, -a Klapsmühle, Irrenhaus
çméndur, i/e verrückt, töricht, wahnsinnig
çmenduri-a Wahnsinn, Irresein, Verrücktheit
çmendurisht ⟨*adv*⟩ wahnsinnig; sehr; **e dashuronte çmendurisht** er liebte sie wahnsinnig
çmërs-i, *pl.* -e-t Wasserstein, poröser Kalkstein
çmilitarizoj demilitarisieren
çmim-i Preis, Gebühr, Porto; **me ~ të ulët** preiswert; **~ me pakicë** Einzelhandelspreis; **~ me shumicë** Großhandelspreis; **caktoj ~ të arsyeshëm** einen vernünftigen Preis festsetzen; **garantim i çmimeve** Preisgarantie; **listë çmimesh** Preisliste; **ngritja e çmimit** Preissteigerung; **tregues i çmimeve me shumicë** Großhandelspreisindex; **ulje çmimesh** Preissenkung
çmobilizohem die Lust verlieren an etwas
çmobilizoj demobilisieren
çmobolizim-i Demobilisierung *mil.*
çmoj schätzen, achten; befinden, einschätzen
çmontoj demontieren, abreißen
çmorris *s/t* entlausen
çmos alles
çmuar, i/e wertvoll
çmuarj|e, -a Wertschätzung
çmuesh|ëm, -me, i/e wertvoll
çnatyruar, i/e denaturiert; **alkool i ~** denaturierter Alkohol
çnderoj entehren
çndot reinigen, entgiften
çndotj|e, -a Reinigung, Entgiftung; **~ e mjedisit** Entgiftung der Umwelt
çndryshk entrösten
çngjyros entfärben
çnuk alles; **bëj çmos e ~** alles Erdenkliche tun

çnjerëzor, -e unmenschlich, inhuman
çnjeri-u Unmensch
çnjoh aberkennen *jur.*
ço|k-u, *pl.* -qe-t Hammer, Türklopfer
çoban-i, *pl.* -ë-t Hirt, Kuhhirt, Walache, Aromune
çobançe ⟨*adv*⟩ auf Hirtenart, auf Walachenart
çoç etwas; wohl; ~ **i pëlqen ajo vajzë** das Mädchen gefällt ihm wohl
çoj, çova, çuar ziehen, führen, bringen, hinbringen; ~ **në pastërti** in die Reinigung bringen; ~ **spirancën** den Anker lichten; **si ia çoni?** wie geht es Ihnen?
çokanis zerstückeln, klein schneiden; verprügeln
çok|ë, -a Fleischermesser
çokollat|ë, -a Schokolade
çoksidim-i Desoxydation *chem.*
çoksidoj entrosten
çoksidues-i Rostentferner
çomlek-u Braten; ~ **me uthull** Sauerbraten
Çomolangm|ë, Mount Everest
çorap-i, *pl.* -e-t, -ë-t Strumpf
çorb|ë, -a Suppe, Gemüsesuppe
çorganizim-i Desorganisation, Mißwirtschaft
çorientim-i Desorientierung
çorientoj desorientieren
çoroditem entarten, degenerieren
çoroditj|e, -a Entartung
çosá einige; **ka** ~ **që ka ardhur** er ist schon eine Weile da
çot|ë, -a Eichelhäher
çrras herausreißen, herausziehen
çrregullim-i Störung; ~ **i qarkullimit të gjakut** Kreislaufstörung *med.*
çrregulloj stören
çrregullt, i/e irregulär
çrrënjos entwurzeln
çrrotulloj herumreißen *Steuer*; aufrollen
çudibërës, -e wundertätig; **ujë çudibërëse** Heilwasser
çuditem erstaunt sein, überrascht sein, sich wundern
çuditj|e, -a Verwunderung
çuditsh|ëm, -me, i/e wunderbar, erstaunlich, seltsam
Çunanhai Zhongnanhai *Regierungsviertel in Peking*
çup|ë, -a Mädchen
çyryk, -e versehrt, verkrüppelt; ~ **nga mendtë** geistesschwach, geistesgestört

D

d. m. th. das heißt, d. h.
dac-i, *pl.* -a-t Kater; ~ **deti** Katzenhai
daç . . . daç, s. **dua** entweder . . . oder; sei es . . . sei es
dado-ja Amme; Mutter *tech.*, Schraubenmutter
dafin|ë, -a Lorbeer *bot.*, Lorbeerbaum; ~ **dafine** Lorbeerkranz; ~ **deti** Oleander *bot.*
dafintë, i/e Lorbeer-; **kurorë e** ~ Lorbeerkranz
Dahau *ON* Dachau
dajak-u, *pl.* -ë-t Knüppel, Stock
dajçasor, -e aus Dajç
daj|ë, -a Onkel, Bruder der Mutter
dajlan-i, *pl.* -e-t Fischwehr
dajr|e, -ja Tamburin *mus.*
dak, -e dakisch
dakord einverstanden; **bie** ~ Einverständnis erzielen
daktil-i, *pl.* -ë-t Daktylus *spr.*
daktilografist|e, -ja Maschinenschreiberin
daktilografuar, i/e maschinenschriftlich
dákull ⟨*adv*⟩ nackt; steif
dal *a/e/i/o* herauskommen, hinausgehen; **doli barabar** erweisen, er erwies sich als gleich; ~ **në det të hapur** auslaufen, auf See hinausfahren; ~ **faqebardhë** Erfolg haben, Schwein haben; **dalsh faqebardhë!** viel Glück!; ~ **jashtë** austreten *zur Toilette*; ~ **matanë** durchkommen, etw. schaffen; ~ **mode** aus der Mode kommen; ~ **në pah** hervortreten, sich bemerkbar machen; ~ **në pension in Rente gehen; dále***ni* wart*et* mal! **dale, se harrova** wart mal, ich habe es vergessen
dalëngadalë ⟨*adv*⟩ langsam
dalj|e, -a Ausgang; Erscheinen, das Herauskommen; Ausreise; **dalja** Exodus, 2. Buch Mose; **vizë për dalje** Ausreisevisum; ~ **alarmi** Notausgang
dallaveraxhí-u, *pl.* -nj-të Schieber
dallaver|e, -ja Schiebung, Mogelei
dalldí-a Verwirrung, Entrükkung
dallëndysh|e, -ja Schwalbe
dallg|ë, -a Welle, Woge
dallgëthyes|e, -ja Wellenbrecher
dallim-i Auszeichnung; Unterscheidung, Unterschied; Diskriminierung; **fshirja e dallimit** Verwischung des Unterschieds

dallimor, -e diskriminierend
dallkauk-u, *pl.* -ë-t Speichellecker, Kriecher
dalloj unterscheiden, auszeichnen, bemerken; **punonjës i dalluar** ausgezeichneter Werktätiger **dalluar**, i/ e ausgezeichnet
dallues, -e unterscheidend, auffallend, auffällig, distinktiv *spr.*
Dalmací-a Dalmazien
dalmat, -e dalmatisch, dalmatinisch
dalt|ë, -a Meißel
daltoj meißeln
damalug-u, *pl.* -e-t Doppelsterzpflug
damask-u Damast
Damask-u Damaskus *ON*
damaz-i, *pl.* -ë-t Zuchttier *Hengst, Stier, Bock*
dam|ë, -a Dame-Spiel; Tanzpartnerin
damësjot, -e aus Damës
damixhan|ë, -a große Korbflasche *für Wein, Schnaps*
damk|ë, -a Fleck, Makel; Brandmal
damkos zeichnen, kennzeichnen, brandmarken
damllá-ja Schlaganfall, Apoplexie *med.*
Dancig-u Danzig, Gdansk
danez, -e dänisch
danez-i Däne
dangall-i, *pl.* -ë-t Dicksack; Trottel *fig.*
dangëlliot, -e aus Dangëllía
Danimark|ë, -a Dänemark
dantell|ë, -a Spitze
Danub-i Donau
daocist-i, *pl.* -ë-t Taoist *phi.*
dardan-i, *pl.* -ë-t Dardaner
Dardanele-t Dardanellen
dardh|ë, -a Birne
dardhar, -e aus Dardha
dardhisht|ë, -a Birnenplantage; Holzbirne
dardhuk|ël, -la, *pl.* -la-t Holzbirne *bot.*
dar|ë, -a, *pl.* -ë-t Zange, Kneifzange
darëprerës|e, -ja Drahtzange, Kombizange
dark|ë, -a Abendessen, Abendbrot
darkoj zu Abend essen; zu Abend bewirten
darsian, -e aus Dars
darviniz|ëm, -mi Darwinismus *phi.*
dasí-a Zersplitterung
dasm|ë, -a Hochzeit
dasmoj Hochzeit feiern
dasmor, -e Hochzeits-
dasmor-i Hochzeitsgast
dash-i, *pl.* desh-të Hammel, Widder; ~ **deti** Pelikan
dashamir-i Liebhaber; ~ **i artit** Kunstliebhaber
dashamirësí-a Wohlwollen, Gunst
dashje Vorsatz; **me** ~ vor-

sätzlich
dashnor-i Liebhaber, Geliebter
dashnor|e, -ja Liebhaberin, Geliebte
dásht|ër, -ra, *pl.* -ra-t Bärenklau; Akanthus
dashur, i/e lieb, teuer, wert, geliebt; **dashur padashur** nolens volens dashurí-a Liebe; ~ **amënore** Mutterliebe
dashuriçk|ë, -a Liebelei, Liebschaft
dashurohem sich verlieben
dashuroj verliebt sein, sich verlieben; **e dashuronte çmendurisht** er liebte sie wahnsinnig
datar, -e Datums-; **vulë datare** Datumsstempel
dat|ë, -a, *pl.* -a-t Datum; ~ **e dorëzimit** Lieferdatum
datëlindj|e, -a Geburtsdatum
datim-i Datierung
datoj datieren
daull|e, -ja Trommel
daullexhí-u, *pl.* -nj-të = **daulltar-i** Trommler
davá-ja Streit
davaris *s/t* auseinandertreiben, zerstreuen
de *Int.* also, doch; **eja de!** komm doch!
debat-i, *pl.* -e-t Debatte
debí-a Debet, Soll; **kaloj në** ~ in die roten Zahlen kommen
debit-i Förderleistung *ök.*
debitor-i Schuldner
debutim-i Debüt, Erstauftritt
debutoj debütieren
debutues-i Debütant
decentralizoj dezentralisieren
decilit|ër, -ri, *pl.* -ra-t Deziliter
decimet|ër, -ri, *pl.* -ra-t Dezimeter *dm*
Deçan-i *ON* Dečani
deçanas, -e aus Deçan
deduksion-i Deduktion
deduktiv, -e deduktiv *phi.*
deduktoj deduzieren *phi.*
def-i, *pl.* -e-t Tamburin *mus.*
defator|e, -ja Tamburinspielerin
defekt-i Defekt, Mangel
deficit-i Defizit
deficitar, -e defizitär
deformoj verformen, entstellen
defter-i, *pl.* -ë-t *veralt.* Heft, Kladde; Kataster
degam|e, -ja Krach, Krawall
degasor, -e aus Dega
degazoj entgasen
deg|ë, -a Zweig, Branche, Abteilung, Fachrichtung; ~ **biblioteke** Bibliothekszweigstelle
degëzoj verzweigen

degradoj degradieren
degjenerim-i Entartung, Degeneration
degjenerohem entarten
deh berauschen, betrunken machen; **dehur**, i/e betrunken
dehj|e, -a Rausch; ~ **e thellësisë** Tiefenrausch *med.*
deiktik, -e deiktisch *spr.*
deist-i Deist *phi.*
deiz|ëm, -mi Deismus
déjas, -e aus Deja, aus Dagno
dekad|ë, -a Dekade, Jahrzehnt
dekadent, -e dekadent, entartet
dekadentiz|ëm, -mi Dekadenz, moderne Kunst
dekagram-i, *pl.* -ë-t Dekagramm, 10 Gramm
dekalit|ër, -ri, *pl.* -ra-t Dekaliter, 10 Liter
dekan-i, *pl.* -ë-t *Universität* Dekan; *Diplomatie* Doyen
dekanat-i, *pl.* -e-t Dekanat *Fakultätsleitung*
deklarat|ë, -a Deklaration, Erklärung; Aussage *jur.*; ~ **doganore** Zollerklärung
deklaroj erklären, verkünden
deklasuar, i/e deklassiert, entwurzelt *aus den sozialen Zusammenhängen*
dekolté-ja Decolleté, Kleid mit großem Ausschnitt
dekompozohem verwesen, sich zersetzen
dekonspiroj verraten, Dienstgeheimnisse preisgeben
dekor-i, *pl.* -e-t Dekoration, Verzierung
dekoracion-i Dekoration, Ausstattung
dekorat|ë, -a Auszeichnung
dekorator-i Dekorateur
dekoroj auszeichnen, dekorieren
dekovil-i, *pl.* -a-t Feldbahn *tech.*, Schmalspurbahn mit Güterwagen oder Loren
dekret-i, *pl.* -e-t Dekret, Erlaß
dekretoj dekretieren
del|e, -ja, *pl.* dhen-të Schaf
deledash-i, *pl.* -ë-t Zwitter
delegacion-i Delegation; **delegacioni kryesohet nga zëvendësministri** die Delegation wird vom stellvertretenden Minister angeführt
delegat-i, *pl.* -ë-t Delegierter; Delegationsteilnehmer
delegoj abordnen
delfin-i, *pl.* -ë-t Delphin
delí *Adj.* klasse, erstklassig; verrückt, irre; **një** ~ **vajzë** ein klasse Mädchen
delí-u, *pl.* -nj-të Held
delikat, -e delikat, zart, zartfühlend; heikel; **detyrë deli-**

kate heikle Aufgabe
delikates|ë, -a Feinfühligkeit, Taktgefühl
delmer-i, *pl.* -ë-t Schafhirt
delmer|e, -ja Bachstelze
delt|ë, -a Delta-Mündung
deltinar-i Töpfer
deltin|ë, -a Ton, Tonerde; ~ **e bardhë** Kaolin *chem.*
deltinor, -e tonhaltig
delvinjot, -e aus Delvina
de|ll-i, *pl.* -j-të Sehne
delltë, i/e sehnig
dem-i, *pl.* -a-t Kalb, Jung-Rind, Jungstier, Stier
demagog-u, *pl.* -ë-t Demagoge
demagogjí-a Demagogie
demagogjik, -e demagogisch
demarkacion-i Demarkation; **vijë demarkacioni** Demarkationsinie
demaskim-i Entlarvung, Demaskierung
demaskoj demaskieren, entlarven
dembel, -e faul
dembelí-a = **dembellëk-u** Faulheit
dembeliz|ëm, -mi Drückebergerei
demek angeblich; also; ~, **s'e paske ditur ti!** du hast das also nicht gewußt!
demet-i, *pl.* -e-t Garbe
demografí-a Bevölkerungsforschung, Demographie
demokrací-a Demokratie; ~ **popullore** Volksdemokratie
demokrat-i, *pl.* -ë-t Demokrat
demokratik, -e demokratisch
demon-i, *pl.* -ë-t Dämon
demonstrat|ë, -a Demonstration, Demo, Umzug
demonstroj demonstrieren
demonstrues-i Demonstrant
demoralizoj demoralisieren
denbabaden ⟨*adv*⟩ von alters her
dend vollstopfen, hineinpressen; verprügeln
dendësí-a Dichte
dendësoj verdichten, komprimieren; ~ **vizitat** häufiger zu Besuch kommen
dendur, i/e dicht, häufig
dendurí-a Häufigkeit, Dichte; Frequenz *tech.*
dendurimatës-i Frequenzmesser
den|g-u, *pl.* -gje-t Ballen, Packen, Pack, Bündel
deng = **dengëza** ⟨*adv*⟩ übervoll; **e mbushi çantën** ~ er machte die Tasche randvoll
denigroj herabsetzen, verunglimpfen
denonciator-i Denunziant
denoncim-i Kündigung *eines Vertrags*
denoncoj denunzieren, anzeigen; brandmarken; ~

traktatin Vertrag für ungültig erklären
dentar, -e Zahnarzt-, Zahn-; **klinikë dentare** Zahnklinik
dentist-i, *pl.* -ë-t Zahnarzt
denjë, i/e würdig
denjësí-a Würdigkeit
denjësisht ⟨*adv*⟩ würdig, angemessen
denjoj geruhen, sich herablassen; **denjoi ta priste** er geruhte, ihn zu empfangen
depërtoj eindringen, durchsickern; überqueren
depërtues, -e durchdringend
depo-ja, *pl.* -t Depot, Lager, Magazin; ~ **fondesh** Bibliotheksmagazin ~ **konsinjacioni** Auslieferungslager, Kommissionslager
deponoj aussagen *jur.*
depozit|ë, -a Depositum, Betrag, hinterlegter
depozitim-i Einlage, Guthaben, Hinterlegung; ~ **i markës së fabrikës** Hinterlegung der Herstellermarke; **bankë depozitimi** Depositenbank
depozitoj hinterlegen
depresion-i Druckverlust *tech.*; Konjunkturschwäche *ök.*; Depression
deputet-i, *pl.* -ë-t Abgeordneter, Deputierter, Parlamentsmitglied
dérazi ⟨*adv*⟩ Tür an Tür, von Tür zu Tür, Haus an Haus; **banojmë** ~ wir wohnen nebeneinander
derdh gießen, ausströmen
derebé-u, *pl.* -j-të *hist.* Derebey *Lokalherrscher in osman. Zeit*
der|ë, -a, *pl.* dyer-t Tür; ~ **zengjine** wohlhabende Familie
derëbab|ë, -a Elternhaus
derëçelur, i/e = **derëhapur**, i/e gastfreundlich
derës-i = **derëtar**-i Pförtner
dergjem bettlägerig sein; herumlungern; schmachten; **makineritë dergjen në shi e në diell** die Maschinen verrotten in Wind und Wetter
dergjur, i/e bettlägerig; **grua e dergjur** Wöchnerin *med.*
deri, ~ **te**, ~ **më** bis; ~ **kur?** bis wann ?; ~ **më katër gusht** bis zum 4. August
deriçk|ë, -a Türchen, Türlein
derisá ⟨*Konj.*⟩ bis
derman-i, *pl.* -e-t Heilmittel, Ausweg; **pa derman** unbedingt
dermatolog-u, *pl.* -ë-t Hautarzt
dert-i, *pl.* -e-t *veralt.* Sorge, Beunruhigung; **mos ki** ~! mach dir keine Sorge!
dertoj sein Leid klagen
dervenas, -e aus Derven

dervish-i, *pl.* -ë-t Derwisch
dermatologjí-a Dermatologie *med.*
derr-i, *pl.* -a-t Schwein; **dhjamë derri** Speck; **grathë derri** Schweineborsten
derrar-i Schweinehirt
derrçe ⟨*adv*⟩ wie ein Berserker; **luftoj** ~ wie die Berserker kämpfen
derrëri-a Sturheit
derrkuc-i, *pl.* -ë-t Ferkel; ~ **Indie** Meerschweinchen
desant-i, *pl.* -ë-t Fallschirmspringer, Marineinfanterist
desemantizim-i Bedeutungsentleerung *spr.*
desert-i Dessert, Nachtisch
despot-i, *pl.* -ë-t Despot, Tyrann
despotik, -e despotisch
despotiz|ëm, -mi Tyrannei
destinacion-i Bestimmung
desh-të, s. **dash**-i
desha, s. **dua** ich möchte
deshifroj entziffern
det-i, *pl.* -e-t Meer, See *f.*; **dal në** ~ **të hapur** auslaufen, auf See hinausfahren; **gocë deti** Muschel; ≗**i Bardhë** Weißes Meer; ≗**i Kuq** Rotes Meer; ≗**i Vdekur** Totes Meer; ≗**i Verdhë** Gelbes Meer; ≗**i Veriut** Nordsee; ≗**i Zi** Schwarzes Meer; ≗**Jon** Jonisches Meer
detajuar, i/e detailliert
detal-i, *pl.* -e-t Einzelteil
detar, -e See-, Meeres-; **me rrugë detare** per Schiff, mit Schiffspost
detar-i, *pl.* -ë-t Matrose, Seemann
detarí-a Seefahrt
detektiv-i, *pl.* -ë-t Detektiv, Polizist
determiniz|ëm, -mi Determinismus
detyr|ë, -a Aufgabe; ~ **delikate** heikle Aufgabe
detyrës-i Schuldner
detyres|ë, -a Verpflichtung, Obligation, Verbindlichkeit, Schuld
detyrim-i Verpflichtung; ~ **në të holla** finanzielle Verpflichtung
detyrimisht ⟨*adv*⟩ zwingend, verpflichtend, obligatorisch
detyroj zwingen, verpflichten, veranlassen
detyruar, i/e Zwangs-, gezwungen; **mjekim i** ~ Zwangsheilung *jur.*; **detyruar-i ushtarak**, i Wehrpflichtiger
detyruesh|ëm, -me, i/e verpflichtend, obligatorisch; **qëndrim i** ~ Zwangsaufenthalt
devé-ja, *pl.* -të Kamel
deviacion-i Abweichung
deviator-i, *pl.* -ë-t Abweichler

devijim-i Umleitung
deviz|ë, -a Devise, Losung
devocion-i = **devotshmëri**-a Hingabe
devollit, -e aus Devoll
devotshmëri-a Devotion, Ergebenheit, Hingabe
dezertoj desertieren
dezertor-i Deserteur *mil.*
dezinfektoj desinfizieren, sterilisieren
dezinfektues-i Desinfektionsmittel
dezhur-i Wachhabender, Diensthabender; ~ **i katit** Stockwerksaufseher *im Hotel*
dëbim-i Verbannung *jur.*, Ausweisung
dëboj ausweisen, vertreiben
dëbor|ë, -a Schnee
dëbuhem gepaart werden *weibl. Säugetier*
dëfrehem sich amüsieren, sich vergnügen
dëftej *e/ye* = **dëftoj** zeigen, anzeigen
dëftes|ë, -a Beleg, Zertifikat, Bescheinigung; ~ **detare** Navicert *ök.*
dëftor, -e demonstrativ *spr.*; **fjali dëftore** Aussagesatz *spr.*; **përemër dëftor** Demonstrativpronomen
dëftor|e, -ja Indikativ
dëftues, -e zeigend, Zeige-; **gisht dëftues** Zeigefinger
dëgjes|ë, -a Gehorsam
dëgjim-i Hörvermögen, Gehör
dëgjimor, -e auditiv *spr.*, Gehör-
dëgjoj hören, zuhören
dëgjues-i Hörer, Zuhörer
dëgjuesh|ëm, -me, i/e hörbar; gehorsam
dëgjus|e, -ja Hörerin; Hörer, Telefonhörer
dëkoj kaputtmachen, verprügeln
dëlir reinigen; lossprechen; ~ **prej betimit** vom Eid entbinden
dëlirë, i/e rein, sauber
dëlirësi-a Sauberkeit, Ehrbarkeit
dëllinj|ë, -a Wacholder *bot.*; **raki dëllinje** Wacholdergeist
dëm-i, *pl.* -e-t Schaden; **dëmi dhe rreziku në ngarkim të porositësit** Risiko und Gefahr zu Lasten des Auftraggebers; **shkoj dëm** mißlingen, fehlschlagen; **në dëm të** ⟨+ *G*⟩ zum Nachteil von, zum Schaden von
dëmprurës, -e = **dëmsjellës**, -e schädlich
dëmsh|ëm, -me, i/e = **dëmtar**, -e schädlich
dëmshpërblej entschädigen, wiedergutmachen
dëmshpërblim-i Entschädi-

gung

dëmtim-i Beschädigung, Schädigung *jur.*; ~ **i rëndë trupor** schwere körperliche Schädigung; ~ **llamarine** Blechschaden

dëmtoj beschädigen

dëmtues-i Schädling, Beschädiger

dënes schluchzen

dëngla-t *f. Pl.* Lobsprüche ohne Wert; **lëri dënglat!** laß die hohlen Phrasen!

dënim-i Bestrafung, Strafe; ~ **kryesor** Hauptstrafe *jur.*; ~ **i shtuar** Gesamtstrafe *jur.*; ~ **kapital** Todesstrafe; ~ **me kusht** bedingte Bestrafung *jur.*, Bewährungsstrafe *jur.*; ~ **me vdekje** Todesstrafe *jur.*; ~ **përfundimtar** Endstrafe *jur.*; ~ **plotësues** Nebenstrafe *jur.*, Zusatzstrafe

dënoj bestrafen *jur.*, verurteilen

dënuar-i, **i** der Verurteilte

dërçikth-i Zäpfchen, Uvula *med.*

dërdyl-i, *pl.* -a-t großes und starkes Pferd; Hüne

dërges|ë, -a Sendung, Versand; **prapësim dërgese** Rücksendung

dërgim-i Versand

dërgoj schicken, senden, entsenden, versenden; ~ **syrgjyn** verbannen, in die Verbannung schicken

dërgues-i Absender

dërhem-i, *pl.* -ë-t *veralt.* Dirhem *osman. Gewichtseinheit*; Gewichtsstein *auf der Waage*

dërsij schwitzen

dërstil|ë, -a Walkmühle

dërstiloj walken

dërras|ë, -a Brett; **stinoj dërrasat** die Bretter trocknen lassen *um bessere Qualität zu bekommen*

dërrmoj zerstückeln

dëshir|ë, -a Wunsch

dëshiroj wünschen, wollen

dëshiror|e, -ja Optativ *spr.*

dëshiruesh|ëm, -me, *i/e* wünschenswert

dëshmí-a Zeugenaussage *jur.*, Zeugnis, Beleg, Beweis

dëshmitar-i Zeuge, Märtyrer, Kriegsgefallener

dëshmoj bezeugen, belegen

dëshmor-i, *pl.* -ë-t Märtyrer, Blutzeuge

dëshpërim-i Verzweiflung

dëshpëroj verzweifeln

dështim-i Schwangerschaftsunterbrechung, Abtreibung, Abort *med.*

dështoj abtreiben, Fehlgeburt haben; Mißerfolg haben, mißlingen

di, -ta, -tur wissen

diabet-i Diabetes *med.*, Zuckerkrankheit
diabetik-u Diabetiker, Zuckerkranker
diadem|ë, -a Diadem
diafragm|ë, -a Zwerchfell *med.*; Membrane; Blende *Fotoapparat*; ~ **e hundës** Nasenscheidewand *med.*
diagnoz|ë, -a Diagnose
diagonal|e, -ja Diagonale
diagram-i, *pl.* -e-t Diagramm; ~ **i temperaturës** Fieberkurve *med.*
diakritik, -e diakritisch
diakroni-a Diachronie
diakronik, -e diachronisch
dialekt-i, *pl.* -e-t Dialekt, Mundart
dialektik, -e dialektisch; **materializëm** ~ dialektischer Materialismus, Diamat
dialektik|ë, -a Dialektik
dialektiz|ëm, -mi mundartlicher Ausdruck; Dialektismus
dialektolog-u, *pl.* -gje-t Mundartforscher, Dialektologe
dialektologji-a Mundartforschung, Dialektologie
dialektologjik, -e dialektologisch
dialektor, -e mundartlich, dialektal
dialog-u, *pl.* -ë-t Dialog, Gespräch
diamant-i, *pl.* -e-t Diamant; Glasschneider
diamet|ër, -ri, *pl.* -ra-t Durchmesser
diametralisht i kundërt diametral entgegengesetzt
diapazon-i, *pl.* -e-t Kammerton a, Tonumfang *mus.*; Stimmgabel; Palette *fig.* ~ **i gjerë i dijeve** breite Palette der Kenntnisse
diapozitiv-i Diapositiv, Dia
diarré-ja Durchfall, Diärrhöe *med.*
diatez|ë, -a Diathese, Genus verbi; ~ **mesore** Medium *spr.*
dibran, -e aus Dibra
diçka = **diç** etwas; ~ **e re** etwas Neues
didaktik, -e didaktisch
didaktik|ë, -a Didaktik
diel|a, e Sonntag; ~ **e larit** Palmsonntag
diell-i Sonne; **dielli përvelon** die Sonne brennt; **banjë dielli** Sonnenbad; **çadër dielli** Sonnenschirm; **djegie nga dielli** Sonnenbrand; **eklipsi i diellit** Sonnenfinsternis; **hyn dielli** die Sonne geht unter
diellisht|ë, -a Sonnenplatz
diellor, -e Sonnen-
dierez|ë, -a Diärese
diet|ë, -a Tagegeld; Diät *med.*

diez-i, *pl.* -ë-t Kreuz *mus. erhöht um einen Halbton*
diferenc|ë, -a Unterschied
diferencial-i Differential *tech.*
diferencoj differenzieren, unterscheiden
difterí-a Diphtherie *med.*
diftim-i Epiphanie *rel.*, Epiphanias
difton|g-u, *pl.* -gje-t Diphthong, Zwielaut; ~ **ngjitës** steigender Diphthong
diftongim-i Diphthongierung
digam|ë, -a Digamma *spr.*
dig|ë, -a Damm, Deich; Staudamm
diglosí-a Diglossie *spr.*
digraf-i, *pl.* -e-t Buchstabenverbindung, Digraph *spr.*
digj, s. **djeg**
digjem *e/i/o* Feuer fangen, brennen
dihas *s/t* keuchen
dij|e, -a Wissen
dijení-a Kenntnis; **vë në** ~ in Kenntnis setzen
dijetar-i Wissenschaftler
dikaster-i, *pl.* -e-t Behörde, Ministerium; **titullari i dikasterit** Amtsleiter, Behördenchef
dikasterial, -e Ressort-; bürokratisch; **frymë dikasteriale** Ressortgeist
dikë, s. **dikush**
diksion-i Diktion, Sprechweise
diktat-i, *pl.* -e-t Diktat, aufgezwungener Wille
diktator-i Diktator
diktatur|ë, -a Diktatur; ~ **e proletariatit** Diktatur des Proletariats
diktim-i Diktat *in der Schule*
diktoj diktieren; bemerken, entdecken, aufspüren
diku irgendwo
dikur ⟨*adv*⟩ früher, irgendwann, ehedem
dikursh|ëm, -me, i/e früher, vergangen, ehemalig; **gropos ëndrrat e dikurshme** die einstigen Träume begraben
dikush jemand, irgendeiner
dil, s. **dal**
dilem|ë, -a Dilemma *phi.*
diletant-i, *pl.* -ë-t Dilettant, Amateur, Laie
diletantiz|ëm, -mi Dilettantismus
dim|ër, -ri, *pl.* -ra-t Winter; **dimrit** winters, im Winter
dimërak, -e Winter- ; **mollë dimërake** Winterapfel
dimërisht|ë, -a Winterweide; Winterfutter
dimëroj überwintern
dimëror, -e winterlich, Winter-
dimí-të Pluderhose der Frauen
dimiskí-a Damaszenerklinge
din-i *veralt.* Glaube; guter

Lebenswandel; **vij në ~** auf den rechten Weg kommen, sich bessern
dinak, -e hinterlistig, schlau, listig
dinakërí-a Schläue, Klugheit, List
dinamik, -e dynamisch
dinamik|ë, -a Dynamik
dinamit-i Dynamit, Sprengstoff
dinamiz|ëm, -mi Dynamismus, Dynamik
dinámo-ja Dynamo, Lichtmaschine
dinar-i, *pl.* -ë-t Dinar *Währung*
dinastí-a Dynastie
din|ë, -a Dyn *Maßeinheit für mechanische Kräfte*
dinozaur-i, *pl.* -ë-t Dinosaurier
dinjitet-i Würde; **~ njerëzor** Menschenwürde
dinjitoz, -e wurdevoll, würdig, anständig
diod|ë, -a Diode
dioqez|ë, -a Diözese *rel.*
diplom|e, -a Diplom, Urkunde; **punë diplome** Diplomarbeit
diplomací-a Diplomatie; **~ e strucit** Vogel-Strauß-Taktik
diplomat-i, *pl.* -ë-t Diplomat
diplomatik, -e diplomatisch; **në rrugë diplomatike** auf diplomatischem Wege
diplomohem Prüfung machen, das Studium beenden
direk-u, *pl.* -ë-t Mast
direktiv|ë, -a Direktive, Leitlinie
dirigjent-i, *pl.* -ë-t Dirigent, Orchesterleiter
dirigjoj dirigieren *mus.*; leiten
disa einige, ein paar; **~ ikën, kusuri ndenjën** einige gingen, die übrigen blieben
disenjator-i Designer; technischer Zeichner
disertacion-i Dissertation
disfat|ë, -a Niederlage; **pësoj disfatë** eine Niederlage erleiden
disfatist-i Defaitist
disfatiz|ëm, -mi Defaitismus
disi irgendwie
disiplin|ë, -a Disziplin
disiplinoj disziplinieren
disiplinor, -e disziplinarisch, Disziplinar- ; **masa disiplinore** Disziplinarmaßnahmen
diskhedhës i Diskuswerfer *spo.*
dis|k-u, *pl.* -qe-t Diskus *spo.*; Schallplatte; Scheibe; **sharrë disk** Kreissäge *tech.*
diskotek|ë, -a Schallplattensammlung, Diskothek
diskreditoj in Verruf bringen, diskreditieren

diskriminoj diskriminieren
diskutim-i Diskussion
diskutoj diskutieren
diskutuesh|ëm, -me, i/e diskussionswürdig, diskussionsfähig, diskutabel
dislokoj dislozieren *mil.*, aufstellen
disnivel-i, *pl.* -e-t Niveauunterschied; ~ **kulturor** Kulturgefälle
disonanc|ë, -a Dissonanz *mus.*
dispaç-i, *pl.* -e-t Schnelligkeitsprämie *Hafen*. Eilgeld
dispanseri-a medizinische Beratungsstelle
dispash|ë, -a Schadensaufmachung, Dispache *ök.*
dispéçer-i, *pl.* -ë-t Abfertigungsanlage
dispens|ë, -a Umdruck, hektographiertes Lehrbuch
disponoj verfügen über etw., disponieren
disponuesh|ëm, -me, i/e disponibel
dispozicion-i Disposition, Verfügung; **kam në dispozicion** disponieren über, verfügen über
dispozit|ë, -a Disposition, Absprache; Bestimmung *jur.*; **dispozitë në dobi të një të treti** Absprache zugunsten eines Dritten, pro tertio
distanc|ë, -a Distanz, Strecke *spo.*
distiloj destillieren
distinktiv-i, *pl.* -ë-t Anstecknadel
distributor-i Zündverteiler *tech.*
dishépu|ll-i, *pl.* -j-t Jünger *rel.*; Anhänger
dishnicar, -e aus Dishnica
dita-ditës ⟨*adv*⟩ tagaus-tagein
ditar-i Tagebuch
dit|ë, -a Tag; **asaj dite** an jenem Tage; **ditën** am Tag; tagsüber; **një ditë prej ditësh** eines schönen Tages; ~ **pune** Werktag; ~ **pushimi** Ruhetag; **gjatë ditës** tagsüber
ditëlindj|e, -a Geburtstag
ditëvdekj|e, -a Todestag
ditiramb-i, *pl.* -e-t Dithyrambus
ditor, -e Tages-; **çerdhe ditore** Kindertagesstätte, Kita
ditur, i/e gelehrt
dituri-a Kenntnis; Wissensgebiet, Unterrichtsstoff
ditoror, -e gelehrt *spr.*, Buch- ; **fjalë diturore** buchsprachliches Wort, gelehrtes Wort
div-i, *pl.* -a-t Riese
divan-i, *pl.* -e-t Diwan, Sofa, Canapé, Couch, Bett-

couch, Schlafcouch
divergjenc|ë, -a Divergenz, Abweichung
diversant-i, *pl.* -ë-t Diversant
diversion-i Diversion, Wühlarbeit; Ablenkung *mil.*
dividend-i, *pl.* -ë-t Dividende *ök.*
diviz|ë, -a Uniform *mil.*
divizion-i Division *mil.*
divorc-i Scheidung *jur.*, Ehescheidung
diz|ë, -a Düse
dizenterí-a Ruhr *med.*, Dysenterie
dizg|ë, -a, *pl.* -gje-t Band *um Strümpfe zu befestigen oder ein Baby zu halten*, Wickelband
·**Dizhon**-i *ON* Dijon
djal|ë, -i, djem-të Junge, Knabe, Bursche; **djali plangprishës** der verlorene Sohn *rel.*
djalosh-I, *pl.* djelmosha-t Bursche, junger Mann
djalurçin|ë, -a, *pl.* -a-t grüner Junge, Grünschnabel
dja|ll-i, *pl.* -j-të Teufel; **të marrtë djalli!** der Teufel soll dich holen!
djallëzí-a Teufelei, Tücke
djallëzoj tückisch sein, tückisch machen
djallos verhunzen
djath|ë, -i, *pl.* -ëra-t Käse
djathtas ⟨*adv*⟩ rechts
djathtë, i/e recht; **dorë e ~** rechte Hand
djathtiz|ëm, -mi Rechtsfraktion *in einer kommunist. Partei*, Rechtsopportunismus
dje gestern
djeg *e/i/o; g/gj* brennen, verbrennen, durchbrennen
djegagur-i Hundstage
djegës, -e scharf, ätzend, brennend; brennbar
djegësir|ë, -a Schärfe; Sodbrennen
djegësoj pfeffern
djegi|e, -a Brennen, Brand; **~ nga dielli** Sonnenbrand
djegor|e, -ja Zünder *mil.*
djegsh|ëm, -me, i/e brennbar
djegurin|ë, -a Brennstoff, Brennmaterial
djep-i, *pl.* -e-t Wiege
djepës-i Baby
djepoj schaukeln *in der Wiege*
djers|ë, -a Schweiß
djersit schwitzen
djersitem sich abrackern; beschlagen *vom Dampf*
djersitur, i/e verschwitzt, schweißgebadet
djerr-i, *pl.* -e-t = **djerrin|ë**, -a Brache, Brachfeld
djerrë, i/e brach, brachliegend
djerroj grübeln; ausbrüten *fig.*

djesh|ëm, -me, i/e gestrig, von gestern
do = disá
do, s. **dua**
dobare ⟨*adv*⟩ wenigstens
dobësí-a Schwäche
dobësim-i Schwächung
dobësoj schwächen; **lidhje e dobësuar** lockerer Einband
dobët, i/e schwach, geringwertig, niedrig *Qualität*; **shkak i dobët** niedriger Beweggrund *jur.*
dobí-a Nutzen, Vorteil; **në dobi të** ⟨+ *G*⟩ zugunsten
dobiprurës, -e nützlich
dobish|ëm, -me, i/e nützlich
dobishmërí-a Nützlichkeit, Nutzen
dobraças, -e aus Dobraç
docent-i, *pl.* -ë-t Dozent
Dodekanez-i Dodekanes *Inselgruppe*
doemos sicher!, gewiß!, natürlich!
dogan|ë, -a Zoll; **agjenci doganе** Zollbüro, Zollamt
doganier-i Zöllner
doganoj kontrollieren, Zoll erheben
doganor, -e Zoll- ; **tarifë doganore** Zolltarif; **deklaratë doganore** Zollerklärung
dogmatik, -e dogmatisch
dogmatik-u, *pl.* -ë-t Dogmatiker
dogmatiz|ëm, -mi Dogmatismus
dogm|ë, -a Dogma
dogja, s. **djeg**
dok-u Kattun, Baumwolle
dok-u, *pl.* -e-t Dock; ~ **i thatë** Trockendock; ~ **pluskues, notues** Schwimmdock
dók|ërr, -rra, *pl.* -rra-t großer Knochen; **flas dokrra** Unsinn reden
doke-t *f. Pl.* Sitten; ~ **e zakone** Sitten und Gebräuche
dokëndis gesundheitlich schädigen; beleidigen; **e dokëndisën fasulet** die Bohnen sind ihm nicht bekommen
doker-i Dockarbeiter, Dokker
doktor-i Doktor; Arzt
doktorat|ë, -a Doktorgrad; Doktorarbeit
doktrin|ë, -a Doktrin *phi.*
dokudó ⟨*adv*⟩ irgendwo; auf gut Glück, unerheblich
dokument-i, *pl.* -e-t Dokument, Schriftstück, Papier, Ausweis
dokumentar, -e dokumentarisch, Dokumentar-; **film dokumentar** Kulturfilm
dokurdó ⟨*adv*⟩ irgendwann
dola, s. **dal**
dollak-u, *pl.* -ë-t Wickelgamasche
dollap-i, *pl.* -ë-t Schrank
dollar-i, *pl.* -ë-t Dollar

dollí-a Toast, Trinkspruch
dollmá-ja Dolma *in Wein- oder Kohlblätter gerollte Speise*, Krautwickel
dollomá-jaknielangerMantel
dom-i, *pl.* -ër-it hochwürdiger Herr *Titel kath. Priester*
domat|e, -ja Tomate; **sallatë me domate** Tomatensalat
domethënë *d. m. th.* das heißt
domethënës, -e Bedeutungs-
domethëni|e, -a Bedeutung
dominó-ja Domino-Spiel
domk|ë, -a Beule
domosdó ⟨*adv*⟩ unbedingt
domosdosh|ëm, -me, i/e unerläßlich, unabdingbar, notwendig, nötig
domosdoshmëri-a Notwendigkeit, Unumgänglichkeit
dora-dorës ⟨*adv*⟩ Hand in Hand
doracak, -e handlich
doracak-u Handbuch
dorak-u, *pl.* -ë-t Griff, Henkel, Pflugsterz; Hantel
dorashk|ë, -a Handschuh; ~ **prej gome** Gummihandschuh
dordolec-i, *pl.* -ë-t Vogelscheuche
dor|ë, -a, *pl.* dúar-t Hand; **dorë për dore** Hand in Hand; ~ **e djathtë** rechte Hand; **fërkoj duart** die Hände reiben; **fshij duart** die Hände abtrocknen; **i ka duart helaq** er hat schmutzige Hände; **kyçi i dorës** Handgelenk; **m'u athën duart** mir sind die Hände wie abgestorben; **m'u flluskosën duart** ich habe Blasen an den Händen bekommen; **me duar të thara** mit abgestorbenen Händen; **me duart e rrasura në xhepa** mit den Händen in den Hosentaschen
dorëdhënë = **dorëçelur** freigiebig
dorës-i, *pl.* -a-t Leuchter; Bogen der Lahuta
dorëshkrim-i Handschrift, Manuskript
dorëz-a Händchen; Handvoll, Büschel, Manschette
doréz|ë, -a Handschuh; Griff, Henkel
dorëzak, -e aus Dórëza
dorëzan|ë, -i, *pl.* -ë-t Bürge
dorëzanësi; dorëzani-a Aval, Wechselbürgschaft
dorëzim-i Übergabe, Abgabe
dorëzohem geweiht werden *Priester*; sich ergeben; ~ **rob** sich ergeben dorëzoj übergeben, aushändigen; ordinieren *rel.*
dorëzonj|ë, -a Geißblatt *bot.*
dos|ë, -a Sau
dosar-i, *pl.* -ë-t; **dosj|e**, -a-

Dossier, Aktenbündel, Akte, Vorgang
dosido ein beliebiger; **një mësues** ~ ein beliebiger Lehrer
dot *Partikel* nicht können; **s'e dëgjoj dot** ich kann das nicht hören; **nuk qeveris dot as veten e tij** sich nicht einmal selbst in Ordnung halten können
dovlet-i, *pl.* -e-t *veralt.* Regierung, Staat; **baba dovleti** Vater Staat
doz|ë, -a Dosis *med.*
dozim-i Dosierung *med.*
dozoj dosieren *med.*
dragamin|ë, -a Minensuchboot *mil.*
drag|ë, -a Schwimmbagger; Schneelawine
drag|úa, -ói Drache
drakonian, -e drakonisch, erbarmungslos
dramatik, -e dramatisch
dramatik|ë, -a Dramatik
dramatizoj dramatisieren; **roman i dramatizuar** für die Bühne bearbeiteter Romanstoff
dramaturg-u Theaterschriftsteller, Dramenautor, Theaterautor, Stückeschreiber
dramaturgjí-a Dramatik, Bühnenliteratur
dram|ë, -a Drama, Schauspiel
drang|ë, -a Rotauge
dráp|ër, -ri, *pl.* -ínj-të; -ërinj-të Sichel; ~ **e çekan** Hammer und Sichel
drapëroj mit der Sichel schneiden
drashovicjot, -e aus Drashovica
Drav|ë, -a *FN* Drau
dre-ri, *pl.* -rë-t Hirsch
dredh *e/o/i* drehen
dredhak, -e = **dredharak**, -e gewunden; hinterlistig, durchtrieben; **rrugë dredhake** Serpentine
dredh|e, -ja = **dredhk|ë**, -a Schlingpflanze
dredh|ë, -a Windung, Kurve
drédh|ël, -la, *pl.* -la-t Glokkenblume *bot.*
dredhës-i Dreher *tech.*; Drehschwengel
dredhëz-a Erdbeere *bot.*
dredhí-a List, Tücke
dredhj|e, -a das Drehen; **repart i dredhjes** Dreherei *tech.*
dredhk|ë, -a Winde *bot.*; ~ **e arave** Ackerwinde *bot.*
dredhoj abbiegen; Haken schlagen; listig sein
dredhor|e, -ja Schlingpflanze
drejt ⟨*adv.*⟩ direkt, geradeaus, in Richtung auf
drejt|ë, -a, e Recht; ~ **e autorit** Urheberrecht; **e drejta**

amtare Mutterrecht; ~ **e kombit më të favorizuar** Meistbegünstigungsklausel; ~ **parablerjeje** Vorkaufsrecht
drejtë, i/e gerecht, richtig, gerade, direkt
drejtësi-a Gerechtigkeit, Justiz, Rechtspflege
drejtësisht ⟨*adv*⟩ mit Recht, rechtmäßig
drejtëz-a Gerade *math.*; **heq një drejtëz** eine Gerade ziehen
drejtim-i Richtung, Rektion *spr.*; ~ **parafjalor** präpositionale Rektion *spr.*; **gaboj drejtimin** die falsche Richtung einschlagen
drejtkëndësh-i, *pl.* -a-t Rechteck *math.*
drejtkëndor, -e rechteckig
drejtohem sich begeben zu, sich wenden an
drejtoj lenken, leiten, steuern, ausrichten; regieren *spr.*
drejtor-i, *pl.* -ë-t Direktor, Leiter
drejtoresh|ë, -a Direktorin
drejtori-a Leitung, Direktion; ≗~ **e përgjithshme e radiotelevizionit** Generaldirektion von Rundfunk und Fernsehen
drejtpërdrejt ⟨*adv*⟩ = **drejtpërsëdrejti** direkt, unmittelbar; **përshkrim drejtpërdrejt nga libri** autoptische Beschreibung, Autopsie
drejtpërdrejtë, i/e direkt unmittelbar
drejtpeshim-i Gleichgewicht; **trondis drejtpeshimin** das Gleichgewicht erschüttern
drejtshkrim-i Rechtschreibung, Orthographie
drejtshkrimor, -e Rechtschreibungs-
drejtshqiptim-i korrekte Aussprache; Orthoepie
drejtues-i Leiter, Chef
drejtvendos justieren *tech.*
drejtvendosj|e, -a Justierung *tech.*
drekem = **drekoj** zu Mittag essen
drek|ë, -a Mittagessen
drekëher|ë, -a Mittagszeit
drékëz-a Maiglöckchen *bot.*
dremis *s/t* schlummern
dremk|ë, -a Nickerchen, Schläfchen
drenazh-i, *pl.* -e-t Drainage *tech.*
drenicar, -e; **drenicak**, -e aus Drenica
drenj|ë, -a Wachtel
drenoj = **drenazhoj** Drainage anlegen
drenovar, -e aus Drenova
drenush|ë, -a Hirschkuh
dreq-i, *pl.* -ër-it Teufel

dreqësí-a Teufelei
dridh, s. **dredh**
dridhem schwingen *intransitiv*, zittern
dridhj|e, -a Zittern, Schwingung *tech.*; ~ **të tejzave** Stimmbandschwingungen
dridhjematës-i Schwingungsmesser *tech.*
dridhm|ë, -a das Zittern, Schauder
dridhurat, të Schüttelfrost
drill-i Drillich
drishtjan, -e aus Drisht
dritar|e, -ja Fenster; ~ **dyfletëshe** zweiflügeliges Fenster
dritareza, *pl.* -a-t Fensterchen, Durchreiche, Schalter; **dritarez e telegrameve** Telegrammschalter
drit|ë, -a Licht; **me dritë** hell; ~ **e gjatë** Fernlicht *tech.*; ~ **sinjalesh** Abblendlicht; ~ **e pasme** Schlußleuchte; ~ **ndalese** Standlicht
dritëndjesh|ëm, -me, i/e lichtempfindlich
dritëpërshkuesh|ëm, -me, i/e transparent
dritëpritës|e, -ja Lampenschirm
dritëshkurtër kurzsichtig
dritëshkurtësí-a Kurzsichtigkeit
dritësoj erleuchten; zieren
dritoj beleuchten
dritorëz-a Fensterchen; Bullauge
drith|ë, -i, *pl.* -ëra-t Getreide, Korn
dridhërohem për zittern um, sich sorgen um etw.
drithnik-u Getreidespeicher, Vorratsraum
drizar, -e aus Driza
driz|ë, -a Stechdorn *bot.*
drodha, s. **dredh**
drogaman-i, *pl.* -ë-t Drogenabhängiger, Fixer
drog|ë, -a Arzneimittel, Droge
drogohem drogenabhängig sein
dropullít, -e aus Drópull
dru-ja, *pl.* dru-të Holzscheit
dru-ri, *pl.* -nj-të Holz; ~ **fyl** hohler Baum; ~ **gjenealogjik** Stammbaum; ~ **i ushtuar** abgelagertes Holz; **ashkla druri** Holzspäne; **drurët frutorë** Obstbäume
druaj sich fürchten
drudh = **dromcoj** zerbröseln, zerkrümeln
drugdhendës-i Holzschnitzer
druhem sich genieren, Hemmungen haben; zweifeln
drunjtë, i/e hölzern
drusor, -e = **drunor**, -e Holz-
druvar-i Holzfäller
dry-ni, *pl.* -na-t = **dry**-ri, *pl.* -rë-t Vorhängeschloß
dua, do, desha, dashur wol-

len, mögen, lieben
duá-ja, *pl.* -të Gebet *muslimisch*
duaj, s. **dua**
dúaj-t *m. Pl.* Garbe
dualist, -e dualistisch *phi.*
dualiz|ëm, -mi Dualismus *phi.*
dúar-dúar ⟨*adv*⟩ von Hand zu Hand; ungleichzeitig, ungleichmäßig
duarplot ⟨*adv*⟩ Hand, mit vollen Händen; **vij** ~ mit vollen Händen kommen
duartrokas *a/e/i; s/t* klatschen, applaudieren
duartrokitj|e, -a Applaus, Beifall
dublet-i Dublette
dublikat|ë, -a Duplikat, Durchschrift
Dublin-i Dublin
dubloj doubeln, ersetzen, einspringen für, synchronisieren *Film*
dublues-i Double, Ersatzspieler
Dubrovnik-u *ON* Dubrovnik, Ragusa
dud|ë, -a Zahnfleisch
dúdësh, -e zahnlos
dudí-a Lachtaube
duet-i Duo *mus.*, Duett
duf-i Wutausbruch
duhan-i Tabak; **pi** ~ rauchen; **nuk e nget duhanin** er raucht nicht; **duhan i egër** Bilsenkraut, Mandragora *bot.*
duhanor|e, -ja = **duhanisht|e**, -ja Tabakfeld
duhanshitës-i = **duhanxhí**-u, *pl.* -nj-të Tabakwarenhändler
duhantor|e, -ja Tabakladen
duhem sich gegenseitig mögen; **duheshin si vëllézër** sie liebten sich wie Brüder; **duhet** müssen; **duhet paguar** man muß bezahlen; **duhet të paguaj** ich muß bezahlen
duhí-a Sturm
duhish|ëm, -me, i/e stürmisch
duhm|ë, -a Windstoß; Mief, Dunst, Gestank
duhur, i/e passend, geeignet, zweckdienlich; notwendig, angemessen; **në kohën e** ~ zu geeigneter Zeit; **në formën e** ~ in gebührender Form
duk Haltbarkeit; **punë me duk** Wertarbeit
dukagjin|e, -ia Traubenmost
dukagjinas, -e aus Dukagjin
dukarak, -e aus Dúkas
dukatas, -e aus Dukát
dukat|ë, -a Herzogtum
duke *Partikel zur Bildung des Gerundiums* während, indem; ~ **kënduar** beim Singen; ~ **u bazuar në** ⟨+ *Akk*⟩ bezugnehmend auf etw.

dukem aussehen, erscheinen; **duket si ballkanas** er sieht aus wie einer vom Balkan; **më duket** anscheinend; **duket açik** es ist deutlich zu sehen
duk|ë, -a *m.*, *pl.* -ë-t Herzog
dukj|e, -a Schein, Aussehen; **në ~** anscheinend; **vë në ~** hervorheben
dukjot, -e aus Dukaj
duksh|ëm, -me, i/e sichtbar, spürbar, ersichtlich
dukshmëri-a Sichtbarkeit
dukuri-a Erscheinung, Phänomen
dum|e, -ja Kasten *aus Holz für Küchenartikel*; Dickerchen *Kosenamen für Kinder*; Getreidemaß *ca. 6 kg*; **ku je, moj dume!** wo bist du, mein Dickerchen!
dumping-u Dumping, Preisschleuderei, Unterbietung
dun|ë, -a Düne
dunicar, -e aus Dunica
duoden-i Zwölffingerdarm *med.*
duplikat|ë, -a Duplikat
duq-i, *pl.* -e-t Zapfen, Stengel, Kippe *Zigarette*
dures|ë, -a Toleranz *tech.*, Duldsamkeit
durim-i Geduld, Ausdauer
durimthi ⟨*adv*⟩ geduldig
duroj ertragen, erdulden; geduldig sein
Durrës-i *ON* Durres, Durrazzo
durrsak, -e aus Durrës
dush-i, *pl.* -e-t Dusche
dusharak, -e aus Dushar
dush|k-u, *pl.* -qe-t Eiche; **dushk i egër** Stechpalme; **bëj ~** Lauß als Viehfutter schneiden
dushkaj|ë, -a = **dushkor|e**, -ja Eichenwäldchen
dushkar, -e aus Dushk
dushkonja-t *f. Pl.* Eichenzweige *als Brennholz oder Viehfutter*
dushman-i, *pl.* -ë-t *veralt.* Feind
duvak-u, *pl.* -ë-t Brautschleier
duzin|ë, -a Dutzend
dy zwei; **dy nga dy** zwei und zwei, in Zweierreihe; **~ pika** Doppelpunkt *spr.*; **~ pika lot** zwei Tränen; **të dy**, *f.* **të dyja** beide; **ne të ~** wir beide
dyansh|ëm, -me, i/e zweiseitig; uneindeutig
dybarkor, -e bikonvex
dybuzor, -e bilabial *spr.*
dydirekësh, -e Zweimast- ; **anije dydirekëshe** Zweimaster
dyfaqësh, -e zweigesichtig; zweikantig; **njeri dyfaqësh** Heuchler
dyfazor, -e zweiphasig,

Zweiphasen- ; **rrymë dyfazore** Zweiphasenstrom *tech.*

dyfek-u, *pl.* -ë-t *veralt.* Flinte, Gewehr

dyfekçí-u, *pl.* -nj-të *veralt.* Büchsenmacher

dyfish ⟨*adv*⟩ doppelt, zweifach

dyfishim-i Verdopplung, Reduplikation *spr.*

dyfishoj verdoppeln

dyfishtë, i/e doppelt

dyfletësh, -e zweiflügelig; **dritare dyfletëshe** zweiflügeliges Fenster

dygarësh-i Zweikampf *spo.*

dygjinish|ëm, -me, i/e zweigeschlechtig *spr.*, heterogen

dygjuhërí-a Zweisprachigkeit, Bilinguismus

dygjuhësh, -e zweisprachig; **botim dygjuhësh** bilingue Edition, zweisprachige Ausgabe

dygjymtyrësh-i, *pl.* -a-t Binom *math.*

dyjar, -e binär

dyjar-i Dublette, Doppelform *spr.*

dyjavor, -e zweiwöchentlich

dyjës-i Dual *spr.*; ~ **parësor** primärer Dual

dykátësh, -e zweistöckig; **shtëpi dykatëshe** zweistökkiges Haus

dykóhësh, -e Zweitakt- *tech.*; **motor dykohësh** Zweitaktmotor

dykrenor, -e doppelköpfig

dykulmor, -e zweigipflig *spr.*

dykuptimsh|ëm, -me, i/e zweideutig

dylbí-a Fernrohr; **një palë dylbí** Feldstecher

dyluftim-i Zweikampf, Duell

dylúgët, i/e bikonvex

dyll|ë, -i Wachs; **u bë dyllë i verdhë** er wurde leichenblaß; **kukulla prej dylli** Wachsfiguren

dyllos einwachsen, mit Wachs überziehen

dylltë, i/e = **dyllor**, -e Wachs-, wächsern; **qiri i** ~ Wachskerze

dymbëdhjetë zwölf; **i** ~ der zwölfte

dymotorësh, -e zweimotorig; **aeroplan** ~ zweimotoriges Flugzeug

dymujor, -e zweimonatlich

dymysët, i/e bikonvex

dynd erschüttern

dyndj|e, -a Erschütterung

dyngjyrësh, -e zweifarbig

dynym-i, *pl.* -ë-t Dönüm *osman. Flächenmaß von 940 qm*

dynjá-ja Welt; große Menge; **ai është shqa më** ~ er ist stockdumm

dynjallëk-u Eigentumsver-

hältnisse; **bie nga dynjallëku** an den Bettelstab kommen, verarmen
dyoksid-i, *pl.* -e-t Dioxyd *chem.*; **dyoksid i karbonit** Kohlendioxyd
dypálësh, -e zweiseitig, bilateral
dyparafundor, -e drittletzt; **rrokje dyparafundore** Antepänultima *spr.*
dyqan-i, *pl.* -e-t Laden
dyqind zweihundert
dyrasësh, -e Zweikasus-, diptotisch *spr.*
Dyrrah-u *hist.* Dyrrhachium *ON*, Durrazzo, Durrës
dyrrókësh, -e zweisilbig
Dyseldorf-i Düsseldorf
dysh, -e Doppel-, Zweier- ; **format** ~ Folioformat; **spinë dyshe** Doppelstecker
dyshek-u, *pl.* -ë-t Matte, Matratze, Bettsack, Liege; ~ **alpinisti** Schlafsack; ~ **me ajër** Luftmatratze
dyshemé-ja Fußboden
dyshemetis Fußboden verlegen
dyshim-i Zweifel; **luzmë dyshimesh** ein Haufen Zweifel; **vë në dyshim** in Zweifel ziehen
dyshimor, -e zweifelhaft, dubitativ *spr.*; **fjali dyshimore** dubitativer Satz
dyshimtë, i/e zweifelhaft
dyshkrónjësh-i, *pl.* -a-t Digraph, durch zwei Buchstaben dargestellter Laut
dyshoj zweifeln
dysor-i Dublette, Doppelstück
dyst ⟨*adv*⟩ glatt
dystë, i/e glatt, platt; einfarbig *Textil*
dystoj glätten
dytë, i/e zweiter; **vjeshta e dytë; britmi i dytë** Oktober
dytëshor-i Doppelgänger
dytësor, -e sekundär
dyvalent, -e zweiwertig; **element dyvalent** zweiwertiges Element
dyvjeçar, -e zweijährig, Zweijahres-
dyvlersh|ëm, -me, i/e zweiwertig
dyzanor-i Diphthong *spr.*
dyzet vierzig
dyzetë, i/e der vierzigste
dyzim-i Doppelung, Gemination *spr.*; ~ **shprehës** affektive Gemination
dyzoj schwanken, zaudern; verdoppeln, vereinigen

Dh

dhall|ë, -a Buttermilch
dhanor|e, -ja Dativ, Wemfall
dhask|al-i, *pl.* -énj-të *veralt.* Lehrer; Schulmeister
dhashë, s. **jap**
dhe = **e** und; **e tjera** und so weiter; **si dhe** sowie
dhe-u, *pl.* -ra-t Erde, Boden; **gjuhëz dheu** Landzunge
dhelp|ër, -ra Fuchs
dhelparak, -e listig, gewitzt, heimtückisch
dhelpërí-a Schläue, List
dhelpërisht ⟨*adv*⟩ listig
dhelpërush-i, *pl.* -ë-t Fuchsjunges
dhemb schmerzen, wehtun; ~ **dhëmbi** der Zahn schmerzt
dhembj|e, -a Schmerz, Pein; ~ **dhëmbësh** Zahnschmerz
dhembsh|ëm, -me, i/e schmerzhaft
dhembshur, i/e liebevoll, heißgeliebt; **letër e** ~ Liebesbrief; **vështrim i** ~ verliebter Blick
dhembshurí-a Liebe; ~ **e nënës** Mutterliebe
dhen-të, s. **del|e**, -ja
dhenar-i = **dhenrritës**-i Schäfer
dhenxjerrës|e, -ja Bagger
dhesh|ëm, -me, i/e irdisch, diesseitig *rel.*
dhespot-i, *pl.* -ë-t Bischof *Titel der orthod. Kirche*
dhetar, -e eingesessen
dhéul-a, *pl.* -a-t Ameise
dhëmb-i, *pl.* -ë-t Zahn; **luan dhëmbi** Zahn wackelt; **pastë dhëmbësh** Zahnpasta; **dhëmbë-dhëmbë** = **dhëmbëzuar**, i/e gezahnt
dhëmball|ë, -a Backenzahn
dhëmbec-i, *pl.* -ë-t Wollkamm
dhëmbës-i = **dhëmbor|e**, -ja Rechen, Harke
dhëmbëtar-i Zahnarzt
dhëmbëz-a, *pl.* -a-t Zahn *tech.*; Zähnchen; **dhëmbëzat e sharrës** Zähne der Säge
dhëmblaniot, -e aus Dhëmblan
dhëmbor, -e Zahn-; dental *spr.*
dhëna t, të Daten, Angaben; **të dhëna të botimit** Impressum
dhënd|ër, -ri, *pl.* -úrë-t Bräutigam; Schwiegersohn, Schwager
dhëndërí-a Brautzeit
dhëndëroj Bräutigam sein/werden; stocksteif dastehen *wie bei der Trauung*
dhënë, s. **jap**
dhënës-i Geber; Sender,

Stromquelle *tech.*
dhëni|e, -a Zurverfügungstellung *jur.*, Gewährung; ~ **e mitës** aktive Bestechung; ~ **llogarie** Rechenschaftsbericht
dhërmíjas, -e aus Dhërmí
dhi-a, *pl.* dhi-të Ziege; ~ **e egër** Gams, Gemse
dhiar-i Ziegenhirt
dhiar|e, -ja schmaler Pfad
dhiat|ë, -a Testament, Vermächtnis; **2 e vjetër** Altes Testament *rel.*
dhimbj|e, -a = **dhembj|e**, -a
dhimbsem lieben, leidtun; **i dhimbset populli** das Volk liegt ihm am Herzen; **më dhimbset** es tut mir leid
dhimbsh|ëm, -me, i/e = **dhembsh|ëm**, -me, i/e
dhirtë, i/e Ziegen-
dhis|k-u, *pl.* -qe-t Tablett *zum Auftischen von Naschwerk od. Getränk*
dhitem, s. **dhjes** kacken *vulg.*, in die Hose machen; Angst haben, Mißerfolg haben
dhjak-u, *pl.* -ë-t Diakon *rel.*, Kirchendiener
dhjam|ë, -i Fett; ~ **derri** Speck
dhjamëzim-i Verfettung
dhjamor, -e Fett-; **ind dhjamor** Fettgewebe
dhjamur, i/e fett, dick
dhje|s, -va, -rë *s/t* scheißen *vulg.*; in den Sand setzen, versauen
dhjetë zehn; **i dhjetë** der zehnte; **e dhjet|ë**, -a Zehntel
dhjetëditësh, -e = **dhjetëditor**, -e zehntägig
dhjetëfishoj verzehnfachen
dhjetëgarësh-i, *pl.* -a-t Zehnkampf *spo.*, Dekathlon
dhjetërrokësh, -e zehnsilbig
dhjetësh|e, -ja Zehner
dhjetor, -e dezimal; **thyesë dhjetore** Dezimalbruch; **klasifikimi dhjetor** Dezimalklassifikation
dhjetor-i Dezember
dhom|ë, -a Zimmer; ~ **banimi** Wohnzimmer; ~ **buke** Eßzimmer; ~ **fjetje; dhomë gjumi** Schlafzimmer; ~ **ndeje** Wohnzimmer; ~ **e tregtisë ndërkombëtare** internationale Handelskammer; ~ **pritje** Empfangszimmer, gute Stube; ~ **zhveshjeje** Umkleideraum; **dhoma bie nga jugu** das Zimmer geht nach Süden hinaus
dhómëz-a, *pl.* -a-t Kammer; ~ **e zemrës** Herzkammer
dhrahmí-a Drachme *griech. Münze*
dhúnas ⟨*adv*⟩ mit Gewalt
dhun|ë, -a Gewalt; **marrë-**

dhënie seksuale me ~ Vergewaltigung, Notzucht *jur.*; **me përdhunë** mit Gewalt
dhunim-i Verletzung, Schändung; ~ **i banesës** Hausfriedensbruch *jur.*
dhunoj schänden, beleidigen, mißachten, verletzen
dhunsh|ëm, -me, i/e gewaltsam
dhuntí-a = **dhurëtí**-a Geschenk; Brautschatz, Mitgift
dhurat|ë, -a Geschenk
dhuroj schenken
dhurues-i Schenker, Spender; Stifter

E

e und; ihn, sie *Akk. Sg.*; *Gelenkartikel*; **njezët e një** einundzwanzig; ~ **tjera** und so weiter
ecës, -e fahrbar; **ekskavator ecës** fahrbarer Bagger
écënj *dial.* = **eci**
ec|i, -ën, -a, -ur gehen, zu Fuß gehen; **u ec me kujdes** man ging vorsichtig zu Werke; **gajasem së ecuri** nicht mehr laufen können
ecj|e, -a Lauf
ecura, e Gangart
ecuri-a Gangart; ~ **e të folurit** Sprechtempo; ~ **e ngjarjeve** Lauf der Ereignisse; ~ **e sëmundjes** Verlauf der Krankheit
edepsëz, -e flegelhaft
edepsëz-i Lump, Schurke, Flegel
edh-i = **kec**-i
edhe auch, noch; ~ ... **edhe** sowohl ... als auch; ~ **një herë** noch einmal; **provójeni édhe një herë** versuchen sie es noch einmal!
edh|e, -ja = **kec|e**, -ja
Edrené-ja *ON* Edírne
edukat|ë, -a Erziehung; Anstand; **njeri pa** ~ Mensch ohne Anstand edukator-i Erzieher
edukator|e, -ja Kindergärtnerin
edukim-i Erziehung
edukoj erziehen
efekt-i, *pl.* -e-t Wirkung, Effekt
efektsh|ëm, -me, i/e = **efektiv**, -e effektiv
egër, i/e wild, rauh, grob, brutal
egërlé-ja wilder Ölbaum
egërsí-a Wildheit
egërsir|ë, -a Bestie
egërsohem wild werden, er-

bittert werden; **lufta u egërsua** der Kampf nahm an Heftigkeit zu
eglendisem sich amüsieren
égo-ja das Ich
Egjé-u Ägais, Ägäisches Meer
égjër, -ra Taumel-Lolch *bot.*
Egjipt-i Ägypten
egjiptian, -e ägyptisch
egjiptian-i, *pl.* -ë-t Ägypter
eh *Int.* ach, oh
eh schärfen, schleifen; ~ **thikën** das Messer wetzen
eh-u Schneide
ehú *Int.* oho, he
éhu|ll-i, *pl.* -j-t Eiszapfen
eja-*ni*!, s. **vij** komm*t*! **eja de!** komm doch!
ekip-i, *pl.* -e-t Mannschaft
eklektiz|ëm, -mi Eklektizismus *phi.*
eklips hënor Mondfinsternis
eklips-i, *pl.* -e-t Sonnenfinsternis, Mondfinsternis; ~ **i diellit** Sonnenfinsternis
eklipsoj verfinstern, in den Schatten stellen; **kjo fitore eklipsoi të parën** dieser Sieg stellte den ersten in den Schatten
ekologjí-a Ökologie
ekologjik, -e ökologisch
ekonomi-a Wirtschaft, Ökonomie; ~ **botërore** Weltwirtschaft; ~ **bujqësore** Landwirtschaft; ~ **kolektive** Kollektivwirtschaft; ~ **pyjore** Fortwirtschaft
ekonomik, -e wirtschaftlich, ökonomisch; **amulli-a ekonomike** wirtschaftlicher Stillstand; **rrënim** ~ wirtschaftlicher Ruin
ekonomiko-shoqëror, -e sozialökonomisch, sozio-ökonomisch *phi.*
ekonomiqar, -e sparsam
ekonomist-i Wirtschaftler, Ökonom
ekonomizoj sparsam umgehen mit; **ekonomizoj lëndën e parë** Rohstoff sparen
ekran-i, *pl.* -e-t Leinwand, Bildschirm
ekranizoj verfilmen *eine literar. Vorlage*
eksiq mangelhaft
ekskavator-i Bagger; ~ **ecës** fahrbarer Bagger
ekskluzivisht ⟨*adv*⟩ ausschließlich
ekskursion-i Ausflug, Exkursion
ekslibris Exlibris
ekspansion-i Expansion
ekspedit|ë, -a Expedition
ekspeditor-i Absender
eksperienc|ë, -a Erfahrung *phi.*
eksperiment-i Experiment
eksperimental, -e experimentell, Versuchs-
eksperimentoj experimentie-

ren
ekspert-i, *pl.* -ë-t Experte, Fachmann, Spezialist
ekspertim-i Gutachtertätigkeit, Expertise
ekspertiz|ë, -a Expertise, Gutachten
eksploroj erforschen
eksploziv, -e explosiv
eksponat-i, *pl.* -e-t Ausstellungsstück, Exponat
eksponent-i Exponent
eksport-i Export, Ausfuhr
eksportim-i Ausfuhr, Exportgut
eksportoj exportieren
eksportues-i Exporteur
ekspozit|ë, -a Ausstellung
ekspozoj ausstellen
ekspozues-i Aussteller
ekspres Eil-, dringend; **letër ~** Eilbrief
ekspres-i Espresso *Kaffee*; **aparati i ekspresit** Espresso-Maschine
ekspresioniz|ëm, -mi Expressionismus
ekstaz|ë, -a Ekstase, Entrückung, Verzückung
eksterritorial, -e exterritorial
eksterritorialitet-i Exterritorialität
ekstrem, -e extrem, äußerst
ekstremist-i Extremist
ekstremiz|ëm, -mi Extremismus
ekuacion-i Gleichung; **~ algjebrik** *math.* algebraische Gleichung
ekuator-i Äquator
ekuatorial, -e äquatorial, Äquator- ; **klimë ekuatoriale** Äquatorialklima
ekuilib|ër, -ri Gleichgewicht
ekuipazh-i, *pl.* -e-t Besatzung
ekuivalent-i Äquivalent
ekuivok-u Mißverständnis; **pa ekuivok** unmißverständlich
ekumenik, -e ökumenisch *rel.*
ekzaminoj untersuchen; **~ të sëmurët** Kranke untersuchen
ekzekutim-i Vollstreckung, Exekution
ekzekutive, ausführend, vollstreckend, Vollzugs-
Komiteti Ekzekutiv Stadtverwaltung, Exekutivausschuß
ekzekutoj ausführen, vollstrecken *jur.*
ekzem|ë, -a Ekzem *med.*, Hautausschlag
ekzemplar-i, *pl.* -ë-t Exemplar, **~ me autograf** signiertes Stück
ekzistenc|ë, -a Existenz
ekzistencializ|ëm, -mi Existenzialismus *phi.*
ekzistoj existieren, vorhanden sein
ekzogamí-a Exogamie
ekzotik, -e exotisch

elastik, -e elastisch
elb-i Gerste
elbaroz|ë, -a Geranie *bot.*
elbasanas, -e aus Elbasan
Elb|ë, -a Elbe
elbth-i Gerstenkorn *med.*
elefant-i, *pl.* -ë-t Elefant
eleganc|ë, -a Eleganz
elegant, -e elegant
elegji-a Elegie
elegjiak, -e elegisch
elektoral, -e Wahl-
elektricist-i, *pl.* -ë-t Elektriker
elektricitet-i Elektrizität
elektrifikim-i Elektrifizierung
elektrifikoj elektrifizieren
elektrik, -e elektrisch; **impiant elektrik** elektrische Anlage; **lidh rrymën elektrike** Strom einschalten; **shkëndijë elektrike** elektrischer Funke
elektrik-u Strom *tech.*, Elektrizität; **ndez elektrikun** das Licht einschalten; ~ **dore** Taschenlampe
elektrizoj elektrisieren
elektroliz|ë, -a Elektrolyse
elektronik, -e elektronisch
elektronik|ë, -a Elektronik
elektroteknik|ë, -a Elektrotechnik
element-i, *pl.* -e-t Element, Grundstoff, Bestandteil; ~ **armik** feindliches Element *in der Bevölkerung*; ~ **dyvalent** zweiwertiges Element; ~ **përbërës** Bestandteil
elidim-i Elision
eliminoj eliminieren
elips-i, **elips|ë**, -a Ellipse, Auslassung
elit|ë, -a Elite
elmaz-i, *pl.* -e-t Diamant, Diamantschneider *tech.*
elozh-i, *pl.* -e-t Lobspruch; **bëj elozhe** lobhudeln
emal-i Emaille
emaloj emaillieren
emancipim-i Emanzipation, Befreiung
emancipuar, i/e emanzipiert
embargo-ja Embargo; **heq embargon** Embargo aufheben; **vë embargon** Embargo verhängen
emblem|ë, -a Wappen; Emblem
embrion-i, *pl.* -e-t Embryo
em|ër, -ri, *pl.* -ra-t Name, Nomen, Substantiv *spr.*, Vorname; ~ **foljor** Verbalnomen; **në emër të** ⟨+ *G*⟩ namens, im Namen von; ~ **i përveçëm** Eigenname; ~ **përmbledhës** Kollektivum *spr.*; ~ **prejfoljor** Deverbativum *spr.*, deverbales Nomen; ~ **vepruesi** Nomen agentis *spr.*; ~ **vetjak** Personenname

emëroj ernennen
emëror, -e nominal *spr.*, Namens- ; **togfjalësh emëror** nominale Wortgruppe
emëror|e, -ja Nominativ, Werfall *spr.*
emërtes|ë, -a Benennung; Nomenklatur, Geschäftsbereich
emërtim-i Benennung, Bezeichnung
emërtoj benennen
emërues-i Nenner *math.*; **emërues i përbashkët** gemeinsamer Nenner
emërzim-i Substantivierung
emfatik, -e emphatisch
emfaz|ë, -a Emphase, Nachdruck *spr.*
emigrant-i, *pl.* -ë-t Emigrant, Auswanderer
emigrim-i Emigration, Auswanderung
emigroj auswandern, emigrieren
emisar-i Emissar, Sendbote, Bote; Agent
emision-i Herausgabe, Sendung; ~ **special pullash** Sondermarken
emocion-i Emotion, Gemütsbewegung
emocionohem gerührt sein
empirí-a Empirie *phi.*, Erfahrung
empirik, -e empirisch, Erfahrungs-
empiriokriticiz|ëm, -mi Empiriokritizismus
empiriz|ëm, -mi Empirismus *phi.*
emt|ë, -a Tante
emulacion-i Wettbewerb
enciklopedí-a Enzyklopädie, Konversationslexikon
enciklopedik, -e enzyklopädisch
end weben
end-i = **end|ë**, -a Blütenstaub, Pollen *bot.*
endacak, -e nomadisierend, nicht seßhaft, Wander-
endator|e, -ja Weberin
ende noch; ~ **s'** noch nicht; ~ **s'kishte zbardhëlluar** noch vor Morgengrauen
endem sich herumtreiben
endës-i Weber
endës|e, -ja Weberin
éndëz-a Spinngewebe, Spinnennetz
endëzoj erblühen, befruchten, bestäuben *bot.*
endocentrik, -e endozentrisch
endurin|ë, -a Gewebe, Textil
en|ë, -a, *pl.* -ë-t Gefäß, Behälter; ~ **e pagëzimit** Taufbecken; **rafti i enëve** Geschirregal, Tellerbord
enëlarës-i Geschirrspüler
enëlarës|e, -ja Geschirrspülmaschine *tech.*
energjí-a Energie

energjik, -e energisch
eng-u, *pl.* -ë-t Taubstummer
éngjë|ll-i, -j-t Engel
engjërdhí-a Quecksilber
enigm|ë, -a Rätsel
énkas ⟨*adv.*⟩ absichtlich, extra
enklitik, -e enklitisch
enkliz|ë, -a Enklise *spr.*
ent-i, *pl.* -e-t Institution, Einrichtung
entuziaz|ëm, -mi Begeisterung, Enthusiasmus
entuziazmohem begeistert sein
enjt|e, -ja, e Donnerstag; **e ~ e madhe** Gründonnerstag
ep = **epoj** biegen, beugen; **epem** sich biegen, sich hingeben
epentetik, -e epenthetisch
epentez|ë, -a Epenthese
épërm, -e, i/e oberer; **lagje e epërme** oberes Viertel; **gjermanishte e epërme** Oberdeutsch
epërsí-a Überlegenheit
epidemí-a Epidemie
epidemik, -e epidemisch; **sëmundje epidemike epizootike** Seuche, Viehseuche
epigrafí-a Inschriftenkunde
epigram-i, *pl.* -e-t Epigramm
epík, -e episch
epik|ë, -a Epik
epilog-u, *pl.* -ë-t Epilog, Nachwort; Schlußpartie
epiqénd|ër, -ra, *pl.* -ra-t Epizentrum; Kerngebiet
Epir-i Epirus
epirot-i Epirot
epirotas, -e aus Epirus
episod-i, *pl.* -e-t Episode
epitet-i, *pl.* -e-t Epithet, Beiwort
epizootik, -e Tier-, Vieh-
epok|ë, -a Epoche, Zeitalter
epopé-ja Epos
epror, -e vorgesetzt, höhergestellt, höher
epror-i, *pl.* -ë-t Vorgesetzter
epsh-i, *pl.* -e-t Begierde, Lust
epshor, -e leidenschaftlich
eptim-i Flexion *spr.*; **~ foljor** Verbalflexion
eptues, -e flektierend *spr.*, flektiv
eptuesh|ëm, -me, i/e flektierbar
erashk|ë, -a = **eror|e**, -ja Fächer
erdha, s. **vij**
er|ë, -a Luft, Luftzug; Geruch, Duft, Wind; Ära; **fryn erë** es zieht; **i vjen era** hervortreten, sichtbar werden; **~ e acartë** schneidender Wind; **era ka rënë** der Wind hat sich gelegt; **hedh në erë** in die Luft sprengen
erëpritës-i Windschutzscheibe *am Zweirad*
erëza-t Gewürze, Spezereien
ergativ-i Ergativ *spr.*

erindjot, -e aus Erind
Eritré-ja Eritrea
erm|ë, -e, i/e duftend
erotik, -e erotisch
erudicion-i Gelehrsamkeit, Erudition
erudit, -e gelehrt
erurina-t Gewürze
errem dunkel werden
errësir|ë, -a Finsternis, Dunkelheit
errësoj verdunkeln; verhüllen, verbergen
errët, i/e dunkel, finster
esé-ja Essay
ésëll ⟨*adv*⟩ nüchtern
ésëllt, i/e nüchtern
esenc|ë, -a Wesen
esnaf-i Zunft, Gilde
estet-i, *pl.* -ë-t Ästhet
estetik, -e ästhetisch
estetik|ë, -a Ästhetik
Estoní-a Estland
estrad|ë, -a Straßentheater, Estrade, Variété
eshk|ë, -a Zunder; Holzkohle für Schmiede
esht|ër, -ra, *pl.* -ra-t, s. **asht-i** Knochen
eshtak, -e knochig, Knochen-
eshtërí-a Knochenbau, Skelett
eshtra-t Knochen, Gebeine
et, s. **atë**
etap|ë, -a Etappe
etem dürsten nach
eter-i Äther *chem.*
etër-it, s. **at|ë**, -i
etern, -e ewig
etik, -e ethisch, sittlich
etik|ë, -a Ethik
etiket|ë, -a die Etikette, Verhaltensvorschriften; das Etikett, Schildchen; **vendos etiketat** etikettieren
etimologjí-a Etymologie, Wortherkunft
etimilogjik etymologisch *spr.*; **grafi etimologjike** etymologische Schreibweise; **figurë etimologjike** Figura etymologica *spr.*
etiopas, -e äthiopisch
Etiopí-a Äthiopien
etj. usw.
etj|e, -a Durst
Etn|ë, -a Ätna
etní-a Ethnie, Volkstum
etnik, -e ethnisch, völkisch
etnogjenez|ë, -a Ethnogenese, Entstehungsgeschichte eines Volkes
etnograf-i, *pl.* -ë-t Ethnograph, Volkskundler
etnografí-a Ethnographie, Volkskunde
etnografik, -e Volkskunde-, volkskundlich; **muze etnografik** Volkskundemuseum
etnolinguistik|ë, -a Ethnolinguistik
etnolog-u, *pl.* -ë-t Ethnologe, Völkerkundler

etnonim-i Ethnonym, Volksname, Völkername
Etolí-a Ätolien
etrusk, -e etruskisch, etrurisch
etsh|ëm, -me, i/e durstig, begierig
eth|e, -ja, *pl.* -e-t Fieber; **e zaptuan ethet** ihn packte das Fieber
ethsh|ëm, -me, i/e fiebrig, fiebernd *med.*, *fig.*
Eubé-ja Euböa *Insel*
eufemiz|ëm, -mi Euphemismus
euforí-a Euphorie, Rausch, Hochstimmung
Eufrat-i Euphrat
eugjenik|ë, -a Eugenik
eukalipt-i, *pl.* -e-t Eukaliptus, Eukaliptusbaum
eunuk-u, *pl.* -ë-t Eunuch, Verschnittener
evgjit-i, *pl.* -ë-t Zigeuner, Roma
evidenc|ë, -a Evidenz; Anwesenheitsliste, Personalverzeichnis; **evidencë ushtarake** Wehrüberwachung, Wehrerfassung
evitoj vermeiden
evlat-i, *pl.* -ër-it *veralt.* Kind
evolucion-i Evolution, Entwicklung; Gattungsgeschichte
Evrop|ë, -a Europa; ~ **Juglindore** Südosteuropa; ~ **Jugore** Südeuropa; ~ **Lindore** Osteuropa; ~ **Qendrore** Mitteleuropa
evropian, -e europäisch
ezmer, -e dunkelhäutig, brünett
ezhdërhá-ja Drache, Ungeheuer; Riese, Gigant

Ë

ëhë *Int.* oho, nanu; ja
ëm|ë, -a Mutter; **e ëma** seine/ihre Mutter
ëmbël, i/e süß, angenehm, freundlich
ëmbëlsí-a Süße
ëmbëlsiq, -e süßlich; unangenehm
ëmbëlsir|ë, -a Kuchen, Süßigkeit, Nachtisch
ëmbëlsoj = **ëmbëltoj** süßen
ëndem gefallen; **më ëndet** es sagt mir zu
ënd|ërr, -rra Traum
ëndërroj träumen
ëndërrshpjegues-i Traumdeuter
ëndërrt, i/e traumhaft, phantastisch
ëndërrues, -e = **ëndërrtar**, -e

vertráumt
ëndj|e, -a Lust, Zufriedenheit; **me ëndje** gern
ënjtem schwellen
ënjtj|e, -a Schwellung
është, s. **jam**

F

f. v. *fjala vjen* z. B. *zum Beispiel*
fabrik|ë, -a Fabrik; **~ e tisazhit** Weberei
fabrikant-i, *pl.* -ë-t Fabrikant
fabrikim-i Fabrikation
fábul-a, *pl.* -a-t Fabel
facolet|ë, -a Tüchlein, Taschentuch
fagot-i, *pl.* -e-t Fagott *mus.*
faj-i, *pl.* -e-t Schuld; **me faj** schuldhaft
faj|kua, -oi, *pl.* -ónj-të Falke
fajanc|ë, -a Fayence
fajdé-ja *veralt.* Zins, Wucherzins
fajdexhí-u, *pl.* -nj-të Wucherer
fajësí-a Schuldhaftigkeit, Schuld
fajësim-i Beschuldigung, Anschuldigung
fajësoj beschuldigen
fajk|ë, -a Bordwand
fajkoj schrubben, wienern
fajkor|e, -ja Falkenweibchen
fajtor, -e schuldig
fajtor-i Schuldiger, Straftäter, Täter
fakfun-i Neusilber *Kupfer-Nickel-Legierung*
fakir-i, *pl.* -ë-t Wandermönch, Fakir
fakirfukará-i, *pl.* -énj-të *veralt.* arme Leute
faksimil|e, -ja, *pl.* -e-t Faksimile, Reproduktion
fakt-i, *pl.* -e-t Faktum, Tatsache; **fakt i kryer** fait accompli; vollendete Tatsache
faktitiv-i Faktitiv *spr.*
faktoj belegen, Fakten geltend machen
faktor-i, *pl.* -ë-t Faktor
faktur|ë, -a, s. **fatur|ë**, -a
fakultet-i Fakultät, Universität
fal schenken; verzeihen, entschuldigen; **më falni!** Entschuldigung!; **të fala** beste Grüße
fálas ⟨*adv*⟩ umsonst, gratis, kostenlos
falem beten; begrüßen; verlöschen, sterben; **faleminderit!** Danke sehr!; **faleminderit për letrën e pesë marsit të këtij vit** wir danken für Ihr Schreiben vom

5. 3. d. J.
falë ⟨+ *Abl*⟩ dank; ~ **punës së tij** dank seiner Arbeit
falënderim-i Dank
falënderoj bedanken, sich danken
falimentim-i Bankrott, Pleite
falimentoj Bankrott machen
falj|e, -a Entschuldigung; **kërkoj** ~ um Entschuldigung bitten
fals, -e falsch, erlogen
falset-i Falsett, Kopfstimme
falsifikim-i Fälschung
falsifikoj fälschen, verfälschen
falsifikues-i Fälscher
falsh|ëm, -me, i/e verzeihlich
faltor|e, -ja Gebetshaus, Bethaus, Gotteshaus
fall-i, *pl.* -e-t Wahrsagung, Wahrsagerei
fallso falsch
falltar-i Wahrsager
falltoj wahrsagen, weissagen
fallxhesh|ë, -a Wahrsagerin
fallxhí-u, *pl.* -nj-të Wahrsager
fam|ë, -a Ruf, Renommee, Ruhm
famëkeq, -e berüchtigt, schlecht beleumundet
familj|e, -a Familie; **si janë nga familja?** wie geht es Ihrer Familie?
familjar, -e familiär, Familien-
famsh|ëm, -me, i/e berühmt
famullí-a Pfarrei
famullitar-i Pfarrer, Pastor
fanar-i, *pl.* -ë-t Leuchtturm
fanatik-u, *pl.* -ë-t Fanatiker
fanatiz|ëm, -mi Fanatismus
fanell|ë, -a Unterhemd mit Ärmeln, T-Shirt, Turnhemd
fanellat|ë, -a Flanell
fanfar|ë, -a Fanfare
fant-i, *pl.* -e-t Joker
fantastik, -e phantastisch
fantazí-a Phantasie
fantazm|ë, -a Gespenst
faq|e, -ja Gesicht, Seite, Wange, Backe; ~ **e malit** Abhang, Berghang; ~ **e prapme** Rückseite, Verso-Seite; ~ **e përparme** Vorderseite; ~ **çift** gerade Seite; **numërtim i faqeve** Paginierung
faqebardhë, i/e glücklich, erfolgreich; **dalsh faqebardhë!** viel Glück!; **dal** ~ Erfolg haben, Schwein haben
faqezí-u, *pl.* -nj-të Tunichtgut
far-i, *pl.* -e-t Leuchtturm
far|ë, -a Art, Herkunft, Abstammung, Stamm
faraon-i, *pl.* -ë-t *hist.* Pharao
fare ⟨*adv*⟩ ganz und gar, völlig; **nuk** ... ~ gar nicht
farefis-i Verwandtschaft; **fare-**

fisi zhbëhej me të dënuarin die Verwandtschaft sagte sich vom Verurteilten los
farefisnor, -e Verwandtschafts-, verwandschaftlich
farfurí-a Porzellan
farfurinjtë, i/e porzellanen, aus Porzellan
faring-u Pharynx, Rachen
faringal, -e pharyngal *spr.*, Kehl-, Rachen-
fark|ë, -a Schmiede, Amboß; ~ **e kuadrove** Kaderschmiede
farkëtar-i Schmied
farkëtarí-a Schmiede, Schmiedehandwerk
farkëtoj schmieden
farkí-ni, *pl.* -nj-të aus Farka
farmaceutik, -e pharmazeutisch
farmaceutik|ë, -a Pharmazie *med.*
farmací-a Apotheke; Pharmazie
farmacist-i Apotheker
farma|k-u, *pl.* -qe-t *veralt.* Gift
farmakos vergiften
faroj vernichten, ruinieren
fars|ë, -a Farce
farretak, -e aus Farret *ON*
fasad|ë, -a Fassade
fasul|e, -ja Bohne, weiße Bohne; **e dokëndisën fasulet** die Bohnen sind ihm nicht bekommen
fash|ë, -a Binde, Verband
fashiku|ll-i, *pl.* -j-t Faszikel, Lieferung, Serienstück, Lage *im Buch*
fashis *s/t* auslöschen, beenden
fashist, -e faschistisch
fashist-i, *pl.* -ë-t Faschist
fashiz|ëm, -mi Faschismus; **fashizmi me zogoritë e tij** der Faschismus mit seinen Horden
fashoj verbinden, bandagieren
fashollastik|ë, -a Kolbenring
fat-i, *pl.* -e-t Schicksal, Geschick; **lë në mëshirën e fatit** dem Schicksal überlassen; **ndërroi fati i luftës** der Krieg nahm eine neue Wendung
fatal, -e schicksalhaft, fatal
fataliz|ëm, -mi Fatalismus
fatbardhë glückbringend
fatí-a Fee, Parze
fatkeq, -e unglücklich
fatkeqësí-a Unglück, Mißgeschick
fatkeqësisht ⟨*adv*⟩ leider, bedauerlicherweise; **më vjen keq** leider, es tut mir leid
fatos-i, *pl.* -a-t Held; Pimpf
fatur|ë, -a Rechnung, Faktur; ~ **paraprake**; ~ **proformë** Vorausrechnung, pro forma-Rechnung *ök.*;

~ **përfundimtare** endgültige Rechnung, definitive Rechnung
faturoj fakturieren *ök.*, Rechnung stellen
faun|ë, -a Fauna
favor-i, *pl.* -e-t Gefallen; **i bëj një ~ dikujt** jemand einen Gefallen tun
favorite-t Backenbart, Koteletten
favorizim-i Begünstigung
favorizoj begünstigen
favorsh|ëm, -me, i/e günstig
fazan-i, *pl.* -ë-t Fasan
faz|ë, -a Phase, Abschnitt
fe-ja, *pl.* -të Religion
feçk|ë, -a Rüssel
federal, -e = **federativ**, -e föderativ, Bundes- ; **republikë federale** Bundesrepublik
federat|ë, -a Föderation, Vereinigung, Bund; **Federata Shqiptare e Futbollit** Albanischer Fußballbund
fejes|ë, -a Verlobung
fejoj verloben
fejton-i, *pl.* -e-t Feuilleton
fejuar, i/e verlobt; **i fejuar-i** Verlobter; **e fejuar-a** die Verlobte
fejz|ë, -a Röhre, Höhle *med.*; **fejzat e hundës** Nasenlöcher
fekale-t Fäkalien, Ausscheidungen
feks polieren, wienern; aufleuchten
fem|ër, -ra, *pl.* -ra-t Frau, Weib; Weibchen
femëror, -e weiblich, feminin
fend|ë, -a, *pl.* -ë-t lautloser Furz
fener-i, *pl.* -ë-t Laterne; Leuchtturm; Scheinwerfer
fenikas, -e phönizisch
Fenikí-a Phönizien
feniks-i, *pl.* -ë-t Phönix
fenomen-i, *pl.* -e-t Phänomen, Erscheinung
fenomenologjí-a Phänomenologie *phi.*
ferexhé-ja Schleier, Umhang muslim. Frauen, Tschador
ferisht|e, -ja Kleinkind
Ferízaj-i *ON* Uroševac, Ferizović
ferizájas, -e aus Ferizaj, aus Uroševac
fermelé-ja ärmellose Brokatjacke der Frauen-Volkstracht
ferm|ë, -a Farm, Bauernhof
ferr-i Hölle
ferr|ë, -a Brombeerstrauch, Dornengestrüpp
ferrëbardh|ë, -a Heckenrose
ferrëdet-i, *pl.* -e-t Akazie
ferribot-i Fähre; ~ **për makina** Autofähre
ferrota frenash Bremsbelag *tech.*
fest|e, -ja = **fes**-i Fez

fest|ë, -a Fest, Feier; ~ **e Majit** Maifeier
festiv, -e festlich
festival-i Festspiel, Festival
festoj feiern
fetar, -e religiös, Religions-
fetar-i Geistlicher *rel.*
fet|ë, -a Scheibe *Brot, Wurst, Käse*; ~ **e lyer** Butterbrot, geschmierte Scheibe Brot
fetishiz|ëm, -mi Fetischismus
feudal, -e feudal
feudal-i Feudalherr
feudaliz|ëm, -mi Feudalismus
fëllig|ë, -a Schlampe
fëlliq beschmutzen, besudeln
fëmij|ë, -a, *pl.* -ë-t Kind
fëmijëri-a Kindheit
fëmijëror, -e kindlich, Kinder-
fëmini-a Kindheit
fëminor, -e Kinder-, Kindheits-
fëndye|ll-i, *pl.* -j-t Ahle, Pfriem
fën|g-u, *pl.* -gje-t Bilsenkraut
fërgoj rösten, braten, grillen
fërguar, i/e gebraten
fërkas *s/t* verschlingen, auffressen; verprassen
fërkoj reiben, streicheln; ~ **duart** die Hände reiben; ~ **tëmthat** sich am Kopf kratzen
fërnet-i Fernet, Magenbitter
fërtom|ë, -a Seil; Fessel *fig.*
fëshfërij rascheln
fëshfërim|ë, -a das Rascheln, Geraschel
fib|ër, -ra, *pl.* -ra-t Fiber, Faser; ~ **sintetike** Kunstfaser
fice überreif
fiçor-i, *pl.* -ë-t Kieselstein; Knirps, Stift, Lehrjunge
fidan-i, *pl.* -ë-t Setzling, Steckling
fideiz|ëm, -mi Fideismus *phi.*
fier-i Farn *bot.*, Farnkraut
Fier-i *ON* Fier
fierak, -e aus Fieri
fiersemarak, -e aus Fier-Seman
fierzak, -e aus Fierza
figur|ë, -a Figur, Gestalt; Abbildung, Darstellung; Wendung *spr.*; **me figura** bebildert; ~ **etimologjike** Figura etymologica *spr.*; ~ **mendimi** Sinnfigur *spr.*
figursh|ëm, -me, i/e figürlich, übertragen *spr.*
fij|e, -a, *pl.* -e-t Faden
fijëz-a Fädchen
fik löschen, auslöschen; ruinieren, schädigen
fi|k-u, *pl.* -q-të Feige
fikasi-ni, *pl.* -nj-të aus Fikas
fikem verlöschen; **fiket** es erlischt
fikët, të Ohnmacht, Bewußtlosigkeit; **i bie të fikët** ohnmächtig werden
fikor|e, -ja Feigenhain

fiks ⟨*adv*⟩ genau; **ora është tre fiks** es ist Punkt drei Uhr
fiks, -e fest, unbeweglich, unveränderlich
fiksim i kursit valutor Festlegung des Devisenkurses, Indexierung
fiksoj fixieren, verfestigen
fiktë, i/e Feigen-
fil-i, *pl.* -a-t Elefant; Springer *Schach*
Filadelfia *ON* Philadelphia
filan ⟨*attributiv*⟩ irgendein
filan-i jemand
filarmoní-a Philharmonie
filatelí-a Philatelie
filatelist-i Philatelist, Briefmarkensammler
fildish-i Elfenbein
fildishtë, i/e elfenbeinern
filet|ë-a Filet; Gewinde *tech.*
filial-i, *pl.* -e-t Filiale, Zweigstelle
filial|e, -ja Filiale, Zweigstelle
filipinas, -e philippinisch
Filipine-t Philippinen
filistin-i, *pl.* -ë-t Philister *fig.*, Spießer
filiz-i Sproß, Trieb
film-i, *pl.* -a-t Film; ~ **dokumentar** Kulturfilm, Dokumentarfilm; ~ **me ngjyra** Farbfilm; ~ **multiplikativ** Zeichentrickfilm, Comic-Film; ~ **televiziv** Fernsehfilm
filmoj filmen
filmotek|ë, -a Filmothek, AV-Bibliothek
filokser|ë, -a Reblaus
filolog-u, *pl.* -ë-t Philologe
filologjí-a Philologie
filologjik, -e philologisch
filozof-i, *pl.* -ë-t Philosoph
filozofi-a Philosophie
filozofik, -e philosophisch
filozofoj philosophieren
filt|ër, -ri, *pl.* -ra-t Filter
filtroj filtern
filxhan-i, *pl.* -ë-t Tasse, Schale; ~ **i brishtë** leicht zerbrechliche Tasse
fill ⟨*adv*⟩ sofort, gleich; allein, hilflos; **bie fill** in die Klemme geraten, ~ **pas** ⟨+ *Abl*⟩ gleich nach
fi|ll-i, *pl.* -je-t Draht, Faden; Ursprung
fillëroj allein leben
filles|ë, -a Anfang; Anlaut *spr.*; ~ **absolute** Satzanfang *spr.*
fillestar, -e ursprünglich, elementar
fillikat ⟨*adv*⟩ allein
fillim-i Anfang, Beginn
fillimisht ⟨*adv*⟩ anfangs, zu Beginn
fillimor, -e inchoativ *spr.*, anfangend, Anfangs-; **aorist** ~ inchoativer Aorist
filloj beginnen, anfangen; eröffnen

fillor, -e Anfangs-, Elementar-; **shkolla fillore** Grundschule filltar-i Anfänger
fillthi = **fillikat**
fillues-i = **fillestar**-i
final|e, -ja Finale *spo.*, *mus.*
financa-t Finanzen
financiar, -e finanziell
financier-i, *pl.* -ë-t Finanzier
financoj finanzieren
finiqot, -e aus Finiq
Finland|ë, -a Finnland
finlandez, -e finnisch
finok, -e pfiffig, schlau, gerissen
finokëri-a Pfiffigkeit
finj|ë, -a Waschlauge
finjos einweichen, waschen *Wäsche*
fiqir-i *veralt.* Geist, Denken
firaun-i, *pl.* -ë-t Übeltäter, Grobian, Wüstling
Firenc|e, -ja *ON* Florenz
fir|ë, -a = **firo**-ja
firifiu leichtsinnig, unreif
firm|ë, -a, *pl.* -a-t Firma, Betrieb
firmoj, **firmos** unterschreiben, unterzeichnen
firo-ja Schwund, Verlust
firoj Gewicht verlieren, abnehmen *Ware*
fis-i, *pl.* -e-t Sippe, Verwandtschaft, Clan, Stamm
fisnik, -e edel, adlig
fisnikëri-a Anstand, Edelmut, Adel, Noblesse
fisnikërim-i Veredelung, Verbesserung; ~ **kuptimi** Bedeutungsverbesserung *spr.*
fisnikëroj adeln, veredeln
fisnor, -e Stammes-
fishek-u, *pl.* -ë-t Patrone, Schuß, Geschoß, Kugel
fishekor|e, -ja Patronengurt, Patronentasche
fishekzjarr-i Leuchtrakete
fishkëllej *e/ye* pfeifen, zischen, fauchen
fishkem verwelken, vertrocknen
fishnjar-i, *pl.* -ë-t Marder, Iltis
fites|ë, -a = **fitim**-i
fitil-i, *pl.* -a-t Lunte, Docht, Zündschnur
fitim-i Gewinn, Profit; Einkommen; Sieg; ~ **i pritshëm** voraussichtlicher Gewinn; ~ **neto** Nettogewinn
fitimsh|ëm, -me, *i/e* einträglich, profitabel
fitimtar, -e siegreich
fitme-t Ränke, Intrige; **shtie fitme** Ränke schmieden, Intrigen spinnen
fitoj siegen, verdienen, profitieren; erkämpfen, gewinnen
fitor|e, -ja Sieg; **kjo fitore eklipsoi të parën** dieser Sieg stellte den ersten in den Schatten

fitues-i Sieger, Gewinner
fizarmonik|ë, -a Akkordeon, Schifferklavier
fizik, -e körperlich, physisch, physikalisch
fizikan-i, *pl.* -ë-t Physiker
fizik|ë, -a Physik; ~ **bërthamore** Kernphysik
fiziologjí-a Physiologie
fiziologjik, -e physiologisch
fizionomí-a Physiognomie
fizkultur|ë, -a Körpererziehung, Turnen
fjalaman, -e wortreich, geschwätzig
fjal|ë, -a Wort; **bie fjala; fjala vjen** beispielsweise; **fjalë për** ~ wörtlich, Wort für Wort; **në fjalë** der besagte, der erwähnte; **meqë ra fjala** übrigens, nebenbei bemerkt; ~ **diturore** buchsprachliches Wort, gelehrtes Wort; ~ **e huazuar** Lehnwort; ~ **e ndërmjetme** Schaltwort; ~ **e urtë** Sprichwort; ~ **fantazëm** Phantomwort; ~ **fëminore** Lallwort *spr.*; ~ **fluturake** geflügeltes Wort; ~ **librore** Buchwort; ~ **mëvetësishme** semantisch selbständiges Wort; ~ **ndihmëse** synsemantisches Wort, Hilfswort, Strukturwort; ~ **parme** Grundwort, Ausgangswort; ~ **rrënjë** Wurzelwort; ~ **sharëse** Schimpfwort; ~ **shërbyese** synsemantisches Wort, Hilfswort; ~ **shtesë** Füllwort, Einschiebsel *spr.*, Flickwort; ~ **të kota** leere Worte; ~ **të shpikura kot** frei erfundene Worte; ~ **titull** Stichwort, Lemma *spr.*; ~ **vendase** Erbwort *spr.*; **marr fjalën** das Wort ergreifen; **ortek fjalësh** Schwall Worte; **rrëke fjalësh** Wortschwall; ~**-lëndë; fjalëbrendí** Schlagwort
fjalëformim-i Wortbildung; **morfologji e fjalëformimit** Wortbildungslehre
fjalëformues, -e Wortbildungs-
fjalëkursyer wortkarg, knapp
fjalëpërbërj|e, -a Wortzusammensetzung *spr.*
fjalëpërfjalsh|ëm, -me, i/e wörtlich, buchstäblich
fjalës-i Wortschatz, Wortbestand, Lexikon *spr.*
fjalëshkurtër kurz angebunden
fjalëtar, -e gesprächig
fjalëteprí-a Redundanz
fjalëtoj = **fjalos** sich unterhalten, reden
fjalí-a Satz; ~ **dëftore** Aussagesatz *spr.*; ~ **dykryegjymtyrëshe** zweigliedriger Satz,

Dirrhema *spr.*; ~ **dyshimore** dubitativer Satz; ~ **e ndërmjetme** Schaltsatz; ~ **e ndërshtënë** eingeschobener Satz, Schaltsatz; ~ **e nënrenditur** Nebensatz; ~ **e pazgjeruar** einfacher Satz; ~ **kallëzuesore** Prädikatssatz *spr.*; ~ **kohore** Temporalsatz *spr.*; ~ **krahasore** Vergleichssatz, Komparativsatz *spr.*; ~ **kryefjalore** Subjektsatz; ~ **kryesore** Hauptsatz; ~ **kundrinore** Objektsatz; ~ **kushtore** Bedingungssatz, Konditionalsatz; ~ **lejore** Konzessivsatz, Einräumungssatz; ~ **lidhëzore** Konjunktionalsatz; ~ **lidhore** Relativsatz; ~ **mënyrore** Modalsatz; ~ **njëfjalëshe** Einwortsatz; ~ **përcaktore** Attributsatz; ~ **qëllimore** Finalsatz; ~ **rrjedhimore** Konsekutivsatz, Folgesatz *spr.*; ~ **shkakore** Kausalsatz *spr.*; ~ **thirrmore** Ausrufungssatz *spr.*; ~ **urdhërore** Befehlssatz; ~ **vendore** Lokalsatz fjalim-i Rede, Ansprache

fjalor-i Wörterbuch, Lexikon; ~ **fjalësh të húaja** Fremdwörterbuch; ~ **fonetik** Aussprachewörterbuch; ~ **shkollor** Schulwörterbuch; ~ **shpjegues** erklärendes Wörterbuch; ~ **xhepi** Taschenwörterbuch

fjalorth-i, *pl.* -ë-t Wörterbüchlein, Glossar

fjeta, s. **fle**

fjet|ë, -a Schlafzimmer

fjetor|e, -ja Schlafsaal, Dormitorium

fjongo-ja Schleife, Haarband

fjord-i, *pl.*-e-t Fjord, Förde

flak wegwerfen, wegschmeißen, verjagen

flakadan-i, *pl.* -ë-t großes Feuer; Festfeuer *zu bestimmten Tagen*

flakaresh-i, *pl.* -a-t Ohrfeige

flak|ë, -a, *pl.* -ë-t Flamme

flakëhedhës-i Flammenwerfer *mil.*

flakëroj flackern, brennen

flakj|e, -a Ejektion, Ausstoßung

flaktë, i/e flammend, glühend

flam|ë, -a Schnupfen, Erkältung; bestimmte Viehkrankheit

flám|ur-i, *pl.*-uj-t, -úrë-t Fahne, Flagge

flamanë-t; **flamandë**-t Flamen

flamurtar-i, *pl.* -ë-t Bannerträger, Fähnrich

Fland|ër, -ra Flandern

flanikth-i, *pl.* -a-t Vogelbauer, Hühnerkäfig

flas, fola, folur *a/e/i/o; s/t* sprc

chen, reden; **fol, moj!** sprich! *an eine Frau gerichtet*; ~ **dokrra** Unsinn reden; ~ **gjermanisht** deutsch sprechen; ~ **gorrica** dummes Zeug reden; ~ **halldupçe** *veralt.* türkisch sprechen; ~ **kuturu** Unsinn reden; ~ **në kllapi** irrereden, phantasieren, faseln; ~ **përçart** irre reden, im Wahn sein; ~ **qyl** Unsinn reden; **ecuri-a e të folurit** Sprechtempo *spr.*; **kam vështirë në të folur** es fällt mir schwer zu sprechen; **flet ndonjëri gjermanisht?** spricht jemand Deutsch?; **film folës** Tonfilm

flaut-i, *pl.* -e-t Flöte

flautist-i Flötist

fle, fjeta, fjetur *e/i* schlafen; **bie të fle** schlafen gehen; **fle me gretha** unruhig schlafen; **fle qetë** ruhig schlafen; **s'më flihet** ich kann nicht schlafen; **fli rehat!** schlaf ruhig!

flég|ër, -ra, *pl.* -ra-t Türflügel, Nasenflügel, Fensterflügel

flegmatik, -e phlegmatisch

fletanket|ë, -a Fragebogen

flet|ë, -a, *pl.* -ë-t Blatt; **fletërrufé-ja** Wandzeitung, Blitzbrief; ~ **e shqitur** loses Blatt; ~ **sharre** Sägeblatt; ~ **shoqëruese** Frachtbegleitschein, Begleitbrief; **numërtim i fletëve** Foliierung, Numerierung der Blätter; **shih në shpinë të fletës!** bitte wenden!

fletëdalj|e, -a Entlassungsschein

fletëgarancí-a Garantieschein

fletëhyrj|e, -a Eintrittskarte, Berechtigungsausweis

fletëkërkes|ë, -a Bestellschein

fletëlavdërim-i Auszeichnungsurkunde

fletëlej|e, -a Urlaubsschein

fletëngarkesë detare Konossament, Seefrachtbrief, Schiffsfrachtbrief

fletëpages|ë, -a Lohnabrechnungsschein, Gehaltsmitteilung

fletëpajtim-i Abonnementsbestätigung

fletëporosí-a Auftragsschein

fletërrufé-ja Blitzbrief, Wandzeitung

fletështrim-i Einweisungsschein *Krankenhaus*

fletëthirrj|e, -a Einberufungsbescheid *mil.*, Gestellungsbefehl; Voranmeldung *für Ferngespräch*

fletëvotim-i Wahlzettel

fletor|e, -ja Heft

fletushk|ë, -a Blättchen, Käsblatt *Zeitung*

fli, s. **fle**
fli-ja Opfer; **bëj jetën ~** sein Leben zum Opfer darbringen
flijim-i Opferung
flijoj opfern
fliq-i, *pl.* -e-t Fußspitze
flokë-t *m. pl.* Haare, Kopfhaar; ~ **dëbore** Schneeflokken; **me flokë të hallakatur** mit aufgelösten Haaren; **zvarris për flokësh** an den Haaren zerren
flokëgjatë langhaarig
flokëkaçurrel, -e krausköpfig
flokëkuq, -e rothaarig
flokëprerë kurzhaarig
flokësh-i, *pl.* -a-t Langhaariger
flokëverdhë blond, hellhaarig
floktar-i Friseur, Haarschneider
floktar|e, -ja Friseuse
floktor|e, -ja Damenfriseursalon
florí-ri, *pl.* -nj-të Gold; **florinj-të** Goldmünzen
florinjtë, i/e golden, Gold-
flot|ë, -a Flotte; ~ **tregtare** Handelsflotte
flug-u Schwung, Elan
fluroj verdunsten, sich verflüchtigen
flurudh|ë, -a Flugbahn *eines Geschosses*
flutur-a, *pl.* -a-t Schmetterling
fluturak, -e fliegend, Flug-
fluturak-u, *pl.* -ë-t Flugtier *Vögel, Käfer*
fluturim-i Flug; **udhëheqës i fluturimit** Fluglotse
fluturimthi ⟨*adv*⟩ wie im Fluge, flugs, eilig
fluturoj fliegen; **avioni fluturon** das Flugzeug fliegt
fluturues, -e Flug-, fliegend
fluturush|ë, -a Luftballon, Kinder-Ballon
fllad-i, *pl.* -e-t Brise, Lüftchen
flladis *s/t* erfrischen
fllusk|ë, -a Blase; ~ **sapuni** Seifenblase
fllúskosem Blasen bekommen; **m'u fllúskosën duart** ich habe Blasen an den Händen bekommen
fodull, -e überheblich, eingebildet
fok|ë, -a Seehund, Robbe; Tölpel *fig.*
foks-i, *pl.* -e-t Fox *mus.*
fokstrot-i, *pl.* -e-t Foxtrott
fol, s. **flas**
folé-ja Nest; ~ **hajdutësh** Räubernest
foleqesh leutselig, gesellig
folës, -e Ton-; **film folës** Tonfilm
folës-i Ansager, Sprecher *Radio*
folj|e, -a Verb, Tätigkeitswort, Zeitwort; ~ **deponente** Deponens *spr.*, me-

diales Verb; ~ **ndihmëse** **Hilfsverb**
foljezim-i Verbalisierung
foljor, -e verbal; **emër** ~ Verbalnomen
folklor-i Folklore, Volkskunst; Brauchtum; Volkskunde
folklorik, -e folkloristisch, Folklore-
folklorist-i Volkskundler
Follorin|ë, -a *ON* Flórina
folm|e, -ja, e Mundart, Dialekt
fonacion-i Lautbildung *spr.*
fond-i, *pl.* -e-t Fonds, Geldmittel; Bestand *Bibliothek*; ~ **valutor** Devisenfonds; **depo fondesh** Bibliotheksmagazin, Büchermagazin; ~ **i vjetër, i lashtë** Altbestand; ~ **valutor** Devisenfonds; **fonde të qarkullimit** Zirkulationsfonds *ök.*; **fonde të xhirimit** Umlauffonds *ök.*
fonderí-a Gießerei
fonditor-i Gießer, Stahlkocher
fonematik, -e phonematisch
fonem|ë, -a Phonem *spr.*
fonetik, -e phonetisch, lautlich, Laut- ; **ligj** ~ Lautgesetz; **bashkëgjegjësi fonetike** lautliche Übereinstimmung; **tog** ~ Sprechtakt *spr.*
fonetik|ë, -a Phonetik
fonetikan-i, *pl.* -ë-t Phonetiker
fonogram-i, *pl.* -e-t fernmündliche Mitteilung, N-Gespräch
fonologjí-a Phonologie
fonologjik phonologisch; **kundërvënie fonologjike** phonologische Opposition *spr.*
Fontenëblo-ja *ON* Fontainebleau
foragjer, -e Futter- ; **misër** ~ Futtermais
forc|ë, -a Kraft; ~ **ushtarake** Streitkräfte, Wehrmacht; **forca prodhuese** Produktivkräfte; ~ **madhore** höhere Gewalt *jur.*
forcim-i Stärkung, Kräftigung
forcoj festigen, stärken, kräftigen, bekräftigen
formal, -e formal
formalisht ⟨*adv*⟩ pro forma, formell
formalist, -e formalistisch
formalitet-i, *pl.* -e-t Formalität
formaliz|ëm, -mi Formalismus *phi.*
formant-i; **formues**-i Formans *spr.*
format-i Vordruck, Formular, Formblatt, Format; ~ **ndërkombëtar** internatio-

nales Format; ~ **dysh** Folioformat; ~ **gjatësor** Hochformat, Portrait; ~ **gjerësor** Querformat, Landscape-Format; ~ **katërsh** Quartformat; ~ **tetësh** Oktavformat

form|ë, -a Form; **në formën e duhur** in gebührender Form

formësoj gestalten, formatieren, formulieren

formim-i Bildung, Herausbildung, Prägung; Ausbildung; Werden *phi.*; ~ **temor** Stammbildung *spr.*

formohem entstehen, werden, sich herausbilden

formoj bilden

formular-i Vordruck, Formular; ~ **i porosisë** Bestellzettel

formul|ë, -a Formel

formuloj formulieren

fort ⟨*adv*⟩ stark, fest; sehr

fortë, i/e stark, kräftig, hart

fortes|ë, -a, *pl.* -a-t Festung, Fort

fortësí-a Festigkeit

fortifikat|ë, -a Befestigung

fortifikoj befestigen

forum-i, *pl.* -e-t Forum; Ofen

fosfat-i, *pl.* -e-t Phosphat *chem.*

fosfor-i Phosphor *chem.*

foshnj|ë, -a Kleinkind, Baby

foshnjarak, -e kindisch

fotoaparat-i, *pl.* -e-t Fotoapparat, Kamera

fotograf-i, *pl.* -ë-t Fotograf

fotografí-a Foto, Photographie, Lichtbild

fotografik, -e photographisch

fotografoj photographieren, knipsen

fotokopj|e, -a Fotokopie

fotokopjoj fotokopieren

fotoreporter-i, *pl.* -ë-t Fotoreporter

fototek|ë, -a Foto-Sammlung, Bildarchiv

fqinj-i, *pl.* -ë-t Nachbar

fqinj|ë, -a Nachbarin

fqinj|ë, -e benachbart; **shtëpia fqinje** Nachbarhaus

fqinjërí-a Nachbarschaft

fragment-i, *pl.* -e-t Fragment, Bruchstück

fragmentar, -e fragmentarisch

frak-u, *pl.* -ë-t Frack

fraksion-i Fraktion

fraktur|ë, -a Bruch, Knochenbruch

frakullar, -e aus Frákulla

Franc|ë, -a Frankreich

francez, -e; **frëng**, -e französisch

francez-i, *pl.* -ë-t = **frën|g**-u, *pl.* -gj-të Franzose

françeskan, -e franziskanisch

françeskan-i, *pl.* -ë-t Franziskaner

frang-u, *pl.* -a-t Franken *Währung*

frankë-t Franken *Volksgruppe*
Frankfurti-mbi-Majn *ON* Frankfurt am Main
Frankfurti-mbi-Oder *ON* Frankfurt an der Oder
franko franko; ~**-anije në portin e arritjes** *ök.* frei bis zum Bestimmungshafen, ex ship; ~ **në bordin e anijes** frei an Bord *FOB*; ~ **në depo** frei Lager *ök.*; ~ **në molo** frei ab Kai, ex quay *ök.*; ~ **në stacion të nisjes** frei Abgangsstation *ök.*; ~ **në vagon** frei Waggon *ök.*, free on rail *FOR*; ~ **stacion të arritjes** frei Station des Empfängers *ök.*; ~ **vendbanim** frei Haus *ök.*
frash|ër, -ri, *pl.* -ra-t Esche
frashërisht|ë, -a Eschenwald
frashërllí-u aus Frashëri
frashí-a Südwind
fr|at, *pl.* -ét-ër-it Bruder *rel.*, Franziskanerpater
frazeologjí-a Phraseologie, Redensarten
frazeologjik, -e phraseologisch; **bashkim** ~ phraseologische Verbindung
fraz|ë, -a Satz, Phrase *mus.*
fre-ri, *pl.* -rë-t Zaum
frekuentoj besuchen *Schule, Kursus*
fren-i, *pl.* -a-t Bremse; Zügel; ~ **me disqe** Scheibenbremse; ~ **sigurimi** Notbremse *tech.*; **alkooli i frenave** Bremsflüssigkeit; **automatik i frenave** Bremsautomatik; **tambur frenash** Bremstrommel
frengjí-a Schießscharte
frenoj bremsen
fresk-u Frische, frischer Wind; **ka fresk** es weht ein frisches Lüftchen
freskët, i/e frisch
freskim-i Erfrischung
freskoj erfrischen
frezator-i Fräser
frez|ë, -a Fräse
frezoj fräsen
frëngjisht ⟨*adv*⟩ französisch
Frigjí-a Phrygien
frigohem = **frikësohem** sich fürchten
frigorifer-i, *pl.* -ë-t Kühlschrank, Eisschrank
frikacak-u Angsthase
frikasé-ja Frikassee
frik|ë, -a Angst, Furcht
frikësoj erschrecken, einschüchtern
friksion-i Kupplung; **friksioni sliton** die Kupplung rutscht
friksh|ëm, -me, i/e furchtbar, schrecklich; furchtsam
frojdiz|ëm, -mi Freudismus, Psychoanalyse
fron-i, *pl.* -a-t Sitz, Hocker, Thron

front-i, *pl.* -e-t Front
frontespic-i, *pl.* -e-t Frontispiz, Titelbild
fr|uer, -or-i *dial.* Februar
frut|ë, -a Frucht, Obst; **fruta dhe perime** Obst und Gemüse
frutor, -e Obst; **drurët frutorë** Obstbäume
fruth-i Röteln, Masern; ~ **i zi, fruth i keq** *med.* Scharlach
fryj blasen; **fryn erë** es zieht; ~ **bulçitë** die Backen aufblasen
frym|ë, -a Atem; Geist; **marr** ~ einatmen; **merrni frymë thellë!** atmen Sie tief ein!; ~ **dikasteriale** Ressortgeist; ~ **grupazhi** Kungelei; **brumos rininë me frymën revolucionare** die Jugend mit revolutionärem Geist durchdringen
frymëmarrj|e, -a das Atmen; **me frymëmarrje të shpeshuar** außer Atem; **frymëmarrje artificiale** künstliche Beatmung
frymëqitës, -e expiratorisch *spr.*
frymëqitj|e, -a Ausatmen
frymëqitje, tog frymëqitjeje Atemtakt, Expirationseinheit
frymëtim-i Aspiration, Behauchung
frymëtoj aspirieren *spr.*; besprechen *Magie*
frymëtuar, i/e aspiriert *spr.*, behaucht
frymëthithj|e, -a Einatmung
frymëzim-i Begeisterung, Enthusiasmus; Inspiration; ~ **i pashtershëm** unendliche Begeisterung
frymëzoj anregen, begeistern, inspirieren
frymor, -e Blas-; belebt, beseelt *spr.*; **vegël frymore** Blasinstrument *mus.*
frymor-i, *pl.* -ë-t Tier, belebtes Wesen
frysh|ëm, -me, i/e wütend, erbost
fryt-i, *pl.* -e-t Frucht, Ergebnis
frytmbartës, -e fruchttragend, tragend *Baum*
frytsh|ëm, -me, i/e fruchtbar *fig.*; **bashkëpunim i frytshëm** fruchtbare Zusammenarbeit
fshat-i, *pl.* -ra-t Dorf; **fshat e zanat, derë e tabiat** andere Länder, andere Sitten; ~ **malor** Bergdorf
fshatar-i, *pl.* -ë-t Bauer, Dorfbewohner
fshatarak, -e Bauern-, bäuerlich; **jetë fshatarake** bäuerliches Leben
fshatarçe ⟨*adv*⟩ bäurisch, auf Bauernart

fshatarësí-a Bauernschaft, Bauern
fsheh *e/i* verbergen, verstekken
fsheharak-u Heimlichtuer
fshehtas ⟨*adv*⟩ = **fshéhtazi** insgeheim, verborgen
fshehtë, i/e geheim
fshehtësí-a Geheimhaltung, Heimlichkeit; ~ **e korrespondencës** Briefgeheimnis *jur.*
fshéhurazi ⟨*adv.*⟩ heimlich, insgeheim
fshehurí-a Heimlichkeit; **nuk kanë fshehuri** sie haben keine Geheimnisse
fshesaxh|í-u, *pl.* -inj-të Straßenkehrer
fshes|ë, -a Besen; ~ **xhamash** Scheibenwischer
fshesëtar-i = **fshesabërës**-i Besenbinder
fshihem s. **fsheh, fshij**
fshij wischen, kehren, abwischen, reiben, fegen; verwischen; ~ **duart** die Hände abtrocknen
fshik|ë, -a Blase; Kokon; ~ **e krimbit të mëndafshit** Kokon der Seidenraupe
fshikëz-a Blase, Harnblase
fshirj|e, -a Verwischung; **fshirja e dallimit** Verwischung des Unterschieds
ftes|ë, -a Einladung
ftilloj klären, erklären, regeln
ftoh abkühlen
ftohës, -e kühlend, Kühl- ; **makinë ftohëse** Kühlmaschine
ftohj|e, -a Kühlung, Abkühlung; Erkältung
ftohtë, i/e kalt; **kam të ftohtë** mir ist kalt; **bën ftohtë** es ist kalt
ftóhura, e Erkältung
ftoj einladen; **ftuar**, i/e eingeladen; Gast
ft|**ua**, -oi, *pl.* -onj-të Quitte
fuçí-a Faß; ~ **me barut** Pulverfaß
fuçibërës-i = **fuçipunues**-i Küfer
fug|ë, -a Pirolweibchen; Eile; **marr me fugë** überstürzen *fig.*
fukará-ja, *pl.* -énj-të *veralt.* Armer, Habenichts
fukarallëk-u *veralt.* Armut, Elend
fulj|e, -a Narzisse
fulter|e, -ja Pfanne, Tiegel
fultérëz-a Kaulquappe
fund-i, *pl.* -e-t Ende; Rock, Frauenrock; **fundit**, i/e letzter
fundm|ë, -e, i/e endlich *phi.*
fundor, -e auslautend *spr.*, End- ; **pjesë fundore** Endstück fundor|e, -ja Auslaut
fundos versenken
funeral-i, *pl.* -e-t Bestattung,

Begräbnis, Beisetzung
funksion-i, *pl.* -e-t Funktion
funksional, -e funktionell, funktional; **stil funksional** funktionaler Stil *spr.*
funksionar-i Funktionär, Beamter
funksionoj funktionieren; arbeiten, fungieren; **komisioni funksionon rregullisht** die Kommission tagt regelmäßig
fuqí-a Macht; Intensität *spr.*; ~ **e madhe** Großmacht; ~ **mbrojtëse** Wehrkraft; ~ **punëtore** Arbeitskraft, Arbeiter; **hyj në** ~ in Kraft treten
fuqimisht ⟨*adv*⟩ machtvoll, kräftig
fuqiplotë bevollmächtigt
fuqish|ëm, i/e mächtig; gespannt *spr.*
fuqizoj stärken, festigen
fur erdrosseln
furç|ë,-a Bürste; ~ **rroje** Rasierpinsel; ~ **teli** Drahtbürste **furgon**-i, *pl.* -e-t Lastwagen
furí-a Wucht, Schwung; Sturm
furish|ëm, -me, i/e stürmisch
furk|ë, -a Forke; Spinnrocken
furkulic|ë, -a *dial.* Gabel
furnel|ë, -a Herd, Kochplatte
furnitor-i Lieferant
furnizim-i Lieferung, Versorgung
furnizoj liefern
furnizues-i Lieferant
furqet|ë, -a Haarklammer; Stricknadel
furtun|ë, -a, *pl.* -a-t Sturm
furr|ë, -a Ofen; **i furrës** überbacken; ~ **e lartë** = **furrnalt|ë**, -a Hochofen
furroj backen, braten; verbrennen
furrtar-i Bäcker
fus *s/t* stecken, hineinstekken; ~ **hatanë** Furcht einflößen; ~ **në kallëp** aufspannen; **nuk i** ~ **dot marshin e dytë** ich kann den 2. Gang nicht einlegen
fusharras, -e aus Fushë-Arrëz
fushat|ë, -a Kampagne; ~ **e zgjedhjeve** Wahlkampagne
fush|ë, -a Feld, Ebene, Gebiet; ~ **semantike** Bedeutungsfeld
Fushë-Kosovë Kosovo Polje, Amselfeld
fushëgrop|ë, -a Senke, Doline
fushim-i Geländeübung *mil.*
fushim-i Lager; **truprojë e fushimit** Lagerwache
fushnjí-a Kleinviehmist
fust|ë, -a langer Rock; Unterkleid

fustan-i, *pl.* -e-t Kleid, Rock; ~ **balloje** Ballkleid; **fustani ka mëngët e gjata** das Kleid hat zu lange Ärmel
fustanell|ë, -a Plisseerock der Volkstracht
futboll-i Fußball *Sport*
futbollist-i Fußballspieler, Fußballer
futbollistik, -e Fußball-
futem hineinschlüpfen, eindringen; ~ **brenda** hineinschlüpfen
futuriz|ëm, -mi Futurismus
fye|j, -va, -r beleidigen
fye|ll-i, *pl.* -j-t Flöte; Dummkopf
fyerj|e, -a Beleidigung, Kränkung; Tadel
fyes, -e beleidigend, kränkend; **në mënyrë fyese** in beleidigender Weise
fyl, -e = **fyrbë** hohl, innen verfault; **arrë fyl** taube Nuß; **dru fyl** hohler Baum
fyt-i Rachen, Gurgel, Kehle
fytas, **fytazi** ⟨*adv*⟩ bis oben; **jam fytas me punë** randvoll mit Arbeit sein
fytyr|ë, -a Gesicht, Antlitz; ~ **antipatike** unsympathisches Gesicht; **i rrëzëllen fytyra** sein Gesicht strahlt; **kolonjë për** ~ Gesichtswasser, Rasierwasser'
fytyruar, i/e figürlich, übertragen *spr.*

G

gabardin|ë, -a Gabardin
gabarit-i Außenabmessungen, Ladeprofil, Durchfahrtsprofil
gabel-i, *pl.* -ë-t Zigeuner
gab|ë, -a Adler
gabim-i Fehler, Irrtum; **është gabim** das ist falsch; ~ **në llogari** Buchführungsfehler; **ndreqje gabimesh** Druckfehlerverzeichnis
gabimisht ⟨*adv*⟩ irrtümlich, fälschlich
gabohem sich irren; **në rrugë të gabuar** auf dem falschen Weg
gaboj sich irren; **gaboj drejtimin** die falsche Richtung einschlagen
gabuar, i/e falsch
gabzherr-i, *pl.* -ë-t Luftröhre
gac|ë, -a Glut, glühende Kohle; Funke
gadíshull-i Halbinsel; ≗ **i Apenínevе** Apenninen-Halbinsel; ≗ **Kalkidik** Halbinsel Chalkidike
gaf|ë, -a Fehler

gafil ⟨*adv*⟩ unvorbereitet; **gjendem gafil** unvorbereitet sein
gaforr|e, -ja Krebs, Krabbe
gagarim|ë, -a Schnattern, Geschnatter *Enten, Gänse*
gagaris *s/t* schnattern
gajasem ermüden, erschlaffen; ~ **së ecuri** nicht mehr laufen können; ~ **së qeshuri** sich vor Lachen nicht halten können
gajd|e, -ja, *pl.* -e-t Dudelsack
gajdexhí-u, *pl.* -nj-të Dudelsackpfeifer
gajganá-ja Rühreí, Eierpfannkuchen
gajl|e, -ja Sorge, Kummer; **mos ki gajle!** mach dir keine Sorgen!
gajret-i *veralt.* Geduld; Mut
gajtan-i, *pl.* -ë-t Borte, Schnur, Litze
gal, -e gallisch
Galac-i *ON* Galati
galaktik|ë, -a Milchstaße, Galaxis
galanterí-a Galanteriewaren *Taschen, Gürtel, Spangen*
galdim-i Jubel
galdoj jubeln
galerí-a Galerie; Stollen *Bergwerk*, Tunnel
galet|ë, -a Kommißbrot
galexhant-i Schwimmer *tech.*
gal|ë, -a Dohle
Galí-a Gallien
galiciz|ëm, mi Gallizismus
galvanizoj galvanisieren
gallaber|e, -ja schießen, geschossener Kohl; weit offene Blüte
Gallát|ë, -a *ON* Galata
gallat|ë, -a Lärm, Geschrei
gallátas, -e aus Galata
gallosh|e, -ja Galosche, Überschuh
gam|ë, -a Tonleiter; Palette *fig.*
gamil|e, -ja Kamel
gámu|ll, -lli, *pl.* -j-t kleiner Wasserfall
gand ⟨*adv*⟩ zufällig, unversehens, aus Versehen, unabsichtlich; **godas** ~ versehentlich schlagen
gandoj verletzen
ganez, -e ghanaisch, ghanesisch
Gan|ë, -a Ghana
Gang-u *FN* Ganges
gangren|ë, -a Brand, Gangrän *med.*
gangster-i, *pl.* -ë-t Gangster, Bandit
garancí-a Garantie
garant-i Garant, Bürge
garantim-i Garantie; ~ **i çmimeve** Preisgarantie
garantoj garantieren
garazh-i, *pl.* -e-t Garage
gard|ë, -a Garde
gardërob|ë, -a Garderobe, Kleiderabgabe

gardërobist|e, -ja Garderobenfrau
gardian-i, *pl.* -ë-t Wächter, Gefängniswärter
gardh-i, *pl.* -e-t Zaun
gardhoj umzäunen
gardhor-i, *pl.* -ë-t Reling *naut.*
gar|ë, -a Wettlauf, Wettrennen, Wettkampf, Wettbewerb; ~ **kanotazhi** Ruderwettkampf; ~ **çiklistike** Radrennen; ~ **e qitjes** Preisschießen, Schießwettbewerb
gargaliq-i, *pl.* -ë-t Laubfrosch
gargar|ë, -a Gurgeln *med.*
gargaris *s/t* quaken
garnitur|ë, -a Beilage *Essen*; Applikation *Kleidung*
garnizon-i Garnison, Truppenstandort
garz|ë, -a Mull, Gase
garravel-i, *pl.* -a-t großer Korb
gastar|e, -ja Glas, Glasbehälter
gastarina-t Glaswaren
gastartë, i/e gläsern
gastrik, -e gastrisch *med.*, Magen-
gastrit-i Gastritis *med.*
gashjan, -e aus Gash
gates|ë, -a = **gjell|ë**, -a Gericht, Speise
gat|ër, -ra, *pl.* -ra-t Gattersäge
gati ⟨*adv*⟩ fertig; fast; ~ **një si** ⟨+ *Subst.*⟩ fast ein; ~ **për nisje** fertig zum Auslaufen *Schiff*
gatim-i Zubereitung
gatis *s/t* vorbereiten; warten *tech.*; zubereiten
gatishmëri-a Bereitschaft; **provë e gatishmërisë** Bereitschaftsübung
gatsh|ëm, -me, i/e bereit, fertig, konfektioniert; **rroba të gatshme** Konfektionswaren; **produkt i gatshëm** Fertigprodukt
gatuaj zubereiten, kochen
gavet|ë, -a Eßgeschirr, Henkelmann
gaz-i Gas; **uleni gazin!** nehmen Sie Gas weg!; **jepi gaz!** gib Gas!
gaz-i Freude, Lächeln, Scherz, Spott; **u bë gazi i fshatit** er wurde zum Gespött des Dorfes
gazel|e, -ja Witz, Scherz
gazel|ë, -a Gazelle
gazep-i, *pl.* -e-t *veralt.* Qual, Unglück; Übeltäter
gazepqar, -e nervig, enervierend, entnervend
gazetar-i, *pl.* -ë-t Journalist
gazetari-a Journalistik
gazetashitës-i Zeitungsverkäufer
gazetashpërndarës-i Zei-

tungsausträger
gazet|ë, -a, *pl.* -a-t Zeitung; ~ **e përditshme** Tageszeitung; ~ **zyrtare** Amtsblatt, Gesetzblatt
gazifikoj vergasen, begasen, mit Gas versorgen
gazmend-i, *pl.* -e-t = **gazmim**-i Jubel
gazmoj erfreuen, sich freuen
gazmor, -e freudig, freundlich
gazmor|e, -ja Humoreske
gazoj mit Kohlensäure versetzen; verspotten
gazolin|ë, -a Gasolin
gazomet|ër, -ri, *pl.* -ra-t Gasometer; Gasmesser
gazoz|ë, -a Brause
gazsjellës-i Gasleitung
gaztor-i Spaßmacher, Clown
gdhe-ri, *pl.* -nj-të Knorren; Rüpel; Schwarzkiefer
gdhend schnitzen
gdhendari-a Holzschnitzerei, Schnitzerei
gdhend|ël, -la, *pl.* -la-t Span, Splitter
gdhendj|e, -a das Schnitzen; ~ **në dru** Holzschnitzerei
gdhij wachen, schlaflos sein; tagen; **gdhihet** es wird Tag; **si u gdhive** wie hast du geschlafen ?, hast du gut geschlafen?
gegas, -e aus Gegaj
geg|ë, -e gegisch
Geg|ë, -a, *pl.* -ë-t Gege *Volksgruppe*
Gegëri-a Gegeria *Landschaft*
gegërisht ⟨*adv*⟩ gegisch
gegërisht|e, -ja Gegisch *Sprache, Mundart*
gejzer-i, *pl.* -ë-t Geisir
gemem schielen
genealogjí-a Genalogie
germ|ë, -a, *pl.* -a-t Buchstabe *veralt.*
gete-t Strumpfhose
géto-ja Ghetto
gëk: s'bëj ~; **s'bëj as gëk, as mëk** keinen Ton von sich geben; **pa bërë** ~ ohne sich zu äußern
gëlqer|e, -ja Kalk; ~ **e shuar** Löschkalk, gelöschter Kalk
gëlltis *s/t* schlucken, verschlucken, verschlingen
gënjehem sich täuschen
gënjej lügen
gënjeshtar-i Lügner
gënjesht|ër, -ra Lüge, Täuschung
gënjeshtërt, i/e lügnerisch, falsch, gefälscht
gërdall|ë, -a Schindmähre, Gaul, Klepper; alter Krempel
gërdi-a Ekel, Widerwille
gërditem Ekel bekommen; **më gërditet** mir ist zum Kotzen
gërf|yell-i, *pl.* -éj-të Höhle *mit zwei Ausgängen*, Fels-

durchgang
gërhanëtor|e, -ja Wollkämmerin
gërhas *s/t, a/e/i* schnarchen
gërhij schnurren
gërhitj|e, -a Schnarchen
gërmadh|ë, -a, *pl.* -a-t Ruine, Überrest, Bruchbude, Trümmer
gërmim-i Ausgrabung, Schachtarbeit
gërmis *s/t* nagen, knabbern
gërmoj graben, sondieren, suchen
gërshet-i, *pl.* -a-t Bündel, Zopf, Flechtwerk, Geflecht
gërshetoj kombinieren, verknüpfen, verflechten, harmonisieren
gërshër|ë, -a Schere; ~ **për llamarinë** Blechschere
gërthap-i, *pl.* -ë-t Gartenschere
gërthj|e, -a Krebs, Krabbe; aufdringlicher Mensch
gërvisht kratzen
gërvishtj|e, -a Karambolage, Blechschaden
gërxho-ja, *pl.* -t Tattergreis; ungehobelter Mensch
gërryej abkratzen, unterspülen, aushöhlen
gërryer, i/e hohl
gështenj|ë, -a Kastanie
gëzim-i Freude; **më qahej nga gëzimi** ich weinte vor Freude
gëzof-i, *pl.* -e-t Pelz; **kapë gëzofi** Pelzmütze
gëzofpunues-i = **gëzoftar**-i Kürschner
gëzoftor|e, -ja Kürschnerei
gëzohem sich freuen; ~! mit Vergnügen!
gëzoj erfreuen, sich freuen; genießen; ~ **një të drejtë** ein Recht genießen; **gëzuar** Prosit!
gëzuesh|ëm -me, i/e freudig
gëzhoj|ë, -a Schale; Patronenhülse *mil.*
gijotin|ë, -a Guillotine
gilc|ë, -a Sehne, Gelenkband
gilivili Killekille *am Hals kraulen*
gisht-i, *pl.* -a-t, -ërinj-të Finger, Zeh; **në majë të gishtërinjve** auf Zehenspitzen; ~ **dëftues** Zeigefinger; ~ **i këmbës** Zehe
giz|ë, -a Gußeisen
glagolik, -e glagolitisch
glajd-i Gleitlaut, Übergangslaut
glas|ë, -a Vogeldreck *Ausscheidungen der Vögel*
glicerin|ë, -a Glyzerin *chem.*
glikó-ja Marmelade, Konfitüre
glin|ë, -a Ton, Kaolin *chem.*
glinjot, -e aus Glina
glist|ër, -ra, *pl.* -ra-t Regenwurm; Spulwurm *med.*
glob-i, *pl.* -e-t Erdkugel;

Globus; Lampenkugel
glosar-i, *pl.* -ë-t Glossar
glosem|ë, -a Glossem *spr.*
glos|ë, -a Glosse
glukoz|ë, -a Traubenzucker
glyt|ër, -ra, *pl.* -ra-t Flockseide
gllabëroj verschlingen; ~ **vëmendjen** die Aufmerksamkeit auf sich ziehen
gllavjot, -e aus Gllava
gllënjk|ë, -a Schluck
glluguroj glucksen
gllup-i *dial.* Maul, Schnauze
gnoseologji-a Erkenntnistheorie *phi.*, Gnoseologie
gnoseologjik, -e erkenntnistheoretisch
goc|ë, -a Auster; Mädchen; ~ **deti** Muschel
godas *a/e/i; s/t* schlagen; ~ **gand** versehentlich schlagen; **e godiste mu në zemër** er traf ihn mitten ins Herz
godin|ë, -a Gebäude
godis *s/t* bauen, erbauen; reparieren; verzieren; **godis nusen** die Braut schmücken
goditj|e, -a Schlag, Prügel; Anschluß *spr.*, Akzent; ~ **dënimi** Strafstoß; ~ **dielli** Sonnenstich *med.*; ~ **e lirë** Freistoß *spo.*; ~ **në tru** Gehirnschlag; ~ **nga këndi** Eckball
gogesh-i, *pl.* -ë-t = **gugash**-i Wildtaube, Ringeltaube
gogësij = **gogësit** gähnen
gogol-i, *pl.* -ë-t Schreckgespenst
gogozhar|e, -ja Paprika *eine Art rund wie Tomaten*
gojaç-i, *pl.* -ë-t Großmaul, Schandmaul
gojarisht ⟨*adv*⟩ mündlich
gojasllan-i, *pl.* -ë-t = **gojujku** Löwenmaul *bot.*, Löwenmäulchen
gojavis *s/t* nachplappern; klatschen, durch den Kakao ziehen
goj|ë, -a Mund, Maul; **me gojë hapur** erstaunt, mit offenem Mund; **me gojë** mündlich; **ma athëtojnë gojën kumbullat** die Pflaumen ziehen mir den Mund zusammen; **zgavër e gojës** Mundhöhle
gojëdhën|ë, -a Legende, Volkssage
gojëhapur, ngel gojëhapur verblüfft sein
gojëluán i, *pl.* -ë-t Löwenmaul *bot.*, Löwenmäulchen
gojëmbël beredt, eloquent
gojëspec, -e scharfzüngig
gojëtari-a Rhetorik, Beredsamkeit
gojk|ë, -a Mündung; Dachrinne
gojor, -e oral *spr.*
gol-i Tor *beim Fußball*
golashënues-i Torschütze *spo.*

golf-i Golf *spo*.
Golfstrim-i Golfstrom
goljan, -e aus Gólaj
gomar-i, *pl.* -ë-t Esel
gomar|e, -ja = **gomaric|ë**, -a Eselin
gomarí-a = **gomarllë|k**-u, *pl.* -qe-t Eselei, Torheit
gomarisht ⟨*adv*⟩ närrisch
gom|ë, -a Radiergummi; Gummi; Autoreifen, Reifen; **presioni i gomave** Reifendruck; **dorashkë prej gome** Gummihandschuh
gomisterí-a Gummiverarbeitungswerkstatt
gomoj gummieren
gomsiqas, -e aus Gomsiqe
gomtë, i/e aus Gummi
góndol|ë, -a Gondel *naut*.
gong-u, *pl.* -e-t Gong *mus*.
gonxh|e, -ja Knospe
gonxhoj knospen
goranxinjot, -e aus Goranxí-a
gorar, -e aus Gora
goren-i Nordwind; Norden; Schneesturm
gorill|ë, -a Gorilla
gorric|ë, -a Holzbirne, Holzbirnbaum; **flas gorrica** dummes Zeug reden
gosanjak, -e aus Gosa
gostí-a Gastmahl
gostis *s/t* bewirten
got|ë, -a Glas, Trinkglas; Becher; ~ **vere** Weinglas; ~ **rakie** Schnapsglas; **kërcëllojnë gotat** die Gläser klirren
gotik, -e gotisch, Fraktur-; **shkrim** ~ Frakturschrift
govat|ë, -a Trog, Zuber, Bottich
goxhá groß; reichlich; ~ **djalë** großer Junge; **një** ~ **kuadër** ein hohes Tier *fig*.
gozhd|ë, -a Nagel
gozhdoj nageln
grabit *s/t* plündern
grabitj|e, -a Raub
grabitqar, -e räuberisch
grabuj|ë, -a Rechen *tech*.
Grac-i *ON* Graz
grack|ë, -a Falle
grad|ë, -a, *pl.* -ë-t Grad
gradohem befördert werden; **u gradua nënkolonel** er wurde zum Oberstleutnant befördert
gradoj befördern *mil*.
gradual, -e schrittweise, allmählich
gradues-i Richtkanonier
grafem|ë, -a Graphem *spr*.
grafí-a Schreibung *spr*., Graphie; ~ **etimologjike** etymologische Schreibweise
grafik, -e graphisch, Schrift-
grafik-u, *pl.* -ë-t Graphik, Schemazeichnung, Tafel
grafik|ë, -a Grafik, Graphik
grafit-i Graphit

grah die Sporen geben, antreiben; **i ~ makinës** starten; **i ~ kalit** dem Pferd die Sporen geben
grahm|ë, -a Todeskampf, Agonie; Atemnot, stickige Luft
gram-i, *pl.* -a-t Hundszahn *bot.*, Quecke
gram-i, *pl.* -ë-t Gramm *gr*; **pesëqind gram** ein Pfund
gramafon-i Plattenspieler; **pllakë gramafoni** Schallplatte
gramatikan-i, *pl.* -ë-t Grammatiker
gramatik|ë, -a Grammatik, Sprachlehre; **~ gjenerative** generative Grammatik; **~ përqasëse** konrastive Grammatik; **~ transformacionale** Transformationsgrammatik
gramatikor, -e grammatisch
gramatikorëzim-i Grammatikalisierung
gramisht|ë, -a queckiger Boden
gramshak, -e aus Gramsh
granat-i Granat, Granatstein
granat|ë, -a Granate
granathedhës|e, -ja Granatwerfer *mil.*
granil-i graniertes Baumaterial
granit-i Granit
grarisht ⟨*adv*⟩ auf Frauenart; **punë grarishte** Frauenarbeit, Weiberangelegenheit
grasatim-i Abschmieren; **makina ka nevojë për grasatim** der Wagen muß abgeschmiert werden
gráso-ja Fett, Schmierfett *tech.*
grasoj schmieren, abschmieren, einfetten; **~ pushkën** das Gewehr fetten
grashin|ë, -a Wicke *bot.*
grat-i Nutzen, Profit; **nxjerr ~** Nutzen ziehen
grataçiel-i Hochhaus
gratsh|ëm, -me, i/e reichlich, fruchtbar, nützlich; **punë e gratshme** einträgliche Sache
grath-i, *pl.* -ë-t Zähnchen, Zacken; Borste; **grathë derri** Schweineborsten
grathor|e, -ja Büßerhemd
gravjot, -e aus Grava
gravur|ë, -a Druckgraphik, Kupferstich, Radierung
grazhd-i, *pl.* -e-t Stall; Saustall *fig.*
grazhdoj füttern *Vieh*, Futter geben
grejpfrut-i Pampelmuse, Grapefruit
grek, -e griechisch
grek-u, *pl.* -ë-t Grieche
gremin|ë, -a Abgrund, Kluft; Untergang, Verderben; **në buzë të greminës** am Rande

des Abgrunds
gremis hinabwerfen, zerschmettern; rausschmeißen
grep-i, *pl.* -a-t Haken, Angelhaken; Taschendieb; Angel; **peshkoj me grep** angeln
grepckall|í, -eshë aus Grepcka
grepoj angeln
Greqí-a Griechenland
greqisht ⟨*adv*⟩ griechisch
greqiz|**ëm**, -mi, *pl.* -ma-t Gräzismus *spr.*
grerëza, *pl.* -a-t = **grer**|**ë**, -a Wespe
greth-i, *pl.* -a-t Hornisse; **fle me gretha** unruhig schlafen
grev|ë, -a Streik; ~ **e përgjithshme** Generalstreik
grevëthyes-i Streikbrecher
grevist, -e Streik-
grevist-i Streiker, Streikender
Grënland|ë, -a Grönland
Grënob|**ël**, -la *ON* Grenoble
gri grau; ~ **i errët** dunkelgrau
grif|ë, -a Greif
grifsh|ë, -a Eichelhäher
grigj|ë, -a Herde
grih = **grihoj** schleifen, wetzen, schärfen
grih|ë, -a = **grihës**-i Schleifstein, Wetzstein
grij zerstückeln, zerkrümeln, zerfressen, beschädigen; **ndryshku e grin hekurin** Rost zerfrißt Eisen
gril|ë, -a Jalousie, Fensterladen
grill-i Schiefer
grilloj zerfetzen, vernichten
grim-i Verkleidungsutensilien, Maskerade
grim|ë, -a = **grimc**|ë, -a Krümel, Weile, Moment, ein bißchen
grimas|ë, -a Grimasse
grimcoj zerkrümeln
grind aufregen, verärgern
grindavec, -e streitsüchtig
grindem sich streiten
grindj|e, -a Streit; **grindje nacionale** Nationalitätenkonflikt, Streit unter Volksgruppen
Grinuiç-i Greenwich *ON*
grip-i Grippe, Influenza *med.*; **e zateti gripi** die Grippe hat ihn gepackt
gris zerreißen, verschleißen, abwetzen, abnutzen
grisk|**ël**, -la, *pl.* -la-t Fischschuppe
grish einladen
grishj|e, -a Einladung
grízh|**ël**, -la, *pl.* -la-t Elster
grizhor, -e aus Grizha
grog-u Grog *Rhum mit heißem Wasser*
gromësij rülpsen, aufstoßen
gromësir|ë, -a Rülpser
grop|ë, -a, *pl.* -a-t Loch, Vertiefung, Senke, Graben; **i bëhet barku** ~ Kohldampf

haben
gropësir|ë, -a Senke
gropos vergraben, einbuddeln, begraben *fig.*; **gropos ëndrrat e dikurshme** die einstigen Träume begraben
gropsht|ë, -a Naht
grosist-i Großhändler, Grossist *ök.*
grosh-i, *pl.* -ë-t Kurusch, Piaster; Groschen; **s'vlen asnjë grosh** es ist keinen Pfifferling/Pfennig wert
grosh|ë, -a, *pl.* -ë-t = **thjerrëz**-a Linse *bot.*
groshëz-a Hornklee *bot.*
grua-ja, *pl.* gra-të Frau, Ehefrau; ~ **e dergjur** Wöchnerin *med.*
grudas, -e aus Gruda
grúmbu|ll-i, *pl.* -j-t Haufen, Menge
grumbulloj sammeln, aufhäufen
grumbullor, -e kugelrund
grumbullues, -e kumulierend, kumulativ
grunar-i, *pl.* -ë-t Weizenspeicher
grunisht|ë, -a Weizenfeld
grunohem Frau werden, heranwachsen *Mädchen*
grunjarak, -e aus Grúnjas
grúnjëra-t Weizenarten, Weizensorten
grunjtë, i/e Weizen-
grup-i, *pl.* -e-t Gruppe; ~-**mosh|ë**, -a, *pl.* -a-t Altersgruppe
grupazh-i, *pl.* -e-t Gruppierung, Klüngel, Grüppchen; **frymë grupazhi** Kungelei
grupim-i Gruppierung, Sammlung; Vereinigung; ~ **politik** politische Gruppierung
grupoj gruppieren; sammeln
grur|ë, -i Weizen, Korn
grusht-i, *pl.* -e-t Faust
grushtoj mit der Faust schlagen
Gruzí-a Grusien, Georgien
grykashk|ë, -a Schlabberlatz
gryk|ë, -a, *pl.* -a-t Gurgel, Kehle; Schlucht, Paß *im Gebirge*
grykëderdhj|e, -a Mündung *Fluß*
grykës|e, -ja Kittel, Arbeitskittel
grykorëzim-i Gutturalisierung, Velarisierung *spr.*
grremç-i, *pl.* -a-t Haken, Kleiderhaken; **gjej grremçin** den Ansatzpunkt finden
guack|ë, -a = **guask|e**, -a
guall-i, *pl.* -j-t Schale
Guandun-i Kanton, Guangdong
guarnicion-i Dichtung *tech.*
guask|ë, -a Panzer *Tier*, Schale *Ei, Nuß*; **mbyllur në guaskën e vet** zurückgezogen, introvertiert; ~ **deti**

Auster
guatemalas-i Guatemalteke
Guci-a *ON* Gusinje
gucjan, -e aus Gusinje, aus Gucia
gudulis kitzeln, killern
gueril, -e Guerilla-
guerilj|e, -a Guerillakampf *mil.*
guf|e, -ja Jäckchen mit weiten Ärmeln
gufoj überquellen, platzen, hervorspringen
gugas *s/t* gurren
Guiné-ja Guinea; ~ **e Re** Neu-Guinea
gulash-i Gulasch
gulçim|ë, -a Röcheln
gulçoj röcheln, röhren, stöhnen
Gumenic|ë, -a *ON* Igumenitsa
gumëzhij, gumëzhis *s/t* rauschen, stören, summen
gun|ë, -a Kotzen, Lodenumhang
gung|ë, -a Beule, Buckel
gur-i, *pl.* -ë-t Stein, Fels; ~ **çakmaku** Feuerstein; ~ **kilometrazhi** Kilometerstein; ~ **zmeril** Schleifstein, Wetzstein, Schleifscheibe; **gurë në veshkat** Nierensteine; **gurë tëmthi** Gallensteine *med.*
guralec-i, *pl.* -ë-t = **guraçok**-u, *pl.* -ë-t Kieselstein
gurazez, -e aus Guri i Zi
gurëzak, -e aus Gúrëz
gurëzoj = **guroj**, guros versteinern
gurgac|ë, -a = **gurgac**-i Feuerstein
gurgulé-ja Lärm, lärmende Menge
gurgulloj gluckern, murmeln *Wasser*
guriçk|ë, -a Steinchen, Kieselstein
gurkali Kupfersulfat *chem.*
gurmaz-i Kehle
gurmic|ë, -a Alabaster
gurmprehës-i Schleifstein
guror, -e steinern
gurtë, i/e steinern, versteinert, starr, hart
gurth-i, *pl.* -ë-t Steinchen, Gallenstein, Nierenstein
gurzjarr-i Feuerstein
gurran, -e aus Gurra
gurr|ë, -a Quelle, Rinnsal
gush|ë, -a Kehle, Kropf; Magazin *Schußwaffe mil.*
gusht-i August; **deri më katër gusht** bis zum 4. August
gutaperk|ë, -a Guttapercha
guvernator-i Gouverneur
guximi-i Mut
guximtar, -e mutig
guxoj wagen
gyp-i, *pl.* -a-t Zylinder, Röhre, Rohr

Gj

gjadrasor, -e aus Gjadër
gjah-u Jagd; Wild
gjahtar-i Jäger
gjahtor-i Jagdhund
gjak-u, *pl.* -ra-t Blut; **tension i gjakut** Blutdruck
gjakatar, -e = **gjakësor**, -e blutrünstig, blutig; **regjim gjakësor** blutiges Regime
gjakbutë sanftmütig
gjakbutësí-a Sanftmütigkeit
gjakderdhj|e, -a Blutvergießen
gjakftohtë kaltblütig
gjakftohtësí-a Kaltblütigkeit
gjakmarrës-i Rächer, Bluträcher
gjakmarrj|e, -a Blutrache
gjaknxehtë heißblütig, hitzköpfig, aufbrausend
gjakoj ersehnen, herbeisehnen, schmachten
gjakosur, i/e blutbefleckt
Gjakov|ë, -a *ON* Djakovica; Yakova
gjakovar, -e aus Djakovica, aus Gjakova
gjakpirës-i Blutsauger
gjakrrjedhj|e, -a Bluterguß, Blutung, Hämorrhagie
gjallë, i/e lebendig, lebhaft, roh *ungekocht*; **për të gjallë** zu seinen Lebzeiten
gjallërí-a Lebhaftigkeit, Lebendigkeit; **me gjallëri** lebhaft **gjallëroj** beleben
gjalloj leben
gjallsh|ëm, -me, i/e lebendig, lebhaft; schier; **mish i gjallshëm** schieres Fleisch
gjalp|ë, -i Butter
gjalpëtor|e, -ja Butterblume
gjamator|e, -ja Klageweib
gjárp|ër, -ri, *pl.* -ër-ínj-të, -ínj-të Schlange
gjarpëroj sich schlängeln, sich winden
gjarpnor, -e = **gjarpëror**, -e schlangenartig, geschlängelt; **rrugë gjarpërore** Serpentine
gjas|ë, -a Anschein, Anzeichen; Wahrscheinlichkeit; **sipas gjasës** nach dem Anschein
gjassh|ëm, -me, i/e wahrscheinlich
gjashtar, -e aus Gjashta
gjashtar|e, -ja *veralt.* Trommelrevolver, Colt
gjashtë, sechs; **i ~** der sechste
gjashtëdhjetë sechzig
gjashtëgarësh-i Sechskampf
gjashtëkëndësh, -e sechseckig
gjashtëkëndësh-i Sechseck, Hexagon
gjashtëmbëdhjetë sechzehn; **i ~** der sechzehnte

gjashtëmujor, -e halbjährlich
gjatë ⟨+ *Abl*⟩ entlang, längs; während; ~ **ngrënies** beim Essen; ~ **ditës** tagsüber
gjatësí-a Länge
gjatë, i/e lang; **shkallë e gjatë** Dehnstufe *spr.*
gjedh-i, *pl.* -ë-t Rind, Rindvieh
gjedh|e, -ja Modell, Muster
gjedhim-i Eichung *tech.*; **bëj gjedhim** eichen
gjegjanak, -e aus Gjegjan
gje|j, -ta, -tur finden; ~ **grremçin** den Ansatzpunkt finden; ~ **një bice** ein warmes Nest finden
gjel-i, *pl.* -a-t Hahn; **si gjel në pleh** wie der Hahn auf dem Mist; ~ **deti** Truthahn
gjelbër, i/e grün
gjelbërim-i Grünanlage, Begrünung
gjelbëroj grünen, grün werden
gjell|ë, -a Speise; **lista e gjellëve** Speisekarte; ~ **hafife** leichtes Essen; ~ **kreshmore** Fastenspeise
gjellëtarí-a Kochkunst
gjellëtor|e, -ja Speiselokal, Restaurant
gjemb-i, *pl.* -a-t Stachel, Dorn, Splitter, Splint
gjemboj stechen, pieken
gjemí-a *veralt.* Schiff, Boot, Segelschiff
gjen-i Gen *med.*
gjendem sich befinden; ~ **gafil** unvorbereitet sein
gjendj|e, -a Zustand; Lage; ~ **arke** Liquidität, Zahlungsfähigkeit *ök.*; ~ **e jashtëzakonshme** Ausnahmezustand; ~ **e ndërtuar** Status constructus *spr.*; ~ **e rrugëve** Straßenzustand; ~ **familjare** Familienstand
gjeneral-i, *pl.* -ë-t General
gjeneralkolonel-i Generaloberst *mil.*
gjenerat|ë, -a Generation
gjenetik|ë, -a Genetik
Gjenev|ë, -a *ON* Genf
gjenez|ë, -a Entstehung, Genese
gjení-a Genie
gjení-u, *pl.* -të Génius, Genie
gjenial, -e genial
gjenocid-i Völkermord
Gjenov|ë, -a *ON* Genua
gjeodezik, -e geodätisch, Vermessungs-
gjeodezist-i Geodät, Vermessungskundler
gjeografí-a Geographie, Erdkunde
gjeografik, -e geographisch
gjeolog-u, *pl.* -ë-t Geologe
gjeologjí-a Geologie
gjeologjik, -e geologisch
gjeomet|ër, -ri *pl.* -ra-t Geometer, Landmesser
gjeometrí-a Geometrie

gjeometrik, -e geometrisch
gjeopolitik|ë, -a Geopolitik
gjeorgjian, -e georgisch
gjeorgjian-i Georgier, Grusinier
gjépur-a, *pl.* -a-t Unsinn
gjer = **deri** bis; ~ **më një maji** bis zum 1. Mai
gjer-i, *pl.* -a-t Siebenschläfer
gjerak-u, *pl.* -ë-t Falke
gjeraqin|ë, -a Falkenweibchen
gjerbësllí-u aus Gjerbës
gjerdan-i, *pl.* -ë-t Halskette; Gurt, Patronengurt
gjerdhe-t, s. **gardh**-i
gjerë, i/e breit, weit; **diapazon i ~ i dijeve** breite Palette der Kenntnisse
gjerësí-a Breite
gjerësim-i Erweiterung, Amplifikation *spr.*
Gjergj-i *NP* Georg
gjergjef-i, *pl.* -ë-t Stickrahmen
gjergjevicar, -e aus Gjergjevica
gjerman, -e deutsch
gjerman-i Deutscher
gjerman|e, -ia die Deutsche
Gjermaní-a Deutschland; **RFGj** [RëFëGjë-ja] BRD, Bundesrepublik Deutschland; ~ **Perëndimore** Westdeutschland
gjermanisht ⟨*adv*⟩ deutsch; **flas** ~ deutsch sprechen
gjermanisht|e, -ja Deutsch, deutsche Sprache; ~ **e epërme** Oberdeutsch; ~ **e lartë** Hochdeutsch; ~ **e poshtme** Niederdeutsch, Plattdeutsch
gjermanistik|ë, -a Germanistik
gjermaniz|ëm, -mi, *pl.* -ma-t Germanismus
gjersa ⟨*Konj.*⟩ bis
gjertanish|ëm, -me, i/e bisherig
gjerush, -e breitschultrig
gjest-i, *pl.* -e-t Geste, Gebärde
gjet|e, -ja Stiefkind
gjetës-i Finder
gjetiu ⟨*adv*⟩ sonstwo
gjetj|e, -a Fund
gjetkë ⟨*adv*⟩ sonstwo, anderswo
gjeturin|ë, -a Fundsachen
gjeth|e, -ja Blatt, Blattwerk, Baumkrone, Gezweig
gjethnaj|ë, -a Laubkrone
gjethoj Laub treiben
gjezap-i Salpetersäure *zum Reinigen von Metall*
gjezdis lustwandeln, spazieren, reisen
gjë-ja, *pl.* -ra-t Ding, Sache; **gjë tjetër** etwas anderes; ~ **e gjallë** Vieh; ~ **e logjikshme** logische Sache; **iu zvordh çdo gjë** alles war ihm fremd geworden; **nuk**

ka gjë serioze es ist nichts Ernstes **s'qosi gjë** nichts brachte er fertig
gjëkafshë etwas
gjëkundi irgendwo
gjëllij leben, ziellos vor sich hinleben
gjëm|ë, -a Unheil; Totenklage
gjëmëtar|e, -ja Klageweib
gjëmim-i Donner
gjëmoj rauschen, tosen, brausen, donnern; **salla gjëmoi nga duartrokitjet** der Saal dröhnte vor Applaus
gjënd|ër, -ra Drüse
gjërë, i/ë = **gjânë**, i/e *dial.* = **gjerë**, i/e
gjëz|ë, -a = **gjëegjëz|ë**, -a Rätsel
gji-ri, *pl.* -nj-të Busen, Schoß; Bucht, Bai; **nga gjiri i popullit** aus dem Schoß des Volkes; ~ **deti** Bucht; **në gjirin e** ⟨+ *G*⟩ innerhalb; ≗ **Persik** Persischer Golf
Gjibraltar-i *ON* Gibraltar
gjigant, -e gigantisch
gjigant-i, *pl.* -ë-t Gigant, Riese
Gjilan-i *ON* Gnjilane
gjilpër|ë, -a Nadel; Spritze *med.*; ~ **kravate** Krawattennadel; ~ **me kokë** Stecknadel
gjilpëroj spritzen *med.*, eine Spritze setzen
gjimnastik|ë, -a Gymnastik, Turnen
gjimnaz-i, *pl.* -e-t Gymnasium
gjimnazist-i, *pl.* -ë-t Gymnasiast
gjinas, -e aus Gjinaj
gjinekolog-u, *pl.* -ë-t Gynäkologe, Frauenarzt
gjinekologjí-a Frauenheilkunde, Gynäkologie
gjinesht|ër, -ra, *pl.* -ra-t Ginster *bot.*
gjiní-a Genus, Gattung; Verwandtschaft, Sippe; **gjini natyrore** natürliches Geschlecht *spr.*; **përkim në gjini** Genuskongruenz
gjinisor, -e generisch, Gattungs-
gjinkall|ë, -a Zikade; **gjinkallat zhurmojnë** die Zikaden zirpen
gjinor, -e generisch, gentil, Geschlechts-, gattungsmäßig; **ndarje gjinore** gattungsmäßige Einteilung
gjinor|e, -ja Genitiv, Wesfall *spr.*; ~ **kundrinore** Genitivus objectivus *spr.*; ~ **përkatësie** Genitivus possessionis *spr.*; ~ **pjesëtore** Genitivus partitivus *spr.*
gjips-i *chem.* Gips
gjir-i, *pl.* -e-t Strudel *Wasser*
gjiraf|ë, -a Giraffe

gjiriz-i, *pl.* -e-t *veralt.* Abwässerkanal, Abortgrube, Sickergrube
Gjirokast|ër, -ra *ON* Gjirokastra; Argyrokastron, Ergeri
gjirokastrit, -e aus Gjirokastra
gjitar-i, *pl.* -ë-t Säugetier
gjith|ë, -a, të alle; **që të pesë** alle fünf; **Gjithë Shenjtënt** Allerheiligen *rel.*
gjithansh|ëm, -me, i/e allseitig
gjithashtú ⟨*adv*⟩ ebenfalls, gleichfalls, ebenso, genauso
gjíthazi ⟨*adv*⟩ allgemein, vollständig
gjithçká alles
gjithëfuqí-a Allmacht
gjithëfuqish|ëm, -me, i/e = **gjithëpushtetsh|ëm**, me i/e allmächtig
gjithëmbarsh|ëm, -me, i/e universal, universell
gjithesi-a Weltall, All
gjithfarë allerlei, jeglich
gjithherë allzeit, immer, jederzeit
gjithkah, **gjithkund** überall
gjithkush jeder
gjithmonë, gjithnjë immer, jederzeit
gjithmonsh|ëm, -me, i/e = **gjithnjësh|ëm**, -me, i/e ununterbrochen, ständig, immerwährend
gjithsej ⟨*adv*⟩ insgesamt
gjithsesí ⟨*adv*⟩ keinesfalls, wie dem auch sei; ~ **na lajmëro!** gib uns auf alle Fälle Bescheid!
gjithunjí alle zusammen, wie ein Mann
gjiz|ë, -a Quark, Topfen
gjob|ë, -a Bußgeld, Geldbuße, Geldstrafe; ~ **kontraktore** Vertragsstrafe; ~ **për mosplotësim detyrimi** Konventionalstrafe
gjobis = **gjoboj** Geldstrafe auferlegen, Bußgeld verhangen
gjocjan, -e aus Gjocaj
gjoja ⟨*adv*⟩ angeblich
gjoks-i, *pl.* -e-t Brust; **kam një pickim në gjoks** es sticht mich in der Brust
gjol-i, *pl.* -e-t *veralt.* See, Sumpf, Moor
Gjon-i *NP* Hans, Johannes
gjon-i, *pl.* -ë-t Zwergohreule
gjonth-i, *pl.* -a-t Blattlaus
gjorë, i/e arm, elend
gju-ri, *pl.* -një-t Knie
gjuaj jagen, verfolgen; auf die Jagd gehen; ~ **peshk** fischen
gjuajtës-i Jäger *mil.*
gjuajtës-bombardues-i Jagdbomber, Jabo *mil.*
gjuetar-i = **gjahtar**-i Jäger, Waidmann

gjuetí-a Jagd, Fischfang
gjuhc|ë, -a Weißfisch
gjuh|ë, -a Sprache; Zunge; ~ **letrare** Schriftsprache *spr.*; ~ **shqipe** albanische Sprache; ~ **amtare** Muttersprache; ~ **bisedore** Umgangssprache; ~ **e folur** Sprechsprache; ~ **e gjesteve** Gebärdensprache; ~ **e huaj** Fremdsprache; ~ **franke** Lingua franca; ~ **ndihmëse** Welthilfssprache, Esperanto; ~ **teknike** Fachsprache; ~ **viçi** Kalbszunge; **majë e gjuhës** Zungenspitze; **shpinë e gjuhës** Zungenrücken
gjuhëhelm-i Schandmaul
gjuhësí-a Sprachwissenschaft, Linguistik; ~ **krahasimtare** vergleichende Sprachwissenschaft; ~ **hapësinore** Areallinguistik; ~ **strukturale** strukturelle Linguistik
gjuhësor, -e sprachlich; **ndjenjë gjuhësore** Sprachgefühl
gjuhëtar-i, *pl.* -ë-t Sprachwissenschaftler, Linguist
gjúhëz-a Zünglein; Klöppel *in der Glocke*; ~ **dheu** Landzunge
gjuhor, -e lingual *spr.*, Zungen-
gjuhústër klatschmäulig
gjullurdí-a Lärm, Radau, Krawall
gjum|ë, -i Schlaf; **dhomë gjumi** Schlafzimmer; **hape-t gjumi** Schlaftabletten; **marr një sy gjumë** ein Nickerchen machen; **gjumi nuk po e zinte** er konnte nicht einschlafen
gjumës-i Schlafmittel *med.*
gjunjëzohem knien, sich hinknien
gjunjëzoj in die Knie zwingen
gjurmashk|ë, -a Hausschuh ohne Sohle *gestrickt*
gjurm|ë, -a Spur, Fährte
gjykat|ë, -a Gericht *jur.*
gjykatës-i Richter
gjykim-i Urteil; Verurteilung *jur.*; **rifillimi i gjykimit** Wiederaufnahme des Verfahrens
gjyl|e-ja Kugel, Kanonenkugel; ~ **topi** Kanonenkugel
gjym-i, *pl.* -a-t Kanne *aus Kupfer oder Zinkblech*
gjymtë, i/e defektiv, verstümmelt
gjymtoj verstümmeln, verkrüppeln, entstellen
gjymtyr|ë, -a Glied; Gelenk; ~ **fjalie** Satzteil, Satzglied; ~ **kallëzuesore** Prädikativum
gjynah-u, *pl.* -e-t Sünde *rel.*
gjynahqar-i *veralt.* Sünder

gjyq-i, *pl.* -e-t Verfahren, Prozeß, Verhandlung; ~ **apelimi** Berufungsverfahren
gjyqësor, -e gerichtlich, Gerichts-; **likuidim** ~ gerichtliche Schließung *eines Betriebs*; **shqyrtim** ~ gerichtliche Klärung
gjyqtar-i Richter *jur.*; Schiedsrichter *spo.*
gjyryk-u, *pl.* -ë-t Blasebalg *in der Schmiede*
gjysmak, -e halbfertig, halb
gjysmendacak, -e halbnomadisch
gjysmë halb; ~ **kile** ein Pfund; ~ **loje** Halbzeit *spo.*; ~ **pensioni** Halbpension gjysm|ë, -a Hälfte; **ora është dy e gjysmë** es ist halb drei
gjysmëfinal|e, -ja Halbfinale *spo.*
gjysmëhën|ë, -a Halbmond
gjysmëmajtas ⟨*adv*⟩ halblinks
gjysmëmbrojtës-i Läufer *Fußball*
gjysmëpërçues-i Halbleiter *tech.*
gjysmëqar|**k**-u, *pl.* -qe-t Halbkreisfläche
gjysmërr|**eth**-i, *pl.* -athë-t Halbkreis
gjysmërrúzu|**ll**-i, *pl.* -j-t Halbkugel, Hemisphäre
gjysmërrúzull-i Halbkugel, Hemisphäre
gjysmëzanor|e, -ja Halbvokal
gjysmëzyrtar, -e halbamtlich
gjysh-i, *pl.* -ër-it; -a-t Großvater
gjysh|e, -ja Großmutter
gjytyrym, -e gelähmt, lahm
gjyveç-i, *pl.* -ë-t Reis mit Fleisch; Steingutplatte mit Henkeln; Güwetsch
gjyzlyk|ë-t *veralt.* Brille

H

ha, hëngra, ngrënë essen; ~ **drekë** zu Mittag essen; **s'më hahet** ich habe keinen Appetit; ~ **qyl** gratis essen; ~ **zëmër** vespern, Kaffee trinken; **e hëngërt mortì!** hol ihn der Teufel!
haber-i, *pl.* -e-t *veralt.* Nachricht
habertar-i *veralt.* Bote, Melder
habi-a Verwunderung, Erstaunen, Verblüffung; **me** ~ verwundert
habitem sich wundern
habitor|e, -ja Admirativ *spr.*

habitsh|ëm, -me, i/e verwunderlich
habitur, i/e verwundert, erstaunt, verblüfft
hafëz-i, *pl.* -ë-t *rel.* Hafis *muslim. Geistlicher*
hafif, -e *veralt.* schwach, leicht; leichtsinnig; **këpucë hafife** leichte Schuhe
Hag|ë, -a *ON* den Haag
haír-i *veralt.* Güte, Nutzen; **hair qoftë!** So sei es!
haitjan, -e aus Haiti
hajat-i, *pl.* -e-t Windfang, Portikus
hajde*ni* *Int.* auf!, los!, wohlan!
hajdut-i, *pl.* -ë-t Räuber; **fole hajdutësh** Räubernest
hajdutçe ⟨*adv*⟩ auf Räuberart; **valle** ~ Räubertanz
haj|e, -a Essen, Lebensmittel
hajmalí-a Amulett, Talisman
hajt = **hajde***ni*; **hajt, mos u mërzit!** laß es dich nicht verdrießen
hajvan-i, *pl.* -ë-t Tier *veralt.*; Blödian, Dummkopf
hak-u *veralt.* Recht; **marr** ~ sich rächen; **ke hak** du hast Recht
hakërrim|ë, -a Gebrüll
hakërrohem anschreien, einschüchtern
hakmarrës-i Rächer
hakmarrj|e, -a Rache, Blutrache
halá *veralt.* noch
halé-ja Lokus, Klo
hal|ë, -a, *pl.* -a-t Gräte
haliç-i, *pl.* -ë-t Steinchen
halijer-i Allmende, Gemeinschaftsbesitz der Dorfgemeinschaft
halisht|ë, -a Kiefernwäldchen
halogjen-i, *pl.*-ë-t Halogen *chem.*
halor-i, *pl.* -ë-t Nadelholz, Nadelbaum
halucinacion-i Halluzination
halvetí-u, *pl.* -nj-të *rel.* Halveti *Anhänger od. Mitglied e. Derwischordens*
hall-i, *pl.* -e-t Sorge; **ç'hall ke?** was hast du auf dem Herzen?; **ku e ka hallin?** wo drückt ihn der Schuh?
hallakas *s/t* auseinandertreiben, aufbrechen; zerstreuen
hallakatur, i/e zerstreut; **me flokë të** ~ mit aufgelösten Haaren
hallall-i, *pl.* -ë-t *rel.* Erlaubtes; guter Mensch; **mos përziej hallallin me haramin!** verwisch nicht die Grenze zwischen Gut und Böse!; ~ **i shtëpisë** der gute Geist des Hauses
hallalloj *veralt.* verzeihen
hallat-i, *pl.* -e-t *veralt.*, vgl. **alet**-i Werkzeug

hallduр-i, *pl.* -ë-t *hist.* Türkenknecht *fig.*, Osmane
halldupçe (*adv*) *veralt.* auf Türkenart; **flas** ~ *veralt.* türkisch sprechen
hallexhesh|ë, -a leidgeprüfte Frau
hallexhí-i, *pl.* -nj-të leidgeprüfter Mensch
hall|ë, -a, *pl.* -a-t Tante, Schwester des Vaters
hallí-a Teppich *größer als sixhadé*, Webteppich, Wandbehang, Kelim
hallk-u *veralt.* Volk, Menschen, Leute
hallk|ë, -a Ring, Kette, Kettenglied; **hallkë qeni** Hundekette; **vë hallkat** Ketten anlegen, in Fesseln legen
hallv|ë, -a Halva, türkischer Honig
ham|**all**-i, *pl.* -éj-të *veralt.* Lastträger, Gepäckträger hamallë|k-u, *pl.* -qe-t Schulterlast, Plackerei
hamam-i, *pl.* -e-t türkisches Bad
hambar-i, *pl.* -ë-t Schuppen, Scheune; ~ **anijeje** Laderaum, Schiffsraum
Hamburg-u *ON* Hamburg
hamendj|e, -a Mutmaßung
hamës-i = **hamëtor**-i Fresser
hamgjis *s/t* faszinieren, in den Bann schlagen
hamgjitj|e, -a Faszination
hamshor-i Zuchthengst; Hengst *fig.*
hamulloj brennen, Feuer fangen
hamullor|e, -ja Stoppelfeld
han-i, *pl.* -ë-t *veralt.* Herberge, Absteige
hanëm|e, -ja *veralt.* Dame *Frau eines Beg*
hangar-i, *pl.* -ë-t Hangar; Trockenschuppen *für Getreide oder Tabak*
Hanover-i *ON* Hannover
hanxhar-i, *pl.* -ë-t Schlachtmesser
hanxhí-u, *pl.* -nj-të Herbergswirt; **bëj hesapet pa hanxhinë** die Rechnung ohne den Wirt machen
hap öffnen; ~ **dritat jeshile** grünes Licht geben für etw.; **me gojë hapur** erstaunt, mit offenem Mund
hap-i, *pl.* -a-t Schritt; *pl.* -e-t Pille, Tablette, Dragee; **hape-t gjumi** Schlaftabletten; **hedh hapin** gehen, seine Schritte lenken; **marr një hap të tillë** einen solchen Schritt unternehmen
hapé-ja Überfluß, Reichtum
hapës-i Schlüssel
hapës|e, -ja der Öffner; ~ **konservash** Dosenöffner
hapësinor, -e räumlich, Raum-
hapësir|ë, -a Raum *phi.*,

Areal, Gebiet
hapësirë ajrore Luftraum
hapët, i/e offen
hapj|e, -a Öffnung, Öffnungsgrad *spr.*
haps-i, *pl.* -it *veralt.* = **hapsan|ë**, -a Gefängnis, Kerker
háptazi ⟨*adv*⟩ offen, öffentlich
haptësí-a Öffnung, Offenheit
harabel-i, *pl.* -a-t Spatz, Sperling
haraç-i, *pl.* -e-t *hist.* Abgabe, Tribut
haram-i Verbotenes; Widerling, Ekel *fig.*
harbí-a *veralt.* Ladestock *bei Vorderladern*; Spieß; **bëhem harbi** schäumen vor Wut
harboj umherschlendern, herumlungern; ~ **me vajza** den Mädchen nachlaufen
harbut-i, *pl.* -ë-t Barbar, Pöbel
hardall-i, *pl.* -ë-t Senfpflanze, Senf; Tölpel
hardhí-a Weinstock, Rebe
hardhisht|ë, -a Weinberg, Weingarten; Weinschößling
hardhishtar, -e aus Hardhishta
hardhuc|ë, -a Eidechse
haré-ja Freude, Jubel
harem-i, *pl.* -e-t Harem
hareng|ë, -a Hering
haresh|ëm, -me, i/e fröhlich, ausgelassen
harf-i, *pl.* -e-t *veralt.* Buchstabe
har|k-u, *pl.* -qe-t Bogen
harkëtar-i Bogenschütze
harkoj biegen, eine Biegung machen
harlis toben, übermütig sein; wuchern, überschäumen
harlisem wuchern, übermütig werden
harmoç-i, *pl.* -ë-t Pinienkiefer
harmohem zerbröckeln, zerfallen, faulen, eitern
harmoní-a Harmonie
harmonik, -e harmonisch
harmonik|ë, -a Mundharmonika
harmonish|ëm, -me, i/e harmonisch
harmonist-i Mundharmonikaspieler
harmonizoj harmonisieren
harp|ë, -a Harfe
harpist-i Harfenist *mus.*
hart|ë, -a Landkarte; ~ **muri** Wandkarte
hartin|ë, -a Krummholzkiefer
hartografí-a Kartographie
hartoj schreiben, verfassen, abfassen
hartos|ë, -a Dachlatte
Hartum-i *ON* Khartum
harxh-i, *pl.* -e-t Ausgabe,

Unkosten, Zutaten; **harxhet e byrekut** Zutaten zum Börek
harxhoj ausgeben, verschwenden
harraq, -e = **harrestar**, -e vergeßlich
harres|ë, -a Vergessenheit, Vergeßlichkeit
harrj|e, -a Stechmücke, Schnake
harroj vergessen
has në ⟨+ *Akk*⟩ treffen auf etw., stoßen auf
haset-i *veralt.* Neid, Mißgunst
hasetçí-u, *pl.* -nj-të = **hasetqar**-i *veralt.* Neider
hás|ër, -ra, *pl.* -ra-t Matte
hasjan, -e aus Has, Haschaner
hasm-i, *pl.* -ë-t *veralt.* Feind; Blutrachegegner
hasmërí-a *veralt.* Feindschaft
hashash-i Schlafmohn *bot.*
hatá-ja Unglück; Schrecken; **fus hatanë** Furcht einflößen; **me hata** versehentlich, aus Versehen
hatash|em, -me, i/e furchtbar, schrecklich
hatër-i, *pl.* -e-t Gunst, Begünstigung; Erinnerung; Wunsch; **s'më bie në hatër** das fällt mir nicht ein
hatëroj begünstigen, einen Gefallen tun
hátull-a, *pl.* -a-t Dachstuhl; Dachlatte
hauz-i, *pl.* -e-t Becken, Bassin
Hav|ër, -ra *ON* Le Havre
havá-ja *veralt.* Luft, Wetter, Klima
havadan ⟨*adv*⟩ hoch, in die Höhe; vergebens
Havai Hawaii
havalé-ja Verdruß, Ärger
havan-i, *pl.* -ë-t Mörser; Tabakschneidemesser
haví-a Lötkolben
havjar-i Kaviar
haxhí-u, *pl.* -nj-të Pilger *nach Jerusalem oder Mekka*, Mekka-Pilger
haxhillëk-u Pilgerfahrt *ins Heilige Land*, Wallfahrt
hazër ⟨*adv.*⟩ fertig; **bëhuni hazër** macht euch fertig
haziné-ja *veralt.* Schatz
hebraik, -e hebräisch
hebraisht ⟨*adv*⟩ hebräisch
hebré-u, *pl.* -nj-të Hebräer, Jude
hedh *e/i/o* werfen; ~ **valle** tanzen, Volkstanz in der Gruppe aufführen; ~ **poshtë** ablehnen; ~ **në erë** in die Luft sprengen; ~ **hapin** gehen, seine Schritte lenken; **hidhem në sulm** angreifen
hejbe-të Satteltasche *am Reittier*

hejz|ë, -a Wasserscheide
heksh|ëm , -me, i/e durchsichtig, transparent
hektar-i, *pl.* -ë-t Hektar *ha*
hektolit|ër, -ri, *pl.* -ra-t Hektoliter *hl*
hekur-i Eisen, Reck *spo.*
hekurbeton-i Eisenbeton
hekurisht|e, -ja Eisenwaren, Schrottplatz
hekurmbajtës, -e eisenhaltig
hekurnikel-i Eisen-Nickel, NiFe
hekuros bügeln
hékurt, i/e = **hekurimtë**, i/e eisern, aus Eisen
hekurudh|ë, -a, *pl.* -a-t Eisenbahn
hekurudhor, -e Eisenbahn-, Bahn-
Helad|ë, -a Hellas, Griechenland
helaq, -e schmutzig, verdreckt; **i ka duart helaq** er hat schmutzige Hände
helbeté ⟨*adv*⟩ sicher, natürlich
helen, -e hellenisch
helenistik|ë, -a Altphilologie
Helespont-i Hellespont
helik|ë, -a Propeller *tech.*
helikopter-i, *pl.* -ë-t Helikopter, Hubschrauber
helm-i, *pl.* -e-t Gift
helmarin|ë, -a Tollkirsche *bot.*
helmatoj vergiften
helmet|ë, -a, *pl.* -a-t Helm; ~ **mbrojtëse** Schutzhelm
helmësar, -e aus Helmës
helmët, i/e giftig
helmim-i Vergiftung; ~ **i gjakut** Blutvergiftung
helmoj vergiften
helmues, -e giftig, Gift-
he|ll-i, *pl.* -j-të Spieß, Bratspieß; ~ **akulli** Eiszapfen
hem . . . **hem** *veralt.* sowohl . . . als auch
hemisfer|ë, -a Hemisphäre, Halbkugel
hemoglobin|ë, -a Hämoglobin *med.*
hemorragjí-a Blutung, Hämorrhagie *med.*; ~ **cerebrale** Gehirnblutung
hemorroide-t Hämorrhoiden *med.*
hendboll-i Handball *spo.*
hendbollist-i Handballspieler
hendek-u, *pl.* -ë-t Graben, Schützengraben
hendeklidhj|e, -a Verbindungsgraben *mil.*
hendekoj Gräben ausheben
hep-i, *pl.* -a-t Rille; Zacken, Stachel
heq *e/i/o* ziehen, wegnehmen; ~ **dorë** Abstand nehmen von, zurücktreten, aufgeben; **hiqem si** sich aufführen als; ~ **një drejtëz** eine Gerade ziehen; ~ **embargon** das Embargo aufhe-

ben; ~ **nga priza** aus dem Stecker ziehen; **e hoqi qafës** er jagte ihn davon; ~ **nga qarkullimi** aus dem Verkehr ziehen; ~ **të zitë e ullirit** Martyrium erleiden, tausend Tode sterben

heq|ë, -a Todeskampf, Agonie

heqës-i Wechselaussteller, Trassant *ök*.

heqj|e, -a das Ziehen; ~ **dorë** Absage, Ablehnung, Weigerung, Verzicht; Rücktritt *jur.*; ~ **dorë nga padia** Forderungsverzicht, Verzicht auf Klage *jur.*; ~ **e lirisë** Freiheitsentzug *jur.*, Freiheitsberaubung

herak, -e Früh-, Morgen- ; **qershi herake** Frühkirschen *bot.*

herbicid-i, *pl.* -e-t Unkrautvertilger *bot.*

herc-i Hertz *Maßeinheit tech.*

Hercegovin|ë, -a Herzegowina

heretik, -e häretisch *rel.*

herezí-a Häresie, Abspaltung

her|ë, -a Mal; **një çikë** ~ Moment; **një copë** ~ eine Weile, eine Zeitlang; ~ **pas here** immer wieder; **një** ~ **e përgjithmonë** ein für allemal

herë mal; ~ . . . **herë** mal . . . mal, bald . . . bald; **édhe një herë** noch einmal

herëkeq|e, -ja Steinkauz, Käuzchen

herëpashersh|ëm, -me, i/e gelegentlich

herës-i Quotient *math.*

herët ⟨*adv.*⟩ früh

hermafrodit-i, *pl.* -ë-t Zwitter

hermetik, -e hermetisch, fest verschlossen; unverständlich

hermetiz|ëm, -mi Hermetismus *phi.*

herni|e, -a Bruch *med.*

hero-i, *pl.* -nj-të Held, Heros

heroik, -e heroisch, heldenhaft

heroikisht ⟨*adv*⟩ heroisch

heroin|ë, -a, *pl.* -a-t Heldin, Heroine

heroiz|ëm, -mi Heldentum, Heroismus

hersh|ëm, -me, i/e früh, frühzeitig; **vepër e hershme** Frühwerk

hershim-i Prolepse *spr.*

herr-i, *pl.* -ë-t Zwerg

hesap-i, *pl.* -e-t *veralt.* Rechnung, Abrechnung; **laj hesapet** abrechnen, eine Rechnung begleichen; **bëj hesapet pa hanxhinë** die Rechnung ohne den Wirt machen

hesht schweigen

hesht|ë, -a, *pl.* -a-t Lanze, Spieß

heshtj|e, -a Schweigen; **mbretëron heshtja** Schweigen herrscht
heshtur, i/e schweigsam, schweigend
heterogjen, -e heterogen
hetim-i Untersuchung
hetimor, -e Untersuchungs- *jur.*; **komision** ~ Untersuchungskommission
hetoj untersuchen
hetues-i Untersuchungsrichter *jur.*
hëni *Int.* na!
hën|ë, -a Mond
hën|ë, -a, e Montag
hënabrenda ⟨*adv*⟩ bei Neumond
hëngra, s. **ha**
hënor, -e Mond- ; **eklips** ~ Mondfinsternis
hëpërhë ⟨*adv*⟩ vorläufig, im Moment
hëpërhësh|ëm, -me, i/e vorläufig, gegenwärtig
hi-ri Asche; **bojë hiri** grau; **bëj pluhur e hi** zunichte machen, in Staub und Asche legen
hiat-i Hiatus *spr.*
hibrid, -e hybrid
hibridizoj kreuzen *bot.*
hiç = **hiçgjë** = **hiçmosgjë** nichts
hiç-i das Nichts
hiçasgjë gar nichts
hiçgjëkund ⟨*adv*⟩ nirgends
hid|e, -ja Brustbeere *bot.*
hid|ër, -ra, *pl.* -ra-t *myth.*, *fig.* Hydra
Hid|ër, -ra Hydra *Insel*
hidh, s. **hedh**
hidhërohem verbittert sein, betrübt sein
hidhëroj bitter machen; betrüben
hidhësir|ë, -a Bitterkeit, Verbitterung
hidhët, i/e, hídhur, i/e bitter; **kafe e** ~ Kaffee schwarz *ohne Zucker*
hidhnak, -e heftig, stürmisch, rauh; jähzornig
hidhur, i/e bitter
hidraulik-u, *pl.* -ë-t Klempner, Installateur
hidraulik|ë, -a Hydraulik *tech.*
hidrocentral-i, *pl.* -e-t Wasserkraftwerk
hidrogjen-i Wasserstoff *chem.*
hidroplan-i, *pl.* -ë-t Wasserflugzeug
hien|ë, -a Hyäne
hierarki-a Hierarchie
hierarkik, -e hierarchisch
hieroglif-i, *pl.* -ë-t Hieroglyph, Schriftzeichen
higjien|ë, -a Hygiene, Sauberkeit, Reinlichkeit
higjienik, -e hygienisch; **letër higjienike** Klopapier, Toilettenpapier
higromet|ër, -ri Hygrometer,

Feuchtigkeitsmesser
hij|e, -a Schatten
hijerëndë mürrisch, herrisch, gravitätisch
hijeror|e, -ja *veralt.* Altarraum *rel.*; Gotteshaus
hijeshí-a Schönheit, Charme, Anmut
hijeshoj schmücken, putzen, verschönern, zieren
hijeshuar, i/e anmutig, hübsch
hijesoj verfinstern, überschatten
hijoj einäschern
hijsh|ëm, i/e hübsch, angenehm; **sjellje e hijshme** angenehmes Auftreten
hík|ërr, -rra, *pl.* -rra-t Buchweizen *bot.*; Dickmilch
hikrroj gerinnen *Milch*
hil|e, -ja Trick, List, Tücke, Hinterlist
hilozoiz|ëm, -mi Hylozoismus *phi.*
himarjot, -e aus Himara
himbajtës|e, -ja Aschenbecher; Urne
himn-i, *pl.* -e-t Hymne; ~ **shtetëror** Nationalhymne
hinardh-i, *pl.* -e-t Artischoke
hingëllij wiehern
hink|ë, -a Trichter
hinkët, i/e trichterförmig
hinor|e, -ja Urne, Graburne
hinterland-i Hinterland
hip|i, -ën, -a, -ur reiten, einsteigen *Auto*, aufsitzen *Fahrrad*
hiperbol|ë, -a Hyperbel; Übertreibung
hiperkorrekt, -e hyperkorrekt *spr.*, übergenau
hipiz|ëm, -mi Pferderennsport
hipnotik, -e hypnotisch
hipnotizoj hypnotisieren
hipnoz|ë, -a Hypnose
hipodrom-i, *pl.* -e-t Pferderennbahn
hipokrit, -e heuchlerisch
hipokrizí-a Heuchelei, Hypokrisie
hipopotam-i, *pl.* -ë-t Flußpferd
hipostaz|ë, -a Hypostase
hipotek|ë, -a Hypothek *ök.*
hipotekoj belasten *ök.*
hipotenuz|ë, -a Hypotenuse *math.*
hipotetik, -e hypothetisch
hipotez|ë, -a Hypothese
hiq, s. **heq**
hiqem si sich aufführen als
hir-i, *pl.* -e-t Gnade, Grazie; Reliquie *rel.*; **për hirin tënd** dir zuliebe
hirësí-a Anmut; Hochwürden *rel.*; ~ **Juaj** Ew. Hochwürden
hirtë, i/e aschfarben, grau; trist
hirr|ë, -a Molke
hisé-ja *veralt.* Teil; Mal; **pesë**

hise më fünfmal mehr
histerí-a Hysterie *med.*; Wutausbruch
histerik, -e hysterisch
historí-a Geschichte; ~ **arti** Kunstgeschichte
historian-i, *pl.* -ë-t Historiker
historik, -e historisch, geschichtlich
historiograf-i = **historishkrues**-i Geschichtsschreiber, Historiker, Annalist
historiografi-a Geschichtsschreibung
historiz|ëm, -mi Historismus
híth|ër, -ra, *pl.* -ra-t Brennessel *bot.*
hithërbut|ë, -a Taubnessel *bot.*
hobé-ja Katapult, Wurfschleuder
hoçishtar, -e aus Hoçisht
hodha, s. **hedh**
hójëz-a Bienenwabe; Nasenloch
hojm|ë, -e, i/e übersüß
hokatar-i Spötter
hokej-i Hockey *spo.*
hok|ë, -a Scherz
hokohem scherzen
Holand|ë, -a Holland
holandez, -e holländisch, niederländisch
holandez-i Holländer, Niederländer
hol|e, -ja Wiege
holiz|ëm, -mi Holismus
hollat, të Geld; **detyrim në të ~** finanzielle Verpflichtung
hollë, i/e klein, dünn, schlank; präzis; **njeh të hollat** Geld zählen
hollësí-a Finesse
hollësish|ëm, -me, i/e detailliert
hollësisht ⟨*adv*⟩ detailliert
Hollivud-i *ON* Hollywood
hollohem abnehmen; klug werden
homazh-i, *pl.* -e-t Ehrerweisung
homogjen, -e homogen
homonim-i, *pl.* -e-t Homonym *spr.*
homonimí-a Homonymie *spr.*, Gleichlaut
homonimik, -e homonym *spr.*
homoseksual, -e homosexuell
homoseksualiz|ëm, -mi Homosexualität
hon-i, *pl.* -e-t Abgrund
hondurian, -e aus Honduras
honeps verdauen; ertragen
honorar-i, *pl.* -ë-t Honorar
hop-i, *pl.* -e-t Mal; Sprung; **qëndroi një hop në mëdyshje** er zögerte einen Moment; ~ **dialektik** dialektischer Sprung
hoqa, s. **heq**
Hora e Arbëreshëve *ON* Piana degli Albanesi

horasan-i *veralt.* Putz, Mörtel; Kalk
hordhí-a Horde
horizont-i, *pl.* -e-t Horizont
horizontal, -e horizontal
horizontal|e, -ja Senkrechte *math.*
hormon-i, *pl.* -e-t Hormon *med.*
hormovit, -e aus Hormova
hortikultur|ë, -a Gartenbau
horr-i, *pl.* -a-t Halunke, Schuft
hoshaf-i, *pl.* -ët Kompott aus Dörrobst
hosten-i, *pl.* -ë-t Ochsenstachel
hotas, -e aus Hoti
hotel-i, *pl.* -e-t Hotel
hotolishtar, -e aus Hotolisht
hov-i, *pl.* -e-t Aufschwung, Schwung, Begeisterung
hovardá großzügig
hovsh|ëm, -me, i/e stürmisch
hoxharak, -e aus Hoxhara
hoxhesh|ë, -a Hodscha-Frau
hoxh|ë, -a, *pl.* -allarë-t Hodscha *muslim.* *Geistlicher*
hu-ri, *pl.* -nj-të Pfosten, Pfahl; **ve ne hu** pfählen
húa-ja Darlehen; **marr hua** ausleihen; **jap hua** verleihen
huaj leihen, verleihen
huaj, i/e fremd, ausländisch, Fremd-; **gjuhë të húaja** Fremdsprachen
huaj-i, i Ausländer
húajtës-i Leihgeber, Verleiher
h|úall-i, *pl.* -oje-t Wabe, Bienenwabe, Honigwabe
huamarrës-i Entleiher
huazim-i Entlehnung *spr.*; Ausleihe *Bücher*; ~ **jashtë qyteti** Fernleihe; ~ **ndërbibliotekar** Fernleihe; ~ **ndërkombëtar** Auslandsfernleihe; **regjistër i huazimeve** Ausleihverzeichnis, Couponregister; **sektor huazimi** Ortsleihe
huazoj ausleihen, leihen
huazuar, i/e verliehen, ausgeliehen
húdh|ër, -ra, *pl.* -ra-t Knoblauch *bot.*; Lump
hukas *s/t* hauchen, behauchen
hulm-i, *pl.* -e-t Rest im *Schnaps*-Glas
hulumtim-i Forschung, Erforschung, Untersuchung
hulumtoj untersuchen, erforschen
hullí-a Furche
hulloj Furchen ziehen
humanist, -e humanistisch
humanitar, -e humanitär; **shkencat humanitare** Geisteswissenschaften
humaniz|ëm, -mi Humanismus
humb = **humbas** *u/e/i; s/t* ver-

lieren; ~ **trup e gjurmë** sich verirren
humbj|e, -a Verlust, Niederlage *spo.*
humboj versinken
humner|ë, -a Abgrund
humor-i Humor
humoristik, -e humoristisch, humorvoll
húmus-i Humus
hun-i, *pl.* -ë-t Hunne
hundak, -e näselnd *spr.*
hund|ë, -a, *pl.* -ë-t Nase; **hemoragji nga hunda** Nasenbluten; **diafragma e hundës** Nasenscheidewand *med.*; **fejzat e hundës** Nasenlöcher
hundëbri-ri, *pl.* -rë-t Nashorn
hundëroj näseln
hundoj beleidigen, erzürnen
hundor, -e nasal *spr.*
hundorëzim-i Nasalierung
hungarez, -e ungarisch
hungarez-i Ungar
Hungarí-a Ungarn
hungëroj heulen, winseln, jaulen
hup *dial.*, s. **humb**
hup kneten, hineindrücken; verprügeln
huq-i, *pl.* -e-t Laune, Schrulle
hurdh|ë, -a Tümpel, Pfütze
hurm|ë, -a Dattel
hut-i, *pl.* -a-t Uhu
hutaq, -e vergeßlich, zerstreut
hut|ë, -a Flinte *alter Hinterlader*
hutohem den Kopf verlieren, verwirrt sein
hutoj verwirren
hy-u = **hyj**-i, *pl.* -të Gott
hy|j, -ra, -rë eintreten; ~ **në** ⟨+ *Akk*⟩ gehören zu; **mund të hyj?** darf ich eintreten?; **hyn dielli** die Sonne geht unter; ~ **në fuqi** in Kraft treten; **hyj në liman** anlaufen *naut.*; ~ **e dal serbes** bei jem. ein- und ausgehen
hyjnesh|ë, -a Göttin
hyjní-a Gott, Gottheit
hyjnizoj vergöttlichen
hyjnor, -e göttlich, Gottes; wunderbar; **vullneti** ~ Gottes Wille
hyr, s. **hyj**
hyrí-a Huri *Jungfrau im Paradies der Muslime*
hyrj|e, -a Eingang, Einführung, Vorwort, Eintritt, Zutritt, Zugang; ~ **e lirë në rafte** Freihandaufstellung *Bibliothek*; **hyrjet e reja** Neuzugänge
hysgjokas, -e aus Hysgjokaj
hyxhym-i, *pl.* -e-t *veralt.* Angriff, Schwung
hyzmeqar-i *veralt.* Diener
hyzmet-i, *pl.* -e-t *veralt.* Dienst, Fürsorge

I

i *Pers. Pron.* ihm, ihr *Dat. Sg.*; sie *Akk. pl.*; *Gelenkartikel, isolierter Artikel*; **i zoti i librit** der Eigentümer des Buches; **ia dha të zotit** er gab es dem Eigentümer
iber-i, *pl.* -ë-t Iberer
iberik, -e iberisch
ibërshim-i gedrehter Seidenfaden
ibrik-u, *pl.* -ë-t Kanne, Kupferkanne
iç-i, *pl.* -a-t Füllung *Börek, Baklava*
idé-ja Idee
ideal-i, *pl.* -e-t Ideal
idealist, -e idealistisch
idealist-i Idealist *phi.*
idealiz|ëm, -mi Idealismus
idealizoj idealisieren
idelogjí-a Ideologie
identifikim-i Identifizierung
identifikoj identifizieren
identik, -e identisch
identitet-i Identität
ideoartistik, -e gedanklich-künstlerisch
ideogram-i, *pl.* -e-t Ideogramm
ideolog-u, *pl.* -ë-t Ideologe
ideologjí-a Ideologie
ideologjik, -e ideologisch; **cektësi-a ideologjike** ideologische Oberflächlichkeit
ideopolitik, -e ideologisch-politisch
ideor, -e ideologisch; gedanklich, Ideen-
idésh|ëm, -me, i/e gedankenreich
ideshmërí-a Ideengehalt, Gedankenreichtum
idil-i, *pl.* -e-t Idylle
idiomatik, -e idiomatisch *spr.*
idiomatiz|ëm, -mi idiomatische Redewendung, Idiom
idiom|ë, -a Idiom *spr.*, Redewendung
idiot-i, *pl.* -ë-t Idiot, Geisteskranker
idiotësí-a Idiotie *med.*
ídhu|ll-i, *pl.* -j-t Götze, Idol, Abgott
idhujtar-i Götzendiener
idhujtarí-a Götzendienerei
iftar i *rel.* Abendessen *im Ramadan*
igumen-i, *pl.* -ë-t *rel.* Abt *orthodox*
ijas = **ijazi** ⟨*adv*⟩ seitlich, Seiten- ; **not ijas** Seitenschwimmen
ikënj = **iki**
ij|ë, -a Hüfte, Lende
ik|ër, -ra, *pl.* -ra-t Fischeier, Rogen

ik|i, -ën, -a, -ur weggehen, fliehen; ~ **sokakëve** durch die Gassen davonlaufen
ikon|ë, -a *rel.* Ikone; **bëhem** ~ blaß werden, im Gesicht abmagern
ikonografí-a Ikonographie; Ikonenmalerei
ikonom-i, *pl.* -ë-t Priester *orthodox*
ikonostas-i, *pl.* -e-t Ikonostase, Bilderwand in orth. Kirchen *vor dem Altarraum*, Lettner
iktiologjí-a Ichthyologie, Fischkunde
ilaç-i, *pl.* -e-t Arznei, Medikament, Heilmittel; **duhet të përdor ilaçe?** muß ich Medizin einnehmen?; ~ **për sy** Augentropfen
ilaritet-i Heiterkeit
ildí-a Reihnaht
ildis reihen *Kleider*
ilegal, -e illegal
ilegalitet-i Illegalität
ili|k-u, *pl.* qe-t Knopfloch, Öse, Schlaufe, Gürtelschlaufe
ilir, -e illyrisch
ilir-i, *pl.* -ë-t Illyrer
ilirisht|e, -ja Illyrisch
ilq|e, -ja Steineiche *bot.*
iluminist-i Aufklärer *phi.*
iluminiz|ëm, -mi Aufklärung *phi.*
ilustrim-i Illustration
ilustroj illustrieren
iluzion-i Illusion, Einbildung
iluzionist-i Zauberkünstler
im, *f.* **ime** mein, meine
imagjinar, -e imaginär
imagjinat|ë, -a Imagination, Vorstellungskraft
imagjinoj vorstellen
imam-i, *pl.* -ë-t *rel.* Vorbeter *muslimisch*, Schulleiter *Koranschule*, Imam
imambajalldí-a gefüllte Auberginen, Imambayïldï
iman-i *rel.* Glaubensbekenntnis *muslimisch*
imanent, -e immanent
imazh-i, *pl.* -e-t Spiegelbild; Muster; ~ **i trimërisë** Muster an Heldentum
imediat, -e sofortig, direkt
imët, i/e fein; **shiu i** ~ Nieselregen
imigrant-i, *pl.* -ë-t Einwanderer
imigroj einwandern
imitim-i Nachahmung
imitoj nachahmen, imitieren
imoral, -e unsittlich
imoralitet-i Unsittlichkeit
imperialist, -e imperialistisch
imperialist-i Imperialist
imperializ|ëm, -mi Imperialismus
impiant-i, *pl.* -e-t Anlage *tech.*; ~ **elektrik** elektrische Anlage
import-i Import, Einfuhr

importim-i Import, Einfuhrgut, Importware
importoj importieren, einführen
importues-i Importeur
impresioniz|ëm, -mi Impressionismus
improvizim-i Improvisation
improvizoj improvisieren
impuls-i, *pl.* -e-t Impuls, Antrieb
impulsiv, -e impulsiv, unbeherrscht
imshtoj verdauen
imt|ë, -a Moment, Augenblick, Sekunde
imtësoj = **imtoj** zerkleinern
imunitet fiskal Steuerimmunität
imunitet-i Immunität, Unverletzlichkeit, Straffreiheit
imunizoj immunisieren *med.*
imzot-i *rel.* Eminenz *Anrede eines Bischofs*
inat-i Zorn, Wut; **për** ~ aus Trotz
inauguroj einweihen
incizoj aufnehmen *auf Tonträger*
inç-i Zoll *engl. Längenmaß*
ind-i, *pl.* -e-t Gewebe; ~ **dhjamor** Fettgewebe; ~ **qelizor** Zellgewebe; ~ **yndyror** Fettgewebe
Ind-i *FN* Indus
indeks-i, *pl.* -e-t Index, Register
Indí-a Indien; **derrkuc Indie** Meerschweinchen; **Inditë Perëndimore** Westindien *in der Karibik*
indian, -e indisch
Indian-i Inder
indiferenc|ë, -a Gleichgültigkeit, Sorglosigkeit
indiferent, -e gleichgültig
indigjen-i, *pl.* -ë-t Eingeborener
individ-i, *pl.* -ë-t Individuum
individual, -e individuell
individualist-i Individualist
individualitet-i Individualität
individualiz|ëm, -mi Individualismus
indoevropian, -e indogermanisch
Indokin|ë, -a Indochina
Indonezí-a Indonesien
indonezian, -e indonesisch
induksion-i Induktion
induktiv, -e induktiv *phi.*
induktoj induzieren *phi., tech.*
Industan-i Hindustan
industrí-a Industrie; ~ **makinandërtuese** Maschinenbauindustrie; ~ **vajgurore** Petro-Industrie, Erdölindustrie
industrial, -e industriell
industrialist-i Industrieller *ök.*
industrializim-i Industrialisierung

industrializoj industrialisieren
inercí-a Trägheit *tech.*
infarkt-i Infarkt *med.*; ~ **i miokardit** Herzinfarkt
infeksion-i Infektion *med.*
infektoj infizieren
infermier|e, -ja Krankenschwester, Krankenpflegerin
infermierí-a Krankenstation *med.*
inflacion-i Inflation *ök.*
inflamacion-i Entzündung
influenc|ë, -a Einfluß
influencoj beeinflussen
informacion-i Information, Auskunft; **teori e informacionit** Informationstheorie
informat|ë, -a Information, Behauptung
informatik|ë, -a Informatik, Informationswissenschaft
informativ, -e Informations-
informator-i Informant
informohem sich erkundigen
informoj benachrichtigen, informieren
ingranazh-i, *pl.* -e-t Zahnrad, Räderwerk
inicial-i, *pl.* -e-t Anfangsbuchstabe, Initiale, Großbuchstabe
iniciativ|ë, -a Initiative
inkandeshent, -e Glüh- ; **llambë inkandeshente** Glühlampe
inkoterma-t International Commercial Terms, Incoterms
inkubacion-i Inkubationszeit *med.*
inkubator-i Brutkaşten
inkunabul-i Inkunabel, Wiegendruck
inkurajoj ermutigen
inkursim-i Angriff ; ~ **ajror** Luftangriff
inovacion-i Neuerung *spr.*, Innovation
Insbruk-u *ON* Innsbruck
insekt-i, *pl.* -e-t Insekt, Kerbtier
insektembytës-i = **insektevrasës**-i Insektizid
inspektim-i Inspektion, Inspizierung; ~ **i mallit** Wareninspektion
inspektoj inspizieren
inspektorat-i, *pl.* -e-t Aufsicht; ~ **i sigurimit teknik** technische Sicherheitsaufsicht; ~ **shtetëror** staatliche Inspektion
instaloj installieren
instanc|ë, -a Instanz *jur.*
instinkt-i, *pl.* -e-t Instinkt
institucion-i, *pl.* -e-t Institution, Einrichtung; ~ **i ngjashëm me ministrinë** die dem Ministerium entsprechende Institution
institut-i, *pl.* -e-t Institut; ~ **kërkimor** Forschungsinsti-

tut
instruksion-i Anweisung; Schulung *mil.*
instruktoj instruieren, anweisen
instruktor-i Instrukteur
instrument-i, *pl.* -e-t Instrument *mus.*, Werkzeug
instrumental, -e instrumental; **koncert instrumental** Instrumentalkonzert *mus.*
integrim-i Eingliederung, Integration
integritet-i Integrität
integroj integrieren, eingliedern
intelektual-i, *pl.* -ë-t Intellektueller
inteligjenc|ë, -a Intelligenz
inteligjenci|e, -a Intellektuelle, Intelligentsia
intendenc|ë, -a Intendantur *mil.*, Truppenversorgungsstelle
intensifikoj intensivieren
intensitet-i Intensität
intensiv, -e intensiv
interdisiplinar, -e interdisziplinär, fächerübergreifend
interes-i, *pl.* -a-t Interesse, Zinsen; Nutzen, Eigennutz *jur.*
interesant, -e interessant
interesoj interessieren
interferenc|ë, -a Interferenz
interméxo-ja Intermezzo *mus.*
internacional|e, -ja Internationale; **∼ socialiste** Sozialistische Internationale
internacionaliz|ëm, -mi Internationalismus; **∼ proletar** proletarischer Internationalismus
internim-i Internierung *jur.*
internoj internieren
interpelanc|ë, -a parlamentarische Anfrage
interpretim-i Interpretation, Auslegung
interpretoj interpretieren
interpretues-i Interpret
interval-i, *pl.* -e-t Intervall
intervencion-i Intervention, Einmischung
intervist|ë, -a Interview
intervistoj interviewen
intonacion-i Intonation *spr.*, *mus.*, Tonfall; **∼ i vrazhdë** Stoßton *spr.*; **∼ ngjitës** Steigton *spr.*; **∼ zbritës** Fallton *spr.*
intrig|ë, -a, *pl.* -a-t Intrige, Ränke
intrigoj intrigieren
intuit|ë, -a Intuition *phi.*
invalid-i, *pl.* -ë-t Invalid, Behinderter, Schwerbeschädigter
inventar-i, *pl.* -ë-t Inventar; Inventur *ök.*; **numër inventari** Inventarnummer, Zugangsnummer
investim-i Investition, Kapi-

talanlage; **investime themelore, kapitale** Kapitalinvestitionen *ök.*
investoj investieren
inxhí-a Edelstein, Perle
inxhinier-i, *pl.* -ë-t Ingenieur
injeksion-i Injektion, Spritze
injoranc|ë, -a Unwissenheit, Ignoranz
injorant, -e ignorant, unwissend
ipeshk|ëv, -vi, *pl.* -vij-të Bischof *katholisch*
irakian, -e irakisch
irakian-i Iraker
iranian, -e iranisch, persisch
iranian-i Iraner, Perser
irat-i, *pl.* -e-t Immobilienbesitz
irid|ë, -a Iris *med.*
iriq-i, *pl.* -ë-t Igel; ~ **i zi** Krebs, Cancer *med.*
irlandez, -e irisch
irlandez-i Ire
Irland|ë, -a Irland; ~ **e Veriut** Nordirland
irnohem = **irnosem** sich verfärben, dunkel werden
ironí-a Ironie
ironik, -e ironisch
irracional, -e irrational
irredentiz|ëm, -mi Irredentismus, Anschlußbewegung
irritim-i Reizung, Reiz
islam, -e islamisch, muslimisch, mohammedanisch
islam-i = **islamiz|ëm**, -mi Islam
islamizoj zum Islam bekehren, islamisieren
Island|ë, -a Island
islandez, -e isländisch
ist|ëm, -mi, *pl.* -me-t Isthmus, Landenge
istikam-i, *pl.* -e-t *veralt.* Schützengraben
Istri|e, -a Istrien
ish- ehemalig, Ex-
ishmak, -e aus Ishëm
ishte, s. **jam**
íshu|ll-i, *pl.* -j-t Insel, Eiland
ishullak, -e aus Ishulli i Lezhës
Itak|ë, -a Ithaka
Italí-a Italien
italian, -e italienisch
italian-i, *pl.* -ë-t Italiener
italisht ⟨*adv.*⟩ italienisch
itinerar-i, *pl.* -e-t Route, Strecke; ~ **i marshimit** Marschroute
ithtar-i Anhänger, Gefolgsmann
Izmir-i *ON* Smyrna, Izmir
izolim-i Isolierung *tech.*
izoloj isolieren
izotop-i, *pl.* -e-t Isotop
Izrael-i Israel
izraelit, -e israelisch, israelitisch
izvorjot, -e aus Izvor

J

ja da ist
ja ... **ja** entweder ... oder
jabanxhí-u, *pl.* -nj-të *veralt.* Fremder, Zugezogener
jaguar-i, *pl.* -ë-t Jaguar
jaht-i, *pl.* -e-t Jacht
jak|ë, -a, *pl.* -a-t Kragen
jakëni!, s. **vij** kommt!
jakor|e, -ja Jacke mit hochschlagbarem Kragen
jam, është, qeshë, qenë sein *Kopula*; ~ **me kalem** gebildet sein, lesen und schreiben können; ~ **me vonesë** sich verspäten; zu spät kommen; ~ **mirë** es geht mir gut; ~ **transit** ich bin auf der Durchreise; **është nxehtë** es ist heiß; **hair qoftë!** so sei es!
jamb-i, *pl.* -e-t Jambus *spr.*
jamulli-a Wolldecke
janar-i Januar, Jänner
Jancé-ja Jangtsekiang *FN*
janínas, -e aus aus Janina, aus Ioannina
Janin|ë, -a Janina *ON*, Ioannina
jankí Yankee
jap, jep, dhashë, dhënë geben, gewähren, leisten *Hilfe*, verhängen *Strafe*; **jam i dhënë pas** ⟨+ *Abl*⟩ verrückt nach etw. sein, etw. sehr mögen; ~ *shlyej* **provime** Prüfungen ablegen; ~ **borxh** verleihen, borgen; ~ **hua** verleihen; ~ **karar** entscheiden; ~ **në arendë verpachten**; ~ **xhevap** antworten
japanxh|e, -ja ärmelloser Mantel *Kleidung der kath. Frauen*
japonez, -e japanisch
japonez-i Japaner
Japoní-a Japan
japonisht|e, -ja japanische Sprache
japrak-u, *pl.* -ë-t Kohlrouladen mit Reis und Hackfleisch, Dolma
jar-i, *pl.* -e-t Baumwollfaden durchwirkt mit Goldfäden
jaran-i, *pl* -ë-t *veralt.* Liebhaber; Freund
jard-i, *pl.* -e-t Yard *91,44 cm*, Elle
jargavan-i, *pl.* -ë-t Flieder
jargavec-i, *pl.* -ë-t Nacktschnecke
jarg|ë, -a, *pl.* -ë-t Schleim
jasemin-i, *pl.* -ë-t Jasmin *bot.*
jastëçk|ë, -a Nadelkissen; Stempelkissen
jastëk-u, *pl.* -ë-t Kopfkissen

jashtë ⟨*adv.*⟩ draußen, außerhalb; ~ **loje** abseits *spo.*
jasht|ëm, -me, i/e äußer, Außen-; äußerlich, auswärtig; ausländisch; **politikë e jashtme** Außenpolitik; **ministri-a e punëve të jashtme** Außenministerium; **së jashtmi** von draußen
jashtëmartesor, -e außerehelich
jashtëparlamentar, -e außerparlamentarisch
jashtëqit *s/t* ausscheiden
jashtëqitj|e, -a Ausscheidung *med.*
jashtëtokësor, -e außerirdisch
jashtëzakonisht ⟨*adv*⟩ außerordentlich, außergewöhnlich
jashtëzakonsh|ëm, -me, i/e außergewöhnlich, außerordentlich, Ausnahme-
jatagan-i, *pl.* -ë-t Säbel, Türkensäbel
jatak-u, *pl.* -ë-t *veralt.* Bett; Unterkunft, Unterschlupf
jatit, s. **atë**
jatr|úa, -ói *dial.* Arzt
javash ⟨*adv*⟩ langsam, gemächlich, gemütlich; ~, **javash!** nur mit der Ruhe!
jav|ë, -a, *pl.* -ë-t Woche; **zgjati një javë** es hat eine Woche gedauert; **javën e kaluar** vorige Woche; **javën që vjen** nächste Woche
javor, -e wöchentlich
jaz-i, *pl.* -e-t Wassergraben
jazëk *Int.* Schande!
Jedrené-ja·*ON* = **Edrené-ja**
jeh-u = **jehon|ë**, -a Echo, Widerhall; **bëj jeh** widerhallen
jehoj widerhallen
jelek-u, *pl.* -ë-t Weste, Bolero-Jäckchen
Jemen-i Jemen
jemenas, -e aus Jemen, jemenitisch
jemení-a schwarzes Kopftuch
Jen|ë, -a Jena
jeniçer-i, *pl.* -ë-t *hist.* Janitschare
jep, s. **jap**
Jerusalem-i *ON* Jerusalem
jesir-i, *pl.* -ë-t *veralt.* Kriegsgefangener
jesh, s. **jam**
jeshil, -e grün; **hap dritat jeshile** grünes Licht geben für etw.; ~ **i çelët** hellgrün
jeshiloj grünen, grün machen, grün werden
jet|ë, -a Leben; ~ **e përditshme** Alltag; ~ **fshatarake** bäuerliches Leben; **zymtoj jetën** das Leben schwer machen
jetë, s. **jam**
jetëgjatë langlebig
jetërsoj = **tjetërsoj** entfrem-

den
jetes|ë, -a Lebensweise, Lebensart, Leben; Existenz
jetësoj lebendig machen, beleben
jetësor, -e Lebens-, vital
jetëshkrim-i Lebensbeschreibung, Biographie
jetëshkrues-i Biograph
jetëshkurtër kurzlebig
jetim, -e verwaist
jetim-i, *pl.* -ë-t Waisenknabe, Waise
jetimor|e, -ja *veralt.* Waisenhaus
jetoj leben; ~ **me zgrip** mit wenig auskommen
jétull-a, *pl.* -a-t Schnur, Kordel
jev|g-u, *pl.* -gj-it = **evgjit**-i seßhafter Zigeuner, Roma
jevg|ë, -a Zigeunerin
jevgjit-i = **evgjit**-i
ji, s. **jam**
jo nein; ~ **më** nicht mehr; **jomë** umso mehr; **jo më pak** nicht unter; **jo më shumë** nicht über
jo- un-
jobarasrrokësh, -e ungleichsilbig
jod-i Jod
jodemokratik, -e undemokratisch
jofrymor, -e unbeseelt, unbelebt
johigjienik, -e unhygienisch
jokalimtar, -e intransitiv
jokalimtarësi-a Intransitivität
jomaterial, -e immateriell
jomë umso mehr
jomiqësor, -e unfreundschaftlich
jon-i, *pl.* -e-t Jon *chem.*
jon-i, *pl.* -ë-t Jonier
jonë, s. **yt** unsere *f. Sg.*
jongar-i, *pl.* -ë-t Musikinstrument mit drei Saiten
jonosfer|ë, -a Jonosphäre
jonxh|ë, -a Luzerne *bot.*
jonxhisht|ë, -a Luzernenfeld
joorganik, -e anorganisch
jopërparimtar, -e unfortschrittlich, reaktionär
joproduktiv, -e unproduktiv
joprodhimtar, -e unproduktiv
jordanez, -e jordanisch
joreal, -e irreal
jorealist, -e unrealistisch
jorëndësor, -e irrelevant, unwichtig, unerheblich
jorgan-i, *pl.* -ë-t Steppdecke
josh anlocken, ködern
joshem sich einschmeicheln
josh|ë, -a Köder
jotemor, -e athematisch
jovepror, -e inaktiv
jovetor, -e unpersönlich, impersonell *spr.*
jozyrtar, -e inoffiziell
ju ihr, Sie
juaj euer; Ihr

juaj ⟨*Poss. Pron.*⟩ Ihr, euer
jubilar, -e Jubiläums-
jubilé-u, *pl.* -të Jubiläum
jud|ë, -a Judas *fig.*, Verräter
jug-u Süden; **Afrika e Jugut** Südafrika
jug|ë, -a Südwind
juglindj|e, -a Südosten
juglindor, -e Südost-
jugor, -e südlich, Süd-
jugosllav, -e jugoslawisch
jugosllav-i, *pl.* -ë-t Jugoslawe
jugosllavërí-a = **jugosllavní**-a Jugoslawentum
Jugosllaví-a Jugoslawien
jugperëndim-i Südwesten
jugperëndimor, -e südwestlich
junt|ë, -a Junta *Militärkomitee*
jurí-a Jury; Geschworene *jur.*
juridik, -e juristisch, rechtlich
jurisprudenc|ë, -a Rechtswissenschaft
jurist-i Jurist
justifikoj rechtfertigen
jut|ë, -a Jute
Jutland|ë, -a Jütland

K

ka es gibt; es hat
ka-u, *pl.* qe-të Ochse
kabaré-ja Kabarett
kabin|ë, -a, *pl.* -a-t Zelle *Telefon*, Abteil *Zug*, Kabine *Schiff*; ~ **e komandës** Brücke *Schiff*, Kommandobrücke
kabinet-i, *pl.* -e-t Kabinett
kabllo-ja Kabel
kabotazh-i Küstenschiffahrt
kabull *veralt.* Einverständnis; **bëj** ~ akzeptieren
kacafytem raufen, sich kabbeln, sich herumschlagen
kaçak-u, *pl.* -ë-t *hist.* Räuber, Heiduck
kaçavid|ë, -a Schraubenzieher
kaçinarës, -e aus Kaçinar
kaçkavall-i, *pl.* -e-t Schafskäse
kaçurrela-t Locken, Krause, lockiges Haar
kadalë ⟨*adv*⟩ *dial.* langsam, gemächlich
kadast|ër, -ra, *pl.* -ra-t Kataster
kadastror, -e Kataster-
kadet-i, *pl.* -ë-t Kadett *mil.*
kadí-u, *pl.* -lerë-t *hist.* Kadi, Richter
kadif|e, -ja = **kadifé**-ja Samt; ~ **me af** changierender Samt
Kadiks-i *ON* Cádiz

kafaz-i, *pl.* -e-t Käfig, Vogelbauer
kaf|e, -ja Kaffee; ~ **sade, kafe e hidhët** schwarzer Kaffee *ohne Zucker*; **i qis sheqer kafes** Zucker in den Kaffee tun
kafjall-i *dial.* Frühstück
kafk|ë, -a Schädel
kafshat|ë, -a Bissen, Mundvoll
kafsh|ë, -a Tier
kafshoj beißen
kah-u, *pl.* -e-t Richtung
kaik|e, -ja *veralt.* Boot, Ruderboot; **bëhem kaike** schwanken *vor Trunkenheit*
kaish-i, *pl.* -ë-t *veralt.* Gürtel, Riemen
kajanak, -e aus Kájan
kajmekam-i, *pl.* -ë-t *veralt.* Statthalter *Leiter einer Kaza*, Gouverneur
Kajro-ja *ON* Kairo
kajsí-a Aprikose *bot.*
kakao-ja Kakao
kakavjot, -e aus Kakavija
kakí ⟨*adj*⟩ khaki, erdbraun, gelbraun
káktus-i, *pl.* -e-t Kaktus
kalá-ja Burg, Festung; Turm *Schach*
kalabrez-i Kalabrese
Kalabrí-a Kalabrien
kalamá, -ni *pl.* -j-të Kind
kalamallë|k-u, *pl.* -qe-t Kinderei
kalambur-i, *pl.* -e-t Kal.uer
kalasjot, -e aus Kalasa
kalbem verfaulen, verderben, abgenutzt werden
Kalé-ja *ON* Calais
kalem-i, *pl.* -a-t Bleistift; **jam me** ~ gebildet sein, lesen und schreiben können
kalemxhí-u, *pl.* -nj-të Schreiberling
kalendar-i, *pl.* -ë-t Kalender
kalendarik, -e Kalender-
kal|ë, -i, *pl.* kúaj-të Pferd, Roß, Gaul; Springer *Schach*; **i grah kalit** dem Pferd die Sporen geben; **ngordh kalin në punë** das Pferd bei der Arbeit schinden; **kalë-fuqi**, *pl.* **kúaj-fuqi** Pferdestärke *PS*
kalim-i Übergang, Überschreitung, Übertretung, Übertritt; Durchgang, Passage; ~ **kuptimi** Bedeutungsübertragung *spr.*; ~ **mbi shina** Bahnübergang
Kalimantan-i Borneo
kalimtar, -e vergänglich; transitiv
kalimtarësí-a Transitivität
Kaliningrad-i Königsberg
kalis *s/t* stählen, abhärten
kalitur, i/e gestählt, gehärtet
Káljari *ON* Cagliari
kalk-u, *pl.* -e-t Calque, Lehnübersetzung, Spiegelbildung; Pauspapier; ~ **kupti-**

mor Bedeutungsentlehnung
kalkim-i Lehnübersetzung
kaloj vorbeigehen, verstreichen, verlaufen, vergehen; ~ **lumin zhytas** den Fluß getaucht überqueren; ~ **në debi** in die roten Zahlen kommen; **vitet e kaluara** die vergangenen Jahre, die letzten Jahre
kalorës-i Reiter; Ritter *hist.*
kalorësí-a Kavallerie, Reiterei
kalorifer-i, *pl.* -ë-t Heizkörper *tech.*
kaltër, i/e blau
kaltërremë, i/e bläulich
kaluar, i/e vergangen, vorig; **javën e kaluar** vorige Woche kaluar-a, e die Vergangenheit
kaludhjot, -e aus Kaludh
kall hineinstecken; anstiften
kallaballëk-u . Menge; **mbledh kallaballëkun** sich zusammenreißen; keinen Unsinn reden
kallaj-i Zinn; **saldoj me kallaj** löten
kallajxhí-u, *pl.* -nj-të Klempner, Zinngießer
kallam ⟨*adj*⟩ aufrecht; mittellos, arm
kallam-i, *pl.* -a-t Schilf, Schilfrohr; Rohrflöte *mus.*; ~ **sheqeri** Zuckerrohr
kallamar-i, *pl.* -ë-t Tintenfaß; Tintenfisch
kallauz-i, *pl.* -ë-t *veralt.* Führer, Lotse; Spion; Mittelsmann
kalldrëm-i, *pl.* -e-t Pflaster *Straße*, Steinweg
kallëp-i, *pl.* -e-t Model, Leisten; **fus në** ~ aufspannen
kallëzim-i Meldung
kallëzor|e, -ja Akkusativ, Wenfall
kallëzues-i Prädikat *spr.*, Satzaussage; ~ **pavetor** unpersönliches Prädikat
kallf|ë, -a, *pl.* -ë-t *veralt.* Gehilfe, Geselle
kallí-ri, *pl.* -nj-të Garbe, Büschel, Ähre
kallkan-i, *pl.* -ë-t Eiszapfen, Eis; **iu bënë këmbët** ~ er bekam eiskalte Füße
kallnuer, -or-i *dial.* Januar
kallogjer-i, *pl.* -ë-t Mönch *orthodox*
kallogré-ja Nonne *orthodox*
kallp, -e falsch
kallpazan-i, *pl.* -ë-t *veralt.* Falschmünzer, Fälscher
kam, pata, pasur haben; **ka** es gibt; es hat; **kishte plot njerëz** es waren dort viele Menschen; ~ **axhele** ich bin in Eile; **nuk pati çfarë të bënte** es blieb ihm nichts anderes übrig; ~ **në dispozicion** disponieren über,

verfügen über; **ka fresk** es weht ein frisches Lüftchen; ~ **të ftohtë** mir ist kalt; **mos ki gajle!** mach dir keine Sorgen!; **keni kohë në Tiranë?** sind Sie schon lange in Tirana?; ~ **të lehtë** es leicht haben; **ka mjegull** es ist neblig; ~ **ndërmend** vorhaben; ~ **nevojë** brauchen; ~ **nge** Zeit haben; **ka të ngjarë** anscheinend, wahrscheinlich; ~ **parasysh** ich bin mir bewußt; ~ **shans** eine Chance haben; **s'ia kam volinë** ich habe keine Zeit dafür; **paç ymër!** mögest du lange leben!; **e ka zët** er ärgert sich

kamar|e, -ja Nische, Wandnische

kamatar-i Geldverleiher; Wucherer

kamat|ë, -a Zins

kamatëvones|ë, -a Versäumniszuschlag, Verzugszinsen, Mahngebühr; Konventionalstrafe

kambanar-i Glöckner

kamban|ë, -a Glocke, Kirchenglocke

kambanor|e, -ja Glockenturm

kambial-i, *pl.* -e-t Wechsel *ök.*

kambio-ja Getriebe *tech.*; ~ **automatike** Automatik-Getriebe

kamenicar, -e aus Kamenica

kameraman-i, *pl.* -ë-t Kameramann

kameratesk, -e kameradschaftlich

kamerdar|e, -ja Schlauch *tech.*

kamer|ë, -a Kamera

kamerier-i, *pl.* -ë-t Kellner, Ober

kam|ë, -a Dolch, Messer

kamës-i, *pl.* -it Reicher

kámfur-i Kampfer *med.*

kamillaf-i, *pl.* -ë-t Priestermütze *orthodox*

kamion-i, *pl.* -ë-t Lastwagen, Laster

kamj|e, -a Reichtum

kamomil-i Kamille *bot.*

kamosh-i, *pl.* -e-t Gams, Gemse; Wildleder

kamp-i, *pl.* -e-t Lager; ~ **përqendrimi** Konzentrationslager, Gefangenenlager

kampion-i, *pl.* -ë-t Muster, Probe; Meister *spo.*

kampionat-i, *pl.* -e-t Meisterschaft; ~ **botëror** Weltmeisterschaft

kampist-i, *pl.* -ë-t Camper, Camping-Teilnehmer

kamufloj tarnen

kamxhik-u, *pl.* -ë-t Peitsche, Knute

Kanadá-ja Kanada

kanadez-i Kanadier

kanal-i, *pl.* -e-t Kanal; Abflußrohr

kanalizoj kanalisieren; ordnen
kanapé-ja Kanapee; Butterbrot, belegtes Toastbrot
Kanarie-t Kanaren, Kanarische Inseln
kanarin|ë, -a Kanarienvogel
kanat-i, *pl.* -e-t Flügel, Fensterflügel
kanatier|e, -ja Weste, Leibchen
Kanberr|ë, -a *ON* Canberra
kancelar-i Kanzler
kancelarí-a Kanzlei; Kanzleramt
kancer-i Krebs *med.*
kandar-i, *pl.* -ë-t Waage, Schalenwaage
kandel|ë, -a Zündkerze; **mos duhet t'i ndërroj kandelën?** soll ich vielleicht die Zündkerze auswechseln?
kánd|**ërr**, -rra, *pl.* -rra-t Käfer
kandidat-i, *pl.* -ë-t Kandidat; Doktor *akadem. Grad*
kandil-i, *pl.* -a-t Laterne, Leuchte, Funzel; ~ **deti** Qualle
kandiler-i, *pl.* -ë-t Leuchter, Kerzenständer
kanell|ë, -a Kaneel, Zimt; Zimtbaum
kan|ë, -a Kanne; ~ **kafeje** Kaffeekanne
kangjella-t Eisengitter, Stangenzaun
kangur-i, *pl.* -ë-t Känguruh
kanic|ë, -a Messerscheide
kaninjot, -e aus Kanina
kanonier|ë, -a Kanonenboot *mil.*
kanonik, -e kirchenrechtlich, kanonisch
kanonizoj kanonisieren, heiligsprechen *rel.*
kanosem drohen
kanosj|e, -a Drohung
kanotazh-i das Rudern *spo.*; **gara kanotazhi** Ruderwettkampf
kanotjer|ë, -a Unterhemd
kantier-i, *pl.* -e-t Baustelle; ~ **anijendërtues** Werft
kantin|ë, -a Weinkeller
kanun-i, *pl.* -e-t Gewohnheitsrecht, Kanun
kaos-i Chaos
kaotik, -e chaotisch
kap schnappen, fassen, erreichen, bekommen; ~ **nëntekstin e fjalëve** zwischen den Zeilen lesen; **kapem pas** ⟨+ *Abl*⟩ sich festhalten an, sich klammern an; **kapem me presh në duar** auf frischer Tat ertappt werden
kapacitet-i Fassungsvermögen, Kapazität
kapadaí-u, *pl.* -nj-të Prahlhans, Angeber, Großmaul
kapadaillë|**k**-u, *pl.* -qe-t Angeberei, Prahlerei
kapak-u, *pl.* -ë-t Deckel;

Einband, Umschlag; **i vë ~** Schluß machen mit etw., abschließen, beenden; **~ rrote** Radkappe *tech.*; **mbulesë kapaku** Schutzumschlag

kapanxh|ë, -a Luke, Dachluke

kapar-i Vorschuß, Vorauszahlung, Handgeld

kapardisem prahlen

kapardisj|e, -a Angeberei, Prahlerei

kapedan-i, *pl.* -ë-t Kapitän, Anführer

kapelabërës-i Hutmacher

kapel|ë, -a = **kapel|e**, -ja Hut, Mütze; **~ noti** Badekappe, Bademütze

kapellotë bjelle Pleuellager

kap|ë, -a Kappe, Mütze; **~ gëzofi** Pelzmütze

kapërcej übersteigen, überschreiten, überspringen, hinübergehen; **~ kufirin** die Grenze überschreiten; **~ pengesat** die Hindernisse überwinden

kapërcell-i, *pl.* -j të Übergang; Speiseröhre; **në kapërcellin e shekullit XIX** am Ende des 19. Jahrhunderts

kapërcim-i Überschreitung; **me ~ të** ⟨+ *G*⟩ in Überschreitung von *jur.*

kapërdij schlucken

kapës|e, -ja Klammer; **~ manshetash** Manschettenknopf

kapist|ër, -ra, *pl.* -ra-t Zügel

kapital, -e kapital, allgemein, Haupt-; **denim ~** Todesstrafe

kapital-i, *pl.* -e-t Kapital; **~ bankar** Bankkapital

kapitalist, -e kapitalistisch

kapitalist-i Kapitalist

kapitaliz|ëm, -mi Kapitalismus; **~ monopolist shtetëror** staatsmonopolistischer Kapitalismus, Stamokap

kapitel-i, *pl.* -e-t Kapitell

kapiten-i, *pl.* -ë-t Kapitän, Schiffsführer; Hauptmann *mil.*; **~ i klasës së dytë** Oberleutnant *mil.*

kapitulacione-t Kapitulationen, Vertragsbestimmungen

kapitu|ll-i, *pl.* -j-t Kapitel, Hauptstück

kapitullim-i Kapitulation

kapitulloj kapitulieren

kapitullues, -e kapitulierend; **klikë kapitulluese** Kapitulantenclique

kapllan-i, *pl.* -ë-t *veralt.* Tiger

kapot|ë, -a Uniformmantel *mil.*; Wintermantel

kapro|ll-i, *pl.* -j-të Rehbock

kaproll|e, -ja Ricke, Reh

kaps ⟨*adv*⟩ verstopft

kapsllëk-u Verstopfung, Obstipation *med.*
kapsh|ëm, -me, i/e faßbar, faßlich
kapshticar, -e aus Kapshtica
kapter-i, *pl.* -ë-t Feldwebel, Wachtmeister
kapuç-i, *pl.* -a-t Kapuze; ~ **i llambës** Lampenschirm
kaq soviel; **mjafton me** ~ das genügt
kará-i, *pl.* -të *veralt.* Rappe
karabiná-ja Rohbau
karabin|ë, -a Karabiner *mil.*
karabullak-u, *pl.* -ë-t Kormoran, Zwergscharbe
karafil-i, *pl.* -a-t Nelke
karagjoz-i, *pl.* -ë-t Karagöz, Hanswurst
Karaíbe-t Karibik
karajfil|e, -ja Steinschloßflinte
karakatin|ë, -a Bruchbude; Rostlaube *Kfz*
karakoll-i, *pl.* -ë-t Wachturm; Leibgarde
karakter-i, *pl.* -e-t Charakter
karakteristik, -e charakteristisch
karakteristik|ë, -a Charakteristik
karakterizoj charakterisieren
karamel|e, -ja Karamelle, Bonbon
karantin|ë, -a Quarantäne; **mbaj karantinë** in Quarantäne bleiben
karar-i *veralt.* Lösung, Entscheidung; **jap** ~ entscheiden
karbon-i Kohlenstoff *chem.*; **dyoksid i karbonit** Kohlendioxyd
karbonizoj verkohlen, verbrennen
karburant-i Brennstoff, Treibstoff
karburator-i Vergaser *tech.*
kardhiqot, -e aus Kardhiq
kardiak, -e herzkrank; Herz-
kardinal-i, *pl.* -ë-t Kardinal *rel.*
karfic|ë, -a Nadel, Spange, Brosche, Klammer; Sicherheitsnadel
karikatur|ë, -a Karikatur
karikaturizoj karikieren
karkalec-i, *pl.* -a-t Krabbe
karkas *s/t nur 3. P.* quaken
Karl-Marks-Shtadt-i *ON* Chemnitz, Karl-Marx-Stadt
Karlovi-Vari *ON* Karlsbad, Karlovy Vary
karnaval-i, *pl.* -e-t Karneval; Clown; Clownerie
karó-ja Karo *Spielkarte*
karot|ë, -a Möhre, Karotte
Karpate-t Karpaten
karpentier-i, *pl.* -ë-t Zimmermann
karpuz-i, *pl.* -ë-t Wassermelone

karshí = **kundrejt**
karstik, -e Karst-; **liqen** ~ Karstsee
kartel-i, *pl.* -e-t Kartell
kartel|ë, -a Ausweis, Karte; Karteikarte, Stempelkarte *ök.*; ~ **vaksinimi** Impfpaß, Impfausweis
kart|ë, -a Papier; Karte, Postkarte, Ausweis; ~ **e anëtarësisë** Benutzerkarte, Mitgliedskarte
kartëmonedh|ë, -a Banknote, Papiergeld, Geldschein
kartëpostal|e, -ja Postkarte
kartëvizit|ë, -a Visitenkarte
kartolerí-a Schreibwarenladen
kartolin|ë, -a Postkarte
karton-i, *pl.* -ë-t = **kartuç**-i, *pl.* -a-t Karton, Pappe
kartotek|ë, -a Kartothek
karvan-i, *pl.* -ë-t Karawane
karrabisht-i, *pl.* -a-t Ohrwurm
karrier|ë, -a Laufbahn; Karriere
karrig|e, -ia Stuhl, Sitz; ~ **e lëkundshme**, ~ **që paloset** Klappstuhl
karro-ja Wagen *mit eisenbeschlagenen Holzrädern*; Handwagen
karroc|ë, -a, *pl.* -a-t Karre, Wagen, Kutsche; ~ **për bartje librash** Bücherwagen *Bibliothek*; ~ **dore** Handwagen, Schubkarre, Handkarre
karrocerí-a Karosserie
karrocier-i, *pl.* -ë-t Kutscher
karrooficin|ë, -a Werkstattwagen, Kundendienstwagen
kasabá-ja *veralt.* Stadt
kasafort|ë, -a Tresor, Geldschrank
kasap-i, *pl.* -ë-t Metzger, Schlachter; Schlächter, Henker
kasaphan|ë, -a Schlachthof, Schlachterei
kasat|ë, -a Kassata-Eis
kask|ë, -a Helm; ~ **minatori** Bergmannshelm
kasket|ë, -a Mütze
kasnec-i, *pl.* -ë-t *veralt.* Herold, Bote
kasoll|e, -ja Hütte
Kaspik-u Kaspisches Meer, Kaspi-See
kast|ë, -a Kaste
kastíle (*adv*) absichtlich, extra
Kastilj|e, -a Kastilien
kastor-i, *pl.* -ë-t Biber, Biberpelz
kastravec-i, *pl.* -ë-t Gurke; **i shes kastravecë bostanxhiut** Wasser in den Rhein / Eulen nach Athen tragen
kasharen, -e aus Kashar
kashnjetor, -e aus Kashnjet

kasht|ë, -a, *pl.* -ëra-t Stroh; Binsen; **shportë kashte** Spankorb; **~ e Kumtrit, káshtull-a** Milchstraße
kat-i, *pl.* -e-t Stockwerk, Etage, Geschoß; **~ i dytë** erster Stock; **~ i mësipërm** Obergeschoß; **~ përdhes** Erdgeschoß, Parterre; **dezhuri i katit** Stockwerksaufseher *im Hotel*
katakrez|ë, -a Katachrese *spr.*
kataliz|ë, -a Katalyse *chem.*
katalog-u, *pl.* -ë-t Katalog; **~ i hyrjeve të reja** Neuerwerbungskatalog; **~ i përbashkët, përmbledhës** Verbundkatalog; **~ i posaçëm** Sonderkatalog; **~ lëndor** Sachkatalog; **~ në formë libri** Bandkatalog; **~ sipas emrave të autorëve** Verfasserkatalog; **~ topografik** Standortkatalog; **~-fjalor** Kreuzkatalog; **~-skedar** Zettelkatalog
katalogim-i Katalogisierung, Titelaufnahme
Katalonj|ë, -a Katalonien
katallan-i, *pl.* -ë-t Unhold *im Märchen, myth.* Zyklop
katandis geraten in *Lage*, münden in *Mißstand*
katandisem in eine üble Lage geraten, sich exponieren
Katanxaro-ja *ON* Catanzaro
katapult|ë, -a Katapult
katastrof|ë, -a Katastrophe, Unglück
kated|ër, -ra Lehrstuhl
katedral|e, -ja Dom, Kathedrale, Bischofskirche
kategori-a Kategorie
kategorik, -e kategorisch
katekiz|ëm, -mi, *pl.* -ma-t Katechismus *rel.*
katër vier; **i ~t** der vierte
katërdhjetë vierzig
katërfish ⟨*adv*⟩ vierfach
katërfishoj vervierfachen
katërkëndësh, -e rechteckig, viereckig
katërkëndësh-i Viereck; **~ i zanoreve** Vokalviereck
katërmbëdhjetë vierzehn; **i ~** der vierzehnte
katërmotorësh, -e viermotorig
katërpalësh, -e vierseitig; **konferencë katërpalëshe** Viererkonferenz
katërqind vierhundert
katërt-a, e Viertel
katil-i, *pl.* -ë-t Schlächter *fig.*
katod|ë, -a Katode *tech.*
katoliciz|ëm, -mi Katholizismus *rel.*
katolik, -e katholisch
katolik-u Katholik
katragjysh-i, *pl.* -ër-it Urgroßvater
katrahur|ë, -a Durcheinander, Gewühl, Krach

katrakushërí-ri, *pl.* -nj-të Großcousin
katran-i Teer
katranoj = **katranos** teeren
katror, -e viereckig, quadratisch, Quadrat-; **rrënjë katrore** Quadratwurzel; **metër katror** Quadratmeter *qm*; **kllapa katrore** eckige Klammern
katund-i, *pl.* -e-t Weiler, Dorf
katundar-i, *pl.* -ë-t Dörfler, Bauer
katundishtar, -e aus Katundishta
kath-i Gerstenkorn *med.*
kauçuk-u Kautschuk
Kaukaz-i Kaukasus
kaukazian, -e kaukasisch
kaurr-i, *pl.* -ë-t Ungläubiger, Giaur
kauz|ë, -a Sache; **bëj ~ të përbashkët** gemeinsame Sache machen
kavak-u, *pl.* -ë-t Pyramidenpappel
kavalet|ë, -a Bücherstütze
kavanoz i, *pl.* -a-t Glas, Einmachglas
kavo-ja Tau, Seil
kazá-ja *hist.* Distrikt *Amtsbezirk eines Kajmekam*
Kazablank|ë, -a *ON* Casablanca
Kazakistan-i Kasachstan
kazan-i, *pl.* -ë-t Kessel, Kupferkessel; Dampfkessel
kazerm|ë, -a Kaserne
kazermoj kasernieren
kazm|ë, -a, *pl.* -a-t Hacke, Spitzhacke
kec-i, *pl.* -a-t = **kedh**-i, *pl.* -ë-t Zicklein
keç|e, -ja weibliches Ziegenjunges, Zicklein; Mädchen
Kejptaun-i *ON* Kapstadt, Capetown
kelt, -e keltisch
keltisht|e, -ja keltische Sprache
kem-i Weihrauch
Kembrixh-i Cambridge
Kemnic-i Chemnitz
Kentuki Kentucky
kep-i, *pl.* -a-t Spitze *eines Berges*, felsige Landzunge, Kap; **~ i Gjelbër** Cabo Verde, Kapverdische Inseln
keq, -e, i/e; *pl.* **të këqij**, -a schlecht, böse, übel, schlimm; **e keqja** das Böse; **të keqen!** alles Übel sei ferne!; **më vjen keq** leider, es tut mir leid; **më bën keq** es schadet mir; **kam nam të keq** schlechten Ruf haben; **ndikoj për të keq** beeinträchtigen
keqardhj|e, -a das Bedauern
keqbërës-i Übeltäter, Missetäter
keqbesim-i Mißtrauen
keqdashës, -e böswillig

keqdashj|e, -a Böswilligkeit
keqësoj verschlechtern
keqësues, -e pejorativ *spr.*
keqinterpretim-i Fehlinterpretation
keqja, e das Böse
keqkuptim-i Mißverständnis
keqkuptoj mißverstehen
keqnyejëtim-i falsche Artikulation, Anarthrie *spr.*
keqpërdor = **keqpërdoroj** = **keqtrajtoj** mißbrauchen; mißhandeln
keqpërdorim-i = **shpërdorim**-i Mißbrauch
keqtingëllim-i Kakophonie, schlechter Klang
keqtrajtoj mißhandeln
kétl|ër, -ra, *pl.* -ra-t Eichhörnchen
kë, s. **kush** wen?; ~ **po më shikojnë sytë?!** Wen sehen denn da meine Augen?!
Këlcyr|ë, -a *ON* Klissura
këlcyrjot, -e aus Këlcyra, aus Klissura
këlkaz|ë, -a Aaronstab *bot.*
Këln-i *ON* Köln
këlshejt-i, *pl.* -a-t Meßkelch *kathol.*
këlysh-i, *pl.* -ë-t Junges *von Tieren*
këllëç-i, *pl.* -e-t Schwert
këllëf-i, *pl.* -ë-t Scheide, Schuber, Etui, Futteral, Tasche; ~ **jastëku** Kissenbezug, Kopfkissenbezug; ~ **jorgani** Bettüberzug
këllk-u Oberschenkelknochen
këmbas = **më këmbë** zu Fuß
këmbej *e/ye* wechseln
këmb|ë, -a Bein, Fuß; **më këmbë** zu Fuß; ~ **e mëngër** linker Fuß; **këmbët e pasme** Hinterbeine; **ngul** ~ bestehen auf; **iu bënë këmbët kallkan** er bekam eiskalte Füße; **këmba më ka [është] mpirë** der Fuß ist mir eingeschlafen; **theki këmbët** spute dich!
këmbëkryq ⟨*adv*⟩ Bein, mit untergeschlagenen Beinen, im Schneidersitz; **shtrohem** ~ im Schneidersitz dasitzen
këmbëngulës, -e stur, störrisch, hartnäckig
këmbëngulj|e, -a Festigkeit, Beharrung
këmbës-i = **këmbësor**-i Fußgänger, Infanterist *mil.*
këmbësor|e, -ja Fußweg, Bürgersteig, Trottoir
këmbësori-a Infanterie *mil.*, Fußtruppe
këmbëzbathur barfuß
këmbim-i Wechsel; ~ **fonetik** Alternation, Alternanz, Lautveränderung *spr.*; ~ **cilësor i zanoreve** qualitativer Ablaut, Abtönung; ~ **sasior i zanoreve** quantitativer Ablaut; ~ **theksor** Ak-

zentwechsel *spr.*
këmbon|ë, -a = **këmbor|ë**, -a Glocke
këmisharí-a Hemdenmacherei, Hemdengeschäft
këmish|ë, -a Hemd; ~ **nate** Nachthemd
këmishëz|í-u, *pl.* -zez-të Schwarzhemd, Faschist
këmishtarak, -e aus Këmishtaj
këná-ja Henna, rote Farbe *für Haare oder Finger*
kënaqem sich freuen
kënaqësí-a Vergnügen, Zufriedenheit
kënaqsh|ëm, -me, i/e zufriedenstellend, gefällig, angenehm
kënáqur, i/e zufrieden
kënd-i, *pl.* -e-t Winkel; ~ **devijimi** Anschlagwinkel *tech.*
këndej diesseits, auf dieser Seite; ~ **e tutje** von jetzt an
këndés-i, *pl.* -a-t Hahn
këndoj singen, lesen, vorlesen; **duke kënduar** beim Singen; **të këndoftë zemra!** sei glücklich!, freu dich!
këndsh|ëm, -me, i/e angenehm
këndues, -e singend
kënet|ë, -a, *pl.* -a-t Sumpf, Moor
kënetëzohem versumpfen
këng|ë, -a Lied; ~ **popullore** Volkslied; ~ **kreshnike** Heldenlied, Sage; ~ **legjendare** Heldenlied, Sage
këngëtar-i Sänger
këngëtar|e, -ja Sängerin
këpucar-i Schuster, Schuhmacher
këpucarí-a Schusterei, Schuhmacherei
këpuc|ë, -a; *pl.* -ë-t Schuh; **ku e ka hallin?** wo drückt ihn der Schuh?; **këpuca më vret** der Schuh drückt mich; ~ **hafife** leichte Schuhe; ~ **me qafa** hohe Schuhe, Schnürschuhe; **llapa e këpucës** Schuhzunge; **lustroj këpucët** Schuhe putzen
këpuj|ë, -a. *pl.*-a-t Frucht, Tropfen, Träne; Kopula *spr.*
këpujor, -e kopulativ *spr.*
këpus *s/t* abreißen, zerreißen; ermüden, ermatten
këpush|ë, -a Holzbock, Zecke
këputem ermüden
këputur, i/e zerrissen, kaputt
këqyr untersuchen, kontrollieren, beaufsichtigen, filzen
këqyrj|e, -a Kontrolle, Durchsicht
kërbaç-i Peitsche; **vë nën** ~ unter die Knute bringen
kërbisht-i, *pl.* -e-t Kreuzbein
kërcas *a/e/i; s/t* krachen, knakken; abhauen *fig.*

kërcej *e/ye* tanzen, sich empören
kërce|ll-i, *pl.* -j-të Stengel; Unterschenkel
kërcëlloj klirren, klingen, knirschen; ~ **dhëmbët** mit den Zähnen knirschen; **kërcëllon dera** die Tür knallt; **kërcëllojnë gotat** die Gläser klirren; **kërcëllon rrufeja** der Blitz kracht
kërcí-ri, *pl.* -nj-të Unterschenkel
kërcim-i Sprung; ~ **artistik** Kunstspringen; ~ **me shkop** Stabhochsprung *spo.*; ~ **së gjati** Weitsprung *spo.*; ~ **së larti** Hochsprung *spo.*
kërcimtar-i Tänzer; ~ **solist** Solo-Tänzer
kërcimthi ⟨*udv*⟩ tänzelnd, tanzend
kërcú-ri, *pl.* -nj-të Baumstumpf, Stubben
kërdí-a Blutbad, Gemetzel
kërdis ermüden, erschöpfen; niedermetzeln, dahinraffen
kërdhókull-a Hüftknochen
kërkes|ë, -a Bitte, Ersuchen, Anfrage, Verlangen; Nachfrage; Anforderung, Ansprüche *pl.*; **me** ~ **të** ⟨+ *G*⟩ auf Antrag von; ~ **pranimi** Aufnahmeantrag, Zulassungsantrag
kërkesëpadí-a Anklageschrift *jur.*
kërkim-i, gewöhnlich Plural: **kërkime**-t Forschung
kërkimor, -e Forschungs-; **institut** ~ Forschungsinstitut
kërkimtar-i = **kërkues**-i Forscher, Erforscher
kërkoj suchen, wollen, bestrebt sein, forschen; ~ **llogarí** Rechenschaft verlangen; **që kërkohet, që shkon** gutgehend, gängig; ~ **falje** um Entschuldigung bitten; ~ **ndjesë** um Entschuldigung bitten; ~ **sebep për konflikt** Streit suchen, Anlaß für einen Konflikt suchen; ~ **votëbesimin** die Vertrauensfrage stellen
kërm|ë, -a Kadaver, Aas
kërmëz-i Karmesinrot; **mëndafsh kërmëz** dunkelrote Seide
kërmi|ll-i, *pl.* -j-të Schnecke
kërpudh|ë, -a Pilz; ~ **mykore** Schimmelpilz
kërshëndella-t Weihnachten *rel.*
kërshërí-a Neugier
kërtoll|ë, -a *dial.* Kartoffel
kërthiz|ë, -a Nabel; Mittelpunkt
kërrab|ë, -a Hirtenstab, Haken
kërrmí-a Holzwurm
kërrus beugen
kësaj, s. **ky** dieser *G. Sg. f.*;

~ **radhe** dieses Mal
këshill-i, *pl.* -a-t Rat *Gremium*; ~ **popullor** Volksrat
këshill|ë, -a Rat, Ratschlag
këshillimor|e, -ja Beratungsstation
këshilloj raten, beraten
këshilltar-i Ratsmitglied, Ratsherr
këshillues, -e kohortativ *spr.*, adhortativ
kështjellar-i Burgherr
kështjell|ë, -a Kastell, Zitadelle, Burg, Schloß
kështú so; ~ **që** so daß
kësisoj derartig
kësmet-i, *pl.* -e-t *veralt.* Schicksal, Glück; **shëndet e ~!** alles Gute!
këst-i, *pl.* -e-t Zahlung; Rate, Zahlungsrate, Ratenzahlung; **me këste** auf Raten
kësuler-i, *pl.* -ë-t Haubenlerche
kësul|ë, -a Kappe, Mütze *ohne Schirm*
këtá, këtó, s. **ky** diese *pl.*
këtej, s. **këndej**
këtillë, i/e solch
këtu hier
këtyre, s. **ky** dieser *G. pl.*
ki, **kihet**, s. **kam**
kiamet-i, *pl.* -e-t Unglück, Katastrophe; **bëj kiametin** lärmen; **për kiamet!** überhaupt nicht, keineswegs!
kiaz|ëm, -mi Chiasmus *spr.*
kibernetik|ë, -a Kybernetik
kicirib|ë, -a Kiebitz
kiç-i, *pl.* -a-t Heck
kikirik-u Erdnuß *bot.*
kil|e, -ja Kilo, Kilogramm; **gjysmë** ~ ein Pfund
kilësh, -e Kilo-
Kili Chile
kilian, -e chilenisch
kilogram-i, *pl.* -ë-t Kilogramm, Kilo; **pesëdhjetë kilogram** ein Zentner *z*
kilomet|ër, -ri, *pl.* -ra-t Kilometer *km*
kilometrazh-i, *pl.* -e-t Kilometerzählung; **gur kilometrazhi** Kilometerstein
kilota-t Reithose; Turnhose
kilovat-i, *pl.* -ë-t Kilowatt *Kw*
kilovat-or|ë, -a, *pl.* -ë-t Kilowatt-Stunde *Kw/h*
kílus-i Darmlymphe *med.*
kimá-ja = **kím**|ë, -a Schabfleisch mit Ei, Gehacktes auf Nudelgericht
kimet-i *veralt.* Wert, Preis
kimí-a Chemie
kimik, -e chemisch
kimist-i Chemiker
kinemá-ja Kino, Lichtspielhaus
kinematik|ë, -a Kinematik, Bewegungslehre
kinematografi-a Filmkunst, Cineastik
kinetik|ë, -a Kinetik

kinez-i, *pl.* -ë-t Chinese
kinezërí-a Chinoiserie, Hinterlist, umständliche Höflichkeit
kinezisht ⟨*adv*⟩ chinesisch
kinezisht|**e**, -ja chinesische Sprache
kin|**ë**, -a Chinarinde, Chinarindenbaum
Kin|**ë**, -a China
kinin|**ë**, -a Chinin *med.*
kinkaleri-a Galanteriewaren, Kurzwaren, Souvenirbude
kinoditar-i Tagesschau *im Fernsehen*, Wochenschau *im Kino*
kinodokumentar-i Dokumentarfilm
kinoklub-i Filmklub
kinokomedí-a Lustfilm
kinokronik|**ë**, -a Wochenschau
kinostudio-ja Filmstudio
kinse ⟨*Konj.*⟩ als ob, angeblich, sozusagen; **bëj kinse fle** sich schlafend stellen
Kios-i Chios
kiosk-u Kiosk
kipc-i Doppelgänger
kirurg-u, *pl.* -ë-t Chirurg
kirurgjí-a Chirurgie
kirurgjik, -e chirurgisch
kishar-i Küster *rel.*, Kirchendiener
kish|**ë**, -a Kirche; ~ **autoqefale** autokephale Kirche
kishtar, -e kirchlich
kitar|**ë**, -a Gitarre
kitarist-i Gitarrist *mus.*
kjo, s. **ky**, diese *f. Sg.*; **kjo s'punon** das klappt nicht
kjom|**ë**, -a Saft *Kirschen, Pflaumen*
klan-i, *pl.* -e-t Clan, Sippe; ~ **revizionist** Revisionistenbande
klarinet|**ë**, -a Klarinette *mus.*
klas|**ë**, -a Klasse; ~ **foljesh** Verbalklasse *spr.*
klasiciz|**ëm**, -mi Klassizismus, Klassik
klasifikim-i Klassifizierung, Klassifikation; ~ **dhjetor** Dezimalklassifikation
klasik, -e klassisch
klasor, -e Klassen-; **ndërgjegje klasore** Klassenbewußtsein
klauzol|**ë**, -a Klausel; ~ **e kombit më të favorizuar** Meistbegünstigungsklausel *ök.*
kleçk|**ë**, -a Span, Splitter; Ausrede
klek|**ë**, -a Krummholzkiefer *bot.*
klemenc|**ë**, -a Milde
klenjar, -e aus Klenja
kler-i Klerus
klerikal, -e klerikal; **reaksion klerikal** klerikale Reaktion
klering-u Verrechnungsverkehr, Verrechnung, Clea-

ring
klient-i, *pl.* -ë-t Kunde, Klient
klient|e, -ja Kundin
klientur|ë, -a Kundschaft, Publikum
klik|ë, -a Clique; ~ **kapitulluese** Kapitulantenclique
kliks-i, *pl.* -e-t Schnalzlaut
klimaterik, -e heilklimatisch; **qendër klimaterike** Luftkurort
klimatik, -e klimatisch; **ndryshime klimatike** Klimaveränderungen
klimatizim-i Klimatisierung, Klimaanlage
klim|ë, -a Klima; ~ **ekuatoriale** Äquatorklima; ~ **tropikale** Tropenklima
klinik, -e klinisch
klinik|ë, -a, *pl.* -a-t Klinik; ~ **dentare** Zahnklinik
klishé-ja, *pl.* -të Druckmodel, Klischee, Gemeinplatz, feste Wendung
klithm|ë, -a Schrei, Ruf
klizm|ë, -a Einlauf *med.*, Klistier
klor-i Chlor *chem.*
klorik, -e Chlor- ; **acid** ~ Chlorsäure
klorofil-i Chlorophyll
kloroform-i Chloroform
klosjan, -e aus Klos
kloun-i, *pl.* -ë-t Clown
klub-i, *pl.* -e-t Club, Klub
Kluzh-i *ON* Cluj, Klausenburg
kllap|ë, -a Falle, Handschelle; Klammer *spr.*; **kllapa katrore** eckige Klammern
kllapí-a Tiefschlaf, Ohnmacht, Fieberzustand **flas në** ~ irrereden, phantasieren, faseln
klloçk|ë, -a = **klluk|ë**, -a Glucke
kllógj|ër, -ra, *pl.* -ra-t Getreidebrand, Mutterkorn
klluk|ë, -a Glucke; angebrütetes Ei
koalicion-i, *pl.* -e-t Koalition
kob-i, *pl.* -ë-t Unglück, Kummer; Betrug, Verrat
kób|ër, -ra, *pl.* -ra-t Kobra
kobar-i Kleptoman
kobis *s/t* stehlen; übervorteilen, betrügen, enttäuschen
Koblenc-i *ON* Koblenz
kobur|e, -ja Pistole, Revolver
kock|ë, -a, *pl.* -a-t Knochen; **thyerje e kockës** Knochenbruch
koculjot, -e aus Kocul
kod-i, *pl.* -e-t Kode, Gesetzbuch; ~ **penal** Strafgesetzbuch
kod|ër, -ra Hügel
kodërvarr-i, *pl.* -e-t Hügelgrab
kodifikoj kodifizieren

kodik-u, *pl.* -ë-t Buchhandschrift, Kodex
kodim-i Kodierung
kodosh-i, *pl.* -ë-t Kuppler, Mittelsmann
kodrin|ë, -a = **kodrisht**|ë, -a Hügelchen
kodrinor, -e hügelig; Hügel-
kofin-i, *pl.* -ë-t Korb *für Trauben*; Kiepe
kofsh|ë, -a Oberschenkel, Schenkel, Keule, Bein; ~ **pule** Hühnerbein, Hähnchenkeule
koh|ë, -a Zeit, Zeitform *spr.*; ~ **të përbëra** zusammengesetzte Zeitformen; **kohë pas kohe** vorübergehend, ab und zu; **keni kohë që e njihni?** kennen Sie ihn schon lange?; **keni kohë në Tiranë?** sind Sie schon lange in Tirana?; **në kohën e duhur** zu geeigneter Zeit; ~ **prove** Probezeit; ~ **e vuajtjes** Zeit der Verbüßung *jur.*; **plotës kohe** Zeitbestimmung, temporale Ergänzung *spr.*; **shfrytëzoj kohën e mirë** ich nutze das schöne Wetter aus
kohëvazhdim-i Dauer; ~ **i lejes** Länge des Urlaubs
kohezion-i Kohäsion *tech.*
kohor, -e temporal
koj füttern *mit Löffel in den Mund*; schmieren *fig.*, bestechen; ~ **me para** Schmiergeld geben
kok-u = **koks**-i Koks
kokain|ë, -a Kokain
kok|ë, -a Kopf, Haupt; **bluante në ~ gjithë ato marrëzira** er hatte den Kopf voll von diesen Narreteien; **e ka kokën cakërr** leichtsinnig sein
kokëçarj|e, -a Kopfzerbrechen, Sorge
kokëfortë dickköpfig, stur
kokëlopë = **kokëtrashë** schafsköpfig, schwerfällig
kókërr, -rra, *pl.* -rra-t Korn, ZEW *für Setzeier*; **një ~ vezë** ein gekochtes Ei; **dy kokrra sheqer** zwei Stück Zucker
koklavis /s/t verwirren, durcheinanderbringen, komplizieren
koklavitur, i/e verzwickt; **një mesele e ~** eine verzwickte Sache
kokosh-i, *pl.* -ë-t Hahn, Gokkel *fig.*
kokozhar-i = **kokoshar**|e, -ja = **gogozhar**|e, -ja
kokrriz|ë, -a Körnchen
koks-i Koks
koksifikoj verkoksen
koktej-i, *pl.* -e-t Cocktail
kolaboracionist-i Kollaborateur
kólanecar, -e aus Kolanec

kolaudoj prüfen *eine Maschine*, durchchecken
koleg-u, *pl.* -ë-t Kollege
kolegj-i, *pl.* -e-t Kolleg, College *höhere Internatschule*; Kollegium *jur.*
kolegjial, -e kollegial; **udhëheqje kolegjiale** kollegiale [kollektive] Führung
kolegjium-i, *pl.* -e-t Kollegium, Rat *Redaktionskonferenz u. ä.*
koleksion-i, *pl.* -e-t Sammlung, Kollektion
kolektiv, -e kollektiv, Kollektiv- ; **ekonomi kolektive** Kollektivwirtschaft
kolektiv-i Kollektiv, Arbeitseinheit
kolektiviz|ëm, -mi Kollektivismus
kolektivizim-i Kollektivierung
kolektivizoj kollektivieren
kolend|ër, -ra, *pl.* -ra-t Weihnachts- oder Neujahrssingen; Weihnachtsgebäck, Koleda
koler|ë, -a Cholera; Unhold, Miststück
kolerik, -e cholerisch
kólës-i Kitt *aus Zinn und Blei für Töpfe*; Kleister
kolesterin|ë, -a Cholesterin *med.*
kolib|e, -ja Hütte, Hundehütte
kolíb|ër, -ri Kolibri
kolipost|ë, -a Päckchen
kolit-i Kolitis *med.*, Darmbeschwerden
Kolkid|ë, -a Kolchis
kolkoz-i, *pl.* -e-t Kolchose, LPG
Kolombí-a Kolumbien
kolon-i, *pl.* -ë-t Siedler; **kolonë çifutë** jüdische Siedler *in Palästina*
kolonel-i, *pl.* -ë-t Oberst
kolon|ë, -a, *pl.* -a-t Kolonne, Säule, Traverse
koloní-a Kolonie
kolonializ|ëm, -mi Kolonialismus
kolonizoj kolonisieren
kolonj|ë, -a Kölnisch Wasser, Rasierwasser, Eau de Cologne; ~ **për fytyrë** Gesichtswasser, Rasierwasser
kolonjar, -e aus Kolonja
kolos-i, *pl.* -ë-t Koloss
kolosal, -e kolossal
koll-i Stärke, Wäschestärke
kollaj ⟨*adv*⟩ leicht, einfach
kollan-i, *pl.* -ë-t Patronengurt
kollaris stärken *Wäsche*
koll|ë, -a Husten; ~ **e bardhë** Keuchhusten *med.*
kollítem husten
kollodok-u Kardanwelle *tech.*
kollozhek-u *veralt.* Januar
kolltuk-u, *pl.* -ë-t Sessel, Sitz

komandant-i, *pl.* -ë-t Kommandant, Kommandeur, Befehlshaber; ~ **i togës** Zugführer *mil.*
komand|ë, -a Kommando, Befehl
komandoj kommandieren, befehligen
komandues, -e kommandierend, Kommando-
komb-i, *pl.* -e-t Knoten, Tropfen; Nation; **zgjidh kombin** den Knoten lösen
kombajner-i Mähdrescher-Fahrer
kombajn|ë, -a Kombine, Mähdrescher; **bunker i kombajnës** Halle des Mähdreschers
kombësí-a Nationalität
kombëtar, -e national; **Balli Kombëtar** Nationale Front; **Rilindja Kombëtare** Nationale Wiedergeburt
kombëtarizoj nationalisieren, verstaatlichen
kombinat-i, *pl.* -e-t Kombinat
kombinator, -e kombinatorisch; **variant** ~ kombinatorische Variante *spr.*
kombinoj kombinieren
komedí-a Komödie, Lustspiel
komediograf-i Lustspieldichter
koment-i, *pl.* -e-t Kommentar, Erläuterung
komentoj kommentieren, erläutern
komentues-i Kommentator
komet|ë, -a Komet
komik, -e komisch
komisar-i, *pl.* -ë-t Kommissar
komisariat-i, *pl.* -e-t Kommissariat
komision-i, *pl.* -e-t Kommission; **në komision** in Kommission, im Auslieferungslager bei; ~ **hetimor** Untersuchungskommission; ~ **funksionon rregullisht** die Kommission tagt regelmäßig; ~ **trepalësh** Dreierausschuß
komisioner-i, *pl.* -ë-t Kommissionär *ök.*
komit-i, *pl.* -ë-t *hist.* Freischärler *in osman. Zeit*
komitet-i, *pl.* -e-t Komitee, Ausschuß; ≗ **Ekzekutiv** Stadtverwaltung, Exekutivausschuß
komó-ja Kommode
komodin|ë, -a, *pl.* -a-t Schränkchen, Nachttisch
kompaní-a Kompanie *mil.*
kompas-i, *pl.* -e-t Zirkel
kompensat|ë, -a Furnier
kompensim-i Kompensation, Ausgleichszahlung, Ersatzleistung
kompetenc|ë, -a Kompe-

tenz, Sachkunde, Zuständigkeit
kompetent, -e zuständig, kompetent, sachkundig
kompiloj kompilieren, zusammenstellen
kompjúter-i, *pl.* -ë-t Computer, Rechner
kompleks-i, *pl.* -e-t Komplex, Gruppe
komplet-i Satz, Gruppe, Garnitur, Service *Geschirr*
kompliment-i, *pl.* -e-t Kompliment
komplot-i, *pl.* -e-t Komplott
komplotist-i Verschwörer
komplotoj ein Komplott schmieden
komponent-i, *pl.* -ë-t Komponente, Bestandteil
komposto-ja Kompott *Nachtisch*
kompozicion-i Komposition
kompozit|ë, -a Kompositum
kompozitor-i Komponist
kompozoj komponieren *mus.*
kompres|ë, -a Kompresse *med.*
kompresor-i, *pl.* -ë-t Kompressor
komprometoj kompromittieren
kompromis-i, *pl.* -e-t Kompromiss
komshí-u, *pl.* -nj-të Nachbar
komunal, -e kommunal, gemeindlich, Gemeinde-
komun|ë, -a Kommune, Gemeinde; **kryetar komune** Gemeindedirektor
komunikacion-i Verkehr
komunikat|ë, -a Kommuniqué, Verlautbarung, Bekanntmachung
komunikim-i Nachrichtenübermittlung, Kommunikation
komunikoj bekanntmachen, mitteilen
komunist, -e kommunistisch
komunist-i, *pl.* -ë-t Kommunist
komunist|e, -ja Kommunistin
komunitet-i Gemeinschaft
komuniz|ëm, -mi Kommunismus
kon-i, *pl.* -e-t Kegel, Konus
konak-u, *pl.* -ë-t Heim, Hausstand, Zimmer, Stube
koncentroj konzentrieren
koncept-i, *pl.* -e-t Konzept, Auffassung, Vorstellung, Begriff
konceptoj konzipieren
koncern-i, *pl.* -e-t Konzern *ök.*
koncert-i, *pl.* -e-t Konzert; ~ **simfonik** Symphoniekonzert; ~ **instrumental** Instrumentalkonzert *mus.*
koncesion-i Konzession
koncil-i, *pl.* -e-t Konzil *rel.*

kondak-u, *pl.* -ë-t *veralt.* Kolben *am Gewehr*
kondensator-i Kondensator
kondit|ë, -a, *pl.* -a-t Bedingung, Kondition
konfederat|ë, -a Konföderation, Staatenbund
konferenc|ë, -a Konferenz; ~ **shtypi** Pressekonferenz; ~ **katërpalëshe** Viererkonferenz
konfetur|ë, -a Konfitüre
konfirmim-i Bestätigung
konfiskim-i Konfiszierung, Beschlagnahme
konfiskoj konfiszieren
konflikt-i, *pl.* -e-t Konflikt
konform, -e konform
konformiz|ëm, -mi Konformismus
kongres-i, *pl.* -e-t Kongreß, Tagung, Parteitag
kongresist-i Kongreßteilnehmer, Tagungsteilnehmer
konicar, -e aus Konitsa
Konic|ë, -a *ON* Konitsa
konik, -e konisch, kegelförmig
konispolit, -e aus Konispol
koniunktur|ë, -a Konjunktur *ök.*
konizm|ë, -a Ikone *rel.*, Heiligenbild
konjak-u Weinbrand, Kognak
konjunktivit-i Bindehautentzündung *med.*
konkluzion-i Schluß, Schlußfolgerung
konkret, -e konkret
konkretësí-a Konkretion, Konkretheit
konkretizoj konkretisieren
konkurs-i, *pl.* -e-t Konkurs
konkurrenc|ë, -a Konkurrenz, Wettbewerb
konkurrent-i Konkurrent, Wettbewerber
konkurroj konkurrieren, an einem Wettbewerb teilnehmen
konop-i, *pl.* -ë-t Seil, Strick
konosament-i, *pl.* -e-t Konossement, Seefrachtbrief, Schiffsfrachtbrief
konsekuenc|ë, -a Konsequenz; **me** ~ konsequent
konsekuent, -e konsequent
konservator, -e konservativ
konservatoriz|ëm, -mi Konservativismus
konserv|ë, -a Konserve; **hapëse konservash** Dosenöffner
konservoj konservieren
konsiderat|ë, -a Ansicht; Achtung, Hochachtung
konsideroj betrachten als, ansehen als
konsinjacion-i Konsignation
konsinjant-i Konsignant, Auftraggeber
konsinjatar-i Konsignator, Empfänger einer Ware

konsistoj bestehen aus
konspekt-i, *pl.* -e-t Konspekt, Auszug
konspektoj einen Auszug machen
konspirat|ë, -a Verschwiegenheit, Geheimhaltung
Konstanc|ë, -a *ON* Konstanz, Costanta
Konstandinopol-i Konstantinopel
konstatoj feststellen, konstatieren
konstruksion-i Konstruktion
konstruktor-i Konstrukteur, Erbauer
kónsull-i, *pl.* -j-t Konsul; ~ **i përgjithshëm** Generalkonsul
konsullat|ë, -a Konsulat
konsullor, -e konsularisch; **trupi** ~ konsularisches Korps
konsult|ë, -a Konsultation, Beratung
konsultim-i Beratung
konsultor|e, -ja Beratungsstelle
konsum-i = **konsumim**-i Verbrauch, Konsum
konsumoj konsumieren, verbrauchen
konsumues-i Konsument, Verbraucher
kont-i, *pl.* -ë-t Graf
kontabilitet-i Buchführung, Rechnungsführung
kontakt-i, *pl.* -e-t Kontakt
kontaminim-i Kontamination
kontekst-i, *pl.* -e-t Kontext
kontekstual, -e kontextuell
kontesh|ë, -a Gräfin
kontinent-i, *pl.* -e-t Kontinent, Festland, Erdteil
kontingjent-i Kontingent, Quote
kontingjentim-i Kontingentierung
kontraband|ë, -a Schmuggelgut, Schmuggel
kontrabandist-i Schmuggler
kontrabas-i, *pl.* -ë-t Kontrabaß *mus.*, Baßgeige
kontradikt|ë, -a Widerspruch
kontrast-i, *pl.* -e-t Kontrast, Gegensatz
kontrat|ë, -a Vertrag; ~ **blerjeje** Kaufvertrag; ~**-tip** Mustervertrag *ök.*
kontratues-i Vertragsnehmer, Vertragspartner; Kontrahent *ök.*
kontribuoj beitragen, unterstützen
kontribut-i, *pl.* -e-t Beitrag
kontroll-i Kontrolle, Inspizierung, Überprüfung; **sipas kontrollit paraprak** nach Vorprüfung; ~ **i vendosjes së librave në rafte** Bestandsrevision; ~ **punëtor e fshatar** Arbeiter- und

Bauernkontrolle
kontrolloj kontrollieren
kontrollor-i, *pl.* -ë-t Kontrolleur, Prüfer
kontrollues-i Kontrolleur
kontuzion-i Quetschung *med.*, Kontusion
konvaleshenc|ë, -a Genesung, Rekonvaleszenz
konvejer-i Fließband, Förderband
konvent|ë, -a Konvention, Abkommen, Vereinbarung; ~ **tregtare shumëpalëshe/dypalëshe** mehrseitige/bilaterale Handelsvereinbarung
konvergjenc|ë, -a Konvergenz, Annäherung
konvertoj konvertieren
konvikt-i, *pl.* -e-t Internat, Konvikt, Schülerheim
konviktor-i Internatszögling
kooperativ|ë, -a Genossenschaft, Kooperative; ~ **bujqësore** LPG, landwirtschaftliche Produktionsgenossenschaft
kooperativist-i, *pl.* -ë-t Genossenschaftsbauer
kooperativiz|ëm, -mi Genossenschaftswesen
kooperim-i Kooperation
kooperoj kooperieren, zusammenarbeiten
kooptoj kooptieren
koordinat|ë, -a Koordinate
kóp|ër, -ra Fenchel; ~ **qeni** Dill
kopé-ja Herde, Schar, Rudel; ~ **çakejsh** Rudel Schakale
Kopenhag|ë, -a *ON* Kopenhagen
kopertin|ë, -a Umschlag, Einband
koperton-i, *pl.* -ë-t Mantel *eines Reifens*, Hülle, Decke *des Balls*
kopil-i, *pl.* -ë-t *veralt.* Bastard; Diener
kopilí-a Tücke, List
kopjativ, -e Kopier-; **letër kopjative** Kopierpapier, Karbonpapier
kopj|e, -a Kopie, Exemplar, Stück; ~ **e vërtetuar me origjinalin** beglaubigte Kopie
kopjoj kopieren
koprrac-i Geizhals
kops|ë, -a, *pl.* -a-t Knopf
kopsis *s/t* knöpfen, zuknöpfen
kopsht-i, *pl.* -e-t Garten; ~ **fëmijësh** Kindergarten
kopshtar-i Gärtner
kopshtarí-a Gärtnerei, Gartenbau
kor-i, *pl.* -e-t Chor
korac|ë, -a Panzer, Rüstung; Panzerung
koral-i, *pl.* -e-t Koralle
koran-i, *pl.* -ë-t Lachsforelle

korb-i, *pl.* -a-t Rabe, Krähe
korçar, -e aus Korça
kordel|e, -ja Schnur, Kordel
kordh|ë, -a Säbel
kordhëtar-i Säbelkämpfer
kordon-i, *pl.* -ë-t Seil, Schnur; Absperrung, Kordon; ~ **sanitar** Sperrgürtel *gegen Seuchen*
Kordov|ë, -a *ON* Córdoba
Koré-ja Korea
korean-i, *pl.* -ë-t Koreaner
koreografi-a Choreographie
Korfuz-i Korfu, Kerkyra
korifé-u, *pl.* -nj-të Koryphäe
Korint-i *ON* Korinth
korintik, -e korinthisch
korist-i Chorsänger
korniz|ë, -a Rahmen
koron|ë, -a Krone *Münze*
korp-i Körper, Leib; ~ **i Krishtit** Fronleichnam *rel.*
korparmat|ë, -a Armeekorps, Heeresgruppe
korporat|ë, -a Zunft, Korporation; multinationaler Konzern
kórpus-i, *pl.* -e-t Korpus *Gebäude*; Korps *mil.*
korsé-ja Korsett
korsí-a Fahrspur
Korsik|ë, -a Korsika
kortezh-i, *pl.* -e-t Zug, Prozession; ~ **i përmortshëm** Leichenzug
korr ernten, mähen
korrekt, -e korrekt, anständig, ehrbar
korrektes|ë, -a = **korrektësí**-a Anständigkeit
korrektur|ë, -a Korrekturfahne
korrent alternativ Wechselstrom
korrent-i = **rrym|ë**, -a Strom
korrespondenc|ë, -a Korrespondenz, Briefwechsel
korrespondent-i, *pl.* -ë-t Korrespondent; ~ **vullnetar** freier Mitarbeiter *Presse*; ~ **vullnetar** freier Mitarbeiter *der Presse*
korridor-i, *pl.* -e-t Korridor, Gang; Schneise
korrier-i, *pl.* -ë-t Courier, Kurier
korrigjoj korrigieren, berichtigen
korrik-u Juli; **më dy korrik** am 2. Juli
korrj|e, -a Mahd, Ernte
korruptoj korrumpieren
kos-i Dickmilch, Kefir
kos|ë, -a Sense, Mahd
kosërak, -e sensenförmig
kosëtar-i = **kositës**-i Mäher, Schnitter
kosinar, -e aus Kosina
kosis *s/t* mähen, schneiden *Getreide*
kositës-i Schnitter
kosovar, -e kosovarisch, aus Kosovo
Kosov|ë, -a Kosovo

Kostandinopoj|ë, -a *ON* Konstantinopel
kosto-ja Selbstkosten, Gestehungskosten
kostum-i Anzug *Herren*, Kostüm *Damen*; ~ **dopiopet** Zweireiher; ~ **monopet** Einreiher; ~ **banje** Badeanzug; **iu zhubros kostumi** sein Anzug ist zerknittert
Kostur-i *ON* Kastoria
kosh-i, *pl.* -a-t Korb; ~ **i plehrave** Abfallkorb, Papierkorb; ~ **letrash** Papierkorb
koshient, -e bewußt
kot ⟨*adv.*⟩ vergebens, vergeblich; ~ **së koti** umsonst, vergeblich
kotangjent|e, -ja Kotangente *math.*
kotar, -e aus Kota
kotec-i, *pl.* -e-t Hühnerstall
kotem im Sitzen schlafen, dösen
kotë, i/e vergeblich; wertlos; **fjalë të kota** leere Worte; **llafe të kota** unnütze Worte
kotolet|ë, -a Kotelett
Kotorr-i *ON* Kotor, Càttaro
kovaç-i, *pl.* -ë-t *veralt.* Schmied, Hufschmied
kov|ë, -a Eimer, Schöpfeimer; ~ **plehrash** Abfalleimer, Mülleimer
kozarak, -e aus Kozara
kozmetik|ë, -a Kosmetik
kozmik, -e kosmisch
kozmonaut-i, *pl.* -ë-t Kosmonaut, Weltraumfahrer
kozmopolit-i, *pl.* -ë-t Kosmopolit, Weltbürger
kozmopolitiz|ëm, -mi Kosmopolitismus
kózmos-i Kosmos, Weltall
krah-u, *pl.* -ë-t Arm, Schulter; Flügel; ~ **i djathtë** der rechte Arm
kraharori, *pl.* -ë-t Brust
krahas ⟨+ *Abl*⟩ neben, gleichzeitig mit
krahasim-i Steigerung, Komparation *spr.*; Vergleich
krahasimtar, -e vergleichend; **gjuhësi-a krahasimtare** vergleichende Sprachwissenchaft
krahasoj vergleichen
krahasor, -e vergleichend; **shkallë krahasore** Komparativ *spr.*
krahasor|e, -ja Komparativ *spr.*
krahasues, -e vergleichend
krahatar-i körperlich Arbeitender, Schwerarbeiter
krahathád|ër, -ra, *pl.* -ra-t = **krahathat|ë**, -a Sperber
kráhës|e, -ja = **krahës**-i Hemd
krahësjot, -e aus Krahës
krahëthatë, i/e träge, unbeholfen; schutzlos
krahin|ë, -a, *pl.* -a-t Gegend,

Region, Landschaft
krahinoriz|ëm, -mi Provinzialismus
krajan, -e aus Kraja
Krakov-i *ON* Krakau
kr|ap-i, *pl.* -ep-të Karpfen
kras-i Krasis *spr.*, Lautmischung
kravat|ë, -a Krawatte
kredencial, -e Beglaubigungs-; **letër kredenciale** Beglaubigungsschreiben
kredharak-u Haubentaucher
kredí-a Kredit; **blej me kredi** auf Pump kaufen; **çel një kredi prej një mijë markash, lekësh** einen Kredit von 1000 DM, Lek eröffnen; ~ **e paprapësueshme** unwiderruflicher Kredit; **akordoj kredí** Kredit gewähren; **marrëveshje kredie** Kreditabsprache
kreditoj kreditieren, Kredit gewähren
kreditor-i Gläubiger
krédo-ja Kredo, Glaubensbekenntnis
kreh *e/i* kämmen
kreh|ër, -ri, *pl.* -ra-t Kamm
krehj|e, -a das Kämmen; **kam ndërruar krehjen e flokëve** eine neue Frisur haben
krejt ⟨*adv.*⟩ ganz, vollständig, völlig
krejtësisht ⟨*adv*⟩ völlig
krek|ë, -a Feldahorn *bot.*
krekosem die Brust herausstrecken; angeben, prahlen
krekosj|e, -a Hochmut, Dünkel, Stolz, Prahlerei
krem-i, *pl.* -ra-t Krem, Creme; Sahne; ~ **plazhi** Sonnenschutzcreme
kremator-i Krematorium, Leichenverbrennungsanstalt; Verbrennungsofen
Kremon|ë, -a *ON* Cremona
kremt|e, -ja, e Feiertag, Festtag
kremtoj feiern, begehen
krenar, -e stolz
krenarí-a Stolz, Dünkel
krenarisht ⟨*adv*⟩ stolz
kreol, -e kreolisch
krep-i Krepp
krestomací-a Chrestomathie, Sammelschrift
kreshm|ë, -a, *pl.* -ë-t Fastenzeit
kreshmoj fasten
kreshmor, -e Fasten- ; **gjellë kreshmore** Fastenspeise
kreshnik, -e Helden-, Grenzer ; **këngë kreshnike** Grenzerlied, Heldenlied, Sage
kreshnik-u, *pl.* -ë-t Held *im Volkslied*, Grenzer
kresht|ë, -a Mähne; Borsten
Kret|ë, -a Kreta
kreva, s. **kryej**
krevat-i, *pl.* -e-t Bett, Bett-

stelle, Lagerstatt; ~ **i zbërthyeshëm** Klappbett, zerlegbares Bett
krezm-i Chrisma *rel.*, Chrisam, Salböl
krezmim-i Firmung *rel.*, Konfirmation
krezmoj salben; firmen *rel.*
kri-a Holzwurm
kriçkovak, -e aus Kriçkova
krijim-i Erschaffung, Schöpfung; ~ **rezerve** Schaffung eines Bestandes
krijimtari-a Kreativität, Schöpferkraft
krijoj schaffen
krijues, -e kreativ, schöpferisch
krik-u Wagenheber
krik|ëll, -lla Bierglas, Bierseidel, Bierkrug
kriklIim-i Knarrstimme *spr.*
krim-i, *pl.* -e-t Verbrechen, Straftat; **krimet e nazistëve** Naziverbrechen
krimb-i, *pl.* -a-t Wurm; **fshikë e krimbit të mëndafshit** Kokon der Seidenraupe
krimbalesh-i, *pl.* -ë-t Made, Larve
krimbçe wurmstichig, wurmig
Krimé-ja *Halbinsel* Krim
kriminal, -e kriminell, Kriminal-
kriminalist-i, *pl.* -ë-t Kriminalist
kriminalitet-i Kriminalität
kriminel-i, *pl.* -ë-t Verbrecher; ~ **lufte** Kriegsverbrecher
krip salzen
krip|ë, -a Salz
kripës, -e gesalzen, in Salz eingelegt
kripës-i Salzstreuer, Salzschälchen
kripësi-a Salzgehalt
kripësoj versalzen
kripor|e, -ja Salzstreuer
kripur, i/e gesalzen
krism|ë, -a, *pl.* -a-t Explosion, Schlag, Knall
kristal-i, *pl.* -e-t Kristall
kristalizoj kristallisieren
kristalor, -e kristallin
kristaltë, i/e kristallklar
kristian, -e christlich
kristianiz|ëm, -mi Christentum
Krisht-i Christus
krishterë, i/e christlich
krishterim-i Christentum
krishtlindj|e, -a Weihnachten
kriter-i, *pl.* -e-t Kriterium, Kennzeichen, Merkmal
kritik, -e kritisch
kritik-u, *pl.* -ë-t Kritiker
kritik|ë, -a Kritik, Literaturkritik; Besprechung
kritikoj kritisieren
kritizer-i, *pl.* -ë-t Kritikaster, Meckerfritze

kriz|ë, -a Krisis
krizantem|ë, -a Chrysantheme *bot.*
Kroací-a Kroatien
krodh|ë, -a Kruste
krokodil-i, *pl.* -ë-t Krokodil
krol-i Kraulen *spo.*; **stil krol** Kraulen, Crawl-Stil
krom-i Chrom
krom|ë, -a Krätze *med.*
kromatik, -e chromatisch
kromoj verchromen
kromos mit Krätze anstecken
kromotipí-a Farbdruck
kromozom-i, *pl.* -e-t Chromosom
krongji|ll-i, *pl.* -j-të Eiszapfen
kronik, -e chronisch
kronik|ë, -a Chronik
kronist-i Chronist
kronologjik, -e chronologisch
kros-i *spo.* Geländelauf; Querpaß *Fußball*
kr|ua, -oi, *pl.* -ója-t Quelle
kruaj *ua/o/u* kratzen; durchsuchen
kruhem sich kratzen
Kruj|ë, -a *ON* Kruja
krup|ë, -a Ekel, Widerwille; **më vjen krupë kur e shoh** mir wird übel, wenn ich ihn sehe
krupsh|ëm, -me, i/e ekelerregend
krushk-u, *pl.* -q-it Schwiegervater, Schwager
krushk|ë, -a Schwiegermutter
krushqí-a Verwandtschaft, angeheiratete Verschwägerung
krutak, -e aus Krutja
krutan, -e aus Kruja
kr|ye, -eu Kapitel, Hauptstück; Abschnitt *jur.*
kr|ye-t *n.*, *pl.* -erë-t Haupt, Kopf; *pl.* Oberhäupter
krye- Ober-, Chef-, Haupt-, Archi-
kryeartíkull-i Leitartikel
kryedru ⟨*Adj*⟩ dickköpfig
kryefamiljar-i Haushaltsvorstand, Familienoberhaupt
kryefjal|ë, -a Subjekt *spr.*, Satzgegenstand
kryefonem|ë, -a Archiphonem
kryegjë-ja *veralt.* Wucherkapital
kryegjysh-i *rel.* Oberhaupt der Bektaschi-Derwische
kryegjyshat|ë, -a Amt und Sitz des Oberhauptes der Bektaschis
kryeinfermier|e, -ja Oberschwester *med.*
kryeinxhinier-i Chefingenieur
kr|yej, -eva, -yer *e/ye/y* beenden, vollenden, abschließen, begehen *jur.*; **kryer më shumë se një herë** in Tat-

mehrheit *jur.*; **fakt i kryer** fait accompli
kryekamerier-i Oberkellner, Ober-Steward *auf See*
kryekëput ⟨*adv*⟩ ganz, völlig
kryekomandant-i, *pl.* -ë-t Oberkommandierender
kryekuq-i, *pl.* -të Stieglitz
kryelartë eingebildet, arrogant, stolz
kryeminist|ër, -ri, *pl.* -ra-t Ministerpräsident
kryeministri-a Amt der Ministerpräsidenten
kryemjek-u, *pl.* -ë-t Chefarzt
kryemot-i = **kryevit**-i Neujahr
kryeneç, -e halsstarrig
kryeneçësí-a Halsstarrigkeit
kryengritës-i Aufständischer
kryengritj|e, -a Aufstand, Erhebung
kryepeshkop-i, *pl.* -ë-t Erzbischof *orthodox*
kryepl|ak-u, *pl.* -eq-të *veralt.* Vorsteher eines Dorfes oder Stadtviertels
kryepleqësí-a *veralt.* Dorfrat, Ältestenrat
kryeqytet-i Hauptstadt
kryeqytetas, -e hauptstädtisch
kryer, i/e vollendet, perfekt, perfektiv; **pamje e ~** perfektive Aktionsart *spr.*
e kryer-a Perfekt; **e kryer-a e plotë** Plusquamperfekt, Vorvergangenheit; **e kryer-a e thjeshtë** einfache Vergangenheit, Aorist *spr.*
kryeradh|ë, -a Absatz
kryeredaktor-i Chefredakteur
kryerj|e, -a Ableistung *Wehrpflicht*, Begehung *Straftat*
kryerresht-i, *pl.* -a-t Absatz, Abschnitt, Paragraph
kryesí-a Vorsitz, Leitung, Vorstand
kryesisht ⟨*adv*⟩ hauptsächlich, vorwiegend
kryesoj anführen, leiten; **delegacioni kryesohet nga zëvendësministri** Delegation wird vom stellvertretenden Minister angeführt
kryesor, -e hauptsächlich, Haupt-
kryetar-i Leiter, Direktor, Präsident, Chef; **kryetar komune** Gemeindedirektor
kryetra-u, *pl.* -rë-t Architrav, Hauptbalken
kryetullë glatzköpfig
kryevep|ër, -ra, *pl.* -ra-t Hauptwerk
kryezías, -e aus Kryeziu
kryhem, s. **kryej**
kryq-i, *pl.* -e-t Kreuz
kryqësor|e, -ja Querbalken, Traverse
kryqëzat|ë, -a *hist.* Kreuzzug
kryqëzim-i Kreuzung

kryqëzoj kreuzen; kreuzigen *rel.*
kryqtar-i *hist.* Kreuzfahrer
ksenofobí-a Fremdenhaß
kserografi-a Xerographie
ksilofon-i, *pl.* -ë-t Xylophon
ksomb|ël, -la, *pl.* -la-t Exemplar
kthehem *e/ye* zurückkehren, sich wenden; abbiegen
kth|ej, -eva, -yer wenden, drehen; **ia** ~ erwidern, antworten; ~ **mbrapsht** zurückspulen *Tonband, Film*
kthes|ë, -a, *pl.* -a-t Wende, Kehre, Kurve, Biegung
kthét|ër, -ra, *pl.* -ra-t Kralle, Klaue
kthim-i Rückkehr, Rückgabe, Wechsel; ~ **i librave** Bücherrückgabe
kthin|ë, -a Gemach, Zimmer, Wohnraum
kthjellët, i/e rein, klar, hell
ku wo ?; ~ **ishe, xhanëm?!** wo warst du, Bursche ?!; ~ **je, moj dume!** wo bist du, mein Dickerchen!
kuadrat-i, *pl.* -e-t Quadrat, Viereck
kuád|ër, -ri, *pl.* -ro-t Rahmen, Bild, Szene; Kader, leitender Mitarbeiter; **në kuadrin e festës** im Rahmen des Festes; ~ **i ndezjes** Zündschloß *tech.*; **farkë e kuadrove** Kaderschmiede; **një goxha kuadër** ein hohes Tier
kúaj *dial.* = **koj**; s. a. **kalë**
kualifikoj qualifizieren
kuant-i, *pl.* -e-t das Quant; **teoria e kuanteve** Quantenthorie
kuarc-i Quarz *chem.*
kuartet-i, *pl.* -e-t Quartett
kub, -e kubisch, Kubik-; **metër** ~ Kubikmeter *cbm*
kub-i, *pl.* -e-t Würfel, dritte Potenz *math.*
kuban-i, *pl.* -ë-t Kubaner
kubatur|ë, -a Rauminhalt in cbm
kubé-ja Kuppel
Kub|ë, -a Kuba
kub|ël, -la, *pl.* -la-t Alse, Maifisch
kubiz|ëm, -mi Kubismus
kuçjot, -e aus Kuç
kudó ⟨*adv*⟩ überall
kuestur|ë, -a Quästur *hist.*, Polizeipräsidium
kufi-ri, *pl.* -j-të Grenze
kufindarës, -e grenzziehend; **shenjë kufindarëse** Grenzbezeichnung
kufitar, -e Grenz-; **rojë kufitare** Grenzschutz
kufitregues, -e begrenzend *spr.*, delimitativ
kufiz|ë, -a Glied *einer Zahlenreihe math.*
kufizim-i Begrenzung, Limitierung

kufizoj begrenzen, beschränken
kufj|e, -a Hörer, Kopfhörer, Hörmuschel; **vë kufjet** Kopfhörer aufsetzen
kufom|ë, -a Leiche, Leichnam
kufomor|e, -ja Leichenhaus, Leichenhalle
kuintal-i, *pl.* -ë-t Doppelzentner *dz*, 100 kg
kuis *s/t* winseln, quietschen; **qerrja kuiste** der Wagen quietschte; **qeni kuit** der Hund winselt
kuisj|e, -a das Winseln
kuisling-u, *pl.* -ë-t Quisling, Kollaborateur
kuitanc|ë, -a Quittung, Beleg
Kuito-ja *ON* Quito
kujdes-i Aufmerksamkeit, Vorsicht; **~!** Achtung!, Vorsicht!; **~ atëror** väterliche Fürsorge; **u ec me ~** man ging vorsichtig zu Werke
kujdesem aufpassen, überwachen, versorgen
kujdesí-a Aufmerksamkeit, Vorsichtigkeit, Sorgfalt
kujdessh|ëm, -me, i/e sorgsam, sorgfältig, aufmerksam, vorsichtig
kujdestar-i, *pl.* -ë-t Aufseher, Vormund *jur.*, Sorgeberechtigter; **~ i konviktit** Präfekt
kujt, s. **kush** wem?
kujtes|ë, -a Erinnerung, Gedächtnis
kujtim-i Erinnerung; **kujtime**-t Memoiren
kujtohem sich erinnern; **më kujtohet** ich erinnere mich
kujtoj denken, sich erinnern; meinen, annehmen, vermeinen *jur.*
kukas *s/t* beweinen, bejammern
kukatj|e, -a = **kuj|ë**, -a Totenklage
kukljan, -e aus Kúkël
kuksian, -e aus Kukës
kúkulla, *pl.* -a-t Puppe; **~ prej dylli** Wachsfigur
kukurak, -e aus Kukur
kukuvajk|ë, -a Käuzchen
kul|aç-i, *pl.* -eç-të Fladenbrot; Kranzkuchen, Kuchenkringel
kulak-u, *pl.* -ë-t *veralt.* Kulak, Großbauer
kular-i, *pl.* -ë-t Joch, Bogen; **~ i lahutës** Lautenbogen *mus.*
kulet|ë, -a Brieftasche, Geldbeutel
kulm-i, *pl.* -e-t Scheitelpunkt *math.*, First; Gipfel
kulomb-i, *pl.* -ë-t Coulomb *tech.*
kult-i, *pl.* -e-t Kult
kultivoj kultivieren, pflegen, anbauen

kultur|ë, -a Kultur; ~ **e gjuhës** Sprachpflege; **masivizoj kulturën** Kultur verbreiten; **Pallati i Kulturës** Kulturpalast
kulturor, -e kulturell, Kultur-; **disnivel kulturor** Kulturgefälle
kulturuar, i/e kultiviert, gepflegt; **njeri i kultivuar** ein Mensch mit Anstand
kull|ë, -a Wehrturm, befestigtes Gehöft
kulloj spülen, übergießen, abgießen, destillieren
kullor|e, -ja Seiher, Sieb
kullos *s/t* weiden, hüten *Vieh*
kullot|ë, -a Weide; Futter
kulluar, i/e rein, klar
kullues, -e Abfluß-
kullumbrí-a Schlehe *bot.*
kumanak, -e aus Kuman
kumar-i Glücksspiel, Kartenspiel
kumbar-i, *pl.* -ë-t Trauzeuge; Taufpate; Gevatter
kumbará-ja Sparbüchse, Spardose
kumbar|ë, -a Trauzeugin; Taufpatin; Gevatterin
kumbim-i Klang, Ton
kumboj tönen, schallen
kúmbulla, *pl.* -a-t Pflaume *bot.*
kumbullisht|ë, -a Pflaumenplantage
kumel-i Kümmel *Schnaps*
kumí-a Brennofen *für Ziegel*
kumos ⟨*adv*⟩ überall
kumrí-a Lachtaube
kumtes|ë, -a Mitteilung
kumtoj mitteilen
kumtues, -e kommunikativ, Mitteilungs-, mitteilend
kun|at-i, *pl.* -étër-it Schwager
kunat|ë, -a Schwägerin
kúndër ⟨+ *Abl*⟩ gegen, wider
kundër ⟨*adv.*⟩ dagegen
kundër- wider-, gegen-, konter-, anti-
kundëradmiral-i, *pl.* -ë-t Konteradmiral
kundërajror-i, *pl.* -ë-t Flak, Flugabwehrkanone
kundërgrimc|ë, -a Antiteilchen *im Atom*
kundërkërkes|ë, -a Gegenforderung
kundërmas|ë, -a Gegenmaßnahme
kundërmësymj|e, -a Gegenangriff
kundërmoj riechen, duften, stinken
kundërndërtuar, i/e übergeordnet *spr.*
kundërpal|ë, -a Gegenseite
kundërpesh|ë, -a Gegengewicht
kundërrenditur, i/e übergeordnet
kundërrevolucion-i Konter-

revolution
kundërrevolucionar, -e konterrevolutionär
kundërshtar-i Gegner
kundërshtetëror, -e staatsfeindlich
kundërshtí-a Gegensatz; ~ **të papajtueshme** unversöhnliche Gegensätze
kundërshtim-i Widerspruch, Gegensatz; Widerstand, Opposition; **në ~ me** im Widerspruch zu
kundërshtoj widerstehen, sich entgegenstellen
kundërshtor, -e adversativ *spr.*, gegenüberstellend
kundërspiunazh-i, *pl.* -e-t Spionageabwehr
kundërstalí-a Liegegeld *für Schiffe*
kundërsulm-i, *pl.* -e-t Gegenangriff, Gegenschlag
kúndërt, i/e gegenteilig, umgekehrt, entgegengesetzt; **lufta e të kundërtave** Kampf der Gegensätze; **në rast të kundërt** im entgegengesetzten Fall
kundërtank-u, *pl.* -e-t Panzerfaust
kundërtez|ë, -a Antithese
kundërtí-a Gegensätzlichkeit, Gegenteil, Gegensatz; ~ **antagoniste** antagonistische Gegensätze
kundërthëni|e, -a Widerspruch; **pa ~** widerspruchsfrei
kundërvajtj|e, -a Übertretung; ~ **administrative** verwaltungsrechtliche Übertretung; ~ **penale** strafrechtliche Übertretung, strafbare Übertretung
kundërvë gegenüberstellen, entgegensetzen
kundërvëni|e, -a Opposition *spr.*, Gegensatz; ~ **fonologjike** phonologische Opposition
kundërvidh|ë, -a Mutter *tech.*, Schraubenmutter
kundra gegen, wider
kundrejt ⟨+ *Abl*⟩ gegenüber, im Vergleich zu
kundrin|ë, -a Objekt *spr.*; ~ **parafjalore** präpositionales Objekt
kundrúall ⟨+*Abl*⟩ gegenüber, vis-à-vis
kunel-i, *pl.* -ë-t Kaninchen, Stallhase
kungim-i Kommunion *rel.*
kúngu|ll-i, *pl.* -j-t Kürbis; **kunguj të njomë** junge, kleine Kürbisse
kunj-i, *pl.* -a-t Keil
kunjoj keilen, einen Keil eintreiben
kunoror, -e koronal *spr.*
kunup-i, *pl.* -ë-t Mücke
kuot|ë, -a, *pl.* -a-t Beitrag; Quote

kuotizacion-i Beitragssatz, Beitrag
kup|ë, -a Kelch, Pokal, Becher
kupol|ë, -a Kuppel
kuptim-i Begriff, Bedeutung, Verständnis; ~ **themelor** Grundbedeutung; **fisnikërim kuptimi** Bedeutungsverbesserung *spr.*
kuptimbartës, -e bedeutungstragend
kuptimdallues, -e bedeutungsunterscheidend, distinktiv *spr.*
kuptimor, -e Bedeutungs-, semantisch
kuptoj verstehen
kuq, -e, i/e rot; **piper i** ~ Paprika; **të kuq**-të das Rot; **të kuq-të buzësh** Lippenstift, Rouge
kuqëlosh, -e rötlich
kuqësí-a Röte
kuqësoj röten, rot machen
kuqezí rot-schwarz *Nationalfarben der Albaner*
kuqoj = **kuqëloj** rot leuchten, rot sein
kur wann?; **deri** ~? bis wann?
kur ⟨*Konj.*⟩ als, wenn
kuran-i Koran *rel.*
kurban-i, *pl.* -e-t Opfertier; Opfer; Festtagsbraten *muslimisch*
kurbet-i, *pl.* -e-t Arbeit in der Fremde; Ausland *veralt.*
kurbetçí-u, *pl.* nj-të Arbeitsemigrant
kurdis aufziehen *Uhr*, wickeln, winden
kurdoherë allzeit, jederzeit, immer
kureshtar, -e neugierig
kureshtí-a Kuriosität
kureshtj|e, -a Neugier; **ngop kureshtjen** die Neugier befriedigen
kur|ë, -a Kur; ~ **shtrirë** Liegekur
kurjanak, -e aus Kurjan
kurmagjak-u, *pl.* -ë-t Blutwurst; Wurstscheibe
kurmoj aufschneiden *Wurst, Kuchen*, zerteilen *Fisch*
kurmos jederzeit
kurnac, -e geizig
kurnacërí-a Geiz, Knauserei
kuroj kuren, eine Kur machen; heilen, kurieren
kuror|ë, -a, *pl.* -a-t Krone, Kranz; ~ **dafine**; ~ **e dafinë** Lorbeerkranz
kurorëthyerj|e, -a Ehebruch
kurorëzim-i Krönung; Trauung, Hochzeit
kurorëzoj krönen; trauen
kurs-i, *pl.* -e-t Kursus, Lehrgang, Kurs; **lëkundje e kursit valutor** Währungskursschwankung
kursant-i, *pl.* -ë-t = **kursist**-i Kursteilnehmer
kursé ⟨*Konj.*⟩ während, hin-

gegen, indessen
kursej *e/ye* sparen
kursiv, -e kursiv
kurtazh-i, *pl.* -e-t Maklergebühr, Courtage *ök.*
kurtesh-i Jucken, Juckreiz; **i ka rënë kurteshi** es juckt ihn
kurth-i, *pl.* -e-t Falle; **bie në kurth** in die Klemme geraten
kurv|ë, -a Dirne, Hure, Straßenmädchen, Prostituierte
kurvëri-a Prostitution
kurrë ⟨+ *Neg*⟩ nie, niemals
kurriz-i Rücken, Buckel; **shpina e kurrizit** die Wirbelsäule, Rückgrat
kurrizo bucklig
kurrkund nirgends
kurrkush niemand
kurrsesi keineswegs, auf keinen Fall
kusar-i Räuber; ~ **deti** Pirat, Seeräuber
kusi-a Kessel, Kochtopf
kusur-i, *pl.* -e-t Restbetrag, Rest, Unglück, Fehler; **disa ikën, kusuri ndenjën** einige gingen, die übrigen blieben
kusuremadh, -e = **kusureshumë** leidgeprüft
kush wer ? ; ~ . . . **kush** der eine . . . der andere; ~ **është?** Wer da?
kushedi ⟨*adv*⟩ vielleicht, womöglich, etwa
kushëri-ri, *pl.* -nj-të Vetter, Cousin
kushinet|ë, -a Lager *tech.*; ~ **me sfera** Kugellager *tech.*
kushovar, -e aus Kushova
kusht-i, *pl.*-e-t Bedingung, Voraussetzung, Kondition; **me çdo** ~ auf jeden Fall; **me kusht që** unter der Bedingung, daß
kushtetues, -e verfassunggebend; **asambleja kushtetuese** verfassunggebende Versammlung
kushtetut|ë, -a Verfassung
kushtëzim-i Konditionierung
kushtëzoj bedingen; **propozim i kushtëzuar** bedingtes Angebot
kushtoj widmen, hingeben; kosten; **kushtuar**, i/e hingebungsvoll
kushtrim-i Alarm, Einberufung, Aufruf *zu den Waffen*
kutaljot, -e aus Kutal
kuti-a Schachtel, Dose, Kasten; ~ **poste** Briefkasten; ~ **bojërash** Farbkasten; ~ **shpejtësie** Getriebe *tech.*
kutjot, -e aus Kuta
kuturis aufs Geratewohl tun, unbedacht handeln
kuturu ⟨*adv*⟩ aufs Geratewohl; **flas** ~ Unsinn reden
kuvajtjan, -e kuwaitisch
kuvend-i, *pl.* -e-t Versammlung, Konvent; ~ **popullor** Volksversammlung, Parla-

ment

kuvendoj beratschlagen, bereden, besprechen

kuvert|ë, -a Decke, Bettdecke; Deck *Schiff*; ~ **leshi** Wolldecke; ~ **diellore** Sonnendeck; ~ **madhore** Oberdeck; ~ **në korridor** Zwischendeck

kuvlí-a Käfig, Vogelbauer; Kabuff, Kammer

kuzhin|ë, -a, *pl.* -a-t Küche

kuzhinier-i Koch

ky, *f.* **kjo** dieser

kyç schließen, zuschließen

kyç-i, *pl.* -e-t Schlüssel; Gelenk; ~ **i dorës** Handgelenk

L

La Mansh-i Ärmelkanal

lab, -e labisch

l|ab-i, *pl.* -ëbër-it Labe *Volksgruppe*

labçe = **labërisht** ⟨*adv*⟩ labisch, auf labische Art

labërgoj lockern, lösen, aufknoten

labirint-i, *pl.* -e-t Labyrinth

laborant-i Laborant

laborator-i Labor, Laboratorium

labovit, -e aus Labova

Lacio-ja Latium

laçian, -e aus Laç

lag naß machen, benetzen

lagështir|ë, -a Nässe, Feuchtigkeit

lagësoj lecken *Wasser verlieren*, tropfen, durchnässen

lagj|e, -ja Viertel, Stadtviertel, Wohneinheit; ~ **e epërme** oberes Viertel

lahem baden, sich waschen

lahut|ë, -a Laute *Volksinstrument mit 1 Saite*; ≗ **e Malcís** Laute des Hochlands *Epos von Gjergj Fishta*

laik, -e Laien-

la|j, -va, -rë waschen; ~ **borxh** eine Schuld begleichen; ~ **hesapet** abrechnen, eine Rechnung begleichen; ~ **të pëgërat** trockenlegen *Säugling*; **makinë larëse** Waschmaschine

lajkatar-i Schmeichler

lajk|ë, -a Schmeichelei

lajm-i, *pl.* -e-t Nachricht, Meldung

lajmërim-i Benachrichtigung, Avisierung; ~ **për nisjen e mallit** Avisierung des Warenversands

lajmëroj benachrichtigen, bekanntgeben, verkünden, melden; avisieren *ök.*

lajmëtar-i Bote, Melder
Lajpcig-u *ON* Leipzig
lajthí-a Haselnuß
lajthis *s/t* sich irren
lajthitj|**e**, -a Irrtum
lajtmotiv-i Leitmotiv *mus. spr.*
lak-u Lack
lak-u, *pl.* leqe-t Falle
laké-u, *pl.* -nj-të Lakai
lak|**ër**, -ra, *pl.* -ra-t Kohl, Weißkohl
lakim-i, *pl.* -e-t Deklination *spr.*
lakimndryshmërí-a Deklinationsverschiedenheit, Heteroklisie *spr.*
lakmí-a Begierde, Verlangen, Gier
lakmitar-i = **lakmues**-i Lüstling, Schürzenjäger
lakmoj sich sehnen; begehren; sich bemühen
lakoj deklinieren; lackieren
lakor, -e zirkumflektiert *spr.*; **theks** ~ Zirkumflex
lakor|**e**, -ja Kurve *math.*
lakteshak, -e aus Laktesh
lakuesh|**ëm**, -me, i/e deklinierbar *spr.*
lakuriq, -e nackt; ungeschminkt *fig.*
lakuriqësí-a Nacktheit; Ungeschminktheit *fig.*
lalarak, -e aus Lalar
lal|**ë**, -a, *pl.* -ë-t *veralt.* Bewohner der Myzeqeja
lalëzak, -e aus Láleza
lamtumir|**ë**, -a Abschied; ~! *Grußformel* Adieu!, Lebwohl!
land|**ër**, -ra, *pl.* -ra-t Oleander *bot.*
lanet-i, *pl.* -ë-t Teufel
laosian, -e laotisch
lapardhjot, -e aus Lapardhá
lapërdhí-a Sauerei, Zote
lapidar-i, *pl.* -ë-t Gedenkstein
Laponí-a Lappland
laps-i, *pl.* -a-t Bleistift
lar-i Lorbeer, Lorbeerbaum
laradash-i, *pl.* -ë-t Pelikan
larask|**ë**, -a Elster
larash-i, *pl.* -ë-t Aasgeier
larg ⟨*adv*⟩ fern, weit, entfernt
largësor, -e Fern-; **metatezë largësore** Fernversetzung
largësí-a Ferne
largët, i/e weit, entfernt
largim-i Beseitigung, Entfernung; das Entweichen *jur.*; Abreise
largohem sich entfernen; ~ **nga porti** auslaufen *Schiff*
laring-u Kehlkopf, Larynx
laringal, -e laryngal *spr.*; **mbyllje laringale** Kehlkopfverschluß, Knacklaut *spr.*
laringjit-i, *pl.* -e-t Laryngitis *med.*, Halsentzündung
larj|**e**, -a das Waschen; ~ **makine** Wagenwäsche

larmí-a Buntheit, Vielfalt
larmish|ëm, -me, i/e vielfältig
lart ⟨*adv.*⟩ hoch
lartë, i/e hoch; **me zë të ~** laut; **voltazh i ~** Hochspannung *tech.*
lartësí-a Höhe
lartmadhërí-a *veralt.* Majestät
lartpërmendur, i/e oben erwähnt
larv|ë, -a Larve
lashë, s. **lë**
lashtë, i/e alt
lashtësí-a Altertümlichkeit, Altertum
latifond-i, *pl.* -e-t Latifundie, Großgrundbesitz
latifondist-i Großgrundbesitzer
latin, -e lateinisch; **Amerika Latine** Lateinamerika
latinisht ⟨*adv*⟩ lateinisch
latinisht|e, -ja Latein; **~ makaronike** Küchenlatein
latiniz|ëm, -mi, *pl.* -ma-t Latinismus *spr.*
latoj meißeln, schnitzen
laureat-i, *pl.* -ë-t Preisträger
laur|ë, -a Feldlerche, Lerche
lavaman-i Waschbecken, Ausguß
lavapjat|ë, -a, *pl.* -a-t Spülbecken, Ausguß, Spüle
lavatriç|e, -ja Waschmaschine
lavd-i, *pl.* -e-t Lob, Ruhm
lavdëroj loben
lavdí a Ruhm, Ehre, Lob
lavdidashës, -e ehrsüchtig
lavdish|ëm, -me, i/e glorreich, ruhmvoll, ruhmreich
lavdoj loben
lav|ë, -a Lava
lavroj = **lëroj**, **lëvroj**
le *Partikel zur Bildung des Jussivs* sollen; **~ të nisën sa më parë!** sollen sie möglichst bald abreisen!
leck|ë, -a, *pl.* -a-t Lumpen, Flicken, Stoffetzen, Klamotten; **mbledh leckat** die Klamotten einpacken; **~ për të fshirë** Putzlappen
leckosur, i/e zerlumpt
ledhatoj liebkosen, kraulen
ledh|ë, -a Liebkosung
lefterohovit, -e aus Lefterohor
legal, -e legal
legat|ë, -a Gesandtschaft
legen-i, *pl.* -ë-t Waschschüssel; Becken *med.*
legjend|ë, -a Legende
legjendar, -e sagenhaft, legendär; **këngë legjendare** Heldenlieder
legjislacion-i Gestzgebung; **~ penal** Strafgesetzgebung
legjislativ, -e gesetzgebend, legislativ
legjislatur|ë, -a Legislaturperiode *einer Körperschaft*

leh bellen
lehon|ë, -a Wöchnerin
lehoní-a Kindbett *med.*, Wochenbett
lehtë, i/e leicht; **kam të** ~ es leicht haben
lehtësía, *pl.* -ra-t Erleichterung, Gelegenheit, Begünstigung
lehtësim-i Erleichterung
lehtësoj erleichtern
lehtësuar, i/e erleichert
lehtësues, -e erleichternd *jur.*; **rrethana lehtësuese** mildernde Umstände *jur.*
lej|e, -a Urlaub, Dienstfrei; Erlaubnis, Linzenz; **marr** ~ Urlaub nehmen; ~ **eksporti** Ausfuhrgenehmigung, Exportlizenz; **pa** ~ unerlaubt; ~ **e zakonshme** Urlaub *ök.*, *jur.*; **shkoj me** ~ in Urlaub fahren, gehen
lejekalim-i Schutzbrief, Passierschein
lejla lila; **ngjyrë** ~ lila
lejlek-u, *pl.* -ë-t Storch
lejoj erlauben, gestatten; **a më lejoni?** darf ich?
lejor, -e konzessiv *spr.*
lejthizar, -e aus Lejthiza
lejuesh|ëm, -me, i/e statthaft, zulässig; **a është e lejueshme?** darf man?, ist es statthaft?
lek-u, *pl.* -ë-t Lek *alb. Währungseinheit*
lekasak, -e aus Lekas
lekatar, -e aus Lékaj
leksem|ë, -a Wortschatzeinheit, Lexem
leksik-u Wortschatz, Lexik
leksikalizim-i Lexikalisierung
leksikografik, -e lexikographisch
leksikologjí-a Wortschatzforschung, Lexikologie
leksikor, -e lexikalisch, Wortschatz-
leksion-i Vorlesung
lektis Sehnsucht haben
lektisj|e, -a Sehnsucht
lektor-i = **ligjërues**-i Vortragender
lemerí-a Schrecken, Entsetzen
lemz|ë, -a Schluckauf
lemzoj Schluckauf haben
lenicion-i Lenierung *spr.*
leniniz|ëm, -mi Leninismus
leopard-i, *pl.* -ë-t Leopard
lépu|r-i, *pl.* -j-t Kaninchen, Hase
leq|e, -ja Fleck, Makel
lerth-i Efeu
les|ë, -a Egge
leskoviqar, -e aus Leskovik
lesh-i Wolle; ~ **deveje** Kamelhaar; ~ **e li** wie Kraut und Rüben; **kuvertë leshi** Wolldecke
leshnicar, -e aus Leshnica
leshtë, i/e wollen, aus Wolle

letargjí-a Lethargie, Trägheit, Schläfrigkeit
let|ër, -ra Brief; Papier; Spielkarte; ~ **me vleftë të shtetit** Banknoten, Papiergeld; ~ **buzësh** Papierservietten; ~ **e dhembshur** Liebesbrief; ~ **ekspres** Eilbrief; ~ **garancie** Garantieschein; ~ **higjienike** Toilettenpapier; ~ **karboni;** ~ **kopjative** Kopierpapier, Kohlepapier, Pauspapier; Karbonpapier; ~ **kredenciale** Beglaubigungsschreiben; **letra loje** Spielkarten; ~ **mbështjellëse** Einwickelpapier, Packpapier; ~ **me lustër** Glanzpapier; ~ **me qenar të zi** Brief mit Trauerrand; ~ **me vleftë të shtetit** Banknoten, Papiergeld; ~ **plastike** Plastikfolie; ~ **e porositur** Einschreibebrief; ~ **thithëse** Löschpapier; ~ **me vlerë** Wertpapiere; ~ **zmerile** Schmirgelpapier; ~ **e zverdhur** vergilbtes Papier; **në përgjigje të letrës suaj** in Beantwortung Ihres Schreibens; **prerëse letrash** Papierschneider, Schneidemesser
letërkëmbim-i Briefwechsel, Korrespondenz
letërnjoftim-i Personalausweis, Ausweis
letërsí-a Literatur; ~ **artistike** Belletristik, schöne Literatur
letërthithës|e, -ja Löschpapier
Letoní-a Lettland
letrar, -e literarisch; gelehrt, buchsprachlich; Schrift-; **gjuhë letrare** Schriftsprache *spr.*; **normë letrare** Sprachnorm, Standard
letratyr|ë, -a *veralt.* Literatur
leu er ist geboren
leucemí-a Leukämie *med.*, Blutkrebs
leukoplast-i Leukoplast, Pflaster
levanak, -e aus Levan
lev|ë, -a Hebel, Schaltknüppel; ~ **marshesh** Schalthebel, Schaltknüppel; ~ **për të hapur arkat** Kistenöffner
leverdí-a Vorteil, Nutzen
leverdish|ëm, -me, i/e vorteilhaft
lexim-i das Lesen, Lektüre; **libri është në lexim e sipër** das Buch wird gerade gelesen; **u zhyt në lexim** er versank in der Lektüre
lexoj lesen
lexues-i Leser
lezet-i, *pl.* -e-t Geschmack; Anmut, Grazie
lezetoj würzen
lezhanak, -e aus Lezhan
lezhjan, -e aus Lezha

lë, lashë, lënë lassen; ~ **në baltë** im Stich lassen; ~ **në mëshirën e fatit** dem Schicksal überlassen; ~ **teslim** überlassen; **lëri dënglat!** laß die hohlen Phrasen!; **lëri ububutë!** hör auf mit dem Jammern!; **lëri zhiblat!** laß die Tricks!

lëkor|e, -ja Chicoree *bot.*

lëkund schütteln

lëkundj|e, -a Schwankung, Erschütterung; ~ **e kursit valutor** Währungskursschwankung

lëkundsh|ëm, -me, i/e beweglich, instabil, schwankend; **urë e lëkundshme** Klappbrücke

lëkur|ë, -a Leder, Haut; **nuk e nxë lëkura** das geht auf keine Kuhhaut

lëkurëregjës-i Gerber

lëkurëtar-i Kürschner; Gerber

lëkurtë, i/e ledern, aus Leder

lëm|ë, -i, *pl.* -ënj-të Gebiet, Bereich, Domäne

lëmosh|ë, -a Almosen

lëmsh-i, *pl.* -e-t Knäuel

lënd|ë, -a Material, Stoff *phi.*; ~ **djegëse** Brennstoff; ~ **e parë** Rohstoff; ~ **ftohëse** Kühlmittel; ~ **plasëse** Sprengstoff; **ekonomizoj lëndën e parë** Rohstoff sparen; **pasqyrë e lëndës** Inhaltsverzeichnis

lëndëtar-i Tischler, Schreiner

lën|g-u, *pl.* -gje-t Saft; ~ **mishi** Fleischbrühe, Bouillon; ~ **molle** Apfelsaft

lëngat|ë, -a Seuche, Viehkrankheit

lëngoj siechen; leiden

lëni|e, -a Überlassung; das Verlassen

lëpij lecken

lërim-i Pflege; ~ **i gjuhës amtare** Sprachpflege

lëroj ackern, pflügen; pflegen, kultivieren

lëshim-i Zugeständnis; **bëj lëshime** Zugeständnisse machen

lëshoj loslassen; herausgeben; ~ **spirancën** Anker werfen, vor Anker gehen

lëshues-i Anlasser *tech.*

lëvdat|ë, -a Lob, Ehre

lëvdoj loben

lëviz bewegen

lëvizj|e, -a Bewegung, Verkehr; ~ **punëtore** Arbeiterbewegung; ~ **Antifashiste Nacionalçlirimtare** Antifaschistische Nationale Befreiungsbewegung; ~ **gjiniore** Motion *spr.*

lëvizsh|ëm, -me, i/e beweglich; **raft i lëvizshëm** Kompaktregal

lëvor|e, -ja Haut des Obstes

lëvozhg|ë, -a Schale; ~ **arre** Nußschale; ~ **veze** Eierschale
levrek-u Seebarsch
lëvroj = **lëroj**
li-a Pocken *med.*
liri Leinen, Flachs; ~ **e li** wie Kraut und Rüben
Liban-i Libanon
libanez-i Libanese
liberaliz|ëm, -mi Liberalismus
Liberí-a Liberia
lib|ër, -ri, *pl.* -ra-t Buch; ~ **xhuxh** Mini-Buch, Kleinstausgabe; **blerje librash** Akzession, Erwerbung; **karrocë për bartje librash** Bücherwagen *in der Bibliothek*
libërmbështetës|e, -ja Bücherstütze
Libí-a Libyen
libian-i Libyer
libofshar, -e aus Libofsha
libohovit, -e aus Libohova
libralidhës-i Buchbinder
librarí-a Buchhandlung
librashitës-i Buchverkäufer, Buchhändler
libret-i, *pl.* -e-t Libretto *mus.*
librez|ë, -a Büchlein, Sparbuch, Parteibuch; ~ **kursimi** Sparbuch; ~ **hyrjeje** **Eintrittskarte**, Berechtigungsausweis
libror, -e gelehrt, buchsprachlich, livresk; **fjalë librore** Buchwort *spr.*
licé-u, *pl.* -të Gymnasium
liceist-i Gymnasiast
licenc|ë, -a Lizenz, Genehmigung
lidh verbinden, binden; ~ **rrymën elektrike** Strom einschalten; **vizë lidhëse** Bindestrich
lidhës, -e Verbindungs-
lidhës|e, -a Schnur, Band; Binder; ~ **këpucësh** Schnürsenkel
lidhëz-a Konjunktion *spr.*, Bindewort
lidhëzor, -e Konjunktions-
lidhj|e, -a Beziehung, Zusammenhang; Bündnis, Liga; Einband; **lidhje tregtare** **Handelsbeziehung**; ~ **shkakësore** Kausalzusammenhang, Kausalbeziehung; ~ **e dobësuar** lockerer Einband; ~ **e shkurtër** Kurzschluß; ~ **gjuhësore** Sprachbund *spr.*; ~ **martesore** eheliche Beziehungen; ~ **me karton** kartonierter Einband; ~ **me pëlhurë** Leineneinband
lidhor|e, -ja Konjunktiv
lidhtor|e, -ja Buchbinderei, Buchbinderwerkstatt
lidhur, i/e gebunden, verbunden; ~ **me** im Zusammen-

hang mit etw.
Liezh-i *ON* Lüttich
li|g, -ë, i/e, *pl.*ië -gj, *f.* -ga übel, schlecht
ligament-i Sehne *med.*; **përdredhje ligamentesh** Sehnenzerrung
ligatin|ë, -a Marschwiese, feuchte Niederung
ligatur|ë, -a Ligatur
lig|ë, -a Liga
ligështí-a Schwäche, Gebrechen; Kummer; Ohnmacht
ligështohem verkümmern, verfallen; schlapp machen
ligësí-a Boshaftigkeit
ligsht ⟨*udv*⟩ krank; kaputt
ligj-i, *pl.* -e-t Gesetz; ~ **fonetik** Lautgesetz; ~ **penal** Strafgesetz; ~ **i mohimit të mohimit** Gesetz der Negation der Negation; ~ **i përtërirë** Deuteronomium, 5. Buch Mose *rel.*
ligjërat|ë, -a Rede *spr.*, Diskurs; Vortrag, Vorlesung; ~ **e tërthortë** indirekte Rede; ~ **e zhdrejtë e lirë** erlebte Rede
ligjërim-i Rede *spr.*, parole; **melodi e ligjërimit** Sprachmelodie
ligjëroj sprechen, vortragen, rezitieren
ligjësí-a = **ligjësorí**-a Gesetzmäßigkeit
ligjësor, -e gesetzmäßig
ligjor, -e gesetzlich, legal, legitim
ligjoroj legalisieren
ligjsh|ëm, -me, i/e gesetzlich
ligjshmërí-a Gesetzlichkeit *jur.*
Lihtenshtajn-i Liechtenstein
liken-i, *pl.* -e-t Flechte *bot.*
liker-i Likör
likuidim-i Liquidierung, Auflösung; ~ **gjyqësor** gerichtliche Schließung *eines Betriebs*
likuidoj liquidieren, beseitigen, auflösen
Lil-i *ON* Lille
liman-i, *pl.* -e-t Bucht, Hafen, Anleger; **hyj në** ~ anlaufen *naut.*
lim|ë, -a Feile
Lim|ë, -a Lima
limf|ë, -a Lymphe *med.*
limfatik, -e lymphatisch, Lymph- *med.*; **nyjë limfatike** Lymphknoten
limoj feilen
limon-i, *pl.* -ë-t Zitrone
limonad|ë, -a Zitronensaft
linak, -e aus Lin
lind gebären, geboren werden; **leu; lindi** er ist geboren; **linda më ...** ich bin geboren am...
lindj|e, -a Geburt; Osten, Orient; ~ **dielli** Sonnenaufgang; ≗ **e Afërt** Naher Osten, Nahost; ≗ **e Largët, e**

Largme der Ferne Osten, Fernost; ∼ **e Mesme** Mittlerer Osten
lindor, -e östlich, Ost-
lindshmëri-a Geburtenrate
lindur, i/e geboren; **linda më** ... ich bin geboren am. . .
linj|ë, -a Linie, Leitung, Verbindung; ∼ **ajrore** Fluglinie, Flugstrecke
linjit-i, *pl.* -e-t Braunkohle
linjtë, i/e Leinen-, Flachs-; **të linjta**-t Unterwäsche
lino-ja Leinen
linotip-i, *pl.* -e-t Zeilensetzmaschine, Linotype
Lion-i *ON* Lyon
lipsem *veralt.*, vgl. **lypsem** fehlen, nötig sein
liqen-i, *pl.* -e-t See; ∼ **karstik** Karstsee
liret|ë, -a Lire *ital. Währung*
lirë, i/e frei; billig
lir|ë, -a Lira *Lit.; ital. Währung*; Pfund £; *türk. und brit. Währung*
lirí-a Freiheit
lirik, -e lyrisch
lirik|ë, -a Lyrik
lirim-i Freilassung *jur.*, Entlassung; ∼ **para kohe** vorzeitige Entlassung *jur.*
lirisht ⟨*adv*⟩ frei
liroj freilassen, entlassen
lis-i, *pl.* -a-t Eiche, großer Baum
Lisbon|ë, -a *ON* Lissabon
list|ë, -a Liste, Verzeichnis, Aufstellung, **listë çmimesh** Preisliste; ∼ **e gjellëve** Speisekarte
litaní-a Litanei *rel.*
litar-i, *pl.* -ë-t Schnur, Strick, Seil
literatur|ë, -a Schrifttum, Fachliteratur, Fachbücher, Sekundärliteratur
lít|ër, -ri, *pl.* -ra-t Liter
litografí-a Lithographie, Litho; ∼ **me ngjyra** Farblithographie
lituan-i Litauer
Lituani-a Litauen
liturgjí-a Liturgie *rel.*
livadh-i, *pl.* -e-t Wiese, Weide
livadhjot, -e aus Livadhjá
livroj liefern
locion-i Lotion, Gesichtswasser; ∼ **për rrojë** Rasierwasser
lod|ër, -ra Spielzeug, Marionette, Puppe; ∼ **fëmijësh** Kinderspielzeug
Lodz-i *ON* Łódź
lodh ermüden, ermatten
lodhj|e, -a Müdigkeit, Ermüdung, Erschöpfung
lodhnim-i Wochenbett *med.*
lodhsh|ëm, -me, i/e ermüdend, mühsam
lodhur, i/e müde
logjik, -e logisch
logjik|ë, -a Logik

logjiksh|ëm, -me, i/e logisch denkend, logisch; **gjë e logjikshme** logische Sache
loj|ë, -a, -ëra-t Spiel; ~ **ushtarake** Manöver; **i mundëm në lojë** wir besiegten sie im Spiel; **shtesë loje** Spielverlängerung; **lojëra olimpike** olympische Spiele
lojtar-i, *pl.* -ë-t Spieler; ~ **rezervë** Ersatzmann, Ersatzspieler *spo.*
lok|e, -ja Mutter; Großmutter *väterlicherseits*
lokomotiv|ë, -a, *pl.* -a-t Lokomotive
lokucion-i Ausdruck, Redewendung; ~ **parafjalor** präpositionale Wendung
Lombardí-a Lombardei
Lond|ër, -ra *ON* London
lopar-i Kuhhirt
lopatar-i Ruderer
lopat|ë, -a Spaten, Schaufel
lop|ë, -a, *pl.* -ë-t Kuh; ~ **rekordiste** Rekord-Kuh, Kuh mit Spitzenerträgen an Milch
Los Anxhelos-i *ON* Los Angeles
lot-i, *pl.* -ët Träne
lotarí-a Lotterie
loz spielen
Lozan|ë, -a *ON* Lausanne
lozh|ë, -a Loge
luaj, -ta, -tur spielen; wakkeln, beweglich sein, Spielraum haben *fig.*; **mos luaj vendit!** rühr dich nicht von der Stelle!; ~ **rol** eine Rolle spielen; **luan dhëmbi** Zahn wackelt
luajtj|e, -a das Spielen
luán-i, *pl.* -ë-t Löwe
lubonjar, -e aus Lubonja
lubrifikim-i Abschmieren *tech.*
luftanij|e, -a Kriegsschiff
luftarak, -e kämpferisch, Kampf-, Kriegs-, Wehr-
luft|ë, -a Kampf; Krieg; ~ **botërore** Weltkrieg; ~ **e të kundërtave** Kampf der Gegensätze; ~ **kundër banditizmit** Kampf gegen das organisierte Verbrechen; **lufta u egërsua** der Kampf nahm an Heftigkeit zu; ~ **e klasave Klassenkampf**; ~ **mësymëse** Angriffskrieg; ~ **për ekzistencë** Existenzkampf
luftënxitës, -e kriegstreiberisch
luftënxitës-i Kriegstreiber, Kriegshetzer
luftëtar-i, *pl.* -ë-t Kämpfer,
luftim-i das Kämpfen, Kampf, Streit; **i luftimit** Kampf-
luftoj kämpfen; ~ **derrçe** wie die Berserker kämpfen
lug|at-i, *pl.* -ëtër-it Nachtmahr, Werwolf, Vampir

lug|ë, -a, *pl.* -ë-t Löffel; ~ **çaji** Teelöffel
lugin|ë, -a, *pl.* -a-t Tal
Luizian|ë, -a Louisiana
lukovjot, -e aus Lukova
luks-i, *pl.* -e-t Luxus
Luksemburg-u *ON* Luxemburg
luksoz, -e luxuriös
lukuní-a Rudel *Wölfe*
lul|e, -ja Blume; ~ **lakre; lulelak|ër**, -ra Blumenkohl; ~ **pranvere** Primel *bot.*; **tufë lulesh** Blumenstrauß
lulediell-i Sonnenblume
lulegoj|ë, -a Löwenmaul *bot.*, Löwenmäulchen
lulekup|ë, -a Tulpe *bot.*
lulekuq|e, -ja Mohn, Klatschmohn, Mohnblume
luleshtog-u Holunder
luleshtrydh|e, -ja Erdbeere
lulëtarí-a Blumengärtnerei
lulëzim-i Blüte, Gedeihen
lulëzoj blühen
lulisht|ë, -a = **lulisht|e**, -ja Blumengarten, Parkanlage
lumalasian, -e aus Lumalás
lumasak, -e aus Lúmas
lumbago-ja Hexenschuß
lum|ë, -i, *pl.* -énj-të Fluß, Strom
lumjan, -e aus Luma
lumpenproletariat-i Lumpenproletariat
të lumtë! bravo!
lumtur, i/e glücklich
lumturí-a Glück
lumturoj beglücken
lúnd|ër, -ra, *pl.* -ra-t Boot; ~ **peshkatarësh** Fischerboot
lundërtar-i Schiffer, Seefahrer
lundërtarí-a = **lundrarí**-a Seefahrt
lundërthyerj|e, -a Schiffbruch
lundrim-i Schiffahrt, Seefahrt; ~ **bregdetar** Küstenschiffahrt
lundroj zur See fahren; fliegen, schwimmen; **lundronte në pasuri** er schwamm im Reichtum; ~ **në kozmos** im Weltall fliegen
lundruesh|ëm, -me, i/e schiffbar
lung|ë, -a Furunkel *med.*, Pickel
lunxhjot, -e aus der Lunxhëria
lus *s/t* beten *rel.*; bitten; ein Fest feiern
lusjan, -e aus Lusni
lusp|ë, -a Schuppe, Fischschuppe
lúst|ër, -ra Glanz, Lack; **letër me** ~ Glanzpapier
lustraxhí-u, *pl.* -nj-të Schuhputzer
lustroj glänzend reiben; ~ **këpucët** die Schuhe putzen
lushnjar, -e aus Lushnja

lutem bitten
lutj|e, -a Bitte; Gebet
luzjan, -e aus Luz
luzm|ë, -a Bienenvolk, Schwarm; Menge; ~ **dyshimesh** ein Haufen Zweifel
luzmoj schwärmen
luznak, -e aus Luznia
Lvov-i *ON* Lemberg, Lvov
lyej malen, schmieren, einölen, salben
lyp betteln, bitten
lypës-i, *pl.* -it Bettler
lypsem benötigt werden, nötig sein; **s'ma lypset kjo punë** ich brauche das nicht
lyr|ë, -a Fett; ~ **bimore** Pflanzenfett; **pa** ~ langweilig
lyrësim-i = **lubrifikim**-i
lyrësoj fetten, ölen *tech.*

Ll

llaban|e, -ia Filzkapuze
llaç-i Mörtel
llac-i, *pl.* -ë-t Maurergehilfe
llaf-i, *pl.* -e-t Wort; Geschwätz, Gerücht, Verleumdung; **llafe të kota** unnütze Worte
llafazan-i Schwätzer
llagap-i, *pl.* -e-t Spitzname
llagëm-i, *pl.* -e-t Kanal, Abflußrohr, Drainage; ~ **i arave** Ackerentwässerungsrohr
llahtarí-a Entsetzen
llahtaris erschrecken
llahtarsh|ëm, -me, i/e furchtbar, entsetzlich
llamarin|ë, -a Blech, Zinkblech; **gërshërë për** ~ Blechschere; ~ **e zinkuar** Zinkblech
llambadar-i Leuchter
llambadh|e, -ja dicke Kerze
llamb|ë, -a, *pl.* -a-t Leuchte, Glühbirne; **llamba-t e radios** Radioröhren; ~ **inkandeshente** Glühlampe; ~ **kontrolli** Kontrolleuchte; ~ **me filament** Glühbirne; ~ **nate** Nachttischlampe, Bettleuchte; ~ **neoni** Neonröhre *tech.*
llap|ë, -a Zunge; Zungenspitze, Ohrläppchen; ~ **e këpucës** Schuhzunge
llapjan, -e aus Llap
llastik-u Gummi
llastik|ë, -a Gummischuh
llaut|ë, -a Laute *mit 8 Saiten*
llauz-i, *pl.* -e-t *veralt.* Volk
llav|ë, -a Rudel *Wölfe*
llër|ë, -a, *pl.* -ë-t Oberarm; **përvesh llërët** die Ärmel hochkrempeln

llogarí-a Rechnung; Konto; ~ **rrjedhëse** laufendes Konto, Kontokorrent; **saktësia e llogarisë** rechnerisch richtig *ök.*; **shef i llogarisë** Hauptbuchhalter
llogaris *s/t* rechnen; **makinë llogaritëse** Rechenmaschine, Computer
llogaritar-i Buchhalter
llogaritj|e, -a Rechnen, Anrechnung *jur.*; Berechnung
llogor|e, -ja Schützengraben *mil.*
lloj-i Art, Sorte
llokaut-i Aussperrung *ök.*
llokum-i, *pl.* -e-t Lokum, Rahatlokum *türk. Delikatesse*
llomotis *s/t* schwatzen, quasseln
llomotitj|e, -a Geschwätz
lluc|ë, -a Schlamm, Schlick, Sumpf
llugas, -e aus Llúgaj
llull|ë, -a Pfeife; Rohrschlange
llup fressen, verschlingen, viel essen

M

ma *më + e* mir es
mac|e, -ja Katze; **dhelpra s'e harron zanatin** die Katze läßt das Mausen nicht
macukllan, -e aus Macúkull
maçok-u, *pl.* -ë-t Kater
madem-i, *pl.* -e-t *veralt.* Mineral; Bergwerk
madërgon|ë, -a Bilsenkraut *bot.*, Mandragora
madje ⟨*adv.*⟩ sogar
Madrid-i *ON* Madrid
madh, -e, i/e, *pl.* të mëdhénj, *f.* mëdhá groß; **fuqi të mëdha** Gróßmächte; **ka taraf të madh** er hat viele Freunde
madhërí-a Hoheit, Größe, Erhabenheit
madhërish|ëm, -me, i/e erhaben
madhështí-a Pracht; Hochmut
madhështor, -e prächtig, majestätisch
madhësí-a Größe
madhor, -e großjährig *jur.*; übermächtig; vorgesetzt; **arsye madhore** höhere Gewalt *jur.*; **shtab** ~ Generalstab
máf|ër, -ra, *pl.* -ra-t schwarzes Kopftuch; Taschentuch
magazin|ë, -a Magazin, Lager
magazinier-i, *pl.* -ë-t Magazi-

ner; Lagerarbeiter
magazinim-i Magazinierung, Lagerung
magazinoj magazinieren, lagern
magj|e, -ja Backtrog, Waschzuber
magjeps zaubern, verhexen; faszinieren
magjepsj|e, -a Faszination
magjí-a Magie
magjik, -e magisch, Zauber-; **unazë magjike** Zauberring
magjish|ëm, -me, i/e faszinierend, attraktiv, bezaubernd
magjistar-i Zauberer, Magier
magm|ë, -a Magma
magnet-i, *pl.* -e-t Magnet
magnetik, -e magnetisch
magnetiz|ëm, -mi Magnetismus
magnetizoj magnetisieren
magnetofon-i Magnetophonband
magnez-i Magnesium *chem.*
mahis *s/t* entzünden *med.*
mahmur ⟨*adv*⟩ *veralt.* schläfrig, betrunken
mahnitem begeistert sein; **mahnitur**, i/e begeistert
maj-i Mai; **një maji** erster Mai; **festë e Majit** Maifeier
Majami *ON* Miami
majdanoz-i Petersilie *bot.*
maj|ë, -a Spitze; **në majën e shpatës** auf des Schwertes Spitze; ~ **e gjuhës** Zungenspitze; **në majë të gishtërinjve** auf Zehenspitzen
majm mästen
majmë, i/e fett
majmun-i, *pl.* -ë-t Affe
majmunërí-a Afferei, Affigkeit
Majn-i *FN* Main
majonez|ë, -a Mayonnaise
major-i, *pl.* -ë-t Major *mil.*
major|e, -ja Apikal *spr.*
Majork|ë, -a Mallorca
majtas ⟨*adv.*⟩ links
majtë, i/e link
majtist, -e linksradikal, linksabweichlerisch
majtiz|ëm, -mi Linksopportunismus, Linksradikalismus
makabër makaber
makar ⟨*adv*⟩ wenigstens; hoffentlich; ~ **le të jetë edhe ashtu!** mag es wenigstens so sein!
makar ⟨*Konj.*⟩ entweder ... oder, sei es ... sei es; ~ **unë ... makar ti** entweder ich oder du
makará-ja Flaschenzug *tech.*, Winde
makarona-t *f.* Makkaroni
makaronik, -e makkaronisch *spr.*
maket-i, *pl.* -e-t Muster, Modell; Umdruck
makinandërtues, -e Maschi-

nenbau- ; **industri makinandërtuese** Maschinenbauindustrie
makinerí-a die Maschinen; Maschinerie; **makineritë dergjen në shi e në diell** die Maschinen verrotten in Wind und Wetter
makin|ë, -a Maschine; Auto, Kraftfahrzeug, Wagen; Apparat, Gerät; ~ **larëse** Waschmaschine; ~ **llogaritëse** Rechenmaschine, Computer; ~ **qépëse** Nähmaschine; ~ **ftohëse** Kühlmaschine; ~ **rroje** Rasierapparat; **ferribot për makina** Autofähre; **i grah makinës** starten
makinist-i Maschinist
maksimal, -e maximal, äußerst
makth-i, *pl.* -e-t Steinklee *bot.*; Alptraum
mal-i, *pl.* -e-t Berg; Sippenverband, Clan; **faqja e malit** Abhang, Berghang; **oshtijnë malet** die Berge rauschen; ~ **i Zi** Montenegro
Malajzí-a Malaysia
malari|e, -a Malaria *med.*
malarik, -e malariakrank
malas, -e aus Malaj
malaz|ías, -eze montenegrinisch, aus Montenegro
malbardhas, -e aus Mali i Bardhë
malcí-a *dial.* = **malësí**-a
malcim-i Vereiterung *med.*
malësí-a Bergland, Hochland
malësor-i, *pl.* -ë-t Gebirgler, Hochländer
Mali i Zi Montenegro, Crna Gora
maliher-i, *pl.* -ë-t Manlicher-Gewehr *mit 5 Schuß*
maliqar, -e aus Maliq
malok-u, *pl.* -ë-t Gebirgler
malor, -e Berg-, Gebirgs-
maltar-i Holzfäller *im Gebirge*
maltez, -e aus Malta
Malt|ë, -a Malta
mall-i, *pl.* -ra-t Ware; Sehnsucht, Heimweh; ~ **në gjendje** Lokoware *ök.*; ~ **për atdhe** Heimweh; ~ **skarco** Ausschuß *ök.*, Mängelware; **inspektim i mallit** Wareninspektion; **me mall** sehnsüchtig; **shtëpia e mallrave** Kaufhaus, Warenhaus, Verbrauchermarkt; **vagon mallrash** Güterwagen; **mallra të konsumit të gjerë** Massenverbrauchsgüter, Massenartikel
mallakastriot, -e aus Mallakastra
mallëngjej *e/ye* Erbarmen haben, sich erbarmen
mallëngjim-i Mitleid, Erbar-

men; Rührung, Ergriffenheit
mallkim-i Fluch
mallkoj verfluchen, fluchen; **mallkuar**, i/e verflucht
mamá-ja = **mámi** Mama, Mutti
mamí-a Hebamme
mamursak, -e aus Mamuras
mamuz-i, *pl.* -e-t Sporen, Stiefelsporen, Reitsporen
man-i, *pl.* -a-t Maulbeerbaum *bot.*, Maulbeere; **mana toke** Erdbeeren
manaferr|ë, -a Brombeerstrauch; Brombeere
manastir-i Kloster
Manastir-i *ON* Bitola, Monastir
manatit, -e aus Manatia
mançurian, -e mandschurisch
mandall-i, *pl.* -ë-t Türriegel
mandapost|ë, -a Postanweisung
mandarin-i, *pl.* -ë-t Mandarin *Beamter*
mandarin|ë, -a Mandarine
mandat-i, *pl.* -e-t Mandat
mandatarkëtim-i Einzahlungsanweisung *ök.*, Inkasso-Anweisung
mandat|ë, -a Todesnachricht, Schreckensnachricht
mandatpages|ë, -a = **urdhërpages|ë**, -a Auszahlungsanweisung *ök.*
mandej ⟨*adv.*⟩ dann, danach
mánd|ër, -ra, *pl.* -ra-t Pferch, Herde
mandolin|ë, -a Mandoline *mus.*
manekin-i, *pl.* -ë-t Marionette; Dressman
manekin|e, -ia Mannequin
mangall-i, *pl.* -j-të Kohlebekken
mangët, i/e defektiv *spr.*; **shkrim i mangët** defektive Schrift
manifaktur|ë, -a Manufaktur
manifest-i Manifest, Ladungsverzeichnis
manifestim-i Demonstration
manifestoj demonstrieren
manikyr-i Maniküre, Handpflege
manivel|ë, -a Kurbel *tech.*
manomet|ër, -ri Druckmesser, Manometer
manov|ër, -ra, *pl.* -ra-t Manöver
manovroj manövrieren, bugsieren
manshet|ë, -a Manschette
mantel-i, *pl.* -e-t Mantel; ~ **banje** Bademantel
mantó-ja Damenmantel, leichter Mantel
Mantov|ë, -a *ON* Mantua
manual-i, *pl.* -e-t Handbuch
manushaq|e, -ja *bot.* Veilchen
manxuran|ë, -a Majoran *bot.*

manzak, -e aus Manza
mapo-ja Kaufhaus, Warenhaus
maqedonas, -e makedonisch
Maqedoní-a Makedonien
maqedonisht ⟨*adv*⟩ makedonisch
maqedonisht|e, -ja makedonische Sprache
maqin|ë, -a = **makin|ë**, -a
marangoz-i, *pl.* -ë-t Schreiner, Tischler
maraq-i Fenchel *bot.*
maraton|ë, -a Marathonlauf *spo.*
Maraton|ë, -a *ON* Marathon
maratonist-i Marathonläufer
maraz-i, *pl.* -e-t Neid, Wut
mareshal-i, *pl.* -ë-t Marschall
margarin|ë, -a Margarine
margaritar-i, *pl.* -ë-t Perle
margegas, -e aus Margegaj
maricjot, -e aus Maricaj
marifet-i, *pl.* -e-t Geschicklichkeit, List
marinacak, -e aus Marinza
marinar-i Matrose, Schiffer, Seemann
marin|ë, -a Marine
mark|ë, -a Marke; Mark *DM*; ~ **shtypi** Druckermarke
marketim-i Markierung, Kennzeichnung; ~ **i mallrave** Warenbeschriftung, Kennzeichnung, Signierung
marksist, -e marxistisch
marksist-i Marxist
marksiz|ëm, -mi Marxismus
Marmará-ja Marmara-Meer
marmelat|ë, -a Marmelade
Marok-u Marokko
marr *a/e/o*, merr, mora, marrë empfangen, bekommen, erhalten, nehmen, unternehmen, abholen, mitnehmen; **merr me vete** *er* nimmt mit sich; **të marrtë djalli!** der Teufel soll dich holen!; ~ **vesh** verstehen, begreifen; ~ **një hap të tillë** einen solchen Schritt unternehmen; ~ **anën e** ⟨+ *G*⟩ Partei ergreifen für; ~ **arratinë** die Flucht ergreifen; ~ **fjalën** das Wort ergreifen; ~ **frymë** einatmen; **merrni frymë thellë!** atmen Sie tief ein!; ~ **me fugë** überstürzen *fig.*; ~ **një sy gjumë** ein Nikkerchen machen; ~ **hak** sich rächen; ~ **hua** ausleihen; ~ **leje** Urlaub nehmen; ~ **masa** Maßnahmen ergreifen; ~ **parasysh** sich vergegenwärtigen, im Auge behalten; ~ **përsipër** sich verpflichten; sich binden; ~ **pjesë** teilnehmen; ~ **me qirá** mieten, pachten; ~ **në shqyrtim** einer Prüfung unterziehen
marrë, i/e = **marrak**, -e =

marrash, -e = **marroq**, -e verrückt, närrisch, töricht
marrëdhëni|e, -a Beziehung, Verhältnis; ~ **në prodhim** Produktionsverhältnisse; ~ **seksuale me dhunë** Vergewaltigung, Notzucht *jur.*
marrës-i Empfänger
marrëveshj|e, -a Einverständnis; Übereinkunft, Abkommen, Vertrag, Vereinbarung; ~ **kredie** Kreditabsprache
marrëzí-a Dummheit, Torheit, Narretei
marrëzish|ëm, -me, i/e töricht; **plan i** ~ törichter Plan
marrj|e, -a Empfang; ~ **mendsh** Schwindel *med.*; ~ **e mitës** passive Bestechung
marrok, -e = **marroq**, -e verrückt, närrisch
marrosem verrückt werden, den Verstand verlieren
mars-i März; **faleminderit për letrën e pesë marsit të këtij vit** wir danken für Ihr Schreiben vom 5. 3. d. J.
Marsej|ë, -a *ON* Marseille
marsh-i, *pl.* -e-t Marsch, Gang *beim Auto*; **nuk i fus dot marshin e dytë** ich kann den 2. Gang nicht einlegen; ~ **për mbrapa** Rückwärtsgang *tech.*
marshoj marschieren
martalloz-i *hist.* Martolose *Freischärler in osman. Zeit*
mart|ë, -a, e Dienstag; **të martën mbrëma** Dienstag abend
martes|ë, -a Heirat, Ehe; **unazë e martesës** Trauring
martesor, -e ehelich, Ehe- ; **lidhje martesore** eheliche Beziehungen
Martinik|ë, -a Martinique
martir-i, *pl.* -ë-t Märtyrer
martohem heiraten
martoj verheiraten, heiraten; **të porsa martuarit** Hochzeitspaar, Jungvermählte
martuar, i/e verheiratet
marul|e, -ja Kopfsalat; **sallatë marule** grüner Salat
marzh-i Marge, Verdienstspanne, Preisspanne
mas *s/t* messen; ~ **pulsin** den Puls fühlen
masak|ër, -ra, *pl.* -ra-t Massaker
masakroj massakrieren
masázh-i Massage
masazhator-i Masseur
mas|ë, -a Maß, Maßnahme, Maßregel; **marr masa** Maßnahmen ergreifen; ~ **mjekësore** Heilmaßregel, Heilmaßnahme; **masa disiplinore** Disziplinarmaßnahmen; ~ **edukuese** Erziehungsmaßregel; ~ **gjatësie** Längenmaß; ~ **mjekësore**

Heilmaßregel, Heilmaßnahme
masiv, -e massenhaft, Massen- ; **sport ~** Breitensport, Massensport
masivizoj verbreiten; **~ kulturën** die Kultur verbreiten
maskar|á-i, *pl.* -enj-të Lump, Schurke, Schuft
maskarad|ë, -a Maskerade
maskarallë|k-u, *pl.* -qe-t Schurkerei, Gaunerei
mask|ë, -a Maske; **~ mbrojtëse** Schutzmaske; **ballo me maska** Maskenball
maskoj maskieren
mason-i, *pl.* -ë-t Freimaurer
masoneri-a Freimaurerei
mastik|ë, -a Anis, Anisschnaps; Mastix
mashallá ⟨*Int.*⟩ um Gottes willen, bei Gott; viel; **~, sa e bukur!** bei Gott, wie schön!
mashallá -ja *veralt.* Kienspan, Öllеuchte; Talisman
mashanak, -e aus Mashan
máshkull-i, *pl.* méshkuj-t Mann, Junge; Männchen; **mashkull a femër?** Mädchen oder Junge?, Männchen oder Weibchen?
mashkullor, -e männlich, maskulin *spr.*
mashkullorit, -e aus Mashkullora
mashtrim-i Betrug
mashtroj betrügen, täuschen
mashurk|ë, -a Stangenbohnen, Brechbohnen, grüne Bohnen
mat-i Matt *Schach*
matanë ⟨*adv.*⟩ gegenüber; **dal ~** durchkommen, etw. schaffen
matar|e, -ja = **matará-ja** Feldflasche; Milchkanne
matem sich anschicken zu, vorhaben; **u mat të thoshte diçka** er wollte etwas sagen
matem-i Fastenzeit *der Bektaschis*
matematik, -e mathematisch
matematik|ë, -a Mathematik
matematikan-i Mathematiker
material, -e materiell
material-i, *pl.* -e-t Material; **materiale shtypi** Drucksache
materializ|ëm, -mi Materialismus; **~ dialektik** dialektischer Materialismus, Diamat
materi|e, -a Materie *phi.*
maternitet-i Entbindungsstation, Wöchnerinnenstation
matës-i Meßgerät, Meßbecher
Mathauzen-i *ON* Mauthausen
matj|e, -a Maß, das Messen; Messung, Abmessung, Ausmaß

matrapaz-i, *pl.* -ë-t Schieber, Schwarzhändler

matrapazllë|k-u, *pl.* -qe-t Schieberei, Schwarzhandel

matravid|ë, -a Schraubenmutter, Mutter *tech.*

matriarkat-i Matriarchat

matric|ë, -a Matrize; ~ **shtypshkronje** Druckmatrize

matrikú|ll-i, *pl.* -j-t Matrikel, Verzeichnis; Erkennungsmarke; ~ **i ushtarit** Erkennungsmarke *mil.*

matufepsem ⟨*pass*⟩ verkalken, verkalkt sein

matufosem an Altersschwachsinn leiden, verkalken

maturant-i, *pl.* -ë-t Abiturient

matur|ë, -a Reifeprüfung, Matura, Abitur

maun|ë, -a Leichter *naut.*, Lastkahn

Mauritaní-a Mauretanien

mauzer-i, *pl.* -ë-t Mauser-Pistole, Mauser-Gewehr

mauzolé-u Mausoleum

maví blau

mavrovjot, -e aus Mavrova

maxhallëk-u, *pl.* -ë-t Stützbalken

mazut-i Masut *Brennstoff*

mbaj, -ta, -tur halten, aufhalten, tragen, beanspruchen; ~ **sy të hapur** die Augen offen halten; **i mbaj mëri** böse sein auf jem.; ~ **karantinë** in Quarantäne bleiben

mbajtës|e, -ja Ständer, Halter, Kleiderhaken; ~ **sheqeri** Zuckerdose; ~ **çorapesh** Strumpfhalter, Straps; ~ **piperi** Pfefferstreuer; ~ **veze** Eierbecher

mbajtj|e, -a Unterhaltung; Aufbewahrung

mbarë, i/e ganz, richtig, glatt, ordentlich; glücklich, ungehindert; **rrugë të mbarë!** glückliche Reise!; **mbarë bota** die ganze Welt; **për së mbari** ungehindert, ordentlich, wohlgemut

mbares|ë, -a Endung *spr.*; ~ **vetore** Personalendung

mbaresor, -e Endungs-

mbaroj beenden

mbars schwängern; begatten, besamen

mbarsem schwanger werden

mbarsj|e, -a Besamung, Befruchtung; ~ **artificiale** künstliche Befruchtung

mbart = **bart** tragen

mbartem umziehen

mbaruar, i/e beendet, vergriffen, ausverkauft

mbas ⟨+ *Abl*⟩ nach; ~ **buke** Nachtisch

mbasdite nachmittags

mbasi = **pasi** weil, nachdem

mbath anziehen *Schuhe*

mbathj|e, -a Beschlag *Huf*; Schuhwerk; Unterhose; ~ **banje** Badehose
mbes *s/t* bleiben
mbes|ë, -a Nichte; **e mbesa** seine/ihre Nichte
mbetem, *aor.* mbeta bleiben; ~ **pezull** in der Schwebe bleiben
mbetëz-a Überleben
mbetj|e, -a Restbestand, Restposten; Differenz *math.*; **mbledh zbritësin me mbetjen** den Subtrahend zur Differenz addieren
mbeturin|ë, -a Überrest, Rest, Überbleibsel
mbërtheck|ë, -a Reißnagel, Reißzwecke
mbërthej zuknöpfen
mbërthim-i Implosion *spr.*
mbërthyes, -e implosiv *spr.*
mbërrij ankommen, eintreffen
mbështetem në sich stützen auf
mbështetës, -e stützend, Stütz-
mbështetes|ë, -a Stütze
mbështetj|e, -a das Stützen; ~ **në forcat e veta** das Fußen auf eigenen Kräften
mbështjell *e/i/o* einwickeln, einpacken; **letër mbështjellëse** Einwickelpapier, Packpapier
mbi ⟨+ *Akk*⟩ auf; ~ **këto e sipër** unterdessen
mbidialektor, -e überdialektal, mundartübergreifend
mbiem|ër, -ri, *pl.* -ra-t Zuname, Familienname; Adjektiv, Eigenschaftswort; ~ **i emërzuar** substantiviertes Adjektiv; ~ **i nyjshëm** Adjektiv mit vorangestelltem Gelenkartikel; ~ **i panyjshëm** Adjektiv ohne Gelenkartikel; ~ **përkatësie** Possessivadjektiv *spr.*
mbiemëror, -e adjektivisch
mbij aufgehen *Saat*; entstehen; auftauchen
mbijetoj überleben
mbijetoj|ë, -a das Überleben
mbikëqyr bewachen; kontrollieren
mbikëqyrj|e, -a Überwachung, Kontrolle
mbiklasor, -e über den Klassen stehend
mbill, s. **mbjell**
mbinatyrsh|ëm, -me, i/e = **mbinatyror**, -e übernatürlich
mbindjeshmëri-a Überempfindlichkeit
mbingarkoj überlasten
mbingroh überhitzen
mbingrohj|e, -a Überhitzung
mbinjerëzor, -e übermenschlich
mbipasnésër ⟨*adv*⟩ überübermorgen

mbipesh|ë, -a Übergewicht
mbiprodukt-i Mehrprodukt *ök.*
mbishkrim-i Inschrift, Aufschrift
mbishqisor, -e übersinnlich
mbishtekth-i Epiglottis, Kehldeckel
mbishtes|ë, -a angehängte Partikel; Aufsatz, Verlängerungsstück
mbishtres|ë, -a Superstrat *spr.*
mbitension-i, *pl.* -e-t Überspannung *tech.*
mbiton-i mitklingender Ton; Oberton
mbivendosj|e, -a Auflage, das Darauflegen; ~ **rrokjesore** Silbenschichtung
mbivler|ë, -a Mehrwert *ök.*
mbivlerësoj überbewerten
mbizotëroj vorherrschen
mbjell *e/i/o* säen, anbauen
mblat|ë, -a Oblate *rel.*
mbledh *e/i/o* sammeln, pflücken; ~ **veten** die Fassung bewahren; sich fassen; ~ **kallaballëkun** sich zusammenreißen, keinen Unsinn reden; ~ **leckat** die Klamotten einpacken; ~ **veten** die Fassung bewahren; sich fassen
mbledhës-i Sammler
mbledhj|e, -a Versammlung, Sammlung
mbleséri-a Brautwerbung, Heiratsvermittlung
mblidh, **mblodha**, s. **mbledh**
mbolla, s. **mbjell**
mborjar, -e aus Mborja
mbrakullit, -e aus Mbrákulla
mbrapa ⟨+ *Abl*⟩ hinter
mbrapa ⟨*adv.*⟩ = **prapa** hinten
mbraphshtë, i/e gemein, niederträchtig, infam, flegelhaft
mbrapsht ⟨*adv*⟩ zurück
mbrapshtí-a Infamie, Niedertracht, Gemeinheit, Flegelei
mbres|ë, -a Narbe; Spur, Abdruck; Eindruck; **mbresa të para** erste Eindrücke; **mbresa lie** Pockennarben
mbret-i, *pl.* -ër-it König, Sultan
mbretëresh|ë, -a Königin; Dame *Schach*
mbretërí-a Königreich, Reich *fig.*; ~ **e qiellit** Himmelreich; ~ **shtazore** Tierreich
mbretërim-i Herrschaft
mbretëroj herrschen; **mbretëron heshtja** Schweigen herrscht
mbretëror, -e königlich
mbretvrasës-i Königsmörder
mbrëma ⟨*adv*⟩ = **në mbrëmje** = **mbrëmanet** abends

mbrëmë ⟨*adv*⟩ gestern abend
mbrëmj|e, -a Abend; **mbrëmjeve** abends, am Abend; ~ **vallëzimi** Tanzabend
mbroj -ta, -tur verteidigen, schützen
mbrojtës-i Verteidiger *spo.*
mbrojtj|e, -a Verteidigung, Schutz; ~ **civile** Zivilschutz, Zivilverteidigung, Luftschutz; ~ **e nevojshme** Notwehr *jur.*; ~ **kundërajrore** Luftschutz; ~ **në punë** Arbeitsschutz *jur.*
mbroth Fortschritte machen
mbroth ⟨*adv*⟩ vorwärts; **puna vente mbroth** die Arbeit schritt gut voran
mbruj kneten, formen
mbufat aufblähen, vollstopfen
mbules|ë, -a Decke, Tischdecke; Abdeckung, Deckel; Verdeck, Dach; ~ **kapaku** Schutzumschlag; ~ **krevati** Bettdecke; ~ **tavoline** Tischtuch, Tischdecke
mbuloj bedecken, decken; beerdigen; zurücklegen *Strecke*; **pishinë e mbuluar** Hallenbad; **mbuluar me një tis avull** bedeckt mit einem Schleier von Dampf
mburoj|ë, -a Schild; Schutzschild, Schutzplatte; befestigte Stellung *mil.*
mburrem angeben, prahlen
mbush füllen, ~ **moshën** Alter erreichen; **e mbushi çantën deng** er machte die Tasche randvoll; **speca të mbushur** gefüllte Paprika
mbushem sich füllen, gefüllt werden
mbúshur-a, e die Füllung *Zahn*
mbyll schließen; ~ **telefonin** den Hörer auflegen; **i/e mbyllur në guaskën e vet** zurückgezogen, introvertiert
mbyllët, i/e = **mbyllur**, i/e geschlossen, verschlossen, zu; verschlüsselt
mbyllj|e, -a Verschluß, Okklusion *spr.*; ~ **laringale** Kehlkopfverschluß, Knacklaut *spr.*
mbylltësí-a Geschlossenheit, Verschlossenheit
mbylltor|e, -ja Verschlußlaut, Okklusiv *spr.*, Klusil *spr.*
mbys *s/t* ertränken, töten, umbringen
mbytem untergehen, ertrinken; **anija mbytet** das Schiff sinkt
mbytj|e, -a das Ertrinken; das Sinken; **në ~ e sipër** kurz vor dem Untergang, beim Sinken

me ⟨+ *Akk*⟩ mit; ~ **se?** womit ?; ~ **sa** soweit; **jam ~ borxhe** verschuldet sein
me aeroplan per Luftpost
me anë të ⟨+ *G*⟩ durch, vermittels
me avion per Luftfracht
me barrë schwanger
me ç' soweit; **me ç'vërej** soweit ich bemerke
me çmim të ulët preiswert
me dashje vorsätzlich
me dritë hell
me ëndje gern
me figura bebildert
me gjallëri lebhaft
me gjithë qejf gern, mit Vergnügen
me gojë mündlich
me habi verwundert
me hata versehentlich, aus Versehen
me kapërcim të ⟨+ *G*⟩ in Überschreitung von *jur.*
me faj schuldhaft
me kërkesë të ⟨+ *G*⟩ auf Antrag von
me këste auf Raten
me konsekuencë konsequent
me kusht që unter der Bedingung, daß
me mendjelehtësi leichtfertig *jur.*
me mirësjellje höflich
me nderime, me nderimet më të thella hochachtungsvoll *Briefschluß*
me ngut eilig, übereilt; dringend
me pakicë en détail
me pakujdesi fahrlässig *jur.*
me përjashtim ausgeschlossen, exklusiv
me qëllim që damit
me radhë hintereinander, nacheinander
me rezervë unter, Vorbehalt
me rëndësi wichtig
me rrëmbim hastig, jäh, heftig
me salltanet pompös, protzig
me sukses! viel Erfolg!
me shëndet gesundheitlich; gesund
me shënime annotiert
me shërbim dienstlich
me shkrim schriftlich
me shumicë en gros
me tërbim erbittert
me urgjencë dringend, eilig
me vend angemessen
me vetëdije bewußt *jur.*
me vrap geschwind, rasch
me zë të lartë laut
medalj|e, -a Medaille, Orden
medet *Int.* = **hajmedet** o weh!; **bëj medet** *hajmedet* klagen
Medin|ë, -a *ON* Medina
mediokritet-i Mittelmäßigkeit
medresé-ja theologische Akademie, Seminar *islamisch*

meduz|ë, -a Qualle
megaloman, -e = **mendjemadh**, -e größenwahnsinnig
megalomaní-a Größenwahn
megjithatë ⟨*Konj.*⟩ trotzdem, nichtsdestoweniger
megjithëkëtë trotzdem
megjithëqë = **mejithëse** obwohl, obgleich, wenngleich
Mehmet-i *NP* Mohammed
meit-i *veralt.* Leiche; **bëhem** ~ leichenblaß werden
mejdan-i, *pl.* -e-t *veralt.* Platz; Kriegsschauplatz, Kampf
mejhan|e, -ia Kneipe
mejhanexhí-u, *pl.* -nj-të Kneipier
mejtep-i, *pl.* -e-t *veralt.* Schule, Klippschule; Koranschule
Mek|ë, -a *ON* Mekka
mekam-i, *pl.* -e-t *muslim.* Heiligengrab
mekanik, -e mechanisch
mekanik-u Mechaniker, Autoschlosser, Schlosser
mekanik|ë, -a Mechanik
mekaniz|ëm, -mi Mechanismus
mekanizoj mechanisieren
mekem keuchen, Atembeschwerden haben, keine Luft bekommen
Meksik|ë, -a = **Meksiko** Mexiko
meksikan, -e mexikanisch
mekth-i Ohnmacht *med.*
mel-i Hirse *bot.*
melankolí-a Melancholie
melankolik, -e melancholisch, traurig, schwermütig
melas|ë, -a Melasse
melhem-i, *pl.* -e-t *veralt.* Balsam; Salbe *med.*, Wundsalbe
melodí-a Melodie; ~ **e ligjërimit** Sprachmelodie
melodish|ëm, -me, i/e melodisch
melodram|ë, -a Melodrama
mellan-i *veralt.* Tinte
memaljot, -e aus Memalíaj
memec, -e stumm
memecim-i Verstummen
Memo, s. **Mehmet**-i
memur-i, *pl.* -ë-t *veralt.* Beamter, Bürohengst
mençur, i/e klug
mend-të *n.* Geist, Denken, Erinnerung; **i vetoi ndër mend** es schoß ihm durch den Kopf; **shkoj nëpër mend** in den Sinn kommen
mendar-i Weiser, Schlaukopf
mend|ër, -ra, *pl.* -ra-t Pfefferminze *bot.*
mendësí-a = **mentalitet**-i Mentalität
mendim-i das Denken
mendimtar-i Denker
mendj|e, -a Vernunft, Geist, Ratschlag, Denken; **më**

rri mendja mir steht der Sinn nach; **vras mendjen** sich den Kopf zerbrechen
mendjehollë scharfsinnig
mendjelehtësí-a Leichtsinn, Leichtfertigkeit; **me ~** leichtfertig *jur.*
mendjemadhësí-a Größenwahn
mendohem überlegen; beabsichtigen, vorhaben
mendoj denken
mendor, -e geistig
meningjit-i Hirnhautentzündung, Meningitis *med.*
mens|ë, -a Mensa, Kantine
menstruacione-t Regel, Periode, Menstruation, Monatsblutung
mentesh|ë, -a Scharnier
ment|ë, -a Pfefferminzlikör; Pfefferminzbonbons
menú-ja = **meny**-ja Speisekarte
menjëherë ⟨*adv.*⟩ sofort
menjëhersh|ëm, -me, i/e sofortig, umgehend, unmittelbar
meqë ⟨*Konj*⟩ dadurch, daß; weil
meqenëse da, weil
merak-u, *pl.* -e-t Begierde, Sehnsucht; Sorge, Sorgfalt; Ungewißheit, Zweifel; **mos ki ~** keine Sorge!, keine Beunruhigung!; **bëhem merak** hellhörig, werden aufmerken
meraklí, -e sorgfältig; besorgt; **mjeshtër merakli** sorgfältiger Handwerker
merakosem sorgen, sich Sorgen machen
mercenar-i Söldner
merceolog-u, *pl.* -ë-t Warensachverständiger *ök.*, Warenkundler, Warenexperte
meremetoj reparieren
mereqep-i *veralt.* Tinte
Merilend-i Maryland
merimang|ë, -a Spinne
merit|ë, -a Verdienst
meritoj verdienen
merkur-i Quecksilber *chem.*
mermer-i, *pl.* -ë-t Marmor
mermertë, i/e marmorn, aus Marmor
mermë, -e, i/e wohlriechend, duftend
merrem me ⟨+ *Akk*⟩, s. **marr** sich beschäftigen mit
mes ⟨+ *Abl.*⟩ inmitten, unter, zwischen; **~ nesh** unter uns
mes-i, *pl.* -e-t Mitte
mesap, -e messapisch
mesatar, -e durchschnittlich, Durchschnitts-
mesazh-i, *pl.* -e-t Botschaft, formelles Schreiben; **~ urimi** Glückwunschschreiben

mesdit|ë, -a Mittag
mesditës-i = **meridian**-i, *pl.* -ë-t Meridian
Mesdhe-u Mittelmeer, Mittelmerraum
mesdhetar, -e mittelmeerländisch, mediterran
meselé-ja *veralt.* Geschichte; Problem; ~ **e koklavitur** verzwickte Sache
mes|ëm, -me, i/e mittel
mesgjuhor, -e Mittelzungen-, dorsal *spr.*
Mesin|ë, -a *ON* Messina
mesjan, -e aus Mes
mesjet|ë, -a Mittelalter
meskin, e kleinlich
mesnat|ë, -a Mitternacht
mesor, -e inlautend, medial *spr.*; **diatezë mesore** Medium *spr.*
mesor|e, -ja Medium *spr.*; ~**-pësore** Mediopassiv
meshar-i, *pl.* -ë-t Meßbuch, Missale
mesh|ë, -a *rel.* Hostie *orthodox*; Messe *kathol.*
meshoj zelebrieren, lesen *Messe*
meshtar-i Pfarrer
meshtarí-a Pfarramt
metafizik, -e metaphysisch
metafizik|ë, -a Metaphysik
metafoní-a Umlaut *spr.*
metafor|ë, -a Metapher
metaforik, -e metaphorisch, übertragen
metagjuhësí-a Metalinguistik *spr.*
metal-i, *pl.* -e-t Metall
metalik, -e metallisch, Metall-
metaltë, i/e metallen, metallisch
metalurgjí-a Metallurgie, Metallverarbeitung
metamorfoz|ë, -a Metamorphose
metatez|ë, -a Metathese *spr.*, Umstellung; ~ **fqinjësore** Nahversetzung, Kontaktversetzung; ~ **largësore** Fernversetzung
metatoní-a Metatonie *spr.*
metë, i/e unzureichend, ungenügend, mangelhaft
met|ë, -a, e Fehler, Mangel, Schwäche; **të meta teknike** technische Mängel
met|ër, -ri, *pl.* -ra-t Meter *m*; ~ **katror** Quadratmeter *qm*; ~ **kub** Kubikmeter *cbm*
metod|ë, -a Methode
metodik, -e methodisch
metodik|ë, -a Methodik
metodologjí-a Methodologie
metonimí-a Metonymie *spr.*
metonimik, -e metonymisch *spr.*
mevlud-i, *pl.* -e-t Geburtstag des Propheten Mohammed *rel.*
mezat-i *veralt.* Versteige-

rung, Auktion
mezé-ja Appetithappen, Vorspeise
mezerí-a Wurstbraterei, Bratwurststand, Imbißbude
mezí ⟨*adv*⟩ kaum; ~ **ç' pret të ...** er kann es kaum erwarten, daß; ~ **e mbante zemërimin** er konnte kaum seine Wut im Zaum halten
më *1* = ~ **tepër** mehr; ~ **parë** vorher, früher, zuvor; ~ **së shumti** meistens, zumeist, am meisten; **më se e kryer-a** Plusquamperfekt *spr.*; **përherë e më vështirë** immer schwerer, immer schwieriger
më, *2* s. **unë** mir, mich; mein; **kë po më shikojnë sytë?!** Wen sehen denn da meine Augen?!; ~ **duket** anscheinend; ~ **ëndet** es sagt mir zu; ~ **falni!** Entschuldigung!; ~ **gërditet** mir ist zum Kotzen; ~ **shijon** es schmeckt mir
më ⟨+ *Akk*⟩ *3* am, auf, zu; ~ **dy korrik** am 2. Juli; ~ **dysh** entzwei; ~ **këmbë** zu Fuß
mëditj|e, -a Tageslohn *ök.*; **punëtor me** ~ Tagelöhner, Lohnarbeiter
mëhall|ë, -a *veralt.* Stadtviertel; Menge
mëkat-i, *pl.* -e-t Sünde
mëkatar-i Sünder
mëkatoj sündigen
mëkatsh|ëm, -me, i/e sündig, sündhaft
mëkëmb-auf die Beine bringen; wieder aufrichten
mëkoj füttern
mëkres|ë, -a Grabstein
mëlçí-a Leber; **cirrozë e mëlçisë së zezë** Leberzirrhose *med.*
mëlmej fetten, Fett zur Speise hinzufügen
mëllag|ë, -a Malve *bot.*, Eibisch
mëllenj|ë, -a Amsel
mëm|ë, -a Mutter
mëmëdhé-u Vaterland, Heimat
mëmëlig|ë, -a Maisbrei, Polenta
mëmësí-a Mutterschaft *jur.*
mëmëzonj|ë, -a Großmutter
mënd stillen, die Brust geben, säugen
mëndafsh-i Seide; ~ **kërmëz** dunkelrote Seide
mëndesh|ë, -a Amme
mëneresh, -e aus Mener
mëng|ë, -a Ärmel; **fustani ka mëngët e gjata** das Kleid hat zu lange Ärmel
mëngjes-i, *pl.* -e-t Morgen, Frühstück; **mëngjeseve** morgens; **sot në mëngjes** heute morgen
mëngjesor, -e Morgen-

mëngjesor|e, -ja Imbißstand, Frühstücksbude
mëngjër, i/e link; schielend; **këmba e ~** linker Fuß
mënoj = **vonoj** aufhalten, verzögern
mënyr|ë, -a Art und Weise, Modus, Manier; **~ habitore** Admirativ *spr.*; **~ e prodhimit** Produktionsweise; **~ e pagesës** Zahlungsweise; **plotës mënyre** Umstandsbestimmung der Art und Weise *spr.*
mënyror, -e modal
mënjanë ⟨*adv*⟩ seitlich, seitwärts
mënjanëri-a Gleichgültigkeit
mënjanoj umgehen, vermeiden
mënjill|e, -ja, *pl.* -e-t *rel.* Vigilfasten *kathol.*
mëparsh|ëm, -me, i/e früher, vorig, vorherig, vorhergehend
mërdhij frieren, frösteln
mërgim-i Exil, Emigration
mërgohem auswandern
mërgoj ausweisen, ins Exil schicken
mëri-a Haß; **i mbaj mëri** böse sein auf jem.
mërij hassen
mërish|ëm, -me, i/e hassenswert, gehässig
mërkur|ë, -a, e Mittwoch; **e mërkurë e përhime** Aschermittwoch
mërsin|ë, -a Myrte *bot.*
mërtinll|i, -eshë aus Mertinj
mërzí-a Haß, Laune
mërzitem sich langweilen, überdrüssig sein; **hajt, mos u mërzit** laß es dich nicht verdrießen
mësim-i Lektion, Unterricht; **çaloj në mësime** im Unterricht zurückbleiben
mësipërm, -e, i/e obig, Ober; **kat i ~** Obergeschoß
mësoj lernen
mësues-i Lehrer
mësues|e, -ja Lehrerin
mësyj angreifen
mësymës, -e Angriffs- ; **luftë mësymëse** Angriffskrieg
mësymj|e, -a Angriff, Attacke
mëshir|ë, -a Erbarmen, Mitleid
mëshiroj bedauern, bemitleiden
mëshoj lasten; schlagen; betonen; **u mëshoi rremave** er legte sich in die Riemen
mëtejsh|ëm, -me, i/e weiter
mëvetësish|ëm, -me, i/e autosemantisch; **fjalë mëvetësishme** semantisch selbständiges Wort
mëvonsh|ëm, -me, i/e später
mëz-i, *pl.* -a-t Fohlen, Füllen
mëzdrak-u, *pl.* -ë-t Lanze, Spieß; Keule
mëzezjan, -e aus Mëzez

mëzhdrav|ë, -a Weichselkirsche *bot.*
mi, *1* s. **im** meine *m. Pl.*; *2* = **mbi**
mi-u, *pl.* -nj-të Maus
miçanll|i, -eshë aus Miçan
midis ⟨+*Abl*⟩ unter, zwischen; ~ **tjerave** unter anderem
midhj|e, -a Muschel, Miesmuschel
miell-i Mehl
miellt, i/e mehlig, Pulver-; **qumësht i miellt** Trockenmilch
migren|ë, -a Migräne *med.*
mijë tausend; **një mijë** eintausend
mijësh|e, -ja Tausender
mijëvjeçar, -e tausendjährig
mijëvjetor-i Millennium, Tausendjahrfeier
mijtë, i/e der tausendste
mi|k-u, *pl.* -q-të Freund
mik|e, -ja = **mikesh|ë**, -a
Miken|ë, -a *ON* Mykene
mikesh|ë, -a Freundin
mikpritës, -e gastfreundlich
mikpritj|e, -a Gastfreundschaft
mikrob-i, *pl.* -e-t Mikrobe
mikroborgjez-i Kleinbürger
mikroborgjez, -e kleinbürgerlich; **zemërbutësi-a mikroborgjeze** kleinbürgerliches Mitleid
mikrobus-i Kleinbus
mikrofilm-i Mikrofilm
mikroskop-i, *pl.* -ë-t Mikroskop
Milano-ja *ON* Mailand
miliard-i, *pl.* -ë-t, -a-t Milliarde
milic-i, *pl.* -ë-t Milizionär
milici-a Miliz
milimet|ër, -ri, *pl.* -ra-t Millimeter *mm*
milingon|ë, -a Ameise
milion-i, *pl.* -ë-t Million
milioner-i, *pl.* -ë-t Millionär
militariz|ëm, -mi Militarismus
militarizoj militarisieren
militoj kämpfen, militant sein
milítues, -e kämpferisch
milj|e, -a Meile *M*
mill-i, *pl.* -e-t Scheide *für Stichwaffen*
mimoz|ë, -a *bot.* Mimose
minahedhës|e, -ja = **minavënës|e**, -ja Minenwerfer *mil.*
minaheqës|e, -ja = **minambledhës|e**, -ja
minakërkues-i Minensuchgerät
minambledhës|e, -ja Minenräumboot, Minensuchboot
minandezës-i = **zjarrmëtar**-i Feuerwerker
minar|e, -ja Minarett, Moscheeturm
minator-i Bergmann; **kaskë**

minatori Bergmannshelm; **qytezë e minatorëve** Bergmannssiedlung, Bergarbeitersiedlung
minder-i, *pl.* -e-t Sofa, Diwan, Polsterbank, Matratze
mineral, -e mineralisch, Mineral-
mineral-i, *pl.* -e-t Mineral
mineralogjí-a Mineralogie
min|ë, -a Mine
miniatur|ë, -a Miniatur; **shtëpi në miniaturë** Miniaturhaus
minier|ë, -a Bergwerk, Mine
minifund-i, *pl.* -e-t Minirock
minimal, -e minimal; **çift** ~ Minimalpaar *spr.*
minimum-i Mindestmaß
minist|ër, -ri Minister
ministrí-a Ministerium; ~ **e punëve të jashtme** Außenministerium
minoj untergraben
minoritar, -e Minderheiten-; **shkollë minoritare** Minderheitenschule
minoritet-i Minorität, Minderheit
minuet-i, *pl.* -e-t Menuett *mus.*
minuk-i, *pl.* -ë-t Mäuschen
minus-i, *pl.* -e-t Minus-Zeichen
minut|ë, -a Minute
miop, -e kurzsichtig *med.*
miopí-a Kurzsichtigkeit *med.*
miqësí-a Freundschaft; **shoqata e miqësisë** Freundschaftsgesellschaft
miqësoj befreunden, anfreunden
miqësor, -e freundschaftlich
mira, e das Gut
miratoj billigen, zustimmen
mirazh-i, *pl.* -e-t Fata morgana, optische Täuschung
mirditor, -e aus Mirdita
mirë, i/e gut; **mirë** ⟨*adv*⟩ gut; **jam mirë** es geht mir gut; **bëftë** ~ guten Appetit; ~ **se vjen** [*erdhe/erdhët*] willkommen; **e mir|ë**, -a das Gut, das Wohl; **në të mirë të** ⟨+ *Gen*⟩ zugunsten von
mirëbesim-i Vertrauenswürdigkeit, Bonität; Gutgläubigkeit
mirëbërës-i Wohltäter
mirëfilltë, i/e eigentlich; im engeren Sinn
mirëní-a Wohlstand
mirënjohës, -e erkenntlich, dankbar, verpflichtet
mirënjohj|e, -a Erkenntlichkeit, Dankbarkeit
mirëpo jedoch, indessen
mirëqeni|e, -a Wohlstand, Wohlergehen
mirësí-a Güte
mirësjellj|e, -a Höflichkeit, gutes Benehmen; **me** ~ höflich

miro-ja Salböl *rel.*
miros ölen, salben
mirosj|e, -a Ölung
mirupafshim! auf Wiedersehen!
mis|ër, -ri Mais; ~ **foragjer** Futtermais
mision-i, *pl.* -e-t Mission
misionar-i, *pl.* -ë-t Missionar
Misolongji *ON* Missolunghi
mister-i, *pl.* -e-t Mysterium, Geheimnis
misticiz|ëm, -mi Mystizismus
mistifikoj mystifizieren, vernebeln
mistik|ë, -a Mystik
misur-i, *pl.* -ë-t Steingutschüssel, Schüssel
Misuri *FN* Missouri
mish-i, *pl.* -ra-t Fleisch; ~ **sade** Fleisch ohne Beilage; ~ **i gjallshëm** schieres Fleisch; ~ **i grirë** Hackfleisch, Gehacktes; ~ **i pjekur** Braten; ~ **i tymosur** Räucherfleisch; **u zbalt mishi** das Fleisch ist verdorben
mishërim-i Verkörperung, Darstellung
mishëroj verkörpern
mishmash-i, *pl.* -e-t Mischmasch
mit-i, *pl.* -e-t Mythos, Sage
mitar, -e unschuldig; zahm; minderjährig; **vajzë mitare** minderjähriges Mädchen
mit|ë, -a Bestechungsgeld *jur.*; **dhënie e mitës** aktive Bestechung
mit|ër, -ra, *pl.* -ra-t Gebärmutter, Uterus *med.*; Mitra
mitik, -e mythisch, sagenhaft
Mitilen|ë, -a *ON* Mytilene
mitin|g-u, *pl.* -gje-t Massenversammlung
mitologji-a Mythologie
mitos bestechen
mitraljer-i, *pl.* -ë-t MG-Schütze
mitraloz-i, *pl.* -a-t Maschinengewehr
mitropoli-a Metropolie *rel.*, Bischofsamt *orthodox*
mitropolit-i, *pl.* -ë-t Metropolit *rel.*, Bischof *orthodox*
mitur, i/e minderjährig
mituri-a Minderjährigkeit *jur.*
miush-i, *pl.* -ë-t Mäuschen
miz|ë, -a Fliege, Mücke
mizor, -e blutrünstig, grausam
mjaft ⟨*adv.*⟩ genug
mjaftoj genügen; **mjafton me kaq** das genügt
mjalt|ë, -i Honig
mjedasor, -e aus Mjeda
mjedis-i, *pl.* -e-t Milieu, Umwelt, Ambiente; **çndotje e mjedisit** Entgiftung der Umwelt
mjégull-a Nebel, Dunst
mjegulloj vernebeln

mjégullt, i/e neblig, vernebelt
mjek-u, *pl.* -ë-t Arzt; ~ **dhëmbësh** Zahnarzt
mjek|e, -ja Ärztin
mjek|ër, -ra, *pl.* -ra-t Bart
mjekësí-a Arztberuf, Medizin
mjekim-i ärztliche Behandlung; Heilung; ~ **i detyruar** Zwangsheilung *jur.*; ~ **ambulator** ambulante Behandlung
mjekoj behandeln, kurieren
mjel *e/i/o* melken
mjelës-i Melker
mjelm-i Euter, Zitze
mjerë, i/e arm, erbarmungswürdig, erbärmlich
mjerim-i Elend, Unglück
mjerisht *adv* leider
mjeruesh|**ëm**, -me, i/e bemitleidenswert
mjésht|**ër**, -ri, *pl.* -r-it Meister, Baumeister; ~ **merakli** sorgfältiger Handwerker
mjeshterí-a Handwerk
mjet-i, *pl.* -e-t Mittel; ~ **i prodhimit** Produktionsmittel; ~ **i luftimit** Kampfmittel; ~ **i rrezikut të përbashkët** gemeingefährliches Mittel; ~ **pastrimi** Reinigungsmittel; **mjete transporti** Transportmittel; **mjetet e xhiros** die Umlaufmittel, das Geld im Umlauf
mjetor|**e**, -ja Instrumentalis *spr.*
mllef i Zorn, Wut, Haß
mllefqar-i, *pl.* -ë-t Wüterich
mobili|**e**, -a Möbel, Mobiliar
mobilierí-a Möbel; Möbelfabrik
mobilizim-i Mobilmachung
mobilizoj mobilmachen *mil.*, mobilisieren
mobiloj möblieren
moçal-i, *pl.* -e-t Sumpf, Morast
moç|**ëm**, -me, i/e alt, betagt, bejahrt
mod|**ë**, -a Mode; **dal mode** aus der Mode kommen
model-i, *pl.* -e-t Modell
modelim-i Modellierung, Modellbildung
modeloj modellieren
modern, -e modern, modisch, chic
moderniz|**ëm**, -mi Modernismus, die Moderne
modernizoj modernisieren
modest, -e bescheiden
modestí-a Bescheidenheit
modifikoj modifizieren
modist|**e**, -ja Damenschneiderin, Modistin
moglicar, -e aus Moglica
mohim-i Verneinung, Negation
mohoj verneinen, negieren
mohues, -e negativ, privativ
moj *Int.* du! *f.* s. **more**; **fol**,

moj! sprich! *an eine Frau gerichtet*
mók|ër, -ra, *pl.* -ra-t Mühlstein
mokrar, -e aus Mokra
mol-i, *pl.* -e-t Kai, Mole, Landungssteg
Moldaví-a Moldau, Moldawien
moldavian, -e aus Moldau
molekul|ë, -a Molekül
moleps anstecken, infizieren
molepsj|e, -ja Ansteckung
molibden-i Molybdän *chem.*
molis ermüden
mollasak, -e aus Móllas
moll|ë, -a Apfel; ~ **dimërake** Winterapfel
mollëz-a Backenknochen, Wange, Backe; Fingerkuppe
moment-i, *pl.* -e-t Moment, Augenblick
Monako-ja *ON* Monaco
monark-u, *pl.* -ë-t Monarch
monarkí-a Monarchie
monarkik, -e monarchisch
monarkist-i Monarchist
monarkiz|ëm, -mi Monarchismus
mondan, -e mondän, weltläufig; **sjellje mondane** gewandtes Auftreten
monedh|ë, -a Münze
mongol, -e mongolisch
Mongolí-a Mongolei
monofton|g-u, *pl.* -gje-t Monophthong *spr.*
monoftongim-i Monophthongierung *spr.*
monogjenez|ë, -a Monogenese *spr.*
monók|ël, -la, *pl.* -a-t Monokel
monolit, -e monolithisch
monolit-i, *pl.* -e-t Monolith
monolog-u, *pl.* -ë-t Monolog, Selbstgespräch
monopol-i, *pl.* -e-t Monopol, Staatsregie; **monopol i tregtisë së jashtme** Außenhandelsmonopol
monopolist-i Monopolist
monoteist, -e monotheistisch
monoteiz|ëm, -mi Monotheismus
monotip-i, *pl.* -a-t Monotype *Setzmaschine*
monoton, -e monoton
monotoní-a Monotonie
Monreal-i *ON* Montreal
Montekarlo-ja *ON* Monte Carlo
montim-i = **montazh**-i Montage
montoj montieren
monument-i, *pl.* -e-t Denkmal, Monument
mora, s. **marr**
moral, -e moralisch
moral-i Moral; ~ **shoqëror** gesellschaftliche Moral
moralizoj moralisieren, Mo-

ral predigen
moralsh|ëm, -me, i/e moralisch
Morav|ë, -a Morava
Moraví-a Mähren
more ach du!; ~ **djalë!** mein Lieber!
Moré-ja Morea
mor|ë, -a, *pl.* -a-t More *spr.*
morfem|ë, -a Morphem *spr.*
morfofonologjí-a Morphonologie *spr.*
morfologjí-a Morphologie *spr.*, Formenlehre; **morfologji e fjalëformimit** Wortbildungslehre
morfologjik, -e morphologisch
morfosintaksor, -e morphosyntaktisch *spr.*
morg-u Leichenhaus
morí-a Menge, Haufen; ~ **dritëzash** Menge Lichter
mors-i Morse-Alphabet
mort-i = **mortj|e**, -a Tod; **e hëngërt morti!** hol ihn der Teufel!
mortaj|ë, -a Mörser *mil.*
mortor, -e Todes- , **ankth** ~ Todesangst
mortsh|ëm, -me, i/e sterblich; tödlich; Todes-
morr-i, *pl.* -a-t Laus
mos *1: bei Imp. u. conj.* nicht; *2: bei Ind.* vielleicht; ~ **duhet t'i ndërroj kandelën?** soll ich vielleicht die Zündkerze auswechseln, ?; ~ **e qas në shtëpi!** bring es nur nicht ins Haus!; **mos është . . .** ob er wohl . . . ist; ~ **i ngas librat!** rühr die Bücher nicht an!; ~ **ki dert!** mach dir keine Sorge!; ~ **ki merak** keine Sorge!, keine Beunruhigung!; ~ **më trazo!** laß mich in Ruhe!; ~ **përziej hallallin me haramin!** verwisch nicht die Grenze zwischen Gut und Böse!; ~ **u shqetësoni!** beunruhigen Sie sich nicht!
mosbesim Mißtrauen
mosbërj|e, -a Unterlassung *jur.*
mosdorëzim-i Nichtlieferung
mosdhëni|e, -a Verweigerung *Leistung*
mosinteresim-i Interesselosigkeit
Mosk|ë, -a *ON* Moskau
moskallëzim-i Unterlassung einer Meldung, Verheimlichung *jur.*
moskryerj|e, -a Unterlassung *jur.*
moskuptim-i Mißverständnis
moskuptoj mißverstehen
mosmarrëveshj|e, -a Meinungsverschiedenheit, Differenzen, Nichteinigung
mosmëharró, **lule** ~ Vergißmeinnicht *bot.*
mosparaqitj|e, -a das Nicht-

erscheinen
mospërdorim-i Ungebräuchlichkeit, Unbrauchbarkeit
mospërfillj|e, -a Geringschätzung, Mißachtung
mosqeni|e, -a Nichtsein
mosrespektim-i Mißachtung *jur.*
most|ër, -ra, *pl.* -ra-t Muster; **mostra pa çmim** Muster ohne Wert
mostregim-i Unterlassung *Anzeige*, Verheimlichung, Verbergung *jur.*
mosveprim-i Unterlassung *jur.*
moszbatim-i Nichtbeachtung, Nichtbefolgung; Unterlassung
moshatar-i Altersgenosse; **mundej me moshatarë** er rang mit Altersgenossen
mosh|ë, -a Alter, Lebensalter; **mbush moshën** Alter erreichen
mot-i, *pl.* -e-t Wetter; **buletini i motit** Wetterbericht
mot|ër, -ra Schwester; **~ çiftare** Zwillingsschwester
motërmëm|ë, -a Mutterschwester, Tante
motërtat|ë, -a Vaterschwester, Tante
mótërz-a Schwesterchen
motiv-i, *pl.* -e-t Grund, Motiv, Beweggrund
motivim-i Motivierung
motivoj motivieren
motivuar, i/e motiviert, durchsichtig *spr.*, transparent
motmot-i Jahreswechsel; **Motmoti i Ri** Neujahr
moto-ja Motto
motobark|ë, -a Barkasse, Motorboot
motoçiklet|ë, -a Motorrad
motopomp|ë, -a Motorpumpe *tech.*
motor-i Motor, Triebwerk; **~ dykohësh** Zweitaktmotor; **motori zhuzhet** der Motor röhrt
motorist-i Automechaniker
motoskaf-i, *pl.* -ë-t Motorboot, Schnellboot
motosharr|ë, -a Motorsäge
motuar, i/e alt; verjährt; abgehangen *Fleisch*, abgestanden *Speise*; **borxh i ~** verjährte Schuld
mozaik-u, *pl.* -ë-t Mosaik
mpi|j, -va, -rë erstarren lassen; erstarren; **këmba më ka [është] mpirë** der Fuß ist mir eingeschlafen
mpirj|e, -a Starre, Erstarrung
mpreh schärfen
mpréhës|e, -ja Schleifstein; **~ lapsash** Bleistiftspitzer
mprehtë, i/e scharf, aktuell
mprehtësí-a Aktualität, Akuität *spr.*, Schärfe

mrekullí-a Wunder, Mirakel
mrekulloj verwundern, staunen lassen
mriz-i, *pl.* -e-t Rastplatz, schattige Stelle
mu genau; ~ **në vend** auf der Stelle, sofort
muaj-i, *pl.* -t Monat; ~ **në vazhdim** laufender Monat
muar *dial.*, s. **marr**
mugët, i/e halbdunkel, finster
muhabet-i *veralt.* Gespräch, Plauderei
muhabetqar, -e *veralt.* plauderig
muhamedan-i, *pl.* -ë-t Mohammedaner
muhamedaniz|ëm, -mi Islam
muhaxhir-i, *pl.* -ë-t *veralt.* Flüchtling
muhurak, -e aus Múhur
mujshí-a Zwang
mujshoj zwingen
mukajet-i *veralt.* Mühe, Sorgfalt
mukoz|ë, -a Schleimhaut
mullá-i, *pl.* -të Mulla, Geistlicher *muslimisch*; Seminarist *einer Medrese*; Moschee-Diener
mullí-ri, *pl.* -nj-të Mühle
mullis-i, *pl.* -ë-t Müller
mund können; bezwingen, besiegen; dürfen; **i mundëm në lojë** wir besiegten sie im Spiel; ~ **të hyj?** darf ich eintreten?
mundem können *dial.*; ringen; **mundej me moshatarë** er rang mit Altersgenossen
mundës-i Ringer *Sport*
mundësí-a Möglichkeit
mundim-i Qual
mundj|e, -a Ringkampf
mundohem sich bemühen
mundoj quälen
mundsh|ëm, -me, i/e = **mundur**, i/e möglich
mundur, i/e besiegt; möglich
munges|ë, -a Fehlen, Mangel, Lücke; **në** ~ **të** ⟨+ *G*⟩ in Ermangelung von; ~ **e pajustifikuar në punë** unentschuldigtes Fernbleiben bei der Arbeit *ök*.
mungesor, -e elliptisch *spr.*
mungoj fehlen
Munih-u *ON* München
mur-i, *pl.* -e-t Mauer, Wand; **hartë muri** Wandkarte
murator-i Maurer
mur|g-u, *pl.* -gj-it Mönch
murgesh|ë, -a Nonne
murmuris *s/t* murmeln
muroj = **muros** mauern, zumauern, einmauern
mursjot, -e aus Mursí-a
murtaj|ë, -a Pest
murrëtehem sich verfinstern
murrëtej *e/ye* finster machen
murrmë, i/e dunkelgrau, schwärzlich
musaká-ja Kartoffel-Auflauf, Musaka

músku|l-i, *pl.* -j-t Muskel
musluk-u, *pl.* -ë-t Wasserhahn, Hahn, Kran
mustaqe-t Schnurrbart, Schnauzbart
mustard|ë, -a Senf, Mostrich
mushamá-ja Umhang, Regencape, Plane
mushk|ë, -a Mauleselin
mushkëri-a Lunge
mushkonj|ë, -a Mücke
mushqetar, -e aus Mushqetá
musht-i Most
muzé-u Museum; ~ **etnografik** Volkskundemuseum
muz|ë, -a Muse
muzg-u Abenddämmerung, Dämmerung
muzikant-i, *pl.* -ë-t Musiker
muzik|ë, -a Musik; ~ **bajate** aus der Mode gekommene Musik; ~ **e zhurmshme** lärmende Musik; ~ **orkestrale** Orchestermusik; ~ **vallëzimi** Tanzmusik; **qejfli për muzikë** Musikliebhaber
muzikoj komponieren *Filmmusik, Opernlibretto*
muzikologjí-a Musikwissenschaft
muzikor, -e musikalisch
muziktar-i Musiker
muziniot, -e aus Muzina
mvetësim-i Vereinzelung, Abspaltung
myc|ë, -a Reisig
myderriz-i, *pl.* -ë-t Theologieprofessor *muslim.*, Lehrer in einer Medrese
myftí-u, *pl.* -lerë-t Mufti
myhib-i, *pl.* -ë-t Bektaschi-Gläubiger *Mitglied einer Gemeinde*, Muhib
myhyr-i, *pl.* -ë-t *veralt.* Ring, Siegelring, Siegel
myk-u Schimmel
mykem schimmeln, verschimmeln
mykor, -e Schimmel-, schimmelig; **kërpudhë mykore** Schimmelpilz
mykur, i/e verschimmelt, schimmelig, gammelig
myl|k-u, *pl.* -qe-t *hist.* Landbesitz
mynxyr|ë, -a Unheil, Unglück
mysafir-i, *pl.* -ë-t *veralt.* Gast
myshk-u Moos
myshkët, i/e moosig, bemoost; aromatisch, duftend
myshterí-u, *pl.* -nj-të *veralt.* Kunde, Käufer
mysliman-i, *pl.* -e-t Muslim, Moslem, Mohammedaner
myslimaniz|ëm, -mi Islam *rel.*
mytesarif-i, *pl.* -ë-t *hist.* Mutasarrif *Leiter eines Sandschak*, Gouverneur *in osman. Zeit*
myzeqar, -e aus der Myezeqé
myzhdé-ja *veralt.* frohe Botschaft, Freudennachricht

N

na uns
nacional, e- national, Nationalitäten- ; **grindje nacionale** Nationalitätenkonflikt, Streit unter Volksgruppen **nacionaliz|ëm, -mi** Nationalismus
nafor|ë, -a Brot *das nach dem orthod. Gottesdienst ausgeteilt wird*
naft|ë, -a Naphtha, Rohöl, Erdöl, Dieselkraftstoff
naftëtar-i Erdölarbeiter
nahij|e, -a Nahie *Verwaltungseinheit in osman. Zeit*, Gemeinde; Landschaft
naiv, -e naiv, einfältig
najlon-i Nylon
nam-i Ruf, Renommee; **kam nam të keq** schlechten Ruf haben
Namibí-ja Namibia
namibian, -e namibisch
Nant|ë, -a *ON* Nantes
nanuris Wiegenlied singen
Napoli *ON* Neapel
napolon-i, *pl.* -a-t *hist.* Napoléon d'or *20 Franken = 100 Lek*
nargjilé-ja Wasserpfeife
narkotik, -e Rauschgift-, narkotisch, Rausch-
narkotik-u, *pl.* -ë-t Rauschgift
narkoz|ë, -a Narkose *med.*
nartjot, -e aus Narta
nat|ë, -a, *pl.* net-ët Nacht; **a është hapur natën?** ist nachts geöffnet?; **ndërresa e natës** Nachtschicht; **zymtësia e natës** die Finsternis der Nacht
natyral, -e = **natyror**, -e
natyralist-i Naturalist *spr.*; Naturforscher
natyraliz|ëm, -mi Naturalismus
natyr|ë, -a Natur
natyrësí-a = **natyrshmërí**-a Natürlichkeit
natyrisht ⟨*adv*⟩ natürlich, selbstverständlich
natyror, -e natürlich, Natur-; **gjini natyrore** natürliches Geschlecht *spr.*
natyrsh|ëm, -me, i/e natürlich, selbstverständlich
navat|ë, -a Kirchenschiff
navllim-i Befrachtung *ök.*, Charterung
navllo-ja Fracht *Schiff*, Frachtgebühr
navlloj chartern, mieten, heuern
navllues-i Verfrachter *ök.*, Frachtführer

nazifashist, -e nazifaschistisch
nazist-i Nazi; **krime-t e nazistëve** Naziverbrechen
naziz|ëm, -mi Nazismus, Nazitum, Nationalsozialismus
ndahem sich trennen
nda|j, -va, -rë teilen
ndaj ⟨+ *Abl*⟩ bezüglich, gegenüber, hinsichtlich
ndajfolj|e, -a Adverb, Umstandswort; ~ **prejfoljore** Verbaladverb
ndajfoljezim-i Adverbialisierung *spr.*
ndajfoljor, -e adverbial
ndajngjitj|e, -a Annexierung, Anfügung
ndajrritj|e, -a Stammerweiterung *spr.*, Krement
ndajshtes|ë, -a Affix *spr.*
ndajshtesim-i Affigierung *spr.*
ndajshtim-i Apposition *spr.*
ndajshtres|ë, -a Adstrat
ndal verbieten; **ndal!** halt!
ndalem anhalten, stillstehen; aufhören; **u ndal shiu** es hat aufgehört zu regnen; ~ **në skelë** anlegen *Schiff*
ndales|ë, -a Halt, Aufenthalt, Stop, Pause *spr.*; ~ **e ndërmjetme** Zwischenlandung
ndalim-i Unterbindung, Verhinderung *jur.*, Verbot; ~ **parakalimi** Überholverbot; ~ **parkimi** Parkverbot; ~ **qëndrimi** Halteverbot
ndalimor, -e prohibitiv *spr.*
ndalimqarkullim-i Ausgangssperre
ndaloj anhalten, stoppen, abstellen, ausmachen; verhindern, unterbinden, verbieten; **ndalohet rreptësisht** es ist strengstens verboten; **ndaloni makinat!** Maschinen aus!
ndarës, -e trennend, Trenn- ; **skedë ndarëse** Trennkarte
ndarj|e, -a Teilung; ~ **e qelizës** Zellteilung; ~ **gjinore** gattungsmäßige Einteilung
ndasí-a Spaltung, Trennung, Getrenntheit
ndash|ëm, -me, i/e teilbar
ndej ausbreiten, ausstrecken
ndej|ë, -a Ruhe
ndenja, s. **rri**
ndénjës|e, -ja Sitzgelegenheit, Sitz
ndenjj|e, -a das Sitzen
nder-i Ehre; **bëj nder** eine Gefälligkeit erweisen
nderë, i/e gedehnt, gespannt *spr.*
nderim-i Hochachtung, Ehrerbietung; **me nderime** hochachtungsvoll *Briefschluß*
nderj|e, -a Spannung *spr.*
nderoj ehren
ndersh|ëm, -me, i/e ehrbar,

ehrlich
ndesh treffen, begegnen
ndeshj|e, -a Begegnung, Match, Wettkampf
ndez *e/i* anzünden; anlassen, starten; **e ndez makinën** ich lasse den Wagen an; ~ **elektrikun** das Licht einschalten; **u ndez vetiu** es entzündete sich von selbst
ndezj|e, -a Zündung *tech.*; **sistem ndezjeje** Zündanlage
ndër ⟨+ *Abl*⟩ unter, zwischen
ndër- inter-, zwischen-
ndërakt-i Zwischenakt
ndërgegjsh|ëm, -e, i/e sorgfältig; bewußt
ndërgjegj|e, -ja Gewissen, Bewußtsein; ~ **klasore** Klassenbewußtsein; ~ **e qelibartë** reines Gewissen; **brerje ndërgjegjeje** Gewissensbisse
ndërgjegjsh|ëm, -me, i/e bewußt; **punëtor i ndërgjegjshëm** bewußter Arbeiter
ndërhy|j, ra, -rë intervenieren, einschreiten
ndërhyrës, -e Interventions-, Eingreif- ; **trupat ndërhyrëse** Interventionstruppen
ndërhyrj|e, -a Intervention, Eingriff
ndërkoh|ë, -a Zwischenzeit
ndërkombëtar, -e international; **format** ~ internationales Format
ndërkombëtariz|ëm, -mi Internationalismus
ndërlidhës, -e Verbindungs-
ndërlidhës-i Melder, Bote
ndërlidhj|e, -a Kommunikation, Nachrichtenwesen
ndërlikim-i Komplikation
ndërlikoj durcheinander bringen, verwirren
ndërlikuar, i/e verworren
ndërmarr *a/e/o* unternehmen
ndërmarrj|e, -a Betrieb, Unternehmen
ndërmend ⟨*adv.*⟩ bewußt, im Sinn; **kam** ~ vorhaben; **bie** ~ einfallen
ndërmjet ⟨+ *Abl*⟩ zwischen
ndërmjet ⟨*adv*⟩ dazwischen
ndërmjet|ëm, -me, i/e Zwischen-, Vermittlungs-
ndërmjetës-i Vermittler; ~ **burse** Börsenmakler
ndërmjetësi-a Vermittlung, Mediation
ndërmjetësim-i Vermittlung
ndërprerj|e, -a Unterbrechung, Einstellung; **temp me** ~ Stakkato *mus.*
ndërpre|s, -va, -rë unterbrechen, abstellen, ausschalten, abschalten
ndërqytetor, -e Überland- ; **shërbim** ~ Überlanddienst
ndërsá ⟨*Konj.*⟩ während

ndërsjellë, i/e gegenseitig, wechselseitig; **referim i ~** Kreuzverweisung
ndërshtënë, i/e zwischengeschoben, interkaliert *spr.*, Zwischen-, parenthetisch
ndërshtëni|e, -a Schaltsatz *spr.*, Parenthese, Einschiebsel
ndërtes|ë, -a Gebäude; **~ botore** öffentliches Gebäude
ndërtim-i Aufbau, Bau, Konstruktion *spr.*; Bauwesen; **ndërtime themelore** Investitionsbauwesen, Neubauten, Bauvorhaben; **ndërtime kapitale** Investitionsbauwesen *ök.*; **~ makinash** Maschinenbau
ndërtoj erbauen, aufbauen
ndërtues-i Erbauer
ndërvarësí-a Interdependenz
ndërvarur, i/e interdependent
ndërzanor, -e intervokalisch *spr.*
ndërzej *e/ye* paaren
ndërzim-i Paarung
ndërres|ë, -a Schicht; Wache *mil.*; **~ e natës** Nachtschicht
ndërresa-t *f.* Leibwäsche, Unterwäsche
ndërrim-i Änderung, Wechsel, Austausch, Folge; **ndërrim turni** Schichtwechsel; **ndërrimi i breznive** Generationswechsel; **~ gome** Reifenwechsel
ndërroj ändern, wechseln; **ndërroi fati i luftës** der Krieg nahm eine neue Wendung; **~ shtëpi** umziehen; **i ndërroi çehrja** er erbleichte; **kam ndërruar krehjen e flokëve** eine neue Frisur haben
ndërruesh|ëm, -me, i/e veränderlich, variabel
nd|iej, -jéva, -jerë, fühlen, spüren; **~ veten të sëmurë** sich krank fühlen
ndihm|ë, -a Hilfe, Beihilfe *jur.*; **~ e shpejtë** Notdienst, Notarzt; **~ reciproke** wechselseitige Hilfe
ndihmës, -e Hilfs-
ndihmës-i Gehilfe
ndihmoj ⟨+ *Akk.*⟩ helfen; Beihilfe leisten *jur.*; **ndihmómëni!** Hilfe!, zu Hilfe !; **~ shokët e mi** ich helfe meinen Kollegen
ndijim-i Empfindung
ndikim-i Beeinflussung
ndikoj beeinflussen, Einfluß nehmen; **~ për të keq** beeinträchtigen
ndiq, s. **ndjek**
ndiz, s. **ndez**
ndje|j, -va, -rë verzeihen
ndjek *e/o/i* folgen, verfolgen
ndjekës, -e folgend *spr.*
ndjekës-i Verfolger

ndjekj|e, -a Verfolgung; ~ **e bibliotekës** Benutzungsrate der Bibliothek; ~ **penale** Strafverfolgung *jur.*

ndjell *e/i/o* anlocken; ahnen; voraussehen; **mos na ndill zi!** mal nicht den Teufel an die Wand!

ndjenj|ë, -a Gefühl: ~ **gjuhësore** Sprachgefühl

ndjerë, i/e verstorben, selig; **i ndjeri baba** sein Vater selig

ndjes|ë, -a Entschuldigung, Vergebung, Verzeihung; **kërkoj ndjesë** um Entschuldigung bitten; **ndjesë pastë!** Ruhe sanft!, R.I.P. *requiescat in pace*

ndjesí-a Gefühl

ndjesh|ëm, -me, i/e gefühlvoll, empfindsam; **përbëj një hap të ~ përpara** einen spürbaren Schritt voran darstellen

ndodh geschehen, passieren

ndodhem sich ereignen, sich befinden; ~ **para një të papriture** vor einer unvorhergesehenen Situation stehen

ndodhí-a Vorfall, Ereignis

ndokush jemand, irgendwer

ndonëse ⟨*Konj.*⟩ obwohl, obgleich

ndonja ungefähr

ndonjë irgendein

ndonjëherë irgendwann

ndonjëra irgendeine

ndonjëri irgendeiner; **flet ~ gjermanisht?** spricht jemand Deutsch?

ndonjerí-u jemand

ndoqa, s. **ndjek**

ndoresh ⟨*adv*⟩ von der Hand; **i vjen ~** es geht ihm leicht von der Hand

ndoshta ⟨*adv.*⟩ vielleicht

ndot verschmutzen

ndotj|e, -a Befleckung, Verschmutzung, Pollution; ~ **e ambientit** Umweltverschmutzung

ndreq korrigieren; berichtigen, reparieren, richten

ndreqj|e, -a Korrektur, Berichtigung; ~ **gabimesh** Druckfehlerverzeichnis; ~ **gabimesh shtypi** Druckfehlerkorrektur, Fehlerberichtigung

ndriçim-i Glanz, das Leuchten

ndriçoj leuchten, scheinen

ndritoj erleuchten

ndritur, i/e leuchtend; **shembull i ~** leuchtendes Beispiel

ndronjak, -e aus Ndroq

ndryshe ⟨*adv.*⟩ sonst, anders, andernfalls; **nga ç'tjetër?** wovon sonst?

ndrysh|ëm, -me, i/e verschieden

ndryshim-i Veränderung, Änderung, Abänderung; ~

fonetik Lautwechsel, Lautwandel, Lautveränderung; ~ **sasior** quantitative Veränderung; **ndryshime klimatike** Klimaveränderungen
ndryshk rosten; erlahmen
ndryshk-u Rost; ~ **e grin hekurin** Rost zerfrißt Eisen
ndryshme-t, të Verschiedenes, Varia
ndryshoj sich unterscheiden, sich ändern, abändern; **ndryshoi rrënjësisht** er änderte sich grundlegend
ndryshor-i Variante *spr.*, Spielart
ndryshuesh|ëm, -me, i/e flektierbar *spr.*, abwandelbar, veränderlich
nduk rupfen, kneifen
ndulkem *nur 3. P.* nachreifen *nach dem Pflücken*
ndyj beschmutzen, beflecken
ndyrë, i/e schmutzig
ne wir; ~ **të dy** wir beide; **mes nesh** unter uns
neandertal-i, *pl.* -ë-t Neandertaler
nefrit-i Nierenentzündung *med.*, Nephritis
negativ-i, *pl.* -a-t Negativ
nejse auf!, los!, gut!, nun!
nekrologji-a Nachruf, Nekrolog
nekropol-i, *pl.* -e-t Gräberfeld
nektar-i Nektar *bot.*
Neman-i *ON* Memel
nen-i, *pl.* -e-t Artikel *jur.*, Absatz; ~ **plotësues** Zusatzartikel, Zusatzbestimmung
neolatin, -e neulateinisch
neolit-i Jungsteinzeit, Neolithikum
neologjiz|ëm, -mi Neologismus *spr.*
nepërk|ë, -a Viper
nepravishtjot, -e aus Nepravishta
nërgut ⟨*adv.*⟩ absichtlich, extra
nerv-i, *pl.* -a-t Nerv
nervor, -e Nerven-; **sistemi** ~ Nervensystem
nervoz, -e nervös
nësër morgen
nësërm, i/e morgig; **njeriu i** ~ Mensch von morgen
natëve ⟨*adv.*⟩ nachts
neto netto
neurolog-u, *pl.* -ë-t Neurologe
neuroz|ë, -a Neurose *med.*
neutralizoj = **asnjanësoj** neutralisieren
neveri-a Ekel, Widerwille
neveritem sich ekeln, Abscheu empfinden
neveritsh|ëm, -me, i/e ekelerregend, ekelhaft; lästig
nevoj|ë, -a Notwendigkeit, Bedarf; Notdurft; **kam ne-**

vojë brauchen; **makina ka nevojë për grasatim** der Wagen muß abgeschmiert werden; **bëj nevojën** seine Notdurft verrichten; ~ **ekstreme** Notstand *jur.*

nevojsh|ëm, -me, i/e notwendig, erforderlich

nevojtor|e, -ja Toilette, Abort, Abtritt

nevralgji-a Neuralgie *med.*

nevrasteni-a Neurasthenie *med.*

nevrik, -e nervös

nevrikos = **nervozoj** nervös machen

nevrikosur, i/e nervös

në *1* ⟨+ *Opt*⟩ wenn, falls; ~ **daç** wenn du willst

në *2* ⟨+ *Akk*⟩ in, auf; ~ **postë** auf der Post

në të ardhmen zukünftig, in Zukunft

në bazë të ⟨+ *G*⟩ wegen, auf Grund von

në ç'mënyrë? auf welche Weise?, wie?

në çdonjërën prej fotografive auf jedem der Fotos

në dëm të ⟨+ *G*⟩ zum Nachteil von, zum Schaden von

në dobi të ⟨+ *G*⟩ zugunsten

në dukje anscheinend

në emër të ⟨+ *G*⟩ namens, im Namen von

në fjalë besagter, der besagte, der erwähnte

në gjirin e ⟨+ *G*⟩ innerhalb

në kapërcellin e shekullit XIX am Ende des 19. Jahrhunderts

në komision in Kommission, im Auslieferungslager bei

në kuadrin e festës im Rahmen des Festes

në kundërshtim me im Widerspruch zu

në mbarim të ⟨+ *Gen*⟩ zum Abschluß von, am Ende von

në mënyrë fyese in beleidigender Weise

në mënyrë paraprake vorläufig, vorsorglich, provisorisch

në mes të ⟨+ *Gen*⟩ inmitten, in der Mitte von

në mungesë të ⟨+ *Gen*⟩ in Ermangelung von

në orën tetë fiks um punkt acht Uhr

në pajtim me gemäß, konform, in Übereinstimmung mit

në përputhje me gemäß; laut, in Übereinstimmung mit

në pritje të ⟨+ *Gen*⟩ in Erwartung von

në rast se gesetzt den Fall, daß; falls, wenn

në rrégull in Ordnung

në saje të ⟨+ *Gen*⟩ dank, wegen, durch, vermittels

në veçantí insbesondere
nëm! *dial.* gib mir!
nëm verwünschen, verfluchen; **Bjeshkët e Nëmura** Prokletije-Gebirge; Fluchenberge
nën ⟨+ *Akk*⟩ unter; ~ **banak** unter der Hand; ~ **rrogoz** heimlich, insgeheim; ~ **sqetull** unter dem Arm
nënçati-a Dachzimmer, Dachboden
nënçmoj unterschätzen
nëndétës|e, -ja Unterseeboot, U-Boot; ~ **bërthamore** Atom-U-Boot; Nuklear-Unterseeboot
nën|ë, -a Mutter; **dhembshuri-a e nënes** Mutterliebe
nënkolonel-i, *pl.* -ë-t Oberstleutnant; **u gradua** ~ er wurde zum Oberstleutnant befördert
nënkres|ë, -a Kopfkissen
nënkuptim-i Doppelsinn, Hintersinn, Anspielung; **buzëqeshje gjithë** ~ vielsagendes, hintergründiges Lächeln
nënkuptoj verstehen, *etwas Unausgesprochenes* hinzudenken, meinen; **nënkuptohet** man meint damit
nënnjerí-u Untermensch
nënoficer-i Unteroffizier
nënqesh lächeln
nënrenditur, i/e untergeordnet, **fjali e** ~ Nebensatz
nënsistem-i, *pl.* -e-t Subsystem
nënshkrim-i Unterschrift
nënshkruaj unterschreiben, unterzeichnen, unterfertigen
nënshkrues-i Unterzeichner, Signatar
nënshtres|ë, -a Substrat
nënshtrim-i Unterwerfung
nënshtrohem sich unterziehen
nëntekst-i *unausgesprochener* Sinn, Hintersinn, Zusammenhang; **lap nëntekstin e fjalëve** zwischen den Zeilen lesen
nëntë neun; **i** ~ der neunte
nëntëdhjetë neunzig
nëntëmbëdhjetë neunzehn; **i** ~ der neunzehnte
nëntítu|ll-i, *pl.* -j-t Untertitel
nëntoger-i, *pl.* -ë-t Unteroffizier
nëntokësor, -e unterirdisch
nëntor-i November
nënvetëdij|e, -a Unterbewußtsein
nënvizoj unterstreichen, betonen
nëpër ⟨+ *Akk*⟩ durch, über
nëpërmjet ⟨+ *Abl*⟩ vermittels, durch
nëpúnës-i Angestellter; ~ **poste** Postbeamter

nëpúnës|e, -ja Angestellte
nëqoftëse wenn, falls
nëse wenn, falls; **pavarësisht** ~ unabhängig davon, ob ...
nga *1: Präp.* aus; je, pro; ~ **dy** je zwei; **dy nga dy** zwei und zwei, in Zweierreihe; **si janë ~ familja?** wie geht es Ihrer Familie ?
nga? *2: Interrogativ-Pron.* woher?; ~ **ç'tjetër?** wovon sonst?; **nga vjen?** woher kommst du ?
ngacmoj reizen, erregen
ngacmues, -e aufregend, spannend
ngadalë ⟨*adv.*⟩ langsam
ngadalësoj verlangsamen
ngadalsh|ëm, -me, i/e langsam
ngadhënjej, *e/ye* siegen, triumphieren
ngadhënjim-i Sieg, Triumph
nganjëherë ⟨*adv*⟩ manchmal, bisweilen
ngaqë weil
ngarkes|ë, -a Ladung
ngarkoj beauftragen
ngarkuar, i/e belastet, beladen; beauftragt
ngarkuar-i, i Auftraggeber, Kommittent
nga|s *a/e; s/t*, -va -rë anrühren, anfassen; reizen; eilen; **mos i ngas librat!** rühr die Bücher nicht an!, **nuk e nget duhanin** er raucht nicht
ngasj|e, -a Versuchung *rel.*
ngast|ër, -ra, *pl.* -ra-t Stück Land, Gebiet, Bezirk
ngashërim-i Rührung
ngatërres|ë, -a Verwechslung
ngatërrim zorrësh Darmverschlingung
ngatërroj verwirren; verwechseln
ngathët, i/e schlaff, apathisch
ngathëtësí-a Erstarrung, Apathie, Schlaffheit
ngazëllim-i Freude, Jubel
nge-ja Freizeit; **kam nge** Zeit haben
ngec hängenbleiben
ngecj|e, -a Stockung
ngel bleiben, zurückbleiben, hängenbleiben; **ngel gojëhapur** verblüfft sein
nget, s. **ngas**
ngërç-i Krampf *med.*
ngoje, **zë** ~ erwähnen
ngop sättigen, satt machen; ~ **kureshtjen** die Neugier befriedigen
ngopem satt werden
ngopur, i/e satt, gesättigt
ngordh krepieren, verenden; schinden; ~ **kalin në punë** das Pferd bei der Arbeit schinden
ngre, ngrita, ngritur *e/i* heben, aufheben, erheben;

ngrihem sich erheben; ~ **padi** Klage erheben *jur.*, Anzeige erstatten; **ngrihem qirithi** auf die Hinterbeine stellen
ngreh spannen; aufspannen, aufbauen; ~ **çadrën** das Zelt errichten
ngrehin|ë, -a Gebäude
ngrënë, s. **ha**
ngri, s. **ngre**
ngric|ë, -a Frost, Glatteis
ngrihem sich erheben
ngri|j, -va, -rë frieren, zufrieren; **ngrirë**, i/e gefroren, vereist
ngrirj|e, -a Frost, Erstarrung
ngritj|e, -a Steigerung, Hebung; Hissung *Fahne*; ~ **e çmimit** Preissteigerung; ~ **pa të drejtë** rechtswidrige Hissung *jur.*; ~ **peshash** Gewichtheben *spo.*
ngroh heizen
ngrohj|e, -a Heizung; ~ **qendrore** Zentralheizung
ngrohtë, i/e warm
ngrysem dämmern
ngujoj einschließen, belagern, blockieren
ngul stecken, hineinstecken, einpflanzen, aufpflanzen *Fahne*; ~ **këmbë** bestehen auf
ngulas, **ngúlazi** ⟨*adv*⟩ unbeirrbar, fest
ngulis *s/t* einprägen
ngulmoj hartnäckig bleiben, beharren auf Meinung
nguros versteinern, erstarren, fossilisieren
ngurosur, i/e versteinert, erstarrt *spr.*, fossil
ngurtë, i/e versteinert; unverrückbar
ngurtësi-a Standfestigkeit; Sturheit
ngurtësoj versteinern
ngurroj zögern
ngus *s/t* anstacheln
ngushëllim-i Trost, Tröstung, Kondolenz; **ngushëllimet e mia** herzliches Beileid!
ngushtë, i/e schmal, eng
ngushtic|ë, -a Meerenge, Straße, Engpaß; ~ **e Magelanit** Magellan-Straße
ngushtoj verengen, verkleinern
ngut anstacheln
ngut-i Schwung, Elan; **me** ~ eilig, übereilt; dringend
ngutj|e, -a Eile
ngutsh|ëm, -me, i/e eilig
ngja|j, -va, -rë gleichen, geschehen, passieren; **ka të ngjarë** anscheinend, wahrscheinlich
ngjal|ë, -a Aal
ngjall wiederbeleben; hervorrufen; mästen; **ngjallem** auferstehen; ~ **asociacione** Assoziationen hervorrufen

ngjallj|e, -a Auferstehung *rel.*
ngjarj|e, -a Ereignis
ngjas = **ngjaj** = **ngjasoj**
ngjash|ëm, -me, i/e ähnlich; entsprechend; **institucioni i ~ me ministrinë** die dem Ministerium entsprechende Institution
ngjashmëri-a Ähnlichkeit
ngjesh *e/i* umgürten; kneten
ngjeva, s. **ngjyej**
ngjirur, i/e heiser
ngjis *s/t* leimen, kleben, schweißen *tech.*
ngjitem hinaufsteigen, hinaufgehen; **të Ngjitunt** Christi Himmelfahrt *rel.*
ngjitës, -e anschwellend, steigend; **diftong ~** steigender Diphthong
ngjitës|e, -ja Leim, Klebstoff
ngjitj|e, -a Steigung
ngj|yej, eva, yer tunken, färben; **~ penën në bojë** die Feder in die Tinte tunken
ngjyr|ë, -a Farbe; Klangfarbe, Timbre; **~ kafe**, **~ gështenje** braun; **~ kremi** beige, sandfarben; **~ lejla** lila; **~ vjollcë** violett; **litografi me ngjyra** Farblithographie
ngjyrëbezhë beige
ngjyres|ë, -a Kolorit, Färbung
ngjyrim-i Färbung *spr.*; **~ stilistik** stilistische Färbung
ngjyroj = **ngjyros**
ngjyros färben
Nic|ë, -a *ON* Nizza
Nigeri-a Nigeria
nigerian, -e nigerianisch
nigjah-u *veralt.* Eheschließung, Heirat
nijet-i *veralt.* Ziel; **bëj nijet** beschließen
nikaraguan, -e nikaraguanisch
nikel-i Nickel *chem.*
nikeloj vernickeln, verchromen
niklas, -e aus Nikel
nikoqir-i, *pl.* -ë-t Hausherr
nikoqir|e, -ja Hausfrau
nikoqirllëk-u Sparsamkeit
nikotin|ë, -a Nikotin
Nil-i *FN* Nil
nimfé-u, *pl.* -të Nymphaion
Niniv|ë, -a *ON* Ninive
ninull|ë, -a = **ninanan|ë**, -a Wiegenlied
nip-i, *pl.* -ër-it; -a-t Neffe; Enkel
nis beginnen lassen; abschikken, expedieren; **nisem** aufbrechen
niseshté-ja Stärkemehl, Kartoffelmehl, Maizena
nisi-a *veralt.* Insel
nisj|e, -a Abfahrt, Abflug; Start *spo.*; **~ e avionit** Abflug; **gati për nisje** fertig

zum Auslaufen *Schiff*; **lajmërim për nisjen e mallit** Avisierung des Warenversands *ök*.
nistor, -e Anfangs-; ingressiv *spr.*; **pjesë nistore e fjalës** Wortanlaut *spr.*
nistor|e, -ja Anlaut *spr.*
nisu! los! *spo.*
Nish-i *ON* Nisch, Nis
nishadër-i Salpeter *chem.*
nishan-i, *pl.* -e-t Zielscheibe, Orden, Auszeichnung
nivaniot, -e aus Nivan
nivel-i, *pl.* -e-t Niveau, Stand, Ebene; ~ **i vajit** Ölstand
nivelator-i Meßstab; **nivelator vaji** Ölmeßstab
nivelim-i Nivellierung
nizam-i, *pl.* -ë-t *hist.* Wehrpflichtiger, Rekrut
nocion-i, *pl.* -e-t Begriff, Auffassung; ~ **bazë** Grundbegriff
nocionor, -e Begriffs-, Inhalts-
noçk|ë, -a Knöchel
nofk|ë, -a Spitzname
nófull-a, *pl.* -a-t der Kiefer
nokaut-i K. O. *spo.*
nom-i, *pl.* -e-t *veralt.* Gesetz
nomad, -e nomadisierend
nominal, -e nominal
normal, -e normal; **shkollë normale** Lehrerbildungsanstalt; **tensionin e keni normal** Ihr Blutdruck ist normal
normalizoj normalisieren
Normandí-a Normandie
normativ|ë, -a Normwert, Norm *ök.*, Normativ
norm|ë, -a Norm; ~ **letrare** Sprachnorm, Standard
normëzoj normieren *spr.*
normoj normen
norvegjez, -e norwegisch
Norvegjí-a Norwegen
nostrom-i, *pl.* -ë-t Bootsmann *naut.*
not-i Schwimmen; ~ **bretkocë** Brustschwimmen; ~ **ijas** Seitenschwimmen; ~ **krol** Kraulen *spo.*; ~ **shpine** Rückenschwimmen
notar-i Schwimmer
noter-i, *pl.* -ë-t Notar
noterí-a Notariat *jur.*
not|ë, -a Note
notoj schwimmen, **dok pluskues, notues** Schwimmdock
novator-i Neuerer, Innovator
novel|ë, -a Novelle
Novi-Sad *ON* Neusatz, Novi Sad
Nuakshot-i *ON* Nouakchott
nuanc|ë, -a Nuance
nuhas *s/t* schnüffeln, schnuppern; riechen
nuk nicht; ~ ... **fare** gar nicht; ~ **di t'ia zhgrap** ich kann nicht schreiben; ~ **e di**

a e ka ich weiß nicht, ob er es hat; ~ **kanë fshehuri** sie haben keine Geheimnisse; ~ **rrudhoset** knitterfrei

num|ër, -ri, *pl.* -ra-t Zahl, Numerus *spr.*, Nummer; ~ **inventari** Inventarnummer, Zugangsnummer; ~ **i zjarrfikësve** Feuermelder, Feuernotruf *Telefon*

numërator-i Zähler; ~ **telefonik** Telefonbuch; ~ **kilometrazhi** Kilometerzähler

numëroj numerieren, zählen

numëror-i, *pl.* -ë-t Zahlwort, Numerale *spr.*; ~ **pemdarës** Distributivzahl; ~ **rreshtor** Ordnungszahl, Ordinalzahl; ~ **themelor** Grundzahl, Kardinalzahl; ~ **thyesor** Bruchzahl

numërtim-i Numerierung; ~ **i faqeve** Paginierung; ~ **i fletëve** Foliierung, Numerierung der Blätter; ~ **i njëpasnjëshëm** fortlaufende Numerierung, Numerus currens

numërtoj numerieren

numizmatik|ë, -a Numismatik, Münzkunde

nunuris *s/t* nuscheln, murmeln

nur-i *veralt.* Gesichtsausdruck, Glanz

Nuremberg-u *ON* Nürnberg

nursëz, -e finster blickend

nus|e, -ja Braut; **godis nusen** die Braut schmücken; **qemer i nuses** Brautgürtel

nusk|ë, -a Talisman, Amulett *aus einem gefalteten Zettel*; Puppe

nxeh erhitzen, heiß machen; **nxehem** heiß werden, sich aufregen

nxehtë, i/e heiß; **është nxehtë** es ist heiß

nxehtësí-a Hitze

nxë, nxura, nxënë aufnehmen, fassen; **nuk e nxë lëkura** das geht auf keine Kuhhaut; **salla nxë mbi katërqind veta** der Saal faßt über 400 Personen

nxënës-i Schüler; ~ **në profesion** Lehrling, Auszubildender, Azubi

nxënësí-a Fassungsvermögen; ~ **e anijes** Rauminhalt des Schiffes

nxij schwärzen, bräunen

nxirr, s. **nxjerr**

nxis *s/t* antreiben, drängen; aufhetzen, aufwiegeln

nxites, -e anfeuernd, kohortativ *spr.*, exhortativ *spr.*

nxitës-i Anstifter

nxitj|e, -a Schürung

nxitoj hasten, sich beeilen

nx|jerr, -ora, -jerrë *e/i/o* herausziehen; ausrenken *med.*; ~ **grat** Nutzen zie-

hen; ~ **leje** Bewilligung erhalten, ~ **pengesa** Hindernisse in den Weg legen; ~ **në pah** würdigen; ~ **nga spitali** entlassen *med.*; ~ **xhigerin** abschlachten, massakrieren. **nxjerrës tapash** Korkenzieher
nxjerrj|e, -a Ausweisung, Vertreibung, Vertrieb, Auslieferung
nye|ll-i, *pl.* -j-t Knöchel
nyj|ë, -a Knoten, Artikel *spr.*, Geschlechtswort; ~ **limfatike** Lymphknoten *med.*; ~ **e përparme** vorangestellter Artikel, Gelenkartikel *spr.*; ~ **e këmbës** Fußknöchel; **nyjë e prapme** nachgestellter Artikel; ~ **joshquese** unbestimmter Artikel; ~ **shquese** bestimmter Artikel
nyjëtim-i Gliederung; Artikulation, Artikulierung
nyjëtoj artikulieren
nyjsh|ëm, -me, i/e mit vorangestelltem Artikel; **mbiemër i** ~ Adjektiv mit vorangestelltem Gelenkartikel

Nj

nja ungefähr
njeh zählen; ~ **të hollat** das Geld zählen
njehsor-i, *pl.* -ë-t Zähler; ~ **i ujit** Wasseruhr
njelmë, i/e salzig
njerëzi-a Menschlichkeit
njerëzim-i Menschheit
njerëzor, -e menschlich
njeri-u, *pl.* njérëz-it Mensch, jemand; **s'njoh njeri** ich kenne niemand; ~ **dyfaqësh** Heuchler; ~ **i kultivuar** ein Mensch mit Anstand; ~ **i nesërm** Mensch von morgen; ~ **i rafinuar** raffinierter Mensch; ~ **pa edukatë** Mensch ohne Anstand; **asisoj njerëzish** derartige Leute
njerith-i Zäpfchen, Uvula
njerithor, -e uvular
njerk-u, *pl.* -ë-t Stiefvater
njerk|ë, -a Stiefmutter
një ein, eine, einer; njëri-tjetrin einander, ~ **ditë prej ditësh** eines schönen Tages; ~ **kokërr vezë** ein Setzei, gekochtes Ei; ~ **maji** erster Mai; ~ **top stof** ein Ballen Stoff; ~ **yrnek janë** sie sind von derselben Sorte
njëjës-i Einzahl *spr.*, Singular

njëjtë, i/e derselbe
njëjtësí-a Identität
njëkohësí-a Gleichzeitigkeit *spr.*, Simultaneität
njëkohësisht ⟨*adv*⟩ gleichzeitig
njëkohsh|ëm, -me, i/e gleichzeitig, simultan
njëkuptimësí-a Monosemie *spr.*, Eindeutigkeit
njëlloj einerlei, egal, genauso
njëllojtë, i/e gleichartig
njëmbëdhjetë elf; **i** ~ der elfte
njëmijë eintausend
njëparafundor, -e vorletzt; **fjalë me theks** ~ Paroxytonon *spr.*
njëpasnjëshëm, i/e fortlaufend; **numërtim i** ~ fortlaufende Numerierung, Numerus currens
njëqind hundert, einhundert; **i** ~**të** der hundertste
njëqindvjetor-i Hundertjahrfeier
njërrokësh, -e einsilbig, monosyllabisch
njëseksor, -e eingeschlechtig *bot.*
njësí-a Einheit; ~ **kumtuese** kommunikative Einheit *spr.*; **njësitë matëse të vëllimit** Hohlmaße
njësim-i Vereinheitlichung, Standardisierung
njësit-i, *pl.* -e-t Einheit, Trupp
njesoj vereinheitlichen
njësoj ⟨*adv*⟩ einerlei, gleich; **visheshin njësoj** sie kleideten sich gleich
njësh-i die Eins, der Einser
njëtrajtësoj vereinheitlichen
njëtrajtsh|ëm,-**me**, i/e einheitlich, gleich, uniform
njëtrajtshmërí-a Einheitlichkeit
njëvëllimësh, -e einbändig
njëvlersh|ëm, -me, i/e gleichwertig
njëzëri ⟨*adv*⟩ einstimmig; **votuan** ~ sie stimmten einstimmig dafür
njëzet zwanzig; ~ **e një** einundzwanzig; **i njëzetenjë** der einundzwanzigste
njih, s. **njoh**
njihem Bekanntschaft machen, bekannt werden mit
njoftoj zur Kenntnis geben, bekanntmachen, informieren
njoh *e/i* kennen, kennenlernen, anerkennen; **keni kohë që e njihni?** kennen Sie ihn schon lange?
njohj|e, -a Kenntnis, Erkenntnis, Anerkennung
njohuri-a Kenntnis, Wissen
njoll|ë, -a Flecken, Klecks; **pastroj një** ~ einen Flecken entfernen; **bëj me një njollë**

kostumin einen Fleck auf den Anzug machen
njolloj beflecken, besudeln
njom benetzen, bespritzen; einweichen, **njom bukën në qumësht** Brot in Milch einweichen
njomë, i/e frisch, saftig
Nju-Delhi *ON* Neu Delhi
Nju-Jork-u *ON* New York
Nju-Orleans-i *ON* New Orleans

O

o *dial.* = **óse** oder
oaz|ë, -a Oase
obelisk-u, *pl.* -ë-t Obelisk
objekt-i, *pl.* -e-t Objekt, Gegenstand
objektiv, -e objektiv
objektiv-i, *pl.* -a-t Objektiv
objektivisht ⟨*adv*⟩ objektiv
objektivitet-i Objektivität *phi.*
objektiviz|ëm, -mi Objektivismus *phi.*
obligacion-i Pfandbrief *ök.*, Schuldschein
obobó *Int.* oho!
oborr-i, *pl.* -e-t Hof
oborrësi-a Höflichkeit
oborrtar, -e höflich, höfisch
oborrtar-i Höfling
observator-i Observatorium
obskurantiz|ëm, -mi Obskurantismus, Dunkelmännerei
obùrrani! *Int.* los!; **oburrani, bjerini armikut!** los, auf den Feind!
obus-i, *pl.* -ë-t Haubitze *mil*
od|e, -ja Ode *spr*
Oder-i *FN* Oder
Odes|ë, -a *ON* Odessa
od|ë, -a Zimmer, Stube; ~ **e mirë** gute Stube; ~ **e bukës** Eßzimmer, Wohnzimmer
ofendim-i Beleidigung
ofendoj beleidigen
ofensiv|ë, -a Angriff, Großangriff, Offensive
ofert|ë, -a Offerte, Angebot, Vertragsangebot; ~ **pa zotim** freie Offerte
oficer-i, *pl.* -e-t Läufer *Schach*; Offizier
ofiçin|ë, -a Werkstatt
ofiq-i, *pl.* -e-t Amt, Funktion, Stellung; Posten, Pöstchen; Spitzname
ofroj anbieten
ofset-i Offset-Druck
ofsh-, *pl.* -e-t = **ofsham|ë**, -a Gestöhn, Wehklage; Fluch
ofshaj seufzen, verfluchen
oftik|ë, -a Schwindsucht
ogur-i, *pl.* -e-t Vorzeichen; ~ **i mirë** gutes Omen
ogùrz|i, -ezë unglückver-

heißend, unglückbringend, fatal
Oh|ër, -ri *ON* Ohrid
ok|ë, -a Okka *Gewichtseinheit in osman. Zeit, 400 Dirhem*
ok|ër, -ra Einkorn *bot.*
oklonj|ë, -a Seeschnecke
Oksford-i *ON* Oxford
oksidoj oxydieren
oksigjen-i Sauerstoff *chem.*
oksigjenoj bleichen *Haare*
oksimoron-i Oxymoron
oksiton, -e endbetont *spr.*
oktapod-i, *pl.* -ë-t Krake
oktav|ë, -a Oktav *mus.*
okulist-i Augenarzt
okupacion-i Besetzung
okupator-i Besetzer, Besatzer
oligarki-a Oligarchie
Olimp-i Olymp
olimpiad|ë, -a Olympiade
olimpik, -e olympisch; **lojëra olimpike** olympische Spiele
om-i, *pl.* -e-t Ohm *Meßeinheit des elektr. Widerstands*
ombrell|ë, -a Sonnenschirm, Regenschirm; Krone, Schild *als Schutz*; ~ **atomike** Atomschild
omëlet|ë, -a Omelette, Eierpfannkuchen
ond-i, *pl.* -e-t Welle *Frisur*
ondulacion-i Wasserwelle, Ondulierung
onomastik|ë, -a Onomastik, Namenskunde
onomatopé-ja Lautmalerei, Onomatopöie *spr.*
onomatopeik, -e onomatopoetisch *spr.*
oparak, -e aus Opar
operacion-i Operation
operativ, -e Operations-, operativ; **zonë operative** Operationszone *mil.*
operator-i Operator; ~ **i filmit** Filmvorführer
operet|ë, -a Operette *mus.*
oper|ë, -a Oper, Opernhaus
operoj operieren *med.*
opingar-i Opankenmacher, Opankenverkäufer
oping|ë, -a Opanken, Mokassins *sohlenlose Schuhe*
opinion-i Meinung; ~ **publik** öffentliche Meinung
opium-i Opium
oponent-i, *pl.* -e-t Gutachter, Korreferent, Jury-Mitglied
oportunist, -e opportunistisch
oportunist-i Opportunist
oportuniz|ëm, -mi Opportunismus
opozit|ë, -a Opposition
opozitar, -e Oppositions-; **parti opozitare** Oppositionspartei
optik, -e optisch
optik|ë, -a Optik
optimal, -e optimal
optimist, -e optimistisch

optimist-i Optimist
optimiz|ëm, -mi Optimismus
oqean-i, *pl.* -e-t Ozean; ~ **i Ngrirë i Veriut** Nördliches Eismeer
Oqeani-a Ozeanien
oqeanik, -e Ozean- ; **anije oqeanike** Ozeandampfer
oqeanik-u, *pl.* -ë-t Ozeandampfer
or *Int.* = **orë** o! *Partikel zur Bezeichnung des Vokativs* du da!
oráku|ll-i, *pl.* -j-t Orakel
orar-i, *pl.* -e-t Stundenplan, Fahrplan; ~ **i seancës** Anfangszeit der Vorstellung; ~ **i dhënies së librave** Ausleihzeit *Bibliothek*; ~ **i zgjatur** Überstunden; **punoj me orar të zgjatur** Überstunden machen; ~ **i vizitave** Besuchszeit *med.*; ~ **zyrtar** Bürostunden, Dienstzeit
orbit|ë, -a Umlaufbahn *der Gestirne*, Orbit
ordinanc|ë, -a Ordonnanz *mil.*
or|ë, -a Stunde, Uhr; **ora është tre fiks** es ist Punkt drei Uhr; **ora është dy e gjysmë** es ist halb drei; **ora është dy e një çerek** es ist Viertel nach zwei, viertel drei; **ora është dy pa një çerek** es ist Viertel vor zwei, dreiviertel zwei; ~ **dore** Armbanduhr; ~ **dyndjeje** Stoßzeit; ~ **xhepi** Taschenuhr; ~ **me zile** Reisewekker; **i zhvatën orën nga dora** man riß ihm die Uhr vom Arm
oreks-i Appetit; **bëftë mirë** guten Appetit
orendi-a Möbel, Mobiliar, Hausrat
orëndreqës-i Uhrmacher
organ-i, *pl.* -e-t Organ; **organe gjinore** Geschlechtsorgane *med.*; **organet i ekzekutimit** ausführende Organe
organik, -e organisch
organik|ë, -a Mitarbeiterliste, Geschäftsbereich
organist-i Orgelspieler, Organist
organizat|ë, -a Organisation; ~ **bazë** Basis-Organisation
organizativ, -e Organisations- ; **çështje organizative** Organisationsfragen
organizator-i Organisator, Rädelsführer *jur.*
organiz|ëm, -mi Organismus
organizoj organisieren
órgano-ja Orgel *mus.*
orgji-a Orgie, Besäufnis
oriental, -e orientalisch
orientalistik|ë, -a Orientalistik
orientim-i Leitlinie; Orientierung

orientoj orientieren
orientues, -e Orientierungs-; **shenjë orientuese** Orientierungszeichen
orientues-i Orientierungspunkt *mil*
origjinal, -e original, ursprunglich, eigenständig
origjinalitet-i Originalität
origjin|ë, -a Ursprung
oriz-i Reis; Dampfreis
orizor|e, -ja Reisfeld
orkest|ër, -ra Orchester
orkestral, -e Orchester- ; **muzikë orkestrale** Orchestermusik
orkidé-ja Orchidee *bot.*
Orlean-i *ON* Orleans
oronim-i Bergname, Gebirgsname, Oronym
ortak-u, *pl.* -ë-t Partner; Kumpan; **ortakët e imperializmit** Handlanger des Imperialismus
ortakëri-a Partnerschaft; Kumpanei
ortek-u, *pl.* -ë-t Lawine; Menge; ~ **fjalësh** Schwall Worte
ortodoks, -e orthodox, rechtgläubig; dogmatisch
ortodoksi-a Orthodoxie *rel.*
ortoped-i, *pl.* -ë-t Orthopäde *med.*
ortopedi-a Orthopädie
orvatem versuchen, sich bemühen
orvatj|e, -a Bemühung
óse oder; ~ **tani ose kurrë** jetzt oder nie
osman, -e osmanisch
osman-i, *pl.* -ë-t Osmane
osmanisht|e, -ja osmanische Sprache
osmoz|ë, -a Osmose
ost|e, -ja Hostie, Obiate
Osviencim-i *ON* Auschwitz, Oswięcim
osh unterbrechen; liebkosen; **oshi shiu** Regen hat aufgehört
oshënar-i Einsiedler, Eremit
oshmak-u, *pl.* -ë-t Rauchfang; Schornstein *der über das Dach ragende Teil*
oshtij *nur 3. P.* lärmen; **oshtijnë malet** die Berge rauschen
oshtim|ë, -a Getöse, Lärm
Otav|ë, -a *ON* Ottawa
oturak-u, *pl.* -e-t Nachtgeschirr, Nachttopf
ovacion-i Applaus, Ovation, Beifall
oval, -e oval, eiförmig
oxhak-u, *pl.* -ë-t Kamin, Luftschacht; Schornstein; Heim, Geschlecht, Sippe; Mistbeet; **oxhaqet feudale** Feudalfamilien, Sippen von Großgrundbesitzern
oxhakëri-a begüterte Schicht, Oberschicht
oxhakpastrues-i Schornstein-

feger. Kaminkehrer

ozon-i Ozon *chem.*

P

pa ⟨+ *Akk*⟩ *1: Präp.* ohne; ~ **pikë turpi** ohne einen Funken Scham; schamlos, unverschämt; **ngritje pa të drejtë** rechtswidrige Hissung *jur.*; ~ **lëvizur as këmbë, as duar** ohne Hände und Füße zu bewegen; ~ **kaluar dy orë mos hani** nicht vor Ablauf von zwei Stunden essen!

pa *2: Partikel beim Imp.* doch; ~ **shiko!** schau doch!

pa derman unbedingt

pa ekuivok unmißverständlich

pa kundërthënie widerspruchsfrei

pa leje unerlaubt

pa lyrë langweilig

pa re wolkenlos

pa shteg ausweglos

pa takt taktlos

pa teklif Umstand, ohne Umstände, ungezwungen

pa- un-, -los

Pa-dë-Kalé-ja Straße von Dover

paaftë, i/e unfähig; **është i ~ të paguajë** er ist zahlungsunfähig, insolvent

paaftësí-a Unfähigkeit

paansh|ëm, -me, i/e unparteiisch

paanshmërí-a Unparteilichkeit

pabarabartë, i/e ungleich

pabarazí-a Ungleichheit

pabesuar, i/e unglaublich

pabesuesh|ëm, -me, i/e unglaublich, unerhört

pabuzorëzuar, i/e ungerundet *spr.*

pacient-i, *pl.* -ë-t Patient *med.*

pacjan, -e aus Pac

paçavur|e, -ja Fetzen

paçmuesh|ëm, -me, i/e unschätzbar, wertvoll

padashur unwillkürlich

padenjë, i/e unwürdig, unwert

padí-a Klage; **ngre padi** Klage erheben

paditës-i Kläger

padobish|ëm, -me, i/e nutzlos, unnütz

Padov|ë, -a *ON* Padua

padrejtë, i/e rechtswidrig

paduksh|ëm, -me, i/e unsichtbar

padurim-i Ungeduld

pafajsh|ëm, -me, i/e unschuldig, schuldlos

pafalsh|ëm, -me, i/e unverzeihlich
pafavorsh|ëm, -me, i/e ungünstig
paftalak, -e aus Päftal
pafund, i/e unendlich
pafundm|e, -ja Unendlichkeit *phi.*
pages|ë,-a Zahlung; ~ **e taksave para afatit** Frankierung, Frankation, Freimachung *Post*; **bilanc i pagesave** Zahlungsbilanz
pag|ë, -a Lohn; ~ **bazë** Grundlohn, Grundvergütung
pagëzim-i Taufe
pagëzoj taufen
paguaj zahlen, bezahlen; ~ **me pare në dorë** bar bezahlen; **i/e paaftë të paguajë** zahlungsunfähig, insolvent
pagur-i Feldflasche
pagjinish|ëm, -me, i/e ungeschlechtig *spr.*
pagjumësi-a Schlaflosigkeit
pah: nxjerr në ~ würdigen, hervorheben
paharruar, i/e unvergessen, unvergeßlich
pajand|ër, -ra, *pl.* -ra-t Stützbalken
pajis versehen, ausstatten; **pajisem** sich versehen mit etw.
pajisj|e, -a Ausstattung, Ausrüstungsgegenstand, Ausrüstung, Anlage *tech.*
pajovs, -e aus Pajova
pajtim-i Versöhnung, Abonnement; Dingen *ök.*; ~ **vjetor** Jahresabo; ~ **i kohëve** Consecutio temporum *spr.*; **në** ~ **me** gemäß, konform, in Übereinstimmung mit
pajtimtar-i Abonnent, Teilnehmer *Telefon*
pajtoj versöhnen, schlichten; abonnieren, in Taglohn nehmen
pajustifikuar, i/e ungerechtfertigt, unentschuldigt; **mungesë e** ~ **në punë** unentschuldigtes Fernbleiben bei der Arbeit *ök*
pak wenig, ein wenig; **së paku; të paktën** wenigstens; **paksa** ein wenig; **për pak** fast, um Haaresbreite
pakapsh|ëm, -me, i/e unfaßbar, ungreifbar, unbegreiflich
paket|ë, -a Paket, Päckchen
paketoj einpacken, verpakken
pakënaqur, i/e unzufrieden
pakëndsh|ëm, -me, i/e unangenehm
pakëz = **pak**
pakic|ë, -a Minderheit, Minorität; kleine Menge; **me** ~ en détail; ~ **kombëtare** nationale Minderheit; **çmim me** ~ Einzelhandels-

preis
pakistanez, -e pakistanisch
pako-ja Paket, Päckchen; ~ **me vlerë** Wertpaket; ~ **postare** Postsendung; ~ **ushqimi** Lunchpaket
pakohor, -e zeitlos, atemporal *spr.*, achronisch *spr.*
pakryer, i/e unvollendet, imperfekt, imperfektiv *spr.*; **e pakryer-a** Imperfekt *spr.*
paksa ein wenig
paktë, i/e gering, wenig; **të paktën** wenigstens
pakujdesi-a Sorglosigkeit; **me** ~ fahrlässig *jur.*
pakujdessh|ëm, -me, i/e fahrlässig
pakuptimtë, i/e sinnlos, unverständlich
Pal-i *NP* Paul
palakuesh|ëm, -me, i/e indeklinabel, undeklinierbar
palé *Konj* ob
palejuar, i/e unerlaubt
paleografi-a Paläographie
Palestin|ë, -a Palästina
palestinez, -e palästinensisch
pal|ë, -a Paar; **një** ~ **dylbi** ein Feldstecher
palidhëzor, -e konjunktionslos *spr.*, asyndetisch
paligjsh|ëm, -me, i/e gesetzwidrig *jur.*
palos falten; zusammenklappen; **karrige që paloset** Klappstuhl
pallamar-i, *pl.* -ë-t Tau, Seil
pallat-i, *pl.* -e-t Palast; Wohnblock; ~ **i Kulturës** Kulturpalast
pallto-ja Mantel, Überzieher; **zgjatoj pallton** den Mantel verlängern
pambuk-u Baumwolle, Watte; ~ **hidrofil** Watte; ~ **për pastrim** Putzwolle
pamj|e, -a Anblick, Aussehen, Ansicht, Panorama, Aktionsart, Aspekt *spr.*; ~ **e çastësisë** punktueller Aspekt; ~ **e kryer** perfektive Aktionsart; ~ **e vijimësisë** lineare Aktionsart, Durativ
pamjesor, -e visuell
pamundësi-a Unmöglichkeit
pamundur, i/e unmöglich
panair-i, *pl.* -ë-t Messe *ök.*; ~ **kampionesh** Mustermesse; ~ **libri** Buchmesse *ök.*
panamez, -e panamesisch, panamaisch
pandarë, i/e unteilbar
pandashmëri-a Unteilbarkeit *spr.* Untrennbarkeit
pandeh meinen, ahnen
pandehj|e, -a Verdacht *jur.*
pandehm|ë, -a Mutmaßung, Annahme, Vermutung
pandehur-i, i Angeklagter *jur.*, Beklagter
pandërgjegjsh|ëm, -me, i/e

gewissenlos, unsorgfältig
pandërmjetm|ë, -me, i/e unmittelbar, direkt
pandërprerë, i/e ununterbrochen, kontinuierlich
pandofla-t Pantoffel, Hausschuhe
pandryshuesh|ëm, -me, i/e unwandelbar, unveränderlich
panik-u Panik
panin-i, *pl.* -e-t Baguette, langes Weißbrot
panjohur, i/e unbekannt
pankart|ë, -a Spruchband
panxhar-i Rübe
panxharsheqeri Zuckerrübe
panyjsh|ëm, -me, i/e artikellos *spr.*; **mbiemër i ~** Adjektiv ohne Gelenkartikel
papajtuesh|ëm, -me, i/e unversöhnlich
papastërtí-a Unsauberkeit, Schmutz
papërballuesh|ëm, -me, i/e unwiderstehlich
papërfunduar, i/e unvollendet
papërgjegjsh|ëm, -me, i/e unzurechnungsfähig *jur.*, nicht verantwortlich
papjesëtuesh|ëm, -me, i/e unteilbar
paplotë, i/e unvollständig
papranuesh|ëm, -me, i/e unannehmbar, inakzeptabel
paprapësuesh|ëm, -me, i/e unwiderruflich
papreksh|ëm, -me, i/e unberührbar
papreksmërí-a Unantastbarkeit, Immunität
papritmas ⟨*adv*⟩ unerwartet
papritur, i/e unerwartet, plötzlich; **e papritur**-a Überraschung; **ndodhem para një të papriture** vor einer unvorhergesehenen Situation stehen
papunësí-a Arbeitslosigkeit
paqenë, i/e unerhört, unglaublich
paqepur, i/e ungeheftet *Buch*, ungenäht
paqëndruesh|ëm, -me, i/e unbeständig, instabil
Paqësor-i Pazifik, Pazifischer Ozean
para ⟨+ *Abl*⟩ vor; **~ se** bevor; **lirim para kohe** vorzeitige Entlassung *jur.*
pará-ja, *pl.* -të Münze, Geld; **~ në dorë** Bargeld
paraburgim-i Untersuchungshaft *jur.*
parad|ë, -a Parade, Vorbeimarsch
paradigmatik, -e paradigmatisch *spr.*, beispielhaft, mustergültig
paradhëni|e, -a Vorschuß, Vorauszahlung
parafjal|ë, -a Präposition *spr.*

parafjalor, -e präpositional *spr.*, Präpositions- ; **kundrinë parafjalore** präpositionales Objekt; **lokucion** ~ präpositionale Wendung
paragjuhor, -e koronal *spr.*, Vorderzungen-
paragraf-i, *pl.* -ë-t Absatz *jur.*, Paragraph
paraguajan, -e aus Paraguay
paragjykim-i Vorurteil
parakohsh|ëm, -me, i/e vorzeitig, verfrüht
parakuvert|ë, -a Vordeck *naut.*
paralajmërim-i Warnung
paralajmëroj warnen
paralele-t Barren *spo.*
paraleliz|ëm, -mi Parallelismus
paraliz|ë, -a Paralyse *med.*, Lähmung
paraluftës, i/e aus der Vorkriegszeit
parantez|ë, -a Klammer
parapet-i, *pl.* -e-t Reling *Schiff*, Brüstung
parapëlqimor, -e Vorzugs-; **taksë parapëlqimore** Vorzugsgebühr, Präferenzzoll
paraprak, -e vorhergehend, Vor-, Voraus-; **në mënyrë paraprake** vorläufig, vorsorglich
paraqes *e/i; s/t* = **paraqit** *s/t* vorstellen
paraqitem erscheinen, sich darstellen
paraqitj|e, -a Vorstellung, Präsentation; Vorlage, das Vorzeigen; Eintragung, Stellung *bei der Miliz*; ~ **e shkurtër** Zusammenfassung, Abstract, Resümee
parasall|ë, -a Vorhalle
parasysh ⟨*adv*⟩ vor Augen; **kam** ~ ich bin mir bewußt
parashikim-i Prognose, Vorausschau
parashikoj vorsehen, regeln
parashkrim-i Verjährung; ~ **i ndjekjes penale** Verfolgungsverjährung
parashkues, -e antezedent, vorangehend
parashkues-i Bezugswort *spr.*, Antecedens
parashtes|ë, -a Präfix *spr.*, Vorsilbe
parashtesim-i Präfigierung *spr.*
parashtesor, -e Präfix-
parataktik, -e parataktisch, beiordnend
paratheksor, -e vortonig *spr.*
parathëni|e, -a Vorwort
paraushtarak, -e vormilitärisch, paramilitärisch
paravajtës, -e fortschreitend, progressiv *spr.*, voranschreitend; **përngjashmim** ~ progressive Assimilation
paravendosur, i/e vorangestellt, präpositiv *spr.*

paravë voranstellen, vorschieben
parazit, -e parasitisch; **tingull** ~ Einschub
pardesy-ja Überzieher, Mantel, Sommermantel
pardjé ⟨*adv.*⟩ vorgestern
páre-t = **pará-ja**; **prish pare** Geld wechseln
pareshtur, i/e unermüdlich, unablässig; **binte shi pareshtur** es regnete ununterbrochen
parevokuesh|ëm, -me, i/e unwiderruflich
parë, i/e *1* s. **shoh** gesehen; **ai vetë e ka** ~ er hat es selbst gesehen
parë, i/e *2* erster; **më parë** vorher, zuvor, früher; **që ditën e parë** vom ersten Tag an; **së pari** zuerst; **mbresa të para** erste Eindrücke; **në radhë të** ~ vor allem, in erster Linie; **vjeshta e** ~ September
parësor, -e primär *spr.*; **dyjës** ~ primärer Dual
parfum-i, *pl.* -e-t Parfum
parí-a Notabeln, Oberhäupter, Oberschicht
parim-i Prinzip, Grundsatz
parimor, -e prinzipiell, prinzipienfest
Paris-i *ON* Paris
paritet-i Parität, Gleichwertigkeit
par|k-u, *pl.* -qe-t Park; ~ **i traktorëve** Traktorenpark; ~ **kombëtar** Nationalpark, Naturschutzgebiet; ~ **taksish** Taxistand
parkim-i das Parken; **shesh parkimi** Parkplatz
parkoj parken, abstellen *Fahrzeug*
parlamentar, -e parlamentarisch
parm|ë, -e, i/e ursprünglich
partí-a Partei, Los, Menge, Warensendung; ~ **opozitare** Oppositionspartei
partishmërí-a Parteilichkeit
partizan-i, *pl.* -ë-t Partisan, Freischärler
parukier|e, -ja Friseuse
parull|ë, -a Parole, Losung
parvaz-i, *pl.* -e-t Türrahmen, Fensterrahmen
parzmor|e, -ja Brustpanzer
parregullsí-a Unregelmäßigkeit, Irregularität
parrégullt, i/e unregelmäßig
pas ⟨+ *Abl*⟩ nach; **ai është çmendur** ~ **saj** er ist verrückt nach ihr; **jam i dhënë pas** ⟨+ *Abl*⟩ verrückt nach etw. sein, etw. sehr mögen
pasagjer-i, *pl.* -ë-t Passagier, Fahrgast
pasanik-u, *pl.* -ë-t Reicher
pasaport|ë, -a Paß, Ausweis, Reisepaß; **vizoj pasaportën** Visum eintragen

pasardhës, -e folgend
pasardhës-i Nachfolger, Nachkomme
pasdite ⟨*adv.*⟩ = **pasdreke** ⟨*adv*⟩ nachmittags
pasgojor, -e postbukkal *spr.*
pasi nachdem; weil
pasigurí-a Unsicherheit
pasigurt, i/e unsicher
pasion-i Leidenschaft, Passion
pasiv, -e passiv; **shtresë pasive e leksikut passive** Wortschatzschicht
paskajor|**e**, -ja Infinitiv *spr.*
pasm|**ë**, -a, i/e rückwärtig, Hinter- ; **këmbët e pasme** Hinterbeine; **sedílie e pasme** Rücksitz
pasnésër übermorgen
pasoj|**ë**, -a Konsequenz, Folge, Ergebnis
pasqyr|**ë**, -a Tafel, Tabelle; Spiegel, Rückspiegel *tech.*; ~ **e lëndës** Inhaltsverzeichnis
pasqyroj widerspiegeln
pastaj danach
past|**ë**, -a Paste; Butterkrem, Cremetorte; ~ **dhëmbësh** Zahnpasta; ~ **rroje** Rasiercreme; ~ **xhamash** Fensterkitt
pastër, i/e rein, sauber; klar
pastërtí, -a Reinheit, Sauberkeit; **çoj në** ~ in die Reinigung bringen
pastheksor, -e nachtonig *spr.*
pastiçerí-a Konditorei, Zukkerbäckerei
pastiçier-i Konditor
pastroj säubern, reinigen; ~ **një njollë** einen Flecken entfernen
pastrues|**e**, -ja Raumpflegerin, Putzfrau, Reinmachefrau
pasthëni|**e**, -a Nachwort
pasthirrm|**ë**, -a Interjektion *spr.*, Empfindungswort
pasues, -e folgend, anliegend, beigefügt; Folge-
pasur, i/e reich
pasurí-a Vermögen, Eigentum; ~ **të natyrës** Naturschätze, Bodenschätze; ~ **socialiste** sozialistisches Eigentum; **lundronte në pasuri** er schwamm im Reichtum
pasurim-i Bereicherung, Bestandsergänzung, Bestandsaufbau
pasuroj bereichern
pasuror, -e Vermögens-
pashë, s. **shoh**
pashkelur, i/e unbeschädigt, unverletzt
pashk|**ë**, -a, *pl.* -ë-t Ostern *rel.*
pashmangsh|**ëm**, -me, i/e unvermeidlich, unvermeidbar
pashprehur, i/e unausgesprochen, verdeckt

pashquar, i/e unbestimmt, indeterminiert *spr.*
pashquarësí-a Indeterminiertheit *spr.*
pashtersh|ëm, -me, i/e unerschöpflich; **frymëzim i ~** unendliche Begeisterung
pashtjelluar, i/e implizit
pata, s. **kam**
patat|e, -ja, *pl.* -e-t Kartoffeln, **patate të fërguara** Röstkartoffel, Bratkartoffel, Pommes frites
patent|ë, -a Patent; **~ shoferi** Führerschein
patentoj patentieren
pat|ë, -a Gans
patëllxhan-i, *pl.* -ë-t Aubergine, Eierfrucht
patjetër selbstverständlich, ohne weiteres, unbedingt
patriark-u Patriarch
patriarkal, -e patriarchalisch
patriarkaliz|ëm, -mi Patriarchalismus, Gentilordnung
patriarkat i Patriarchat
patrik-u, *pl.* -ë-t Patriarch *rel.*
patrikan|ë, -a Patriarchat *Peć, Istanbul*
patronim-i Patronymikon *spr.*
patheksuar, i/e unbetont, schwachtonig *spr.*
pathemeltë, i/e unbegründet, grundlos, unhaltbar
pauz|ë, -a Pause; **~ frymore** Atempause
pavarësí-a Unabhängigkeit
pavarësisht ⟨*adv*⟩ unabhängig; **~ nese** unabhangig davon, ob
pavarur, i/e unabhängig
pavazhdueshmërí-a Diskontinuität, Diskretion
pavdeskh|ëm, -me, i/e unsterblich
pavetor, -e unpersönlich *spr.*
pavlefsh|ëm, -me, i/e unwirksam, wertlos
pavuajtur, i/e unverbüßt
pazar-i, *pl.* -e-t Markt *Tiere u. Lebensmittel*, Marktplatz, Feilschen
pazarllëqe-t Feilschen, Handel, Kuhhandel *fig.*
pazbërthyesh|ëm, -me, i/e unteilbar, untrennbar *spr.*
pazënë, i/e frei, unbesetzt
pazgjedhuesh|ëm, -me, i/e unkonjugierbar *spr.*
pazotësí-a Unfähigkeit, Ohnmacht
pe-ri, *pl.* -nj-të Faden, Garn; **përshkoj perin në gjilpërë** Faden in die Nadel einführen; **rrotkë pe** Röllchen Nähfaden
pec|e, -ja Lappen, Verband, Binde *med.*
peç|e, -ja Gesichtsschleier
pedagogjí-a Pädagogik
pedal-i Pedal

pederastí-a Knabenliebe, Päderastie
pej *dial.* = **prej**
Pej|ë, -a *ON* Pec, Peja
pejan, -e aus Peja, aus Peć
Pekin-i *ON* Peking, Beijing
pel|ë, -a Stute
pelen|ë, -a Windel
pellazg, -e pelasgisch
pell|g-u, *pl.* -gje-t Tümpel, Teich; Becken; ~ **qymyrguror** Steinkohlebecken, Kohlerevier
pem|ë, -a, *pl.* -ë-t Baum, Obstbaum, Frucht, Obst
pemëtarí-a Obstbau
pen|ë, -a Feder, Schreibfeder; *fig.* Schriftsteller
pen|g-u, *pl.* -gje-t Unterpfand, Bürge, Geisel
penal, -e strafrechtlich, Straf-; **parashkrim i ndjekjes penale** Verfolgungsverjährung; **përgjegjësi penale** strafrechtliche Verantwortlichkeit *jur.*; **procedim penal** Strafverfahren; **sjell përgjegjësi penale** zur strafrechtlichen Verantwortlichkeit führen
pend|ë, -a Feder, Gefieder; Schreibfeder
pend|ë, -a Stauwehr, Staudamm, Wehr
pendim-i Reue *jur.*
pendohem bereuen
penel-i, *pl.* -a-t Pinsel
penges|ë, -a Hindernis; **kapërcej pengesat** die Hindernisse überwinden
pengim-i Behinderung *jur.*
pengoj hindern, behindern, verhindern
pension-i Rente, Pension; Gästehaus; **dal në** ~ in Rente gehen
pensionist-i Rentner, Pensionär
penxher|e, -ja *veralt.* Fenster
perandor-i, *pl.* -ë-t Kaiser, Herrscher
perandorí-a Reich; ~ **Osmane** Osmanisches Reich
perceptim-i Wahrnehmung, Perzeption
perd|e, -ja Vorhang
perëndí-a *m.* Gott
perëndim-i Westen; ~ **dielli** Sonnenuntergang
perëndimor, -e westlich, West-
perifrastik, -e periphrastisch, umschreibend
perifraz|ë, -a Umschreibung, Periphrase
perime-t Gemüse
periudh|ë, -a Periode *spr.*, Zeitabschnitt; ~ **transitore** Übergangsperiode
perl|ë, -a Perle
peron-i Bahnsteig
pers, -e; **persian**, -e persisch, iranisch
Persí-a Persien

persik, -e persisch
personazh-i, *pl.* -e-t Person, Figur *in Literatur*
personel-i Personal, Belegschaft; ~ **mjekësor** Pflegepersonal
pesë fünf; ~ **vjet** fünf Jahre; **i pestë** der fünfte
pesëdhjetë fünfzig; ~ **kilogram** ein Zentner *z*
pesëgarësh-i Fünfkampf
pesëmbëdhjetë fünfzehn; **i** ~ der fünfzehnte
pesëqind fünfhundert; ~ **gram** ein Pfund
pesësh-i Fünfer, Fünf-Lek-Stück
pesëvjeçar, -e Fünfjahres-; **plani** ~ Fünfjahrplan
pesimiz|ëm, -mi Pessimismus
pesh|ë, -a Gewicht; ~ **bruto** Bruttogewicht; ~ **e rëndë** Schwergewicht; ~ **specifike** spezifisches Gewicht
pesh|k-u, *pl.* -q-it Fisch
peshkaqen-i Hai
peshkatar-i Fischer
peshkëpjot, -e aus Peshkëpia
peshkim-i Fischerei, Fischfang
peshkoj fischen; ~ **me grep** angeln
peshkop-i Bischof
peshkopias, -e aus Peshkopia
peshoj wiegen, wägen
peshqesh-i, *pl.* -e-t Geschenk
peshqir-i, *pl.* -ë-t Handtuch
peshtaf-i, *pl.* -ë-t Schmuckkasten
petk-u, *pl.* -a-t Gewand
pezak, -e aus Peza
pézull ⟨*adv.*⟩ ungewiß, offen; **mbetem** ~ in der Schwebe bleiben
pezulloj aussetzen, aufheben, suspendieren; ~ **pagesat** die Zahlungen aussetzen
pëgëj beschmutzen, versauen
pëgërë-t, të Kacke *vulg.*, Kot; **laj të pëgërat** trockenlegen *Säugling*
pëlhur|ë, -a Gewebe, Textil; Spinnennetz; **lidhje me pëlhurë** Leineneinband
pëlqej *e/ye* gefallen, schmekken; **çoç i pëlqen ajo vajzë** das Mädchen gefällt ihm wohl
pëlqim-i Zustimmung, Einverständnis
pëlqyer, i/e ansprechend, annehmbar, passend; gebilligt
pëlq|yer, -eri, *pl.* -erë-t Daumen; **një pëlqyer kripë** eine Prise Salz
Pëlzen-i *ON* Pilsen, Plzeň
pëllëmb|ë, -a, *pl.* -ë-t Handfläche, flache Hand
pëllumb-i, *pl.* -a-t Taube
për- be-, ver-

për ⟨+ *Akk*⟩ für, nach; ~ **hirin tënd** dir zuliebe; ~ **inat** aus Trotz; ~ **kiamet!** überhaupt nicht, keineswegs; ~ **ku?** wohin ?; ~ **pak** fast, um Haaresbreite; ~ **shkak aksidenti** wegen eines Unfalls; ~ **të gjallë** zu seinen Lebzeiten; **fjalë për fjalë** wörtlich, Wort für Wort
përballë ⟨*adv.*⟩ gegenüber
përbashkët, i/e gemeinsam, Gemein-; **sllavishte e përbashkët** Gemeinslawisch; **emërues i** ~ gemeinsamer Nenner
përbëj bilden, ausmachen, darstellen, beinhalten, umfassen; ~ **një hap të ndjeshëm përpara** einen spürbaren Schritt voran darstellen
përbetuar-i, i Verschwörer
përbërë, i/e zusammengesetzt
përbri ⟨+ *Abl*⟩ neben
përbuzj|e, -a Verachtung
përcaktim-i Bestimmung
përcaktoj bestimmen
përcaktor-i Attribut *spr.*
përcaktuar, i/e bestimmt, ergänzt *spr.*, attribuiert
përcjell *e/o/i* begleiten
përcjellj|e, -a Begleitung; Verweisung
përcjellor|e, -ja Gerundium
përçarj|e, -a Streit; Bruch
përçart ⟨*adv*⟩ im Fieber; **flas** ~ irre reden, im Wahn sein
përçartj|e, -a Delirium, Wahn
përçmues, -e abwertend
përçoj führen, leiten, induzieren
përçuar, i/e induziert *spr.*
përçudnoj verderben, beflecken
përçues, -e induzierend
përdallim-i Differenzierung
përdëllej bedauern, trösten, Mitleid haben mit, sich erbarmen
përdëlles|ë, -a; **përdëllim**-i Mitleid, Erbarmen
përditsh|ëm, -me, i/e alltäglich; **jeta e përditshme** Alltag; **gazetë e përditshme** Tageszeitung
përdor = **përdoroj** benutzen, verwenden; **duhet të përdor ilaçe?** muß ich Medizin einnehmen?
përdorim-i Gebrauch
përdredhj|e, -a Umdrehung; Verstauchung *med.*, ~ **ligamentesh** Sehnenzerrung
përdhos entweihen, besudeln, beschmutzen
përdhunë: me ~ mit Gewalt
përem|ër, -ri, *pl.* -ra-t Pronomen *spr.*, Fürwort; ~ **dëftor** Demonstrativpronomen; ~ **lidhor** Relativpronomen; ~ **pronor** Possessivpronomen; ~ **pyetës** In-

terrogativpronomen *spr.*; ~ **vetor** Personalpronomen *spr.*; ~ **vetvetor** Reflexivpronomen
përemëror, -e pronominal *spr.*
përfaqësí-a Vertretung; ~ **tregtare** Handelsvertretung
përfaqësues-i Vertreter, Reisender
përfitim-i Profit, Gewinn, Verdienst, Vorteil *jur.*
përfitoj profitieren
përflak|shëm, -me, i/e entflammbar, feuergefährlich
përforcues, -e verstärkend, intensivierend, korroborativ *spr.*
përforcues-i Verstärker
përfshi|j, -va, -rë umfassen, erfassen; **duke përfshirë** inklusiv, eingeschlossen
përfshirës, -e inklusiv *spr.*
përfundim-i Ergebnis; ~ **i logjikshëm** logische Schlußfolgerung
përfundimor, -e resultativ
përfundimtar, -e endgültig; **po merrnin tatëpjetën përfundimtare** sie gingen endgültig dem Untergang entgegen
përfundoj beenden, beschließen, abschließen, enden
përfytyrim-i Vorstellung, Imagination; Verkörperung
përfytyrues, -e darstellend
përgatis *s/t* vorbereiten, ausarbeiten
përgatitj|e, -a Ausbildung
përgatitj|e, -a Vorbereitung, Fertigung, Herstellung; Wartung; ~ **e çalë** mangelhafte Vorbereitung
përgjegjës, -e verantwortlich; **përgjegjës-i i sigurimit teknik** Sicherheitsbeauftragter, Sicherheitsobmann
përgjegjësí-a Verantwortung, Verantwortlichkeit; ~ **penale** strafrechtliche Verantwortlichkeit *jur.*
përgjërohem schwören; sich sehnen
përgjëroj vereidigen
përgjigjem, u përgjegja, përgjegjur antworten, verantwortlich sein
përgjigj|e, -ja Antwort; **në ~ të letrës suaj** in Beantwortung Ihres Schreibens
përgjim-i Überwachung, Observation
përgjithësim-i Verallgemeinerung
përgjithmonë ⟨*adv*⟩ auf Dauer *jur.*; ständig; **një herë e ~** ein für allemal
përgjithsh|ëm, -me, i/e allgemein, generell; **grevë e përgjithshme** Generalstreik; **policë e përgjitshme**

Generalpolice, offene Police *ök.*
përgjoj lauschen; Wache halten, bespitzeln
përgjues-i Spitzel, Observant, Aufpasser, Schnüffler, Lauscher
përgjysmim-i Halbierung
përgjysmoj halbieren
përhap verbreiten
përhapj|e, -a Verbreitung, Distribution, Propaganda, Offenbarung *jur.*
përherë ⟨*adv*⟩ immer; ~ **e më vështirë** immer schwerer, immer schwieriger
përhersh|ëm, -me ständig, dauerhaft, ewig; **banim i** ~ ständiger Wohnsitz
përjashta ⟨*adv.*⟩ draußen
përjashtim-i Ausnahme; Befreiung *Steuer*, Verschonung *jur.*; **me përjashtim** ausgeschlossen, exklusiv; ~ **nga dënimi** Straffreiheit
përjashtoj ausschließen, ausstoßen; absehen von *jur.*
përjavsh|ëm, -me, i/e wöchentlich, Wochen-
përjetësí-a Ewigkeit
përjetësisht ⟨*adv*⟩ ewig
përjetësoj verewigen
përjetim-i Erlebnis
përjetoj erleben
përjetsh|ëm, -me, i/e ewig
përkalim-i Mutation *spr.*; ~ **bashkëtingëllor** Lautverschiebung *spr.*
përkapshmërí-a Wahrnehmbarkeit; Schallfülle *spr.*
përkas *a/e/i; s/t* gehören, betreffen
përkatës, -e zuständig, entsprechend; einschlägig *jur.*
përkatësí-a Zugehörigkeit
përkëdhelës, -e hypokoristisch *spr.*, liebkosend, Kose-
përkim-i Kongruenz *spr.*, Übereinstimmung; ~ **në gjini** Genuskongruenz; ~ **në rasë** Kasuskongruenz, Konzinnität *spr.*
përkohësisht ⟨*adv*⟩ vorübergehend
përkohsh|ëm, -me, i/e zeitweilig, provisorisch, vorläufig; vorübergehend
përkohshm|e, -ja, e Zeitschrift, Periodikum
përkrah unterstützen
përkrahj|e, -a Unterstützung, Beistand
përkryer, i/e vollendet, vollkommen, perfekt
përkthej *e/ye* übersétzen, übertragen
përkthes|ë, -a Konversion *spr.*, Konvertierung
përkthim-i Übersetzung
përkthyes-i Übersetzer, Dolmetscher
përkufizim-i Definition, Festlegung, Bestimmung

përkulem sich bücken
përkulj|e, -a Biegung, Brechnung, Krümmung
përkúndrazi ⟨*adv*⟩ im Gegenteil
përkushtim-i ndaj ⟨+ *Abl*⟩ Hingebung an
përleshj|e, -a· Zusammenstoß, Streit, Auseinandersetzung
përligj rechtfertigen, vergelten, entlohnen; bestätigen, beglaubigen
permanent-i Dauerwelle; Damenfrisiersalon
përmas|ë, -a Ausmaß, Maß
përmbaj umfassen, enthalten
përmbajtj|e, -a Inhalt; Inhaltsverzeichnis
përmbarues, -e vollstreckend, Vollzugs-
përmbledh zusammenfassen
përmbledhës, -e Kollektiv- *spr.*
përmbledhës-i Sammler; Sammelband
përmbledhj|e, -a Zusammenfassung; ~ **veprash** Werkausgabe, gesammelte Werke
përmbledhtas ⟨*adv.*⟩ zusammengefaßt
përmbush ausführen, vollstrecken
përmbushj|e, -a Erfüllung
përmbys *s/t* umstürzen
përmbysj|e, -a Sturz, Umsturz
përmend erwähnen
përmendor|e, -ja Monument, Denkmal
përmendsh ⟨*adv*⟩ auswendig
përmes ⟨+ *Abl*⟩ durch ... hindurch
përmetar, -e aus Përmet
përmirësim-i Verbesserung, Besserung, Rekonvaleszenz
përmirësoj verbessern, bessern; **përmirësohet** es wird besser
përmjerr *e/i/o* Wasser lassen, pinkeln
përndarës, -e distributiv *spr.*
përndarj|e, -a Verteilung *Gewinn*, Distribution *spr.*
përngjashmim-i Assimilation, Assimilierung; ~ **paravajtës** progressive Assimilation *spr.*
përngjashmuesh|ëm, -me, i/e assimilativ
përngjitj|e, -a Agglutination *spr.*
përpara ⟨*adv.*⟩ vorne; nach vorne, vorwärts; vorher, zuvor
përparës|e, -ja Schürze, Kittel
përparësí-a Priorität, Vorrang
përparim-i Fortschritt
përparimtar, -e fortschrittlich, progressiv

përpar|më, -me, i/e Vorder-; **faqe e përparme** Vorderseite; **nyjë e përparme** vorangestellter Artikel, Gelenkartikel
përparoj Fortschritte machen
përpikëri-a Genauigkeit
përpilim-i Abfassung
përpiloj zusammenstellen, verfassen
përpiqem ⟨*pass*⟩ sich bemühen
përpjekj|e, -a Bemühung, Bestrebung
përpjesëtim-i Ausmaß
përpjesëtimisht ⟨*adv*⟩ proportional
përpjetë ⟨*adv.*⟩ aufwärts
përplas schlagen, zusammenstoßen
përplasj|e, -a Zusammenstoß, Kollision, Karambolage; ~ **anijesh** Schiffskollision
përplotësim-i Kompensation
përpos ⟨+ *Abl*⟩ außer
përpunim-i Bearbeitung; ~ **i informacioneve** Informationsverarbeitung
përpunoj bearbeiten, verarbeiten
përputhem zusammenpassen, übereinstimmen
përputhj|e, -a Übereinstimmung; **në** ~ **me** gemäß; laut
përqafim-i Umarmung
përqafoj umarmen
përqasj|e, -a Gegenüberstellung *spr.*, Vergleich *spr.*
përqesh auslachen, verlachen
përqind Prozent, vom Hundert *v. H.*
përqindj|e, -a Prozentsatz, Zins
përrall|ë, -a Märchen
përrallor, -e Märchen-, märchenhaft
përrenjak, -e aus Përrenjas
përreth ⟨*adv*⟩ ringsum
përr|ua, -oi, *pl.* -énj-të Sturzbach, Bergbach, Wildwasser; **përroi zdirgjet nga mali** das Wildwasser stürzt vom Berge herab
përse warum ?, weshalb ?
përsëri ⟨*adv.*⟩ wieder, von neuem
përsëris *s/t* wiederholen, erneuern
përsëritj|e, -a Wiederholung
përsias *s/t* durchdenken, überlegen, prüfen
përsiatj|e, -a Überlegung
përsipër ⟨*adv*⟩ darüber, darauf, oben; **marr** ~ sich verpflichten, sich binden
përsos vervollkommnen
përsosj|e, -a Vervollkommnung
përshëndes *s/t* grüßen
përshëndetj|e, -a Begrüßung, Gruß; ~ **e përzemërt**

herzliche Begrüßung
përshkoj durchdringen, einfädeln; ~ **perin në gjilpërë** Faden in die Nadel einführen
përshkrim-i Beschreibung; ~ **drejtpërdrejt nga libri** autoptische Beschreibung, Autopsie
përshkruaj beschreiben
përshkrues,-e beschreibend, deskriptiv *spr.*
përshkues, -e durchdringend
përshtatj|e, -a Anpassung, Adaption
përshtatsh|ëm, -me, i/e geeignet
përshtrirë, i/e erweitert *spr.*
përshtypj|e, -a Eindruck, Impression
përtac, -e faul
përtyp kauen; ringen, nach Worten
përthithj|e, -a Absorption *spr.*
përveç ⟨+ *Abl*⟩ außer; ~ **të tjerave** abgesehen von allem andern
përveçse ⟨*Konj.*⟩ außer wenn
përvesh hochkrempeln *Ärmel*; ~ **llërët** die Ärmel hochkrempeln
përvetësim-i Entwendung *jur.*, Aneignung
përvetësoj sich aneignen
përvëloj verbrühen, verbrennen; sengen; **dielli përvelon** die Sonne brennt
përvoj|ë, -a Erfahrung
përvuajtj|e, -a Niedergeschlagenheit; Demut
përvúajtur, i/e demütig, niedergeschlagen
përvujtë, i/e demütig
përvujtní-a *dial.* Demut
përz|ë, -ura, -ënë verjagen, vertreiben
përz|iej, -jéva, -íer mischen, verwechseln
përzemërsisht ⟨*adv*⟩ herzlich
përzemërt, i/e herzlich; **përshëndetje e** ~ herzliche Begrüßung
përzíer, i/e gemischt, gemixt
përzíer-it, të Brechreiz
pësoj leiden, erleiden; ~ **disfatë** eine Niederlage erleiden
pësor, -e passiv
pësor|e, -ja Passiv
pëshpërim|ë, -a Geflüster
pëshpëris *s/t* flüstern, tuscheln
pëshpërit|je, -a Flüstern
pështjelloj durcheinander werfen, Unordnung machen
pështyj spucken, anspucken
Phenian-i *ON* Pjöngjang
pi trinken; ~ **duhan** rauchen; ~ **me fund** austrinken, ex trinken; ~ **qyl** freigehalten werden *beim Trinken*

piano-ja Klavier, Piano *mus.*
picarjot, -e aus Picar
picet|ë, -a Serviette
pickim-i Stechen, Stich, Zwicken; **kam një pickim në gjoks** es sticht mich in der Brust
pickoj kneifen, zwicken
pij|e, -a Getränk
pijetor|e, -ja Kneipe, Trinkhalle
pijsh|ëm, -me, i/e trinkbar, Trink-; **ujë i ~** Trinkwasser
pikator|e, -ja Pipette
pik|ë, -a Punkt, Tropfen; Stelle; **dy pika lot** zwei Tränen; **në orën tetë fiks** um punkt acht Uhr; **~ furnizimi me karburant** Tankstelle; **~ karburanti** Tankstelle; **pika pezullimi** Auslassungspunkte *spr.*
pikëçuditj|e, -a Ausrufungszeichen *spr.*
pikëlidhj|e, -a Verbindung *spr.*, Anschlußpunkt, Anschlußart
pikëllim-i Kummer, Sorge, Bekümmerung
pikënisj|e, -a Ausgangspunkt
pikëpamj|e, -a Gesichtspunkt, Ansicht, Standpunkt
pikëpjekj|e, -a Verabredung, Rendezvous
pikëpresj|e, -a Strichpunkt, Semikolon
pikëpyetj|e, -a Fragezeichen
pikërisht ⟨*adv*⟩ genau, präzis
pikësim-i Interpunktion *spr.*, Zeichensetzung
pikoj tropfen
piksem gerinnen, erstarren
piktor-i Maler, Kunstmaler; **~ amator** Freizeitmaler
piktur|ë, -a Bild, Gemälde, Malerei
pilaf-i, *pl.* -ë-t Schwenkreis, Butterreis, Pilav
pilot-i, *pl.* -ë-t Pilot; Lotse; **~ i portit** Lotse, Hafenlotse
pilurjot, -e aus Pilur
pincet|ë, -a Pinzette
pinc|ë, -a Flachzange
Pind-i Pindus
pingpong-u Tischtennis
pingultë, i/e vertikal, senkrecht
pionier-i, *pl.* -ë-t Pionier *Jugendorganisation*, Pfadfinder
piper-i Pfeffer; **~ i kuq** Paprika; **mbajtëse piperi** Pfefferstreuer
pip|ë, -a Pfeife, Tabakspfeife; Zigarettenspitze
piqerasjot, -e aus Piqéras
piraterí-a Piraterie, Seeräuberei
Piré-u *ON* Piräus
Pirenejtë Pyrenäen
pirun-i, *pl.* -ë-t Gabel
pisk-u Knoten; Höhepunkt;

e shoh pisk in der Klemme sein
piskam|ë, -a Ruf, Schrei
pisqoll|ë, -a Vorderlader-Pistole, Steinschloß-Pistole
pistar, -e aus Pista
pist|ë, -a Piste; Tanzfläche; ~ **vrapimi** Rennbahn, Rennstrecke; ~ **e fluturimit** Flugpiste, Startbahn; Rollfeld
piston-i, *pl.* -ë-t Kolben
pish|ë, -a Kiefer
pishin|ë, -a Schwimmbad, Schwimmbecken, Swimming pool; ~ **e mbuluar** Hallenbad
Piz|ë, -a *ON* Pisa
pizhame-t Pyjama, Schlafanzug
pjac|ë, -a Marktplatz, Markt, Platz
pjalm-i Blütenstaub, Pollen *bot.*
pjatanc|ë, -a Platte
pjat|ë, -a Teller, Platte; ~ **filxhani** Untertasse
pjekj|e, -a Reife, Reifung; das Backen
pjekur, i/e gebacken, Back-; geröstet; **mish i** ~ der Braten
pjekuri-a Reife
pjep|ër, -ra *bot.* Zuckermelone
pjérrtazi ⟨*adv*⟩ schräg
pjes|ë, -a Teil; Theaterstück; ~ **fundore** Endstück; ~ **këmbimi**, ~ **shkëmbimi** Ersatzteil; ~ **nistore e fjalës** Wortanlaut *spr.*; ~ **përbërëse** Bestandteil; ~ **të ligjëratës** Wortarten, Redeteile *spr.*; **bëj pjesë** teilnehmen; **bëj pjesë në** ⟨+ *Akk*⟩ gehören zu
pjesëmarrës-i Teilnehmer
pjesëmarrj|e, -a Teilnahme
pjesërisht ⟨*adv*⟩ teilweise, partiell
pjesëtor, -e partitiv *spr.*
pjesëz-a Partikel *spr.*, Teilchen: ~ **pyetëse** Fragepartikel *spr.*
pjeshk|ë, -a, *pl.* -ë-t *bot.* Pfirsich
pjesor, -e partizipial
pjesor|e, -ja Mittelwort *spr.*, Partizip; ~ **e shkuar** Partizip Perfekt; ~ **e tashme** Partizip Präsens
pjessh|ëm, -me, i/e teilweise, partiell
Pjet|ër, -ri *NP* Peter
plaçkis *s/t* plündern
plaçkitj|e, -a Plünderung
plag|ë, -a, *pl.* -ë-t Wunde; **brufulloi plaga** die Wunde ging auf
plagos verletzen, verwunden
plagosj|e, -a Verwundung, Körperverletzung *jur.*; Verletzung *med.*
plagjiat-i, *pl.* -ë-t Plagiat

plagjiator-i Fälscher, Plagiator

plak, -e, *pl.* pleq, *f.* plaka alt *Lebensalter*

plak-u, *pl.* pleq-të der Alte; ~ **çifteli** giftiger, boshafter Greis; ~ **matuf** Tattergreis

plan-i, *pl.* -e-t Plan; ~ **i marrëzishëm** törichter Plan; ~ **i shfaqjeve** Spielplan; ~ **pesëvjeçar** Fünfjahrplan

plangprishës, -e verschwenderisch; **djali** ~ der verlorene Sohn *rel.*

planifikim-i Planung

plas, s. a. **pëlcas** platzen; **plasa vape** ich wäre fast vor Hitze gestorben

plasar, -e aus Plasa

plasj|e, -a Explosion, Sprengung

plastik, -e aus Kunststoff, plastisch

plastmas|ë, -a Plastik, Kunststoff, Synthetics

platé-ja Parterre, Erdgeschoß; Parkett

platin-i Platin

Plav|ë, -a *ON* Plav

plavjan, -e aus Plav

plazh-i, *pl.* -e-t Strand

plebishit-i Plebiszit, Volksabstimmung, Volksbefragung

pleh-u, *pl.* -ra-t Dünger, Mist, Dung; **kosh i plehrave** Abfallkorb, Papierkorb; **kovë plehrash** Abfalleimer, Mülleimer; **si gjel në** ~ wie der Hahn auf dem Mist

plehëroj düngen

plenar, -e Plenar-, Voll-

pleonaz|ëm, -mi Pleonasmus *spr.*

plep-i, *pl.* -a-t Pappel

pleqnoj am Ältestenrat teilnehmen, beraten

pleshishtar, -e aus Pleshisht

pleurit-i Rippenfellentzündung, Pleuritis *med.*

plevic|ë, -a Kate

plithar-i Lehmziegel

Ploesht-i *ON* Ploesti

plogështí-a Trägheit; **u zhvish nga plogështia** er legte die Faulheit ab

plot ⟨*adv.*⟩ voll; **kishte plot njerëz** es waren dort viele Menschen; ~ **e përplot** brechend voll

plotë, i/e voll, vollständig

plotës-i Ergänzung *spr.*, Umstandsbestimmung, Adverbialbestimmung; ~ **dallimi** unterscheidende Ergänzung, Attribut *spr.*; ~ **kallëzuesor** prädikative Bestimmung; ~ **kohe** Zeitbestimmung, temporale Ergänzung; ~ **mënyre** Umstandsbestimmung der Art und Weise

plotësisht ⟨*adv*⟩ völlig, vollständig, voll und ganz

plotësoj erfüllen, ergänzen, vervollständigen
plotësuar, i/e ergänzt, vervollständigt
plotësues, -e ergänzend, Zusatz-, Nachtrags-
plotzaní-a Pleophonie *spr.*, polnoglasie, Vollaut *spr.*
plu|g-u, *pl.* -gje-t Pflug
plugian, -e aus Plug
plúhur-i, *pl.* -a-t Staub, Pulver; **qumësht** ~ Trockenmilch; ~ **për larje** Waschpulver; **bëj pluhur e hi** zunichte machen, in Staub und Asche legen
pluhuros verstauben
pluhurthíthës|e, -ja Staubsauger
plumb-i, *pl.* -a-t Blei, Plombe; **zukama e plumbave** Pfeifen der Kugeln
plumbç-i, *pl.* -a-t = **plumbç|e**, -ja Lot, Senkblei
pluraliz|ëm, -mi Pluralismus
pllakat-i, *pl.* -e-t Plakat
pllak|ë, -a Platte; ~ **gramafoni** Schallplatte
pllenoj befruchten, bestäuben *bot.*
po *1* = **por** aber; *2* ja; *3* ⟨*Konj.*⟩ wenn, falls; ~ **të duash** wenn du willst; *4* ⟨*Partikel des Zeitpunkts*⟩ eben; ~ **shkruan** er schreibt gerade; *5* ⟨*Partikel der Identität*⟩ eben; ~ **aty** ebenda; ~ **ai** derselbe; ~ **aty** ebenda
Po-ja *FN* Po
pocaqí-a Mühe, Qual
poç-i, *pl.* -e-t Krug, Tonkrug, Glaskanne, Bowle
poçar-i Töpfer
poçarí-a Töpferarbeit, Keramik
poç|e, -ja Henkeltopf aus Steingut
poçerina-t Töpferwaren, Steingut
Podujev|ë, -a *ON* Podujevo
poet-i, *pl.* -ë-t Dichter, Poet
poetik, -e poetisch, dichterisch
poezí-a Dichtung, Poesie, Gedicht
pogradecar, -e aus Pogradec
pohim-i Bejahung, Affirmation
pohoj bejahen, bestätigen
pohor, -e positiv, bejahend, bestätigend
pojanak, -e aus Pojan
pol-i Pol; ~ **i Veriut** Nordpol
polak, -e; polonez, -e polnisch
polak-u = **polonez**-i Pole
polenak, -e aus Polena
polic-i Polizist
polic|ë,-a Police, Versicherungsschein; ~ **e përgjithshme** Generalpolice, offene Police *ök.*
policí-a Polizei; ~ **e skelës**

Hafenpolizei; ~ **rrugore** Verkehrspolizei
poliçaniot, -e aus Poliçan
poligon-i Vieleck, Polygon *math.*; ~ **për qitje** Schießstand
poliklinik|ë, -a Poliklinik
Polinezí-a Polynesien
polinezjan, -e polynesisch
poliomielit-i Kinderlähmung, Polio *med.*
polisar, -c aus Polis
polisintetik, -e polysynthetisch
politik, -e politisch; **grupim** ~ politische Gruppierung
politik|ë, -a Politik; ~ **e jashtme** Außenpolitik; ~ **ekonomike** Wirtschaftspolitik
Poloní-a Polen
pomad|ë, -a Pomade; Salbe; **vë pomadë** Salbe auftragen
Pomeraní-a Pommern
pomp|ë, -a Pumpe; ~ **spruçimi** Einspritzpumpe
ponç-i Punsch
Pont-i Pontus
pópu|ll-i, *pl.* -j-t Volk; **i dhimbset populli** das Volk liegt ihm am Herzen
popullarizoj popularisieren, volkstümlich machen
popullor, -e Volks-, volkstümlich, populär; **pushtet** ~ Volksmacht; **republikë popullore** Volksrepublik; **urtësi popullore** Volksweisheit
popullsí-a Bevölkerung
por aber, jedoch
porcelan-i Porzellan
porcion-i Portion
pornografí-a Pornographie
pornografik, -e pornographisch
poroçanak, -e aus Poroçan
porosí-a Bestellung, Auftrag, Order; **formular i porosisë** Bestellzettel
porosis *s/t* bestellen
porsa ⟨*adv.*⟩ soeben, kaum
porsapjekur, i/e frisch gebakken, ofenfrisch
porse indessen, aber, jedoch
port-i, *pl.* -e-t Hafen, Seehafen; ~ **destinacioni** Bestimmungshafen; ~ **i lirë** Freihafen; **franko-anije në portin e arritjes** *ök.* frei bis zum Bestimmungshafen, ex ship
port|ë, -a Tor, Pforte, Portal; ∻ **e Lartë** Hohe Pforte *hist.*
portier-i Portier, Türhüter, Pförtner; Torwart *spo.*
portinerí-a Portiersloge, Pforte
portofol-i, *pl.* -a-t Brieftasche; ~ **i porosisë** Auftragsbuch
portoka|ll-i, *pl.* -j-të Apfelsine, Orange

portokallat|ë, -a Orangeade, Apfelsinengetränk
portorikan, -e puertorikanisch, Puerto aus Rico
portovin-i Portwein
portret-i, *pl.* -e-t Porträt, Brustbild
Portugalí-a Portugal
portugez, -e portugiesisch
pos kësaj außerdem
posaç|ëm, -me, i/e besonder, Sonder-; speziell, Spezial-; **katalog i ~** Sonderkatalog
posaçërisht ⟨*adv.*⟩ besonders
posi wieso; ~ **jo!** ja sicher, und ob!
postar, -e Post-; **çek ~** Postscheck
post|ë, -a Postamt, Post; ~ **ajrore** Luftpost; **kuti poste** Briefkasten
postier-i, *pl.* -ë-t Briefträger, Postbote
postiq|e, -ja Schaffell zum Sitzen, Pöstek, Flokati
postoj zur Post bringen, einwerfen
poshnjar, -e Poshnja
poshtë ⟨*adv*⟩ unten, nach unten; **hedh poshtë** ablehnen
poshtërues, -e entehrend, erniedrigend
potpurí-a Potpourri *mus.*
pothuajse ⟨*adv.*⟩ fast, sozusagen
pozicion-i Stellung; ~ **i fortë** starke Stellung, Stellung der maximalen Unterscheidung *spr.*
Poznan-i *ON* Posen, Poznań
pra = **prandaj**
pra|g-u, *pl.* -gje-t Schwelle
Prag|ë, -a Prag
praktik, -e praktisch
praktik|ë, -a Praxis
praktikoj ausüben, praktizieren
prandaj deshalb, also, demnach
pranë ⟨+ *Abl*⟩ bei, neben
pranëemëror, -e adnominal *spr.*
pranërenditj|e, -a Parataxe *spr.*, Beiordnung
pranëvëni|e, -a Juxtaposition *spr.*
prang|ë, -a Fessel
praní-a Gegenwart, Präsenz, Anwesenheit
pranim-i Annahme, Entgegennahme; Aufnahme
pranish|ëm, -me, i/e anwesend
pranoj annehmen, akzeptieren, zulassen
pranuesh|ëm, -me, i/e annehmbar, akzeptabel, zulässig
pranver|ë, -a Frühling
prapa ⟨*adv.*⟩ hinten, nach hinten
prapa ⟨+ *Abl*⟩ hinter

prapaepur, i/e retroflex *spr.*
prapafjal|ë, -a Postposition *spr.*
prapagjuhor, -e Hinterzungen- *spr.*
prapambetur, i/e zurückgeblieben
prapanik, -e rückständig
prapanik-u Rückständiger, Reaktionär
prapaqiellzor, -e postpalatal *spr.*, velar
prapashkruaj gegenzeichnen, auf der Rückseite unterschreiben; ~ **një kambial** einen Wechsel indossieren *ök.*
prapashtes|ë, -a Suffix *spr.*, Nachsilbe
prapashtesim-i Suffigierung *spr.*
prapashtesor, -e Suffix-
prapasken|ë, -a Hintergrund; **qëndroj në** ~ im Hintergrund bleiben
prapatok|ë, -a Hinterland
prapavajtës, -e regressiv *spr.*, rückschreitend, rückwirkend *spr.*
prapavajtj|e, -a Rückbildung *spr.*, Regression
prapavendosj|e, -a Nachstellung *spr.*
prapavendosur, i/e nachgestellt, postponiert, postpositiv *spr.*
prapaveprues, -e rückwirkend
prap|ëm, -me, i/e nachgestellt, postpositiv *spr.*
prapësim-i Zurückweisung, Rücksendung; Rückzahlung, Rückverrechnung; ~ **dërgese** Rücksendung
prapësoj zurücksenden, zurücknehmen, annullieren
prapm|ë, -me, i/e Rück-; **faqe e prapme** Rückseite, Verso-Seite
praps abwenden
prarim-i Vergoldung, Schimmer
prashis *s/t* hacken, aufhakken, aufbrechen, graben
predikoj predigen
predikues-i Prediger
preferoj bevorzugen
pregatit = përgatis
prej ⟨*Präp.*⟩ von, seit, aus; ~ **nga?** woher?; **në çdonjërën prej fotografive** auf jedem der Fotos
prejardhj|e, -a Herkunft, Ableitung, Derivation *spr.*; ~ **prapavajtëse** Rückbildung *spr.*
prejardhur, i/e abgeleitt; **jam** ~ abstammen, sich herleiten
prejemëror, -e denominal *spr.*
prejfoljor, -e deverbal *spr.*; **ndajfolje prejfoljore** Verbaladverb

prekj|e, -a Antastung *jur.*
prellak, -e aus Prell
premier|ë, -a Premiere
premt|e, -ja Freitag; **e premte e madhe** Karfreitag *rel.*
premtoj versprechen, zusagen
prenotim-i Buchung *Flug*, Reservierung *Zimmer*
prenotoj reservieren, vormerken, buchen
prepotent, -e überheblich, eingebildet
prerë, i/e endgültig, bindend
prerëza, *pl.* -a-t Einschnitt, Abriß
prerj|e, -a Abschneiden, Fällen; Abbruch; Schnitt; Frisur
pre|s, -va, -rë *e/i; s/t* schneiden
pr|es, -ita, -itur *e/i; s/t* warten
pres|ë, -a Schneide, Klinge
presës|e, -ja Schneider, Schneidegerät; ~ **letrash** Papierschneider
presh-i Porree, Lauch; **kapem me presh në duar, zihem në presh** auf frischer Tat / in flagranti ertappt werden
president-i Präsident; **rezidenca e presidentit** Sitz des Präsidenten
presidium-i Präsidium
presion-i Druck; ~ **ajri** Luftdruck; ~ **atmosferik** Luftdruck; **tenxhere me** ~ Dampfdrucktopf; ~ **i gomave** Reifendruck
presj|e, -a Komma *spr.*, Beistrich
Presp|ë, -a Prespa-See
prestigj-i Prestige, Ansehen
presupozoj voraussetzen
pretekst-i, *pl.* -e-t Vorwand, Anlaß
pretendoj behaupten, prätendieren, beanspruchen
preterit-i Präteritum *spr.*, Vergangenheit; ~ **i tashëm** Präterito-Präsens
preva, s. **pres**
prezantoj vorstellen
prezenc|ë, -a Anwesenheit
prezjan, -e aus Preza
prift-i, *pl.* -ërinj-të Priester
pri|j, -va, -rë ⟨+ *Dat.*⟩ anführen, vorausgehen
prill-i April
prim-i Prämie; ~ **sigurimi** Versicherungsprämie
princ-i, *pl.* -a-t; -ër-it Prinz
princesh|ë, -a Prinzessin
prind i, *pl.* ër it Vater, Mutter; Muttertier; Eltern *pl.*;
prind-ët, prindër-it Eltern
prirj|e, -a Neigung, Anlage, Veranlagung, Tendenz, Bestrebung
prish brechen, beschädigen, verderben; ~ **buzët** eine Schnute machen, den

Mund verziehen; **s'~ punë** das macht nichts; **~ pare** Geld wechseln; **që prishet shpejt** leicht verderblich

prishj|e, -a Bruch, Abbruch; Zerstörung; **~ figure** Störung, Bildstörung *Fernsehen*

Prishtin|ë, -a *ON* Priština, Prishtina

prishtinas, -e aus Prishtina

prishur, i/e kaputt, gestört, defekt, zerbrochen

priskan, -e aus Priska

prit, **prita**, s. **pres**

prit|ë, -a Hinterhalt; **bie në ~** in einen Hinterhalt geraten

pritës-i Trassant, Aussteller, Wechselaussteller; Empfänger

pritj|e, -a Empfang, Rezeption; Erwartung; **salla e pritjes** Wartesaal; **në pritje të** ⟨+ *Gen*⟩ in Erwartung von; **banketi i pritjes** Empfangsbankett

pritsh|ëm, -me, i/e zu erwarten, voraussichtlich; **fitim i ~** voraussichtlicher Gewinn

privilegj-i Privileg, Vorrecht

priz|ë, -a Stecker, Steckdose; **heq nga priza** aus dem Stekker ziehen

Prizren-i *ON* Prizren

prizrenas, -e aus Prizren

probabilitet-i Wahrscheinlichkeit

problem-i Problem; **s'ka ~** ohne weiteres; **~ i zgjidhshëm** lösbares Problem; **problemi qëndron këtu** das Problem liegt hier; hier liegt der Hund begraben

procedim-i Verfahren, Prozeß *jur.*; **~ penal** Strafverfahren

procedur|ë, -a Verfahren

proces-i, *pl.* -e-t Prozeß

procesverbal-i, *pl.* -e-t Protokoll, Niederschrift

proçk|ë, -a Dummheit, Schnitzer, Mißgriff; **bëj një ~** einen Fehler machen

produkt-i Produkt, Erzeugnis; **~ i gatshëm** Fertigprodukt

prodhim-i Produktion; Produkt, Erzeugnis; **~ i përgjithshëm** Gesamtproduktion

prodhoj hervorbringen, produzieren; **forca-t prodhuese** Produktivkräfte *ök.*

prodhues, -e produktiv *spr.*

profesion-i Beruf

profesional, -e beruflich, Berufs-, professionell; **bashkimi ~** Gewerkschaft

profesor-i Professor

profilizuar, i/e spezialisiert, Fach-; **bibliotekë e ~** Fachbibliothek, Fachbücherei

progar, -e aus Progër

program-i, *pl.* -e-t Programm
projekt-i, *pl.* -e-t Projekt, Vorhaben
projektim-i Projektierung
projektligj-i Gesetzentwurf
projektoj projektieren
proklamoj proklamieren, ausrufen
proklitik, -e proklitisch *spr.*
prokliz|ë, -a Proklise *spr.*
prokuror-i Staatsanwalt
prokurorí-a Staatsanwaltschaft
proletar, -e proletarisch; **internacionalizëm ~** proletarischer Internationalismus
proletariat-i Proletariat; **diktaturë e proletariatit** Diktatur des Proletariats
pronar-i Besitzer, Eigentümer
pron|ë, -a Besitz, Eigentum; **~ vetjake** persönliches Eigentum
pronësí-a Eigentumsrecht
pronor, -e possessiv *spr.*
propagand|ë, -a Propaganda
propozim-i Vorschlag, Angebot; **~ i kushtëzuar** bedingtes Angebot
propozoj vorschlagen, anbieten
proshut|ë, -a Schinken
protaz|ë, -a Prótasis *spr.*
proteksioniz|ëm, -mi Protektionismus
protestant-i, *pl.* -ë-t Protestant
protest|ë, -a Protest
protez|ë, -a Prothese *spr.*, Vorschlag
Provans|ë, -a Provence
prov|ë, -a Probe, Prüfung, Bewährung, Examen; **~ e gatishmërisë** Bereitschaftsübung; **~ paraprake** Vorprüfung; **vë në provë** auf die Probe stellen
provim-i Prüfung; **jap / shlyej provime** Prüfungen ablegen
provizorisht ⟨*adv.*⟩ provisorisch, vorläufig
provoj versuchen, probieren, kosten, prüfen; **provóni edhe një herë!** versuchen Sie es noch einmal!
provokator, -e provozierend
provokim-i Provokation, Herausforderung, Provozierung
provokoj provozieren, herausfordern, hervorrufen
prozaiz|ëm, -mi Prosaismus
prozator-i Prosaschriftsteller
proz|ë, -a Prosa
prozodí-a Prosodie *spr.*
prura, s. **bie**
prush-i, *pl.* -e-t Glut; Eifer; Menge
Prusí-a Preußen
prusian, -e preußisch
pse = **përse** warum ?, weshalb ?; weil, da

psikiat|ër, -ri, *pl.* -r-it Psychiater
psikik, -e psychisch, seelisch; **turbullime psikike** seelische Störungen
psikolinguistik|ë, -a Psycholinguistik *spr.*
psikolog-u, *pl.* -ë-t Psychologe
psonis *veralt.* einkaufen *auf dem Markt*
psherëtij seufzen
pshurr = **shurroj** bepissen *vulg.*
ptu ⟨*Interj.*⟩ pfui!
publik, -e öffentlich
puç-i Putsch, Staatsstreich
pud|ër, -ra Puder
pukjan, -e aus Puka
pul|ë, -a Huhn; ~ **e pjekur** Brathuhn, Broiler
pulëbardh|ë, -a Möwe
Pulj|e, -a Apulien
puls-i Puls *med.*; **mas pulsin** den Puls fühlen
pulov|ër, -ri Pullover, Sweater
pullazin|ë, -a Dachsparren
pull|ë, -a Briefmarke, Wertsiegel; **emision special pullash** Sondermarken
pun|ë, -a Arbeit; Angelegenheit; **çdolloj pune** jederlei Arbeit; **çfarëdo pune** eine beliebige Sache; **në ashkun e punës** in der Hitze des Gefechts *fig.*; **falë punës së tij** dank seiner Arbeit; **jam fytas me** ~ randvoll mit Arbeit sein; **s'ma lypset kjo punë** ich brauche das nicht; **puna shkon vaj** die Sache läuft wie geschmiert; **puna vente mbroth** die Arbeit schritt gut voran; ~ **me akord** Akkordarbeit; ~ **diplome** Diplomarbeit; ~ **dore** Handarbeit; ~ **me duk** Wertarbeit; ~ **grarishte** Frauenarbeit, Weibersache; ~ **e gratshme** einträgliche Sache; ~ **në terren** Feldforschung
punëtor-i Arbeiter; ~ **shkencor** wissenschaftlicher Mitarbeiter; ~ **i karburantit** Tankwart; ~ **i ndërgjegjshëm** bewußter Arbeiter; ~ **me mëditje** Tagelöhner, Lohnarbeiter
punëtor|e, -ja Arbeiterin
punim-i Arbeit; ~ **në boshllëk** Leerlauf *tech.*; **punimet dore** Handarbeiten
punoj arbeiten, funktionieren; **kjo s'punon** das klappt nicht; **punoj me orar të zgjatur** Überstunden machen; ~ **me tertip** geschickt zu Werke gehen; ~ **me yrysh** mit Schwung arbeiten
punonjës, -e werktätig
punonjës-i Angestellter, Werktätiger, Mitarbeiter;

~ **hekurudhe** Eisenbahner; ~ **i dalluar** ausgezeichneter Werktätiger
punonjës|e, -ja Mitarbeiterin, Angestellte; ~ **e sallës** Platzanweiserin; ~ **kati** Zimmermädchen
punto-ja Gewindebohrer
pup|ë, -a Heck
púp|ël, -la Feder, Daune
pupu ⟨*Interj*⟩ o weh!
pure patatesh Kartoffelpüree, Kartoffelbrei
purgativ-i Abführmittel
purist, -e puristisch *spr.*
puro-ja, *pl.* -t Zigarre
purth|ë, -a Durchfall
pus-i, *pl.* -e-t Brunnen; ~ **artezian** artesischer Brunnen
pusí-a Hinterhalt
push-i Flaum
pushim-i Pause, Urlaub, Ruhe, Ruhetag, Ferien; **kam** ~ frei haben; ~ **gjatë punës** Arbeitspause
pushkatoj erschießen
pushk|ë, -a Gewehr, Büchse; **grasoj pushkën** das Gewehr fetten; **i zhdrodhi pushkën** er richtete das Gewehr auf ihn
pushoj aufhören, Pause machen
pushtet-i Macht; ~ **popullor** Volksmacht
pushtim-i Besetzung, Okkupation
pushtoj besetzen, in Besitz nehmen, okkupieren
puth küssen; **e puthi me ashk** er küßte sie feurig
puthj|e, -a das Küssen
puthur-a, e Kuß
pyes *s/t* fragen
pyetës, -e fragend, interrogativ *spr.*, Frage-; **pjesëz pyetëse** Fragepartikel *spr.*
pyetësor-i, *pl.* -ë-t Fragebogen
pyetj|e, -a Frage; ~ **e mirëfilltë** Entscheidungsfrage, disjunktive Frage *spr.*; **pyetje-shtesë** Zusatzfrage
py|ll-i, *pl.* -je-t Wald, Forst; ~ **i virgjër** Urwald
pyr|g-u, *pl.* -gje-t Turm, Ausguck, Bergfried

Q

Qabé-ja Kaaba *in Mekka*
qaf = **qafoj** = **qafos** = **përqafoj** umarmen
qafalik-u, *pl.* -ë-t = **qafer|e**, -ja kleiner Paß, Gebirgsübergang
qafet|ë, -a Hemdkragen
qaf|ë, -a Nacken, Hals; Paß,

Gebirgspaß; **e hoqi qafës** er jagte ihn davon; **thyej qafën** das Genick brechen
qafëgjatë langhalsig
qafëgjat|ë, -a Reiher
qafëmal-i Paß, Gebirgsübergang
qáfëz-a Kragen, Halsloch
qahem weinen; **më qahej nga gëzimi** ich weinte vor Freude
qa|j, -va, -rë weinen; **qaj me lotë grabofçi** Krokodilstränen weinen
qar-i *veralt.* Nutzen, Gewinn; **bëj qar** gewinnen
qaraman, -e weinerlich
qar|k-u, *pl.* -qe-t Kreis; Bezirk; ~ **ushtarak** Wehrbezirk; **qarqe sunduese** herrschende Kreise; ~ **i shkurtër** Kurzschluß *tech.*
qarkkomandant-i *hist.* Polizeipräfekt
qarkoj umringen, einkreisen
qarkor|e, -ja Rundbrief, Zirkular, Umlauf
qarkullim-i Umlauf, Verkehr; ~ **rrugor** Straßenverkehr; **heq nga qarkullimi** aus dem Verkehr ziehen
qarkulloj verkehren, zirkulieren, umlaufen; verteilen
qart ⟨*adv*⟩ klar
qartë, i/e klar; **s'ke të qartë këtë punë** du blickst da nicht durch
qartësí-a Klarheit
qartësoj klären, aufklären, erklären
qarr-i, *pl.* -e-t Zerreiche
qarrishtar, -e aus Qarrishta
qas näher bringen, heranschaffen; **mos e qas në shtëpi!** bring es nur nicht ins Haus!
qas|e, -ja *veralt.* Getreidemaß *40 kg*
qasem sich nähern
qas|ë, -a Rastplatz
qatip-i, *pl.* -ë-t *veralt.* Schreiber, Schreiberling, Bürokrat
qebap-i, *pl.* -ë-t Spießbraten *Art Schaschlik*, Kebab
qebaptor-i Kebab-Verkäufer, Wurstbrater, Imbiß-Inhaber
qeder-i, *pl.* -e-t *veralt.* Schaden; Sorge; **bëj qeder** schädigen
qefil-i, *pl.* -ë-t *veralt.* Bürge
qefin-i, *pl.* -ë-t Leichentuch *muslimisch*; **i bardhë si qefin** weiß wie die Wand
qeft-i, *pl.* -e-t Holzbecher mit langem Stiel
qéfu|ll-i, *pl.* -j-t Meeräsche
qeha|já-i, *pl.* -llárë-t Gutsverwalter; Zunftvorsteher, Kâhya *hist.*
qejf-i, *pl.* -e-t Lust, Freude, Vergnügen, Laune; **ç'ke**

qejf të pish? was möchtest du trinken?; **me gjithë qejf** gern, mit Vergnügen
qejflesh|ë, -a Liebhaberin
qejflí-u, *pl.* -nj-të Liebhaber; **qejfli për muzikë** Musikliebhaber
qejfpaprishur gut gelaunt; ~ **e punëpabitisur** Bruder Lustig
qelb eitern
qelb-i Eiter
qelbës, -e = **qélbët**, i/e = **qelbanik**, -e stinkend
qelbës-i Iltis; Terebinthenpistazie *bot.*
qelbur, i/e eitrig, übelriechend; **shpifje e** ~ schmutzige Verleumdung
qelepir-i Gratisleistung; **rroj qelepir** umsonst leben
qelepirxhí-u, *pl.* -nj-të Schnorrer
qelesh|e, -ja Kappe *ohne Schirm oder Krempe*, Mütze
qeleshepunues-i Mützenmacher, Hersteller von Filzkappen
qel|ë, -a Pfarrhaus *kathol.*, Pfarramt
qelëzor, -e aus Qelëza
qelí-a Zelle, Klosterzelle
qelibar-i Bernstein
qelibartë, i/e aus Bernstein; rein; **ndërgjegje e** ~ reines Gewissen
qeliz|ë, -a Zelle; ~ **nervore** Nervenzelle
qelizor, -e Zell- ; **ind** ~ Zellgewebe
qelq-i Glas
qelq|e, -ja Trinkglas
qelqor, -e = **qelqtë**, i/e gläsern; klar; **vështrim i qelqtë** klarer Blick
qelqurina-t Glaswaren
qeman|e, -ia *veralt.* Violine, Geige, Fiedel
qemer-i, *pl.* -ë-t Bogen, Gewölbe; Gürtel; ~ **i nuses** Brautgürtel
qen-i, *pl.* qen-të Hund; **hallkë qeni** Hundekette; **kopër qeni** Dill *bot.*; **qeni kuit** der Hund winselt
qen-uj|k-u, *pl.* -q-it Wolfshund, Hütehund
qenar-i Rand; **letër me** ~ **të zi** Brief mit Trauerrand
qend|ër, -ra Zentrum; ~ **banjash** Badeort, Kurort; ~ **e banimit** Wohnort; ~ **e punës** Arbeitsort, Dienstort, Arbeitsplatz; ~ **e qytetit** Stadtzentrum; ~ **klimaterike** Luftkurort
qendërikës, -e zentrifugal
qendërmbrojtës-i Mittelfeldspieler *spo.*; ~ **i lirë** Libero *spo.*
qendërsulmues-i Mittelstürmer
qendërsynues, -e zentripetal

qendror, -e zentral, Zentral-, Mittel-; **Amerika Qendrore** Mittelamerika; **ngrohje qendrore** Zentralheizung
qenef-i *veralt.* Klo, Lokus, Abtritt, Plumpsklosett
qenë, s. **jam**
qenërí-a Schweinerei
qenërisht ⟨*adv*⟩ saumäßig; gnadenlos, bestialisch; **rroj** ~ mies leben; **sillem** ~ bestialisch auftreten
qenësish|ëm, -me, i/e = **qenësor**, -e wesentlich
qenësisht ⟨*adv*⟩ wesentlich; **tipare** ~ **të ndryshme** grundlegend verschiedene Züge
qenë-t, të das Sein *phi.*
qengj-i, *pl.* -a-t Lamm
qeni|e, -a Wesen; ~ **e shfaqje** Wesen und Erscheinung
qep nähen; nähen lassen; **makinë qépëse** Nähmaschine
qep-i, *pl.* -a-t = **sqep-i** Schnabel; Maul, Mund
qepall|ë, -a Augenlid
qepar-i Wasserwage
qeparotas, -e aus Qeparó-i
qep|ë, -a Zwiebel *bot.*
qép|ër, -ra, *pl.* -ra-t Sparre, Dachsparre
qepgjir-i, *pl.* -ë-t Schaumlöffel; Seier
qepoj stechen
qepor|e, -ja Blumenzwiebel; Zwiebelpflanze
qepsh|e, -ja Schöpflöffel, Kelle
qepur, i/e genäht, broschiert
qeramidh|e, -ja Ziegel
qeramik|ë, -a Keramik
qeras bewirten
qerasj|e, -a Bewirtung
qer|e, -ja = **qeros|ë**, -a Kopfgrind
qereç-i Mörtel
qérës|e, -ja Brachland
qeresté-ja Bauholz
qeros-i, *pl.* -ë-t Grindkopf *Märchenfigur*
qerpí-a Lot, Senkblei
qerpiç-i, *pl.* -ë-t Lehmziegel
qerpik-u, *pl.* -ë-t Wimper
qerrat|á-i, *pl.* -énj-të Schlaumeier, Schlaukopf
qerratallë|k-u, *pl.* -qe-t Pfiffigkeit
qerr|e, -ja Wagen, Karren; **qerrja kuiste** der Wagen quietschte
qershí-a Kirsche; ~ **herake** Frühkirschen *bot.*
qershor-i Juni
qerthulloj umringen, umkreisen; umzäunen
qes *e/i; s/t* = **qis**
qes|e, -ja Tasche, Beutel; ~ **plastmase** Plastikbeutel
qeser-i, *pl.* -ë-t Axt
qesëndí-a Spott, Hänselei
qesëndis hänseln, scherzen
qesk|ë, -a Säckchen, Beutel-

chen; Tränensack
qesh lachen; **më vjen për të qeshur** mir ist zum Lachen zumute
qesharak, -e lächerlich, lachhaft
qeshë, s. **jam**
qétas = **qétazi** ⟨*adv*⟩ leise
qet|ë, -a schroffer Fels
qetë = **qetësisht** ⟨*adv*⟩ ruhig, still; **fle** ~ ruhig schlafen
qetë, i/e ruhig, still, schweigend
qetësí-a Ruhe, Stille
qetësoj beruhigen
qetësues-i Beruhigungsmittel, Tranquilizer
qeth schneiden *Haare*; kürzen; scheren *Schafe*; ~ **shpenzimet** die Ausgaben kürzen
qeverí-a Regierung
qeveris regieren; verwalten, in Ordnung halten; **nuk qeveris dot as veten e tij** sich nicht einmal selbst in Ordnung halten können
qeveritar, -e Regierungs-
qéz|ër, -ri, *pl.* -ra-t Eckzahn, Augenzahn
që *1: Konj* daß, damit; *2* seit; ~ **i ri** seit seiner Jugend; ~ **ditën e parë** vom ersten Tag an; ~ **muajin e kaluar** seit letztem Monat; *3: Relativpartikel* ~ **kërkohet, që shkon** gutgehend, gängig
ök.; *4* ~ **të pesë** alle fünf
qëkúr = **qëkuri** seit langem
qëkúrse ⟨*Konj*⟩ seit; ~ **u nis, s'jemi parë më** seit er abreiste, haben wir uns nicht mehr gesehen
qëllim-i Ziel, Zweck
qëllimisht ⟨*adv*⟩ = **qëllimthi** ⟨*adv*⟩ absichtlich
qëllimor, -e final *spr.*, Absichts-, Zweck-
qëlloj zielen, treffen, schlagen
qëmenatë ⟨*adv*⟩ früh, in aller Frühe, bei Tagesanbruch
qëmoç|ëm, -me, i/e alt
qëmoti vor langer Zeit
qëmtoj sammeln
qëndis sticken; verzieren; ausführlich erzählen
qëndism|ë, -a Stickerei; ~ **e akullit** Eisblume
qëndistar|e, -ja Stickerin
qëndrak, -e standhaft
qëndres|ë, -a Widerstand
qëndrim-i Haltung, Einstellung, Standpunkt; Aufenthalt, Verweilen; ~ **i detyrueshëm** Zwangsaufenthalt
qëndroj bleiben, sich aufhalten, widerstehen, stehen; zutreffen; **arsyeja nuk qëndron** das trifft nicht zu; **problemi qëndron këtu** das Problem liegt hier; ~ **në prapaskenë** im Hintergrund

bleiben; **i ~ tundimit** der Versuchung widerstehen; **qëndroi një hop në mëdyshje** er zögerte einen Moment
qëndruesh|ëm, -me, i/e standfest, stabil; konstant *spr.*; **shprehje e qëndrueshme** stehende Wendung, feste Redensart
qëndrueshmërí-a Beharrlichkeit, Stetigkeit, Stabilität; Konstanz *spr.*
qëparë ⟨*adv*⟩ = **qëpari** = **qëparthi** soeben
qëroj schälen, abhäuten, säubern, reinigen
qi, -va, -rë ficken *vulg.*, vögeln
qibar, -e *veralt.* = **qibërtar**, -e hochmütig; penibel *in der Kleidung*, wählerisch *beim Essen*,
putzsüchtig
qíe|ll-i, *pl.* -j-t Himmel
qiellgërvishtës-i Wolkenkratzer, Hochhaus
qiellor, -e himmlisch, Himmels- ; **trupa qiellorë** Himmelskörper
qiellz|ë, -a Gaumen, Palatum *spr.*; **~ e butë** Gaumensegel, weicher Gaumen
qiellzor, -e palatal *spr.*, Gaumen-
qift-i, *pl.* -e-t Roter Milan
qilar-i, *pl.* -ë-t Keller, Vorratskammer
qilim-i Teppich, Webteppich, Kelim
qiliméndës|e, -ja = **qilimpunues|e**, -ja Teppichweberin
qim|e, -ja Haar, Körperhaar
qimnon-i Kümmel
qimosh, -e haarig, stark behaart
qinamar, -e aus Qinam
qind hundert; **njëqind** einhundert
qindark|ë; -a· Centime *100. Teil des Lek*, Pfennig
qindësh|e, -ja Hunderter
qindlékësh|e, -ja Hundert-Lek-Schein
qindt|ë, -a, e Hundertstel
qindvjeçar, -e hundertjährig
qindvjetor-i Jahrhundert; Hundertjahrfeier
qingjé-ja = **qíng|ël**, -la, *pl.* -la-t Sattelgurt
qiparis-i, *pl.* -a-t Zypresse
qiparistë, i/e Zypressen-
qipriot, -e zypriotisch
Qipro-ja Zypern
qíq|ër, -ra, *pl.* -ra-t Kichererbse *bot.*
qirá-ja Miete, Pacht, Leasing, Charter; **marr me qirá** mieten, pachten
qiradhënës-i Verfrachter, Frachtführer
qiraxhí-u, *pl.* -nj-të Mieter; Fuhrmann

qirí-u, qiri-ri, *pl.* -nj-të Kerze; ~ **i dylltë** Wachskerze
qiribërës-i Kerzenmacher
qiriç-i Kleister
qirimbájtës|e, -ja Kerzenständer
qiríthi ⟨*adv*⟩ auf die Hinterbeine; **ngrihem** ~ sich auf die Hinterbeine stellen
qis *s/t* herausziehen, hinauswerfen; bewirten, einschenken; **i** ~ **sheqer kafes** Zucker in den Kaffee tun
qitap-i, *pl.* -ë-t *veralt.* Buch; Koran; alte Schwarte, Schmöker
qitës-i Schütze
qitj|e, -a Schießen; **garë e qitjes** Preisschießen, Schießwettbewerb; ~ **sportive** Sportschießen, Schießsport
qítro-ja Zitronatszitrone, Zitrone
qivur-i, *pl.* -ë-t Sarg; Grabmal, Grabstein
qofk|ë, -a Amsel
qoft|e, -ja Fleischbällchen, Frikadelle, Köfte; Hackbraten
qoftë s. **jam** sei es
qoftëlarg-u Teufel, Gottseibeiuns
qokaç-i, *pl.* -ë-t Specht
qol|e, -ja *veralt.* Knecht, Sklave; Einfaltspinsel
qorr, -e blind; **xham** ~ blinde Scheibe *Glas*; **e bëj veshin shurdh e syrin qorr para** ⟨+*Abl*⟩ sich zu etw. taub und blind stellen
qórras = **qórrazi** ⟨*adv*⟩ blind
qorroj blenden
qorrsokak-u, *pl.* -ë-t Sackgasse *fig.*
qortim-i Tadel, Rüge; ~ **shoqëror** öffentliche Rüge, gesellschaftlicher Tadel
qortoj schelten, tadeln
qortuesh|ëm, -me, i/e tadelnswert
qos beenden, zu Rande kommen, zustande bringen; **s'qosi gjë** nichts brachte er fertig
qos|e, -ja Bartloser *Märchenfigur*
qostek-u, *pl.* -ë-t Uhrkette
qosh|e, -ja Ecke, Rand
qosh|k-u, *pl.* -qe-t Ecke, Stube; Kiosk, Verkaufsbude
quaj, -ta, -tur nennen; **quhem** heißen
quk picken, zwicken, stechen
qukan-i, *pl.* -e-t Truthahn, Puter
qukapik-u, *pl.* -ë-t Specht
quk|ë, -a Truthenne, Pute; Steinkauz
qukëzak, -e aus Qúkës
qull durchnässen
qull ⟨*adv*⟩ klatschnaß, tropfnaß, durchnäßt

qull-i Brei
qumësht-i Milch; ~ **i miellt, qumësht pluhur** Trockenmilch; ~ **i vakur** kuhwarme Milch
qumështor|e, -ja Wolfsmilch *bot.*; Milchstraße
qumështoriz-i Milchreis
qyfyr-i, *pl.* -e-t Witz, Anekdote; **tregoj qyfyre** Witze erzählen
qyfyrexhí-u, *pl.* -nj-të Spaßvogel; Schwätzer
qyl ⟨*adv*⟩ umsonst; vergeblich; **flas** ~ Unsinn reden
qylaf-i, *pl.* -ë-t Filzkappe *weiß, mit einem Schwänzchen*
qylaxhí-u, *pl.* -nj-të Nassauer, Schnorrer
qylyk|e, -ja Axt mit breiter Klinge, große Axt
qymyr-i, *pl.* -e-t Holzkohle
qymyrgur-i, *pl.* -e-t Steinkohle
qymyrguror, -e Steinkohle-; **pellg** ~ Steinkohlebecken, Kohlerevier
qymyrtar-i = **qymyrxhí-u**, *pl.* -nj-të Köhler
qyn|g-u, *pl.* -gje-t Ofenrohr; Wasserrohr; ~ **i sobës** Ofenrohr; ~ **i ujësjellësit** Wasserleitungsrohr
qyp-i, *pl.* -a-t großer Tonkrug *für Speisevorräte*; Rübe *fig.*, Kopf
qyq-i, *pl.* -ër-it Waise, armer Kerl
qyqar, -e verwaist, vereinsamt
qyq|e, -ja Kuckuck; einsame Frau
qyrek-u, *pl.* -ë-t Schaufel
qyr|ë, -a Rücken des Messers, stumpfe Seite der Klinge
qyr|k-u, *pl.* -qe-t Pelzmantel; Decke *fig.*; **qyteti ka veshur qyrkun e bardhë** die Stadt trägt ihr Winterkleid
qysh wieso?, wie?; seit; ~ **ditën e parë** seit dem ersten Tage; ~ **jo!** wieso nicht!, aber sicher!; ~, **nuk dashke!** wieso willst du nicht?!
qysqí-a Brecheisen, Stößel
qytet-i, *pl.* -e-t Stadt; **shëtitje nëpër** ~ Stadtrundfahrt; **zhurmëron qyteti** die Stadt lärmt
qytetar-i, *pl.* -ë-t Bürger
qytetarësí-a Staatsbürgerschaft
qytetas-i, *pl.* -it Bürger, Städter
qytetërim-i Zivilisation
qytetëroj zivilisieren
qytetës, -e = **qytetor**, -e städtisch; **transport** ~ Stadtverkehr
qytez|ë, -a Städtchen, Siedlung; ~ **e minatorëve** Berg-

mannssiedlung, Bergarbeitersiedlung
Qytez|ë, -a Qyteza, Ibrik Tepe *ON*
qytezar, -e aus Qyteza
qyt|ë, -a Gewehrkolben; stumpfe Seite der Axt
qytyk-u, *pl.* -ë-t Baumstumpf; Grobian

R

rabat-i, *pl.* -e-t Rabatt *ök.*, Preisnachlaß
rabin-i, *pl.* -ë-t Rabbiner *rel.*
rac|ë, -a Rasse
racial, -e rassisch
racion-i, *pl.* -e-t Ration
racional, -e rational, vernünftig
racionaliz|ëm, -mi Rationalismus, Rechtfertigung
racionalizim-i Rationalisierung
racionalizoj rationalisieren
racionoj rationieren
racist, -e rassistisch
raciz|ëm, -mi Rassismus
racor, -e Rassen-; **tipare-t racore** Rassenmerkmale
radar-i, *pl.* ë t Radar
rad|ë, -a Reede *naut.*
radiator-i Kühler *tech.*, Heizkörper
radikaliz|ëm, -mi Radikalismus
radio-ja Radio, Rundfunk
radioaktiv, -e radioaktiv
radioaktivitet-i Radioaktivität
radiografi-a Röntgenaufnahme; **bëj një** ~ röntgen, geröntgt werden
radiogram-i, *pl.* -e-t Funkspruch
radioinstalim-i Funkeinrichtung
radiolog-u, *pl.* -ë-t Radiologe *med.*, Röntgenarzt
radiolokacion-i Ortung *mit Radar*
radiomarrës-i Radioempfänger; **aparat** ~ Rundfunkempfänger *tech.*
radiondërlidhje, -a Funkverbindung
radiopërhapj|e, -a Rundfunk
radioskopi-a Durchleuchtung *med.*
radiotelevizion-i Rundfunk und Fernsehen
radiotransmetues|e, -ja Funkgerät
radioval|ë, -a, *pl.* -ë-t Rundfunkwelle
radist-i Funker *mil.*
radh|ë, -a, *pl.* -ë-t Reihe; **me radhë** hintereinander,

nacheinander; **radhën!** der Nächste bitte!; **kësaj radhe** dieses Mal; **në radhë të parë** vor allem, in erster Linie
radhimjot, -e aus Radhima
radhiq|e, -ja Zichorie, Chicoree
radhit *s/t* aufstellen, setzen *Druck*
radh|úa, -ói, *pl.* -ónj-të *veralt.* Heft
rafinoj raffinierieren
rafinuar, i/e raffiniert, verfeinert; raffineriert; **vaj i ~** raffinieriertes Öl; **njeri i ~** raffinierter Mensch; **shije e ~** verfeinerter Geschmack
raft-i, *pl.* -e-t Regal, Brett; Bücherregal; **~ i enëve** Geschirregal, Tellerbord; **~ i lëvizshëm** Kompaktregal; **hyrje e lirë në rafte** Freihandaufstellung *in der Bibliothek*
ragú-ja Ragout
Raguz|ë, -a *ON* Ragusa *hist.*, Dubrovnik
rajá-ja, *pl.* -të *hist.* Untertan *des Sultans*, Reaya
rajon-i, *pl.* -e-t Bezirk, Gebiet, Rayon, Distrikt
raket|ë, -a Rakete; **~ dritëhedhëse** Leuchtrakete *mil.*
rakí-a Schnaps, Branntwein, Anisschnaps; **~ rrushi** Trester, Grappa, Weinbrand; **~ dëllinje** Wacholdergeist
rakitik, -e rachitisch *med.*
ramazan-i Ramadan *rel.*
ramicjot, -e aus Ramica
ramstek-u Rumpsteak, Frikadelle
ran|g-u, *pl.* -gje-t Rang
ranisht|ë, -a Sandstrand; Sandboden
raport-i, *pl.* -e-t Bericht; Beziehung
raportoj berichten, Bericht erstatten
rapsodí-a Rhapsodie
ras|ë, -a, *pl.* -a-t Fall *spr.*, Kasus; **~ e zhdrejtë** Kasus obliquus *spr.*; **~ pësore** Objektskasus; **~ veprore** Subjektskasus *spr.*; **tërheqje në ~** Kasusattraktion *spr.*
rasor, -e Kasus- *spr.*
rast-i Fall; **në rast të kundërt** im entgegengesetzten Fall
rastësí-a Zufall
rastësish|ëm, -me, i/e zufällig
rastësisht ⟨*adv*⟩ zufällig
rastit, i/e zufällig
rashë, s. **bie**
ratifikoj ratifizieren
raund-i, *pl.* -e-t Runde *spo.*
Raven|ë, -a Ravenna
rav|ë, -a Pfad; Spur, Linie
ravizim-i Aufzeichnung, Zeichnung
re-ja, e das Neue
re-ja Wolke; **pa ~** wolkenlos; **vë ~** bemerken, wahrnehmen; **vini re!** Achtung!;

viri re! beachte!, nota bene!
reagoj reagieren
reaksion-i Reaktion; ~ **klerikal** klerikale Reaktion
reaksionar, -e reaktionär
reaktor-i Reaktor
real, -e wirklich, real, faktisch
realist, -e realistisch
realitet-i Wirklichkeit, Realität
realiz|ëm, -mi Realismus
realizoj realisieren, verwirklichen
rebel-i, *pl.* -ë-t Rebell
rebelim-i Rebellion
rebelohem rebellieren
rebus-i, *pl.* -e-t Bilderrätsel, Rätsel
recension-i, *pl.* -e-t Rezension, Besprechung
recensues-i Rezensent
receptor-i Hörer *Telefon*
recet|ë, -a Rezept *med.*, ärztliche Verordnung
recidiv-i, *pl.* -a-t Rückfall *med.*
recidivist, -e rückfällig *jur.*
reciprocitet-i Reziprozität, Gegenseitigkeit
reciprok, -e gegenseitig; **ndihmë reciproke** wechselseitige Hilfe
recitoj rezitieren
reçel-i, *pl.* -e-t Konfitüre
redaksí-a Redaktion
redaktoj redigieren
redaktor-i Redakteur
referim-i Verweisung; ~ **i ndërsjellë** Kreuzverweisung
reflektim-i Reflexion, Nachdenken
reflektoj widerspiegeln; überlegen
reform|ë, -a Reform; ~ **agrare** Agrarreform
reformiz|ëm, -mi Reformismus
reformoj reformieren
refren-i, *pl.* -e-t Refrain
refugjat-i, *pl.* -ë-t Flüchtling
refuzim-i Weigerung, Zurückweisung
refuzoj zurückweisen, ablehnen
regj gerben; einlegen *in Salzlake*; stählen; ~ **trupin** Körper abhärten
regjí-a Regie
regjim-i Regime, Ordnung; ~ **gjakësor** blutiges Regime
regjiment-i, *pl.* -e-t Regiment *mil.*
regjisor-i Regisseur
regjist|ër, -ri Register; ~ **i huazimeve** Ausleihverzeichnis, Couponregister; ~ **inventarizimi** Zugangsbuch, Inventarverzeichnis
regjistrim-i Registrierung, Immatrikulation, Einschreibung
regjistrohem registriert wer-

den, sich einschreiben
regjistroj registrieren, einschreiben, immatrikulieren
regres-i, *pl* -e-t Rückschritt
regresiv, -e rückschrittlich
rehat ⟨*adv*⟩ ruhig; **fli** ~! schlaf ruhig!
rehat-i = **rehati-a** Ruhe, Ungestörtheit
rehatoj beruhigen, besänftigen
rehatsh|ëm, -me, i/e bequem
reklam|ë, -a Reklame, Werbung
reklamim-i Reklamation
reklamoj reklamieren
rekomandé Einschreibebrief
rekomandoj empfehlen
rekord-i, *pl.* -e-t Rekord
rekordist-i Rekordhalter; **lopë rekordiste** Kuh mit Spitzenerträgen an Milch
rekrutoj rekrutieren
rekuizit|ë, -a Requisit
relativitet-i Relativität; **teoria e relativitetit** Relativitätstheorie
reliev-i, *pl.* -e-t Relief
relik|e, -ja Reliquie, Überbleibsel
relikt-i, *pl.* -e-t Relikt
rem-i Kupfer
remacak, -e aus Remas
remont-i, *pl.* -e-t Reparatur, Wiederherstellung
Renani-a Rheinland
rend-i, *pl.* -e-t Ordnung; ~ **shoqëror** Gesellschaftsordnung
rendiment-i Ertrag, Nutzleistung, Rendite
renditem sich einordnen *Verkehr*
renditj|e, -a Ordnung, Anordnung; ~ **alfabetik** alphabetische Ordnung
rentab|ël, -le rentabel, gewinnbringend, lohnend, wirtschaftlich
rentabilitet-i Rentabilität, Wirtschaftlicheit
rent|ë, -a Rente
rentier-i, *pl.* -ë-t Rentner
reparacion-i Reparation, Wiedergutmachung
repart-i, *pl.* -e-t Abteilung *Arbeit*; Einheit *Militär*; ~ **i dredhjes** Dreherei *tech.*
repertor-i Repertoire
replik|ë, -a Replik
reportazh-i, *pl.* -e-t Reportage
reporter-i, *pl.* -ë-t Reporter
republik|ë, -a Republik; ~ **popullore** Volksrepublik, ~ **federale** Bundesrepublik
respektim-i Respektierung, Achtung
restante Abholfach, poste restante, postlagernd
restauroj restaurieren, wiederherstellen
réstorant-i Restaurant, Gaststätte

reshj|e, -a Niederschlag
reshper-i, *pl.* -ë-t *hist.* Großkaufmann
retorik|ë, -a Rhetorik
retush-i, *pl.* -e-t Retouche
retushoj retuschieren
reumatiz|ëm, -mi Rheumatismus *med.*, Rheuma
revan-i Trab
revansh-i, *pl.* -e-t Revanche
revanshiz|ëm, -mi Revanchismus
revist|ë, -a Zeitschrift; **~ e ilustruar** illustrierte Zeitschrift, Illustrierte, Magazin
revizion-i Revision *ök.*, Überprüfung
revizionist, -e revisionistisch; **klani revizionist** Revisionistenbande
revizionist-i Revisionist
revizioniz|ëm, -mi Revisionismus
revizionoj revidieren; Inspektion durchführen *tech.*
revokoj abberufen, widerrufen
revol|e, -ja = **revolver-i** Revolver
revolt|ë, -a Revolte
revoltoj revoltieren
revolucion-i Revolution, Umsturz; **zgalem i revolucionit** Vorbote der Revolution
revolucionar-i, *pl.* -ë-t Revolutionär, Umstürzler
revolucionarizoj revolutionieren, revolutionär gestalten
rezerv|ë, -a Vorrat, Reserve, Bestand; Vorbehalt; Ersatzmine *Kugelschreiber*; **me ~** unter Vorbehalt; **krijim rezerve** Schaffung eines Bestandes
rezervist-i Reservist, Reservesoldat
rezervoj reservieren
rezervuar-i, *pl.* -ë-t Reservoir
rezidenc|ë, -a Amtssitz; **~ e presidentit** Sitz des Präsidenten
rezil-i, *pl.* -ë-t Lump, Schuft
rezistenc|ë, -a Widerstand
rezistoj widerstehen
rezolut|ë, -a Resolution, Beschluß
rezultant|e, -ja Resultante *math.*
rezultat-i, *pl.* -e-t Ergebnis, Resultat
rëndë, i/e schwer
rëndes|ë, -a Schwere, Schwerkraft
rëndësi-a Bedeutung, Wichtigkeit; **me ~** wichtig; **~ e vogël** Geringfügigkeit *jur.*
rëndësish|ëm, -me, i/e wichtig, bedeutsam, triftig
rëndësor, -e relevant
rëndohem schwer werden

rëndoj mbi ⟨+ *Akk*⟩ lasten auf, drücken
rëndomtë, i/e gewöhnlich, üblich, usuell *spr.*, durchschnittlich
rëndues, -e erschwerend *jur.*
rënë, s. **bie**
rënës, -e fallend, schwindend, flüchtig, beweglich *spr.*
rëni|e, -a Fall, Niedergang, Dekadenz, Schwund, Ausstoßung *spr.*; ~ **e telefonit** Klingeln des Telefons; ~ **e lëkurës** Hautabschürfung
rënkoj jammern, stöhnen
rëntgen Röntgen- ; **rrezatimi** ~ Röntgenstrahlung
rër|ë, -a Sand
RFGj [RëFëGjë-ja] BRD, Bundesrepublik Deutschland
ri- wieder-, neu-, um-
ri, i, *f.* e re, *pl.* rinj, *f.* reja neu, jung; **të rinj-të** Jugendliche; **Guineja e Re** Neu-Guinea; **hyrje-t e reja** Neuzugänge
ri-u, i, *pl.* -nj-të Jugendlicher
riarmatim-i Aufrüstung
riarmatos wiederbewaffnen
riatdhesoj repatriieren
ribashkoj wiedervereinigen
ribotim-i Nachdruck, Neuausgabe, Reprint, Neuauflage
rica-t Locken
ricin-i Rhizinus; **vaj ricini** Rhizinusöl
riedukim-i Umerziehung; ~ **nëpërmjet punës** Arbeitserziehung, Umerziehung durch Arbeit
riedukoj umerziehen
rieksport-i Wiederausfuhr, Reexport
riemërtoj umbenennen
rifillim-i Wiederaufnahme *jur.*; ~ **i gjykimit** Wiederaufnahme des Verfahrens
rifilloj wiederbeginnen, wieder aufnehmen; ~ **marrëdhënie-t** Beziehungen wieder aufnehmen
rifitoj wiedergewinnen
rigjallërim-i Wiederbelebung, Wiederaufnahme; ~ **i veprimtarisë** Wiederaufnahme der Geschäfte
rigjej wiederfinden
rigon-i Majoran, Oregano *bot.*
riimport-i Wiedereinfuhr, Reimport
rikonstruksion-i = **rindërtim-i**
rikthehem wiederkehren
rikumbim-i Echo, Widerhall
rikumbues-i Resonator *spr.*
rilind wiedergeboren werden
rilindj|e, -a Wiedergeburt, Renaissance; **Rilindja Kombëtare** die Nationale Wiedergeburt *hist.*

rim|ë, -a Reim
rimbush wieder füllen
rimoj reimen
rimorkiator-i, *pl.* -ë-t Schlepper, Schleppschiff
rimorkio-ja Anhänger
rimorkioj in Schlepp nehmen, abschleppen
Rin-i *FN* Rhein
rin|g-u, *pl.* -gje-t Ring *spo.*
rindërtim-i Rekonstruktion *spr.*, Ausbau, Umbau, Erweiterung, Renovierung
rindërtoj reparieren, renovieren, erweitern, umbauen
rinfuzo-ja Massengut, unverpackt, lose
ringjallem auferstehen, wieder erwachen
rini-a Jugend
rinoj verjüngen, jung aussehen lassen
rinoqeront-i Rhinozerus, Nashorn
rinor, -e jugendlich, Jugend-
rinj-të, të Jugendliche
rinjoh wiedererkennen
riorganizoj reorganisieren
riparim-i Reparatur, Instandsetzung
riparoj reparieren, instandsetzen
ripohim-i Bestätigung
riprodhim-i Reproduktion
riprodhoj reproduzieren; wiedergeben
ripyllëzoj aufforsten
risi-a Neuheit, Neuigkeit; Neuerung, Innovation
risiljot, -e aus Risilia
rishes *e/i; s/t* wiederverkaufen
rishikim-i Überprüfung
rishikoj revidieren
rishitj|e, -a Wiederverkauf
rishqyrtim-i Überprüfung, Revision
rit-i, *pl.* -e-t Ritus *rel.*
rit|ëm, -mi Rhythmus
ritmik, -e rhythmisch
ritregoj nacherzählen
ritual-i, *pl.* -e-t Ritual
rival, -e rivalisierend, Rivale
rivalitet-i Rivalität
rivendikoj beanspruchen, zurückfordern
rivendos wiedererrichten, wieder einführen
rivëni|e, -a Wiedereinwurf; ~ **nga vija anësore** Einwurf *spo.*
rivier|ë, -a Küste *mit schöner Aussicht*
rivlerësim-i Neubewertung
rixhá-ja, *pl.* -ra-t *veralt.* Bitte, Hilfeersuchen; **i bëj rixha** jemand um Hilfe bitten
rizom|ë, -a Wurzelstock *bot.*, Rhizom
rizoto-ja Risotto, Reisgericht
rjollor, -e aus Rjoll
rob-i, *pl.* -ër-it Kriegsgefan-

gener; **dorëzohem** ~ sich ergeben
robëroj versklaven
robinj|ë, -a = **robëresh|ë**, -a Sklavin
robot-i, *pl.* -ë-t Roboter *tech.*
rod-i *dial.* Gattung, Art; Sippe
roj|ë, -a Wache, Posten; ~ **kufitare** Grenzschutz
rojtar-i Wächter
rol-i, *pl.* -e-t Rolle; **luaj** ~ eine Rolle spielen
rolé-ja Roulade
Rom|ë, -a *ON* Rom
romak, -e römisch
romak-u, *pl.* -ë-t Römer
romak|e, -ja Römerin
roman-i, *pl.* -e-t Roman; ~ **i dramatizuar** für die Bühne bearbeiteter Romanstoff
romanc|ë, -a Romanze *mus.*
romancier-i, *pl.* -ë-t Romanautor
romanistik|ë, -a Romanistik
romaniz|ëm, -mi Romanismus *spr.*
romantik, -e romantisch
romantik|ë, -a Romantik
romantiz|ëm, -mi Romantik
romuze-t Stichelei, Anspielungen
rondel|ë, -a Unterlegscheibe *tech.*
Ron|ë, -a *FN* Rhône
ronitem zerbröckeln
rosak-u, *pl.* -ë-t Enterich
ros|ë, -a Ente
roskovecar, -e aus Roskovec
rostiçerí-a Grillraum, Grillstation
rosto-ja Braten; ~ **derri** Schweineschnitzel; ~ **viçi** Kalbsschnitzel
rotaciz|ëm, -mi Rhotazismus *spr.*
rot|ë, -a Fahrt, Route, Linie *Schiffahrt*
rozë rosa, rosafarben
rozmarin|ë, -a *bot.* Rosmarin
rúaj, -ta, -tur bewahren, pflegen, hüten; **ruhet në postë** postlagernd
ruajtës-i Wächter; **anije ruajtëse** Wachschiff
ruajtj|e, -a Aufbewahrung
rúb|ël, -la, *pl.* -la-t Rubel
rubinet|ë, -a Wasserhahn
rubrik|ë, -a Rubrik, Spalte; Sendung, Sachgruppe; ~ **sportive** Sportschau *im Fernsehen*
Rugov|ë, -a Rugovo
ruhem, u ruajta bewacht werden; **ruhet në postë** postlagernd
rul-i, *pl.* -e-t Walze, Rolle
rum-i Rhum, Rum
Rumaní-a Rumänien
rumb-i, *pl.* -e-t Keil
rumun, -e rumänisch
Rumun-i, *pl.* -ë-t Rumäne
run|ë, -a, *pl.* -a-t Rune *spr.*
runik, -e Runen-

Rur-i *FN* Ruhr
rus, -e russisch
Rusí-a Rußland
rutin|ë, -a Routine, Trott *fig.*
ryshfet-i, *pl.* -e-t Bestechungsgeld, Schmiergeld

Rr

rrafsh-i, *pl.* -e-t Ebene; ~ **i Dukagjinit** Metohija
rrafshët, i/e eben, glatt
rrafshoj glätten, einebnen
rrah *a/e/i* schlagen; **rrihe hekurin sa është i nxehtë** schmiede das Eisen, solange es heiß ist
rrahj|e, -a Prügelei, Schlägerei, Klopfen *tech.*
rrallë ⟨*adv.*⟩, **rrallëherë** selten
rrallë, i/e selten
rrallëkush kaum jemand
rrallohem spärlich werden
rrángulla-t Schrott; **është** ~ das ist Schrott *fig.*
rrapitoll: **bëj** ~ **me tokën** niedermachen
Rrapo-ja *NP* Raphael
rras drücken, stopfen; **me duar-t e rrasura në xhepa** mit den Händen in den Hosentaschen
rrathë-t Ringe
rre-ja, *pl.* -të Spulwurm *med.*
rrebesh-i, *pl.* -e-t Wolkenbruch, Regenguß
rrégulla, *pl.* -a-t Regel
rrégull-i Ordnung; **në** ~ in Ordnung
rregullim-i Verbesserung, Regelung, Reparatur; **është në** ~ **e sipër** wird demnächst geregelt
rregullisht ⟨*adv*⟩ regelmäßig
rregulloj regeln, reparieren, in Ordnung bringen
rregullor|e, -ja Vorschrift, Dienstordnung, Geschäftsordnung; ~ **e mbrojtjes në punë** Unfallverhütungsvorschrift
rregullsi-a Regelhaftigkeit, Gesetzmäßigkeit, Regelmäßigkeit
rrégullt, i/e regelmäßig, regulär; ordentlich, geordnet
rreh, s. **rrah**
rrej lügen
rrem-i, *pl.* -a-t Ruder, Riemen *Boot*; **u mëshoi rremave** er legte sich in die Riemen
rremash, -e lügnerisch, verlogen
rremë, i/e falsch, Pseudo-
rrep|ë, -a Rübe, Kohlrübe, Kohlrabi
rrepk|ë, -a Radieschen

rreptë, i/e streng
rreptësí-a Strenge
rreptësisht ⟨*adv*⟩ streng; **ndalohet rreptësisht** strengstens verboten
rresht ⟨*adv*⟩ nacheinander, ... lang; **dhjetë vjet rresht** 10 Jahre lang
rresht-i, *pl.* -a-t Reihe
rreshtoj aufreihen
rreth ⟨+ *Abl*⟩ um ... herum, zu, auf dem Gebiet von, ungefähr; ~ **kritikës së filozofisë të së drejtës** zur Kritik der Philosophie des Rechts
rreth-i, *pl.* -e-t Kreis, Bezirk; **rrathë**-t Ringe
rrethan|ë, -a Umstand; **rrethana lehtësuese** mildernde Umstände *jur.*
rrethanor, -e Umstands-
rrethin|ë, -a Umgebung
rrethoj umgeben, umkreisen, einkreisen
rrethqarkullim-i Kreislauf
rrethues, -e umgebend, Umfassungs-
rrezatim-i Ausstrahlung, Strahlung, Bestrahlung *med.*; ~ **rëntgen** Röntgenstrahlung
rrez|e, -ja Strahl
rrezi|k-u, *pl.* -qe-t Gefahr, Risiko; ~ **i përbashkët** Gemeingefahr *jur.*; ~ **rënie guri** Steinschlaggefahr; ~ **rrëshqitjeje** Schleudergefahr; **dëmi dhe rreziku në ngarkim të porositësit** Risiko und Gefahr zu Lasten des Auftraggebers *ök.*
rrezikoj riskieren
rreziksh|ëm, -me, i/e gefährlich; **shoqërisht i** ~ gesellschaftsgefährlich, gemeingefährlich
rrezikshmërí-a Gefährlichkeit
rrëbimthi ⟨*adv*⟩ jäh, heftig
rrëfej *e/ye* erzählen, zeigen; beichten *rel.*
rrëfim-i Erzählung, Bericht; Beichte *rel.*
rrëfyestor|e, -ja Beichtstuhl *rel.*
rrëgjim-i Reduktion *spr.*
rrëgjoj vermindern
rrëgjuar, i/e reduziert
rrëké-ja Rinnsal; Strom *fig.*; ~ **fjalësh** Wortschwall
rrëmbej *e/ye* rauben, ergreifen, packen
rrëmbim-i Eile; Entführung *jur.*; **me** ~ hastig, jäh, heftig
rrëmbyer, i/e geraubt; heftig, überstürzt; **vendim i** ~ hastiger Entschluß
rrënim-i Ruin; Ruine; ~ **ekonomik** wirtschaftlicher Ruin
rrënoj ruinieren
rrënoj|ë, -a Ruine
rrënj|ë, -a Wurzel; ~ **katrore**

Quadratwurzel
rrënjësisht ⟨*adv*⟩ grundlegend, radikal; **ndryshoi ~** er änderte sich grundlegend
rrënjësor, -e grundlegend, radikal
rrënjor, -e Wurzel-; **aorist ~** Wurzelaorist *spr.*, starker Aorist
rrënjos verwurzeln, einpflanzen
rrëqethj|e, -a Zittern, Schüttelfrost
rrëshajë-t Pfingsten *rel.*
rrëshqas *a/e/i, s/t* gleiten, ausrutschen, straucheln, schlittern
rrëshqitsh|ëm, -me, i/e glatt, rutschig
rrëzëllej glitzern, strahlen; **i rrëzëllen fytyra** sein Gesicht strahlt
rrëzim-i Abschuß *Flugzeug*
rrëzohem abstürzen *Flugzeug*
rrëzoj abschießen, niederwerfen
rrëzomit, -e aus Rrëzoma
rri, ndenja, ndenjur sitzen, stehen, bleiben; **~ shtrirë** liegen; **më rri rri mendja** mir steht der Sinn nach; **s'më rrihet** ich kann es nicht aushalten; **rri shtruar këmbëkryq** mit untergeschlagenen Beinen sitzen
rridh, s. **rrjedh**
rrih, s. **rrah**
rrip-i, *pl.* -a-t Gürtel, Gurt; Riemen, Treibriemen; **~ sigurimi** Sicherheitsgurt; **~ trapezoidal** Keilriemen
rripoz-i, *pl.* -e-t Fliegenfänger
rris *s/t* aufziehen, züchten
rritem steigen, anwachsen; wachsen
rritj|e, -a Steigerung, Zuwachs; **~ derrash** Schweinezucht
rritur, i/e erwachsen
rritur-i, i Erwachsener
rrjébull-a Pickel, Ausschlag
rrjedh *e/i/o* fließen, tropfen; stammen aus, herrühren von; **llogari rrjedhëse** laufendes Konto, Kontokorrent *ök.*
rrjedhoj|ë, -a Folge, Konsequenz; Ableitung *spr.*, abgeleitetes Wort
rrjedhor|e, -ja Ablativ *spr.*
rrjedhsh|ëm, -me, i/e flüssig, geläufig
rrjet-i, *pl.* -e-t Netz *fig.*; **~ telefonik** Telefonnetz
rrjet|ë, -a Netz, Fischernetz; **~ mizash** Fliegennetz, Moskitonetz
rrjetëz-a Netzhaut *med.*
rrobalarës|e, -ja Waschfrau, Wäscherin; **~** Waschmaschine *tech.*

rrobaqepës-i Schneider
rrobaqepës|e, -ja Näherin
rrob|ë, -a Kleid, Kleidungsstück; Stoff; ~ **banje** Badeanzug; **rroba pune** Arbeitsanzug; **rroba të gatshme** Konfektionswaren
rróbu|ll-i, *pl.* -j-t Eiche
rrodha, s. **rrjedh**
rrog|ë, -a Lohn
rrogoz-i, *pl.* -a-t Matte, Schilfmatte; **nën** ~ heimlich, insgeheim
rroj, -ta, -tur leben; **rroftë** hoch!, vivat!; ~ **qelepir** umsonst leben; ~ **qenërisht** mies leben
rroj|ë, -a Lebensweise; Rasur; **locion për rrojë** Rasierwasser
rrojtor|e, -ja Barbierstube, Frisiersalon
rrok anfassen, berühren
rrokj|e, -a Silbe *spr.*; ~ **dyparafundore** Antepänultima *spr.*; **cak i rrokjes** Silbengrenze
rrokjesor, -e silbisch, syllabisch, Silben-
rrokjezim-i Silbentrennung *spr.*
rrokullis rollen, wälzen
rropos zerstören, vernichten
rrot|ë, -a Rad; ~ **rezervë** Reserverad; **tel i rrotës** Speiche *tech.*
rrotk|ë, -a Röllchen, Garnrolle; ~ **pe** Röllchen Nähfaden
rrotovil|e, -ja Töpferscheibe
rrótull ⟨+ *Abl*⟩ um ... herum
rrótull ⟨*adv*⟩ rundherum
rrótull-a, *pl.* -a-t Scheibe, Spule; Wirbel *med.*
rrotulloj drehen
rr|uaj, -ova, -uar sich rasieren lassen; rasieren
rruaz|ë, -a Perle; **rruaza-t e kuqe** rote Blutkörperchen
rrudh zerknittern, zerknautschen
rrudh|ë, -a Runzel
rrudhosem knittern, knautschen; **nuk rrudhoset** knitterfrei
rrufé-ja Blitz; **të vraftë rrufeja!** der Schlag soll dich treffen!; **kërcëllon rrufeja** der Blitz kracht
rrufepritës-i Blitzableiter *tech.*
rruf|ë, -a Schnupfen
rrufis *s/t* schlürfen
rrugaç-i, *pl.* -ë-t Herumtreiber, Rowdy
rrugaçëri-a Herumtreiberei, Rowdytum
rrug|ë, -a Straße, Weg; Bettvorleger; ~ **të mbarë!** angenehme, glückliche Reise!; **rruga bllokohet** es bildet sich ein Stau; ~ **automobilistike** Autostraße, befahr-

bare Straße; **bigë e rrugës** Straßengabelung; ~ **detare** Seeweg; **me rrugë detare** per Schiff, mit Schiffspost; **në ~ diplomatike** auf diplomatischem Wege; ~ **dredhake** Serpentine; ~ **e gabuar** der falsche Weg; ~ **gjarpërore** Serpentine; ~ **e qafës** Paßstraße; ~ **qorre** Sackgasse
rrugëdalj|e, -a Ausweg, Ausflucht
rrugës ⟨*adv*⟩ unterwegs
rrugic|ë, -a Sträßchen, Gasse
rrugor, -e Straßen-, Verkehrs- ; **policia rrugore** Verkehrspolizei; **qarkullim ~** Straßenverkehr
rruhem, u rrova sich rasieren lassen, sich rasieren
rrumbullakët, i/e rund
rrumbullakoj abrunden
rrush-i, *pl.* -të Weintraube; **raki rrushi** Trester, Grappa, Weinbrand
rrushkullor, -e aus Rrushkull
rruzar|e, -ja Rosenkranz *katholisch*
rrym|ë, -a Strom, Strömung; ~ **ajri** Luftzug; ~ **dyfazore** Zweiphasenstrom *tech.*; ~ **e vazhduar,** ~ **e vazhdueshme** Gleichstrom; ~ **trifazore** Drehstrom
rryp-i, s. **rrip-i**

S

s' *1* = **së**; **s'andejmi** von dort; *2* = **nuk** nicht; **s'e dëgjoj dot** ich kann das nicht hören; **s'është në terezi** er ist aus dem Lot; **s'gjej arallëk** keine Zeit finden; **s'ka çare** daran führt kein Weg vorbei; **s'më bie në hatër** das fällt mir nicht ein; **s'më flihet** ich kann nicht schlafen; **s'më hahet** ich habe keinen Appetit; **s'më rrihet** ich kann es nicht aushalten; **s'njoh njeri** ich kenne niemand; **s'vlen asnjë grosh** keinen Pfennig wert sein
sa wieviel?; ~ **kohë?** wie lange ?; ~ **është ora?** wieviel Uhr ist es?; ~ **më parë** möglichst bald; **ai punon aq sa punon ti** er arbeitet soviel wie du
sabah-u *veralt.* Morgen
sabotim Sabotage
sabotoj sabotieren
sade ungemischt, rein, schwarz, ohne Zusatz, pur; **kafe ~** Kaffee schwarz;

mish ~Fleisch ohne Beilage
sadrazem-i *hist.* Großwesir
sahan-i, *pl.* -ë-t Kupferteller
sahanlëpirës-i Schmarotzer, Nassauer
Sahará-ja Sahara
sahat-i, *pl.* -e-t Uhr; Stunde; ~ **i ujit** Wasseruhr, Zählgerät für Wasserverbrauch
saje: në ~ **të** ⟨+ *G*⟩ dank, auf Grund von
saj|ë, -a Schlitten
sajoj ausdenken, erfinden; beschaffen; fingieren
sajuar, i/e fiktiv, fingiert, künstlich
sakaq ⟨*adv*⟩ sofort
sakat, -e verkrüppelt
sakat-i, *pl.* -ë-t Krüppel
sakrific|ë, -a Opfer
saksí-a Blumentopf
sakson, -e sächsisch
sakson-i, *pl.* -ë-t Sachse
Saksoní-a Sachsen
saktësí-a Richtigkeit, Genauigkeit, Exaktheit, Zuverlässigkeit; ~ **e llogarisë** rechnerisch richtig *ök.*
saktësoj präzisieren
Salamin|ë, -a Salamis
Salcburg-u *ON* Salzburg
salc|ë, -a Soße
salcier|ë, -a Saucière, Soßenschüssel
saldo-ja Saldo, Rechnungsabschluß
saldoj schweißen; ~ **me kallaj** löten
salsiç|e, -ja Würstchen, Siedewurst, Bratwurst
salvadorian, -e salvadorenisch
sallam-i, *pl.* -e-t Wurst, Hartwurst, Salami
sallat|ë, -a Salat; ~ **me domate** Tomatensalat; ~ **marule** grüner Salat; ~ **me fasule** Bohnensalat; ~ **me kastravecë** Gurkensalat
sall|ë, -a Saal, Halle, Schalterraum; **salla gjëmoi nga duartrokitjet** der Saal dröhnte vor Applaus; **salla nxë mbi katërqind veta** der Saal faßt über 400 Personen; **salla uturin** der Saal tobt; ~ **e leximit** Lesesaal; ~ **e ngrënies** Speisesaal; ~ **e pritjes** Wartesaal; ~ **operacioni** Operationssaal; ~ **për të pirë ujë** Trinkhalle; ~ **e vallëzimit** Tanzsaal
sallo-ja Schmalz
sallon-i Salon; ~ **kozmetike** Kosmetiksalon, Schönheitssalon; ~ **i flokëve për gra** Damenfriseursalon
salltanet-i Pomp; **me** ~ pompös, protzig
samarxhí-u, *pl.* -nj-të *veralt.* Sattler
sanatorium-i, *pl.* -e-t Sanatorium, Kurklinik

sandal|e, -ja Sandale
sanduiç-i, *pl.* -ç-t Sandwich, belegtes Brot
san|ë, -a Heu
sanitar, -e sanitär, Gesundheits- ; **kordon** ~ Sperrgürtel *gegen Seuchen, u. fig.*
sanksion-i Sanktion
sanksionoj sanktionieren
sapo ⟨*adv*⟩ gerade, soeben, kaum
sapun-i, *pl.* -ë-t Seife; **flluskë sapuni** Seifenblase
Sarajev|ë, -a *ON* Sarajevo
Sarand|ë, -a *ON* Saranda, Santi Quaranta
sarandjot, -e aus Saranda
sardel|e, -ja Sardelle
Sardenj|ë, -a Sardinien
sarkofag-u, *pl.* -ë-t Sarkophag, Steinsarg
sarmá-ja Kohlroulade, Wikkelkraut
Sarr|ë, -a *FN* Saar
sasi-a Menge, Quantität
sasior, -e quantitativ; **ndryshim** ~ quantitative Veränderung
satelit-i Erdtrabant; ~ **artificial** Sputnik, Satellit *tech.*
saten-i Satin
satër-i, *pl.* -e-t Fleischermesser
satisfaksion-i Befriedigung
Sav|ë, -a *FN* Save
Savoj|ë, -a Savoyen
saze-t *veralt.* Musikkapelle
se denn; was ?; **dale, se harrova** wart mal, ich habe es vergessen
seanc|ë, -a Sitzung, Vorstellung; **orari i seancës** Anfangszeit der Vorstellung
sebep-i, *pl.* -e-t *veralt.* Ursache, Grund, Anlaß; **kërkoj** ~ **për konflikt** Streit suchen, Anlaß für einen Konflikt suchen
secil|i, -a jeder, jede
sed|ër, -ra Würde, Selbstwertgefühl
sedili|e, -a Sitz; ~ **e pasme** Rücksitz
segment-i, *pl.* -e-t Segment, Abschnitt
sehir-i das Schauen, das Glotzen; **bëj sehir** gaffen, Maulaffen feilhalten
sekond|ë, -a Sekunde
sekondar, -e sekundär, abgeleitet, zweitrangig
sekret-i, *pl.* -e-t Geheimnis
sekretar-i Sekretär
sekretoj ausscheiden *med.*
seks-i, *pl.* -e-t Geschlecht
seksion-i Sektion, Abschnitt
seksual, -e sexuell, geschlechtlich
sektor-i Sektor, Abschnitt; ~ **huazimi** Ortsleihe
Selanik-u *ON* Saloniki
selckjot, -e aus Selcka
selenicar, -e aus Selenica

seli-a Sitz, Stuhl; ~ **e shenjtë** der Heilige Stuhl; ~ **zyrtare** Geschäftssitz, Gerichtsstand *ök.*
selino-ja Sellerie *bot.*
semafor-i, *pl.* -ë-t Ampel, Verkehrsampel
semantem|ë, -a Semantem *spr.*
semantik, -e semantisch
semanjak, -e vom Seman
semasiologjí-a Semasiologie *spr.*
seminar-i Seminar
semiologjí-a Semiologie *spr.*, Zeichenlehre
Sen-Gotard-i St. Gotthard *Paß*
Sen|ë, -a *FN* Seine
send-i, *pl.* -e-t Gegenstand, Objekt, Ding, Sache; ~ **i çfarëdoshëm** beliebiges Ding
separat-i, *pl.* -e-t Separatum, Sonderdruck
sepse weil, da
serb, -e serbisch
serb-i, *pl.* -ë-t Serbe
serbator-i Tank, Benzintank
serbes ⟨*adv*⟩ frei; **hyj e dal** ~ bei jem. ein- und ausgehen
Serbí-a Serbien
serí-a Serie
serioz, -e ernst, seriös; ernstlich; **nuk ka gjë serioze** es ist nichts Ernstes
serm-i Silber, Silberbrokat
serraf-i, *pl.* -ë-t *veralt.* Geldwechsler
sesa als
sesion-i Sitzungsperiode, Arbeitsabschnitt
sevasterjot, -e aus Sevaster
Sevilj|e, -a *ON* Sevilla
sezon-i Saison
së *1: Artikelform*; *2* **më** ~ **shumti** zumeist, meistens; **për** ~ **mbari** ungehindert, ordentlich, wohlgemut
së bashku gemeinschaftlich
së jashtmi von draußen
së paku wenigstens, mindestens
së pari zuerst
sëkëlldí-a Beunruhigung, Sorge
sëkëlldisem sich sorgen, beunruhigt sein
sëmundj|e, -a Krankheit; ~ **epidemike epizootike** Seuche, Viehseuche; ~ **ngjitëse** ansteckende Krankheit; ~ **psikike** seelische Erkrankung; ~ **veneriane** Geschlechtskrankheiten
sëmurë, i/e krank; **bie i** ~ krank werden; **ekzaminoj të sëmurë-t** Kranke untersuchen
sëpat|ë, -a Beil, Axt
sërb, -e = **serb**, -e
sërish ⟨*adv*⟩ erneut, von neuem
sfer|ë, -a Sphäre; **kushinetë**

me sfera Kugellager *tech.*
sfilitem leiden, sich abrakkern
sfumatur|ë, -a Tönung, Abtönung, Nuance
sfungjer-i, *pl.* -ë-t Schwamm
si wie; **gati një** ~ ⟨+ *Subst.*⟩ fast ein ...; ~ **dhe** sowie; ~ **jeni?** wie geht es Ihnen?; ~ **ia çoni?** wie geht es Ihnen?; ~ **je, zotrote?** wie geht es Euch?; ~ **të të them, zavalli unë?** wie soll ich armer Mensch es dir sagen?; ~ **u gdhive?** wie hast du geschlafen ?, hast du gut geschlafen ?
Siberí-a Sibirien
siberian, -e sibirisch
Sibíu *ON* Hermannstadt
siç ⟨*Konj*⟩ wie
Sicilí-a Sizilien
sidomos besonders
sifon-i, *pl.* -ë-t Soda
sig|ël, -la, *pl.* -la-t Sigel, Kürzel
sigmatik, -e sigmatisch, **aorist** ~ sigmatischer Aorist *spr.*; schwacher Aorist; s-Aorist
sigures|ë, -a Sicherung
sigurí-a Sicherheit
sigurim-i Sicherheit, Sicherung, Versicherung; ~ **shoqëror** Sozialversicherung; **rrip sigurimi** Sicherheitsgurt
sigurisht ⟨*adv*⟩ sicher
siguroj versichern, sichern
sigurt, i/e sicher
sigurues-i Versicherer
sihariq-i, *pl.* -e-t Freudenmeldung, Glücksbotschaft
sihariqtar-i Glücksbote
sikundër ⟨*Konj*⟩ wie
sikur wie wenn, als ob
silazh-i Silo-Futter
Silezí-a Schlesien
sill, s. **sjell**
sillem sich benehmen, sich aufführen, sich verhalten; **janë sjellë si trima** sie verhielten sich wie Helden
sill|ë, -a Frühstück
simbas = **sipas**
simbol-i Symbol
simboliz|ëm, -mi Symbolismus, Symbolik
simfonik, -e sinfonisch, symphonisch **koncert simfonik** Symphoniekonzert
simit|e, -ja Fladenbrot
simot|ër, -ra Schwester *fig.*
sinanjot, -e aus Sinánaj
sinerez|ë, -a Synärese *spr.*
sinharmoniz|ëm, -mi Vokalharmonie
siní-a Metalltablett, Tablett
sinisí-a *veralt.* Halbinsel
sinkop|ë, -a Synkope *spr.*
sinkroní -a Synchronie *spr.*
sinkronik, -e synchronisch
sinonim-i, *pl.* -e-t Synonym

sinqerisht ⟨*adv*⟩ ehrlich, aufrichtig
sintagmatik, -e syntagmatisch *spr.*
sintagmatik|ë, -a Syntagmatik *spr.*
sintaks|ë, -a Syntax *spr.*, Satzlehre
sintaksor, -e syntaktisch
sintetik, -e synthetisch, Kunststoff-; **fibër sintetike** Kunstfaser
sintez|ë, -a Synthese
sinjal-i, *pl.* -e-t Signal
sinjar, -e aus Sinja
sipas ⟨+ *Abl*⟩ gemäß, nach, laut; ~ **gjasës** nach dem Anschein; ~ **kontrollit paraprak** nach Vorprüfung
sipër ⟨+ *Abl*⟩ über; **e sipër** während, bevor; **mbi këto e sipër** unterdessen; **një vullkan në shpërthim e sipër** ein Vulkan kurz vor dem Ausbruch; **është në rregullim e** ~ wird demnächst geregelt; **libri është në lexim e** ~ das Buch wird gerade gelesen; **anija është në mbytje e** ~ das Schiff steht kurz vor dem Untergang, ist beim Sinken
sipërfaq|e, -ja Oberfläche
sipërfaqsh|ëm, -me, i/e oberflächlich
Siqelí-a Sizilien
Sirakuz|ë, -a Syrakus
siren|ë, -a Sirene, Martinshorn; ~ **e uzinës** Fabriksirene
Sirí-a Syrien
sirian, -e syrisch
sirian-i, *pl.* -e-t Syrer
sirtar-i Schublade, Schubfach
sistem-i, *pl.* -e-t System; ~ **drejtimi** Lenkung *tech.*, Lenkungsanlage; ~ **ndezjeje** Zündanlage *tech.*; ~ **nervor** Nervensystem
sistematik, -e systematisch
sistematik|ë, -a Systematik
sistemor, -e systembildend, System-, systemhaft
sit|ë, -a Sieb, Seier
situat|ë, -a Lage, Situation
situatësor, -e Situations-
sivjet ⟨*adv*⟩ heuer, dieses Jahr
sixhadé-ja Teppichbrücke, Brücke; Gebetsteppich *rel.* Florteppich
sizmik, -e seismisch, Erdbeben-
sjell *e/i/o* herbeiführen, führen zu; bringen; ~ **përgjegjësi penale** zur strafrechtlichen Verantwortlichkeit führen *jur.*; **sillem qenërisht** bestialisch auftreten
sjellj|e, -a Benehmen, Verhalten; ~ **e hijshme** angenehmes Auftreten; ~ **mondane** gewandtes Auftreten

sjellsh|ëm, -me, i/e höflich
skadoj ablaufen, verfallen, überschreiten; **afat i skaduar** verstrichene Frist
skaj-i, *pl.* -e-t Terminus, Fachausdruck, Rand, Ende
skajor, -e Rand-, marginal
skalis *s/t* behauen
skallop-i Schnitzel
skamj|e, -a Armut
skandinav, -e skandinavisch
skandinav-i, *pl.* -ë-t Skandinavier
Skandinaví-a Skandinavien
skapamento-ja Auspuff
skar|ë, -a Holzkohlengrill
skarlatin|ë, -a Scharlach *med.*
skeç-i Sketch
skedar-i Zettelkasten, Kartei, Kartothek; ~ **i përkohshëm** Interimskatalog; ~ **shërbimi** Dienstkartei; **katalog-skedar** Zettelkatalog; ~ **topografik** Standortkatalog;
sked|ë, -a Karteikarte, Zettel; ~ **bazë** Zugangsvermerk, Journalzettel; ~ **drejtuese** Leitkarte; ~ **ndarëse** Trennkarte
skedim-i Verzettelung; ~ **sipas lëndës** Sachkatalogisierung
skedoj verzetteln, katalogisieren
skelet-i Skelett
skel|ë, -a Mole, Anleger; Baugerüst
skem|ë, -a Schema
skenar-i Drehbuch, Szenario
sken|ë, -a Szene; ~ **masive** Massenszene
Skënder-i *NP* Alexander, Skander
skëterr|ë, -a Finsternis, Hölle
ski-të Ski, Skier
skic|ë, -a Skizze
skithë-t Skythen
skll|av-i, *pl.* -évër-it Sklave
skllav|e, -ja Sklavin
skllavëroj versklaven
skllavopronar-i Sklavenhalter
skocez, -e schottisch
Skocez-i, *pl.* -ë-t Schotte
Skocí-a Schottland
skolastik|ë, -a Scholastik
skontim-i Diskont, Skonto
skonto-ja Skonto, Diskont
skontoj diskontieren
skori|e, -a Schlacke *tech.*
skraparllí, -e aus Skrapar
skrivaní-a Schreibtisch
skuad|ër, -ra Mannschaft, Team
skufj|e, -a Mütze, Haube
skulptor-i Bildhauer
skuq röten, erröten; braten, bräunen
skut|ë, -a Ecke, Winkel
slabinjar, -e aus Slabinja
slitoj rutschen

sllav, -e slawisch
Sllav-i, *pl.* -ë-t Slawe
sllavisht|e, -ja Slawisch; ~ **e përbashkët** Gemeinslawisch
sllavistik|ë, -a Slawistik *spr.*
sllaviz|ëm, -mi Slawismus *spr.*
sllovak, -e slowakisch
slloven, -e slowenisch
Sllovení-a Slovenien
smaltoj emaillieren
smir|ë, -a Mißgunst, Neid
smirëzí-u Neider, Neidhammel
smokthiniot, -e aus Smokthina
sob|ë, -a Ofen; Empfangszimmer, gute Stube; **qyng i sobës** Ofenrohr
socialimperialist, -e sozialimperialistisch
socialist, -e sozialistisch
socializ|ëm, -mi Sozialismus
sociolinguistik|ë, -a Soziolinguistik
sociologjí-a Soziologie
soditj|e, -a Beschaulichkeit, Betrachtung, Kontemplation
sof|ër, -ra niedriger Tisch, Eßtisch
Sofj|e, -a *ON* Sofia
sofrabez-i, *pl.* -ë-t Tischdecke
sokak-u, *pl.* -ë-t Gasse; **iki sokakëve** durch die Gassen davonlaufen
solecizl|ëm, -mi Solözismus *spr.*
solemn, -e feierlich
solist-i Solist; ~ **këngësh** Gesangssolist
solla, s. **sjell**
Sollsberi *ON* Salisbury
solucion-i Lösung, Lösungsmittel
somalez, -e somalisch
Somali-a Somali-Land
sonte ⟨*adv*⟩ heute abend
sorr|ë, -a Krähe, Nebelkrähe
sosí-a *m.* Doppelgänger
sosur, i/e beendet, ausverkauft, vergriffen
sot heute; ~ **në mëngjes** heute morgen
sot|ëm, -me, i/e heutig, modern, Gegenwarts-; **shqipja e sotme** das moderne Albanisch, die alb. Sprache der Gegenwart
sovjetik, -e sowjetisch
sovranitet-i Souveränität
spango-ja Bindfaden
Spanj|ë, -a Spanien
spanjoll, -e spanisch
spanjoll-i, *pl.* -ë-t Spanier
Spart|ë, -a Sparta
spartan, -e spartanisch
spastrim-i Säuberung
spazm|ë, -a Krampf *med.*
spec-i, *pl.* -a-t Paprika, Paprikaschote; Peperoni; **speca të mbushur** gefüllte

Paprika
special, -e speziell, Spezial-, besonder, Sonder-
specialist-i Spezialist, Facharzt
specialitet-i Spezialität; Fachrichtung, Hauptfach
specifikim-i Spezifikation, Stückliste, Bestandsverzeichnis
spektator-i Zuschauer
spikam|ë, -a Relief
spikas *s/t* hervortreten, sich auszeichnen
spikatj|e, -a Hervorhebung *spr.*, Emphase
spiker-i, *pl.* -ë-t Sprecher *am Rundfunk*
spin|ë, -a Stecker *tech.*; ~ **dyshe** Doppelstecker
spinaq-i Spinat *bot.*
spiral|e, -ja Spirale
spiranc|ë, -a Anker; **çoj spirancën** den Anker lichten
spirant-i, *pl.* -e-t Spirant *spr.*, Spirans
spital-i, *pl.* -e-t Krankenhaus, Hospital
spiunazh-i Spionage
spontaneitet-i Spontaneität
sporadik, -e sporadisch
sport-i, *pl.* -e-t Sport; ~ **masiv** Breitensport, Massensport
sportel-i, *pl.* -e-t Schalter
sportelist-i Schalterbeamter
sportiv, -e sportlich; **rubrika sportive** Sportschau *im Fernsehen*
sprucator-i Düse, Einspritzdüse *tech.*
sqarim-i Klärung, Erklärung, Erläuterung
sqaroj erläutern, erklären, aufklären
sqep-i, *pl.* -a-t Schnabel
sqepar-i Kreuzhacke; Axt
sqétull-i, *pl.* -a-t Achsel; **nën** ~ unter dem Arm
sqoll-i Waschbecken, Spülstein
squfur-i Schwefel
Sreck|ë, -a Sredska *ON*
srriqas, -e aus Srriqja
stacion-i Bahnhof, Haltestelle, Station; ~ **fundor** Endstation, Zielbahnhof; ~ **mallrash** Güterbahnhof
stad-i Stadium, Entwicklungsstufe; ~ **zhvillimor** Entwicklungsstadium
stadium-i *spo.* Stadion, Sportanlage
stafet|ë, -a Stafette; Staffellauf *spo.*
staliniz|ëm, -mi Stalinismus
stall|ë, -a Stall, Stallung, Viehstall
Stamboll-i *ON* Istanbul
stamp|ë, -a Stanze, Módel
stan-i, *pl.* -e-t Pferch; Sennerei; ~ **revizionist** revisionistisches Lager
standard-i, *pl.* -e-t Standard,

Norm
standartizoj standardisieren
starovar, -e aus Starova
statik, -e statisch
statuj|ë, -a Statue
statut-i, *pl.* -e-t Statut, Satzung
staxhionoj ablagern *zur Gewinnung besserer Qualität*
stend|ë, -a Stand, Schaukasten
stër- über-, super-, hyper-; Ur-
stërgjysh-i Urgroßvater
stërgjysh|e, -ja Urgroßmutter
stërhollim-i Raffinement, Verfeinerung
stërlin|ë, -a Sterling, Pfund
stërmbes|ë, -a Urenkelin
stërnip-i Urenkel
stërqok|ë, -a Dohle
stërvitj|e, -a Übung, Training
stil-i, *pl.* -e-t Stil; ~ **funksional** funktionaler Stil; ~ **i lirë** Freistil *spo.*; ~ **krol** Kraulen, Crawl-Stil *spo.*
stilistik, -e stilistisch; **ngjyrim** ~ stilistische Färbung
stilistik|ë, -a Stilistik
stilograf-i, *pl.* -ë-t Füllfederhalter
stilolaps-i, *pl.* -a-t Kugelschreiber
stin|ë, -a Jahreszeit, Saison
stinoj ablagern; ~ **dërrasa-t** Bretter trocknen lassen *um bessere Qualität zu gewinnen*
stivim-i Stauen *naut.*, Trimmen *Fracht*
stof-i, *pl.* -a-t; -ra-t Stoff; **një top** ~ ein Ballen Stoff
stol-i, *pl.* -a-t Hocker, Sitzbank, Schemel
stomak-u, *pl.* -ë-t Magen; **ulcerë e stomakut** Magengeschwür *med.*
stomatologji-a Zahnmedizin
stopan-i, *pl.* -ë-t Senner
strapo-ja Zerrung; ~ **muskulare** Muskelzerrung *med.*
strehim-i Unterbringung, Unterschlupf, Unterkunft; Asyl
strehoj Unterkunft gewähren, Asyl bieten, Zuflucht gewähren, beherbergen
strelcar, -e aus Strelca
strof|ë, -a Strophe
strofk|ë, -a Höhle, Loch; Lager *Tiere*, Bau
struc-i, *pl.* -ë-t Strauß *Vogel*; **diplomaci-a e strucit** Vogel-Strauß-Taktik
strugian, -e aus Struga
struktur|ë, -a Struktur, Bau, Aufbau
strukturaliz|ëm, -mi Strukturalismus
strukturor, -e strukturell, Struktur-
strumanak, -e aus Strum

stuardes|ë, -a Stewardess
student-i, *pl.* -ë-t Student
student|e, -ja Studentin
studim-i Studium, Studie, Abhandlung
studioj studieren
stuf|ë, -a Ofen, Holzkohlenbecken
stuhí-a Sturm
subjekt-i Subjekt
suçjan, -e aus Suç
sudanez, -e sudanisch
Sudetë-t Sudetenland
suedez, -e schwedisch
suedez-i, *pl.* -ë-t Schwede
Suedí-a Schweden
sukjot, -e aus Suka
sukses-i, *pl.* -e-t Erfolg; **me sukses!** viel Erfolg!
sukthjan, -e aus Sukth
sukursal-i, *pl.* -e-t Filiale, Zweigstelle
Sul-i *ON* Suhl
Sulavesi Sulawesi, Celebes
sulem angreifen, stürzen sich auf
sulfuror, -e Schwefel-, schwefelhaltig
suliot, e suliotisch, aus Suli
sulm-i, *pl.* -e-t Angriff, Attacke; **hidhem në ~** angreifen
sulmoj angreifen, attackieren
sulmues-i Stürmer
Sumat|ër, -ra Sumatra
sundues-i Herrscher
sup-i, *pl.* -e-t Schulter, Achsel; **ia shtrëngoi supet** er zuckte die Achseln
sup|ë, -a Suppe, Brühe; **~ magjerica** säuerliche gebundene Nudelsuppe; **~ me barishte** Gemüsesuppe; **~ me lëng mishi** Fleischsuppe, Fleischbrühe; **~ me perime** Gemüsesuppe; **~ orizi** Reissuppe; **~ patatesh** Kartoffelsuppe
superfuqí-a Supermacht
superstruktur|ë, -a Überbau
supin-i Supinum *spr.*
suplementar, -e ergänzend, Nachtrags- ; **kopje suplementare** Zusatzexemplar, Staffelexemplar
supletiviz|ëm, -mi Suppletivismus *spr.*
supozim-i Annahme
surrat-i, *pl.* -e-t Antlitz *veralt.*; Gesicht, Visage
sust|ë, -a Feder *tech.*; Klingelknopf; Gabel *Telefon*
sutjen-i Büstenhalter, BH
suvá-ja Mörtel, Verputz
suvatoj verputzen *mit Mörtel*
sy-**ri**, *pl.* sy-të Auge; **mbaj sy të hapur** die Augen offen halten; **iu zgafulluan sytë** ihm gingen die Augen auf
symizar, -e aus Symiza
synet-i Beschneidung, Sunna *rel.*
synetllë|k-u, *pl.* -qe-t Be-

schneidung, Beschneidungsfeier *rel.*
synim-i Absicht
synoj beabsichtigen, bezwecken
syprin|**ë**, -a Fläche, Oberfläche, Außenseite, Tischtuch
syresh = **atyre**, s. **aí**
syrgjyn-i *veralt.* Verbannung; **dërgoj** ~, **syrgjynos** verbannen, in die Verbannung schicken
sytliaç-i Reispudding
syze-t Brille

Sh

shabllon-i, *pl.* -e-t Schablone, Meßlatte
shah-u Schach, Schachspiel
sha|**j**, -va, -rë schimpfen, schelten
shajak-u, *pl.* -ë-t Filz
shaká-ja Scherz, Streich, Witz; **bëj shaká** scherzen, Witze machen
shalësjot, -e aus Shalës
shaljan, -e aus Shala
shall-i Schal
shalqí-ri, *pl.* -nj-të Wassermelone *bot.*
shami-a Tuch; ~ **xhepi** Taschentuch
Shampanj|**ë**, -a Champagne
shampo-ja Shampoo, Haarwaschmittel
shandan-i Kerzenständer, Leuchter
Shangai *ON* Schanghai
shans-i Chance, Gelegenheit; **kam shans** eine Chance haben
shaptilografoj vervielfältigen, hektographieren
sharapoll-i, *pl.* -e-t Erker mit kleinen Fenstern
sharës, -e schimpfend; **shprehje sharëse** Schimpfwort *spr.*
sharr|**ë**, -a Säge; ~ **disk** Kreissäge *tech.*; **dhëmbëzat e sharrës** Zähne der Säge
shat-i, *pl.* -a-t Hacke
shator|**e**, -ja Zelt
shef-i, *pl.* -a-t Chef, Leiter; ~ **i llogarisë** Hauptbuchhalter
sheg|**ë**, -a, *pl.* -ë-t Granatapfel
shéku|**ll**-i, *pl.* -j-t Jahrhundert
shembem zusammenstürzen
shembj|**e**, -a Sturz, Zusammenbruch
shémbu|**ll**-i, *pl.* -j-t Beispiel, Exempel; ~ **i ndritur** leuchtendes Beispiel
shend-i, *pl.* -e-t Freude, Jubel
Shenian-i *ON* Shenyang,

Mukden
shenj|ë, -a, *pl.* -a-t Zeichen, Marke; ~ **pikësimi** Satzzeichen; ~ **e barazimit** Gleichheitszeichen; ~ **kufindarëse** Grenzbezeichnung; ~ **orientuese** Orientierungszeichen; ~ **rrugore** Verkehrszeichen
Shenjëza-t = **Shëjza-t** Plejaden
shenjtë, i/e heilig; **selia e** ~ der Heilige Stuhl; **trini-a e** ~ heilige Dreifaltigkeit
shenjtor-i Heiliger
shenjuar, i/e bezeichnet
shenjues, -e bezeichnend
sheperjot, -e aus Sheper
sheqer-i Zucker; **dy kokrra sheqer** zwei Stück Zucker; ~ **pluhur** Staubzucker; **mbajtëse sheqeri** Zuckerdose
sheqerk|ë, -a Bonbon, Karamelle
sheqerxhi-u, *pl.* -nj-të Süßwarenhändler, Zuckerbäkker
sheqëzak, -e aus Shéqëza
Sherburg-u *ON* Cherbourg
sherishtjot, -e aus Sherishta
sherr-i, *pl.* -e-t Streit, Zank; Niedertracht
shes *e/i, s/t* verkaufen
shesh-i Platz; Ebene, Gebiet, Grundstück; ~ **parkimi** Parkplatz
sheshtë, i/e flach, platt, eben
shezak, -e aus Sheza
shezlong-u Liegestuhl
shëlboj retten, erlösen *rel.*
Shëlbúemit, të Christi Himmelfahrt *rel.*
shëlbues-i Heiland *rel.*, Erlöser
shëmbëlltyr|ë, -a Gleichnis, Parabel
shëmërizak, -e aus Shëmëriza
shëmtim-i Entstellung
shëmtoj entstellen, verzerren, häßlich machen
shëmtuar, i/e häßlich
Shën-Elen|ë, -a St. Helena *Insel*
Shën-Naum-i *ON* Sveti Naum
shëndet-i Gesundheit; **me shëndet** gesundheitlich; gesund; **si jeni me shëndet?** wie geht es Ihnen gesundheitlich?; ~ **e kësmet!** alles Gute!
shëndetësi -a Gesundheitswesen
shëndetësor, -e Gesundheits-
shëndoshë, i/e gesund; **ardhsh shëndoshë!** willkommen!
shënim-i Anmerkung, Notiz; **me shënime** annotiert
shënoj bezeichnen; schießen *Tor*; notieren, aufzeichnen
shërbej dienen, bedienen,

servieren

shërbim-i Dienst, Bedienung, Service; **me shërbim** dienstlich; **skedar shërbimi** Dienstkartei; ~ **automjetesh** Kraftfahrzeugservice; ~ **i fshehtë** Geheimdienst; ~ **ndërqytetor** Überlanddienst; ~ **teknik** Wartungsdienst; ~ **ushtarak** Wehrdienst; ~ **i detyrueshëm ushtarak** Wehrpflicht

shërim-i Genesung; ~ **të shpejtë!** baldige Genesung!, gute Besserung!

shërohem gesunden, geheilt werden

shëroj heilen, kurieren, gesunden lassen

shëtis *s/t* spazieren gehen

shëtitës, -e ambulant, Wander-

shëtitës-i Spaziergänger, Wanderer

shëtitj|e, -a Spaziergang, Spazierfahrt; ~ **nëpër qytet** Stadtrundfahrt

shfajësim-i Rechtfertigung

shfaq aufführen

shfaqj|e, -a Erscheinung; Aufführung, Vorstellung; **qenie e shfaqje** Wesen und Erscheinung *phi.*

shfletoj durchblättern, blättern, durchsehen

shfryj schnauben, schneuzen; ~ **nga zemërimi** vor Wut schnauben

shfrymëtim-i Beseitigung der Aspirierung, Deaspiration

shfrytëzim-i Ausbeutung, Ausnutzung; Verwendung, Nutzung

shfrytëzoj ausnutzen, ausbeuten, verwenden; ~ **kohën e mirë** ich nutze das schöne Wetter

shfrytëzues-i Ausbeuter

shfuqizim-i Außerkraftsetzung, Rücknahme, Aufhebung, Widerruf

shfuqizoj außer Kraft setzen

shi-u, *pl.* -ra-t Regen; Regengüsse, Regenschauer; **bie shi** regnen; **binte shi pareshtur** es regnete ununterbrochen; **oshi shiu** der Regen hat aufgehört; **u ndal shiu** es hat aufgehört zu regnen; ~ **i imët** Nieselregen

shiatik-u Ischias *med.*

shif|ër, -ra, *pl.* -ra-t Ziffer; **shifra-t arabe** arabische Ziffern

shifon-i Chiffon

shifroj chiffrieren, verschlüsseln

shih, s. **shoh**

shij|e, -a Geschmack; ~ **e rafinuar** verfeinerter Geschmack

shijoj genießen, schmecken, kosten; **më shijon** es schmeckt mir

shijsh|ëm, -me, i/e schmackhaft, lecker
shikim-i Gesicht, Sehvermögen: ~ **i valë** flammender Blick
shikjor, -e aus Shíkaj
shikoj anschauen, betrachten
shilarës-i Schaukel
shin|ë, -a Schiene; Reifenband, Eisenreifen
shiqajet, **bëj** ~ sich beklagen
shiring|ë, -a Spritze *med.*
shirit-i, *pl.* -a-t Band, Tonband
shish|e, -ja Flasche; **xhind në** ~ Geist in der Flasche
shishqebap-i, *pl.* -ë-t Fleischspieß, Schaschlik
shishtavecar, -e aus Shishtavec
shit, **shita**, s. **shes**
shitblerj|e, -a An- und Verkauf
shitës-i Verkäufer
shitj|e, -a Verkauf, Absatz; ~ **e dobët** Überangebot *ök.*, mäßiger Verkauf
shka|k-u, *pl.* -qe-t Ursache, ~ **i dobët** niedriger Beweggrund *jur.*
shkab|ë, -a Adler
shkakësi-a Kausalität, Ursächlichkeit
shkakësor, -e kausal; **lidhje shkakësore** Kausalzusammenhang, Kausalbeziehung
shkaktim-i Verursachung
shkall|ë, -a Treppe, Stufe, Ausmaß, Skala, Grad, Maßstab; Eigenschaft; **në** ~ **botërore** weltweit, in weltweitem Maßstab; ~ **e gjatë** Dehnstufe *spr.*; ~ **e rrëgjuar** Schwachstufe *spr.*, Reduktionsstufe; ~ **krahasimi** Komparationsstufe *spr.*; ~ **krahasore** Komparativ *spr.*; ~ **lëvizëse** Rolltreppe; ~ **pohore** Positiv *spr.*, Grundstufe; ~ **sipërore** Superlativ *spr.*; ~ **vapori** Anlegesteg; ~ **e zbritjes** Landungsbrücke; ~ **zero** Schwundstufe *spr.*
shkallëzim-i Klimax *spr.*, Steigerung
shkam-i, *pl.* -a-t Schemel, Hocker
shkarj|e, -a Gleiten *spr.*
shkarkim-i Entladung, Löschung, Entlastung
shkarkoj entladen, löschen, entlasten
shkas-i Anstoß, Anlaß; **bëhem shkas** verursachen, zum Anlaß werden
shkatërrim-i Zerstörung
shkatërroj zerstören
shkel treten, zertreten, übertreten, verletzen
shkelj|e, -a Bruch *Eid*, Ver-

letzung *Vorschrift*, Verstoß; ~ **brutale e të drejtave** rücksichtslose Verletzung der Rechte

shkenc|ë, -a Wissenschaft; **shkenca-t ekonomike** Wirtschaftswissenschaften; ~ **politike** Politologie, Politikwissenschaft; **shkenca-t shoqërore** Gesellschaftswissenschaften, Sozialwissenschaften; **shkenca të natyrës, shkenca-t natyrore** Naturwissenschaften; **shkenca-t humanitare** Geisteswissenschaften

shkencëtar-i Wissenschaftler

shkencor, -e wissenschaftlich, Wissenschafts-; **punëtor** ~ wissenschaftlicher Mitarbeiter

shkëlqesí-a Exzellenz; **Shkëlqesia Juaj** Ew. [Euer] Exzellenz

shkëlqyer, i/e glänzend, ausgezeichnet

shkëlqyesh|ëm, -me, i/e glänzend, hervorragend, ausgezeichnet

shkëmb-i, *pl.* -ínj-të Fels

shkëmbim-i Austausch, Tausch; ~ **i lëndëve** Stoffwechsel; **pjesë shkëmbimi** Ersatzteil

shkëndij|ë, -a Funke; ~ **elektrike** elektrischer Funke

shkëpus *s/t* trennen, loslösen

shkëputem sich trennen

shkëputj|e, -a Trennung, Loslösung; ~ **e teorisë nga praktika** Loslösung der Theorie von der Praxis

Shkod|ër, -ra *ON* Skutari, Shkodra

shkodran, -e aus Shkodrasj skutarinisch, Skutariner

shkodrançe ⟨*adv*⟩ auf Skutariner Art

shkodranç|e, -ja Skutariner Dialekt

shkoj gehen; ~ **nëpër mend** in den Sinn kommen; ~ **dëm** mißlingen, fehlschlagen; ~ **me leje** in Urlaub fahren, gehen

shkoll|ë, -a Schule; **vazhdoj** ~, **vijoj** ~, **shkollohem** die Schule besuchen; ~ **fillore** Grundschule; ~ **mbrëmjeje** Abendschule; ~ **me korrespondencë** Fernstudium, Fernlehrgang; ~ **minoritare** Minderheitenschule; ~ **normale** Lehrerbildungsanstalt; ~ **profesionale** Berufsschule; ~ **tregtare** Handelsschule

shkollor, -e schulisch, Schul-; **teksti** ~ Schulbuch, Schultext, Lesebuch

shkombëtarizoj entnationalisieren

shkop-i, *pl.* -ínj-të Stock, Knüppel

shkopsis *s/t* aufknöpfen
shkozjan, -e aus Shkoza
shkrelës, -e aus Shkrel
shkrepës-i Anzünder, Feuerzeug
shkrepës|e, -ja Streichholz, Zündholz
shkres|ë, -a Schriftstück, Schriftsatz, Schreiben
shkretëtir|ë, -a Wüste
shkrihem verschmelzen *intransitiv*
shkrij schmelzen; **shkrin akulli, dëbora** es taut
shkrim-i, *pl.* -e-t Schrift; das Schreiben; **me shkrim** schriftlich; ~ **cirilik** kyrillische Schrift; ~ **fonetik** Lautschrift; ~ **gotik** Frakturschrift; ~ **ideografik** Bilderschrift; ~ **kunjor** Keilschrift; ~ **i mangët** defektive Schrift; ~ **shkronjor** Buchstabenschrift *spr.*; **shkrim-lexim-i** das Lesen und Schreiben
shkrimor, -e geschrieben *spr.*, Schrift-
shkrimtar-i Schriftsteller
shkrirë, i/e gegossen, Guß-
shkrirj|e Umschmelzen
shkrirj|e, -a das Schmelzen, Schmelzung; Fusion *spr.*, Verschmelzung; ~ **e çelikut** Stahlschmelze
shkritor|e, -ja Gießerei
shkronj|ë, -a Buchstabe; ~ **për shkronjë** wortwörtlich; ~ **e madhe** Großbuchstabe, Majuskel *spr.*; ~ **e vogel** Kleinbuchstabe, Minuskel
shkruaj schreiben
shkrumb-i Überbleibsel, verkohltes
shkuar-a, e Präteritum *spr.*, Vergangenheit; **të shkuara!** gute Besserung!
shkul ausreißen
shkund schütteln, rütteln
shkundem sich bewegen, sich regen; abschütteln
Shkup-i *ON* Skopje, Üsküp
shkupjan, -e aus Skopje
shkurt ⟨*adv*⟩ kurz
shkurt-i Februar
shkúrtazi ⟨*adv.*⟩ kurz und bündig
shkúrt|ër, i/e, f*pl.* -ra kurz; **paraqitje e** ~ Zusammenfassung, Abstract, Resümee; **valë të shkurtra** Kurzwellen
shkurtim-i Kürzung, Abkürzung, Abbreviatur *spr.*
shkurtoj kürzen, abkürzen
shkurr|e, -ja Busch, Strauch
shkyç aufschließen
Shlesvig-Holshtejn-i Schleswig-Holstein
shlyej abwischen, löschen, ausstreichen; beseitigen, fertigmachen, abschließen, liquidieren, ausmustern, aussondern, begleichen; ~

borxh Schulden begleichen
shmang umgehen, vermeiden
shmangem vermeiden, aus dem Weg gehen, umgehen, sich entziehen; **i ~ vështirësive** Schwierigkeiten aus dem Weg gehen
shmangi|e, -a Abweichung, Umgehung, Entziehung *jur.*
shnderj|e, -a Entspannung, Ausgang *spr.*
shndërrim-i Umwandlung, Umformung
shndris *s/t* strahlen, glänzen
shndritj|e, -a Glanz
shnicel Schnitzel
shofer-i, *pl.* -ë-t Chauffeur, Kraftfahrer; **patentë shoferi** Führerschein
shoh *o/e/i*, pashë, parë sehen; **e shoh pisk** in der Klemme sein
shok-u, *pl.* -ë-t Genosse, Gefährte, Kamerad
shoq-i Gatte; **shoqi-shoqin** ⟨*adv*⟩ einander
shoqat|ë, -a Gesellschaft, Vereinigung; **~ e miqësisë** Freundschaftsgesellschaft
shoq|e, -ja Genossin, Freundin; Ehefrau
shoqëri-a Gesellschaft; **~ ajrore** Fluggesellschaft, Luftfahrtgesellschaft; **~ lundrimi** Reederei *naut.*
shoqërim-i Begleitung
shoqërisht ⟨*adv*⟩ gesellschaftlich; **~ i rrezikshëm** gesellschaftsgefährlich, gemeingefährlich
shoqërizoj vergesellschaften
shoqëroj begleiten
shoqëror, -e gesellschaftlich, sozial
shoqërues-i Begleiter, Reiseleiter
shoqërues|e, -ja Begleiterin, Reiseleiterin
shoshar-i Siebmacher
shosh|ë, -a, *pl.* -ë-t Sieb
shoshit *s/t* sieben; erörtern, verhandeln
shoshjan, -e aus Shosh
shpall bekanntgeben, verkünden; **~ grevë** Streik ausrufen
shpallj|e, -a Bekanntmachung, Bekanntgabe, Verkündung
shp|árgër, -ri, *pl.* -ërgënj-të Windel
shpargu|ll-i, *pl.* -j-t Spargel
shpartalloj zerstören, aufreiben
shpat-i, *pl.* -e-t Abhang, Böschung
shpat|ë, -a Schwert; **në majën e shpatës** auf des Schwertes Spitze
shpatarak, -e aus Shpat
shpátull-a, *pl.* -a-t Schulter; **bie shpatullave** auf die

Schultern klopfen
shpejt ⟨*adv*⟩ schnell, rasch, flink; **ajo u zbardh** ~ sie faßte sich rasch wieder; **që prishet** ~ leicht verderblich
shpejtë, i/e schnell, rasch, geschwind; **ndihma e** ~ Notdienst, Notarzt; **shërim të** ~! baldige Genesung!
shpejtësí-a Geschwindigkeit, Schnelligkeit; ~ **maksimale** Höchstgeschwindigkeit; **me shpejtësi vetëtime** in Windeseile; blitzschnell
shpejtim-i Beschleunigung
shpejtoj beschleunigen
shpell|ë, -a Höhle
shpend-i, *pl.* -ë-t großer Vogel; **shpendë**-t Geflügel
shpenzim-i Ausgabe; **shpenzime**-t Unkosten; **qeth shpenzimet** Ausgaben kürzen
shpenzoj ausgeben
shpesh ⟨*adv*⟩ oft, häufig
shpeshoj verdichten, häufen; häufiger machen; **me frymëmarrje të shpeshuar** außer Atem
shpeshtë, i/e häufig
shpeshtësí-a Frequenz, Häufigkeit
shpërbëhem verwesen, sich zersetzen
shpërbërj|e, -a Auflösung, Verwesung
shpërbetohem = **shpërbehem** einen Meineid leisten, falsch schwören
shpërblej vergüten, vergelten
shpërdorim-i Mißbrauch
shpërdoroj mißbrauchen, Mißbrauch treiben
shpërgë-ri, *pl.* -ënj-të *dial.* = **shpárgër** Windel
shpërndarës-i Verteiler *tech.*
shpërngjashmim-i Dissimilation *spr.*
shpërqendruar, i/e unkonzentriert
shpërthej sich öffnen, platzen; aufknöpfen
shpërthim-i Ausbruch, Explosion
shpërthyes, -e explosiv *spr.*
shpështjell = **çmbështjell**
shpëtim-i Rettung
Shpicbergen-i Spitzbergen
shpif verleumden
shpifj|e, -a Verleumdung; ~ **e qelbur** schmutzige Verleumdung
shpik schöpfen, austrinken, leertrinken; erfinden; **fjalë të shpikura kot** frei erfundene Worte
shpikës-i Erfinder
shpikj|e, -a Erfindung
shpinas ⟨*adv*⟩ rücklings, auf dem Rücken
shpin|ë, -a Rücken; **shih në** ~ **të fletës!** bitte wenden!; ~ **e gjuhës** Zungenrücken;

~ **e kurrizit** Wirbelsäule, Rückgrat
shpinor, -e dorsal *spr.*
shpirt-i, *pl.* -ra-t Geist, Bewußtsein, Denken
shpirtëror, -e geistig
shpirtvogël kleinkariert, kleingeistig, beschränkt
shpjegohem sich klar ausdrücken
shpjegoj erklären, erläutern, darlegen
shpoj durchbohren
shpor-i, *pl.* -ë-t Spore, Sporn *am Reitstiefel*; Brustbein
shporet-i Herd
shport|ë, -a Korb; ~ **kashte** Spankorb; ~ **buke** Brotkorb; ~ **zhuke** Binsenkorb
shpotí-a Witz, Spott
shpreh ausdrücken
shprehësí-a Expressivität, Ausdrucksstärke
shprehí-a Gewohnheit, Angewohnheit
shprehj|e, -a Ausdruck, Redensart; ~ **e qëndrueshme** stehende Wendung, feste Redensart; ~ **sharëse** Schimpfwort
shpres|ë, -a Hoffnung; **i vezulloi një** ~ der Schimmer einer Hoffnung durchzuckte ihn
shpresoj hoffen
shpretk|ë, -a Milz
shput|ë, -a Fußsohle; Ohrfeige; ~ **e këmbës** Ferse
shq|a-u, *pl.* -e-të Slave *veralt.*; dumm; **ai është shqa më dynjá** er ist stockdumm
shqarth-i Eichhorn, Eichhörnchen
shqep auftrennen
shqerrjot, -e aus Shqerría
shqetësoj beunruhigen; **mos u shqetësoni!** beunruhigen Sie sich nicht!
shqip ⟨*adv*⟩ albanisch
shqip, -e albanisch; **gjuha shqipe, shqip|e, -ja** albanische Sprache; **shqipja e sotme** das moderne Albanisch, die alb. Sprache der Gegenwart
Shqipërí-a Albanien
shqiptar, -e albanisch
shqiptar-i Albaner
shqiptar|e, -ja Albanerin
shqiptim-i Aussprache
shqiptoj aussprechen
shqis|ë, -a Sinn
shqit herausreißen, loslösen
shqitur, i/e lose; **fletë e** ~ loses Blatt
shquaj hervorheben, unterscheiden, erkennen
shquar, i/e determiniert *spr.*
shques, -e bestimmend *spr.*; **nyjë shquese** bestimmter Artikel
shqyej zerreißen, zerfetzen
shqyrtim-i Prüfung, Über-

prüfung, Erörterung, Klärung; **marr në** ~ einer Prüfung unterziehen; ~ **gjyqësor** gerichtliche Klärung *jur.*

shqyrtimor, -e deliberativ *spr.*

shqyrtoj klären, prüfen

shtab-i, *pl.* -e-t Stab *mil.*; ~ **madhor** Generalstab

shtamb|ë, -a Krug, Tonkrug

shtamp|ë, -a Stanze; Klischee, Topos, Gemeinplatz

shtangem wie angewurzelt stehenbleib erstarren

shtat-i Körper, Körpergröße

shtatë sieben; **i** ~ der siebte

shtatëdhjetë siebzig

shtatëmbëdhjetë siebzehn; **i** ~ der siebzehnte

shtatlartë hochgewachsen, stattlich

shtatmadhorí-a Generalstab

shtator-i September

shtatzënë schwanger

shtatzënësí-a, **shtatzëní**-a Schwangerschaft

sht|**eg**, *pl.* -ígje-t Steg, Weg, Pfad; **pa shteg** ausweglos; **shtegu ishte i ngushtë aq sa nuk mund të kalonin** der Pfad war so schmal, daß sie nicht durchkamen

shtegtar, -e Wander-; **bari-u** ~ Wanderschäfer

shtegtim-i Transhumanz, Wanderschäferei

shtegth-i Scheitel; ~ **i zërit** Stimmritze, Glottis

shtegthor, -e glottal *spr.*, Glottis-

shter austrocknen, versiegen

shterpar-i Hirt, Schafhirt

shtes|ë, -a Zusatz, Zuschlag, Vermehrung; ~ **loje** Spielverlängerung; ~ **mbi çmimin** Preisaufschlag *ök.*

shtet-i, *pl.* -e-t Staat; **Shtetet e Bashkuara të Amerikës** Vereinigte Staaten von Amerika, USA

shtetas-i Staatsbürger, Staatsangehöriger

shtetëror, -e staatlich; **himn** ~ Nationalhymne

shtetësí-a Staatsbürgerschaft, Staatsangehörigkeit

shtetëzim-i Verstaatlichung

shtëllung|ë, -a Wollflocke; Rauchschwade

shtëmëng *dial* = **shmang**

shtënë, -a, e Schuß

shtëpí-a Haus; ~ **atërore** Vaterhaus; **shtëpi botuese** Verlag; ~ **dykatëshe** zweistöckiges Haus; ~ **fqinje** Nachbarhaus; ~ **e mallrave** Kaufhaus, Warenhaus, Verbrauchermarkt; ~ **në miniaturë** Miniaturhaus

shtëpiak|e, -ja Hausfrau

shtërngat|ë, -a Gewitter

shtheksim-i Akzentverlust *spr.*, Desakzentuierung

shthurj|e, -a Auflösung, Entflechtung, Entwirrung
shtie eingießen, einfügen; **e shtënë**, -a Schuß; ~ **fitme** Ränke schmieden, Intrigen spinnen
shtim-i Hinzufügen, das, Zusatz, Vermehrung, Zuwachs
shtiqjan, -e aus Shtiqën
shtirem vortäuschen, simulieren
shtiz|ë, -a Lanze, Spieß; Stricknadel
Shtjef|ën, -ni *NP* Stephan
shtjelloj entfalten, ausbreiten, explizieren, erläutern, erklären, darlegen
shtjelluar, i/e explizit, ausdrücklich
shtoj hinzufügen
shtojc|ë, -a Zusatz, Anhang, Ergänzung
sht|rat-i, *pl.* -ét-ër-it Bett; **bie të fle** zu Bett gehen
shtrembër, i/e krumm, schief; hinterlistig
shtrembërim-i Entstellung
shtrembëroj verdrehen, entstellen
shtrëngim-i Zwang, Nötigung, Erpressung
shtrëngoj drücken, pressen, quetschen, zwingen; **ia shtrëngoi supet** er zuckte die Achseln; ~ **vidhat** die Schrauben anziehen
shtrenjtë, i/e teuer; lieb
shtres|ë, -a Schicht; ~ **pasive e leksikut** passive Wortschatzschicht
shtresëzim-i Stratifikation *spr.*; Schichtung
shtri|j, -va, -rë ausstrecken, erstrecken
shtrihem, u shtriva, shtrirë sich hinlegen, sich ausstrecken; **rri shtrirë** liegen
shtrirj|e, -a Ausdehnung
shtrohem Platz nehmen
shtroj einrichten, ausbreiten; ~ **pyetje eine Frage stellen**; ~ **tryezën** den Tisch dekken; **shtrohem këmbëkryq** sich im Schneidersitz hinsetzen; **rri shtruar këmbëkryq** mit untergeschlagenen Beinen sitzen
shtun|ë, -a, e Samstag, Sonnabend; **e ~ e madhe** Karsamstag *rel.*
shturman-i, *pl.* -ë-t Steuermann; Navigationsoffizier, zweiter Offizier
Shtutgart-i *ON* Stuttgart
shtyhem zur Seite treten, gestoßen werden
shtyj stoßen, schieben; aufschieben, verzögern; anstiften
shtyllak, -e aus Shtylla
shtyll|ë, -a Säule; Kolumne, Spalte, Stütze; ~ **kurrizore**

Wirbelsäule
shtyp i Druck; ~ **i thellë** Tiefdruck; ~ **ofset** Offset-Druck; **materiale shtypi** Drucksache; **xhevahire-t shtypi** Stilblüten
shtypj|e, -a Druck, Unterdrückung; das Drucken; **vend i shtypjes** Druckort
shtypshkrime-t Drucksache
shtypshkronj|ë, -a Druckerei, Buchdruckerei
shtypshkrues-i Buchdrucker
shtyrj|e, -a das Stoßen, Aufschub; ~ **e afatit** Terminverschiebung, Fristverlängerung
shtytës-i Anstifter *jur.*
shtytj|e, -a Anstiftung; ~ **e gjyles** Kugelstoßen *spo.*
shu|aj, -ova, -uar erlöschen, auslöschen; **gëlqere e shuar** Löschkalk, gelöschter Kalk
shúemat, të Allerseelen *rel.*
shuf|ër, -ra, *pl.* -a-t Tauchsieder; Stange, Barren
shugurim-i Priesterweihe *rel.*, Ordination
shuguroj segnen; ordinieren, weihen *Priester*
shuhem verlöschen, ausgehen, aussetzen *Motor*
shul-i Gewehrschloß
shumë ⟨*adv*⟩ viel, sehr; **kryer më shumë se një herë** in Tatmehrheit *jur.*; **pesë hise më** ~ fünfmal mehr
shum|ë, -a Summe; ~ **e përgjithshme** Summe, Gesamtbetrag
shumëfishoj vervielfältigen
shumëgjuhësh, -e mehrsprachig, polyglott
shumëkuptimësí-a Polysemie *spr.*, Mehrdeutigkeit
shumëllojshmërí-a Vielfalt, Mannigfaltigkeit
shumëpikësh-i Auslassungspunkte *spr.*
shumërrokësh, -e mehrsilbig, polysyllabisch
shumës-i Plural *spr.*, Mehrzahl; ~ **thjeshtësie** Pluralis modestiae *spr.*
shumësí-a Vielfalt, Vielfältigkeit
shumëvëllimësh, -e mehrbändig
shumëzoj vervielfachen, multiplizieren, malnehmen, vervielfältigen
shumic|ë, *pl.* a-t Menge, Mehrzahl; **me** ~ en gros; **çmim me** ~ Großhandelspreis
shumtë, i/e viel, zahlreich; **më së shumti** zumeist, meistens
shuplak|ë, -a Handfläche; Ohrfeige
shurdh-i, *pl.* -ë-t Tauber, Gehörloser; **e bëj veshin shurdh e syrin qorr para** ⟨*+Abl*⟩ sich zu etw. taub

und blind stellen
shurdhër, i/e taub, gehörlos
shurdhët, i/e stimmlos *spr.*
shurdhoj stimmlos machen *spr.*
shurr pinkeln, pissen *vulg.*, Wasser lassen
shurrak-u, *pl.* -ë-t Bettnässer
shurr|ë, -a Urin, Pisse *vulg.*; **bëj** ~ urinieren, Wasser lassen
shurrëtor|e, -ja Pissoir
shurrohem sich bepissen *vulg.*; bettnässen
shurroj Wasser lassen; bepissen *vulg.*
shushicar, -e aus Shushica
shushuritës, -e zischend; **tingull** ~ Frikativ *spr.*, Zischlaut
shyta-t *f.* Mumps *med.*

T

ta *Pers. Pron.*: *të* + *e* dir es
tabak-u Bogen *Papier*
tabaká-ja Tabaksdose; Tablett
tabako-ja Schnupftabak
tabel|ë, -a Scheibe, Schießscheibe *spo.*; Tabelle; ~ **qarkullimi** Verkehrsschild
tabiat-i, *pl.* -e-t *veralt.* Gewohnheit, Laster; Charakter, Wesen **fshat e zanat, derë e tabiat** andere Länder, andere Sitten
tablet|ë, -a Tablette *med.*
tabló-ja, *pl.* -të Tafelbild, Gemälde, Anblick, Panorama
tabor-i, *pl.* -ë-t *hist.* Lager; Menge
tabú-ja, *pl.* -të Tabu
tabuizuar, i/e tabuisiert
tabut-i, *pl.* -e-t Sarg
tag|ër, -ri, *pl.* -ra-t Gebühr, Taxe, Tarif *Steuer*, Abgabe; ~ **doganor** Zollabgabe
Tajland|ë, -a Thailand
Tajvan-i Taiwan, Formosa
taketuk|e, -ja Aschenbecher
tak|ë, -a Absatz *am Schuh*
takij|e, -a Filzkappe *der Laben*
takim-i das Treffen, Begegnung, Versammlung
takiomet|ër, -ri, *pl.* -ra-t Tachometer, Geschwindigkeitsanzeiger
takohem me ⟨+ *Akk*⟩ treffen, sich treffen mit, begegnen
takoj treffen, begegnen; betreffen, angehen; **e godiste mu në zemër** er traf ihn mit-

ten ins Herz; **çështja i takon qeverisë** die Sache geht die Regierung an

taks versprechen, geloben *rel.*; beschließen

taks|ë, -a Steuer, Abgabe, Gebühr; ~ **kalimi** Mautgebühr, Mautgeld, Durchfahrtsgebühr; ~ **parapëlqimore** Vorzugsgebühr, Präferenzzoll

taksí-a Taxi, Droschke

taksirat-i, *pl.* -e-t *veralt.* Unglück, Fehler, Sünde

taksoj besteuern

takt-i, *pl.* -e-t Takt; **pa takt** taktlos; ~ **i ligjërimit** Sprechtakt *spr.*

taktik, -e taktisch

talent-i, *pl.* -e-t Talent

Talin-i *ON* Tallinn, Reval

talk-u Talkum *chem.*

tallagan-i, *pl.* -ë-t Umhang *der Hirten*, Hirtenmantel

tallaz-i, *pl.* -e-t Woge

tallem scherzen, Witze machen

tallj|e, -a Witz, Scherz

tallon-i Karte, Begleitschein

tamam ⟨*adv*⟩ genau

tambur-i, *pl.* -e-t Trommel, Tambur; ~ **frenash** Bremstrommel

tâmël *dial.* s. **tëmb|ël**, -la Milch

Tamiz-i *FN* Themse

tanë, s. **yt** unsere *m. Pl.*

tânë *dial.* = **tërë**

tangjent|e, -ja Tangente *math.*

Tangjer-i *ON* Tanger

tángo-ja Tango *mus.*

tani jetzt

tanimë ⟨*adv*⟩ schon

tanish|ëm, -me, i/e jetzig, gegenwärtig

tank-u, *pl.* -e-t = **tanks-i**, *pl.* -e-t Panzer, Tank

tankist-i Panzerfahrer, Panzergrenadier

Tanzaní-a Tanzania

tanzanian, -e tansanisch

tap|ë, -a Korken, Stopfen; **bëhem tapë** stockbesoffen werden

tapí-a Grundbuchauszug *jur.*, Besitzurkunde *für Immobilien*

taraf-i, *pl.* -e-t *veralt.* Seite *Verwandtschaft*, Freunde, Anhang; **ka ~ të madh** er hat viele Freunde

taraflë|k-u, *pl.* -qe-t Kumpanei

tar|ë, -a Tara, Verpackung

targ|ë, -a Nummernschild, Kfz-Kennzeichen; ~ **kombësie** Nationalitätskennzeichen *tech.*

tarif|ë, -a Tarif; ~ **ambalazhi** Tarasatz, Frachttarif für Tara; ~ **doganore** Zolltarif

tartabiq|e, -ja Wanze

tarrac|ë, -a Dachgarten,

Terrasse
tas-i, *pl.* -e-t Schüssel
tasqebap-i, *pl.* -ë-t Rinderragout
tast-i, *pl.* -e-t Taste *mus.*
tastier|ë, -a Tastatur, Klaviatur
tash = **tashtí** jetzt
tash|ëm, -me, i/e jetzig, gegenwärtig
tashm|e, -ja, e Gegenwart, Präsens *spr.*
tashmë = **tanimë** schon, bereits
tatëpjet|ë, -a Abhang, Steilhang; Untergang, Verderben; **po merrnin tatëpjetën përfundimtare** sie gingen endgültig dem Untergang entgegen
tatim-i Besteuerung, Steuer; ~ **mbi të ardhurat** Einkommensteuer
tatimpagues-i Steuerzahler
tatoj besteuern, versteuern
Tatra-t Hohe Tatra
tatuazh-i, *pl.* -e-t Tätowierung, Brandzeichen *Vieh*
tautologjí-a Tautologie
tautologjik, -e tautologisch
tautosilabik, -e tautosyllabisch *spr.*
tavan-i, *pl.* -e-t Decke, Zimmerdecke
tavern|ë, -a Taverne, Kellerlokal
tav|ë, -a Pfanne, Platte
tavll|ë, -lla Platte, Schale, Aschenbecher; ~ **duhani** Aschenbecher
tavolin|ë, -a Tisch, Tischlein
taze frisch; **ujë** ~ Quellwasser
te = **tek** ⟨+ *Nom.*⟩ bei, zu
teat|ër, -ri Theater, Schauspielhaus
teatral, -e theatralisch, Theater-
Teb|ë, -a *ON* Theben
tebdil ⟨*adv*⟩ *veralt.* verändert; **i veshur tebdil** maskiert, verkleidet
teferiç-i *veralt.* Spaziergang, Ausflug; Ausflugsort
tegel-i, *pl.* -a-t Naht
Teheran-i *ON* Teheran, Tehran
teiz|ëm, -mi Theismus
tej- trans-, über-
tejdukem transparent sein, durchscheinen
tejdukshmërí-a Durchsichtigkeit, Transparenz
tejembanë ⟨*adv.*⟩ kreuz und quer
tejendanë ⟨*adv*⟩ durch und durch
tejgjatë, i/e überlang
tejkaloj überholen, übererfüllen, überschreiten
tejqyr|ë, -a Fernrohr, Teleskop
tejshkrim-i Transkription *spr.*

tejshkuar-a, e Plusquamperfekt

tejz|ë -a Stimmband; **dridhje-t e tejzave** Stimmbandschwingungen

tek, -e unpaarig, ungerade

tek-tuk hier und da, bisweilen

tekdo ⟨*adv*⟩ überall

tekefundit ⟨*adv*⟩ letzten Endes

tekem Lust haben auf

teklif-i *veralt.* Besorgnis, Sorgfalt; **pa** ~ ohne Umstände, ungezwungen

teknik, -e technisch; **inspektorat i sigurimit** ~ technische Sicherheitsaufsicht; **të meta teknike** technische Mängel

teknik-u Techniker, Installateur

teknik|ë, -a Technik; ~ **llogaritëse elektronike** Computertechnik, EDV; ~ **luftarake** Wehrtechnik

teknologjí-a Technologie

teknologjik, -e technologisch

teksá soeben; während; ~ **të tjeret punonin, ai flinte** er schlief, während die anderen arbeiteten

tekst-i, *pl.* -e-t Text; ~ **shkollor** Schulbuch, Schultext, Lesebuch

tekstilist-i Textilarbeiter

tekstologjí-a Textologie

tekstualisht ⟨*adv*⟩ wörtlich

tektal|e, -ja Tektal *spr.: Sammelbezeichnung für Postvelare, Labivelare und Palatale*

tel-i, *pl.* -a-t Draht; Leitung; ~ **i rrotës** Speiche *tech.*

telajo-ja Fahrgestell, Chassis *tech.*

telash-i, *pl.* -e-t Sorge, Schwierigkeit; **telashe**-t Klemme *fig.*

teleferik-u, *pl.* -ë-t Drahtseilbahn

telefon-i, *pl.* -a-t Telefon, Fernsprecher; **i bie telefonit** wählen; **rënia e telefonit** das Klingeln des Telefons

telefonat|ë, -a Telefonat, Telefongespräch

telefonik, -e telefonisch, Telefon-; **rrjet** ~ Telefonnetz

telefonim-i Anruf, Telefonat

telefonoj telefonieren

telegraf-i, *pl.* -ë-t Telegraph; Telegraphenamt

telegrafik, -e telegraphisch, Telegraphen-

telegrafoj telegraphieren

telegram-i, *pl.* -e-t Telegramm; **dritarez e telegrameve** Telegrammschalter

telekomandoj fernsteuern *tech.*

teleobjektiv-i, *pl.* -a-t Teleobjektiv

telespektator-i Fernsehzu-

schauer
teletajp-i, *pl.* -e-t Fernschreiber
televizion-i Fernsehen
televiziv, -e Fernseh-; **film** ~ Fernsehfilm
televizor-i, *pl.* -ë-t Fernseher, Fernsehapparat; ~ **me ngjyra** Farbfernseher
tellall-i, *pl.* -ë-t *veralt.* Ausrufer, Herold
tem|ë, -a Thema
temjan-i Weihrauch
temjanic|ë, -a Weihrauchfaß *rel.*
temjanis Weihrauch verbrennen
temp-i, *pl.* -e-t Tempo, Schnelligkeit; ~ **me ndërprerje** Stakkato *mus.*
temperatur|ë, -a Temperatur; **diagram i temperaturës** Fieberkurve *med.*
témpu|ll-i, *pl.* -j-t Tempel
tendenc|ë, -a Tendenz, Neigung
tendencioz, -e tendenziös
tend|ë, -a Zelt, Vordach, Sonnenblende
tendos spannen; beunruhigen
tendosem spannen *intransitiv*, zu eng sein
tendosj|e, -a Spannung, Anspannung
tendosur, i/e gespannt
teneqé-ja = **teneq|e**, -ja Blech *verzinntes Eisen*
teneqepunues-i Klempner
teneqexhí-u *veralt.* Blechschmied
tenis-i Tennis
tension-i Spannung, Blutdruck; **tensionin e keni normal** Ihr Blutdruck ist normal; ~ **i gjakut** Blutdruck
tentativ|ë, -a Versuch *jur.*
tentoj versuchen
tenxher|e, -ja Kochtopf, Topf, Kessel; ~ **me presion** Dampfdrucktopf
teolog-u, *pl.* -ë-t Theologe
teologjí-a Theologie
teologjik, -e theologisch
teorem|ë, -a Lehrsatz, Satz; ~ **e Pitagorës** Satz des Pythagoras *math.*
teorí-a Theorie; ~ **e informacionit** Informationstheorie; **shkëputja e teorisë nga praktika** Loslösung der Theorie von der Praxis; ~ **e kuanteve** Quantenthorie; ~ **e relativitetit** Relativitätstheorie
teoricien-i, *pl.* -ë-t Theoretiker
teorik, -e theoretisch
tep|ë, -a Einkorn *bot.*
tepër sehr, zu sehr; **më** ~ mehr, zuviel
tepërsí-a Redundanz, Überschuß
tepërt, i/e übermäßig

tepric|ë, -a Rest, Überschuß, Mehrbetrag; ~ **ajri** zuviel Luft
teprim-i Übertreibung
teproj übertreiben
tepsí-a rundes Kuchenblech; Backform für Brot
teqé-ja Derwischkloster, Tekke *rel.*
terapí-a Therapie *med.*, Heilmaßnahme
terezí-a *veralt.* Waage, Gleichgewicht; **s'është në** ~ er ist aus dem Lot
terezis *s/t* ausbalancieren; wiegen, wägen; sparsam verwenden
term-i, *pl.* -a-t Begriff, Terminus, Fachausdruck
terminologjí-a Terminologie
terminologjik, -e terminologisch
termobërthamor, -e thermonuklear
termocentral-i, *pl.* -e-t Heizkraftwerk, Wärmekraftwerk
termomet|ër, -ri, *pl.* -ra-t Thermometer
Termopile-t Thermopylen
termos-i, *pl.* -e-t Thermoskanne, Thermosflasche
termostat-i, *pl.* -e-t Thermostat *tech.*
terpanak, -e aus Tërpan
terpentin|ë, -a Terpentin
ters, -e ungünstig, unbequem, unangenehm
tersllë|k-u, *pl.* -qe-t Unglück, Pech
tertip-i, *pl.* -e-t Ordnungssinn, Organisationstalent; Pfiffigkeit, Geschicklichkeit; **punoj me** ~ geschickt zu Werke gehen
terzí-u, *pl.* -nj-të *veralt.* Schneider *von Trachten*
terr-i Finsternis
terren-i, *pl.* -e-t Terrain, Territorium
territor-i, *pl.* -e-t Territorium
terroj verfinstern
terror-i Terror
terrorist, -e terroristisch
terroriz|ëm, -mi Terrorismus
terrorizoj terrorisieren
Tesalí-a Thessalien
téser|ë, -a Mitgliedsbuch *einer Organisation*; ~ **e partisë** Parteibuch
tespihe-t islamischer Rosenkranz, Tespih
testament-i, *pl.* -e-t Testament
tesha-t *f. pl.* Sachen, Hausrat, Kleidungsstücke
teshtij, -va, -rë niesen
teshtitj|e, -a das Niesen
tetanos-i Tetanus *med.*, Wundstarrkrampf
tetar-i, *pl.* -ë-t Gefreiter, Korporal
tetë acht; **i** ~ der achte
tetëdhjetë achtzig; **i** ~ der

achtzigste
tetëkëndësh, -e achteckig
tetëmbëdhjetë achtzehn; **i ~** der achtzehnte
tetërrokësh-i, *pl.* -a-t Achtsilbler *Versmaß der Volksdichtung*, vierfüßiger Trochäus
teto-ja Tante
tetor-i Oktober
Tetov|ë, -a *ON* Tetovo, Kalkandelen
tetovar, -e aus Tetovo
teveqel, -e *veralt.* dumm, blöd
tez|e, -ja Tante, Schwester der Mutter
tez|ë, -a These
tezgjah-u, *pl.* -ë-t Webrahmen, Webstuhl; Amboß, Werkbank
të *1: Kurzform des Personal-Pron.* dir; **të vaftë mbarë!** möge es dir gelingen!; *2: Artikelform* das, die; **të shkuara!** gute Besserung!; *3: Partikel zur Bildung des Konj.* **po të vijë** wenn er kommt
tëmb|ël, -la, *pl.* -la-t Süßigkeit, Süßspeise
tëmb|ël, -li Gallenblase; Galle
tëmth-i, *pl.* -a-t Schläfe; **gurë tëmthi** Gallensteine *med.*
tënd, **tënde**, s. **yt**
tërbim-i Erbitterung, Wut; **me ~** erbittert
tërbohem wütend werden, vor Wut toben
tërbuar, i/e erbittert
tërë, i/e ganz, vollständig
tërësi-a Unversehrtheit, Integrität
tërësisht ⟨*adv*⟩ vollständig
Tërhall|ë, -a *ON* Trikala
tërheq anziehen, wegziehen, zurückziehen, bergen *Verwundete*; aufheben; **~ vëmendjen** die Aufmerksamkeit auf sich ziehen
tërheqës, -e anziehend, attraktiv
tërheqj|e, -a Anziehung, Attraktion; **~ në rasë** Kasusattraktion *spr.*
tërkuzar-i Seiler
tërkuz|ë, -a Seil *aus Ziegenhaar*, Strick
tërmet-i, *pl.* -e-t Erdbeben
tërthórazi ⟨*adv.*⟩ mittelbar, indirekt
tërthortë, i/e quer; mittelbar, Umweg, auf Umwegen; **ligjëratë e ~** indirekte Rede *spr.*
tët, s. **yt**
ti du
tibetian, -e tibetisch, tibetanisch
tifo-ja Typhus *med.*
tifoz-i, *pl.* -ë-t Fan, Anhänger *eines Sports*
tigan-i, *pl.* -ë-t Tiegel,

Pfanne
tiganis braten *in der Pfanne*; i/e **tiganisur** gebraten
tig|ër, -ri, *pl.* -ra-t Tiger
Tig|ër, -ri *FN* Tigris
tillë, i/e solch, so ein
timar-i, *pl.* -e-t *hist.* Lehen *Besitz eines Spahis*
timb|ër, -ri, *pl.* -re-t Timbre *mus.*, Klangfarbe
Timishoar|ë, -a *ON* Timişoara, Temesvár
timon-i, *pl.* -ë-t Steuer *Auto*, Lenkrad; Steuerrad, Steuerruder *Schiff*, Ruder
timonier-i, *pl.* -ë-t Steuermann
tinëzar, -e heimlich, verstohlen
tingëlloj klingen
tíngu|ll-i, *pl.* -j-t Laut; ~ **frymëthithës** Sauglaut *spr.*, Schnalzlaut; ~ **parazit** Einschub *spr.*; ~ **shushuritës** Frikativ *spr.*, Zischlaut; **tíngull-shtes|ë**, -a Anaptyxe *spr.*
tingullimitues, -e onomatopoetisch, lautmalerisch, lautmalend *spr.*
tingullsí-a Sonorität *spr.*
tingullt, i/e stimmhaft *spr.*
tip-i, *pl.* -a-t Typ, Typus
tipar-i, *pl.* -e-t Merkmal, Zug; **tipare-t gjinore** Gattungsmerkmale; **tipare qenësisht të ndryshme** grundlegend verschiedene Züge; **tipare racore** Rassenmerkmale
tiparizuar, i/e merkmalhaft, markiert *spr.*
tipizuar, i/e standardisiert *spr.*
tipograf-i, *pl.* -ë-t Drucker, Buchdrucker
tipologjí-a Typologie
tipologjik, -e typologisch
tiran-i, *pl.* -ë-t Tyrann
tiranas, -e aus Tirana
tiranda-t Hosenträger
Tiran|ë, -a *ON* Tirana
tirazh-i, *pl.* -e-t Auflage
tir|k-u, *pl.* -q-it weißer Filzstoff; **tirq**-it Filzhose, Trachtenhose
Tirol-i Tirol
Tirren-i Tyrrhenisches Meer
tis-i Streifen, Deckchen; wenig, Tick; **biseda kishte sipër një tis ...** das Gespräch lag unter einem Schleier von ... ; **mbuluar me një tis avull** bedeckt mit einem Schleier von Dampf; **buzëqeshja lë pas një tis mirësie** das Lächeln hinterließ einen Hauch von Güte
tisazh-i das Weben; **fabrika e tisazhit** Weberei
Tis|ë, -a *FN* Theiß, Tisza
títu|ll-i, *pl.* -j-t Titel: ~ **i nderit** Ehrentitel
titullar-i, *pl.* -ë-t amtlicher

Vertreter; Titelinhaber *spo.*, Titelverteidiger; ~ **i dikasterit** Amtsleiter, Behördenchef
titulloj betiteln
Tivar-i *ON* Bar, Antivari
tjégulla, *pl.* -a-t Ziegel, Dachziegel
tjegullar-i Dachdecker; Ziegelbrenner
tjerr *e/i/o* spinnen, erträumen
tjétër, *pl.* të tjerë ander, ein anderer; **tjetër?** sonst noch etwas ?; **gjë** ~ etwas anderes; **midis tjerave** unter anderem; **s'bënte gjë** ~ **veçse i binte fyellit** er blies nur auf der Flöte
tjetërqysh ⟨*adv*⟩ anders
tjetërsim-i Entfremdung, Veräußerung *jur.*
tjetërsoj entfremden
tkurr schrumpfen
tkurr|je, -a Kontraktion *spr.*, Zusammenziehung
tkurrem schrumpfen, kleiner werden
tkurrur, i/e kontrahiert, zusammengezogen
tmerr-i, *pl.* -e-t Schrecken, Entsetzen
tmerroj erschrecken, einschüchtern
tmerrsh|ëm, -me, i/e schrecklich, furchtbar
tmez|ë, -a Tmesis *spr.*
to, s. **ai**
to|g-u, *pl.* -gje-t Gruppe; ~ **fonetik** Sprechtakt *spr.*; ~ **frymëqitjeje** Atemtakt, Expirationseinheit
toger-i, *pl.* -ë-t Leutnant
tog|ë, -a Zug *mil.*; Toga; **komandanti i togës** Zugführer *mil.*
togfjalësh-i, *pl.* -a-t Wortgruppe, Wortverbindung; ~ **emëror** nominale Wortgruppe *spr.*
tokarisht|e, -ja Tocharisch *spr.*
tok|ë, -a Boden; ≗ **e Zjarrtë** Feuerland
tokësor, -e Boden-, territorial; **tërësia tokësore** territoriale Integrität
toleranc|ë, -a Toleranz
tollovi-a Durcheinander
Tomor-i Tomorr *Berg*, Tamaron
ton-i, *pl.* -ë-t Tonne *t*
ton-i, *pl.* -e-t Ton; ~ **autoritar** autoritärer Ton
tonazh-i Tonnage, Schiffsladeraum
tonellat|ë, -a Tonne *Gewichtseinheit*, to
tonik, -e; **tonor**, -e tonal, betont *spr.*
tonik-u Tonikum
top-i, *pl.* -a-t Ball; Kanone; **gjyle topi** Kanonenkugel
topaz-i, *pl.* -e-t Topas
topçí-u, *pl.* -nj-të *hist.* Artil-

lerist, Kanonier
topografik, -e topographisch; **skedar** ~ Standortkatalog
toponim-i Toponym, Ortsname
topuz-i, *pl.* -ë-t Keule
torb|ë, -a Beutel, Sack, Wandertasche, Brotbeutel
torf|ë, -a Torf
torllak-u *hist.* Herdensteuer
tornitor-i Dreher *tech.*
torno-ja Drehbank *tech.*
tort|ë, -a Torte
tortur|ë, -a Tortur, Folter
torturoj foltern
tosk|ë, -e toskisch
tosk|ë, -a, *pl.* -ë-t Toske *Bewohner der Toskeria*
Toskërí-a Toskenland, Südalbanien
toskërisht, -e toskisch
toshkallar, -e aus Toshkëza
toz-i, *pl.* -e-t Staub
tra-**ri**, *pl.* -rë-t Pfosten, Balken
tradit|ë, -a Tradition
tradhtar-i Verräter
tradhtí-a Verrat; ~ **ndaj atdheut** Landesverrat, Vaterlandsverrat *jur.*
tradhtoj verraten
trafik-u Verkehr; ~ **i mallrave** Güterbeförderungsleistung, Warenverkehr, Warenumlauf *ök.*; ~ **rrethor** Kreisverkehr, Kreisel
trag|ë, -a, *pl.* -ë-t Spur, Wagenspur
tragjedí-a Tragödie, Trauerspiel
tragjik, -e tragisch
trajner-i, *pl.* -ë-t Trainer *spo.*
trajt|ë, -a Form
trajtim-i Behandlung
trajtoj behandeln, pflegen, bearbeiten
trak, -e thrakisch
Trakí-a Thrakien
trakt-i, *pl.* -e-t Flugblatt, Handzettel
traktat-i, *pl.* -e-t Vertrag; **denoncoj traktatin** den Vertrag für ungültig erklären
traktor-i Traktor, Trekker; **parku i traktorëve** Traktorenpark; **vendstrehim i traktorëve** Traktorenschuppen
trakullor|e, -ja Türklopfer
trampolin|ë, -a Trampolin *spo*; ~ **noti** Sprungbrett
tramvaj-i, *pl.* -e-t Straßenbahn, Tram
tránguj|**ll**-i, *pl.* -j-t Gurke
transferim-i Versetzung; Überstellung
transferoj versetzen
transferuesh|**ëm**, -me, i/e übertragbar
transformacional, -e Transformations-, transformativ; **gramatikë transformacio-**

nale Transformationsgrammatik
transformator-i Transformator
transfuzion-i Transfusion
transhé-ja Schützengraben; Grube *für Silo-Futter*
Transilvaní-a Transsilvanien
transistor-i Transistor *tech.*
transit-i, *pl.* -e-t Transit, Durchgangsverkehr
transit ⟨*adv*⟩ auf der Durchreise; **jam transit** ich bin auf der Durchreise
transitor, -e vorübergehend, Übergangs-; **periudhë transitore** Übergangsperiode
transkriptim-i Transkription
transkriptoj transkribieren
transliterim-i Transliteration
transmetoj übermitteln, vermitteln
transport-i, *pl.* -e-t Transport, Transportwesen; ~ **hekurudhor** Eisenbahntransport; ~ **lumor** Binnenschiffahrtstransport; ~ **qytetor** Stadtverkehr
transportier-i Transportband, Förderband
transportim-i Transport, Transportierung
transportoj transportieren
trápano-ja Bohrer; ~ **dore** Handbohrer
trapezarí-a *veralt.* Refektorium, Eßzimmer; Eßtisch
trapez|ë, -a = **tryez|ë**, -a
trapezoidal, -e trapezförmig; **rrip** ~ Keilriemen
trashanik, -e grob, plump, vulgär
trashë, i/e dick, grob, ungehobelt
trashëgim-i das Erbe, Erbteil, Vermächtnis
trashëgimtar-i der Erbe
trashëgoj erben, genießen; **trashëgohem** sich vertragen *mit dem Ehepartner*
trashësí-a Dicke, Grobheit
trast|ë, -a Beutel
trat|ë, -a Fischernetz; Tratte, gezogener Wechsel
trazir|ë, -a Durcheinander; ~ **në stomak** Übelkeit, Magenbeschwerden
trazoj vermischen; blättern, wühlen, umrühren, durcheinander bringen; **mos më trazo!** laß mich in Ruhe!
tre, *f.* **tri** drei; **i** ~ der dritte; **dispozitë në dobi të një të treti** Absprache zugunsten eines Dritten, pro tertio; **vjeshta e tretë** November
trebinjër, -e aus Trebinja
treçerek dreiviertel
tredh kastrieren, verschneiden, entmannen
trefish ⟨*adv*⟩ dreifach
trefishoj verdreifachen
trefishtë, i/e dreifach

tre|g-u, *pl.* -gje-t Markt; ~ **i brendshëm** Binnenmarkt; ~ **i mbuluar** Markthalle; ~ **shitjeje** Absatzmarkt

tregim-i Erzählung, Weitergabe *jur.*

tregimtar, -e erzählend, narrativ *spr.*

tregoj zeigen; erzählen; ~ **qyfyre** Witze erzählen

tregtar, -e Handels-; **konventë tregtare shumëpalëshe/dypalëshe** mehrseitige/bilaterale Handelsvereinbarung; **lidhje tregtare** Handelsbeziehung, **përfaqësia tregtare** Handelsvertretung

tregtar-i Kaufmann; ~ **me shumicë** Großhändler, Großhandelskaufmann

tregtí-a Handel; ~ **me leverdi** vorteilhaftes Geschäft; ~ **me pakicë** Einzelhandel; ~ **me shumicë** Großhandel; **monopol i tregtisë së jashtme** Außenhandelsmonopol

tregtiz|ë, -a Kramladen, Tante-Emma-Laden

tregtoj handeln, Handel treiben

tregues-i Register, Index, Verzeichnis; Exponent *math.*; ~ **i çmimeve me shumicë** Großhandelspreisindex

trekëmbësh-i Galgen, Verhängnis; Dreifuß

trekëndësh-i Dreieck; ~ **paralajmerimi** Warndreieck

trembem zittern

trembëdhjetë dreizehn; **i** ~ der dreizehnte

trem|ë, -a Trema *spr.*

tren-i, *pl.* -a-t Zug; ~ **i shpejtë** Schnellzug, D-Zug; ~ **i udhëtarëve** Personenzug

trenar, -e aus Tren

trení-a Irresein

trenohem verrückt werden, überschnappen

trepalësh, -e dreiseitig; **komisioni** ~ Dreierausschuß

treqind dreihundert

tres *s/t* auflösen, verdauen

tresh|e, -ja Kanne für drei Tassen Kaffee; Trio, drei Leute

tretësir|ë, -a Lösung *chem.*

tretj|e, -a Verdauung

trevëllezërjot, -e aus Trevëllezër

trëndafil-i, *pl.* -a-t Rose; **tufë trëndafila; buqetë trëndafilash** Rosenstrauß

tribun|ë, -a Tribüne

tridhjetë dreißig

Triest|e, -ja *ON* Triest, Trst

trijar, -e ternär *spr.*

Trikall|ë, -a *ON* Trikala

triko-ja Pullover, Strickware, Strickjacke

trikotazh-i Trikotagen, Strickwaren, Wirkwaren
trillim-i Hirngespinst
trilloj spinnen *fig.*, ersinnen, erfinden
trim-i, *pl.* -a-t Held; **janë sjellë si trima** sie verhielten sich wie Helden
trim, *pl.* -a; *f.* trime heldenhaft
trimëri-a Heldentum, Heldenhaftigkeit
trimëroj anfeuern, beflügeln *zu Heldentaten*
triní-a Dreifaltigkeit, Trinität *rel.*; ~ **e shenjtë** heilige Dreifaltigkeit
trio-ja Trio, Terzett *mus.*
triplikat|ë, -a zweite Durchschrift
trish in drei Stücken; **u nda** ~ es wurde in drei Stücke geteilt
trishtim-i Trübsinn, Schwermut, Traurigkeit
trishtoj betrüben
triumf-i Triumph
triumfoj triumphieren
troç ⟨*adv*⟩ frei heraus, frank und frei, frisch von der Leber, offen
trockist-i Trotzkist
troft|ë, -a Forelle
trojan, -e trojanisch
trojk|ë, -a Troika
trokas *a/e/i; s/t* klopfen
troké-u, *pl.* -të Trochäus *spr.*
trokit, s. **trokas**
trolejbus-i, *pl.* -ë-t Trolleybus, O-Bus
trondis *s/t* erschüttern, wanken lassen; ~ **drejtpeshimin** das Gleichgewicht erschüttern
tronditj|e, -a Schock, Erschütterung; ~ **e trurit** Gehirnerschütterung
trop-i, *pl.* -e-t Trope *spr.*
tropik-u, *pl.* -ë-t Wendekreis; **zona e tropikut** die Tropen; ~ **i Bricjapit** Wendekreis des Steinbocks *Süden*; ~ **i Gaforres** Wendekreis des Krebses *Norden*
tropikal, -e tropisch; **klimë tropikale** Tropenklima
tropojan, -e aus Tropoja
trotuar-i, *pl.* -e-t Bürgersteig, Trottoir
tru-ri Hirn, Gehirn
tr|úall-i, *pl.* -óje-t Boden
truk-u, *pl.* -e-t Trick
trullos verwirren, verrückt machen; narkotisieren
trullosem staunen, stutzen
trumbet|ë, -a Trompete *mus.*
trumbetoj ausposaunen, Trompete blasen
trun|g-u, *pl.* -gje-t Stamm *spr.*
trup-i, *pl.* -a-t Körper, Leib; **humb trup e gjurmë** sich verirren; **regj trupin** den Körper abhärten; ~ **kon-**

sullor konsularisches Korps; **trupa-t qiellorë** Himmelskörper
trup|ë, -a Truppe, Theaterensemble, Schauspieltruppe; **trupa-t ndërhyrëse** Interventionstruppen
trupor, -e körperlich
truproj|ë, -a Leibgarde, Garde; ~ **e fushimit** Lagerwache; ~ **nderi** Ehrengarde, Ehrenwache
trust-i, *pl.* -e-t Trust, Konzern
trushjan, -e aus Trush
tryez|ë, -a Tisch
trys = **trus** drücken, stoßen, pressen
trysní-a Druck
trysor, -e alveolar *spr.*
tu, s. **yt**
túaj, s. **juaj**
tub-i, *pl.* -a-t Rohr; ~ **gome** Gummischlauch, Schlauch
tubacion-i Leitung *tech.*, Rohrleitung
tuberkuloz-i Tuberkulose *med.*, Schwindsucht
tubet|ë, -a Tube
tub|ë, -a Ansammlung, Gruppe, Herde, Strauß *Blumen*
tubim-i Zusammenkunft, Versammlung, Meeting
tubohem sich versammeln
tuboj sammeln
tuf|ë, -a Strauß, Büschel, Menge; ~ **lulesh** Blumenstrauß; ~ **trëndafila** Rosenstrauß
tulatem stampfen, niederdrücken; zusammentreiben, schrumpfen
tulipan-i, *pl.* -ë-t Tulpe *bot.*
Tulon-i *ON* Toulon
Tuluz|ë, -a *ON* Toulouse
tullac, -e kahl, kahlköpfig
tull|ë, -a Ziegelstein, Ziegel; Glatze, Glatzkopf
tumor-i, *pl.* -e-t Tumor, Geschwulst
túmula, *pl.* -a-t Tumulus, Hügelgrab
tun-i Rücken *Messer, Axt*; Gewehrkolben, Kolben
tund bewegen, schütteln
tundim-i Versuchung *rel.*; **i qëndroj tundimit** der Versuchung widerstehen
tundoj verführen; stören; in Versuchung führen *rel.*
tunel-i, *pl.* -e-t Tunnel
Tuniz-i *ON* Tunis
Tunizí-a Tunesien
tunizian, -e tunesisch
tunxh-i Bronze
tunxhtë, i/e bronzen, aus Bronze
tunjarak, -e aus Tunj
turbin|ë, -a Turbine
turbullim-i Störung, Verwirrung, Trübung; **turbullime psikike** seelische Störungen
turbullir|ë, -a Durcheinan-

der
turbulloj trüben, verwirren, stören
turbullt, i/e trübe, unscharf, verworren
turist-i, *pl.* -ë-t Tourist
turiz|ëm, -mi Tourismus
turk, -e türkisch
tur|k-u, *pl.* -q-it Türke
turkmenas, -e turkmenisch
turlí-a Gemüseeintopf
turm|ë, -a Haufen, Menge
turn-i, *pl.* -e-t Schicht; **ndërrim turni** Schichtwechsel
turné-u, *pl.* -të Tournee
turp-i, *pl.* -e-t Schande, Schimpf; **pa pikë turpi** ohne einen Funken Scham; schamlos, unverschämt
turpëroj schänden; beschämen
turpsh|ëm, -me, i/e schändlich, unzüchtig *jur.*
Turqí-a Türkei
turqisht ⟨*adv*⟩ türkisch
turqisht, -e türkisch *Sprache*
turshí-a Einmariniertes, Mixed Pickles
tushemishtar, -e aus Tushemisht
tyl-i, *pl.* -e-t Tüll
tym-i, *pl.* -ra-t Rauch
tymoj = **tymos** räuchern, verqualmen; **mish i tymosur** Räucherfleisch
tymtar-i Kamin, Schornstein, Rauchfang
tymtë, i/e rauchig, verqualmt, unklar
tyrb|e, -ja *hist.* Türbe, Mausoleum, Gedenkhalle *für einen muslim. Heiligen*
Tyringí-a Thüringen
tyxhar-i, *pl.* -ë-t *veralt.* Kaufmann

Th

tha|j, -va, -rë trocknen, austrocknen; **tharëse flokësh** Föhn *tech.*
tharë, i/e getrocknet, trokken; abgestorben; **me duar të thara** mit abgestorbenen Händen
tharj|e, -a Trocknung, Trokkenlegung
thartë, i/e sauer, herb
thartí-a Säure, Herbheit
thartir|ë, -a Säure, saurer Geschmack
thartohem sauer werden, sich verfeinden
thartoj säuern
thashetheme-t Gerücht, Gerede
thashë, s. **them**
thatë, i/e trocken; **dok i ~**

Trockendock
thatësí-a Trockenheit
thatësir|ë, -a Trockenperiode, Trockenheit, Dürre
thek schlagen, stechen; rösten; **theki këmbët!** spute dich !; **bukë e thekur** Toastbrot, Toast
thek|ër, -ra, *pl.* -ra-t Roggen *bot.*
thekët, i/e bohrend, stechend; **vështroj thekët** anstarren, fixieren
theks-i, *pl.* -a-t Akzent *spr.*; ~ **lakor** Zirkumflex *spr.*; **fjalë me theks njëparafundor** Paroxytonon *spr.*
theksim-i Betonung, Akzentuierung
theksoj betonen, unterstreichen, akzentuieren
theksor, -e Akzent-, Betonungs-
theksh|ëm, -me, i/e stechend, durchdringend
thel|b-i, *pl.* -pinj-të Kern; Wesen; Zehe *Knoblauch*
thelbësor, -e wesentlich, wesenhaft; **vetitë thelbësore** die wesentlichen Eigenschaften
thellë, i/e tief; **me nderimet më të thella** hochachtungsvoll; **shtyp i** ~ Tiefdruck
thellësí-a Tiefe; **dehje e thellësisë** Tiefenrausch *med.*
thelloj vertiefen
th|em, -ashë, -ënë sagen
themb|ër, -ra, *pl.* -ra-t Ferse
themel-i, *pl.* -e-t Grundlage
themeloj gründen, begründen
themelor, -e grundlegend, wesentlich, hauptsächlich; **ndërtime themelore** Investitionsbauwesen, Neubauten, Bauvorhaben
themeltar, -e grundlegend, Gründungs-
themeltë, i/e festgefügt, solide
thep-i, *pl.* -a-t Spitze; Korn *Zielvorrichtung am Gewehr mil.*
theqafj|e, -a Tiefe, Abgrund
ther schlachten, abschlachten, massakrieren
therj|e, -a Schlachten, Metzelei, Massaker
therori-a Opfergang, Opferbereitschaft
therorizoj opfern
thes-i, *pl.* thasë-t Sack
thesar-i, *pl.* -e-t Schatz
thëngji|ll-i, *pl.* -j-të Holzkohle; Kohlenstoff
thëni|e, -a Gerede, Gerücht; Aussage *jur.*; **bërthamë e thënies** Aussagekern *spr.*
th|ërras *a/e/i; s/t*, -irra, -irrur rufen; einberufen; **thirr e bot!** hör nicht auf zu rufen!
thërrim|e, -ja Krümel
thërrmij|ë, -a Teilchen, Mo-

lekül
thërrmoj zerreiben, zerbröckeln, zermalmen
thi-u, *pl.* -të Schwein; Held; ~ **i egër** Wildschwein
thik|ë, -a Messer, Dolch
thirr, **thirra**, s. **thërras**
thirrj|e, -a Anruf, Aufruf; Einberufung
thirrm|ë, -a Ausruf, Ruf, Exklamation *spr.*
thirrmor, -e Ausrufe-
thirror-i Anrede *spr.*, Apostrophe *spr.*
thirror|e, -ja Vokativ, Ruffall *spr.*
thith saugen
thithëlop|ë, -a Erdkröte
thjekëz-a Kimme *mil.*
thjérrëz-a, *pl.* -a-t Linse *bot.*
thjesht|ër, -ra, *pl.* -ra-t Stieftochter
thjesht|ër, -ri, *pl.* -ër-it Stiefsohn
thjeshtë, i/e einfach
thjeshtësi-a Einfachheit; **shumës thjeshtësie** Pluralis modestiae *spr.*
thjeshtëzoj vereinfachen, simplifizieren, einfach darstellen
thjeshtligjërim-i Volkssprache, Umgangssprache, Substandard
thjeshtligjërimor, -e umgangssprachlich, Volks-, Substandard- *spr.*, vulgär *spr.*
thjeshtoj vereinfachen, kürzen
thneg|ël, -la Ameise
thom *dial.* = **them**
thonj, s. **thua**
thonjëza-t Anführungszeichen *spr.*, Gänsefüßchen
th|ua, -oi, *pl.* -nj-të Fingernagel, Kralle
thuajse ⟨*adv*⟩ sozusagen, fast
thumb-i, *pl.* -a-t Stachel; Brustspitze, Zitze
thur stricken
thurj|e, -a Stricken
thuthuqëzoj lispeln
th|yej, -eva, -yer brechen; wechseln *Geld*, einlösen *Scheck*; ~ **qafën** das Genick brechen; ~ **një çek** einen Scheck einlösen; **thefsh arrëzën** du sollst dir den Hals brechen
thyerj|e, -a Bruch Brechung *spr.*; ~ **e kockës** Knochenbruch
thyes|ë, -a Bruch; ~ **dhjetore** Dezimalbruch *math.*
thyesh|ëm, -me, i/e zerbrechlich

u *1* ihnen *Dat. Pl.*; *2* sich *Strukturwort, Mediopassiv*; **u nda trish** es wurde in drei Stücke geteilt; *3: dial.* ich; *4: Int.* oh!; **u, sa më dhemb** oh, wie das wehtut!
uá *Krasisform zweier Personalpronomen* ihnen es
uá! *Int.* oh!; **uá, sa bukur!** oh, wie schön!
Uashington-i *ON* Washington D. C.
ububú! *Int.* oh weh!; **lëri ububutë!** hör auf mit dem Jammern!
udenishtar, -e aus Udenisht
udh|ë, -a, *pl.* -ë-t Weg; **udha mbarë e qofsh me fat!** gute Reise!
udhëçelës-i Wegbereiter
udhëdalj|e, -a Ausweg
udhëheq *o/i* führen
udhëheqës-i Führer; ~ **i fluturimit** Fluglotse
udhëheqj|e, -a Leitung, Führung; ~ **e udhëtimit** Reiseleitung; ~ **kolegjiale** kollegiale [kollektive] Führung
udhëkalim-i Durchgang, Transit
udhëkryq-i, *pl.* -e-t Kreuzung, Wegkreuz, Straßenkreuzung
udhërrëfyes-i Touristenführer *Buch*
udhërrëfyes|e, -ja Wegweiser
udhëtar-i Reisender, Tourist, Passagier, Passant
udhëtim-i Reise, Tour; ~ **detar** Seereise, Schiffsroute; ~ **pa ngarkesë** Ballastfahrt; ~ **i rrufeshëm** Blitzreise; ~ **me varkë** Bootsfahrt; **çek udhëtimi** Reisescheck
udhëtoj reisen
udhëtregues|e, -ja Wegweiser
udhëzim-i Anweisung
udhëzoj anweisen
udhëzues-i Leitfaden, Führer
udhoj geleiten
Uells-i Wales
ugandas, -e ugandisch
ugrofin, -e finno-ugrisch *spr.*
Uhan-i *ON* Wuhan
uiski Whisky
ujdí-a Geschäft, Übereinkunft; ~ **kompensuese** Kompensationsgeschäft; **bie në** ~ Einverstandnis erzielen
ujdis regeln, sich einigen, vereinbaren
ujdisj|e, -a Einigung
ujdhes|ë, -a Insel
uj|ë, -i, *pl.* -ëra-t Wasser; **ujët e hollë** Urin *med.*; **ujët e trashë** Kot, Stuhlgang

med.; ~ **i bekuar** Weihwasser; ~ **i bujtur** abgestandenes Wasser; ~ **çudibërëse** Heilwasser; ~ **deti** Meerwasser, Seewasser; ~ **i distiluar** destilliertes Wasser; ~ **flokësh** Haarwasser; ~ **për ftohje** Kühlwasser; ~ **natyral** Leitungswasser; ~ **i pijshëm** Trinkwasser; ~ **sifon** Sodawasser; ~ **taze** Quellwasser; **njehsori i ujit** Wasseruhr; **sahati i ujit** Wasseruhr, Zählgerät für Wasserverbrauch; **vizë e ujit** Wasserlinie; **ujëra bregdetare** Küstengewässer; **ujëra termale** Heilquelle, Thermalquelle; **bëj një vrimë në** ~ sich vergeblich bemühen

ujëmjalt|ë, -i Nektar *bot.*

ujëndárës|e, -ja Wasserscheide

ujëngrohës-i Tauchsieder *tech.*

ujësjellës-i Wasserleitung

ujëvar|ë, -a, *pl.* -a-t Wasserfall

ujis *s/t* bewässern, gießen

ujitës, -e Bewässerungs-, Zufluß-

ujitj|e, -a Bewässerung

uj|k-u, *pl.* -q-it Wolf; **avazi i ujkut me qengjin** die Geschichte vom Wolf und dem Lamm

ujkesh|ë, -a = **ujkonj|ë**, -a Wölfin

ujkth-i Wolfsfell

ujor, -e See-, Wasser-

ujth-i Lymphe *med.*

Ukrain|ë, -a Ukraine

ul senken, erniedrigen; **uleni gazin!** nehmen Sie Gas weg!

ulcer|ë, -a Geschwür, Ulcus *med.*; ~ **e stomakut** Magengeschwür

ulem sich setzen, niedergehen, landen

ulërak-u, *pl.* -ë-t Jammerlappen, Schreihals

ulërij heulen, jammern

ulërim|ë, -a Geheul

ulët, i/e niedrig

ulj|e, -a Senkung, Landung; ~ **çmimesh** Preissenkung; ~ **për arsye difekti** Notlandung

ulok-u, *pl.* -ë-t Gelähmter

Ulqin-i *ON* Ulcinj

ulqinak, -e aus Ulcinj

ultësí-a Senke *spr.*

ultësir|ë, -a Senke, Tiefebene, Tiefland; ~ **bregdetare** Küstentiefebene

ultimatum-i, *pl.* -e-t Ultimatum

ultratíngull-i Ultraschall

ultravjollcë ultraviolett

ulzak, -e aus Ulza

ulz|ë, -a Tatarischer Ahorn *bot.*

ullast|ër, -ra, *pl.* -ra-t wilder

Ölbaum
ullí-ri, *pl.* -nj të Olivenbaum, Olive
ullisht|ë, -a = **ullisht|e**, -ja Olivenhain
ullu|k-u, *pl.* -qe-t Dachrinne, Vertiefung, Hohlkehle
ullullá-ja Wiegenlied
unanimisht ⟨*adv*⟩ einmütig
unaz|ë, -a Ring; ~ **e martesës** Trauring; ~ **magjike** Zauberring
unazor-i, *pl.* -ë-t Ringelwurm
unë ich; **un|ë**, -i = **ego-ja** das Ich; **makar unë . . . makar ti** entweder ich oder du
ungj-i, *pl.* -ër-it Onkel
ungji|ll-i, *pl.* -j-të Evangelium *rel.*
ungjillëzim-i Evangelisation *rel.*
ungjillëzoj evangelisieren *rel.*
ungjillor-i, *pl.* -ë-t Evangelist *rel.*
unifikoj vereinheitlichen
uniform, -e gleichförmig
unik, -e einzig, einzigartig
unitet-i Einheit
univers-i Universum, Weltall
universiad|ë, -a Universiade *Sportveranstaltung*
universitar-i Universitätsstudent
universitet-i Universität
uragan-i, *pl.* -e-t Orkan
uranium-i Uran *chem.*
urat|ë, -a Gebet
urator|e, -ja Gebetbuch *rel.*
urban, -e städtisch
urbanistik|ë, -a Städteplanung
urbanizoj verstädtern
urdh|ër, -ri, *pl.* -ra-t Befehl; Orden *rel.*, Auszeichnung; ~ **i kryqtarëve** Kreuzritterorden; ≗ **i Punës i Klasit të Parë** Orden der Arbeit Erster Klasse
urdhëres|ë, -a Verordnung, Anordnung
urdhëroj befehlen, anordnen; **urdhëroni!** bitte sehr!, was wünschen Sie ?, zu Diensten!
urdhëror, -e jussiv *spr.*
urdhëror|e, -ja Imperativ *spr.*
urdhërpages|ë, -a Zahlungsanweisung
urdhërporosí-a Auftragsschein *ök.*
urdhërshërbim-i dienstlicher Befehl
urdhërxhirim-i Überweisungsauftrag *ök.*
urdhj|e, -a Flechte *med.*
uré-ja Harnstoff, Ammoniak
ur|ë, -a, *pl.* -a-t Brücke; ~ **e lëkundshme** Klappbrücke
ur|ë, -a, *pl.* -ë-t brennendes Holzscheit
urëtoj hungern; hungern lassen

urgjenc|ë, -a Dringlichkeit, Eile; **me urgjencë** dringend, eilig
urgjent, -e dringend
urgjentisht ⟨*adv*⟩ dringend
urgusem Blähungen haben
urgusj|e, -a Flatulenz *med.*, Blähungen
urí-a Hunger; **vdesin urie** sie sterben vor Hunger
urim-i Glückwunsch; **urime!** gratuliere!; **mesazh urimi** Glückwunschschreiben
urin|ë, -a Urin
uritem hungern
urith-i, *pl.* -ë-t Maulwurf
uritur, i/e hungrig
urn|ë, -a Urne
uroj wünschen, gratulieren, beglückwünschen
urologjí-a Urologie *med.*
uror-i Feuerstahl, Schüreisen, Schürhaken
urov-i Erve *bot.*
urtar-i *veralt.* Weiser, Friedensrichter *im Bergland*, Schiedsmann
urtë, i/e brav, weise; ~ **e butë** brav und sittsam
urtësí-a Weisheit; Bravheit; ~ **popullore** Volksweisheit
urtësoj = **urtoj** schlichten, mildern
urtí-a Weisheit
urtyt|ë, -a Erdbeere
urth-i, *pl.* -e-t Efeu
urrá! *Int.* Hurra!
urrej hassen
urrejtj|e, -a Haß
urrejtsh|ëm, -me, i/e hassenswert
urryer, i/e verhaßt, gehaßt
ustá-i, *pl.* -llárë-t *veralt.* Meister, Fachmann; Maurer
ustallëk-u, *pl.* -qe-t Meisterschaft, Geschicklichkeit
ushez|ë, -a Jagdsitz, Hochstand
ushinth-i Feuerdorn *bot.*
ushkur-i, *pl.* -ë-t Hosenband
ushqej ernähren; ~ **me biberon** die Flasche geben; **kishte një zheguli për të ushqyer** er hatte eine Kinderschar zu ernähren
ushqim-i Nahrung, Lebensmittel, Verpflegung
ushqimor, -e Lebensmittel-
ushqimor|e, -ja Lebensmittelgeschäft
ushqyes, -e Nähr-; **vlerë ushqyese** Nährwert
ushqyesh|ëm, -me, i/e nahrhaft
ushtar-i Soldat, Bauer *Schach*; **matrikulli i ushtarit** Erkennungsmarke *mil.*
ushtarak,-e militärisch; **evidencë ushtarake** Wehrüberwachung, Wehrerfassung; **forca-t ushtarake** Streitkräfte, Wehrmacht, **lojë ushtarake** Manöver; **qarku ushtarak** Wehrbe-

zirk; **shërbim i detyrueshëm** ~ Wehrpflicht
usht|ë, -a Lanze
úsht|ër, -ra, *pl.* -ra-t unreife Ähre
ushtim|ë, -a Lärm, Getöse; Resonanz; **ushtima e veprës së Skënderbeut** der Widerhall der Taten Skanderbegs
ushtoj lärmen; ablagern
ushtrí-a Heer, Armee
ushtrim-i Übung, Ausübung; **ushtrime gjymnastikore** Gymnastikübungen; **ushtrime të lira** Freiübungen
ushtroj üben, ausüben
ushtuar, i/e abgelagert; **dru i** ~ abgelagertes Holz
ushúj-i Schmalz
ushúnjëz-a, *pl.* -a-t Blutegel
ut-i, *pl.* -e-t Saiteninstrument *mit vier Paar Saiten*, Mandoline
utilitar, -e utilitaristisch
utopí-a Utopie *phi.*
utopik, -e utopisch
utopiz|ëm, -mi Utopismus *phi.*
uturij *nur 3. P.* dröhnen, krachen; **salla uturin** der Saal tobt
uturim|ë, -a Dröhnen, Donnern, Krachen
úthull-a Essig; **çomlek me** ~ Sauerbraten
uthullisht|ë, -a = **uthullisht|e**, -ja Sauerampfer *bot.*
uthulloj säuern
uthullor|e, -ja = **uthullnik-u**, *pl.* -ë-t Essigflasche, Essigbehälter
úthullt, i/e essigsauer
uvertur|ë, -a Ouvertüre *mus.*
uzbek, -e usbekisch, özbekisch
uzdaj|ë, -a *dial.* Hoffnung, Zuversicht
uzin|ë, -a Fabrik, Werk; **sirena e uzinës** Fabriksirene
uznovar, -e aus Uznova
uzo-ja Ouzo, Anisschnaps
uzurpoj usurpieren, Herrschaft oder Rechte erschleichen
uzurpues-i Usurpator

V

va-u, *pl.* -të Furt
vadis *s/t* wässern, bewässern, berieseln
vaditj|e, -a Bewässerung
Vaduz-i *ON* Vaduz
vadh|ë, -a Speierling *bot.*; ~ **e egër** Vogelbeerbaum, Vogelbeere *bot.*
vagabond-i, *pl.* -ë-t Vagabund, Herumtreiber

vagët, i/e dämmrig, schummerig; verschossen *Farbe*
vagon-i Waggon; ~ **mallrash** Güterwagen; ~ **udhëtarësh** Personenwagen; ~-**cisternë** Tankwagen
vaj-i Öl; **puna shkon vaj** die Sache läuft wie geschmiert; ~ **i rafinuar** raffiniertes Öl; ~ **plazhi** Sonnenöl; ~ **ricini** Rhizinusöl; **nivelator vaji** Ölmeßstab
vajgur-i Heizöl, Petroleum, Rohöl
vajguror, -e Erdöl-, Petroleum-; **industri-a vajgurore** Petro-Industrie, Erdölindustrie
vajmedet *Int.* o weh!
vajnik-u, *pl.* -ë-t Ölkanne, Ölkännchen
vajoj = **vajos** ölen
vajor|e, -ja Ölkanne
vajtim-i Klage, Wehklagen
vajtimthi ⟨*adv*⟩ klagend
vajtj|e, -a das Weggehen; **vajtje-ardhj|e**, -a Hin- und Rückfahrt
vajtoj beklagen, beweinen
vajtor|e, -ja Klageweib
vajtues, -e klagend, Klage-
vajtur, s. **vete**
vajz|ë, -a Mädchen, Tochter; ~ **mitare** minderjähriges Mädchen; ~ **pesëmbëdhjetë vjeçe** fünfzehnjähriges Mädchen; **deli** ~ ein klasse Mädchen; **harboj me vajza** den Mädchen nachlaufen; **vendoj mirë vajzën** die Tochter gut verheiraten
vajzjot, -e aus Vajza
vak lauwarm machen, anwärmen; **qumësht i vakur** kuhwarme Milch
vakëf-i, *pl.* -e-t *hist.* fromme Stiftung, Vakuf
vakët, i/e lau, lauwarm
vaksin|ë, -a Impfstoff
vaksinim-i Impfung; **kartelë vaksinimi** Impfpaß, Impfausweis
vaksinoj impfen
vakt-i, *pl.* -e-t *veralt.* Zeit; Mahlzeit; Wohlstand; **bie nga vakti** herunterkommen *fig.*
vaktësí-a = **vakësí-a** Lauheit
valenc|ë, -a Valenz *chem.*, Wertigkeit
Valenci|e, -a *ON* Valencia
valerian|ë, -a Baldrian *bot.*, *med.*
val|ë, -a Welle; **valë të shkurtra** Kurzwellen *tech.*; ~ **ultra të shkurtra** Ultrakurzwellen, UKW; **valët e detit zhurmërojnë** die Wellen der See rauschen, die Wogen des Meeres tosen
valë, i/e = **valët**, i/e siedendheiß; feurig *fig.*; **shikim i** ~ flammender Blick
valëthyes-i Wellenbrecher

valëvit *s/t* schwenken, wehen lassen
valëvitem flattern *Fahne*
valí-u, *pl.* -nj-të *hist.* Wali *Verwalter eines Vilajet*, Gouverneur
valixh|e, -ja Koffer
valizak, -e aus Valías
valor, -e Wellen-
vals-i Walzer
valut|ë, -a fremde Währung, Devisen, Valuta; ~ **e qëndrueshme** harte Währung
valutor, -e Devisen-
valvol|ë, -a Ventil, Klappe; **valvolat e zemrës** Herzklappen *med.*
vall|e, -ja Reigen, Rundtanz, Tanz; ~ **hajdutçe** Räubertanz; **hedh** ~ Volkstanz in der Gruppe aufführen, tanzen
vallë ⟨*adv*⟩ etwa, vielleicht
vallëzim-i Tanz; **mbrëmje vallëzimi** Tanzabend
vallëzoj = **valloj** tanzen
valltar-i Tänzer
valltar|e, -ja Tänzerin
vandaliz|ëm, -mi, *pl.* -ma-t Vandalismus
vanilj|e, -a Vanille *bot.*
vap|ë, -a Hitze; **bën vapë** es ist heiß; **vapa zhuriti misrat** die Hitze ließ die Maiskolben verdorren; **plasa vape** ich wäre fast vor Hitze gestorben
vapor-i, *pl.* -ë-t Dampfer
var aufhängen, abhängig sein
varak-u Goldbronze, Kupferstaub
Vardar-i *FN* Vardar
vardoj arbeiten, schuften, malochen
varem abhängen, abhängig sein
varës|e, -ja Kleiderhaken, Bügel; Halskette; ~ **rrobash** Kleiderbügel
varësí-a Abhängigkeit
varfarjot, -e aus Várfaj
varfër, *i/e* arm
varfërí-a Armut
varfërohem verarmen
var|g-u, *pl.* -gje-t Kette, Vers
vargim-i Verkettung
vargmal-i Bergrücken, Bergzug, Bergkette, Gebirge
vargoj aufreihen
variant-i, *pl.* -e-t Variante, Spielart; ~ **kombinator** kombinatorische Variante *spr.*
varieté-ja Variété
varietet-i Unterart, Spielart
varkar-i Gondoliere
vark|ë, -a = **bark|ë**, -a Barke, Kahn, Gondel
varkëtar-i = **barkëtar**
Varn|ë, -a *ON* Warna
varosh-i, *pl.* -e-t *hist.* Stadtteil außerhalb der Mauern, Vorstadt

Varshav|ë, -a Warschau
vartësí-a Abhängigkeit
varur, i/e hängend, abhängig
varr-i, *pl.* -e-t Grab
varrant-i Orderlagerschein, Verpfändungsschein, Lagerschein, Warrant *ök.*
varrez|ë, -a Friedhof, Kirchhof; **varreza**-t Friedhof
varrim-i Beerdigung
varroj verwunden; beerdigen
varros begraben, beerdigen
vask|ë, -a Wanne; Bottich; ~ **e banjës** Badewanne
vash|ë, -a Mädchen
vat-i, *pl.* -ët Watt *Meßeinheit*
vatan-i *veralt.* Vaterland
vaterpolo-ja Wasserball *spo.*
vat|ër, -ra Herdfeuer, Heimstatt; ~ **agresioni** Aggressionsherd
Vatikan-i *ON* Vatikan
vatikanas, -e vatikanisch
vator-i Bootsmann, Fährmann
vath-i, *pl.* -ë-t Ohrring
vath|ë, -a Pferch, Schafhürde
vaz-i, *pl.* -e-t Predigt *muslimisch*
vazelin|ë, -a Salbe
vazo-ja Topf, Vase
vazhdim-i Fortsetzung
vazhdimësí-a Kontinuität, Stetigkeit, Dauerhaftigkeit, Dauer
vazhdimisht ⟨*adv*⟩ fortgesetzt, dauernd, ununterbrochen
vazhdoj fortsetzen, besuchen *Schule*
vazhduesh|ëm, -me, i/e fortgesetzt; **rrymë e vazhdueshme** Gleichstrom
VC [vëcë] publike Bedürfnisanstalt, öffentliche Toilette
vdekatar-i Sterblicher, Mensch
vdekj|e, -a Tod
vdekjeprurës, -e = **vdekjesjellës**, -e todbringend, tödlich; vernichtend
vdeksh|ëm, -me, i/e sterblich
vdekshmërí-a Sterblichkeit
vd|es *e/i*, -iqa, -ekur sterben; **vdesin urie** sie sterben vor Hunger
ve, i/e verwitwet
ve-ja, e Witwe
ve-ja, *pl.* -të = **vezë** Ei
veç gesondert, getrennt, separat; ~ **e veç** getrennt voneinander; ~ **të tjerave** unter anderem
veçan ⟨*adv*⟩ separat, getrennt
veçanërisht ⟨*adv*⟩ besonders, insbesondere
veçantë, i/e besonder, speziell
veçantí-a Besonderheit; **në veçantí** insbesondere
véças ⟨*adv*⟩ getrennt, separat
veçoj trennen, separieren,

vereinzeln
veçori-a Besonderheit
veçsé *Konj.* bloß, indessen; außer; **s'bënte gjë ~ veçse i binte fyellit** er blies nur auf der Flöte
veçues, -e disjunktiv *spr.*
véd|ër, -ra, *pl.* -ra-t Milcheimer, Melkeimer *aus Holz*
veg|ël, -la, *pl.* -la-t Instrument, Werkzeug, Gerät; ~ **frymore** Blasinstrument; ~ **muzikore** Musikinstrument; **vegla matëse** Meßgeräte; **vegla të prodhimit** Arbeitsgeräte
vegj|ë, -a, *pl.* -ë-t Webrahmen
vegjëlí-a kleine Leute, Unterschicht, Kleinbürgertum
vej, -ta, -tur *nur 3. P.* Eier legen
vejan-i, *pl.* -ë-t = **vejush-i**, *pl.* -ë-t Witwer
vejërohem verwitwen
vejush|ë, -a Witwe
vel mästen, vollstopfen mit Speisen; auf die Nerven gehen mit
vel-i, *pl.* -a-t Schleier, Segel
veladon-i, *pl.* -ë-t Soutane *rel.*
velçanak, -e aus Velçan
velçjot, -e aus Velça
velenx|ë, -a Wolldecke
veleshnjar, -e aus Veleshnja
velipojak, -e aus Velipoja
vemj|e, -a Larve, Made
vend-i, *pl.* -e-t Land, Stelle, Ort; **me** ~ angemessen;
vende-vende ⟨*adv*⟩ hier und da; ~ **ankorimi** Ankerplatz, Liegeplatz; ~ **i shtypjes** Druckort; ~ **klimaterik** Kurort; ~ **lubrifikimi** Öleinfüllstutzen *tech.*; ~ **taksish** Taxistand; ~ **valixhesh** Kofferraum; **mos luaj vendit!** rühr dich nicht von der Stelle!; **vë në** ~ zurechtrücken
vendarritj|e, -a Ankunftsort, Bestimmungsort
vendas, -e einheimisch; **fjalë vendase** Erbwort *spr.*
vendbanim-i Wohnort
vendburim-i Fundort *Bodenschätze*; Quellgebiet
vendçe ⟨*adv*⟩ nach Landessitte; gemessen, ruhig; sehr
Vendet e Ulëta = **Holand|ë**, -a die Niederlande, Holland
vendës-i Einheimischer
vendim-i Beschluß; ~ **arbitror** Schiedsgerichtsbeschluß, Arbitrage; ~ **i rrëmbyer** hastiger Entschluß; **zmbraps vendimin** Entscheidung widerrufen
vendimtar, -e entscheidend
vendit, i/e örtlich, lokal
vendkalim-i Durchgang
vendkëmbim-i Metathese

spr., Umstellung, Lautversetzung
vendlindj|e, -a Geburtsort
vendmbërritj|e, -a Bestimmungsort, Zielort
vendnisj|e, -a Abfahrtsort, Ursprungsort
vendoj unterbringen, versorgen; ~ **mirë vajzën** die Tochter gut verheiraten
vendor, -e lokal *spr.*
vendos aufstellen, unterbringen; beschließen; ~ **etiketat** etikettieren
vendosj|e, -a Unterbringung
vendosmëri-a Entschlossenheit
vendqëndrim-i Halteplatz, Parkplatz; ~ **i anijes** Ankerplatz, Schiffsliegeplatz; ~ **për vetura** Parkplatz für PKWs
vendstrehim-i Unterstand, Luftschutzraum; Schuppen; ~ **i traktorëve** Traktorenschuppen
vendtakim-i Versammlungsort
Veneci|e, -a = **Venedik-u** *ON* Venedig
venedikas, -e venezianisch
venedikas-i, *pl.* -it Venezianer
venerian, -e venerisch *med.*; **sëmundje-t veneriane** Geschlechtskrankheiten
venezuelian, -e venezolanisch
venitem verlöschen, erlöschen, welken, schwinden; dahinsiechen
venitur, i/e schwindend, verstummend *spr.*
ventil-i = **valvolë** Ventil
ventilator-i Ventilator
vep|ër, -ra, *pl.* -ra-t Werk; ~ **e hershme** Frühwerk; ~ **penale** strafbare Handlung; ~ **shoqërisht e rrezikshme** gesellschaftsgefährliche Handlung *jur.*; ~ **e turpshme** unzüchtige Handlung *jur.*; **ushtima e veprës së Skënderbeut** der Widerhall der Taten Skanderbegs; **veprat e apostujve** Apostelgeschichte *rel.*
veprim-i Handlung, Aktion, Tat, Wirkung; ~ **i vonshëm** Depotwirkung *med.*; ~ **i vullnetshëm** willkürliche Handlung; **vë në** ~ in Betrieb setzen / nehmen
veprimtari-a Tätigkeit; ~ **keqbërëse** schädliche Tätigkeit; kriminelle Aktivität; **rigjallërim i veprimtarisë** Wiederaufnahme der Geschäfte
veproj wirken, handeln
vepror|e, -ja Aktiv *spr.*
verbër, i/e blind
verdhac, **verdhuk**, **verdhosh** gelblich, fahl

verdhë, i/e gelb; blond; **flokë-verdhë** blondhaarig
vérdhëz-a Gelbsucht *med.*
verem-i *veralt.* Schwindsucht; **bëhem verem** sich ärgern, sich langweilen
veresíe ⟨*adv*⟩ billig, umsonst; unüberlegt, Hals über Kopf
ver|ë, -a Sommer
ver|ë, -a Wein; **gotë vere** Weinglas; **një gotë verë** ein Glas Wein
vergonjas, -e aus Vérgoja
verí-u Norden
verifikim-i Überprüfung
verifikoj verifizieren, bestätigen
verig|ë, -a Kettenglied
verilindj|e, -a Nordosten
verior, -e nördlich, Nord-
veriperëndim-i Nordwesten
vermut-i Wermuth
veroj den Sommer verbringen; Urlaub machen
veror, -e sommerlich, Sommer-
Versajl|ë, -a *ON* Versailles
verues-i Sommerfrischler
verz|ë, -a Kiemen
verr-i, *pl.* -a-t Erle *bot.*
verrisht|ë, -a Erlenwald
ves-i, *pl.* -e-t Unsitte, Laster; Gebrechen
ves|ë, -a Tau
vesk-u Reiz, Anmut
Vestfalí-a Westfalen
vesves, -e besorgt
vesh *e/i* anziehen; **i veshur tebdil** maskiert, verkleidet
vesh-i, *pl.* -të Ohr; ~ **më vesh** von Mund zu Mund, mündlich; **marr** ~ verstehen, begreifen
veshj|e, -a Kleidung, Tracht; ~ **popullore** Volkstracht
veshk|ë, -a Niere; **gurë në veshkat** Nierensteine
veshmbathj|e, -a Kleidung und Schuhe
veshtë, i/e aufmerksam, aufgeweckt *fig.*
veshtoj zuhören, horchen
véshtull-a, *pl.* -a-t Mistel *bot.*
vet, i/e *Poss. Pron.* sein, ihr
vetadministrim-i Selbstverwaltung
vetdrejtues, -e selbstgesteuert, selbststeuernd, automatisch
vet|e, -ja selbst, sich; **merr me vete** er nimmt mit sich
vete, vajta, vajtur gehen; weggehen, hervorkommen; klappen; **të vaftë mbarë!** möge es dir gelingen!; ~ **pas modës** mit der Mode gehen
veterinarí-a Veterinärmedizin, Veterinärwesen
veteriner-i Tierarzt, Veterinär
vet|ë, -a Person *spr.*
vetë selbst; **ai vetë e ka parë**

er hat es selbst gesehen; ~ **i tretë** selbdritt, mit zwei anderen

vetëbesim-i Selbstbewußtsein

vetëdashj|e, -a Freiwilligkeit

vetëdij|e, -a Bewußtsein; **me ~** bewußt *jur.*

vetëdijsh|ëm, -me, i/e bewußt

vetëgjyqësi-a Selbstjustiz

vetëkritik|ë, -a Autokritik, Selbstkritik

vetëkuptimsh|ëm, -me, i/e selbstverständlich

vetëkuptohet sebstverständlich

vetëm ⟨*adv*⟩ allein, bloß

vetëmbrojtj|e, -a Selbstverteidigung

vetëmnjëjës-i Singulare tantum *spr.*

vetëmohim-i Selbstverleugnung

vetëmshumës-i Plurale tantum *spr.*

vetëndërgjegj|e, -a Selbstbewußtsein

vetëqeverisj|e, -a Selbstverwaltung

vetëtij blitzen

vetëtim|ë, -a Blitz; **me shpejtësi vetëtime** in Windeseile; blitzschnell

vetëtimthi ⟨*udv.*⟩ blitzschnell

vetëvendosj|e, -a Selbstbestimmung

vetëvrasës-i Selbstmörder

vetëvrasj|e, -a Selbstmord, Suizid *jur.*

vetí-a Eigenschaft, Eigentümlichkeit; **vetitë thelbësore** die wesentlichen Eigenschaften

vetiu ⟨*adv*⟩ = **vetvetiu** von selbst; **u ndez vetiu** es entzündete sich von selbst

vetjak, -e persönlich, privat; **prona vetjake** persönliches Eigentum

vetmí-a Einsamkeit

vetmuar, i/e allein, vereinzelt, einsam

veto-ja Veto, Einspruch; **vë veton** Veto einlegen

vetoj blitzen; **i vetoi ndër mend** es schoß ihm durch den Kopf

vetor, -e persönlich, personal *spr.*; **mbaresë vetore** Personalendung

vétull-a Augenbraue

vetur|ë, -a Fahrzeug, Auto; **vendqëndrimi për vetura** Parkplatz für PKWs

vetvet|e, -ja selbst

vetvetish|ëm, -me, i/e spontan, von selbst

vetvetor, -e reflexiv *spr.*

veth-i, *pl.* -ë-t Made

vezak, -e oval, eiförmig

vez|ë, -a Ei; **një kokërr vezë** ein Setzei, gekochtes Ei; ~

alla kok weichgekochtes Ei; ~ **e ferguar** Rührei; . **syzë** Spiegelei
vezir-i, *pl.* -ë-t Wesir *hist.*; **vezir i madh** Großwesir
vezor|e, -ja Eierstock *med.*, Fruchtknoten *bot.*
vezulloj glänzen, glitzern; **i vezulloi një shpresë** der Schimmer einer Hoffnung durchzuckte ihn
Vezuv-i Vesuv
vë *ë/i*, vura, vënë setzen, stellen, legen; ~ **bast** wetten; ~ **embargon** Embargo verhängen, ~ **hallkat** die Ketten anlegen, in Fesseln legen; **i** ~ **kapak** Schluß machen mit etw., abschließen, beenden; ~ **kufjet** Kopfhörer aufsetzen; ~ **pomadë** Salbe auftragen; ~ **në provë** auf die Probe stellen; ~ **re** bemerken, feststellen; wahrnehmen; **vini re!** beachte!, nota bene!; **vini re!** Achtung!; ~ **veton** Veto einlegen; ~ **në be** zum Schwur drängen; **vë në dukje** hervorheben; ~ **në dyshim** in Zweifel ziehen; ~ **në hu** pfählen; ~ **në jetë zotimet** die Versprechungen realisieren; ~ **nën kërbaç** unter die Knute bringen; ~ **në veprim** in Betrieb setzen / nehmen; ~ **në vend** zurechtrücken
vëll|á-i, *pl.* -ézër-it Bruder; **i vëllai** sein/ihr Bruder
vëllam-i, *pl.* -ë-t Blutsbruder
vëllamërí-a = **vëllamí-a** Blutsbruderschaft
vëllath-i = **vëllaçko-ja** Brüderchen
vëllazërí-a Bruderschaft
vëllazëroj verbrüdern
vëllim-i Band, Volumen, Umfang
vëllimsh|ëm, -me, i/e voluminös, umfangreich
vëmendj|e, -a Aufmerksamkeit; **gllabëroj, tërheq vëmendjen** die Aufmerksamkeit auf sich ziehen
vëmendsh|ëm, -me, i/e aufmerksam
vëngër*t*, i/e schielend, scheel, bösartig
vëngëroj schielen
vëngërosh, -e schielend, scheel, böse, mißgünstig
vëni|e, -a das Setzen; ~ **në qarkullim** Inverkehrbringen *jur.*; ~ **në shërbim** Indienstnahme; **në veprim** Inbetriebnahme
vënd-i, vënt *dial.* s. **vend-i**
vërçunak, -e aus Vërçun
vërej, -ta, -tur bemerken, wahrnehmen, feststellen
vërejtj|e, -a Aufmerksamkeit; Tadel, Zurechtweisung

vërshëllej pfeifen
vërshoj über die Stränge schlagen; übertreiben
vërsnik-u Altersgenosse
vërsulj|e, -a Sturm, Überfall
vërtet ⟨*adv*⟩ wirklich
vërtetë, i/e wahr, wahrhaftig, wirklich, echt
vërtet|ë, -a, e Wahrheit; **a ti thua të vërtetën?** sagst du die Wahrheit ?; **të vërteta të amshuara** ewige Wahrheiten
vërtetes|ë, -a Zertifikat, Bescheinigung, Bestätigung; ~ **depozitimi** Lagerschein, Warrant *ök.*; ~ **ngarkese në hambar të anijes** Lukenzertifikat *ök.*; ~ **peshimi** Gewichtszertifikat; ~ **prejardhjeje** Ursprungszertifikat; ~ **sigurimi** Versicherungszertifikat
vërtetim-i Prüfung, Bestätigung
vërtetoj bestätigen
vërtitem kreisen
vërvis *s/t* schleudern, werfen
vërri-a Winterweide
vërrijak, -e aus Vërri
vështirë, i/e schwer, schwierig; **kam vështirë në të folur** es fällt mir schwer
vështirësi-a Schwierigkeit; **i shmangem vështirësive** Schwierigkeiten aus dem Weg gehen
vështrim-i Hinsicht, Sicht, Sinn *spr.*; Blick; ~ **i dhembshur** verliebter Blick; ~ **i qelqtë** klarer Blick; ~ **i vrertë** böser Blick
vështroj hinsehen, schauen; ~ **thekët** anstarren, fixieren
vëzhgim-i Beobachtung, Erkundung, Aufklärung
vëzhgoj beobachten, erkunden
vgje-ri, *pl.* -nj-të Schwarzkiefer *bot.*
vgjerisht|ë, -a = **vgjesht|ë**, -a Kiefernhain
viç-i, *pl.* -a-t Kalb
vidan-i, *pl.* -nj-të Täuberich, Tauber
vid|ër, -ra, *pl.* -ra-t Fischotter
vidh-i, *pl.* -e-t Ulme *bot.*
vidhanak, -e aus Vidhan
vidh|ë, -a = **vidë** Schraube; **shtrëngoj vidhat** die Schrauben anziehen; ~ **femër** Schraubenmutter *tech.*
vidhos einschrauben, verschrauben
vietnamez, -e vietnamesisch
vi|g-u, *pl.* -gje-t Steg; Bahre
vigan-i, *pl.* -ë-t Gigant
vigjilenc|ë, -a Wachsamkeit
vigjilent, -e wachsam
vigjilj|e, -a Vigil *rel.*, Vorabend
vigjiloj wachen
vij, érdha, árdhur kommen;

nga vjen? woher kommst du?; **ai vjen** er kommt; **ardhsh shëndoshë!** willkommen!; **ka çosa që ka ardhur** er ist schon eine Weile da; **fjala vjen** beispielsweise; **javën që vjen** nächste Woche; **vij duarplot** mit vollen Händen kommen; **~ në din** auf den rechten Weg kommen, sich bessern; **i vjen era** hervortreten, sichtbar werden; **më vjen keq** leider; es tut mir leid; **më vjen krupë kur e shoh** mir wird übel, wenn ich ihn sehe; **i vjen ndoresh** es geht ihm leicht von der Hand; **më vjen për të qeshur** zumute, mir ist zum Lachen zumute
vij|ë, -a Linie; **~ anësore** Seitenlinie; **rivënie nga vija anësore** Finwurf *spo.*; **vijat e bardha të trafikut** Zebrastreifen, Fußgängerüberweg; **~ demarkacioni** Demarkationsinie
vijim-i Fortsetzung
vijoj fortsetzen, verfolgen; **~ shkollën** die Schule besuchen
vijueshmëri-a Kontinuität
viktim|ë, -a Opfer
vilajet-i, *pl.* -e-t *hist.* Provinz *unter Herrschaft eines Wali*
vil|ë, -a Villa
vilëzak, -e aus Vilëza
vinç-i, *pl.* -a-t Lastenaufzug, Winde, Kran, Hebekran; **vinç-urë** Laufkatze *tech.*
vinçier-i, *pl.* -ë-t Kranführer
vini re! Vorsicht!
violin|ë, -a Violine, Geige, Fiedel
violonçel-i, *pl.* -a-t Cello *mus.*
violonçelist-i Cellist *mus.*
vírgjër, i/e = **virgjëror**, -e jungfräulich, rein, unberührt; **pyll i ~** Urwald
virgjëresh|ë, -a Jungfrau
virtyt-i, *pl.* -e-t Tugend
virtytsh|ëm, -me, i/e tugendhaft
vir|úa, -oi, *pl.* -ónj-të Bach
vis-i, *pl.* -e-t Ort
visar-i, *pl.* -e-t Schatz
Visbaden-i *ON* Wiesbaden
vise-t Landschaft, Gegend
Vistul|ë, -a *FN* Weichsel
vish, s. **vesh**
vishem sich anziehen; **visheshin njësoj** sie kleideten sich gleich
Vishi-a *ON* Vichy
víshkull-i, *pl.* -j-t Gerte, Rute
víshnj|ë, -a Sauerkirsche, Sauerkirschenbaum
vit-i, *pl.* vjet-ët, vite-t Jahr; **pesë vjet** fünf Jahre; **~ buxhetor** Haushaltsjahr; **vit në vazhdim** laufendes Jahr;

vitet e kaluara die vergangenen, letzten Jahre
vit-dritë, *pl.* vjet-dritë Lichtjahr
vitamin|ë, -a Vitamin
vítërk-u Stiefvater
vitërkesh|ë, -a Stiefmutter
vitrin|ë, -a Schaufenster, Vitrine
vithe-t Hüfte
vithkuqar, -e aus Vithkuq
vizak, -e schlank, hochwüchsig
vizatim-i Zeichung
vizatoj zeichnen
viz|ë, -a Visum, Sichtvermerk; Linie, Strich, Gedankenstrich *spr.*; ~ **e ujit** Wasserlinie; ~ **lidhëse** Bindestrich; ~ **për dalje** Ausreisevisum
vizit|ë, -a Besuch, Visite; **dendësoj vizitat** häufiger zu Besuch kommen
vizitohem sich untersuchen lassen, untersucht werden, besucht werden
vizitoj besuchen
vizoj Sichtvermerk erteilen; ~ **pasaportën** ein Visum eintragen
vizor|e, -ja Lineal
vjask|ë, -a Rille, Gewinde
vjeç, -e alt; **vajzë pesëmbëdhjetë vjeçe** fünfzehnjähriges Mädchen
vjedh *e/i/o* stehlen, entwenden, klauen
vjedhës-i Dieb
vjedhj|e, -a Diebstahl, Entwendung
vjédhurazi ⟨*adv*⟩ verstohlen, heimlich, insgeheim
vjeg|ë, -a Henkel
vjéh|ërr, -rra Schwiegermutter
vjéh|ërr, -rri Schwiegervater; **vjehrr**-it Schwiegereltern
vjel *e/i/o* ernten, pflücken; lesen *Wein*
vjell *e/i/o*, volla, vjellë erbrechen, kotzen, sich übergeben, vomitieren
vjellj|e, -a Erbrechen
Vjen|ë, -a *ON* Wien
vjersh|ë, -a Strophe, Gedicht
vjershëroj dichten, Verse machen
vjesht|ë, -a Herbst; ~ **e parë** September; ~ **e dytë** Oktober; ~ **e tretë** November
vjeshtak, -e = **vjeshtor**, -e Herbst-
vjet ⟨*adv*⟩ voriges Jahr; **dhjetë** ~ **rresht** 10 Jahre lang
vjetar-i Jahrbuch
vjét|ëm, -me, i/e vorjährig
vjetër, i/e alt; **e vjetra** das Alte; **Besëlidhja e** ~, **Dhiata e** ~ Altes Testament *rel.*
vjetërsí-a Alter, Veralte-

rung; Dienstalter
vjetor, -e jährlich, Jahres-
vjetrim-i Altern
vjetrohem altern
vjetroj altern lassen
vjetruar, i/e veraltet
vjeturin|ë, -a altes Zeug
vjollc|ë, -a Veilchen *bot.*; **vjollcë** violett, violettfarben
Vlash-i *NP* Blasius
vlefsh|ëm, -me, i/e gültig; wertvoll
vleft|ë, -a, *pl.* -a-t Wert
vlej gelten
vler|ë, -a Wert, Geltung; ~ **ushqyese** Nährwert
vlerësoj bewerten, evaluieren, auswerten
vlersh|ëm, -me, i/e wertvoll
vles|ë, -a Verlobung
vloj verloben
vlonjat, -e aus Vlora
vll|ah-u, *pl.* -eh-të Walache, Aromune
vllah, -e wlachisch, aromunisch
Vllahí-a Walachei
vllahisht ⟨*adv*⟩ aromunisch
vllahisht|e, -ja aromunische Sprache
vobekësí-a *veralt.* Armut
vobektë, i/e arm
vocërr; vóckël winzig, klein
vodk|ë, -a Wodka
vogël, i/e, *m. pl.* të végjël, *f. pl.* vogla klein
vogëlí-a Kindheit
voglat, të Kleingeld
vojim-i letzte Ölung *rel.*, Krankenölung
vojvod|ë, -a *hist.* Wojwode, Stammesführer
vokaliz|ëm, -mi Vokalismus
volant-i Schwungrad
volejboll-i Volleyball
volfram-i Wolfram *chem.*
volí-a günstige Gelegenheit; freie Zeit; **s'ia kam volinë** ich habe keine Zeit dafür
volitsh|ëm, -me, i/e passend, günstig
volt-i, *pl.* -ë-t Volt *tech.*
Volta e Sipërme Ober-Volta
voltazh-i, *pl.* -e-t Stromspannung, Spannung *tech.*; ~ **i lartë** Hochspannung *tech.*
voltmatës-i Spannungsmesser
vollejbollist-i Volleyballspieler
Vollg|ë, -a *FN* Wolga
vones|ë, -a Verspätung, Verzug; **jam me vonesë** sich verspäten, zu spät kommen
vonestar-i Nachzügler,
vonë, i/e spät
vonohem sich verspäten
vonsh|ëm, -me, i/e spät, verzögert; **veprim i** ~ Depotwirkung *med.*
vorak, -e aus Vora
Voskopoj|ë, -a *ON* Vosko-

poja, Moschopolis
voskopojar, -e aus Voskopoja
voskopojar-i, *pl.* -ë-t Voskopojer, Moschopolit
vósht|ër, -ra, *pl.* -ra-t Liguster *bot.*
votëbesim-i Vertrauensabstimmung; **kërkoj votëbesimin** die Vertrauensfrage stellen
votim-i Wahl, Stimmabgabe
votoj stimmen, abstimmen; **votuan njëzëri** sie stimmten einstimmig dafür
votues-i Wähler
voz|ë, -a Faß, Weinfaß
vozëtar-i Küfer
vozëtarí-a Küferei
vozis *s/t* fahren, rudern
vozitës-i Ruderer
Vozhe-t Vogesen
vranç-i, *pl.* -a-t Rappen
vranishtjot, -e aus Vranisht
vrap-i Eile; **me ~** geschwind
vrapim-i Rennen, Lauf; **~ i distancave të gjata** Langstreckenlauf; **~ i distancave të mesme** Mittelstreckenlauf; **~ me pengesa** Hürdenlauf *spo.*; **pistë vrapimi** Rennbahn, Rennstrecke
vrapoj rennen, laufen, rasen
vrarë, i/e Toter, Gefallener
vra|s *a/e/i; s/t*, -va, -rë töten, verletzen; **këpuca më vret** der Schuh drückt mich; **~ mendjen** sich den Kopf zerbrechen; **të vraftë rrufeja!** der Schlag soll dich treffen!
vrasës-i Mörder
vrásës|e, -ja Fliegenklatsche
vrasí-a Massaker
vrasj|e, -a Tötung, Mord; **~ e foshnjës** Kindestötung *jur.*
vrazhdë, i/e schroff, grob, streng
vrazhdësí-a Schroffheit
vrazhdësohem grob werden
vrenjtem sich verfinstern, die Stirn runzeln, wütend werden, finster blicken
vrenjtj|e, -a Bewölkung
vrenjtur, i/e bewölkt
vrer-i Galle
vrerosem giftig werden, verbittert sein, sich grämen
vrerosur, i/e verbittert
vrertë, i/e gallig, bitter; **vështrim i ~** böser Blick
vresht-i, *pl.* -a-t Weinberg
vreshtar-i Winzer
vreshtarí-a Winzerei
vrim|ë, -a Loch; **bëj një ~ në ujë** sich vergeblich bemühen, nichts ausrichten
vrimoj durchlöchern
vrinjar, -e aus Vrina
vriserjot, -e aus Vriserája
vrit, s. **vras**
Vroclav-i *ON* Breslau, Wroclaw
vrojtim-i Beobachtung

vrojtoj beobachten; erforschen
vrojtues-i Beobachter, Aufklärer
vrull-i Schwung, Elan
vuaj leiden, verbüßen
vuajtj|e, -a Leiden, Qual; Verbüßung *jur.*
Vuçitern|ë, -a *ON* Vucitrn
vul|ë, -a, *pl.* -a-t Siegel, Stempel; ~ **datare** Datumsstempel
vulëmbajtës-i Siegelbewahrer
vulgar, -e vulgär, gewöhnlich
vulgariz|ëm, -mi, *pl.* -ma-t Vulgarismus *spr.*
vulgarizoj vulgarisieren, popularisieren
vulos stempeln
vullkan-i, *pl.* -e-t Vulkan; **një ~ në shpërthim e sipër** ein Vulkan kurz vor dem Ausbruch
vullkanik, -e vulkanisch
vullkanizoj vulkanisieren
vullnet-i Wille; ~ **hyjnor** Wille Gottes
vullnetar-i Freiwilliger
vullnetarisht ⟨*adv*⟩ freiwillig
vullnetmirë wohlwollend
vullnetsh|ëm, -me, i/e willkürlich; willensstark; **veprim i** ~ willkürliche Handlung
vunjotës, -e aus Vunó-i
vura, s. **vë**
vur|g-u, *pl.* -gje-t Sumpf, Morast
vurgar, -e aus Vurg
vurkollak-u, *pl.* -ë-t Vampir, Werwolf
vurrat|ë, -a Narbe, blauer Fleck, Bluterguß
vush|ë, -a Mistkäfer
vyej gelten, wert sein
vyesh|ëm, -me, i/e wertvoll, teuer
Vyrtemberg-u Württemberg
vyshk welken lassen , **vyshkem** welken
vyshkur, i/e verwelkt, welk

X

xan|ë, -a Ginster *bot.*
xanxar, -e störrisch
xeh|e, -ja Bergwerk
xeheror-i Erzgestein, Mineral
xehetar-i Grubenarbeiter
xehetari-a Bergbauwesen
xerxel|e, -ja Seidelbast *bot.*
xëc-i Finsternis
xërmoj *dial.* heruntersteigen
xërxalla-t Brille
xibrak, -e aus Xíbër
xin|ë, -a Federspitze, Spitze der Schreibfeder

xingon|ë, -a Abgrund
xinxif|e, -ja Brustbeere *bot.*
xip-i, *pl.* -a-t Spitze
xix|ë, -a Funke
xixëllim|ë, -a Funkeln, Funkensprühen
xixëlloj = **xixoj** funkeln, glitzern
xixëllonj|ë, -a Glühwürmchen
xixëmoj *nur 3. P.* jucken
xunkth-i, *pl.* -a-t Schilf, Binse
xunkthëtar-i Binsenflechter
xúrxull klatschnaß; stockbesoffen

Xh

xha *Anrede für alte Männer* Onkel, Opa
xhaba ⟨*adv.*⟩ gratis, umsonst
xhadé-ja *veralt.* Landstraße, Chaussee, Heerstraße
xhahil-i, *pl.* -ë-t Ignorant; Schlächter
Xhakart|ë, -a *ON* Djakarta
xhaket|ë, -a Jackett, Jacke, Sakko; ~ **shpëtimi** Schwimmweste
xhakon-i, *pl.* -ë-t Diakon; Seminarist, Priesterschüler
xham-i Glas, Glasscheibe, Fensterglas; ~ **qorr** blinde Scheibe *Glas*
xhamadan-i, *pl.* -ë-t ärmellose Filzjacke
Xhamajk|ë, -a Jamaika
xhamëzohem *nur 3. P.* glasig werden, spröde werden
xhamí-a Moschee
xhamllëk-u, *pl.* -qe-t Wintergarten, verglaster Balkon
xhamtar-i Glaser
xhamtë, i/e gläsern
xhan-i *veralt.* Geist, Seele; **bëj xhan** liebkosen, herzen
xhandar-i *hist.* Gendarm; **zullumet e xhandarëve** Willkürakte der Gendarmen
xhandarmërí-a Gendarmerie
xhánëm *veralt.* mein Lieber *Anrede*: **ku ishe, xhanëm?!** wo warst du, Bursche ?!
xhanxhin niemand
xhául-i, *pl.* -ë-t Joul *Maßeinheit*
xhavalit zerfetzen, in Stücke reißen
xhaxhá-i Onkel, Bruder des Vaters
xhaxhesh|ë, -a Tante *Frau des Vaterbruders*
xhaxho-ja Onkelchen, Alter; **çfarë kërkoni, xhaxho?** was sucht Ihr, Alterchen?

xhaz-i, *pl.* -e-t Jazz; Schlagzeug *mus.*
xheç etwas
xhehenem-i = **xhehnem-i** Hölle *der Muslime*
xhelat-i, *pl.* -ë-t Henker
xhelatin|**ë**, -a Gelatine
xheloz, -e eifersüchtig
xhelozí-a Eifersucht
xhenaz|**e**, -ja *veralt.* aufgebahrte Leiche; Beerdigung *muslim.*
xhenerik-u Autoschlosser
xhenet-i Paradies *der Muslime*
xhenier-i, *pl.* -ë-t Pionier
xhénio-ja Pioniereinheit
xhep-i, *pl.* -a-t Tasche, Hosentasche; **orë xhepi** Taschenuhr
xhepash-i, *pl.* -ë-t Taschendieb
xhephán|**e**, -ia *veralt.* Munitionsdepot, Munition
xherah-u, *pl.* -ë-t *veralt.* Wundarzt, Feldscher; Beschneider
xhevahir-i, *pl.* -e-t Diamant, Edelstein; Stilblüte; **xhevahire shtypi** Stilbluten
xhevap-i, *pl.* -e-t *veralt.* Antwort; **jap xhevap** antworten
xhezá-ja *veralt.* Verurteilung; Geldstrafe
xhezv|**e**, -ja Kaffekanne, Stieltopf für Kaffee
xhibal-i *hist.* Nordalbanien; Recht der Berge *Kanun-i cibâl*; Kommission, die nach dem Kanun Recht sprach
xhiblik-u, *pl.* -ë-t Moskitonetz
Xhibuti *ON* Djibouti
xhiger-i, *pl.* -ë-t *veralt.* Leber *des Viehs*, Innereien *des Menschen*; **nxjerr xhigerin** abschlachten, massakrieren
xhin-i Gin *Schnaps*
xhind-i, *pl.* -e-t böser Geist *Märchenfigur*, Dschinn; ~ **në shishe** Geist in der Flasche
xhindosem vor Wut rasen, vom Teufel geritten werden
xhins-i *veralt.* Art, ~ **xhins pas xhinsi** wie der Vater, so der Sohn
xhiro-ja Rundfahrt; Umdrehung; Umsatz *ök.*; **mjetet e xhiros** Umlaufmittel, Geld im Umlauf
xhiroj überweisen *ok.*; drehen *Film*; kreisen
xhirues-i Unterzeichner *eines Schecks oder e. Überweisung*
xhonturk, -e *hist.* jungtürkisch
xhublet|**ë**, -a schwarzer Filzrock in Glockenform
xhufk|**ë**, -a Franse, Troddel, Bommel, Quaste
xhumá-ja *veralt.* Freitag

xhung|ë, -a Beule, Buckel, Knoten
xhung|ël, -la, *pl.* -la-t Dschungel
xhup-i, *pl.* -a-t Strickjacke, Weste
xhurdí-a schwarze Filzjacke mit angenähter Kapuze
xhuxh-i, *pl.*-ë-t Zwerg; **libër xhuxh** Miniatur-Buch, Kleinstausgabe
xhuxhmaxhuxh-i, *pl.* -ë-t Zwerg *Märchenfigur, eigentlich Gog und Magog*
xhybe, -ja Kittel, Talar *der Hodschas und Derwische*, Kaftan; Mäntelchen *fig.*
xhymert, -e *veralt.* großzügig
xhyranak, -e aus Xhyra

Y

yçk|ël, -la, *pl.* -la-t Mangel; Ausrede
yej wach bleiben
yjendezur = **yjeplotë** sternklar
yjësí-a Sternbild; ~ **e Arushës së Madhe** Großer Bär
yjëzoj *nur 3. P.* funkeln wie Sterne
ylber-i, *pl.* -e-t Regenbogen
ylbertë, i/e regenbogenfarben
ylberth-i, *pl.* -ë-t Iris *med.*
y|ll-i, *pl.* -je-t Stern; ~ **deti** Seestern; ~ **Polar** Polarstern
yllëz-a, *pl.* -a-t = **yllth**-i, *pl.* -e-t Sternchen, Asterisk
ylltoj erstrahlen lassen *fig.*
ym|ër, -ri *veralt.* Leben, langes Leben; **paç ymër!** mögest du lange leben!
yndyr|ë, -a Fett
yndyrëzoj fetten, einfetten
yndyror, -e Fett- ; **ind yndyror** Fettgewebe
yndyrsh|ëm, -me, i/e fett, fettig, Fett-
ynë unser
yrnek-u, *pl.* -ë-t Muster, Modell; **një** ~ **janë** sie sind von derselben Sorte
yrysh-i *veralt.* Schwung; **punoj me** ~ mit Schwung arbeiten
ysht besprechen *mit Zauberformeln*, verhexen
yt dein
yzengjí-a Steigbügel

Z

zabit-i, *pl.* -ë-t *veralt.* Offizier
zab|úa, -oi, *pl.* -ónj-të Splint *am Wagenrad*
zabullim|ë, -a *dial.* Schwüle
zadrimor, -e aus der Zadrima
zaga|ll-i, *pl.* -j-të Zügel *des Pferdes*
zagar-i, *pl.* -ë-t Windhund; Knecht *fig.*; Rowdy, Herumtreiber; **zagarët e imperializmit** Knechte des Imperialismus
zagorit, -e aus der Zagoria
zagushí-a Schwüle
zahiré-ja Wintervorrat
zahmet-i *veralt.* Anstrengung, Mühe; **bëj** ~ sich bemühen
zakon-i, *pl.* -e-t Sitte, Gewohnheit; **doke e zakone** Sitten und Gebräuche
zakonisht ⟨*adv*⟩ gewöhnlich
zakonshm|ëm, -me, i/e gewöhnlich
Zal|e, -ja *FN* Saale
zalí-a Ohnmacht
zalisem ohnmächtig werden
zaloshnjar, -e aus Zaloshnja
za|ll-i, *pl.* -je-t Kieselstein
zallahí-a Lärm, Radau, Krach
zallherr, -e aus Zall-Herr
zallisht|ë, -a = **zallin|ë**, -a Boden voll Kieselsteine
zamar|e, -ja Hirtenschalmei
zambak u, *pl.* -ë-t Lilie
Zambi|e, -a Zambia
zamk|ë, -a Leim, Klebstoff, Kleister
zanafill|ë, -a Ursprung; **zanafilla** Genesis, 1. Buch Mose *rel.*
zanafillës, -e ursprünglich
zanafilltas ⟨*adv*⟩ ursprünglich
zanat-i, *pl.* -e-t Handwerk; **dhelpra s'e harron zanatin** die Katze läßt das Mausen nicht
zanatçí-u, *pl.* -nj-të Handwerker
zan|ë, -a Fee
zanor, -e vokalisch *spr.*
zanor|e, -ja Vokal *spr.*, Selbstlaut; ~ **anaptiksore** Sproßvokal; ~ **rënëse** flüchtiger Vokal *spr.*
zaptij|e, -a *veralt.* Gendarm *in osman. Zeit*
zaptim *veralt.* Besetzung
zaptoj besetzen; schnappen, erfassen; **e zaptuan ethet** ihn packte das Fieber
zar-i, *pl.* -e-t Würfel
zarar-i, *pl.* -e-t Schaden, Beschädigung; **bëj** ~ beschädigen
zarf-i, *pl.* -e-t Umschlag, Kuvert
zarzavate-t Gemüse

zaten eigentlich, Grund, im Grunde; genau genommen; sogar
zates *s/t* treffen, schnappen; **e zateti gripi** die Grippe hat ihn gepackt
zavall-i, *pl.* -e-t Sorge; armer Kerl; **si të të them, zavalli unë?** wie soll ich armer Mensch es dir sagen?
zaz|ë, -a kleine Auster; Schale
zbaltem verderben; wenig essen; **u zbalt mishi** das Fleisch ist verdorben
zbardh = **zbardhoj** schimmern, leuchten; weißen
zbardhem ergrauen; wieder heiter werden; **ajo u zbardh shpejt** sie faßte sich rasch wieder
zbardhëlloj weiß schimmern; tagen; **ende s'kishte zbardhëlluar** noch vor Morgengrauen
zbarët, i/e fade, salzlos; langweilig *auch von Menschen*
zbaritem fade sein
zbarkoj landen *mil.*
zbarkues, -e Landungs- ; **anije zbarkuese** Landungsschiff *mil.*
zbaroj ausnehmen, ausweiden *Tiere*
zbatic|ë, -a Ebbe; Flaute *fig.*
zbatim-i Verhängung *jur.*
zbatimor, -e applikativ, Anwendungs-
zbatoj benutzen, anwenden, befolgen
zbath ausziehen *Schuhe, Strümpfe*
zbatharak, -e barfüßig; bettelarm
zbathur, i/e = **zbatharak**, -e barfuß, barfüßig
zbavitem sich amüsieren, sich vergnügen
zbavitës, -e unterhaltsam, spaßig
zbeh = **zbej** erblassen lassen
zbehem erblassen, erbleichen
zbehtë, i/e = **zbehtak**, -e blaß, bleich
zbërdhulem *nur 3. P.* verschießen, verbleichen
zbërdhulur, i/e = **zbërdhulët**, i/e verschossen, verblichen
zbërthehem verwesen, sich zersetzen
zbërthej *e/ye* aufknöpfen; auseinandernehmen, demontieren; lösen, entschlüsseln; entlarven; **~ me shkronja** buchstabieren
zbërthim-i Aufknöpfen, Auslösen; **~ zinxhir** Kettenreaktion
zbërthyesh|ëm, -me, i/e verderblich; zerlegbar; **krevat i ~** Klappbett, zerlegbares Bett
zbloguroj entrinden, schälen

Baum
zboj = **dëboj** vertreiben
zbokth-i Schuppen *auf dem Kopf*
zborak-u, *pl.* -ë-t = **zborakës-i** Buchfink
zbraz leeren, entleeren
zbrazët, i/e leer
zbrazëti-a Leere, Freifläche
zbrazj|e, -a Entleerung, Leerung
zbr|es, -ita, -itur *e/i; s/t* herabkommen, aussteigen; abziehen, subtrahieren
zbritës, -e absteigend, fallend *spr.*
zbritës-i Subtrahend *math.*; **mbledh zbritësin me mbetjen** den Subtrahend zur Differenz addieren
zbritj|e, -a Abstieg, Gefälle, Landung; Subtraktion *math.*
zbritshmi, i Minuend *math.*
zbruj = **zbrumoj** einweichen
zbukurim-i Verschönerung
zbukuroj verschönern
zbules|ë, -a Offenbarung; **zbulesa** Apokalypse des Johannes *rel.*
zbulim-i Entdeckung, Ausgrabung
zbuloj entdecken, aufdekken, entlarven, ausgraben
zbunoj liebkosen, streicheln
zburritem Mann werden, heranwachsen
zbus *s/t* mildern, besänftigen; verdünnen *Alkohol*
zbutj|e, -a Milderung
zbutur, i/e erweicht, palatalisiert *spr.*, mouilliert
zbuzorëzim-i Entrundung *spr.*, Delabialisierung
zbythem zurückweichen
zbythj|e, -a Rückzug
zdatk-u, *pl.* -ë-t Trennwand
zdërhallj|e, -a Besäufnis, Orgie
zdërvij schälen, pellen
zdirgjem *e/i/o* heruntersteigen, herabstürzen; **përroi zdirgjet nga mali** das Wildwasser stürzt vom Berge herab
zdrajshan, -e aus Zdrajsh
zdral|e, -ja Schiffstau, Tau *naut.*
zdris *s/t* erleuchten
zdrug-u, *pl.* -gje-t = **zdrukth**-i Hobel
zdrugoj zur Minna machen *fig.*, ausschimpfen
zdrugulina-t Hobelspäne, Späne
zdrukth-i, *pl.* -a-t Hobel
zdrukthëtar-i Schreiner, Tischler
zdrukthëtari-a Tischlerei, Schreinerei
zdrukthoj hobeln
zdryp herabsteigen
zéb|ër, -ra, *pl.* -ra-t Zebra
zefir-i Zephir, Südwind

zegal-i, *pl.* -ë-t = **zég|ël**, -li, *pl.* -la-t Bremse, Stechfliege
zeher-i, *pl.* -e-t Gift; **bëhem zeher** verbittert werden
zej|e, -a *pl.* -e-t Handwerk
zejtar-i Handwerker
zejtarí-a Handwerk
zekth-i, *pl.* -a-t Stechfliege, Bremse
Zelanda e Re Neuseeland
zell-i = **zelltarí-a** Eifer, Fleiß
zellsh|ëm, -me, i/e fleißig, arbeitsam
zemberek-u = **zemrek-u** Feder *tech.*, Uhrfeder
zem|ër, -ra Herz; **të këndoftë zemra!** sei glücklich!, freu dich !; **dhomëz e zemrës** Herzkammer *med.*
zemërak, -e reizbar, jähzornig; wild
zemërákull hartherzig
zemërbutë weichherzig, sanftmütig, mitfühlend
zemërbutësí-a Sanftheit, Mitgefühl; ~ **mikroborgjeze** kleinbürgerliches Mitleid
zemërgur, -e hartherzig, unbarmherzig
zemërgjerë großzügig, weitherzig
zemërim-i Wut; **mezi e mbante zemërimin** er konnte kaum seine Wut im Zaum halten; **shfryj nga zemërimi** vor Wut schnauben
zemërohem wütend werden, erbost sein
zemëroj verärgern, wütend machen
zemëruar, i/e wütend, erzürnt
zengjin, -e *veralt.* reich, begütert; **derë zengjine** wohlhabende Familie
zenit-i Zenith
zerdelí-a eine Aprikosenart mit bitterem Kern
zero-ja Null
zeshk bräunen
zeshkaman, -e dunkelhäutig
zeshkët, i/e dunkelhäutig, gebräunt, braun
zeugm|ë, -a Zeugma *spr.*
zevzek, -e unruhig, entnervend
zezak-u, *pl.* -ë-t Neger
zezelin|ë, -a Platz im Schatten
zezohem schwarz werden; Sorgen haben; Schande tragen
zezon|ë, -a Unglück
zë, zura, zënë *ë/i* fassen, ergreifen; ~ **ngoje** erwähnen; **gjumi nuk po e zinte** er konnte nicht einschlafen; **zihem në presh** auf frischer Tat ertappt werden
zë-ri, *pl.* -ra-t Stimme; **me zë të lartë** laut
zëdhënës-i Sprecher, Wortführer; ~ **i ministrisë** Spre-

cher des Ministeriums
zëm|ër, -ra Jause, Nachmittagsimbiß, Vesperbrot; **ha zëmër** vespern, Kaffee trinken
zëmëroj vespern, nachmittags einen Imbiß nehmen
zënë, i/e besetzt, beschäftigt
zëni|e, -a das Nehmen; ~ **deti** Seekrankheit
zënk|ë, -a Streit, Zank
zër|ë, -a = **zan|ë**, -a Fee
zësh|ëm, -me, i/e laut, tönend; stimmhaft *spr.*
zëshmim-i Sonorisierung *spr.*
zëshmohem *nur 3. P.* stimmhaft werden *spr.*
zët-i Ärger; **e ka zët** er ärgert sich
zëvendësim-i Austausch, Ersetzung
zëvendësoj ersetzen, austauschen; umwandeln *jur.*
zëvendësuesh|ëm, -me, i/e ersetzbar
zëzëlloj summen
zgafell|e, -ja Höhle
zgafullohem sich entblößen, aufreißen, **iu zgafulluan sytë** ihm gingen die Augen auf
zgafulloj graben; die Brust entblößen
zgalem-i, *pl.* -a-t Seeschwalbe; Verkünder; ~ **i revolucionit** Vorbote der Revolution
zgar|ë, -a = **skar|ë**, -a Holzkohlengrill
zgav|ër, -ra, *pl.* -ra-t Höhlung, Höhle; ~ **e gojës** Mundhöhle *med.*
zgávërt, i/e hohl
zgavroj aushöhlen
zgëq-i, *pl.* -e-t Ecke, Winkel
zgërdheshjan, -e aus Zgërdhesh
zgërdhihem grinsen; klaffen *Wunde*
zgorkoj graben, aushöhlen
zgorr|e, -ja Skelett
zgrepem abmagern
zgrip-i, *pl.* -e-t Rand eines Abgrunds, Ende; Einschränkung; **jetoj me zgrip** mit wenig auskommen
zgriptoj sparsam umgehen mit; fast zu Ende führen
zgropem leeren Bauch haben
zgropoj graben
zgurdh|ë, -a Dickdarm, Mastdarm; Schlund
zgjanarak, -e aus Zgjana
zgjas *s/t* dauern, verlängern; **zgjati një javë** es hat eine Woche gedauert
zgjatem sich erstrecken, sich ausdehnen
zgjatj|e, -a Verlängerung
zgjatoj = **zgjas** *s/t* verlängern; ~ **pallton** den Mantel verlängern
zgjeb|e, -ja Krätze *med.*,

Räude
zgjebosur, i/e räudig
zgjedh *e/i/o* wählen, auswählen
zgjedh|ë, -a Joch
zgjedhës-i Wähler
zgjedhim-i Konjugation *spr.*
zgjedhj|e, -a Wahl, Auswahl; **fushatë e zgjedhjeve** Wahlkampagne
zgjedhoj ins Joch spannen; konjugieren *spr.*
zgjedhuesh|ëm, -me, i/e konjugierbar
zgjerim-i Erweiterung
zgjeroj erweitern, dehnen
zgjeruar, i/e erweitert
zgjesh den Gürtel abnehmen
zgjidh auflösen, befreien, ausspannen *Zugtiere*; ~ **kombin** den Knoten lösen
zgjidh, s. **zgjedh**
zgjidhj|e, -a Lösung, Auflösung; **çështja do zgjidhje** das Problem verlangt eine Entscheidung
zgjidhsh|ëm, -me, i/e lösbar; **problem i** ~ lösbares Problem
zgjim-i das Erwachen
zgjohem erwachen
zgjoj aufwecken
zgj|úa, -ói, *pl.*-óje-t Bienenkorb, Bienenstock; Bienenvolk
zgjuar, i/e aufgeweckt, klug
zgjuarsí-a Aufgewecktheit
zgjyran-i, *pl.* -ë-t Schmutzfink
zgjyr|ë, -a Rost; Hammerschlag, Metallspäne; Schmutz
zgjyros rosten lassen; verschmutzen
zi, i, *f.* e zezë, *pl.* të zinj, *f.* zeza schwarz; **fruth i** ~, **fruth i keq** Scharlach; **heq të zitë e ullirit** das Martyrium erleiden, tausend Tode sterben; **mos na ndill zi!** mal nicht den Teufel an die Wand!; **iriqi i** ~ Krebs, Cancer *med.*
zi-a Not; Trauer; ~ **buke** Hungersnot
z|iej, -jeva, -ier kochen, abkochen, sieden
zift-i Teer
zigzag-u, *pl.* -e-t Zickzackbewegung; **zigzaget e zhvillimit** Umwege der Entwicklung
zigj-i, *pl.* -e-t Hängewaage
zijafet-i, *pl.* -e-t *veralt.* Gastmahl
zijosem Kohldampf haben, ausgehungert sein
zilar, -e = **ziliqar**, -e neidisch
zil|e, -ja Klingel; **i bie ziles** klingeln
zileps neidisch sein, Neid verspüren
zilí-a Neid, Mißgunst
zindjellës, -e unheilkündend

zink-u Zink *chem.*
zinkoj verzinken
zinkuar, i/e verzinkt; **llamarinë e** ~ Zinkblech
zinxhir-i, *pl.*-ë-t Kette; **zinxhirë-t** Reißverschluß; ~ **dore** Armband; ~ **qafe** Halskette
zjarr-i, *pl.* -e-t Feuer, Feuersbrunst
zjarrfikës-i Feuerwehrmann; **numri i zjarrfikësve** Feuermelder, Feuernotruf *am Telefon*
zjarrisht|ë, -a Herdfeuer, Kaminfeuer; Aschenbecher; Anfeuerholz
zjarrmëtar-i Feuerwerker, Sprengmeister
zjarrmor, -e feurig, hitzig
zjarrtar-i Heizer *Schiff, Eisenbahn*
zjarrtë, i/e feurig, Feuer-
zjarrvënës-i Brandstifter
zmadhoj vergrößern
zmadhues, -e augmentativ *spr.*
zmbraps zurückwerfen, zurückziehen, rückgängig machen; ~ **vendimin** die Entscheidung widerrufen
zmbrapsem zurückweichen
zodiak-u Tierkreis
zo|g-u, *pl.* -gj-të Vogel
zog|ë, -a Junghenne; Jungbiene
zóg|ël, -la, *pl.* -la-t Faulbaum *bot.*; Vöglein
zogdel|e, -ja Bachstelze
zogorí-a Rudel; Horde; **fashizmi me zogoritë e tij** der Faschismus mit seinen Horden
Zolingen-i *ON* Solingen
zonak, -e = **zonë**, i/e taub *Ähre*
zon|ë, -a Zone; ~ **e tropikut** die Tropen; ~ **operative** Operationszone *mil.*
zonj|ë, -a Dame, Frau; **zonja e zotërinj!** meine Damen und Herren!; **e zonja** Besitzerin, Eigentümerin; Hausfrau
zonjush|ë, -a Fräulein
zoolog-u, *pl.* -ë-t Zoologe
zoologjí-a Zoologie
zoologjik, -e zoologisch
zooteknί-a = **zooteknik|ë**, -a Zootechnik
zooteknik-u Zootechniker, Viehzuchtspezialist
zooveteriner-i Zootechniker und Tierarzt
zor-i Zwang; Anstrengung; Scham
zorit *s/t* zwingen
zorsh|ëm, -me, i/e mühselig
zorr|ë, -a Darm; **zorrat e kuqe** Speiseröhre; ~ **e verbër**, ~ **qorre** Blinddarm
zorrëbosh, -e hungrig
zot-i, *pl.* -a-t Gott; **zoti e di**

çfarë Gott weiß, was [für ein]
zot-i, *pl.* -ër-it Herr *vor Eigennamen*; **zotërit e dheut** die Herren der Erde
zot-i, i Besitzer, Eigentümer; geschickt; **i zoti i librit** der Eigentümer des Buches; **ia dha të zotit** er gab es dem Eigentümer
zotëri-a *m.*, *pl.* -nj-të Herr; **zotërinj!** meine Herren!
zotërim-i Herrschaft
zotëroj beherrschen
zotërues, -e herrschend; besitzend
zotërues-i Besitzer; ~ **i tokave** Besitzer der Ländereien
zotërues|e, -ja Dominante
zotësi-a Geschicklichkeit, Meisterschaft
zotim-i Verpflichtung, Versprechen; Obligation *ök.*; **vë në jetë zotimet** Versprechungen realisieren, Verpflichtungen ausführen; **ofertë pa** ~ freie Offerte *ök.*
zotohem sich verpflichten
zotoj in Besitz nehmen
zotrote *veralt. Anrede für ältere Menschen*; **si je, zotrote?** wie geht es Euch?
zukam|ë, -a = **zukatj|e**, -a Summen, Gesumm; Pfeifen; **zukama e plumbave** das Pfeifen der Kugeln; **zukama e bletëve** das Summen der Bienen
zukas *s/t* summen
zullap-i, *pl.*-ë-t Bestie; Grobian, Herumtreiber
zullum-i, *pl.* -e-t Schaden; Grausamkeit, Willkür; **zullumet e xhandarëve** die Willkürakte der Gendarmen
zullumqar, -e gewalttätig
zulm|ë, -a Ruhm
zulmëmadh, -e ruhmreich
zumpará-ja = **zumpar|e**, -ja Schmirgelpapier, Schmirgel
zurná-ja Surne *oriental. Blasinstrument*, Oboe *mus.*
zusk|ë, -a Dirne
zuzar-i, *pl.* -ë-t Herumtreiber, Strolch
zvarg langziehen, in die Länge ziehen; ~ **punë** eine Arbeit schleppend verrichten
zvarishtar, -e aus Zvarisht
zvarranik-u, *pl.* -ë-t Kriechtier, Reptil
zvarrë ⟨*adv*⟩ schleppend
zvarris *s/t* schleifen, eggen; ~ **për flokësh** an den Haaren zerren
zvarritem kriechen
zvarritës, -e schleifend, Schleif-
zverdhem erbleichen, vergilben

zverdhim-i = **zverdhj|e**, -a das Bleichen, Aufhellen
zverdhoj gelb machen, gelb leuchten; blond färben
zverdhur, i/e vergilbt; **letër e ~** vergilbtes Papier
zver|k-u, *pl.* -qe-t Nacken
zvetënim-i Entartung
zvetënohem entarten, degenerieren
zvetënoj verderben
zviceran, -e schweizerisch, Schweizer
Zvic|ër, -ra Schweiz
zvirdhem *e/i/o* sich entfremden; **iu zvordh çdo gjë** alles war ihm fremd geworden
zvjerdh *e/i/o* entwöhnen *von der Brust*, ausreden
zvogëloj vermindern
zvogëlues, -e verkleinernd, Verkleinerungs-, diminutiv *spr.*
zvol-i, *pl* -e-t Erdscholle, Ackerscholle, Scholle
zymbyl-i, *pl.* -a-t Hyazinthe *bot*
zymbyl|e, -ja Henkelkorb, Obstkorb
zymtë, i/e finster, düster, traurig
zymtësi-a = **zymti-a** Finsternis, Dunkelheit; **~ e natës** Finsternis der Nacht
zymtohem finster werden, sich verfinstern
zymtoj verfinstern *transitiv*, traurig machen; **~ jetën** das Leben schwer machen
zyr|ë, -a Amt, Büro; **~ e gjendjes civile** Standesamt; **~ postare** Postamt; **~ e sendeve të gjetura** Fundbüro
zyrtar, -e amtlich, Amts-, offiziell
zyrtar-i Beamter
zyrtarisht ⟨*adv*⟩ offiziell
zyrtariz|ëm, -mi Bürokratismus

Zh

zh- = **ç-** ent-; in-, dis-
zhaban-i, *pl.* -ë-t Kröterich, männliche Kröte
zhabaritem planschen
zhab|ë, -a Kröte
zhabin|ë, -a = **zhabil-i**, *pl.* -ë-t Hahnenfuß
zhabjak-u, *pl.* -ë-t Smaragdeidechse; Erdkröte
zhak|e, -ja Zweihandsäge, Säge für zwei Personen
zhakra-t Flußablagerungen *Holz, Steine, Schlamm*
zhalon-i, *pl.* -ë-t Zirkel des Landmessers; Meßlatte des Landmessers

zhangëllim|ë, -a Gekreisch
zhangëlloj kreischen
zhap schlaff machen, erschlaffen lassen, zerfetzen; hineinstopfen
zhaparis *s/t* versengen; pellen
zhapí-u, *pl.* -nj-të = **zhapik**-u, *pl.* -ë-t Smaragdeidechse
zhardec-i Schlangengift
zhardhok-u, *pl.* -ë-t Knolle *bot.*
zhardhokëzoj Knollen ansetzen *z. B. Kartoffel*
zhardhokor, -e Knollen-
zharg = **zvarrë** ⟨*adv*⟩
zharg|ë, -a ausgetretener Schuh
zhargoj schleifen, schleppen
zhargon-i, *pl.* -e-t Argot *spr.*, Sondersprache, Slang; Kauderwelsch; ~ **hajdutësh** Räuberidiom, Gaunersprache; ~ **profesional** Berufssprache, Fachsprache
zhargoniz|ëm, -mi, *pl.* -a-t Slang-Wort *spr.*
zhavorr-i, *pl.* -e-t Kies; Ballast
zhavorrisht|ë, -a Kiesgrube
zhavorroj mit Kies belegen
zhbalancoj aus dem Gleichgewicht bringen
zhbëhem me ⟨+ *Akk*⟩ lossagen sich von; **farefisi zhbëhej me të dënuarin** die Verwandtschaft sagte sich vom Verurteilten los
zhbëj brechen, zerstören
zhbirim-i Sondierung; **bëj një** ~ eine Nachforschung anstellen
zhbiroj durchlöchern, bohren, sondieren
zhburgos aus der Haft entlassen, freilassen
zhburrnoj entehren
zhdavaris *s/t* zerstreuen
zhdeh ernüchtern lassen
zhdehj|e, -a Ernüchterung
zhdëmtim-i Schadenersatz, Entschädigung
zhdëmtoj entschädigen
zhdëp vollstopfen; verhauen, ausschimpfen
zhdërvillem *e/i/o* sich winden, gewandt werden
zhdërvjell *e/i/o* entwirren
zhdërvjellët, i/e flink, gewandt
zhdërvjelltësí-a Gewandtheit
zhdhjamos entfetten, das Fett entfernen
zhdoganoj verzollen
zhdredh *e/i/o* entwirren; richten auf; **i zhdrodhi pushkën** er richtete das Gewehr auf ihn
zhdréjtazi ⟨*adv*⟩ indirekt, mittelbar
zhdrejtë, i/e indirekt, mittelbar; **ligjëratë e** ~ **e lirë** erlebte Rede *spr.*
zhdryj entriegeln, öffnen
zhduk verschwinden lassen.

beseitigen
zhdukem verschwinden
zhdukj|e, -a Beseitigung, das Verschwinden
zhdymëzoj halbieren
zheg-u Bullenhitze
zhegitem *s/t* verdorren, vor Hitze fast umkommen
zhegoj anzünden, erhitzen
zhegulí-a Menge *Kinder*, Kinderschar; **kishte një zheguli për të ushqyer** er hatte eine Kinderschar zu ernähren
zhel|e, -ja Lappen, Fetzen; **bëj ~** zusammenstauchen, ausschimpfen, zur Minna machen
zheloj zerfetzen, zerreißen
zhgan-i, *pl.* -e-t Rudel, Menge
zhgardhin|ë, -a dürres Holz; Bruchbude
zhgardhohem zerfallen
zhgenjehem enttäuscht sein
zhgënjej enttäuschen
zhgënjim-i Enttäuschung
zhgërryej schleppen, ziehen, schleifen
zhgradim-i Degradierung
zhgradoj degradieren *mil.*
zhgrap kritzeln; **nuk di t'ia zhgrap** ich kann nicht schreiben
zhgropos ausgraben, hervorziehen; wieder ins Gedächtnis rufen
zhgúall-i = **gúall-i**
zhgun-i, *pl.* -a-t Filzumhang, Kotzen; Kutte *rel.*
zhgjënd|ërr, -rra, *pl.* -rra-t Halbschlaf nach dem Traum; Enttäuschung
zhíb|ël, -la, *pl.* -la-t Holzsplitter, Splint; Fleck; Hintergedanke; **lëri zhiblat!** laß die Tricks!
zhiv|ë, -a Quecksilber
zhongler-i Jongleur; Gaukler
zhub|ër, -ra, *pl.* -ra-t Runzel, Knitterfalte
zhubrosem knittern; **iu zhubros kostumi** sein Anzug ist zerknittert
zhuk|ë, -a Binse *bot.*, Riedgras; **shportë zhuke** Binsenkorb
zhuktë, i/e aus Binsen
zhul-i Schmutz
zhulos verschmutzen
zhumhur-i Getöse, Dröhnen
zhungë weich, nachgereift *nach dem Pflücken*
zhur-i grober Sand, Kies; Sehnsucht
zhuris *s/t* verbrennen, brandschatzen, verdorren lassen, **vapa zhuriti misrat** die Hitze ließ die Maiskolben verdorren
zhurm|ë, -a Lärm, Geräusch; **na çmendi me atë ~** der Lärm hat uns verrückt gemacht

zhurmëroj rauschen, tosen, lärmen; **valët e detit zhurmërojnë** die Wellen der See rauschen, die Wogen des Meeres tosen; **zhurmëron qyteti** die Stadt lärmt
zhurmët, -i/e lärmend
zhurmëthithës, -e lärmschluckend
zhurmoj lärmen, summen, rauschen, zirpen; **gjinkallat zhurmojnë** die Zikaden zirpen
zhurmsh|ëm, -me, i/e lärmend, lärmig; **muzikë e zhurmshme** lärmende Musik
zhuzhas *a/e/i;s/t* = **zhuzhuris** *s/t* brummen, summen; knistern; **motori zhuzhet** der Motor röhrt
zhuzhitj|e, -a Dröhnen, Brummen, Summen
zhvarros ausgraben
zhvas *s/t* entreißen, abreißen; **i zhvatën orën nga dora** man riß ihm die Uhr vom Arm
zhvatës-i Ellbogenmensch
zhvendos verstellen, verlegen; abräumen
zhvendosj|e, -a Umstellung, Verschiebung; ~ **e theksit** Akzentverschiebung *spr.*
zhvesh entkleiden, plündern
zhveshës|e, -ja Entkernungsmaschine *für Mais, Reis*
zhveshj|e, -a Plünderung; Demontage
zhveshur, i/e entkleidet, nackt
zhvidhos aufschrauben
zhvillim-i Entwicklung, Wandel, Evolution; ~ **gjuhësor** Sprachwandel
zhvillimor, -e Entwicklungs-; **stad** ~ Entwicklungsstadium
zhvilloj entwickeln
zhvirgjëroj entjungfern
zhvishem sich ausziehen, ablegen *fig.*; **u zhvish nga plogështia** er legte die Faulheit ab
zhvjell *e/i/o* entwirren
zhvleftësim-i = **zhvlerësim-i** Entwertung
zhvleftësoj = **zhvlerësoj** entwerten, wertlos machen
zhvoshk entrinden
zhvulos entsiegeln
zhvulosj|e, -a Entsiegelung
zhvullnetem willenlos werden
zhyej *e/ye* beschmutzen; hineinziehen *fig.*; **zheu edhe shokun në atë çështje** er zog auch seinen Freund in diese Sache hinein
zhyer, i/e schmutzig
zhym-i Ruß; Asche *des Tabaks*
zhys *s/t* untertauchen *transitiv*, versinken lassen; **e zhyti**

në borxhe er stürzte ihn in Schulden

zhytas ⟨*adv*⟩ = **zhytthi** untergetaucht; **kaloj lumin zhytas** den Fluß getaucht überqueren

zhytem versinken, untergehen, tauchen; **u zhyt në leximin** er versank in der Lektüre

zhyt|ër, -ra, *pl* -ra-t Seetaucher *Vogel*

zhytës-i = **zhytar-i** Taucher

zhytj|e, -a das Versinken, Untergang

Wörterbuch
deutsch – albanisch

A

Aal ngjal|ë, -a
Aaronstab *bot.* këlkaz|ë, -a
Aas kërm|ë, -a; ~**geier** larash-i, *pl.* -ë-t
abändern ndryshoj
Abänderung ndryshim-i
abberufen çemëroj; revokoj
abbiegen kthehem, dredhoj
Abbildung figur|ë, -a
Abblendlicht drita sinjalesh
Abbreviatur *spr.* shkurtim-i
Abbruch prishj|e, -a, prerj|e, -a
Abc abëcë-ja, *pl.* -të; ~**-Fibel** abetar-i; abetar|e, -ja
abdanken abdikoj
Abdankung abdikim-i
abdecken mbuloj
Abdeckung mbules|ë, -a
Abdest avdes-i *rel.*
Abdruck mbres|ë, -a; *Veröffentlichung* botim-i
Abend mbrëmj|e, -a; **am** ~ mbrëmjeve, **abends** mbrëma, në mbrëmje, mbrëmanet; ~**brot** dark|ë, -a; ~**dämmerung** muzg-u; ~**essen** dark|ë, -a; ~**schule** shkollë mbrëmjeje
Abenteuer aventur|ë, -a
Abenteurer aventurier-i, *pl.* -ë-t
Abenteurertum aventuriz|ëm, -mi
aber po, por, porse; ~ **sicher!** qysh jo!
Aberglaube besëtytní-a
abergläubisch besëtytë
aberkennen *jur.* çnjoh
abessinisch abisinas, -e
Abfahrt nisj|e, -a; ~**sort** vendnisj|e, -a
Abfall bërllok-u; ~**eimer** kovë plehrash; ~**korb** kosh i plehrave
abfassen hartoj
Abfassung përpilim-i
Abfertigungsanlage dispéçer-i, *pl.* -ë-t
Abflug nisj|e, -a; nisja e avionit
Abfluß- kullues, -e
Abflußrohr kanal-i, *pl.* -e-t; llagëm-i, *pl.* -e-t
Abführmittel purgativ-i
Abgabe dorëzim-i; tag|ër, -ri, *pl.* -ra-t; taks|ë, -a
abgehangen *Fleisch* motuar, i/e
abgelagert ushtuar, i/e
abgeleitet sekondar, -e
Abgeordneter deputet-i, *pl.* -ë-t
abgestanden bujtur, i/e
abgestanden *Speise* motuar, i/e; bajat, -e
abgestorben tharë, i/e; vdekur i/e
abgießen, kulloj
Abgott ídhu|ll-i, *pl.* -j-t

Abgrund gremin|ë, -a; humner|ë, -a; theqafj|e, -a
Abhandlung studim-i; punim-i
Abhang faqja e malit; tatëpjet|ë, -a; shpat-i, *pl.* -e-t
abhängig varur, i/e
abhängig sein varem
Abhängigkeit varësí-a, vartësí-a
abhärten kalis *s/t*
abhäuten qëroj
abholen marr
Abholfach restante
Abitur matur|ë, -a
Abiturient maturant-i, *pl.* -ë-t
abkochen z|iej, -jeva, -ier
Abkommen marrëveshje; konvent|ë, -a
abkratzen gërryej; *fig.* vdes
abkühlen ftoh
Abkühlung ftohj|e, -a
abkürzen shkurtoj
Abkürzung shkurtim-i
ablagern stinoj; ushtoj; stazhionoj
Ablativ ablativ-i; rrjedhor|e, -ja
ablaufen skadoj
Ablaut apofoní-a; **qualitativer** ~ këmbim cilësor i zanoreve
Ablaut- apofonik, -e
ablegen *fig.* zhvishem; **Prüfungen** ~ jap / shlyej provime
ablehnen hedh poshtë; refuzoj
Ablehnung heqje dorë; refuzim-i
ableisten kryej
Ableistung *der Wehrpflicht* kryerj|e, -a
Ableitung rrjedhoj|ë, -a; prejardhj|e, -a
abmagern zgrepem
abmessen mas *s/t*
Abmessung matj|e, -a
abnehmen hollohem; *Ware* firoj; **den Gürtel** ~ zgjesh
abnutzen gris
Abonnement aboniment-i, *pl.* -e-t; pajtim-i; ~**bestätigung** fletëpajtim-i
Abonnent pajtimtar-i
abordnen delegoj
Abort nevojtor|e, -ja; *Abtreibung* abort-i; dështim-i
Abortgrube gjiriz-i, *pl.* -e-t
abrackern, sich ~ sfilitem; çallëstis; djersitem
abräumen zhvendos
abrechnen laj hesapet
Abrechnung hesap-i, *pl.* -e-t; llogarí-a
Abreise largim-i
abreißen çmontoj; zhvas *s/t*; këpus *s/t*
abrunden rrumbullakoj
Abrüstung çarmatim
Absage heqje dorë
Absatz kryerresht-i, *pl.* -a-t; kryeradh|ë, -a; *am Schuh*

tak|ë, -a; *jur.* nen-i, *pl.* -e-t; paragraf-i, *pl.* -ë-t; *Verkauf* shitj|e, -a; **~markt** treg shitjeje
abschalten ndërpre|s, -va, -rë
Abscheu empfinden neveritem
abschicken nis; dërgoj
Abschied lamtumir|ë, -a; **~sessen** banket lamtumire
abschießen rrëzoj
abschlachten ther
abschleppen rimorkioj
abschließen *beenden* përfundoj; kr|yej, -eva, -yer *e/ye/y*; *verschließen* mbyll
Abschluß mbarim; **zum ~ von** në mbarim të ⟨+ *Gen*⟩
Abschmieren *tech.* lubrifikim-i; grasatim-i
abschmieren grasoj
abschneiden pres; cungoj
Abschnitt kryerresht-i, *pl.* -a-t; *jur.* kr|ye, -eu; sektor-i; faz|ë, -a; segment-i, *pl.* -e-t; seksion-i
abschreiben kopjoj; *ök.* amortizoj
Abschreibung amortizim-i
abschürfen çjerr *e/i/o*
abschütteln shkundem
Abschuß *Flugzeug* rrëzim-i
absehen von *jur.* përjashtoj; **abgesehen von allem andern** përveç të tjerave
abseits *spo.* jashtë loje
Absender dërgues-i; ekspeditor-i
Absicht synim-i
absichtlich me qëllim; qëllimisht; qëllimthi; apostafat; énkas; kastíle; nérgut ⟨*adv.*⟩
Absichts- qëllimor, -e
absolut absolut, -e; absolutisht ⟨*adv*⟩
Absolutismus absolutiz|ëm, -mi
Absorption *spr.* përthithj|e, -a
Abspaltung herezí-a; mvetësim-i
Absperrung kordon-i, *pl.* -ë-t
Absprache dispozit|ë, -a; akord-i, *pl.* -e-t; **~ zugunsten eines Dritten** dispozitë në dobi të një të treti
abstammen jam prejardhur
Abstammung prejardhj|e, -a; far|ë, -a
Abstand distanc|ë, -a; **~ nehmen von** heq dorë
absteigend zbritës, -e
abstellen ndërpre|s, -va, -rë; ndaloj; *Fahrzeug* parkoj
absterben thahem; **mir sind die Hände wie abgestorben** m'u athën duart
Abstieg zbritj|e, -a
abstimmen votoj
abstrahieren *phi.* abstragoj; abstraktoj
abstrakt abstrakt, -e
Abstraktheit abstraktësí-a

Abstraktion abstraksion-i; abstraktim-i
abstürzen *Flugzeug* rrëzohem
absurd absurd, -e
Absurdität absurditet-i
Abszess *med.* abses-i
Abszisse *math.* abshis|ë, -a
Abt abat-i, *pl.* -ë-t; *orthodox* igumen-i, *pl.* -ë-t
Abtei abací-a
Abteil *Zug* kabin|ë, -a, *pl.* -a-t
Abteilung repart-i, *pl.* -e-t; deg|ë, -a
Abtönung nuanc|ë, -a; *spr.* këmbim cilësor i zanoreve
abtreiben dështoj
Abtreibung abort-i; dështim-i
abtreten cedoj
Abtretung cedim-i
Abtritt nevojtor|e, -ja
abtrocknen fshij; **die Hände ~ fshij duart**
abwandelbar ndryshues-h|ëm, -me, i/e
abwechseln, sich ~ alternohem
Abweichler deviator-i, *pl.* -ë-t
Abweichung deviacion-i; divergjenc|ë, -a; shmangi|e, -a
abwenden praps
abwertend përçmues, -e
abwetzen gris
abwischen fshij; shlyej
abziehen *subtrahieren* zbres
Acheron Akeront-i
Achronie akroní-a
achronisch *spr.* pakohor, -e
Achse *tech.* aks-i; bosht-i, *pl.* -e-t
Achsel sqétull-i, *pl.* -a-t; sup-i, *pl.* -e-t
acht tetë; **der achte** tetë, i
achteckig tetëkëndësh, -e
achten çmoj
Achtsilbler tetërrokësh-i, *pl.* -a-t
Achtung respektim-i; konsiderat|ë, -a; ~ ! vini re!; kujdes!
achtzehn tetëmbëdhjetë; **der achtzehnte** i tetëmbëdhjetë
achtzig tetëdhjetë; **achtzigster** i/e tetëdhjetë
Acker ar|ë, -a
Ackerbau bujqësí-a
Ackerentwässerungsrohr llagëm i arave
ackern lëroj; *arbeiten* punoj
Ackerscholle zvol-i, *pl.* -e-t
Ackerwinde *bot.* dredhkë e arave
Adagio adáxhio-ja, *pl.* -t
Adaption përshtatj|e, -a
adäquat adekuat, -e
addieren mbledh; **den Subtrahend zur Differenz ~** mbledh zbritësin me mbetjen
Adel fisnikërí-a

adeln bujaroj; fisnikëroj
adhortativ këshillues, -e
Adieu! lamtumirë!
Adjektiv mbiem|ër, -ri, *pl.* -ra-t; ~ **mit vorangestelltem Gelenkartikel** mbiemër i nyjshëm; ~ **ohne Gelenkartikel** mbiemër i panyjshëm
Adjektivierung adjektivim-i
adjektivisch mbiemëror, -e
Adjutant adjutant-i, *pl.* -ë-t
Adler gab|ë, -a; shkab|ë, -a; shqiponj|ë, -a
adlig fisnik, -e
Administration administrat|ë, -a
administrativ administrativ, -e
Administrator administrator-i
Admiral *mil.* admiral-i, *pl.* -ë-t
Admirativ *spr.* habitor|e, -ja; mënyrë habitore
adnominal *spr.* pranëemëror, -e
adoptieren *jur.* adoptoj, birësoj
Adoption adoptim-i
Adresse adres|ë, -a
adressieren adresoj
Adstrat ndajshtres|ë, -a
Advent *rel.* ardhun-it, t'; Ardhj|e, -a
Adverb ndajfolj|e, -a
adverbial ndajfoljor, -e
Adverbialbestimmung plotës-i
Adverbialisierung adverbializim-i; ndajfoljezim-i
adversativ *spr.* kundërshtor, -e
Advokat avokat-i, *pl.* -ë-t
Aerodynamik aerodinamik|ë, -a
aerodynamisch aerodinamik, -e
Aeronautik aeronautik|ë, -a
Affe majmun-i, *pl.* -ë-t
Affekt afekt-i, *pl.* -e-t
affektiv afektiv, -e; ~**e Gemination** dyzim shprehës
Afferei majmunërí-a
Affigierung *spr.* ndajshtesim-i
Affigkeit majmunërí-a
Affirmation pohim-i
Affix *spr.* ndajshtes|ë, -a
Affrikat *spr.* afrikat|e, -ja
afghanisch afgan, -e, afganistánas, -e
Afrika Afrik|ë, -a
afrikanisch afrikan, -e
Aga agá-i, *pl.* -llarë-t
Ägäis, Ägäisches Meer Egjé-u
Agent agjent-i, *pl.* -ë-t; emisar-i
Agentur agjencí-a; agjentur|ë, -a
Agglutination *spr.* përngjitj|e, -a; aglutinim-i
Aggregat agregat-i, *pl.* -e-t

Aggression agresion-i; **~sherd** vatër agresioni
aggressiv agresiv, -e
Aggressor agresor-i
Agitation agjitacion-i; **~ und Propaganda, Agitprop** agjitprop-i
Agitator agjitator-i
Agnostizismus agnosticiz|ëm, -mi
Agnostizist *phi.* agnosticist-i
Agonie heq|ë, -a; agoní-a; grahm|ë, -a
agrarisch agrar, -e
Agrarreform reformë agrare
Agrément agrement-i
Agrochemie agrokimí-a
Agronom agronom-i, *pl.* -ë-t
Agronomie agronomí-a
agronomisch agronomik, -e
Agrumen agrume-t *f.*; **~hain** agrumisht|ë, -a
Ägypten Egjipt-i
Ägypter egjiptian-i, *pl.* -ë-t
ägyptisch egjiptian, -e
Ahle fëndyc|ll-i, *pl.* -j-t; biz|ë, -a
ahnen pandeh; ndjell *e/i/o*
ähnlich ngjashm|ëm, me, *i/e*
Ähnlichkeit ngjashmërí-a
Ahorn panj|ë, -a; ulz|ë, -a
Ähre kallí-ri, *pl.* -nj-të; **unreife ~** úsht|ër, -ra, *pl.* -ra-t
Akademie akademí-a; **~mitglied** akademik-u, *pl.* -ë-t
akademisch akademik, -e
Akanthus dásht|ër, -ra, *pl.* -ra-t
Akazie akaci|e, -a; ferrëdet-i, *pl.* -e-t
akklimatisieren, sich ~ ambientohem
Akkord akord-i, *pl.* -e-t; **~arbeit** punë me akord
Akkordeon fizarmonik|ë, -a
akkreditieren akreditoj
Akkreditierung akreditim-i
Akku, Akkumulator akumulator-i
akkumulieren akumuloj
Akkusativ kallëzor|e, -ja
Akrobat akrobat-i, *pl.* -ë-t
Akrobatik akrobací-a
akrobatisch akrobatik, -e
Akronym akronim-i
Akryl- akrilik, -e
Akt *m.* akt-i, *pl.* -e-t
Akte *f.* dosar-i, *pl.* -ë-t; dosj|e, -a; **~nbündel** dosar-i, *pl.* -ë-t; dosj|e, -a; **~ntasche** çantë aktesh
Aktie *ök* aksion-i, *pl.* -e-t
Aktion veprim-i; aksion-i, *pl.* -e-t
Aktionär aksionar-i
Aktionsart *spr.* pamj|e, -a
aktiv aktiv, -e; aktivisht ⟨*adv*⟩
Aktiv *spr.* vepror|e, -ja
aktivieren aktivizoj
Aktivist aktivist-i
Aktivität aktivitet-i; **kriminelle ~** veprimtari keqbërëse

Aktivkohle *chem.* blozë aktive
aktualisieren aktualizoj
Aktualität mprehtësí-a
aktuell aktual, -e; mprehtë, i/e
Akuität *spr.* mprehtësí-a
akustisch akustik, -e
akut *med.* akut, -e
Akzent *spr.* theks-i, *pl.* -a-t; **~verlust** shtheksim-i; **~verschiebung** zhvendosje e theksit; **~wechsel** këmbim theksor
Akzent- theksor, -e
akzentuieren theksoj
Akzentuierung theksim-i
akzeptabel pranuesh|ëm, -me, i/e
akzeptieren pranoj
Akzidenz *phi.* akcidenc|ë, -a
Alabaster alabast|ër, -ri; gurmic|ë, -a
Alarm alarm-i; kushtrim-i
alarmieren alarmoj
Albaner shqiptar-i; arnaut-i, *pl.* -ë-t *veralt., hist.*
Albanerin shqiptar|e, -ja
Albanien Shqipërí-a
albanisch shqiptar, -e; shqip, -e; shqip ⟨*adv*⟩; **~e Sprache; Albanisch** shqip|e, -ja; gjuha shqipe
Albanischer Fußballbund Federata Shqiptare e Futbollit
Albanistik albanologjí-a, albanistik|ë, -a
Albanologe albanolog-u, *pl.* -ë-t
Albanologie, albanologjí-a, albanistik|ë, -a
albanologisch albanologjik, -e
Album album-i, *pl.* -e-t
Alchemie alkimí-a
Alexandria *ON* Aleksandrí-a
Alge *bot.* alg|ë, -a
Algebra algjeb|ër, -ra
algebraisch algjebrik, -e; **~e Gleichung** ekuacion algjebrik
Algerien Algjerí-a
algerisch algjerian, -e
Algier *ON* Algjer-i
Alibi *jur.* alibí-a
Alkali *chem.* alkal-i
Alkohol alkool-i, *pl.* -e-t; **~zuführen** alkoolizoj
Alkoholiker alkoolist-i
alkoholisch alkoolik, -e
alkoholisieren alkoolizoj
Alkoholismus alkooliz|ëm, -mi
All *n.* gjithësí-a
Allah *rel.* Allah-u
alle gjith|ë, -a, të; **~ fünf** që të pesë; **~ zusammen** gjithunjí
Allegorie *spr.* alegorí-a
allegorisch alegorik, -e
Allegro *mus.* alégro-ja
allein vetmuar, i/e; vetëm ⟨*adv*⟩; fillikat; **~ leben** fi-

llëroj
allemal gjithmonë, **ein für ~** një herë e përgjithmonë
Allergie *med.* alergjí-a
Allerheiligen *rel.* Gjithë Shenjtënt
allerlei gjithfarë
Allerseelen *rel.* të Shúema-t
alles çdo gjë; çmos; çnuk; gjithçká; **~ Gute!** shëndet e kësmet!
allgemein përgjithsh|ëm, -me, i/e; gjíthazi ⟨*adv*⟩
Allianz aleanc|ë, -a
Alliierter aleat-i, *pl.* -ë-t
Alliteration aliteracion-i
Allmacht gjithëfuqí-a
allmächtig gjithëfuqish|ëm, -me, i/e; gjithëpushtetsh|ëm, -me
allmählich gradual, -e
Allmende *hist.* halijer-i
Allomorph alomorf-i, *pl.* -a-t
Allophon *spr.* alofon-i
allseitig gjithansh|ëm, -me, i/e
Alltag jeta e përditshme
alltäglich përditsh|ëm, -me, i/e
Allusion *spr.* aluzion-i, *pl.* -e-t
allzeit gjithherë; kurdoherë
Alm bjeshk|ë, -a, *pl.* -ë-t
Almanach almanak-u
Almosen lëmosh|ë, -a
Almwirtschaft bjeshkí-a
Alpen Alpe-t
Alpenveilchen *bot.* ciklamin-i, *pl.* -ë-t
Alphabet alfabet-i, *pl.* -e-t; abëcë-ja, *pl.* -të
alphabetisch alfabetik, -e; **~e Ordnung** renditje alfabetik
alpin alpin, -e
Alpinist, alpinist-i
Alptraum makth-i, *pl.* -e-t; ankth-i, *pl.* -e-t
als kur ⟨*Konj.*⟩; sesa; **~ ob** sikur; kínse ⟨*Konj.*⟩
also prandaj; demek; de *Int.*; **du hast das also nicht gewußt!** demek, s'e paske ditur ti!
alt vjetër, i/e; moç|ëm, -me, i/e; motuar, i/e; lashtë, i/e; qëmoç|ëm, -me, i/e; vjeç, -e; plak, -ë, *pl.* pleq, *f.* plaka; **5 Jahre ~** pesë vjeç; **das Alte** vjetra, e; **der Alte** plak-u, *pl.* pleq-të; **Altes Testament** *rel.* Dhiata e vjetër
Alt *mus.* álto-ja, *pl.* -t
Altar altar-i, *pl.* -ë-t; **~raum** hijeror|e, -ja
altbacken bajat, -e
Altbestand fond i vjetër, fond i lashtë
Alter vjetërsí-a; mosh|ë, -a; **~ erreichen** mbush moshën
Altern, das ~ vjetrim-i
altern vjetrohem; **~ lassen** vjetroj

Alternation, Alternanz *spr.* këmbim fonetik
Alternative alternativ|ë, -a
alternieren alternohem
alters: von ~ her denbabaden ⟨*adv*⟩
Altersgenosse moshatar-i; vërsnik-u
Altersgruppe grup-mosh|ë, -a, *pl.* -a-t
Altersheim azil-i, *pl.* -e-t
Altertum antikitet-i; lashtësí-a
Altertümlichkeit lashtësí-a
Ältestenrat kryepleqësí-a *veralt.*; **am ~ teilnehmen** pleqnoj
Altphilologie helenistik|ë, -a
Altruismus altruiz|ëm, -mi
Altruist altruist-i
Aluminium *chem.* alumin-i
alveolar *spr.* trysor, -e
am në, më; **~ 2. Juli** më dy korrik; **~ Ende des 19. Jahrhunderts** në kapërcellin e shekullit XIX; **~ Fluß** anës lumit; **~ Rande von** buzë ⟨+ *Abl*⟩; bri ⟨+ *Abl*⟩
Amateur amator-i, *pl.* -ë-t; diletant-i, *pl.* -ë-t
Amazonas *FN*, Amazonenstrom Amazon|ë, -a
Amazone amazon|ë, -a
Ambiente mjedis-i, *pl.* -e-t; ambient-i
Ambition ambíci|e, -a
ambitiös ambicioz, -e
ambivalent ambivalent, -e
Amboß fark|ë, -a
ambulant ambulator, -e; shëtitës, -e
Ambulanz ambulanc|ë, -a
Ameise dhéul-a, *pl.* -a-t; milingon|ë, -a; thneg|ël, -la
Amen amin ⟨*Int.*⟩
Amerika Amerik|ë, -a
Amerikanerei amerikanat|ë, -a
amerikanisch amerikan, -e
Amme mëndesh|ë, -a; dado-ja
Ammoniak amoniak-u; uré-ja
Amnesie *med.* amnezí-a
Amnestie *jur.* amnistí-a
amnestieren amnistoj
Amöbe ameb|ë, -a
amoralisch amoral, -e
Ampel *Verkehrs*~ semafor-i, *pl.* -ë-t
Ampère *tech.* amper-i, *pl.* -ë-t; **~meter** ampermet|ër, -ri, *pl.* -ra-t
Amphibium amfib-i, *pl.* -ë-t
Amphitheater amfiteat|ër, -ri, *pl.* -ra-t
Amplifikation *spr.* gjerësim-i
Ampulle *med.* ampul|ë, -a
Amsel cërr|e, -ja; cirl|ë, -a; mëllenj|ë, -a; qofk|ë, -a; **~feld** Fushë-Kosovë
Amt ofiq-i, *pl.* -e-t; zyr|ë, -a
amtlich zyrtar, -e

Amts- zyrtar, -e; **~blatt** gazetë zyrtare; **~leiter** titullari i dikasterit; **~sitz** rezidenc|ë, -a

Amulett hajmalí-a; *aus einem gefalteten Zettel* nusk|ë, -a

amüsant argëtues, -e

amüsieren argëtoj; **sich ~** eglendisem; argëtohem; dëfrehem; zbavitem

an anës ⟨+ *Abl*⟩; pranë ⟨+ *Abl*⟩; **am Fluß** anës lumit

An- und Verkauf shitbler-j|e, -a

Anachronismus anakroniz|ëm, -mi, *pl.* -ma-t

Anakoluth *spr.* anakolut-i

analog *phi.* analogjik, -e

Analogie *phi.* analogjí-a

Analphabet analfabet-i, *pl.* -ë-t

Analyse analiz|ë, -a

analysieren analizoj

analytisch analitik, -e

Anämie *med.* anemí-a

anämisch *med.* anemik, -e

Ananas *bot.* ananas-i, *pl.* -e-t

Anapher *spr.* anafor|ë, -a

Anaptyxe *spr.* anaptiks-i; tingull-shtes|ë, -a

Anarchie anarkí-a

anarchisch anarkik, -e

Anarchismus anarkiz|ëm, -mi

Anarchist anarkist-i

Anarchosyndikalismus anarkosindikaliz|ëm, -mi

Anarchosyndikalist anarkosindikalist-i

Anarthrie *spr.* keqnyejëtim-i

Anästhesie *med.* anestezí-a

Anastrophe *spr.* anastrof|ë, -a

Anatolien Anadoll-i; Anatolí-a

anatolisch anadollak, -e; anadollas, -e

Anatomie anatomí-a

anatomisch anatomik, -e

Anbau aneks-i, *pl.* -e-t

anbauen mbjell *e/i/o*; kultivoj

anbeten adhuroj

anbieten ofroj; propozoj

anbinden *fig.* atashoj

Anblick pamj|e, -a; tabló-ja, *pl.* -të

Andante *mus.* andant|e, -ja

Anden Ande-t

ander tjétër, *pl.* të tjerë

ändern ndërroj; ndryshoj; **er änderte sich grundlegend** ndryshoi rrënjësisht

andernfalls ndryshe ⟨*adv.*⟩

anders tjetërqysh; ndryshe ⟨*adv.*⟩

anderswo gjetkë ⟨*adv.*⟩

Änderung ndërrim-i; ndryshim-i

Andronym *spr.* andronim-i

Andruck boc|ë, -a, *pl.* -a-t

aneignen, sich etw. ~ përvetësoj

Aneignung përvetësim-i

Anekdote anekdot|ë, -a; qyfyr-i, *pl.* -e-t
anerkennen njoh *e/i*
Anerkennung njohj|e, -a
Anfall *med.* atak-u
Anfang fillim-i; filles|ë, -a; ball|ë, -i, *pl.* -ë-t
anfangen filloj
anfangend fillimor, -e
Anfänger filltar-i
anfangs fillimisht ⟨*adv*⟩
Anfangs- fillimor, -e; fillor, -e; nistor, -e; **~buchstabe** inicial-i, *pl.* -e-t; **~ zeit der Vorstellung** orari i seancës
anfassen rrok; nga|s *a/e; s/t*, -va -rë
anfeuern trimëroj
anfeuernd nxitës, -e
anfordern kërkoj
Anforderung kërkesë
Anfrage kërkes|ë, -a; **parlamentarische ~** interpelanc|ë, -a
anfreunden miqësoj
anfügen bashkëngjis *s/t*
Anfügung ndajngjitj|e, -a
anführen udhëheq; kryesoj; prij ⟨+ *Dat.*⟩; *erwähnen* citoj
Anführer ballëtar-i; kapedan-i, *pl.* -ë-t
Anführungszeichen *spr.* thonjëza-t
Angaben të dhëna-t
angeben *prahlen* mburrem; krekosem
Angeber kapadaí-u, *pl.* -njtë
Angeberei kapadaillë|k-u, *pl.* -qe-t; kapardisj|e, -a
angeblich gjoja, demek ⟨*adv*⟩; kinse ⟨*Konj.*⟩
Angebot propozim-i; ofert|ë, -a
angefügt bashkangjitur, *i/e*
angehen *betreffen* takoj
Angehöriger anëtar-i; **~ der Küstenwache** *mil.* bregdetar-i
Angeklagter *jur.* akuzuar, *i/e*; pandehur-i, i
Angel grep-i, *pl.* -a-t
Angelegenheit pun|ë, -a
Angelhaken grep-i, *pl.* -a-t
angeln grepoj; peshkoj me grep
angelsächsisch anglosakson, -e
angemessen me vend; duhur, *i/e*; denjësisht ⟨*adv*⟩;
angenehm këndsh|ëm, -me, *i/e*; hijsh|ëm, *i/e*; kënaqsh|ëm, -me, *i/e*; ëmbël, *i/e*; **~e Reise!** rrugë të mbarë!
Angestellte nëpúnës|e, -ja; punonjës|e, -ja
Angestellter nëpúnës-i; punonjës-i; **leitender ~** administrator-i
Angewohnheit shprehí-a
angewurzelt, wie ~ stehenbleiben shtangem
Angina *med.* angjin|ë, -a

Angleichung asimilim-i
Anglizismus angliciz|ëm, -mi
angreifen mësyj; hidhem në sulm; sulem; sulmoj
Angriff inkursim-i; mësymj|e, -a; ofensiv|ë, -a; sulm-i, *pl.* -e-t
Angriffs- mësymës, -e; **~skrieg** luftë mësymëse
Angst frik|ë, -a
Angsthase *fig.* frikacak-u
anhalten ndalem *intransitiv*; ndaloj
Anhang shtojc|ë, -a; aneks-i, *pl.* -e-t
anhängen aderoj
Anhänger rimorkio-ja; *Jünger* ithtar-i; dishépu|ll-i, *pl.* -j-t; *eines Sports* tifoz-i, *pl.* -ë-t
Anilin *chem.* anilin|ë, -a
Animismus animiz|ëm, -mi
Anis mastik|ë, -a; **~schnaps** uzo-ja
Ankara Ankara-ja
ankern ankoroj
Ankerplatz vend ankorimi; vendqëndrim i anijes
Anklage *jur.* akuz|ë, -a
anklagen akuzoj
Ankläger akuzues-i
Anklageschrift *jur.* aktakuz|ë, -a; kërkesëpadí-a
ankommen arri|j, -ta, -tur; mbërrij
Ankömmling ardhës-i
Ankunft arritj|e, -a; mbërritj|e, -a
Ankunftsort vendarritj|e, -a
Anlage *tech.* impiant-i, *pl.* -e-t; pajisj|e, -a; *Talent* prirj|e, -a
anlassen ndez *e/i*; **ich lasse den Wagen an** e ndez makinën
Anlasser *tech.* lëshues-i
anlaufen *naut.* hyj në liman
Anlaut *spr.* nistor|e, -ja; filles|ë, -a
Anlaß pretekst-i, *pl.* -e-t; shkas-i
anlegen *Schiff* ndalem në skelë; **~ lassen** bregëzoj
Anleger liman-i, *pl.* -e-t; skel|ë, -a
Anlegesteg shkallë vapori
anliegend pasues, -e
anlocken josh; ndjell *e/i/o*
anmalen bojatis, **das Haus ~** bojatis shtëpinë
Anmaßung arroganc|ë, -a
anmaßend arrogant, -e
Anmerkung shënim-i
Anmut vesk-u; hijeshí-a; lezet-i, *pl.* -e-t; hirësí-a
anmutig hijeshuar, i/e
annähern afroj
Annäherung afrim-i; konvergjenc|ë, -a
Annahme supozim-i; pranim-i; pandehm|ë, -a
Annalen anale-t
Annalist historiograf-i; historishkrues-i

annehmbar pranueshlëm, -me, i/e
annehmen pranoj; *jur.* kujtoj
annektieren aneksoj
Annex aneks-i, *pl.* -e-t
Annexierung *spr.* ndajngjitj|e, -a
annotiert me shënime
annullieren anulloj; prapësoj
Anode anod|ë, -a
anomal anormal, -e
Anomalie anomalí-a
anonym anonim, -e
Anopheles-Fliege anofel|e, -ja
anordnen urdhëroj
Anordnung renditj|e, -a; *Gebot* urdhëres|ë, -a
anorganisch joorganik, -e
anpassen asimiloj
anpassen azhurnoj; përshtat
Anpassung përshtatj|e, -a
Anrechnung *jur.* llogaritj|e, -a
Anrede *spr.* thirror-i
anregen frymëzoj
Anruf telefonim-i; thirrj|e, -a
anrühren nga|s *a/e; s/t*, -va -rë
Ansager folës-i; spiker-i
Ansammlung tub|ë, -a
Ansatzpunkt, den ~ finden gjej grremçin
anschauen shikoj
Anschein gjas|ë, -a
anscheinend më duket; në dukje; ka të ngjarë
anschicken, sich ~ zu matem
Anschlag *Plakat* afish|e, -ja; atentat-i, *pl.* -e-t
anschlagen afishoj
Anschlagwinkel *tech.* kënd devijimi
Anschluß *spr.*, goditj|e, -a; **~bewegung** irredentiz|ëm, -mi; **~punkt** pikëlidhj|e, -a; **~art** pikëlidhj|e, -a
anschreien hakërrohem
Anschrift adres|ë, -a
Anschuldigung fajësim-i
anschwellend ngjitës, -e
Ansehen prestigj-i
ansehen als konsideroj
Ansicht pikëpamj|e, -a; pamj|e, -a; konsiderat|ë, -a
Anspannung tendosj|e, -a
Anspielung aluzion-i, *pl.* -e-t; nënkuptim-i; **~en** romuze-t
Ansprache fjalim-i
Ansprüche kërkesa-t
anspucken pështyj
anstacheln ngus *s/t*
Anstand edukat|ë, -a; fisnikërí-a; **ein Mensch mit ~** njeri i kultivuar
anständig dinjitoz, -e; korrekt, -e
Anständigkeit korrektes|ë, -a, korrektësí-a
anstarren vështroj thekët
anstecken moleps; **mit Krätze ~** kromos; **anstek-**

kende Krankheit sëmundje ngjitëse
Anstecknadel distinktiv-i, *pl.* -ë-t
Ansteckung molepsj|e, -ja
anstiften shtyj; kall
Anstifter nxitës-i; *jur.* shtytës-i
Anstiftung shtytj|e, -a
Anstoß shkas-i
anstreichen bojatis
Anstreicher bojaxhí-u
anstrengen, sich ~ çallëstis
Anstrengung mundim-i, zor-i
Antagonismus *phi.* antagoniz|ëm, -mi
Antarktis Antarktid|ë, -a, Antarktik-u
Antastung *jur.* prekj|e, -a
Antecedens parashkues-i
Antenne anten|ë, -a
Antepänultima *spr.* rrokje dyparafundore
antezedent parashkues, -e
Anthologie antologjí-a
Anthrazit, ~ kohle antracit-i
Anthropologie antropologjí-a
Anthroponym antroponim-i
Anthropozentrismus antropocentriz|ëm, -mi
anti- kundër-
Antibiotikum *med.* antibiotik-u, *pl.* -ë-t
antifaschistisch antifashist, -e; **≈e Nationale Befreiungsbewegung** Lëvizja Antifashiste Nacionalçlirimtare
antik antik, -e
antiklerikal antiklerikal, -e
Antikommunismus antikomuniz|ëm, -mi
antikommunistisch antikomunist, -e
Antillen Antile-t
Antilope antilop|ë, -a
Antimaterie antilënd|ë, -a
antimilitaristisch antimilitarist, -e
antinational antikombëtar, -e
Antinomie antinomí-a
Antiochien *ON* Antiokí-a
Antipathie antipatí-a
antipathisch antipatik, -e
Antiquar antikuar-i, *pl.* -ë-t
Antiquariatsbuchhändler bukinist-i
Antiquität antik|ë, -a
Antiseptikum antiseptik-u
Antiteilchen *im Atom* kundërgrimc|ë, -a
Antithese antitez|ë, -a; kundërtez|ë, -a
Antivari *ON* Tivar-i
Antizipation anticipim-i
Antlitz fytyr|ë, -a
Antonomasie *spr.* antonomazí-a
Antonym *spr.* antonim-i
antonymisch antonimik, -e
antreiben grah; nxis *s/t*

Antrieb impuls-i, *pl.* -e-t
Antwerpen Anvers|ë, -a
Antwort përgjij|e, -a
antworten përgjigjem
anvertrauen besoj
anwachsen rritem
anwärmen vak
anweisen udhëzoj; instruktoj
Anweisung udhëzim-i; instruksion-i
anwenden zbatoj
Anwendung zbatim-i
Anwendungs- zbatimor, -e
anwesend pranish|ëm, -me, i/e
Anwesenheit prezenc|ë, -a; praní-a; **~sliste** evidenc|ë, -a
Anzeichen gjas|ë, -a
Anzeige lajmërim-i; kallëzim-i; **~ erstatten** ngre padi
anzeigen dëftej *e/ye*, dëftoj; denoncoj
anziehen vesh *e/i*; *Schuhe* mbath; tërheq; **die Schrauben ~** shtrëngoj vidhat; **sich ~** vishem
anziehend tërheqës, -e
Anziehung tërheqj|e, -a
Anzug kostum-i; **sein ~ ist zerknittert** iu zhubros kostumi
anzünden zhegoj; ndez *e/i*
Anzünder shkrepës-i
Aorist *spr.* aorist-i; kryer-a e thjeshtë, e; **inchoativer ~** aorist fillimor; **sigmatischer ~, schwacher ~, s-Aorist** aorist sigmatik
Aorta *med.* aort|ë, -a
Apathie apatí-a; ngathëtësí-a
apathisch ngathët, i/e; apatik, -e
Aperitiv aperitiv-i, *pl.* -ë-t
Apfel moll|ë, -a; **~saft** lëng molle
Apfelsine portoka|ll-i, *pl.* -j-të; **~getränk** portokallat|ë, -a
Aphärese *spr.* aferez|ë, -a
Aphasie *med.* afazí-a
Aphorismus aforiz|ëm, -mi, *pl.* -ma-t
Aphrodite Afërdit|ë, -a
Apikal *spr.* major|e, -ja
Apodosis *spr.* apodoz|ë, -a
Apokalypse apokalips-i; **~des Johannes** *rel.* Zbulesa
Apokope apokop|ë, -a
Apologet apologjet-i, *pl.* -ë-t
Apologie apologjí-a
Apoplexie *med.* apopleksí-a; damllá-ja
Aporie *phi.* aporí-a
Apostel apóstu|ll-i, *pl.* -j-t; **~geschichte** *rel.* veprat e apostujve
apostolisch apostolik, -e
Apostroph apostrof-i, *pl.* -a-t
Apostrophe *spr.* thirror-i; *spr.* apostrof|ë, -a
Apotheke barnator|e, -ja; farmací-a
Apotheker farmacist-i

Apotheose apoteoz|ë, -a
Apparat aparat-i, *pl.* -e-t; makin|ë, -a
Apparatur aparatur|ë, -a
Appartement apartament-i, *pl.* -e-t
Appell apel-i, *pl.* -e-t
Appenninen-Halbinsel Gadishulli i Apenínevc
Apperzeption *phi.* aperceptim-i
Appetit oreks-i; **guten ~** bëftë mirë; **ich habe keinen ~** s'më hahet
Appetithappen mezé-ja
applaudieren duartrokas *a/e/i; s/t*; brohoris *s/t*
Applaus brohoritj|e, -a; duartrokitj|e, -a; ovacion-i
Applikation *Kleidung* garnitur|ë, -a
applikativ zbatimor, -e
Apposition *spr.* ndajshtim-i
approximativ afërsish|ëm, -me, i/e
Aprikose kajsí-a
April prill-i
Apulien Pulj|e, -a
Aquarell akuarel-i, *pl.* -e-t
Aquarium akuarium-i, *pl.* -e-t
Äquator ekuator-i
Äquator-, äquatorial ekuatorial, -e; **~klima** klimë ekuatoriale
Äquivalent ekuivalent-i
äquivalent barasvlerës, -e

Ar *Flächenmaß* ar-i, *pl.* -ë-t
Ära er|ë, -a
Arabien Arabí-a
arabisch arab, -e; arabik, -e; arabisht ⟨*adv*⟩; **~e Sprache** arabisht|e, -ja
Arbeit pun|ë, -a; punim-i; **~ in der Fremde** kurbet-i, *pl.* -e-t; **~ schleppend verrichten** zvarg punë; **~sabschnitt** sesion-i; **~sanzug** rroba pune; **~seinheit** kolektiv-i; **~semigrant** kurbetçí-u, *pl.* nj-të; **~serziehung** *jur.* riedukim nëpërmjet punës; **~sgeräte** vegla të prodhimit; **~skittel** grykës|e, -ja; **~skraft** fuqi punëtore; **~slosigkeit** papunësí-a; **~sort** qendër e punës; **~spause** pushim gjatë punës; **~splatz** qendër e punës; **~sschutz** *jur.* mbrojtje në punë
arbeiten punoj; vardoj; funksionoj; **mit Schwung ~** punoj me yrysh
Arbeitender, körperlich ~ krahatar-i
Arbeiter punëtor-i; fuqi punëtore; **~- und Bauernkontrolle** kontroll punëtor e fshatar; **~ bewegung** lëvizja punëtore
Arbeiterin punëtor|e, -ja
arbeitsam zellsh|ëm, -me, i/e
Arberesch *Italo-Albaner* ar-

bërcsh-i, *pl.* -ë-t
Arbitrage vendim arbitror
archaisch arkaik, -e
archaisierend arkaizues, -e
Archaismus arkaiz|ëm, -mi
Archäologe arkeolog-u, *pl.* -ë-t
Archäologie arkeologjí-a
archäologisch arkeologjik, -e
Archetyp arketip-i
Archi- krye-; arki-
Archimandrit arkimandrit-i, *pl.* -ë-t
Archipel arkipelag-u, *pl.* -ë-t
Archiphonem *spr.* kryefonem|ë, -a
Architekt arkitekt-i, *pl.* -ë-t
architektonisch arkitektonik, -e
Architektur arkitektur|ë, -a
Architektur- arkitektural, -e; arkitekturor, -e; arkitektonik, -e
Architrav arkitra-u, *pl.* -rë-t; kryetra-u, *pl.* -rë-t
Archiv arkiv-i, *pl.* -a-t
Archiv- arkival, -e; arkivor, -e
Archivar arkivist-i
archivieren arkivoj
Archont *hist.* arkond-i, *pl.* -ë-t
Ardennen Ardene-t
Areal areal-i, *pl.* -e-t; hapësir|ë, -a; **~linguistik** gjuhësi hapësinore
Arena aren|ë, -a
Argentinien Argjentin|ë, -a
argentinisch argjentínas, -e
Ärger inat-i; zët-i; havalé-ja; bezdí-a
ärgerlich bezdissh|ëm, -me, i/e
ärgern, sich ~ bëhem verem; **er ärgert sich** e ka zët
Argot *spr.* zhargon-i, *pl.* -e-t; argó-ja
Argument argument-i; arsye-ja
argumentieren argumentoj
Arhythmie *med.* aritmí-a
Arie ari|e, -a
arisch arian, -e
Aristokrat aristokrat-i, *pl.* -ë-t; bujar-i, *pl.* -ë-t
Aristokratie aristokrací-a
aristokratisch aristokratik, -e
Arithmetik aritmetik|ë, -a
arithmetisch aritmetik, -e
Arktis Arktik-u
arm varfër, i/e; vobektë, i/e; barkthatë; kallam ⟨*adj*⟩; gjorë, i/e; mjerë, i/e
Arm krah-u, *pl.* -ë-t; **der rechte ~** krahu i djathtë; **unter dem ~** nën sqetull
Armband byzylyk-u, *pl.* -ë-t; zinxhir dore; **~uhr** orë dore
Armee armat|ë, -a; ushtrí-a; **~korps** korparmat|ë, -a
Ärmel mëng|ë, -a; **die ~ hochkrempeln** përvesh llërët
Ärmelkanal La Mansh-i

ärmellos pa mëngë
Armenien Armení-a
Armenier Armén-i; Armenas-i
armenisch armen, -e
Armierung armates|ë, -a
Armierungsarbeiter armator-i, *pl.* -ë-t
Armut skamj|e, -a; varfërí-a
Arnaut arnaut-i, *pl.* -ë-t *veralt.*, *hist.*
Aroma arom|ë, -a
aromatisch aromatik, -e; myshkët, i/e
Aromune vll|ah-u, *pl.* -eh-të; çoban-i, *pl.* -ë-t
aromunisch arumun, -e; vllah, -e; vllahisht ⟨*adv*⟩; arumanisht ⟨*adv*⟩; **~e Sprache** vlahisht|e, -ja
Arrest arrest-i
arrestieren arrestoj
arrogant arrogant, -e; kryelartë
Arroganz arroganc|ë, -a; kryelartësí-a
Arsch *vulg.* byth|ë, -a, *pl.* -ë-t
Arsen *chem.* arsenik-u
Arsenal arsenal-i, *pl.* -e-t
Art far|ë, -a; lloj-i; **~ und Weise** mënyr|ë, -a; **auf ... Art** -çe; **auf labische ~** labçe, labërisht ⟨*adv*⟩; **auf türkische ~** allaturka
Arterie *med.* arteri|e, -a
Arteriosklerose *med.* arteriosklerozë|ë, -a
artesisch artezian, -e; **~er Brunnen** pus artezian
Arthritis *med.* artrit-i; cerm|ë, -a
artifiziell artificial, -e
Artikel artíku|ll-i, *pl.* -j-t; *spr.* nyj|ë, -a; *jur.* nen-i, *pl.* -e-t; **bestimmter ~** nyjë shquese; **mit vorangestelltem ~** nyjsh|ëm, -me, i/e
artikellos *spr.* panyjsh|ëm, -me, i/e
Artikulation nyjëtim-i; **~sbasis** bazë nyjëtimi
artikulieren nyjëtoj
Artikulierung nyjëtim-i
Artillerie artilerí-a
Artillerist artiljer-i, *pl.* -ë-t
Artischocke angjinar|e, -ja; hinardh-i, *pl.* -e-t
Artist artist-i
Arvanit *Gräko-Albaner* Arb|ër, -ri
Arznei ilaç-i, *pl.* -e-t
Arzneimittel drog|ë, -a
Arzt mjek-u, *pl.* -ë-t; doktor-i
Arztberuf mjekësí-a
Ärztin mjek|e, -ja
As *Spielkarte* as-i, *pl.* -e-t
Asbest amiant-ı; asbest-i
Asche hi-ri; **~** *des Tabaks* zhym-i; **~nbecher** taketuk|e, -ja; favllë duhani; himbajtës|e, -ja

Aschermittwoch mërkurë e përhime, e
aschfarben hirtë, i/e
Aserbaidschaner Azerbajxhanas-i
asiatisch aziatik, -e
Asien Azí-a
asigmatisch asigmatik, -e
Asket asket-i, *pl.* -ë-t
Asketismus asketiz|ëm, -mi
Aspekt *spr.* pamj|e, -a; aspekt-i, *pl.* -e-t; **punktueller** ~ pamje e çastësisë
Asper asp|ër, -ra, *pl.* -ra-t
Asphalt asfalt-i
asphaltieren asfaltoj
asphaltieren bitumoj
Asphyxie *med.* asfiksí-a
Aspirant aspirant-i, *pl.* -ë-t
Aspiration frymëtim-i
aspirieren *spr.* frymëtoj
aspiriert *spr.* frymëtuar, i/e
Aspirin aspirin|ë, -a
Assimilation *spr.* përngjashmim-i; **progressive** ~ përngjashmim paravajtës
assimilativ përngjashmuesh|ëm ,-me, i/e
assimilieren asimiloj
Assimilierung përngjashmim-i; asimilim-i
Assistent asistent-i, *pl.* -ë-t
Assonanz *spr.* asonanc|ë, -a
Assoziation asociacion-i; ~**en hervorrufen** ngjall asociacione
Assyrien Asirí-a
assyrisch asirian, -e
Asterisk yllëz-a, *pl.* -a-t; yllth-i, *pl.* -e-t
Astgabel çata|ll-i, *pl.* -j-të
Ästhet estet-i, *pl.* -ë-t
Ästhetik estetik|ë, -a
ästhetisch estetik, -e
Asthma *med.* astm|ë, -a
Astrologe astrolog-u, *pl.* -ë-t
Astrologie astrologjí-a
Astronaut astronaut-i, *pl.* -ë-t
Astronom astronom-i, *pl.* -ë-t
Astronomie astronomí-a
astronomisch astronomik, -e
Asturien Asturie-t
Asyl strehim-i; ~ **bieten** strehoj
Asymmetrie asimetrí-a
asymmetrisch asimetrik, -e
asyndetisch *spr.* palidhëzor, -e
Asyndeton asindet-i
Atelier atelié-ja
Atem frym|ë, -a; **außer** ~ me frymëmarrje të shpeshuar; ~**beschwerden haben** mekem; ~**not** asfiksí-a; grahm|ë, -a; ~**pause** *spr.* pauzë frymore
atemporal *spr.* pakohor, -e
Atheismus ateiz|ëm, -mi
athematisch jotemor, -e
Athen Athin|ë, -a
Athener Athínas-i
Äther *chem.* eter-i

Äthiopien Etiopí-a
äthiopisch etiopas, -e
Atlantik Atlantik-u
Atlas atlas-i; *Stoff* atllas-i, *pl.* -e-t
atmen marr frymë
Atmen, das ~ frymëmarrj|e, -a
Atmosphäre atmosfer|ë, -a
atmosphärisch atmosferik, -e
Ätna Etn|ë, -a
Ätolien Etolí-a
Atom atom-i, *pl.* -e-t
Atom- atomik, -e; **Atom-U-Boot** nëndetëse bërthamore; ~**kern** bërthamë atomike; ~**schild** ombrellë atomike
atomar atomik, -e
Atrophie *med.* atrofí-a
Attaché atashé-u, *pl.* -të
Attacke mësymj|e, -a; sulm-i, *pl.* -e-t
attackieren sulmoj
Attentat atentat-i, *pl.* -e-t
Attentäter atentator-i
attestieren atestoj
Attika Atik|ë, -a
Attraktion tërheqj|e, -a
attraktiv tërheqës, -e; magjish|ëm, -me, i/e
attribuiert *spr.* përcaktuar, i/e
Attribut atribut-i, *pl.* -e-t; *spr.* përcaktor-i; *spr.* plotës dallimi; ~**satz** fjali përcaktore
Atü atmosfer|ë, -a
ätzend djegës, -e
Au blerin|ë, -a
au pair al-pari
Aubergine patëllxhan-i, *pl.* -ë-t; **gefüllte** ~ imambajalldí-a
auch edhe; ~ **nicht** as
Audienz audienc|ë, -a
auditiv *spr.* dëgjimor, -e
Auditorium auditor-i, *pl.* -e-t
auf mbi ⟨+ *Akk*⟩; auf në ⟨+ *Akk*⟩; ~ **allen Vieren** bárkas ⟨*adv*⟩; ~ **Antrag von** me kërkesë të ⟨+ *G*⟩; ~ **dem Bauch** barkapóshtas, bárkas; ~ **dem Gebiet von** rreth ⟨+ *Abl*⟩; ~ **der Post** në postë; ~ **der Stelle** mu në vend; ~ **dieser Seite** këndej; ~ **Hirtenart** çobançe ⟨*adv*⟩; ~ **jedem der Fotos** në çdonjërën prej fotografive; ~ **orientalische Art** allaturka; ~ **Raten** me këste; ~ **Türkenart** halldupçe ⟨*adv*⟩; ~ **Walachenart** çobançe ⟨*adv*⟩; ~ **westliche Art** allafrënga *veralt.*
auf! *Int.* hajde*ni*; nejse
Aufbau ndërtim-i; struktur|ë, -a
aufbauen ndërtoj; ngreh
Aufbewahrung ruajtj|e, -a; mbajtj|e, -a
aufblähen mbufat; fryj
aufbrausend gjaknxehtë

aufbrechen nisem; prashis *s/t*; hallakas *s/t*
aufdecken zbuloj
Aufenthalt qëndrim-i; ndales|ë, -a
auferstehen ngjallem; ringjallem
Auferstehung *rel.* ngjallj|e, -a
auffallend, auffällig dallues, -e
Auffassung nocion-i, *pl.* -e-t; koncept-i, *pl.* -e-t
aufforsten ripyllëzoj
Aufforstung ripyllëzim-i
auffressen fërkas *s/t*
aufführen shfaq; **sich ~** sillem; **sich ~ als** hiqem si
Aufführung shfaqj|e, -a
Aufgabe detyr|ë, -a; **heikle ~** detyrë delikate
aufgeben heq dorë
aufgehen hapem; *Saat* mbij; **die Wunde ging auf** brufulloi plaga; **ihm gingen die Augen auf** iu zgafulluan sytë
aufgeweckt *fig.* veshtë, i/e; zgjuar, i/e
Aufgewecktheit zgjuarsí-a
aufhacken prashis *s/t*
aufhalten mbaj, -ta, -tur; **sich ~** qëndroj
aufhängen var
aufhäufen grumbulloj
aufheben ngre; pezulloj; **einen Zauber ~** çmagjeps
Aufhebung *jur.* shfuqizim-i
Aufhellung zverdhim-i; zverdhj|e, -a
aufhetzen nxis *s/t*
aufhören ndalem; pushoj; **hör nicht auf zu rufen!** thirr e bot!; **hör auf mit dem Jammern!** lëri ububutë!
aufklären sqaroj; qartësoj
Aufklärer vrojtués-i; *phi.* iluminist-i
Aufklärung vëzhgim-i; *phi.* iluminiz|ëm, -mi; *mil.* spiunazh-i
aufknöpfen shkopsis *s/t*; shpërthej; zbërthej *e/ye*
aufknoten labërgoj
Auflage tirazh-i, *pl.* -e-t; botimi-i
auflaufen *naut.* cekoj
aufleuchten feks
auflösen likuidoj; tres *s/t*; zgjidh; **mit aufgelösten Haaren** me flokë të hallakatur
Auflösung likuidim-i; zgjidhj|e, -a; shpërbërj|e, -a; shthurj|e, -a
aufmerken bëhem merak
aufmerksam vëmendsh|ëm, -me, i/e; veshtë, i/e; kujdessh|ëm, -me, i/e
Aufmerksamkeit vëmendj|e, -a; kujdes-i; kujdesí-a; vërejtj|e, -a; **die ~ auf sich ziehen** gllabëroj vëmendjen; tërheq vëmendjen

Aufnahme pranim-i
Aufnahmeantrag kërkesë pranimi
aufnehmen nxë; *auf Tonträger* incizoj
aufpassen kujdesem; përgjoj
Aufpasser përgjues-i
aufpflanzen *Fahne* ngul
aufrauhen ashpëroj
aufrecht drejtë, i/e; kallam ⟨*adj*⟩; pingul ⟨*adv*⟩
aufregen grind; **sich** ~ nxehem
aufregend ngacmues, -e
aufreiben shpartalloj
aufreihen rreshtoj; vargoj
aufreißen zgafullohem
aufrichtig sinqertë, i/e; sinqerisht ⟨*adv*⟩
aufrollen çrrotulloj
Aufruf apel-i, *pl.* -e-t; thirrj|e, -a; *zu den Waffen* kushtrim-i
Aufrüstung riarmatim-i
Aufsatz mbishtes|ë, -a; artíkull-i
aufschieben shtyj; azhurnoj
aufschließen shkyç
aufschneiden pres; *Wurst, Kuchen* kurmoj
aufschrauben zhvidhos
Aufschrift mbishkrim-i
Aufschub shtyrj|e, -a
Aufschwung hov-i, *pl.* -e-t
Aufsehen buj|ë, -a
Aufseher kujdestar-i, *pl.* -ë-t
Aufsicht inspektorat-i, *pl.* -e-t
aufsitzen *Fahrrad* hip|i, -ën, -a, -ur
aufspannen *Schirm* ngreh; *Schuhe* fus në kallëp
aufspringen brof
aufspüren diktoj
Aufstand kryengritj|e, -a
Aufständischer kryengritës-i
aufstellen dislokoj; radhit *s/t*; vendos
Aufstellung list|ë, -a
aufstoßen gromësij
auftauchen mbij
Auftrag porosí-a; ~**geber** konsinjant-i; ngarkuar-i, i; ~**sbuch** portofol i porosisë; ~**sschein** fletëporosí-a; *ök.* urdhërporosí-a
auftrennen çend; shqep
Auftreten sjellj|e, -a; **angenehmes** ~ sjellje e hijshme; **gewandtes** ~ sjellje mondane
aufwärts përpjetë ⟨*adv.*⟩
aufwecken zgjoj
aufwiegeln nxis *s/t*
aufzeichnen shënoj
Aufzeichnung ravizim-i; ~**en** shënime-t
aufziehen *Uhr* kurdis; *erziehen* rris *s/t*
Aufzug ashensor-i, *pl.* -ë-t; akt-i, *pl.* -e-t
Augapfel bulb-i, *pl.* -e-t
Auge sy-ri, *pl.* sy-të

Augenarzt okulist-i
Augenblick moment-i, *pl.* -e-t; çast-i, *pl.* -e-t
augenblicklich çastit, i/e; çastm|ë, -me, i/e
Augenblicklichkeit çastësí-a
Augenbraue vétull-a
Augenlid qepall|ë, -a
Augentropfen ilaç për sy
Augenzahn qéz|ër, -ri, *pl.* -ra-t
augmentativ *spr.* zmadhues, -e
August gusht-i
Auktion ankand-i, *pl.* -e-t
Aureole aureol|ë, -a; breror|e, -ja
Aurora auror|ë, -a
aus nga ⟨+ *Nom*⟩; prej ⟨+ *Abl*⟩; ~ **Aluminium** alumintë, i/e; ~ **Bernstein** qelibartë, i/e; ~ **Beton** betontë, i/e; ~ **Eisen** hékurt, i/e; hekurimtë, i/e; ~ **Porzellan** farfurinjtë, i/e; ~ **Trotz** për inat; **Maschinen** ~! ndaloni makinat!
ausarbeiten përpunoj; përgatis *s/t*
ausatmen qit frymë
Ausatmen, das ~ frymëqitj|e, -a
ausbalancieren terezis *s/t*
Ausbau rindërtim-i
ausbeuten shfrytëzoj
Ausbeuter shfrytëzues-i
Ausbeutung shfrytëzim-i
Ausbildung përgatitj|e, -a; formim-i
ausbreiten shtroj; ndej; shtjelloj
Ausbruch shpërthim-i
ausbrüten *fig.* djerroj
ausbürgern çatdhesoj
Auschwitz Osviencim-i
Ausdauer durim-i
ausdehnen bymej *e/ye*; **sich** ~ zgjatem
Ausdehnung shtrirj|e, -a
ausdenken sajoj
Ausdruck lokucion-i; shprehj|e, -a; **mundartlicher** ~ dialektiz|ëm, -mi
ausdrücken shpreh; **sich klar** ~ shpjegohem
Ausdrucksstärke shprehësí-a
auseinandernehmen zbërthej
Auseinandersetzung përleshj|e, -a
auseinandertreiben davaris *s/t*; hallakas *s/t*; çakërdis
Ausflucht rrugëdalj|e, -a
Ausflug ekskursion-i
ausformen brumos
Ausfuhr eksport-i; eksportim-i
ausführen ekzekutoj; përmbush; eksportoj; ~**e Organe** organet i ekzekutimit
Ausfuhrgenehmigung leje eksporti
Ausgabe shpenzim-i; harxh-i, *pl.* -e-t; **kürzen** qeth

shpenzimet
Ausgang dalj|e, -a; *spr.* shnderj|e, -a; **~spunkt** pikënisj|e, -a; **~ssperre** ndalimqarkullimi; **~swort** *spr.* fjalë parme
ausgeben shpenzoj; harxhoj
ausgehen dal; *verlöschen* shuhem
ausgelassen harcsh|ëm, -me, i/e
ausgeliehen huazuar, i/e
ausgeruht çlodhur, i/e
ausgeschlossen përjashtuar, i/e; me përjashtim ⟨*adv*⟩
ausgezeichnet dalluar, i/e; shkëlqyer, i/e; shkëlqyesh|ëm, -me, i/e; **~er Werktätiger** punonjës i dalluar
ausgleichen balancoj; barazoj
Ausgleichszahlung kompensim-i
ausgraben zhvarros; zbuloj; zhgropos
Ausgrabung zbulim-i; gërmim-i
Ausguck pyr|g-u, *pl.* -gje-t
Ausguß lavaman i; lavapjat|ë, -a, *pl.* -a-t
aushalten duroj; **das hältst du nicht aus** të çjerr barkun; **ich kann es nicht ~** s'më rrihet
aushändigen dorëzoj
aushöhlen zgavroj; zgorkoj; gërryej
Auskunft informacion-i
auslachen përqesh
Ausland vende të huaja; bota e jashtme; **im ~** në botën e jashtme; **~sfernleihe** huazim ndërkombëtar
Ausländer huaj-i, i
ausländisch jasht|ëm, -me, i/e; huaj, i/e
Auslassung elips|ë, -a; **~spunkte** *spr.* pika pezullimi; shumëpikësh-i
auslaufen *Schiff* largohem nga porti; dal në det të hapur
Auslaut fundor|e, -ja
auslautend *spr.* fundor, -e
ausleeren boshatis
Auslegung interpretim-i
Ausleihe *Bibliothek* huazimi; aboniment-i, *pl.* -e-t
ausleihen marr hua; *verleihen* huazoj
Ausleihfrist afat i huazimit; afat i dorëzimit
Ausleihverzeichnis regjistër i huazimeve
Ausleihzeit orar i dhënies së librave
Auslieferung nxjerrj|e, -a; **~slager** depo konsinjacioni
auslöschen shuaj; fashis *s/t*; fik
auslösen zbërthej
ausmachen përbëj; *einstellen* ndaloj
Ausmaß përpjesëtim-i; për-

mas|ë, -a; shkall|ë, -a; matj|e, -a
ausmustern shlyej
Ausnahme përjashtim-i
Ausnahme- jashtëzakonsh|ëm, -me, i/e; **~zustand** gjendje e jashtëzakonshme
ausnehmen përjashtoj; zbaroj
ausnutzen shfrytëzoj
Ausnutzung shfrytëzim-i
auspacken çmbështjell
ausposaunen trumbetoj
Auspuff skapamento-ja
Ausrede yçk|ël, -la, *pl.* -la-t; kleçk|ë, -a
ausreden mbaroj së foluri; zvjerdh *e/i/o*
Ausreise dalj|e, -a; **~visum** vizë për dalje
ausreißen shkul
ausrenken *med.* nxjerr
ausrichten drejtoj
Ausruf thirrm|ë, -a
Ausrufe- thirrmor, -e
ausrufen proklamoj; shpall; **Streik ~** shpall grevë
Ausrufungssatz *spr.* fjali thirrmore
Ausrufungszeichen *spr.* pikëçuditj|e, -a
ausruhen çlodh
Ausrüstung pajisj|e, -a; **~sgegenstand** pajisj|e, -a
ausrutschen rrëshqas *a/e/i, s/t*
Aussage *jur.* deklarat|ë, -a; thëni|e, -a; **~kern** bërthamë e thënies
aussagen *jur.* deponoj
Aussagesatz *spr.* fjali dëftore
ausschalten ndërpre|s, -va, -rë
Ausschank bufé-ja
ausscheiden jashtëqit *s/t*; sekretoj
Ausscheidung jashtëqitj|e, -a; **~en** fekale-t
ausschimpfen zdrugoj; zhdëp
Ausschlag rrjébull-a
ausschließlich ekskluzivisht ⟨*adv*⟩
ausschließen përjashtoj
Ausschnitt aspekt-i, *pl.* -e-t
Ausschuß komitet-i, *pl.* -e-t; *ök.* mall skarco
aussehen dukem
Aussehen, das ~ pamj|e, -a; dukj|e, -a
Außen- jasht|ëm, -me, i/e; **~abmessungen** gabarit-i; **~handelsmonopol** monopol i tregtisë së jashtme; **~ministerium** ministri e punëve të jashtme; **~politik** politikë e jashtme; **~seite** syprin|ë, -a; **~seiter** autsajder-i
außer përpos ⟨+ *Abl*⟩; përveç ⟨+ *Abl*⟩; **~ wenn** veçsé *Konj.*, përveçse ⟨*Konj.*⟩; **~dem** pos kësaj; **~ehelich** jashtëmartesor, -e; **~gewöhnlich** jashtëzakonsh|ëm, -me, i/e; jashtëzako-

nisht ⟨*adv*⟩; **~halb** jashtë ⟨*adv.*⟩; **~irdisch** jashtëtokësor, -e; **~kraftsetzung** shfuqizim-i; **~parlamentarisch** jashtëparlamentar, -e; **~ordentlich** jashtëzakonisht ⟨*adv*⟩
äußerlich jasht|ëm, -me, i/e
äußerst ekstrem, -e; maksimal, -e
aussetzen pezulloj; *Motor* shuhem
aussondern përjashtoj; shlyej
ausspannen *Zugtiere* zgjidh
Aussperrung llokaut-i
Aussprache shqiptim-i; **korrekte ~** drejtshqiptim-i; **~wörterbuch** fjalor fonetik
aussprechen shqiptoj
ausstatten pajis
Ausstattung pajisj|e, -a; dekoracion-i
aussteigen zbres, zbrita, zbritur *e/i, s/t*
ausstellen ekspozoj
Aussteller ekspozues-i; *ök.* pritës-i
Ausstellung ekspozit|ë, -a
Ausstellungsstück eksponat-i, *pl.* -e-t
Ausstoßung flakj|e, -a; *spr.* rënie
ausstoßen përjashtoj
Ausstrahlung rrezatim-i
ausstrecken ndej; shtri|j, -va, -rë; **sich ~** shtrihem, u shtriva, shtrirë
ausstreichen shlyej
ausströmen derdh
Austausch shkëmbim-i; zëvendësim-i; ndërrim-i
austauschen zëvendësoj
Auster guaskë deti; goc|ë, -a
Australien Australí-a
Australier australian-i, *pl.* -ë-t
austreten *zur Toilette* dal jashtë
austrinken pi me fund; shpik
austrocknen tha|j, -va, -rë; shter
ausüben ushtroj; praktikoj
Ausübung ushtrim-i
ausverkauft mbaruar, i/e; sosur, i/e
Auswahl zgjedhj|e, -a
auswählen zgjedh *e/i/o*
Auswanderer emigrant-i, *pl.* -ë-t
auswandern mërgohem; emigroj
Auswanderung emigrim-i
auswärtig jasht|ëm, -me, i/e; **~es Amt** ministria e punëve të jashtme
auswechseln ndërroj; **soll ich vielleicht die Zündkerze ~?** mos duhet t'i ndërroj kandelën?
Ausweg udhëdalj|e, -a; rrugëdalj|e, -a; çaré-ja; derman-i, *pl.* -e-t
ausweglos pa rrugëdalje; pa

shteg
ausweiden *Tiere* zbaroj
Ausweis letërnjoftim-i; dokument-i, *pl.* -e-t; kart|ë, -a; kartel|ë, -a; pasaport|ë, -a
ausweisen *jur.*, çatdhesoj; dëboj; mërgoj
Ausweisung dëbim-i; nxjerrj|e, -a
auswendig përmendsh ⟨*adv*⟩
auswerten vlerësoj
auswickeln çmbështjell
Auszahlungsanweisung *ök.* mandatpages|ë, -a; urdhërpages|ë
auszeichnen dekoroj; dalloj; **sich ~ spikas** *s/t*
Auszeichnung dekorat|ë, -a; nishan-i, *pl.* -e-t; dallim-i; **~surkunde** fletëlavdërim-i
ausziehen *Schuhe, Strümpfe* zbath; **sich ~** zhvishem
Auszubildender nxënës në profesion
Auszug konspekt-i, *pl.* -e-t; **einen ~ machen** konspektoj
Autarkie *ök.* autarkí-a
authentisch autentik, -e
Auto automobil-i, *pl.* -a-t; vetur|ë, -a; makin|ë, -a; **~bahn** autostrad|ë, -a; **~fähre** ferribot për makina; **~fahrer** shofer-i, *pl.* -ë-t; automobilist-i; **~straße** rrugë automobilistike; **~transport** autotransport-i
Auto- automobilistik, -e
Autobiographie autobiografí-a
Autobus autobus-i, *pl.* -ë-t
autochthon autokton, -e
Autochthonie autoktoní-a
autodidaktisch autodidakt, -e
Autogramm, Autograph autograf-i, *pl.* -e-t
autokephal *rel.*, autoqefal, -e; **~e Kirche** kishë autoqefale
Autokratie autokrací-a
autokratisch autokratik, -e
Autokritik vetëkritik|ë, -a
Automat automat-i, *pl.* -ë-t
Automatik automatik-u, *pl.* -ë-t; **~-Getriebe** kambio automatike
automatisch automatik, -e; vetdrejtues, -e
automatisieren automatizoj
Automechaniker motorist-i
Automobil automobil-i, *pl.* -a-t
autonom autonom, -e
Autonomie autonomí-a
Autopsie autopsí-a
autoptisch autoptik, -e; **~e Beschreibung** përshkrim drejtpërdrejt nga libri
Autor bërës-i; autor-i, *pl.* -ë-t
Autoreifen gom|ë, -a
autorisieren autorizoj

Autorisierung autorizim-i
autoritär autoritar, -e; **~er Ton** ton autoritar
Autorität autoritet-i
autoritativ autoritativ, -e; autoritetsh|ëm, -me, i/e
Autorschaft autorësí-a
Autoschlosser xhenerik-u; mekanik-u
autosemantisch mëvetësish|ëm, -me, i/e
AV-Bibliothek filmotek|ë, -a
Aval *ök.* dorëzanës-i; dorëzaní-a
Avignon Avinjon-i
avisieren lajmeroj
Avisierung lajmërim-i; **~ des Warenversands** lajmërim për nisjen e mallit
Axiologie *phi.* aksiologjí-a
Axiom *phi.* aksiom|ë, -a
Axt qeser-i, *pl.* -ë-t; sëpat|ë, -a; sqepar-i
Azeton aceton-i
Azetylen acetilen-i
Azoren Azore-t

B

Baby djepës-i; foshnj|ë, -a
Babylonien Babiloní-a
babylonisch babilonas, -e
Bach vir|úa, -oi, *pl.* -ónj-të
Bachstelze bishtatundës-i; delmer|e, -ja; zogdel|e, -ja
Backe faq|e, -ja; bulçí-a; mollëz-a; **~nbart** favorite-t; **~nknochen** mollëz-a; **~zahn** dhëmball|ë, -a
backen furroj; pjek
Backen, das ~ pjekj|e, -a
Bäcker bukëpjekës-i; furrtar-i
Backtrog magj|e, -ja
Bad banj|ë, -a; **türkisches ~** hamam-i, *pl.* -e-t
Badeanzug kostum banje; rrobë banje
Badehose mbathje banje; brekë banje
Badekappe kapelë noti
Bademantel mantel banje
Bademütze kapelë noti
baden lahem
Baden-Württemberg Baden-Vyrtenberg-u
Badeort qendër banjash
Badewanne vaska e banjës
Badezimmer banj|ë, -a, banjor|e, -ja
Bagdad Bagdad-i
Bagger dhenxjerrës|e, -ja; ekskavator-i; **fahrbarer ~** ekskavator ecës
Baguette panin-i, *pl.* -e-t
Bahama-Inseln ishujt Bahama

Bahn- hekurudhor, -e; **~hof** stacion-i; **~steig** peron-i; **~übergang** kalim mbi shina
Bahre vi|g-u, *pl.* -gje-t; barel|ë, -a
Bai gji-ri, *pl.* -nj-të
Bajonett bajonet|ë, -a
Bajuwar Bavarez-i
Bakalit bakelit-i
Baklava bakllavá-ja
Bakteriologie bakteriologjí-a
Bakterium bakter-i, *pl.* -e-t
baldig shpejtë, i/e; **~e Genesung!** shërim të shpejtë!
Baldrian *bot., med.* valerian|ë, -a
Balearen Baleare-t
Balg calik-u, *pl.* -ë-t
Balkan Ballkan-i; **er sieht aus wie einer vom ~** duket si ballkanas
Balkan- ballkanas, -e; ballkanik, -e
Balkanismus ballkaniz|ëm, -mi
Balkanist ballkanist-i, *pl.* -ë-t
Balkanologe ballkanolog-u, *pl.* -ë-t; ballkanist-i, *pl.* -ë-t
Balkanologie ballkanologjí-a
balkanologisch ballkanologjik, -e
Balken tra-ri, *pl.* -rë-t
Balkon ballkon-i, *pl.* -ë-t; **verglaster ~** xhamllëk-u, *pl.* -qe-t
Ball *Tanz* bállo-ja, *pl.* -t; *Spiel~* top-i, *pl.* -a-t; **~kleid** fustan balloje
Ballade balad|ë, -a
Ballast balast-i; zhavorr-i, *pl.* -e-t; **~fahrt** udhëtim pa ngarkesë
Ballen ball|ë, -a, *pl.* -a-t; den|g-u, *pl.* -gje-t; **ein ~ Stoff** një top stof
Ballett balet-i, *pl.* -e-t; **~meister** baletmaest|ër, -ri, *pl.* -ra-t
ballistisch balistik, -e
Ballon balon|ë, -a
Balsam balsam-i, *pl.* -e-t
Bambus bambú-ja
Bamya *bot.* bamj|e, -a
banal banal, -e
Banalität banalitet-i
Banane banan|e, -ia
Band vëllim-i; ble-u, *pl.* -j-të; shirit-i, *pl.* -a-t; *mus.* band|ë, -a
Bandage bandazh-i, *pl.* -e-t
bandagieren fashoj
Bande band|ë, -a; çet|ë, -a
Banderole banderol|ë, -a, *pl.* -a-t
Bandit bandit-i, *pl.* -ë-t; bashibozuk-u, *pl.* -ë-t; gangster-i, *pl.* -ë-t; **~enführer** çetar-i, *pl.* -ë-t; **~entum** banditiz|ëm, -mi
Bandkatalog katalog në formë libri
Bank bank|ë, -a, *pl.* -a-t
Bank- bankar, -e; **~kapital**

kapitali bankar; **~note** bankënot|ë, -a; kartëmonedh|ë, -a; bilet|ë, -a
Bankert bastard-i, *pl.* -ë-t
Bankett banket-i, *pl.* -e-t
Bankier bankier-i, *pl.* -ë-t
Bankrott bankrut|ë, -a; falimentim-i; **~ machen** falimentoj
Banner bajrak-u, *pl.* -ë-t; **~herr** bajraktar-i; **~träger** flamurtar-i, *pl.* -ë-t
Bar bar-i
Bar *ON* Tivar-i
bar bezahlen paguaj me pare në dorë
Bär arí-u, *pl.* -nj-të
Baracke barak|ë, -a
Barbar barbar-i, *pl.* -ë-t; harbut-i, *pl.*-ë-t
Barbarei barbarí-a
barbarisch barbar, -e
Barbarismus barbariz|ëm, -mi
Barbier berber-i, *pl.* -ë-t; **~stube** berberhan|e, -a; rrojtor|e, -ja
Bärchen arushk|ë, -a
Bärenklau *bot.* dásht|ër, -ra, *pl.* ra-t
barfuß, barfüßig këmbëzbathur; zbathur, i/e; zbatharak, -e
Bargeld para në dorë
Bärin arush|ë, -a
Bariton bariton-i, *pl.* -ë-t
Barium *chem.* barium-i
Barkasse *naut.* motobark|ë, -a
Barke vark|ë, -a; bark|ë, -a
Bärlein arushk|ë, -a
Barometer baromet|ër, -ri
Baron baron-i, *pl.* -ë-t
Baronesse baronesh|ë, -a
Barren shuf|ër, -ra, *pl.* -a-t; *spo.* paralele-t
Barrikade barrikad|ë, -a
Bart mjek|ër, -ra, *pl.* -ra-t; **~loser** *Märchenfigur* qos|e, -ja
Basel Bazel-i
basieren bazoj
Basilikum *bot.* borzilok-u, *pl.* -ë-t
Basis baz|ë, -a; **~-Organisation** organizatë-bazë
basisch *chem.* bazik, -e
Baskenmütze beret|ë, -a
Basketball basketboll-i; **~spieler** basketbollist-i
baskisch bask, -e
baskische Sprache baskisht|e, -ja
Basrelief basoreliev-i, *pl.* -e-t
Baß *mus.* bas-i, *pl.* -ë-t; **~geige** kontrabas-i, *pl.* -ë-t
Bassin hauz-i, *pl.* -e-t
Bastard bastard-i, *pl.* -ë-t
Bataillon *mil.* batalion-i, *pl.* -e-t
Batist batist-i
Batterie baterí-a
Bau ndërtim-i; struktur|ë, -a; strofk|ë, -a; **~gerüst** skel|ë,

-a; **~holz** qeresté-ja; **~kunst** arkitektur|ë, -a; **~meister** mjésht|ër, -ri, *pl.* -r-it; **~stelle** kantier-i, *pl.* -e-t; **~wesen** ndërtim-i

Bauch bar|k-u, *pl.* -qe-t; **mit leerem ~** barkbosh, -e; **mit vollem ~** barkplot, -e

bäuchlings barkapóshtas; bárkas

bauen ndërtoj; godis *s/t*

Bauer fshatar-i, *pl.* -ë-t; katundar-i, *pl.* -ë-t; buj|k-u, *pl.* -q-it; *Schach* ushtar-i; **landloser ~** çifçí-u, *pl.* -nj-të

bäuerlich fshatarak, -e; **~es Leben** jetë fshatarake

Bauern-, fshatarak, -e; **auf ~art** fshatarçe ⟨*adv*⟩

Bauernhof ferm|ë, -a

Bauernschaft fshatarësí-a

Baum pem|ë, -a, *pl.* -ë-t; **großer ~** lis-i, *pl.* -a-t; **~krone** gjeth|e, -ja; **~stumpf** cun|g-u, *pl.* -gje-t; kërcú-ri, *pl.* -nj-të; qytyk-u, *pl.* -ë-t; **~wolle** dok-u; pambuk-u; **~wollstoff** bez|e, -ja; basm|ë, -a

bäurisch fshatarçe ⟨*adv*⟩

Bauxit boksit-i, *pl.* -e-t

Bayer Bavarez-i

bayerisch bavarez, -e

Bayern Bavarí-a

Bayram *rel.* bajram-i

Bazillus bacil-i, *pl.* -e-t

Bazooka *mil.* bazuk|ë, -a

beabsichtigen synoj; mendohem

beachten vë re; vërej; **beachte!** viri re!

Beamter zyrtar-i; funksionar-i

beanspruchen pretendoj; rivendikoj

beanstanden ankohem

Beanstandung ankes|ë, -a

beantworten përgjigjem

Beantwortung përgjigj|e, -a; **in ~ Ihres Schreibens** në përgjigje të letrës suaj

bearbeiten trajtoj; përpunoj

Bearbeitung përpunim-i

Beatmung, künstliche ~ frymëmarrje artificiale

beaufsichtigen këqyr

beauftragen ngarkoj

beauftragt ngarkuar, i/e

bebildert me figura

Becher got|ë, -a; kup|ë, -a

Becken hauz-i, *pl.* -e-t; *med.* legen-i, *pl.* -ë-t; *mus.* cimbal-i, *pl.* -e-t

bedanken, sich ~ falënderoj

Bedarf nevoj|ë, -a

bedauerlicherweise fatkeqësisht ⟨*adv*⟩

bedauern mëshiroj; përdëllej

Bedauern, das ~ keqardhj|e, -a

bedecken mbuloj

bedeutsam rëndësish|ëm, -me, i/e

Bedeutung domethëni|e, -a; rëndësí-a; kuptim-i
Bedeutungs- domethënës, -e; kuptimor, -e; **~entleerung** *spr.* desemantizim-i; **~entlehnung** kalk kuptimor; **~feld** fushë semantike; **~übertragung** kalim kuptimi; **~verbesserung** *spr.* fisnikërim kuptimi
bedeutungstragend kuptimbartës, -e
bedeutungsunterscheidend kuptimdallues, -e
bedienen shërbej
Bedienung shërbim-i
bedingen kushtëzoj; **bedingtes Angebot** propozim i kushtëzuar
Bedingung kondit|ë, -a, *pl.* -a-t; kusht-i, *pl.* -e-t; **~ssatz** *spr.* fjali kushtore
Bedürfnisanstalt VC [vëcë] publike
Beefsteak biftek-u
beeilen, sich ~ nxitoj
beeinflussen influencoj; ndikoj
Beeinflussung ndikim-i
beeinträchtigen ndikoj për të keq
beenden mbaroj; fashis *s/t*; kryej; përfundoj; qos
beendet mbaruar, i/e; sosur, i/e
beerdigen varroj; varros; mbuloj
Beerdigung varrim-i; *muslimisch* xhenaz|e, -ja
befähigen aftësoj
Befähigung aftësim-i
Befehl urdh|ër, -ri, *pl.* -ra-t; komand|ë, -a; **dienstlicher** ~ urdhërshërbim-i
befehlen urdhëroj
befehligen komandoj
Befehlshaber komandant-i, *pl.* -ë-t
Befehlssatz fjali urdhërore
befestigen fortifikoj
Befestigung fortifikat|ë, -a
befinden çmoj; **sich** ~ gjendem; ndodhem
beflecken ndyj; përçudnoj; njolloj
Befleckung ndotj|e, -a
beflügeln frymëzoj; *zu Heldentaten* trimëroj
befolgen zbatoj
befördern *mil.* gradoj; **befördert werden** gradohem
Befrachtung *ök.* navllim-i
befreien çliroj; zgjidh; **vom Bann** ~ çmagjeps
befreiend çlirimtar, -e
Befreier çlirues-i
Befreiung çlirim-i; emancipim-i; *Steuer* përjashtim-i
Befreiungs- çlirimtar, -e
befreunden miqësoj
befriedigen kënaq; **seine Begierde** ~ çmallem
Befriedigung satisfaksion-i
befruchten pllenoj; endëzoj

Befruchtung mbarsj|e, -a
Beg *hist.* be|j, -u, *pl.* -j-lerë-t
begasen gazifikoj
begatten mbars
begeben, sich ~ zu drejtohem
begegnen ndesh; takoj; takohem me ⟨+ *Akk*⟩
Begegnung ndeshj|e, -a; takim-i
begehen *Fest* kremtoj; *jur.* kryej
begehren aspiroj; lakmoj
Begehung *Straftat* kryerj|e, -a
begeistern frymëzoj
begeistert mahnitur, i/e; **~ sein** mahnitem; entuziazmohem
Begeisterung hov-i, *pl.* -e-t; entuziazl|ëm, -mi
Begierde ashk-u; epsh-i, *pl.* -e-t; lakmí-a; merak-u, *pl.* -e-t
begierig etsh|ëm, -me, i/e
Beginn fillim-i; **zu ~** fillimisht ⟨*adv*⟩
beginnen filloj; **~lassen** nis
beglaubigen përligj; **beglaubigte Kopie** kopje e vërtetuar me origjinalin
Beglaubigungs- kredencial, -e; **~schreiben** letër kredenciale
begleichen *Schuld* shlyej; laj borxh
Begleitbrief fletë shoqëruese; **Begleitschein** tallon-i
begleiten përcjell *e/o/i*; shoqëroj
Begleiter shoqërues-i
Begleiterin shoqërues|e, -ja
Begleitung shoqërim-i; përcjellj|e, -a
beglücken lumturoj
beglückwünschen uroj
begraben gropos; varros
Begräbnis funeral-i, *pl.* -e-t
begrenzen kufizoj
begrenzend *spr.* kufitregues, -e
Begrenzung kufizim-i
Begriff koncept-i, *pl.* -e-t; kuptim-i; nocion-i, *pl.* -e-t; term-i, *pl.* -a-t
Begriffs- nocionor, -e
begründen themeloj
Begründung argumentim-i; arsyetim-i; themelim-i
Begrünung gjelbërim-i
begrüßen falem; **mit tosendem Beifall ~** brohoris *s/t*
begünstigen favorizoj; hatëroj
Begünstigung favorizim-i; lehtësí-a, *pl.* -ra-t; hatër-i, *pl.* -e-t
begütert pasur, i/e; kamës, -e
behaart, stark ~ qimosh, -e
behalten mbaj; **im Auge ~** marr parasysh
Behälter en|ë, -a, *pl.* -ë-t
behandeln mjekoj; trajtoj

Behandlung trajtim-i; **ärztliche** ~ mjekim-i; **ambulante** ~ mjekim ambulator
beharren auf *Meinung* ngulmoj
Beharrlichkeit qëndrueshmërí-a
Beharrung këmbëngulj|e, -a
behauchen hukas *s/t*
behaucht frymëtuar, *i/e*
Behauchung frymëtim-i
behauen skalis *s/t*
behaupten pretendoj
Behauptung pretendim-i; informat|ë, -a
Behaviorismus biheviori-z|ëm, -mi
beherbergen strehoj
beherrschen zotëroj
behindern pengoj
Behinderter invalid-i, *pl.* -ë-t
Behinderung *jur.* pengim-i
Behörde dikaster-i, *pl.* -e-t; institucion-i; **~nbibliothek** bibliotekë institucioni
bei te, tek ⟨+ *Nom.*⟩; pranë ⟨+ *Abl*⟩; bri ⟨+ *Abl*⟩; anës ⟨+ *Abl*⟩; **~Gott!** aman; **beim Essen** gjatë ngrënies; **beim Singen** duke kënduar
Beichte *rel.* rrëfim-i
beichten *rel.* rrëfej *e/ye*
Beichtstuhl *rel.* rrëfyestor|e, -ja
beide të dy, *f.* të dyja
Beifall duartrokitj|e, -a; ovacion-i
beifügen bashkëngjis *s/t*
beige ngjyrëbezhë; ngjyrë kremi
beigefügt bashkangjitur, *i/e*; pasues, -e
beigeordnet *spr.* bashkërenditur, *i/e*
Beihilfe *jur.* ndihm|ë, -a; **~leisten** *jur.* ndihmoj ⟨+ *Akk.*⟩
Beijing *ON* Pekin-i
Beil sëpat|ë, -a
Beilage *Essen* garnitur|ë, -a
Beileid, herzliches ~! ngushëllimet e mia
Bein kofsh|ë, -a; këmb|ë, -a; **mit untergeschlagenen Beinen** këmbëkryq ⟨*adv*⟩
beinhalten përbëj
beiordnen bashkërendoj, bashkërendit *s/t*
beiordnend parataktik, -e
Beiordnung bashkërenditj|e, -a; pranërenditj|e, -a
Beirut *ON* Bejrut-i
Beisetzung funeral-i, *pl.* -e-t
Beispiel shëmbu|ll-i, *pl.* -j-t; **leuchtendes** ~ shembull i ndritur
beispielhaft paradigmatik, -e
beispielsweise bie fjala; fjala vjen
Beistand përkrahj|e, -a
Beistrich presj|e, -a
Beitrag kontribut-i, *pl.* -e-t; kuotizacion-i; kuot|ë, -a, *pl.* -a-t

beitragen kontribuoj
Beitragssatz kuotizacion-i
Beiwort epitet-i, *pl.* -e-t
beißen kafshoj
bejahen pohoj
bejahend pohor, -e
bejahrt moç|ëm, -me, i/e
Bejahung afirmim-i; pohim-i
bejammern kukas (*s/t*)
bekannt njohur, i/e; famsh|ëm, i/e; **~werden mit** njihem me
Bekanntgabe shpallj|e, -a
bekanntgeben lajmëroj
bekanntmachen komunikoj; njoftoj
Bekanntmachung komunikat|ë, -a, shpallj|e, -a
Bekanntschaft machen njihem me
bekehren (*zum Islam*) islamizoj
Bekenntnis besim-i
beklagen vajtoj; **sich** ~ ankohem; bëj shiqajet
Beklagter pandehur-i, i
Beklemmung ankth-i, pl. -e-t
bekommen kap; marr (*a/e/o*); **die Bohnen sind ihm nicht** ~ e dokëndisën fasulet; **ich habe Blasen an den Händen** ~ m'u flluskosën duart
bekräftigen forcoj
Bektaschi (*Anhänger des Derwischordens*) bektashí-u, pl. -nj-të
Bektaschi bektashian, -e
Bektaschi-Gläubiger (*Mitglied einer Gemeinde*) myhib-i, pl. -ë-t
Bektaschismus, **Bektaschitum** bektashiz|ëm, -mi
bekümmern andrallos
Bekümmerung pikëllim-i
beladen ngarkoj; ngarkuar, i/e
belagern ngujoj
belasten (*ök.*) hipotekoj
belastet ngarkuar, i/e
belästigen bezdis
beleben gjallëroj; jetësoj
belebt frymor, -e
Beleg kuitanc|ë, -a; dëftes|ë, -a; dëshmí-a
belegen dëshmoj; faktoj; **belegtes Brot** sanduiç-i, pl. -e-t
Belegschaft personel-i
beleidigen fye|j, -va, -r; ofendoj; dokëndis; hundoj; dhunoj
beleidigend fyes, -e
Beleidigung ofendim-i; fyerj|e, -a
beleuchten dritoj
Belgien Belgjik|ë, -a
Belgier belg-u, belgjian-i
belgisch belg, -e, belgjian, -e
Belgrad Beograd-i
beliebig çfarëdo ⟨+ *Abl*⟩; çfarëdosh|ëm, -me, i/e; **ein ~er** dosido
bellen leh
Belletristik letërsi artistike

Belorußland Bjellorusí-a
bemerken dalloj; vë re; vërej, -ta, -tur; diktoj
bemessen (*jur.*) caktoj
Bemessung (*jur.*) caktim-i
bemitleiden mëshiroj
bemitleidenswert mjeruesh|ëm, -me, i/e
bemoost myshkët, i/e
bemühen, sich ~ mundohem; **sich** ~ përpiqem ⟨*pass*⟩; bëj zahmet; orvatem; lakmoj; çallëstis
Bemühung orvatj|e, -a; përpjekj|e, -a
benachbart fqinj|ë, -e
benachrichtigen informoj; lajmëroj
Benachrichtigung lajmërim-i
benedeien bekoj
benehmen, sich ~ sillem
Benehmen sjellj|e, -a; **gutes** ~ mirësjellj|e, -a
benennen emërtoj
Benennung emërtim-i; emërtes|ë, -a
benetzen lag; njom
benötigen kam nevojë për ⟨+ *Akk*⟩, **benötigt werden** lypsem
benutzen përdor; përdoroj; zbatoj
Benutzerkarte karta e anëtarësisë
Benutzungsrate der Bibliothek ndjekja e bibliotekës
Benzin benzin|ë, -a; **~tank** serbator-i
beobachten vrojtoj
Beobachter vrojtues-i
Beobachtung vrojtim-i; vëzhgim-i
bepissen (*vulg.*) pshurr, shurroj; **sich** ~ (*vulg.*) shurrohem
bequem rehatsh|ëm, -me, i/e
Berat (*ON*) Berat-i; **aus** ~ **beratas, -e**
beraten këshilloj; pleqnoj
beratschlagen kuvendoj
Beratung konsultim-i; konsult|ë, -a
Beratungsstation këshillimor|e, -ja
Beratungsstelle konsultor|e, -ja; **medizinische** ~ dispanserí-a
berauschen deh
Berechnung llogaritj|e, -a
Berechtigungsausweis fletëhyrj|e, -a; librezë hyrjeje
bereden kuvendoj
Beredsamkeit gojëtarí-a
beredt gojëmbël
Bereich lëm|ë, -i; pl. -ënj-të
bereichern begatoj; pasuroj
Bereicherung pasurim-i
bereit gatsh|ëm, -me, i/e
bereits tashmë
Bereitschaft gatishmërí-a; **~sübung** provë e gatishmërisë
bereuen pendohem
Berg mal-i, pl. -e-t; **die Berge**

rauschen oshtijnë malet
Berg malor, -e; **~bach** cem-i, pl. -a-t; përr|ua, -oi, pl. -énj-të; **~bauwesen** xehetarí-a; **~dorf** fshat malor; **~fried** pyr|g-u, pl. -gje-t; **~kette** vargmal-i; **~land** malësí-a; **~mann** minator-i; **~mannsheim** kaskë minatori; **~mannssiedlung** minator, qytezë e minatorëve; **~name** oronim-i; **~rücken** vargmal-i; **~steiger** alpinist-i; **~weide** bjeshk|ë, -a, pl. -ë-t; **~werk** xeh|e, -ja; **~werk** minier|ë, -a; **~zug** vargmal-i
bergen (*Verwundete*) tërheq
Bericht raport-i, pl. -e-t; rrëfim-i; ~ **erstatten** raportoj
berichten raportoj
berichtigen korrigjoj; ndreq
Berichtigung ndreqj|e, -a
berieseln vadis (*s/t*)
Berlin (*ON*) Berlin-i
Bermuda-Inseln Bermude-t
Bern (*ON*) Bern|ë, -a
Bernstein qelibar-i
Berserker, **wie ein** ~ derrçe ⟨*adv*⟩
berüchtigt famëkeq, -e
Beruf profesion-i
beruflich profesional, -e
Berufs- profesional, -e; **~sschule** shkollë profesionale; **~ssprache** zhargon profesional
Berufung apelim-i (*jur.*); apel-i, pl. -e-t; **~sverfahren** gjyq apelimi
beruhigen qetësoj; rehatoj
Beruhigungsmittel qetësues-i
berühmt famsh|ëm, -me, i/e
berühren rrok
Beryllium (*chem.*) berilium-i
besagter (*der besagte*) në fjalë
besamen mbars
Besamung mbarsj|e, -a
besänftigen rehatoj; zbus (*s/t*)
Besatzer okupator-i
Besatzung ekuipazh-i, pl. -e-t
Besäufnis orgjí-a; zdërhallj|e, -a
beschädigen dëmtoj; bëj zarar; grij; prish
Beschädiger dëmtues-i; zarar-i, pl. -e-t; dëmtim-i
beschaffen sajoj
Beschaffenheit cilësí-a
beschäftigen, **sich** ~ **mit** merrem me ⟨+ *Akk*⟩
beschäftigt zënë, i/e
beschämen turpëroj
Beschaulichkeit soditj|e, -a
bescheiden modest, -e
Bescheidenheit modestí-a
bescheinigen atestoj
Bescheinigung dëftes|ë, -a; vërtetes|ë, -a
Beschlag (*Huf*) mbathj|e, -a

beschlagen (*vom Dampf*) djersitem
Beschlagnahme konfiskim-i
beschlagnahmen konfiskoj
beschleunigen shpejtoj
Beschleunigung shpejtim-i
beschließen vendos; (*beenden*) përfundoj
Beschluß vendim-i; rezolut|ë, -a
beschmutzen përdhos; fëlliq; ndyj; pëgëj; zhyej (*e/ye*)
Beschneider xherah-u, pl. -ë-t (*rel.*)
Beschneidung (*rel.*) synet-i; synetllë|k-u, pl. -qe-t; **~sfeier** synetllë|k-u, pl. -qe-t
beschränken kufizoj
beschränkt kufizuar, i/e; shpirtvogël
beschreiben përshkruaj
beschreibend përshkrues,-e
Beschreibung përshkrim-i
beschuldigen fajësoj
Beschuldigung fajësim-i
Beschwerde ankes|ë, -a; **~führer** ankues-i
beseelt (*spr.*) frymor, -e
beseitigen zhduk; shlyej; likuidoj
Beseitigung zhdukj|e, -a; largim-i; likuidim-i; **~der Aspirierung** shfrymëtim-i
Besen fshes|ë, -a
Besenbinder fshesëtar-i; fshesabërës-i
besetzen pushtoj; zaptoj
Besetzer okupator-i
besetzt zënë, i/e
Besetzung okupacion-i; pushtim-i
besiegen mund
besiegt mundur, i/e
Besitz pron|ë, -a; **in ~ nehmen** pushtoj; **~urkunde** aktzotërim-i; (*für Immobilien*) tapí-a
besitzend zotërues, -e
Besitzer pronar-i; zot-i, i; zotërues-i; **~der Ländereien** zotërues i tokave
Besitzerin zonj|ë, -a, e
besonder posaç|ëm, -me, i/e; veçantë, i/e; special, -e
Besonderheit veçantí-a; veçorí-a
besonders posaçërisht ⟨*adv*⟩; sidomos; veçanërisht ⟨*adv*⟩
besorgt vesves, -e; meraklí, -e
bespitzeln përgjoj
besprechen kuvendoj; (*Magie*) frymëtoj; (*mit Zauberformeln*) yshtt
Besprechung recension-i, pl. -e-t; kritik|ë, -a
bespritzen cirkoj; njom
besser më mirë; **es wird ~** përmirësohet
bessern përmirësoj
Besserung përmirësim-i; **gute ~!** të shkuara!

Bestand rezerv|ë, -a; (*Bibliothek*) fond-i, pl. -e-t; **~saufbau, ~sergänzung** pasurim-i; **~srevision** kontroll i vendosjes së librave në rafte; **~sverzeichnis** specifikim-i; **~teil** element përbërës; pjesë përbërëse; komponent-i, pl. -ë-t
bestätigen vërtetoj; pohoj; verifikoj; përligj
bestätigend pohor, -e
Bestätigung ripohim-i; afirmim-i; vërtetim-i; vërtetes|ë, -a; konfirmim-i
Bestattung funeral-i, pl. -e-t
bestäuben (*bot.*) pllenoj; endëzoj
bestechen mitos; koj
Bestechung, aktive ~ dhënie e mitës; **passive** ~ marrje e mitës; **~sgeld** ryshfet-i, pl. -e-t; (*jur.*) mit|ë, -a
bestehen (*auf*) ngul këmbë; (*aus*) konsistoj
bestellen porosis (*s/t*)
Bestellschein fletëkërkes|ë, -a
Bestellung porosi-a
Bestellzettel formular i porosisë
besteuern taksoj; tatoj
Besteuerung tatim-i
bestialisch qenërisht ⟨*adv*⟩; ~ **auftreten** sillem qenërisht
Bestie egërsir|ë, -a; bish|ë, -a; zullap-i, pl.-ë-t
bestimmen përcaktoj; caktoj
bestimmend (*spr.*) shques, -e
bestimmt përcaktuar, i/e
Bestimmung destinacion-i; përcaktim-i; përkufizim-i; (*jur.*) dispozit|ë, -a; **prädikative** ~ (*spr.*) plotës kallëzuesor; **~shafen** port destinacioni; **~sort** vendarritj|e, -a; vendmbërritj|e, -a
bestrafen (*jur.*), dënoj
Bestrafung dënim-i; **bedingte** ~ (*jur.*) dënim me kusht
Bestrahlung (*med.*) rrezatim-i
bestrebt sein kërkoj; përpiqem
Bestrebung aspirat|ë, -a; përpjekj|e, -a; prirj|e, -a
Besuch vizit|ë, -a
besuchen vizitoj; (*Schule*) ; (*Schule, Kursus*) vazhdoj; vijoj; frekuentoj; **die Schule** ~ shkollohem; **besucht werden** vizitohem
Besuchszeit (*med.*) orari i vizitave
besudeln fëlliq; njolloj; përdhos
betagt moç|ëm, -me, i/e
beten (*rel.*) lus (*s/t*); falem
Bethaus faltor|e, -ja
betiteln titulloj
Beton beton-i
betonen (*unterstreichen*)

nënvizoj; mëshoj; (*akzentuieren*) theksoj
betonieren betonoj
betonieren betonoj
betont *spr.* tonik, -e; tonor, -e
Betonung theksim-i
Betonungs- theksor, -e
betrachten shikoj; **~ als** konsideroj
Betrachtung soditj|e, -a
Betrag, hinterlegter ~ depozit|ë, -a
betreffen përkas *a/e/i; s/t*; takoj
Betrieb firm|ë, -a, *pl.* -a-t; ndërmarrj|e, -a
betrüben trishtoj; hidhëroj; **betrübt sein** hidhërohem
Betrug mashtrim-i; kob-i, *pl.* -ë-t
betrügen mashtroj; kobis *s/t*
betrunken dehur, i/e; **~ machen** deh
Bett sht|rat-i, *pl.* -ét-ër-it; krevat-i, *pl.* -e-t; **zu ~ gehen** bie të fle; **~couch** divan-i; **~decke** mbulesë krevati; kuvert|ë, -a; **~laken** çarçaf-i, *pl.* -ë-t; **~leuchte** llambë natë; **~nässer** shurrak-u, *pl.* -ë-t; **~sack** dyshek-u, *pl.* -ë-t; **~stelle** krevat-i, *pl.* -e-t; **~überzug** këllëf jorgani; **~vorleger** rrug|ë, -a; **~wäsche, ~zeug** çarçafë e këllëfë
bettnässen shurrohem
bettelarm zbathara k, -e
betteln lyp
Bettelstab: an den ~ kommen bie nga dynjallëku
bettlägerig dergjur, i/e; **~ sein** dergjem
Bettler lypës-i, *pl.* -it
beugen kërrus; ep; epoj
Beule domk|ë, -a; gung|ë, -a; xhung|ë, -a
beunruhigen shqetësoj; tendos; **~Sie sich nicht!** mos u shqetësoni! **beunruhigt sein** sëkëlldisem
Beunruhigung shqetësim-i; sëkëlldí-a
beurteilen cilësoj; gjykoj
Beutel trast|ë, -a; qes|e, -ja; cak|ë, -a; torb|ë, -a
Beutelchen qesk|ë, -a
Bevölkerung popullsí-a; **~sforschung** demografí-a
bevollmächtigen autorizoj
bevollmächtigt fuqiplotë
bevor ⟨*Konj*⟩ para se
bevorzugen preferoj
bewachen ruaj; mbikëqyr; **bewacht werden** ruhem, u ruajta
bewaffnen armatos
Bewaffnung armatosj|e, -a; armatim-i
bewahren rúaj, -ta, -tur
Bewährung prov|ë, -a; **~sfrist** *jur.* afat i provës;

~sstrafe *jur.* dënim me kusht
bewässern ujis *s/t*; vadis *s/t*
Bewässerung ujitj|e, -a; vaditj|e, -a
Bewässerungs- ujitës, -e
bewegen lëviz; tund; **sich ~** shkundem
Beweggrund motiv-i, *pl.* -e-t
beweglich lëvizsh|ëm, -me, i/e; lëkundsh|ëm, -me, i/e; *spr.* rënës, -e; **~ sein** luaj
Bewegung lëvizj|e, -a; **~slehre** kinematik|ë, -a
beweinen vajtoj; kukas *s/t*
Beweis dëshmí-a
beweisen vërtetoj
bewerten vlerësoj
Bewilligung pëlqim-i; **~ erhalten** nxjerr leje
bewirten gostis *s/t*; qeras; qis *s/t*; **zu Abend ~** darkoj
Bewirtung qerasj|e, -a
bewohnbar banuesh|ëm, -me, i/e; banuar, i/e
bewohnen banoj
Bewohner banor-i, *pl.* -ë-t
bewohnt banuar, i/e
bewölkt vrenjtur, i/e
Bewölkung vrenjtj|e, -a
Bewunderer admirues-i; adhurues-i
bewundern adhuroj
bewundernswert admiruesh|ëm, -me, i/e
bewußt koshient, -e; ndërgjegjsh|ëm, -me, i/e; vetëdijsh|ëm, -me, i/e; *jur.* me vetëdije; ndërmend ⟨*adv.*⟩; **ich bin mir ~** kam parasysh; **~er Arbeiter** punëtor i ndërgjegjshëm
Bewußtlosigkeit fikët, të; alivan-i; alivaní-a
Bewußtsein vetëdij|e, -a; ndërgjegj|e, -ja; shpirt-i, *pl.* -ra-t
Bey be|j, -u, *pl.* -j-lerë-t
bezahlen paguaj
bezaubern magjeps
bezaubernd magjish|ëm, -me, i/e
bezeichnen shënoj; *spr.* shenjoj
bezeichnend shenjues, -e
bezeichnet shenjuar, i/e
Bezeichnung emërtim-i; *spr.* shenjim-i
bezeugen dëshmoj
Beziehung marrëdhëni|e, -a; lidhj|e, -a; raport-i, *pl.* -e-t; **eheliche ~** lidhje martesore; **~en wieder aufnehmen** rifilloj marrëdhëniet
Bezirk qar|k-u, *pl.* -qe-t; rreth-i, *pl.* -e-t; ngast|ër, -ra, *pl.* -ra-t; rajon-i, *pl.* -e-t
bezüglich ndaj ⟨+ *Abl*⟩
bezugnehmend auf duke u bazuar në
Bezugswort *spr.* parashkues-i
bezwecken aspiroj; synoj
bezwingen mund

Bialystok *ON* Bjalistok-u
Bibel bib|ël, -la, *pl.* -la-t
Biber, Biberpelz kastor-i, *pl.* -ë-t
Bibliographie bibliografí-a
bibliographisch bibliografik, -e
Bibliothek bibliotek|ë, -a; **~magazin** depo fondesh; **~szweigstelle** degë biblioteke
Bibliothekar bibliotekar-i, *pl.* -ë-t; bibliotekist-i
biblisch biblik, -e
biegen ep; epoj; harkoj; **sich ~** epem
Biegung kthes|ë, -a, *pl.* -a-t; përkulj|e, -a; **eine ~ machen** harkoj
Biene blet|ë, -a; **~nhaus** bletor|e, -ja; **~nkorb, ~nvolk, ~nstock** zgj|úa, -ói, *pl.* -óje-t; **~nvolk** luzm|ë, -a; **~nwabe** h|úall-i, *pl.* -oje-t; hójëz-a
Bier birr|e, -a; **~garten** barlulishte; birrarí-a; **~glas, ~seidel** krík|ëll, -lla; **~lokal, ~schwemme** birrarí-a
Biest bish|ë, -a
bikonvex dybarkor, -e; dylúgët, i/e; dymysët, i/e
Bilabial *spr.* bashkëtingëllore dybuzore
bilabial *spr.* dybuzor, -e
Bilanz bilanc-i *pl.* -e-t
bilanzieren balancoj
bilateral dypálësh, -e
Bild piktur|ë, -a; kuád|ër, -ri, *pl.* -ro-t; tabló-ja
Bildarchiv fototek|ë, -a
bilden formoj; brumos; përbëj; **gebildet sein** jam me kalem; jam me shkollë
Bilderrätsel rebus-i, *pl.* -e-t
Bilderschrift shkrim ideografik
Bildhauer skulptor-i
Bildschirm ekran-i, *pl.* -e-t
Bildstörung *Fernsehen* prishje figure
Bildung formim-i; edukat|ë, -a; **~shungriger** arsimdashës i; **~swesen** arsim-i
bilingue Edition botim dygjuhësh
Bilinguismus dygjuhërí-a
Billard bilardo-ja; **~kugel** bil|ë, -a
Billet bilet|ë, -a
billig lirë, i/e; veresíe ⟨*adv*⟩
billigen aprovoj; miratoj
Billion *1000 Milliarden* bilion-i, *pl.* -ë-t
Bilsenkraut *bot.* fën|g-u, *pl.* -gje-t; madërgon|ë, -a; duhan i egër
binär dyjar, -e
Binde *med.* pec|e, -ja; band|ë, -a; fash|ë, -a
Bindehautentzündung *med.* konjunktivit-i
binden lidh
bindend prerë, i/e

Bindestrich vizë lidhëse
Bindewort lidhëz-a
Bindfaden spango-ja
Binnen- brendsh|ëm, -me, i/e; **~frachter** anije lundrimi të brendshëm; **~markt** treg i brendshëm; **~schiffahrtstransport** transport lumor
Binom *math.* dygjymtyrësh-i, *pl.* -a-t
Binse *bot.* xunkth-i, *pl.* -a-t zhuk|ë, -a; kasht|ë, -a, *pl.* -ëra-t; **aus ~n** zhuktë, i/e; **~nflechter** xunkthëtar-i; **~nkorb** shportë zhuke
Biograph jetëshkrues-i
Biographie jetëshkrim-i; biografí-a
Biologe biolog-u, *pl.* -ë-t
Biologie biologjí-a
biologisch biologjik, -e
Birne dardh|ë, -a
Birnenplantage dardhisht|ë, -a
bis deri te, **~ më; derisá; gjersa** ⟨*Konj.*⟩; **~ oben** fytazi ⟨*adv*⟩; **~ zum 4. August** deri më katër gusht
bis *zweimal* bis; bizë
Bischof peshkop-i; *orthodox* mitropolit-i, *pl.* -ë-t; *Titel der orthod. Kirche* dhespot-i, *pl.* -ë-t; *katholisch* ipeshk|ëv, -vi; **~samt** *orthodox* mitropolí-a; **~skirche** katedral|e, -ja
bisherig gjertanish|ëm, -me, i/e
Biskaya Biskaj|ë, -a
Biskuit biskot|ë, -a
Bison bizon-i, *pl.* -ë-t
bißchen: ein ~ pak; pakëz; një grim|ë, -a; grimc|ë, -a
Bissen kafshat|ë, -a
bisweilen nganjëherë ⟨*adv*⟩; tek-tuk
Bitola *ON* Manastir-i
bitten lutem; lyp; lus; **bitte sehr!** urdhëroni! **bitte wenden** shih në shpinë të fletës; **jemand um Hilfe ~** i bëj rixha ⟨+ *Dat*⟩; **um Entschuldigung ~** kërkoj falje; kërkoj ndjesë
Bitte kërkes|ë, -a; lutj|e, -a
bitter hidhët, i/e; hidhur, i/e; vrertë, i/e; **~ machen** hidhëroj
bitterkalt acartë, i/e; **~ sein** bëj acar
Bitterkeit hidhësir|ë, -a
Bitumen bitum-i; asfalt-i
Blähungen urgusj|e, -a; **~haben** urgusem
Blas- frymor, -e; **~instrument** vegël frymore;
Blase fllusk|ë, -a; fshikëz-a; fshikë, -a; **~n bekommen** flluskosem
Blasebalg *in der Schmiede* gjyryk-u, *pl.* -ë-t; calik-u, *pl.* -ë-t
blasen fryj
Blasius Vlash-i

Blasphemie blasfemí-a
blaß zbehtë, i/e; zbehtak, -e; ~ **werden** bëhem ikonë
Blatt flet|ë, -a, *pl.* -ë-t; gjeth|e, -ja; ~**laus** gjonth-i, *pl.* -a-t; ~**werk** gjeth|e, -ja
Blättchen fletushk|ë, -a
blättern shfletoj; trazoj
blau blu; kaltër, i/e; maví
Blauholzbaum *Haematoxylon campechianum* bakëm-i, *pl.* -e-t
bläulich kaltërremë, i/e
Blech teneqé-ja = teneq|e, -ja; llamarin|ë, -a; **großes** ~ çarkí-a; ~**kanne** *für Wasser oder Öl* bilik|e, -ja; ~**schaden** dëmtim llamarine; gërvishtj|e, -a; ~**schere** gërshërë për llamarinë; ~**schmied** teneqexhí-u
Blei plumb-i, *pl.* -a-t
bleiben mbes *s/t*; mbetem; rri, ndenja, ndenjur; ngel; qëndroj, **im Hintergrund** ~ qëndroj në prapaskenë; **in Quarantäne** ~ mbaj karantinë; **es blieb ihm nichts anderes übrig** nuk pati çfarë të bënte
bleich zbehtë, i/e; zbehtak, -e; ~**en** *Haare* oksigjenoj
Bleichen, das ~ zverdhim-i; zverdhj|e, -a
Bleistift kalem-i, *pl.* -a-t; laps-i, *pl.* -a-t; ~**spitzer** mprehëse lapsash
Blende *Fotoapparat* diafragm|ë, -a
blenden qorroj
Blick vështrim-i; **flammender** ~ shikim i valë; **klarer** ~ vështrim i qelqtë
blind verbër, i/e; qorr, -e; qórras; qórrazi ⟨*adv*⟩; **sich zu etwas taub und** ~ **stellen** e bëj veshin shurdh e syrin qorr para ⟨+*Abl*⟩; ~**e Scheibe** *Glas* xham qorr
Blinddarm zorrë e verbër; zorrë qorre; ~**entzündung** apendicit-i
Blindschleiche bullai-i, *pl.* -ë-t
Blinker blinker-i
Blitz rrufé-ja; vetëtim|ë, -a; ~**ableiter** *tech.* rrufepritës-i; ~**brief** fletërrufé-ja; ~**licht** blic-i, *pl.* -e-t; ~**reise** udhëtim i rrufeshëm
blitzen vetëtij; vetoj
blitzschnell vetëtimthi ⟨*adv.*⟩
Block bllo|k-u, *pl.* -qe-t
Blockade bllokad|ë, -a
blockieren ngujoj; bllokoj
blöd teveqel, -e
Blödian hajvan-i, *pl.* -ë-t
blond bjond, -e; flokëverdhë; verdhë, i/e; ~ **färben** zverdhoj
bloß vetëm ⟨*adv*⟩; veçsé *Konj.*
Blue Jeans bluxhins

Bluff blof-i, *pl.* -ë-t
bluffen bëj blof
blühen lulëzoj
Blume lul|e, -ja; **~ngarten** lulisht|ë, -a; lulisht|e, -ja; **~ngärtnerei** lulëtarí-a; **~nkohl** lule lakre; lulelak|ër, -ra; **~nstrauß** tufë lulesh; buqet|ë, -a; **~ntopf** saksí-a; **~nzwiebel** bulb-i, *pl.* -e-t; qepor|e, -ja
Bluse bluz|ë, -a
Blut gjak-u, *pl.* -ra-t; **~armut** anemí-a; **~bad** kërdí-a; **~druck** tension i gjakut; **~egel** ushúnjëz-a, *pl.* -a-t; **~erguß** gjakrrjedhj|e, -a; cenim-i; vurrat|ë, -a; **rote ~körperchen** rruazat e kuqe; **~krebs** leucemí-a; **~probe** analizë gjaku; **~rache** gjakmarrj|e, -a; ahmarrj|e, -a; hakmarrj|e, -a; **~rachegegner** hasm-i, *pl.* -ë-t; **~rächer** gjakmarrës-i; **~sauger** gjakpirës-i; **~sbruder** vëllam-i, *pl.* -ë-t; **~sbruderschaft** vëllamërí-a; vëllamí-a; **~ung** hemorragjí-a; gjakrrjedhj|e, -a; **~vergießen** gjakderdhj|e, -a; **~vergiftung** helmim i gjakut; **~wurst** kurmagjak-u, *pl.* -ë-t; **~zeuge** dëshmor-i, *pl.* -ë-t
blutbefleckt gjakosur, i/e
Blüte lulëzim-i; **weit offene ~** gallaber|e, -ja; **~nstaub** end-i; end|ë, -a; pjalm-i
blutig gjakatar, -e = gjakësor, -e; **~es Regime** regjim gjakësor
blutrünstig gjakatar, -e; gjakësor, -e; mizor, -e
Boden tok|ë, -a; tr|úall-i, *pl.* -óje-t; dhe-u, *pl.* -ra-t
Boden- tokësor, -e
Bogen har|k-u, *pl.* -qe-t; kular-i, *pl.* -ë-t; *Papier* tabak-u; *der Lahuta* dorës-i, *pl.* -a-t; qemer-i, *pl.* -ë-t; **~schütze** harkëtar-i
Böhme çek-u, *pl.* -ë-t
Böhmen Bohemí-a; **~ und Mähren** Çekí-a
Bohne fasul|e, -ja; **dicke ~** bathor|e, -ja; **grüne ~** mashurk|ë, -a; **~nfeld** bathor|e, -ja; **~salat** sallatë me fasule
bohren zhbiroj
bohrend thekët, i/e
Bohrer trápano-ja
Bojana *FN* Bun|ë, -a
Bojar bujar-i, *pl.* -ë-t
Bojarin bujaresh|ë, -a
Boje bov|ë, -a
bolivisch bolivian, -e
Bolle *bot.* bulb-i, *pl.* -e-t
Bologna Bolonj|ë, -a
Bolschewismus bolshevizëm, -mi
Bolzen *tech.* bulon-i, *pl.* -a-t
bombardieren bombardoj

Bombe bomb|ë, -a
Bomber *mil.* bombardues-i
Bommel xhufk|ë, -a
Bonbon bonbon|e, -ia; karamel|e, -ja; sheqerk|ë, -a
Bonität *ök.* mirëbesim-i
Bonn *ON* Bon-i
Bonze *fig.* bonz-i, *pl.* -ë-t
Boom *ök.* bum-i, *pl.* -e-t; ~**der Automobilindustrie** bum i industrisë së automobilave
Boot bark|ë, -a; lund|ër, -ra, *pl.* -ra-t; anij|e, -a, *pl.* -e-t; ~**sfahrt** udhëtim me varkë; ~**smann** bocman-i, *pl.* -ë-t; nostrom-i, *pl.* -ë-t; vator-i
Borax *chem.* boraks-i
Bord bord-i, *pl.* -e-t; **an ~ des Flugzeugs, des Schiffes** në bordin e avionit, e anijes
Bordeaux *ON* Bordó-ja
Bordell bordel-i, *pl.* -e-t
Bordstein basamak-u, *pl.* -ë-t
Bordwand fajk|ë, -a
Börek byre|k-u, *pl.* -kë-t; -qe-t; ~**bude** byrektor|e, -ja
Borneo Kalimantan-i
Borsalino *Hut* borsalin|ë, -a
Börse burs|ë, -a; ~**nmakler** ndërmjetës burse
Borste grath-i, *pl.* -ë-t; ~**n** kresht|ë, -a
Borte gajtan-i, *pl.* -ë-t
bösartig barkkeq, -e; vëngërt, i/e
Böschung shpat-i, *pl.* -e-t
böse keq, -e, i/e; *pl.* këqij, -a; vëngërosh, -e; ~**r Blick** vështrim i vrertë; ~**sein auf jemand** i mbaj mëri
Böse, das ~ e keqja
Boshaftigkeit ligësí-a
Bosnien Bosnj|ë, -a
Bosporus Bosfor-i
böswillig keqdashës, -e
Böswilligkeit keqdashj|e, -a
Botanik botanik|ë, -a
Botaniker botanist-i
botanisch botanik, -e
Bote lajmëtar-i; ndërlidhës-i; emisar-i
Botschaft ambasad|e, -a; mesazh-i, *pl.* -e-t
Botschafter ambasador-i
Bottich but-i, *pl.* -e-t; vask|ë, -a; govat|ë, -a
Bouillon lëng mishi
Boulevard bulevard-i, *pl.* -e-t
Boulogne Bulonj|ë, -a
bourgeois borgjez, -e
Bourgeois borgjez-i
Bourgeoisie borgjezi-a
Bouzouki *mus.* buzuk-u, *pl* -ë-t
Bowle poç-i, *pl.* -e-t
Boxcalf-Leder boks-i, *pl.* -e-t
Boxen boks-i
Boxer boksier-i, *pl.* -ë-t
Boxsport boks-i
Boykott bojkotim-i
boykottieren bojkotoj
Boza-Verkäufer bozaxhí-u,

pl. -nj-të
brach, brachliegend djerrë, i/e
Brache av|ër, -ra-t; djerr-i, *pl.* -e-t; djerrin|ë, -a
Brachfeld djerr-i, *pl.* -e-t; djerrin|ë, -a
Brachland qérës|e, -ja; av|ër, -ra-t
Brachpieper cik|ë, -a
Braila Brëil|ë, -a
Branche *ök.* deg|ë, -a
Brand djegi|e, -a; *med.* gangren|ë, -a; **~mal** damk|ë, -a
brandmarken damkos; denoncoj
brandschatzen zhuris *s/t*
Brandstifter zjarrvënës-i
Brandzeichen *Vieh* tatuazh-i, *pl.* -e-t
Branntwein rakí-a
brasilianisch brazilian, -e
Brasilien Brazil-i
Braten çomlek-u; rosto-ja; mish i pjekur
braten fërgoj; skuq; furroj; *in der Pfanne* tiganis
Brathuhn pulë e pjekur
Bratislava Bratislav|ë, -a
Bratkartoffel patate të fërguara
Bratspieß he|ll-i, *pl.* -j-të
Bratwurst salsiç|e, -ja; **~stand** mezerí-a
brauchen kam nevojë; **ich brauche das nicht** s'ma lypset kjo punë
Brauchtum folklor-i
braun ngjyrë gështenje; ngjyrë kafe; zeshkët, i/e
bräunen zeshk; nxij; skuq
Braunkohle linjit-i, *pl.* -e-t
Brause gazoz|ë, -a
brausen gjëmoj
Braut nus|e, -ja; **~führerin** bull|ë, -a; **~gürtel** qemer i nuses; **~schatz** dhuntí-a; dhurëtí-a; **~schleier** duvak-u, *pl.* -ë-t; **~schmückerin** bull|ë, -a; **~werbung** mblesërí-a; **~zeit** dhëndërí-a
Bräutigam dhënd|ër, -ri, *pl.* -úrë-t; **~sein/werden** dhëndëroj
brav urtë, i/e; **~ und sittsam** urtë e butë
Bravheit urtësí-a
bravo! të lumtë!
BRD, Bundesrepublik Deutschland RFGj [RëFëGjë-ja]
Brechbohnen mashurk|ë, -a
Brecheisen qysqí-a
brechen prish; zhbëj; thyej; **Fasten ~** burbuletem
brechend voll plot e përplot
Brechung *spr.* thyerj|e, -a; përkulj|e, -a
Brechreiz përzierit, të
Brei qull-i
breit gjerë, i/e; **~e Palette der Kenntnisse** diapazon i gjerë i dijeve
Breite gjerësí-a; **~nsport**

sport masiv
breitschultrig gjerush, -e
Bremen Bremen-i
Bremsautomatik automatik i frenave
Bremsbelag *tech.* ferrota frenash
Bremse zekth-i, *pl.* -a-t; zegal-i, *pl.* -ë-t; zég|ël, -li, *pl.* -la-t; *tech.* fren-i, *pl.* -a-t
bremsen frenoj
Bremsflüssigkeit alkooli i frenave
Bremstrommel tambur frenash
brennbar djegsh|ëm, -me, i/e; djegës, -e
brennen djeg *e/i/o; g/gj*; digjem *e/i/o*; flakëroj; hamulloj; **die Sonne brennt** dielli përvelon
Brennen, das ~ **djegi|e, -a**
brennend djegës, -e
Brennessel *bot.* híth|ër, -ra, *pl.* -ra-t
Brennmaterial djegurin|ë, -a
Brennofen *für Ziegel* kumí-a
Brennstoff lëndë djegëse; djegurin|ë, -a; karburant-i
Brescia *ON* Bréshia
Breslau *ON* Vroclav-i
Bretagne Bretanj|ë, -a
Bretonen bretonë-t
Brett dërras|ë, -a; raft-i, *pl.* -e-t
Brief let|ër, -ra; ~ **mit Trauerrand** letër me qenar të zi; ~**geheimnis** *jur.* fshehtësí e korrespondencës; ~**kasten** kuti poste; ~**marke** pull|ë, -a; ~**markensammler** filatelist-i; ~**tasche** portofol-i, *pl.* -a-t; kulet|ë, -a; ~**träger** postier-i, *pl.* -ë-t; ~**wechsel** korrespondenc|ë, -a; letërkëmbim-i
Brigade brigad|ë, -a
Brigadier *ök.* brigadier-i
Brikett briket-i, *pl.* -a-t
Brillant brilant-i, *pl.* -e-t
Brille syze-t; xërxalla-t
bringen bie, prura, prurë; sjell *e/i/o*; çoj, çova, çuar; **auf die Beine** ~ mëkëmb; **zur Post** ~ postoj; **bring es nur nicht ins Haus!** mos e qas në shtëpi
Brise flad-i, *pl.* -e-t
britannisch, britisch britanik, -e
Broadway Broduei
Broiler pulë e pjekur
Broker *ök.* broker-i
Brombeere manaferr|ë, -a; ~**strauch** ferr|ë, -a; manaferr|ë, -a
Bronchial- bronkial, -e; ~**asthma** *med.* astma bronkiale
Bronchien bronke-t *f. Pl.*
Bronchitis *med.* bronkit-i, *pl.* -e-t
Bronze bronz-i; tunxh-i; **aus** ~ tunxhtë, i/e; bronztë, i/e

Brosche karfic|ë, -a
broschiert qepur, i/e
Broschur broshur|ë, -a
Broschüre broshur|ë, -a
Brot buk|ë, -a, *pl.* -ë-t; **~beutel** torb|ë, -a; **~korb** shportë buke; **das tägliche ~** bukë e gojës; **~ in Milch einweichen** njom bukën në qumësht
Bruch prishj|e, -a; thyerj|e, -a; përçarj|e, -a; cop|ë, -a; *Eid* shkelj|e, -a; *med.* herni|e, -a; fraktur|ë, -a; **~bude** zhgardhin|ë, -a; gërmadh|ë, -a, *pl.* -a-t; karakatin|ë, -a; **~stück** fragment-i, *pl.* -e-t; cop|ë, -a; **~zahl** numëror thyesor
Brücke ur|ë, -a, *pl.* -a-t; *Schiff* kabinë e komandës; *Teppich* sixhadé-ja
Bruder vëll|á-i, *pl.* -ézër-it; bac|ë, -a; *rel.* fr|at, *pl.* -ét-ër-it; **~der Mutter** daj|ë, -a; **~des Vaters** axh|ë, -a; xhaxhá-i; **~ Lustig** qejfpaprishur e punëpabitisur; **sein/ihr ~** i vëllai
Brüderchen vëllath-i; vëllaçko-ja
Bruderschaft vëllazëri-a
Brühe sup|ë, -a
brummen zhuzhas *a/e/i;s/t*; zhuzhuris *s/t*
Brummen, das ~ zhuzhitj|e, -a
brünett ezmer, -e
Brünn *ON* Bërno-ja
Brunnen pus-i, *pl.* -e-t; çezm|ë, -a; **~zug** çikrik-u, *pl.* -ë-t
Brüssel Bruksel-i
Brust gjoks-i, *pl.* -e-t; krahaor-i, *pl.* -ë-t; **die ~ geben** mënd; **~beere** *bot.* hid|e, -ja; xinxif|e, -ja; **~bein** shpor-i, *pl.* -ë-t; **~bild** portret-i, *pl.* -e-t; **~panzer** parzmor|e, -ja; **~schmuck** bilan-i, *pl.* -ë-t; **~schwimmen** not bretkocë; **~spitze** thumb-i, *pl.* -a-t; **~wehr** beden-i, *pl.* -a-t
Brüstung parapet-i, *pl.* -e-t
brutal egër, i/e; brutal, -e
Brutkasten inkubator-i
brutto bruto
Bruttoeinkommen e ardhura e përgjitshme
Bruttogewicht peshë bruto
Buch lib|ër, -ri, *pl.* -ra-t; **5. Buch Mose [Deuteronomium]** ligji i përtërirë
Buch- dituror, -e; **~binder** libralidhës-i; **~binderei** lidhtor|e, -ja; **~drucker** shtypshkrues-i; tipograf-i, *pl.* -ë-t; **~druckerei** shtypshkronj|ë, -a
Buche *bot.* ah-u, *pl.* -e-t
buchen prenotoj
Buchenland Bukovin|ë, -a
Buchenwald ahisht|ë, -a;

asht|ë, -a; *ON* Bukenvald-i
Bücherei bibliotek|ë, -a
Büchermagazin depo fondesh
Büchernarr biblioman-i
Bücherregal raft-i, *pl.* -e-t
Bücherrückgabe kthim i librave
Bücherstütze kavalet|ë, -a; libërmbështetës|e, -ja
Bücherverzeichnis bibliografí-a
Bücherwagen *Bibliothek* karrocë për bartje librash
Buchfink zborak-u, *pl.* -ë-t; zborakës i
Buchführung kontabilitet-i; **~sfehler** gabim në llogari
Buchhalter llogaritar-i
Buchhändler librashitës-i
Buchhandlung librarí-a
Buchhandschrift kodik-u, *pl.* -ë-t
Büchlein librez|ë, -a
Buchmesse panair libri
Buchsbaum bush-i, *pl.* -e-t
Büchse kutí-a; *Gewehr* pushk|ë, -a; **~nmacher** dyfekçí-u, *pl.* -nj-të; **~nöffner** çelës konservash
buchsprachlich libror, -e; letrar, -e; **~es Wort** fjalë diturore
Buchstabe shkronj|ë, -a; **~nschrift** *spr.* shkrim shkronjor; **~nverbindung** digraf-i, *pl.* -e-t
buchstabieren zbërthej me shkronja
buchstäblich fjalëpërfjalsh|ëm, -me, i/e
Bucht gji deti; liman-i, *pl.* -e-t; gji-ri, *pl.* -nj-të
Buchung *Flug* prenotim-i
Buchverkäufer librashitës-i
Buchweizen *bot.* hík|ërr, -rra, *pl.* -rra-t
Buchwort *spr.* fjalë librore
Buckel gung|ë, -a; kurriz-i; xhung|ë, -a
bücken, sich ~ përkulem
bucklig kurrizo
Budapest *ON* Budapest-i
Buddhismus budiz|ëm, -mi
Buddhist *rel.* budist-i
buddhistisch budist, -e
Budget buxhet-i, *pl.* -e-t
Buenos Aires *ON* Buenos-Ajres-i
Büfett bufé-ja
Büffel búa|ll-i, *pl.* -j-t
Bug bash-i, *pl.* -e-t
Bügel varës|e, -ja; **~eisen** hékur-i
bügeln hekuros
bugsieren manovroj
Bühne sken|ë, -a; **~nliteratur** dramaturgji-a
Bukarest *ON* Bukuresht-i
Bukett buqet|ë, -a
Bukowina Bukovin|ë, -a
Bulgare Bullgar-i
Bulgarien Bullgarí-a
bulgarisch bullgar, -e

Bullauge dritorëz-a
Bulldozer buldozer-i, *pl.* -ë-t
Bullenhitze zheg-u
Bulletin buletin-i
Bumerang bumerang-u, *pl.* -ë-t
bums bam *Int.*
Bund federat|ë, -a; besëlidhj|e, -a
Bündel den|g-u, *pl.* -gje-t; gërshet-i, *pl.* -a-t
Bundes- federal, -e; federativ, -e; **~republik** republikë federale
Bündnis aleanc|ë, -a; besëlidhj|e, -a; lidhj|e, -a
Bunker *mil.* bunker-i, *pl.* -ë-t; **kleiner ~** blindazh-i, *pl.* -e-t
bunt shumëngjyrësh|ëm, -me, i/e; larmish|ëm, -me, i/e
Buntheit larmí-a
Burg kalá-ja; kështjell|ë, -a
Bürge dorëzan|ë, -i, *pl.* -ë-t; garant-i; pen|g-u, *pl.* -gje-t
Bürger qytetar-i, *pl.* -ë-t; qytetas-i, *pl.* -it
bürgerlich borgjez, -e
Bürgerlicher borgjez-i
Bürgermeisterei beledi|e, -a
Bürgersteig trotuar-i, *pl.* -e-t; këmbësor|e, -ja
Bürgertum borgjezí-a
Burgherr kështjellar-i
Burgund Burgonj|ë, -a
Burma Birmaní-a
Burmese birmanez-i
burmesisch birman, -e
Büro byro-ja; zyr|ë, -a
Bürokrat burokrat-i, *pl.* -ë-t
Bürokratie burokrací-a
bürokratisch burokratik, -e; dikasterial, -e
Bürokratismus burokratiz|ëm, -mi; zyrtariz|ëm, -mi
Bürostunden orari zyrtar
Bursche djal|ë, -i, djem-të; babaxhan-i, *pl.* -ë-t; djalosh-i, *pl.* djelmosha-t
Bürste furç|ë, -a
Bus autobus-i, *pl.* -ë-t
Busch shkurr|e, -ja
Büschel kallí-ri, *pl.* -nj-të; tuf|ë, -a; dorez-a
Busen gji-ri, *pl.* -nj-të
Business biznes-i
Büste bust-i, *pl.* -e-t; **~nhalter** sutjen-i
Büttel çaush-i, *pl.* -ë-t
Butter gjalp|ë, -i; **~blume** gjalpëtor|e, -ja
Butterbrot fetë e lyer; kanapé-ja; **~papier** celofan-i
Butterkrem past|ë, -a
Buttermilch dhall|ë, -a
Butterreis pilaf-i, *pl.* -ë-t
Büßerhemd grathor|e, -ja
Bußgeld gjob|ë, -a; **~ verhängen** gjobis; gjoboj
byzantinisch bizantin, -e
Byzanz *ON, hist.* Bizant-i

C

Cabo Verde Kepi i Gjelbër
Cádiz *ON* Kadiks-i
Cagliari *ON* Káljari
Calais *ON* Kalé-ja
Calque *spr.* kalk-u, *pl.* -e-t
Cambridge *ON* Kembrixh-i
Camper, Camping-Teilnehmer kampist-i, *pl.* -ë-t
Canapé divan-i, *pl.* -e-t
Canberra *ON* Kanberr|ë, -a
Capetown *ON* Kejptaun-i
Casablanca *ON* Kazablank|ë, -a
Catanzaro *ON* Katanxaro-ja
Cattaro *ON* Kotorr-i
Cédille *spr.* cedil|ë, -a
Celebes Sulavesi
Cellist *mus.* violonçelist-i
Cello *mus.* violonçel-i, *pl.* -a-t
Centime *100. Teil des Lek* qindark|ë, -a
Cetinje *ON* Cetin|ë, -a
Ceylonese cejlonez-i
Chalkidike: Halbinsel ~ Gadishulli Kalkidik
Champagne Shampanj|ë, -a
Chance shans-i; **eine ~ haben** kam shans
Changeant-Stoff af-i; **changierender Samt** kadife me af
Chaos kaos-i
chaotisch kaotik, -e
Charakter karakter-i, *pl.* -e-t
charakterisieren karakterizoj
Charakteristik karakteristik|ë, -a
charakteristisch karakteristik, -e
Charme hijeshí-a
Charter qirá-ja; **~maschine** avion i pajtuar
chartern navlloj
Charterung navllim-i
Chassis *tech.* telajo-ja
Chauffeur shofer-i, *pl.* -ë-t
Chaussee xhadé-ja
Chef drejtues-i; kryetar-i; shef-i, *pl.* -a-t
Chef-, krye-; **~arzt** kryemjek-u, *pl.* -ë-t; **~ingenieur** kryeinxhinier-i; **~redakteur** kryeredaktor-i
Chemie kimí-a
Chemiker kimist-i
chemisch kimik, -e
Chemnitz *ON* Karl-Marks-Shtadt-i, Kemnic-i
Cherbourg *ON* Sherburg-u
Chiasmus kiaz|ëm, -mi
chic modern, -e
Chicago *ON* Çikago-ja
Chicoree radhiq|e, -ja; lëkor|e, -ja
Chiffon shifon-i
chiffrieren shifroj
Chile Kili
chilenisch kilian, -e
China Kin|ë, -a

Chinarinde, Chinarindenbaum kin|ë, -a
Chinese kinez-i, *pl.* -ë-t
chinesisch kinezisht ⟨*adv*⟩; **~e Sprache** kinezisht|e, -ja
Chinin *med.* kinin|ë, -a
Chinoiserie kinezërí-a
Chios Kios-i
Chirurg kirurg-u, *pl.* -ë-t
Chirurgie kirurgjí-a
chirurgisch kirurgjik, -e
Chlor *chem.* klor-i
Chlor- klorik, -e; **~oform** kloroform-i; **~ophyll** klorofil-i; **~säure** acid klorik
Cholera koler|ë, -a
cholerisch kolerik, -e; çiftelí, -e
Cholesterin *med.* kolesterin|ë, -a
Chor kor-i, *pl.* -e-t
Choreographie koreografí-a
Chorsänger korist-i
Chrestomathie krestomací-a
Chrisam krezm-i
Christentum krishterim-i; kristianiz|ëm, -mi
christlich krishterë, i/e; kristian, -e
Christus Krisht-i; **Christi Himmelfahrt** *rel.* të Ngjítunt; të Shëlbúemit
Chrom krom-i
chromatisch kromatik, -e
Chromosom kromozom-i, *pl.* -e-t
Chronik kronik|ë, -a
chronisch kronik, -e
Chronist kronist-i
chronologisch kronologjik, -e
Chrysantheme *bot.* krizantem|ë, -a
Cijevna *FN* Cem-i
Cineastik kinematografí-a
Clan mal-i, *pl.* -e-t; klan-i, *pl.* -e-t; fis-i, *pl.* -e-t
Clearing klering-u'
Clique klik|ë, -a
Clown kloun-i, *pl.* -ë-t; gaztor-i; bufon-i, *pl.* -ë-t; karnaval-i, *pl.* -e-t
Clownerie karnaval-i, *pl.* -e-t
Club klub-i, *pl.* -e-t
Cluj *ON* Kluzh-i
Cocktail koktej-i, *pl.* -e-t
Colt gjashtar|e, -ja
Comic-Film film multiplikativ
Computer kompjúter-i, *pl.* -ë-t; **~technik** teknikë llogaritëse elektronike
Consecutio temporum *spr.* pajtim i kohëve
Córdoba *ON* Kordov|ë, -a
Costanța *ON* Konstanc|ë, -a
Couch divan-i, *pl.* -e-t
Coulomb *tech.* kulomb-i, *pl.* -ë-t
Courier korrier-i, *pl.* -ë-t
Courtage kurtazh-i, *pl.* -e-t
Cousin kushërí-ri, *pl.* -nj-të
Creme krem-i, *pl.* -ra-t; **~torte** past|ë, -a

Cremona *ON* Kremon|ë, -a

Cyrenaika Cirenajk|ë, -a

D

D-Zug tren i shpejtë

d.h. d. m. th.

da aty; *weil* meqenëse; sepse; pse; **~ist** ja

Dach çatí-a; mbules|ë, -a; **~mit Schindeln decken** ashëroj; **~boden** nënçatí-a; **~decker** tjegullar-i; **~garten** tarrac|ë, -a; **~latte** hartos|ë, -a; hátull-a, *pl.* -a-t; **~luke** baxh|ë, -a; kapanxh|ë, -a, **~rinne** gojk|ë, -a; ullu|k-u, *pl.* -qe-t; **~sparre** qép|ër, -ra, *pl.* -ra-t; pullazin|ë, -a; **~stuhl** hátull-a, *pl.* -a-t; **~ziegel** tjégull-a, *pl.* -a-t; **~zimmer** nënçatí-a

Dachs baldos|ë, -a

dadurch, daß meqë ⟨*Konj*⟩

dagegen kundër ⟨*adv.*⟩

dahinraffen kërdis

dahinsiechen venitem

dakisch dak, -e

Daktylus *spr.* daktil-i, *pl.* -ë-t

dalmatinisch dalmat, -e

Dalmazien Dalmací-a

damalig atëhersh|ëm, -me, i/e

damals asohere; asokohe

Damaskus *ON* Damask-u

Damast damask-u

Damaszenerklinge dimiski-a

Dame zonj|ë, -a; *Schach* mbretëresh|ë, -a; **meine ~n und Herren!** zonja e zotërinj!

Dame-Spiel dam|ë, -a

Damenfriseursalon floktor|e, -ja; sallon i flokëve për gra; permanent-i

Damenmantel mantó-ja

Damenschneiderin modist|e, -ja

damit *Konj.* me qëllim që; që të

Damm dig|ë, -a

dämmern ngrysct; agon

Dämmerung ag-u; agim-i; muzg-u

dämmrig vagët, i/e

Dämon demon-i, *pl.* -ë-t

Dampf ávu|ll-i, *pl.* -j-t; **~drucktopf** tenxhere me presion; **~kessel** kazan-i, *pl.* -ë-t; **~reis** oriz-i; **~schiff** avullor|e, -ja

Dampfer vapor-i, *pl.* -ë-t; avullor|e, -ja

danach pastaj; mandej ⟨*adv.*⟩

Däne danez-i

Dänemark Danimark|ë, -a

dänisch danez, -e

dank falë ⟨+ *Abl*⟩; në saje të

⟨+ *Gen*⟩; ~ **seiner Arbeit** falë punës së tij
Dank falënderim-i
dankbar mirënjohës, -e
Dankbarkeit mirënjohj|e, -a
Danke sehr! faleminderit!
danken falënderoj; **wir ~ für Ihr Schreiben vom 5. 3. d. J.** faleminderit për letrën e pesë marsit të këtij vit
dann atëherë; atëbotë; mandej ⟨*adv.*⟩
Danzig *ON* Dancig-u
darbringen falem; **sein Leben zum Opfer ~** bëj jetën fli
Dardanellen Dardanele-t
Dardaner *hist.* dardan-i, *pl.* -ë-t
darlegen shpjegoj; shtjelloj
Darlehen húa-ja; borxh-i, *pl.* -e-t
Darm zorr|ë, -a; **~beschwerden** kolit-i; **~lymphe** kílus-i; **~verschlingung** ngatërrim zorrësh
darstellen përbëj; paraqes *e/i, s/t*; **sich ~** paraqitem; **einen spürbaren Schritt voran ~** përbëj një hap të ndjeshëm përpara
darstellend përfytyrues, -e
Darstellung figur|ë, -a; mishërim-i
Darwinismus *phi.* darviniz|ëm, -mi
Daseinsberechtigung arsyeja e qenies
daß se; që ⟨*Konj*⟩
Daten dhëna-t, të
datieren datoj
Datierung datim-i
Dativ dhanor|e, -ja
Dattel hurm|ë, -a
Datum dat|ë, -a, *pl.* -a-t
Datums- datar, -e; **~stempel** vulë datare
Dauer kohëvazhdim-i; vazhdimësí-a; **auf ~** *jur.* përgjithmonë ⟨*adv*⟩
dauerhaft përhersh|ëm, -me
Dauerhaftigkeit vazhdimësí-a
dauern zgjas *s/t*; **es hat eine Woche gedauert** zgjati një javë
dauernd vazhdimisht ⟨*adv*⟩; **~ bellen** cafulloj
Dauerwelle permanent-i
Daumen pëlq|yer, -eri, *pl.* -erë-t
Daune púp|ël, -la
davonlaufen iki; **durch die Gassen ~** iki sokakëve
dazwischen ndërmjet ⟨*adv*⟩
Deaspiration shfrymëtim-i
Debatte debat-i, *pl.* -e-t
Debet debí-a
Debüt debutim-i
Debütant debutues-i
debütieren debutoj
Deck *Schiff* kuvert|ë, -a
Deckchen tis-i
Decke batanij|e, -a; *des Balls*

koperton-i, *pl.* -ë-t; *fig.* qyr|k-u, *pl* -qe-t; kuvert|ë, -a; mbules|ë, -a; *Zimmer~* **tavan-i,** *pl.* -e-t
Deckel kapak-u, *pl.* -ë-t
decken mbuloj
Decolleté dekolté-ja
Deduktion deduksion-i
deduktiv *phi.* deduktiv, -e
deduzieren *phi.* deduktoj
Defaitismus disfatiz|ëm, -mi
Defaitist disfatist-i
Defekt defekt-i; avarí-a
defekt prishur, i/e
defektiv *spr.* mangët, i/e; gjymtë, i/e
Definition përkufizim-i
definitiv prerë, i/e; **~e Rechnung** faturë përfundimtare
Defizit deficit-i
defizitär deficitar, -e
Degeneration degjenerim-i
degenerieren çoroditem; zvetënohem
degradieren degradoj; *mil.* zhgradoj
Degradierung zhgradim-i
dehnen zgjeroj
Dehnstufe *spr.* shkallë e gjatë
Deich argjinatur|ë, -a; dig|ë, -a
deiktisch *spr.* deiktik, -e
dein yt, *f.* jote
Deismus deiz|ëm, -mi
Deist *phi.* deist-i
Dekade dekad|ë, -a
dekadent dekadent, -e
Dekadenz dekadentiz|ëm, -mi; rëni|e, -a
Dekagramm dekagram-i, *pl.* -ë-t
Dekaliter dekalit|ër, -ri, *pl.* -ra-t
Dekan dekan-i, *pl.* -ë-t
Dekanat *Fakultätsleitung* dekanat-i, *pl.* -e-t
Dekathlon dhjetëgarësh-i, *pl.* -a-t
Deklaration deklarat|ë, -a
deklassiert deklasuar, i/e
Deklination lakim-i, *pl.* -e-t; **~sverschiedenheit** lakimndryshmërí-a
deklinierbar *spr* lakuesh|ëm, -me, i/e
deklinieren lakoj
Dekorateur dekorator-i
Dekoration dekor-i, *pl.* -e-t; dekoracion-i
dekorieren dekoroj
Dekret dekret-i, *pl.* -e-t
dekretieren dekretoj
Delabialisierung zbuzorëzim-i
Delegation delegacion-i; **~steilnehmer** delegat-i, *pl* -ë-t; **die ~ wird vom stellvertretenden Minister angeführt** delegacioni kryesohet nga zëvendësministri
Delegierter delegat-i, *pl.* -ë-t
deliberativ *spr.* shqyrtimor, -e

delikat delikat, -e
delimitativ kufitregues, -e
Delirium përçartj|e, -a
Delphin delfin-i, *pl.* -ë-t
Delta-Mündung delt|ë, -a
Demagoge demagog-u, *pl.* -ë-t
Demagogie demagogjí-a
demagogisch demagogjik, -e
Demarkation demarkacion-i; **~slinie** vijë demarkacioni
demaskieren demaskoj
Demaskierung demaskim-i
demilitarisieren çmilitarizoj
demnach prandaj
demnächst e sipër; **das wird ~ geregelt** puna është në rregullim e sipër
Demo *f.* demonstrat|ë, -a
demobilisieren çmobilizoj
Demobilisierung *mil.* çmobolizim-i
Demographie demografí-a
Demokrat demokrat-i, *pl.* -ë-t
Demokratie demokrací-a
demokratisch demokratik, -e
Demonstrant demonstrues-i
Demonstration manifestim-i; demonstrat|ë, -a
demonstrativ *spr.* dëftor, -e
Demonstrativpronomen përemër dëftor
demonstrieren demonstroj; manifestoj
Demontage zhveshj|e, -a
demontieren zbërthej; çmontoj
demoralisieren demoralizoj
Demut përvujtní-a; përvuajtj|e, -a
demütig përvujtë, i/e; përvúajtur, i/e
den Haag Hag|ë, -a
denaturiert çnatyruar, i/e; **~er Alkohol** alkool i çnatyruar
denken mendoj
Denken, das ~ mend-të *n.*; mendim-i; shpirt-i, *pl.* -ra-t; mendj|e, -a
denken kujtoj
Denker mendimtar-i
Denkmal përmendor|e, -ja; monument-i, *pl.* -e-t
denn *Konj.* se
denominal *spr.* prejemëror, -e
dental *spr.* dhëmbor, -e
Dental *spr.* dhëmbor|e, -ja; bashkëtingëllore dhëmbore
Denunziant denonciator-i
denunzieren denoncoj
Deponens *spr.* folje deponente
Depositenbank bankë depozitimi
Depositum depozit|ë, -a
Depot depo-ja, *pl.* -t; **~wirkung** *med.* veprim i vonshëm
Depression depresion-i
Deputierter deputet-i, *pl.* -ë-t

derartig asisoj; kësisoj; **~e Leute** asisoj njerëzish
Derivation *spr.* prejardhj|e, -a
Dermatologie *med.* dermatologjí-a
derselbe njëjtë, i/e; po ai
Derwisch *hist.* dervish-i, *pl.* -ë-t; **~kloster** teqé-ja
Desakzentuierung *spr.* shtheksim-i
Deserteur *mil.* dezertor-i
desertieren dezertoj
deshalb prandaj
Designer disenjator-i
Desinfektionsmittel dezinfektues-i
desinfizieren dezinfektoj
Desinteresse çinteresim-i
deskriptiv *spr.* përshkrues,-e
Desorganisation çorganizim-i
desorientieren çorientoj
Desorientierung çorientim-i
Desoxydation *chem.* çoksidim-i
Despot despot-i, *pl.* -ë-t
despotisch despotik, -e
Dessert desert i
destillieren distiloj; kulloj; **destilliertes Wasser** ujë i distiluar
detailliert detajuar, i/e; hollësish|ëm, -me, i/e; hollësisht ⟨*adv*⟩
Detektiv detektiv-i, *pl.* -ë-t
determinieren caktoj
determiniert *spr.* shquar, i/e
Determinismus determinizl|ëm, -mi
Deuteronomium *rel.* ligji i përtërirë
deutlich açik, -e; **es ist deutlich zu sehen** duket açik
deutsch gjerman, -e; gjermanisht ⟨*adv*⟩; **~sprechen** flas gjermanisht
Deutsch, deutsche Sprache gjermanisht|e, -ja
Deutsche, die ~ gjerman|e, -ia
Deutscher gjerman-i, *pl.* -ë-t
Deutschland Gjermaní-a
deverbal *spr.* prejfoljor, -e; **~es Nomen** emër prejfoljor
Deverbativum *spr.* emër prejfoljor
Devise deviz|ë, -a
Devisen valut|ë, -a
Devisen- valutor, -e; **~fonds** fond valutor
Devotion devotshmëri-a
Dezember dhjetor-i
dezentralisieren decentralizoj
Deziliter decilit|ër, -ri, *pl.* -ra-t
dezimal dhjetor, -e
Dezimalbruch thyesë dhjetore
Dezimalklassifikation klasifikimi dhjetor
Dezimeter *dm* decimet|ër, -ri, *pl.* -ra-t

Dia diapozitiv-i
Diabetes *med.* diabet-i
Diabetiker diabetik-u
Diachronie diakroní-a
diachronisch diakronik, -e
Diadem diadem|ë, -a; *auf Ikonen* brerori|e, -ja
Diagnose diagnoz|ë, -a
Diagonale diagonal|e, -ja
Diagramm diagram-i, *pl.* -e-t
Diakon *rel.* dhjak-u, *pl.* -ë-t; xhakon-i, *pl.* -ë-t
diakritisch diakritik, -e
Dialekt folm|e, -ja, e; dialekt-i, *pl.* -e-t
dialektal dialektor, -e
Dialektik dialektik|ë, -a
dialektisch dialektik, -e; ~**er Materialismus** materializëm dialektik
Dialektismus dialektiz|ëm, -mi
Dialektologe dialektolog-u, *pl.* -gje-t
Dialektologie dialektologjí-a
dialektologisch dialektologjik, -e
Dialog dialog-u, *pl.* -ë-t
Diamant elmaz-i, *pl.* -e-t; xhevahir-i, *pl.* -e-t; diamant-i, *pl.* -e-t; ~**schneider** *tech.* elmaz-i, *pl.* -e-t
diametral entgegengesetzt diametralisht i kundërt
Diapositiv diapozitiv-i
Diärese dierez|ë, -a
Diärrhöe *med.* diarré-ja

Diät *med.* diet|ë, -a
Diathese diatez|ë, -a
dicht dendur, i/e
Dichte dendësí-a; dendurí-a
dichten vjershëroj
Dichter poet-i, *pl.* -ë-t
dichterisch poetik, -e
Dichtung poezí-a; *tech.* guarnicion-i
dick dhjamur, i/e; trashë, i/e
Dickdarm zgurdh|ë, -a
Dicke *f.* trashësí-a
Dickerchen *Kosenamen für Kinder* dum|e, -ja
dickköpfig kryedru ⟨*Adj*⟩; kokëfortë
Dickmilch hík|ërr, -rra, *pl.* -rra-t; kos-i
Dicksack dangall-i, *pl.* -ë-t
Didaktik didaktik|ë, -a
didaktisch didaktik, -e
Dieb vjedhës-i
Diebstahl vjedhj|e, -a
dienen shërbej
Dienst shërbim-i; ~**alter** vjetërsí-a; afat i vjetërsisë; ~**frei** lej|e, -a; ~**habender** dezhur-i; ~**jahre** afat i vjetërsisë; ~**kartei** skedar shërbimi; ~**ordnung** rregullor|e, -ja; ~**ort** qendër e punës; ~**zeit** orari zyrtar
Dienstag mart|ë, -a, e ~; ~**abend** të martën mbrëma
dienstlich me shërbim
diese *f. Sg.* kjo; *pl.* këtá, këtó
Dieselkraftstoff naft|ë, -a

dieser ky; *G. pl.* këtyre; *G. Sg. f.* kësaj
dieses Mal këtë herë; kësaj radhe
diesseitig *rel.* dhesh|ëm, -me, i/e
diesseits këndej
Differential *tech.* diferencial-i
Differenz *math.* mbetj|e, -a; **~en** mosmarrëveshj|e, -a
differenzieren diferencoj
Differenzierung përdallim-i
Digamma *spr.* digam|ë, -a
Diglossie diglosí-a
Digraph *spr.* digraf-i, *pl.* -e-t; dyshkrónjësh-i, *pl.* -a-t
Dijon *ON* Dizhon-i
Diktat diktat-i, *pl.* -e-t; *in der Schule* diktim-i
Diktator diktator-i
Diktatur diktatur|ë, -a; **~ des Proletariats** diktaturë e proletariatit
diktieren diktoj
Diktion *spr.* diksion-i
Dilemma *phi.* dilem|ë, -a
Dilettant diletant-i, *pl.* -ë-t
Dilettantismus diletantiz|ëm, -mi
Dill *bot.* kopër qeni
diminutiv *spr.* zvogëlues, -e
Dinar *Währung* dinar-i, *pl.* -ë-t
Ding gjë-ja, *pl.* -ra-t; send-i, *pl.* -e-t; **ein beliebiges ~** send i çfarëdoshëm
dingen *ök.* pajtoj
Dinosaurier dinozaur-i, *pl.* -ë-t
Diode diod|ë, -a
Dioxyd *chem.* dyoksid-i, *pl.* -e-t
Diözese *rel.* dioqez|ë, -a
Diphtherie *med.* difterí-a
Diphthong *spr.* dyzanor-i; difton|g-u, *pl.* -gje-t; **steigender ~** diftong ngjitës
Diphthongierung diftongim-i
Diplom diplom|ë, -a; **~arbeit** punë diplome
Diplomat diplomat-i, *pl.* -ë-t
Diplomatie diplomací-a
diplomatisch diplomatik, -e
diptotisch *spr.* dyrasësh, -e
direkt drejtë, i/e; drejtpërdrejtë, i/e; imediat, -e; pandërmjetm|ë, -me, i/e; drejt ⟨*adv.*⟩; drejtpërdrejt ⟨*adv*⟩; drejtpërsëdrejti
Direktion drejtorí-a
Direktive direktiv|ë, -a
Direktor drejtor-i, *pl.* -ë-t; kryetar-i
Direktorin drejtoresh|ë, -a
Dirigent dirigjent-i, *pl.* -ë-t
dirigieren *mus.* dirigjoj
Dirne zusk|ë, -a; kurv|ë, -a
Dirrhema *spr.* fjali dykryegjymtyrëshe
disjunktiv *spr.* veçues, -e
Diskont skonto-ja; skontim-i
diskontieren skontoj
Diskontinuität pavazhduesh-

mërí-a
Diskothek diskotek|ë, -a
diskreditieren diskreditoj
Diskretion pavazhdueshmërí-a *mat.*
diskriminieren diskriminoj
diskriminierend dallimor, -e; diskriminues, -e
Diskriminierung dallim-i; diskriminim-i
Diskurs ligjërat|ë, -a
Diskus *spo.* dis|k-u, *pl.* -qe-t
Diskussion diskutim-i
diskussionsfähig, diskussionswürdig diskutuesh|ëm, -me, i/e
Diskuswerfer *spo.* diskhedhës-i
diskutabel diskutuesh|ëm, -me, i/e
diskutieren diskutoj
dislozieren *mil.* dislokoj
Dispache dispash|ë, -a
disponibel disponuesh|ëm, -me, i/e
disponieren disponoj; ~ **über** kam në dispozicion
Disposition dispozicion-i; dispozit|ë, -a
Dissertation disertacion-i
Dissimilation *spr.* shpërngjashmim-i
Dissonanz *mus.* disonanc|ë, -a
Distanz distanc|ë, -a
distinktiv *spr.* dallues, -e; kuptimdallues, -e
Distribution përhapj|e, -a; *spr.* përndarj|e, -a
distributiv *spr.* përndarës, -e; **≗zahl** numëror përndarës
Distrikt rajon-i, *pl.* -e-t
Disziplin disiplin|ë, -a
Disziplinar- disiplinor, -e; ~**maßnahmen** masa disiplinore
disziplinarisch disiplinor, -e
disziplinieren disiplinoj
Dithyrambus *spr.* ditiramb-i, *pl.* -e-t
Divergenz divergjenc|ë, -a
Diversant diversant-i, *pl.* -ë-t
Diversion diversion-i
Dividende *ök.* dividend-i, *pl.* -ë-t
Division *mil.* divizion-i
Diwan divan-i, *pl.* -e-t; minder-i, *pl.* -e-t
Djakarta *ON* Xhakart|ë, -a
Djakovica *ON* Gjakov|ë, -a; **aus** ~ gjakovar, -e
Djibouti *ON* Xhibuti
doch pa ⟨*Partikel*⟩; de *Int.*
Docht fitil-i, *pl.* -a-t
Dock dok-u, *pl.* -e-t; ~**arbeiter, Docker** doker-i
Dodekanes *Inselgruppe* Dodekanez-i
Dogma dogm|ë, -a
Dogmatiker dogmatik-u, *pl.* -ë-t
dogmatisch dogmatik, -e; ortodoks, -e
Dogmatismus dogmatiz|ëm,

-mi
Dohle gal|ë, -a; stërqok|ë, -a
Doktor doktor-i; *akadem. Grad* kandidat-i, *pl.* -ë-t; **~arbeit** doktorat|e, -a; disertacion-i
Doktrin *phi.* doktrin|ë, -a
Dokument dokument-i, *pl.* -e-t
Dokumentar- dokumentar, -e; **~film** kinodokumentar-i; film dokumentar
dokumentarisch dokumentar, -e
Dolch thik|ë, -a; kam|ë, -a
Doline fushëgrop|ë, -a
Dollar dollar-i, *pl.* -ë-t
Dolma *in Wein- oder Kohlblätter gerollte Speise* dollmá-ja; japrak-u, *pl.* -ë-t
Dolmetscher përkthyes-i
Dom katedral|e, -ja
Domäne lëm|ë, -i, *pl.* -énj-të
Dominante zotërues|e, -ja
Domino-Spiel dominó-ja
Donau *FN* Danub-i
Donner bubullim|ë, -a; gjëmim-i
donnern bubulloj; bubullij; gjëmoj
Donnern, das ~ uturim|ë, -a
Donnerstag enjt|e, -ja
Dönüm *osman. Flächenmaß von 940 qm* dynym-i, *pl.* -ë-t
Doppel- dysh, -e; **~decker** biplan-i, *pl.* -e-t; **~flöte** bigon|ë, -a; **~form** *spr.* dyjar-i; **~gänger** dytëshor-i; kipc-i; sosí-a *m.*; **~köpfig** dykrenor, -e; **~punkt** *spr.* dy pika; **~sinn** nënkuptim-i; **~stecker** spinë dyshe; **~sterzpflug** damalug-u, *pl.* -ë-t; **~stück** dysor-i; **~zentner** *dz* kuintal-i, *pl.* -ë-t
doppelt dyfishtë, i/e; dyfish ⟨*adv*⟩
Doppelung dyzim-i
Dorf fshat-i, *pl.* -ra-t; katund-i, *pl.* -e-t; **~bewohner** fshatar-i, *pl.* -ë-t; **~rat** kryepleqësí-a *veralt.*
Dörfler katundar-i, *pl.* -ë-t
Dormitorium tjetor|e, -ja
Dorn gjemb-i, *pl.* -a-t
Dornengestrüpp ferr|ë, -a
dorsal shpinor, -e; *spr.* mesgjuhor, -e
dort atjé; aty; **von ~** s'andejmi
dortig atjésh|ëm, -me, i/e; atysh|ëm, -me, i/e
Dose kutí-a
dösen kotem
Dosenöffner hapëse konservash; çélës konservash
dosieren *med.* dozoj
Dosierung *med.* dozim-i
Dosis *med.* doz|ë, -a
Dossier dosar-i, *pl.* -ë-t; dosj|e, -a
doubeln dubloj
Double dublues-i
Dover, Straße von ~ Pa-dë-

Kalé-ja
Doyen dekan-i, *pl.* -ë-t
Dozent docent-i, *pl.* -ë-t
Drache drag|úa, -ói; ezhdërhá-ja
Drachme *griech. Münze* dhrahmí-a
Dragee hap-i, *pl.* -e-t
Draht fi|ll-i, *pl.* -je-t; tel-i, *pl.* -a-t; **~bürste** furçë teli; **~seilbahn** teleferik-u, *pl.* -ë-t; **~zange** darëprerës|e, -ja
Drainage *tech.* drenazh-i, *pl.* -e-t; llagëm-i, *pl.* -e-t; **~ anlegen** drenoj; drenazhoj
drakonisch drakonian, -e
Drama dram|ë, -a
Dramatik dramatik|ë, -a; dramaturgjí-a
dramatisch dramatik, -e
dramatisieren dramatizoj
Dramenautor dramaturg-u
drängen nxis *s/t*; **zum Schwur ~** vë në be
Drau *FN* Drav|ë, -a
Draufgänger babaxhan-i, *pl.* -ë-t
draußen përjashta ⟨*adv.*⟩, jashtë ⟨*adv.*⟩
Dreck balt|ë, -a; **~klumpen** balturin|ë, -a i **mit ~ bespritzen** cirkoj me baltë
dreckig baltak, -e
Drehbank *tech.* torno-ja
Drehbuch skenar-i
drehen dredh *e/o/i*; rrotulloj; kth|ej, -eva, -yer; *Film* xhiroj
Drehen, das ~ dredhj|e, -a
Dreher *tech.* tornitor-i; dredhës-i
Dreherei *tech.* repart i dredhjes
Drehschwengel dredhës-i
Drehstrom rrymë trifazore
drei tre, *f.* tri; **~ Leute** tresh|e, -ja; **in ~ Stücken** trish
Dreieck trekëndësh-i
Dreierausschuß komisioni trepalësh
dreifach trefishtë, i/e; trefish ⟨*adv*⟩
Dreifaltigkeit *rel.* triní-a
Dreifuß trekëmbësh-i
dreihundert treqind
dreiseitig trepalësh, -e
dreiviertel treçerek
dreizehn trembëdhjetë
dreizehnte, der ~ i trembëdhjetë
dreißig tridhjetë
Dressman manekin-i, *pl.* -ë-t
Drillich drill-i
dringend urgjent, -e; ekspres; urgjentisht ⟨*adv*⟩; me urgjencë
Dringlichkeit urgjenc|ë, -a
drinnen brenda
dritte, der ~ i tretë
drittletzt dyparafundor, -e
Droge drog|ë, -a
drogenabhängig sein drogo-

hem

Drogenabhängiger drogaman-i, *pl.* -ë-t

Drogerie barnator|e, -ja

drohen kanosem

dröhnen uturij *nur 3. P.*; **der Saal dröhnte vor Applaus** salla gjëmoi nga duartrokitjet

Dröhnen zhumhur-i; uturim|ë, -a; zhuzhitj|e, -a

Drohung kanosj|e, -a

Droschke taksí-a

Druck presion-i; shtyp-i; trysní-a; cenim-i; shtypj|e, -a

Drückebergerei dembeliz|ëm, -mi

drücken shtrëngoj; trys; trus; *hinein*~ **rras;** *lasten* rëndoj mbi; **wo drückt ihn der Schuh?** ku e ka hallin? **der Schuh drückt mich** këpuca më vret; **sich** ~ **vor** i bëj bisht ⟨*Dat*⟩

Drucker tipograf-i, *pl.* -ë-t; ~**marke** marke shtypi

Druckerei shtypshkronj|ë, -a

Druckfehlerkorrektur ndreqje gabimesh shtypi

Druckfehlerverzeichnis ndreqje gabimesh

Druckgraphik gravur|ë, -a

Druckluft ajër i ngjeshur

Druckmatrize matricë shtypshkronje

Druckmesser manomet|ër, -ri

Druckmodel klishé-ja, *pl.* -të

Druckort vend i shtypjes

Drucksache shtypshkrime-t; materiale shtypi

Druckverlust *tech.* depresion-i

Drüse gjënd|ër, -ra

Dschinn *myth.* xhind-i, *pl.* -e-t

Dschungel xhung|ël, -la, *pl.* -la-t

du ti; ~ **da!** or *Int.*; oré; *nur f.* moj *Int.*; ~ **sollst dir den Hals brechen** thefsh arrëzën

Dual *spr.* dyjës-i

Dualismus *phi.* dualiz|ëm, -mi

dualistisch *phi.* dualist, -e

dubitativ *spr.* dyshimor, -e; ~**er Satz** fjali dyshimore

Dublette dublet-i; dyjar-i; dysor-i

Dublin *ON* Dublin-i

Dubrovnik *ON* Raguz|e, -a; Dubrovnik-u

Dudelsack gajd|e, -ja, *pl.* -e-t; ~**pfeifer** gajdexhí-u, *pl.* -nj-të

Duell dyluftim-i; bejle|g-u, *pl.* -gje-t

Duett duet-i

Duft er|ë, -a

duften kundërmoj

duftend erm|ë, -e, i/e; mermë, -e, i/e; myshkët, i/e

Duldsamkeit dures|ë, -a
dumm teveqel, -e; **~es Zeug reden** flas bosh; flas gorrica
Dummheit marrëzí-a; proçk|ë, -a
Dummkopf burnot-i; fye|ll-i, *pl.* -j-t; hajvan-i, *pl.* -ë-t
Dumping dumping-u
Düne dun|ë, -a
Dung pleh-u, *pl.* -ra-t
düngen plehëroj
Dünger pleh-u, *pl.* -ra-t
Dünkel krenarí-a
dunkel werden errem; irnohem; irnosem
dunkel errët, i/e; **~grau** gri i errët; murrmë, i/e; **~häutig** zeshkaman, -e; ezmer, -e; zeshkët, i/e; **≗heit** errësir|ë, -a; zymtësí-a = zymtí-a; **≗männerei** obskurantiz|ëm, -mi
Dünkel krekosj|e, -a
dünn hollë, i/e; **≗schiß** bizg|ë, -a
Dunst mjégull-a; duhm|ë, -a
Duo *mus.* duet-i
Duplikat duplikat|ë, -a; dublikat|ë, -a
Durativ *spr.* pamje e vijimësisë
Durazzo *ON* Dyrrah-u
durch nëpër ⟨+ *Akk*⟩; nëpërmjet ⟨+ *Abl*⟩; *dank* në saje të ⟨+ *Gen*⟩; *vermittels* me anë të ⟨+ *G*⟩; **durch ... hindurch** përmes ⟨+ *Abl*⟩;
durch und durch tejendanë ⟨*adv*⟩
durchblättern shfletoj
durchblicken vështroj; **du blickst da nicht durch** s'ke të qartë këtë punë
durchbohren shpoj
durchbrennen djeg *e/i/o; g/gj*
durchchecken *prüfen* kolaudoj
durchdenken përsias *s/t*
durchdringen përshkoj; **die Jugend mit revolutionärem Geist ~** brumos rininë me frymën revolucionare
durchdringend depërtues, -e; përshkues, -e; theksh|ëm, -me, i/e
Durcheinander tolloví-a; trazir|ë, -a; turbullir|ë, -a; katrahur|ë, -a
durcheinander bringen trazoj; çakërdis; ndërlikoj; koklavis *s/t*
durcheinander werfen përshtjelloj
Durchfahrtsgebühr taksë kalimi
Durchfahrtsprofil gabarit-i
Durchfall purth|ë, -a; diarréja
Durchgang vendkalim-i; kalim; udhëkalim-i; **~sverkehr** transit-i, *pl.* -e-t
durchkommen dal matanë
Durchleuchtung *med.* radioskopí-a

durchlöchern vrimoj; zhbiroj
Durchmesser diamet|ër, -ri, *pl.* -ra-t
durchnässen qull; lagësoj
durchnäßt qull ⟨*adv*⟩
Durchreiche dritarez-a, *pl.* -a-t
Durchreise transit-i; **auf der ~ sein** jam transit
durchscheinen tejdukem
durchschnittlich rëndomtë, i/e; mesatar, -e
Durchschnitts- mesatar, -e
Durchschrift dublikat|ë, -a; **zweite ~** triplikat|ë, -a
durchsehen shfletoj
Durchsicht këqyrj|e, -a
durchsichtig tejduksh|ëm, -me, i/e; heksh|ëm, -me, i/e; *spr.* motivuar, i/e
Durchsichtigkeit tejduksh-mëri-a
durchsickern depërtoj
durchsuchen kruaj *ua/o/u*; bastis
durchtrieben dredhak, -e; dredharak, -e
durchwalken rrah; **den Sohn ~** çekanis djalin
dürfen mund; **darf ich eintreten?** mund të hyj?; **darf ich?** a më lejoni?; **darf man?** a është e lejueshme?
Dürre thatësir|ë, -a
Durrës *ON* Durrës-i; **aus ~** durrsak, -e
Durst etj|e, -a
dürsten nach etem
durstig etsh|ëm, -me, i/e
Dusche dush-i, *pl.* -e-t
Düse diz|ë, -a; sprucator-i; **~nflugzeug** avion reaktiv
Düsseldorf Dyseldorf-i
düster zymtë, i/e
Dutzend duzin|ë, -a
Dyn *Maßeinheit für mechanische Kräfte* din|ë, -a
Dynamik dinamik|ë, -a; dinamiz|ëm, -mi
dynamisch dinamik, -e
Dynamismus dinamiz|ëm, -mi
Dynamit dinamit-i
Dynamo dinámo ja
Dynastie dinastí-a
Dyrrhachium *ON, hist.* Dyrrah-u; Durrës-i
Dysenterie dizenterí-a

E

Eau de Cologne kolonj|ë, -a
Ebbe zbatic|ë, -a
eben po ⟨*Partikel des Zeitpunkts u. der Identität*⟩;
ebenda po aty; *Adj.: flach* sheshtë, i/e; rrafshët, i/e
Ebene fush|ë, -a; shesh-i; rrafsh-i, *pl.* -e-t; nivel-i, *pl.*

-e-t
ebenfalls gjithashtú ⟨*adv*⟩
Ebenholz abanoz-i
ebenso gjithashtú ⟨*adv*⟩
Echo jeh-u; jehon|e, -a; rikumbim-i
echt autentik, -e; vërtetë, i/e
Eckball *spo.* goditje nga këndi
Eckbord cepatar|e, -ja
Ecke qosh|e, -ja; qosh|k-u, *pl.* -qe-t; skut|ë, -a; zgëq-i, *pl.* -e-t; bucak-u, *pl.* -ë-t; cep-i, *pl.* -a-t
eckig *viereckig* katror; ~**e Klammern** kllapa katrore
Eckzahn qéz|ër, -ri, *pl.* -ra-t
edel bujar, -e; fisnik, -e; burrërisht ⟨*adv*⟩
Edelmut fisnikërí-a; inxhí-a; xhevahir-i, *pl.* -e-t
Edirne *ON* Edrené-ja
EDV = Elektronische Datenverarbeitung teknikë llogaritëse elektronike
Efeu *bot.* lerth-i; urth-i, *pl.* -e-t
Effekt efekt-i, *pl.* -e-t
effektiv efektsh|ëm, -me, i/e = efektiv, -e
egal njëlloj
Egge lcs|ë, -a
eggen zvarris *s/t*
Ehe martes|ë, -a; bashkëshortësí-a
Ehe- martesor, -e; ~**bruch** kurorëthyerj|e, -a; ~**frau** grua-ja, *pl.* gra-të; shoq|e, -ja; bashkëshort|e, -ja; ~**gatte** bashkëshort-i, *pl.* -ë-t; ~**mann** bashkëshort-i, *pl.* -ë-t; burr|ë, -i, *pl.* -a-t; ~**paar** çift bashkëshortësh; ~**scheidung** divorc-i; ~**schließung** nigjah-u
ehedem dikur ⟨*adv*⟩
ehelich bashkëshortor, -e; martesor, -e; ~**e Gemeinschaft** bashkëshortësí-a
ehemalig dikursh|ëm, -me, i/e; ish-
ehrbar korrekt, -e; ndersh|ëm, -me, i/e
Ehrbarkeit dëlirësí-a
Ehre nder-i; lëvdat|ë, -a; lavdí-a
ehren nderoj
Ehrengarde, Ehrenwache truprojë nderi
Ehrentitel titull i nderit
Ehrenwort besa-bes|ë, -a
Ehrerbietung nderim-i
Ehrerweisung homazh-i, *pl.* -e-t
Ehrgeiz ambíci|e, -a
ehrgeizig ambicioz, -e
ehrlich ndersh|ëm, -me, i/e; sinqerisht ⟨*adv*⟩
ehrsüchtig lavdidashës, -e
Ehrung nderim-i; **übermäßige** ~ apoteoz|ë, -a
Ei ve-ja, *pl.* -të; vez|ë, -a; **angebrütetes** ~ klluk|ë, -a; **Eier legen** vej, -ta, -tur

Eibisch *bot.* mëllag|ë, -a; bamj|e, -a
Eiche *bot.* artí-ri, *pl.* -nj-të; dush|k-u, *pl.* -qe-t; rróbu|ll-i, *pl.* -j-t; lis-i, *pl.* -a-t
Eichelhäher çot|ë, -a; grifsh|ë, -a
eichen bëj gjedhim
Eichenhain, Eichenwald artisht|ë, -a
Eichenwäldchen bungisht|ë, -a; bungaj|ë, -a; dushkaj|ë, -a; dushkor|e, -ja
Eichhorn, Eichhörnchen shqarth-i; kétl|ër, -ra, *pl.* -ra-t
Eichung *tech.* gjedhim-i
Eid betim-i; be-ja; ~ **leisten** betohem
Eidechse hardhuc|ë, -a
Eierbecher mbajtëse veze
Eierfrucht patëllxhan-i, *pl.* -ë-t
Eierpfannkuchen gajganá-ja; omëlet|ë, -a
Eierschale lëvozhgë veze
Eierstock *med.* vezor|e, -ja
Eifer cen|ë, -a; zell-i; zelltarí-a; prush-i, *pl.* -e-t
Eifersucht xhelozí-a
eifersüchtig xheloz, -e
eiförmig oval, -e; vezak, -e
Eigenname emër i përveçëm
Eigennutz *jur.* interes-i, *pl.* -a-t
Eigenschaft cilësí-a; shkall|ë, -a; vetí-a; ~**swort** mbiem|ër, -ri, *pl.* -ra-t
eigenständig origjinal, -e
eigentlich mirëfilltë, i/e; zaten ⟨*adv*⟩
Eigentor *Fußball* autogol-i, *pl.* -a-t
Eigentum pasurí-a; pron|ë, -a; **persönliches** ~ pronë vetjake
Eigentümer pronar-i; i zot-i; ~ **des Buches** i zoti i librit; **er gab es dem Eigentümer** ia dha të zotit
Eigentümerin e zonja
Eigentümlichkeit vetí-a
Eigentumsrecht pronësí-a
Eigentumsverhältnisse dynjallëk-u
Eil- ekspres
Eiland íshu|ll-i, *pl.* -j-t
Eilbrief letër ekspres
Eile ngutj|e, -a; fug|ë, -a; urgjenc|ë, -a; vrap-i; vrapim-i; rrëmbim-i
eilen bredh *e/i/o*; nga|s*a/e; s/t*, -va, -rë
Eilgeld dispaç-i, *pl.* -e-t
eilig ngutsh|ëm, -me, i/e; fluturimthi ⟨*adv*⟩; me ngut
Eimer kov|ë, -a
ein një; **der eine ... der andere** kush...kush; ~ **für alle Mal** një herë e përgjithmonë; ~ **paar** disa; ~ **Setzei** një kokërr vezë; ~ **wenig** paksa
einander njëri-tjetrin; shoqi-

shoqin ⟨*adv*⟩
einäschern hijoj
einatmen marr frymë; **atmen Sie tief ein!** merrni frymë thellë!
Einatmung frymëthithj|e, -a
einbalsamieren balsamoj
Einband kopertin|ë, -a; lidhj|e, -a; kapak-u, *pl.* -ë-t
einbändig njëvëllimësh, -e
einberufen thërras *a/e/i; s/t*, thirra, thirrur
Einberufung thirrj|e, -a; kushtrim-i; **~sbescheid** *mil.* fletëthirrj|e, -a
Einbildung iluzion-i
einbuddeln gropos
Eindeutigkeit njëkuptimë-sí-a
eindringen futem; depërtoj
Eindruck mbres|ë, -a; përshtypj|e, -a
einebnen rrafshoj
einerlei njëlloj; njësoj ⟨*adv*⟩
einfach thjeshtë, i/e; kollaj ⟨*adv*⟩; **~ darstellen** thjeshtëzoj; **~e Vergangenheit** e kryer-a e thjeshtë; **~er Satz** fjali e pazgjeruar
Einfachheit thjeshtësí-a
einfädeln përshkoj
einfallen bie ndërmend; **das fällt mir nicht ein** s'më bie në hatër
einfältig naiv, -e
einfarbig *Textil* dystë, i/e
einfetten yndyrëzoj; grasoj

Einfluß influenc|ë, -a; **~nehmen** ndikoj
einfügen shtie
Einfuhr import-i
einführen importoj
Einfuhrgut importim-i
Einführung hyrj|e, -a
Eingang hyrj|e, -a
eingebildet fodull, -e; prepotent, -e; kryelartë
Eingeborener indigjen-i, *pl.* -ë-t
eingeschlechtig *bot.* njësek-sor, -e
eingeschlossen duke përfshirë
eingesessen dhetar, -e; anas, -e
eingießen shtie
eingliedern integroj
Eingliederung integrim-i
Eingreif- ndërhyrës, -e
Eingriff ndërhyrj|e, -a
einheimisch vendas, -e
Einheimischer vendës-i
Einheit njësí-a; unitet-i; *Militär* repart-i, *pl.* -e-t; njësit-i, *pl.* -e-t
einheitlich njëtrajtsh|ëm, -me, i/e
Einheitlichkeit njëtrajtshmërí-a
Einhorn brivetm-i
einhundert njëqind
einige ca; çosá; disa; do
einigen bashkoj; **sich ~** ujdis
Einigung ujdisj|e, -a

Einkassieren, das ~ arkëtim-i
einkaufen blej
einkerkern burgos; burgoj
Einkerkerung burgosj|e, -a
Einkommen të árdhura-t; fitim-i; **~steuer** tatim mbi të ardhurat
Einkorn *bot.* ok|ër, -ra; tep|ë, -a
einkreisen qarkoj; rrethoj
Einkünfte *ök.* të árdhura-t
einladen ftoj; grish
Einladung ftes|ë, -a; grishj|e, -a
Einlage depozitim-i
Einlauf *med.* klizm|ë, -a
einlegen *in Salzlake* regj; **in Salz eingelegt** kripës, -e; **ich kann den 2. Gang nicht einlegen** nuk i fus dot marshin e dytë
einlösen th|yej, -eva, -yer; **einen Scheck einlösen** thyej një çek
Einmachglas kavanoz-i, *pl.* -a-t
Einmariniertes turshí-a
einmauern muroj; muros
Einmischung intervencion-i
einmütig unanimisht ⟨*adv*⟩
einnehmen marr; zë; **muß ich Medizin einnehmen?** duhet të përdor ilaçe?
einölen lyej
einordnen radhis *s/t*; **sich ~** *Verkehr* renditem
einpacken mbështjell *e/i/o*; paketoj
einpflanzen rrënjos; ngul
einprägen ngulis *s/t*
Einräumungssatz fjali lejore
Einreiher kostum monopet
einrichten shtroj
Einrichtung ent-i, *pl.* -e-t; institucion-i, *pl.* -e-t
einsam vetmuar, i/e
Einsamkeit vetmí-a
einschalten hap; **Strom ~** lidh rrymën elektrike
einschätzen cilësoj; çmoj
Einschätzung, qualitative ~ cilësim-i
einschenken qis *s/t*; shtie
einschieben ndërshtie; **eingeschobener Satz** fjali e ndërshtënë
Einschiebsel brendashtes|ë, -a; ndërshtëni|e, -a; *spr.* fjalë shtesë
einschlafen bie të fle; **der Fuß ist mir eingeschlafen** këmba më ka [është] mpirë; **er konnte nicht einschlafen** gjumi nuk po e zinte
einschlägig *jur.* përkatës, -e
einschließen ngujoj
einschmeicheln, sich ~ joshem
Einschnitt prerëz-a, *pl.* -a-t
Einschränkung kufizim-i; zgrip-i, *pl.* -e-t
einschrauben vidhos
Einschreibebrief letër e po-

rositur; rekomandé
einschreiben regjistroj; **sich ~** regjistrohem
Einschreibung regjistrim-i
einschreiten ndërhy|j, ra, -rë
Einschub tingull parazit
Einschub- *spr.* anaptiksor,-e
einschüchtern frikësoj; hakërrohem; tmerroj
Einsiedler oshënar-i
einsilbig njërrokësh, -e
einsperren burgos; burgoj
einspringen für dubloj ⟨+ *Akk*⟩
Einspritzdüse *tech.* sprucator-i
Einspritzpumpe pompë sprucimi
Einspruch veto-ja
einsteigen *Auto* hip|i, -ën, -a, -ur
Einstellung *Unterbrechnung* ndërprej|e, -a; *Haltung* qëndrim-i
einstig dikursh|ëm, -me, i/e; **die einstigen Träume begraben** gropos ëndrrat e dikurshme
einstimmig njëzëri; **sie stimmten ~ dafür** votuan njëzëri
eintausend njëmijë
Eintrag *im Lexikon* artíku|ll-i, *pl.* -j-t
einträglich fitimsh|ëm, -me, i/e; **~e Sache** punë e gratshme
Eintragung paraqitj|e, -a
eintreffen mbërrij; arri|j, -ta, -tur
eintreiben ngul; **einen Keil ~** kunjoj
eintreten hy|j, -ra, -rë
Eintreten *jur.* ardhj|e, -a
Eintritt hyrj|e, -a; **~skarte** biletë e hyrjes; bilet|ë, -a; fletëhyrj|e, -a; librezë hyrjeje
einundzwanzig njëzetenjë; **der ~ste** njëzetenjë, i/e
Einvernehmen akord-i, *pl.* -e-t
einverstanden dakord
Einverständnis marrëveshj|e, -a; pëlqim-i; **~ erzielen** bie në ujdi; bie dakord
einwachsen dyllos
Einwanderer imigrant-i, *pl.* -ë-t
einwandern imigroj
Einwegverpackung ambalazh i pakthyeshëm
einweichen zbruj; zbrumoj; njom; finjos
einweihen inauguroj
Einweisungsschein *Krankenhaus* fleteshtrim-i
einwerfen *Brief* postoj
einwickeln mbështjell *e/i/o*; **~ in Zellophan** celofanoj
Einwickelpapier letër mbështjellëse
Einwohner banor-i, *pl.* -ë-t

Einwortsatz fjali njëfjalëshe
Einwurf *spo.* rivënie nga vija anësore
Einzahl *spr.* njëjës-i
Einzahlungsanweisung *ök.* mandatarkëtim-i
Einzelhandel tregti me pakicë; **~spreis** çmim me pakicë
Einzelhändler bak|all-i, *pl.* -éj-të, -áj-të
Einzelteil detal-i, *pl.* -e-t
einzig einzigartig unik, -e
Eis áku|ll-i, *pl.* -j-t; kallkan-i, *pl.* -ë-t; **Speise~** akullor|e, -ja; **~blume** qëndismë e akullit; **~brecher** akullthyes|e, -ja
Eisen hekur-i; **~-Nickel** hekurnikel-i
Eisenach *ON* Ajzenah-u
Eisenbahn hekurudh|ë, -a, *pl.* -a-t
Eisenbahn-, hekurudhor, -e; **~transport** transport hekurudhor
Eisenbahner punonjës-i hekurudhe
Eisenbeton betonarmé-ja; hekurbeton-i
Eisengitter kangjella-t
eisenhaltig hekurmbajtës, -e
Eisenreifen shin|ë, -a
Eisenwaren hekurisht|e, -ja
eisern hékurt, i/e; hekurimtë, i/e
eisig, eiskalt ákullt, i/e; acartë, i/e; **er bekam ~e Füße** iu bënë këmbët kallkan
Eiskasten akullmbajtës|e, -ja
Eismeer, Nördliches ~ Oqeani i Ngrirë i Veriut
Eispickel akullçarës-i
Eisschrank frigorifer-i, *pl.* -ë-t
Eisverkäufer akulloreshitës-i
Eiszapfen cepik-u, *pl.* -ë-t; éhu|ll-i, *pl.* -j-t; hell akulli; krongji|ll-i, *pl.* -j-të; kallkan-i, *pl.* -ë-t
Eiter qelb-i
eitern qelb; harmohem
eitrig qelbur, i/e
Ejektion flakj|e, -a
Ekel gërdí-a; krup|ë, -a; neverí-a; **~ bekommen** gërditem
ekelerregend ekelhaft krupsh|ëm, -me, i/e; neveritsh|ëm, -me, i/e
ekeln sich ~ neveritem
Eklektizismus *phi.* eklektiz|ëm, -mi
Ekstase ekstaz|ë, -a
Ekzem *med.* ekzem|ë, -a
Elan flug-u, ngut-i, vrull-i
elastisch elastik, -e
Elbasan *ON* Elbasan-i; **aus ~** elbasanas, -e
Elbe *FN* Elb|ë, -a
Elefant elefánt-i, *pl.* -ë-t; fil-i, *pl.* -a-t
elegant elegant, -e

Eleganz eleganc|ë, -a
Elegie *spr.* elegjí-a
elegisch elegjiak, -e
elektrifizieren elektrifikoj
Elektrifizierung elektrifikim-i
Elektriker elektricist-i, *pl.* -ë-t
elektrisch elektrik, -e; **~e Anlage** impiant . elektrik; **~er Funke** shkëndijë elektrike
elektrisieren elektrizoj
Elektrizität elektricitet-i; elektrik-u
Elektrolyse *tech.* elektroliz|ë, -a
Elektronik elektronik|ë, -a
elektronisch elektronik, -e
Elektrotechnik elektroteknik|ë, -a
Element element-i, *pl.* -e-t; **zweiwertiges ~** element dyvalent
elementar fillestar, -e
Elementar- fillor, -e
elend gjore, i/e
Elend mjerim-i
elf njëmbëdhjetë; **der ~te** i njëmbëdhjetë
Elfenbein fildish-i
elfenbeinern fildishtë, i/e
eliminieren eliminoj
Elision elidim-i
Elite elit|ë, -a
Ellbogen bërryl-i, *pl.* -a-t; **~mensch** zhvatës-i
Elle jard-i, *pl.* -e-t
Ellipse *math.* elips-i, *spr.* elips|ë, -a
elliptisch *spr.* mungesor, -e
eloquent gojëmbël
Elsaß-Lothringen Alsas-Loren|ë, -a
Elster grizh|ël, -la, *pl.* -la-t; larask|ë, -a
Eltern prind-i, *pl.* prind-ët, prindër-it; **~haus** derëbab|ë, -a
Emaille emal-i
emaillieren emaloj; smaltoj
Emanzipation emancipim-i
emanzipiert emancipuar, i/e
Embargo embargo-ja; **~ aufheben** heq embargon
Embryo embrion-i, *pl.* -e-t
Emigrant emigrant-i, *pl.* -ë-t
Emigration mërgim-i; emigrim-i
emigrieren emigroj
Eminenz *Anrede eines Bischofs* imzot-i *rel.*
Emissär emisar-i
Emotion emocion-i
Empfang marrj|e, -a; audienc|ë, -a; pritj|e, -a; **~sbankett** banketi i pritjes; **~szimmer** dhomë pritje; sob|ë, -a
empfangen marr *a/e/o*; **er geruhte, ihn zu ~** denjoi ta priste
Empfänger marrës-i; pritës-i; *einer Ware* konsinjatar-i

empfehlen rekomandoj
empfindsam ndjesh|ëm, -me, i/e
Empfindung ndijim-i; **~swort** pasthirrm|ë, -a
Emphase spikatj|e, -a; emfaz|ë, -a
emphatisch emfatik, -e
Empirie *phi.* empirí-a
Empiriokritizismus *phi.* empiriokriticiz|ëm, -mi
empirisch empirik, -e
Empirismus *phi.* empiriz|ëm, -mi
empören sich ~ indinjohem; ngre krye; kërcej *e/ye*
en détail *ök.* me pakicë
en gros *ök.* me shumicë
End- fundor, -e
endbetont *spr.* oksiton, -e
Ende fund-i, *pl.* -e-t; zgrip-i, *pl.* -e-t; bisht-i, *pl.* -a-t; skaj-i, *pl.* -e-t; **~ der Welt** apokalips-i; **am ~ von** në mbarim të ⟨+ *Gen*⟩
enden përfundoj
endgültig përfundimtar, -e, prerë, i/e; **sie gingen ~ dem Untergang entgegen** po merrnin tatëpjetën përfundimtare; **~e Rechnung** faturë përfundimtare
endlich *phi.* fundm|ë, -e, i/e
endozentrisch endocentrik, -e
Endstation stacion fundor
Endstrafe *jur.* dënim përfundimtar
Endstück pjesë fundore
Endung *spr.* mbares|ë, -a
Endungs- mbaresor, -e
Energie energjí-a
energisch energjik, -e
enervierend gazepqar, -e
eng ngushtë, i/e; **zu ~ sein** tendosem
Engagement angazhim-i
engagieren angazhoj
Engel éngjë|ll-i, -j-t
England Anglí-a
Engländer anglez-i, *pl.* -ë-t; *tech.* çelës papagall
englisch anglez, -e; anglisht ⟨*adv*⟩
Engpaß ngushtic|ë, -a
Enkel nip-i, *pl.* -ër-it; -a-t
Enklise *spr.* enkliz|ë, -a
enklitisch enklitik, -e
Enquete anket|ë, -a
Ensemble ansamb|ël, -li
ent- ç-; zh-
entarten degjenerohem; çoroditem; zvetënohem
entartet dekadent, -e
Entartung çoroditj|e, -a; zvetënim-i; degjenerim-i
entbinden *gebären* lind; **vom Eid ~** dëlir prej betimit
Entbindungsstation maternitet-i
entblößen zhvesh; zbuloj; **die Brust ~** zgafulloj, **sich ~** zgafullohem
entdecken zbuloj; diktoj

Entdeckung zbulim-i
Ente ros|ë, -a
entehren çnderoj; zhburrnoj
entehrend poshtërues, -e
Enterich rosak-u, *pl.* -ë-t
entfalten shtjelloj
entfärben çngjyros
entfernen largoj; **einen Flekken** ~ pastroj një njollë; **sich** ~ largohem
entfernt largët, i/e; larg ⟨*adv*⟩
Entfernung largim-i
entfetten zhdhjamos
entflammbar përflak|shëm, -me, i/e
Entflechtung shthurj|e, -a
entfremden jetërsoj; tjetërsoj; **sich** ~ zvirdhem *e/i/o*
Entfremdung tjetërsim-i
Entführung *jur.* rrëmbim-i
entgasen degazoj
entgegengesetzt kundërt, i/e
Entgegenkommen begenì-a
Entgegennahme pranim-i
entgegensetzen kundërvë
entgegenstellen, sich ~ kundërshtoj
entgiften çndot
Entgiftung çndotj|e, -a
enthalten përmbaj; **sich** ~ *Stimme* abstenoj
Enthaltung *Wahl* abstenim-i
Enthusiasmus entuziazl|ëm, -mi
entjungfern zhvirgjëroj
entkleiden zhvesh
entkleidet zhveshur, i/e
entladen shkarkoj
Entladung shkarkim-i
entlang buzë ⟨+ *Abl*⟩; gjatë ⟨+ *Abl*⟩
entlarven demaskoj; zbërthej *e/ye*; zbuloj
Entlarvung demaskim-i
entlassen liroj; *med.* nxjerr nga spitali
Entlassung lirim-i; ~**sschein** fletëdalj|e, -a
entlasten çliroj; shkarkoj
Entlastung shkarkim-i
entlausen çmorris *s/t*
entleeren zbraz
Entleerung zbrazj|e, -a
Entlehnung *spr.* huazim-i
Entleiher huamarrës-i
entlohnen përligj
entmannen tredh
Entnasalierung *spr.* çhundorëzim-i
entnationalisieren shkombëtarizoj
entnervend zevzek, -e; gazepqar, -e
entreißen zhvas *s/t*
entriegeln zhdryj
entrinden zhvoshk; zbloguroj
entrosten çndryshk; çoksidoj
Entrückung dalldí-a; ekstaz|ë, -a
Entrundung *spr.* zbuzorëzim-i
entschädigen zhdëmtoj;

dëmshpërblej
Entschädigung dëmshpërblim-i; zhdëmtim-i
entscheiden vendos; jap karar
entscheidend vendimtar, -e
Entscheidung vendim-i; ~ **widerrufen** zmbraps vendimin
Entscheidungsfrage *spr.* pyetje e mirëfilltë
Entschlossenheit vendosmërí-a
entschlüsseln zbërthej *e/ye*
entschuldigen fal
Entschuldigung falj|e, -a; ndjes|ë, -a; ~! më falni !
entsenden dërgoj
Entsetzen llahtarí-a; lemerí-a; tmerr-i, *pl.* -e-t
entsetzlich llahtarsh|ëm, -me, i/e
entsiegeln zhvulos
Entsiegelung zhvulosj|e, -a
entspannen çlodh
Entspannung shnderj|e, -a; çlodhj|e, -a
entsprechend ngjash|ëm, -me, i/e; përkatës, -e
Entsprechung bashkëgjegjësí-a
entspringen buroj
entstehen formohem; buroj; mbij
Entstehung gjenez|ë, -a; ~**sgeschichte** *eines Volkes* etnogjenez|ë, -a
entstellen deformoj; shtrembëroj; gjymtoj; shëmtoj
Entstellung shëmtim-i; shtrembërim-i
enttäuschen zhgënjej; kobis *s/t*; **enttäuscht sein** zhgënjehem
Enttäuschung zhgënjim-i; zhgjënd|ërr, -rra, *pl.* -rra-t
entwaffnen çarmatos
Entwaffnung çarmatosj|e, -a
entwässern bonifikoj
Entwässerung bonifikim-i
entweder ... oder a ... a; ja ... ja; **entweder ich oder du** makar unë ... makar ti
Entweichen das ~ *jur.* largim-i
entweihen përdhos
entwenden vjedh *e/i/o*
Entwendung vjedhj|e, -a; *jur.* përvetësim-i
entwerten zhvleftësoj; zhvlerësoj
Entwertung zhvleftësim-i; zhvlerësim-i
entwickeln zhvilloj
Entwicklung zhvillim-i; evolucion-i
Entwicklungs- zhvillimor, -e; ~**stadium** stad zhvillimor; ~**stufe** stad-i
entwirren zhdërvjell *e/i/o*; zhvjell *e/i/o*; zhdredh *e/i/o*
Entwirrung shthurj|e, -a
entwöhnen *von der Brust* zvjerdh *e/i/o*

entwurzeln çrrënjos; **entwurzelt** *aus den sozialen Zusammenhängen* deklasuar, i/e
entziehen marr; **sich ~** shmangem
Entziehung *jur.* shmangi|e, -a
entziffern deshifroj
entzünden acaroj; *med.* mahis *s/t*; **es entzündete sich von selbst** u ndez vetiu
Entzündung inflamacion-i
entzwei më dysh
Enzyklopädie enciklopedí-a
enzyklopädisch enciklopedik, -e
Epenthese *spr.* epentez|ë, -a
epenthetisch epentetik, -e
Epidemie epidemí-a
epidemisch epidemik, -e
Epiglottis mbishtekth-i
Epigramm epigram-i, *pl.* -e-t
Epik epik|e, -a
Epilog epilog-u, *pl.* -ë-t
Epiphanias, Epiphanie *rel.* diftim-i
Epirot epirot-i
Epirus Epir-i; **aus ~** epirotas, -e
episch epik, -e
Episode episod-i, *pl.* -e-t
Epithet epitet-i, *pl.* -e-t
Epizentrum epiqénd|ër, -ra, *pl.* -ra-t
Epoche epok|ë, -a
Epos epopé-ja

er ai, *f.* ajo (*Pers. Pron.*)
Erbarmen mëshir|ë, -a; mallëngjim-i; përdëlles|ë, -a; përdëllim-i; **~haben** mallëngjej *e/ye*
erbarmen, sich ~ mallëngjej *e/ye*; përdëllej
erbärmlich mjerë, i/e
erbarmungslos drakonian, -e
erbarmungswürdig mjerë, i/e
erbauen ndërtoj; godis *s/t*
Erbauer ndërtues-i; konstruktor-i
Erbbesitz bashtin|ë, -a
Erbe, das ~ trashëgim-i; **der Erbe** trashëgimtar-i
erben trashëgoj
Erbhof bashtin|ë, -a
erbittert tërbuar, i/e; me tërbim; **~werden** egërsohem
Erbitterung tërbim-i
erblassen erbleichen zbehem; zverdhem; **er erbleichte** i ndërroi çehrja; **~lassen** zbeh; zbej
erblühen endëzoj
erbost frysh|ëm, -me, i/e; **~sein** zemërohem
Erbrechen vjellj|e, -a
erbrechen vjell *e/i/o*
Erbse *bot.* bizel|e, -ja
Erbteil trashëgim-i
Erbwort *spr.* fjalë vendase
Erdbeben tërmet-i, *pl.* -e-t
Erdbeben- sizmik, -e
Erdbeere *bot.* luleshtrydh|e, -ja; urtyt|ë, -a; dredhëz-a;

~n mana toke
erdbraun kakí ⟨*adj*⟩
Erde balt|ë, -a; dhe-u, *pl.* -ra-t
erdenklich: alles Erdenkliche tun bëj çmos e çnuk
Erdgeschoß kat përdhes; platé-ja
Erdkröte thithëlop|ë, -a; zhabjak-u, *pl.* -ë-t
Erdkugel glob-i, *pl.* -e-t
Erdkunde gjeografí-a
Erdnuß kikirik-u
Erdöl vajgur-i; naft|ë, -a; **~arbeiter** naftëtar-i
Erdöl- vajguror, -e
erdrosseln fur; mbys *s/t*
Erdscholle zvol-i, *pl.* -e-t
Erdteil kontinent-i, *pl.* -e-t
Erdtrabant satelit artificial
erdulden duroj
ereignen, sich ~ ndodhem
Ereignis ngjarj|e, -a; ndodhí-a
Eremit oshënar-i
Erfahrung përvoj|ë, -a; empirí-a
Erfahrung *phi.* eksperienc|ë, -a
Erfahrungs- empirik, -e
erfassen përfshij; zaptoj
erfinden trilloj; sajoj; shpik
Erfinder shpikës-i
Erfindung shpikj|e, -a
Erfolg sukses-i, *pl.* -e-t; **~haben** dal faqebardhë; **viel ~!** me sukses!
erfolgreich faqebardhë, i/e
erforderlich nevojshëm, -me, i/e
erforschen eksploroj; hulumtoj; vrojtoj
Erforscher kërkimtar-i; kërkues-i
Erforschung hulumtim-i
erfreuen gazmoj; gëzoj
erfrischen flladis *s/t*; freskoj
Erfrischung freskim-i
erfüllen plotësoj; *Zweck* arri|j, -ta, -tur
Erfüllung përmbushj|e, -a
ergänzen plotësoj
ergänzend plotësues, -e; suplementar, -e
ergänzt plotësuar, i/e; *spr.* përcaktuar, i/e
Ergänzung shtojc|ë, -a; *spr.*, plotës-i
Ergativ *spr.* ergativ-i
ergeben, sich ~ dorëzohem rob
ergeben *Adj* besnik, -e
ergeben besnikërisht ⟨*adv*⟩
Ergebenheit besnikërí-a; devotshmërí-a
Ergebnis përfundim-i; fryt-i, *pl.* -e-t; pasoj|ë, -a; rezultat-i, *pl.* -e-t
ergrauen zbardhem
ergreifen rrëmbej *e/ye*; **die Flucht ~** marr arratinë
Ergriffenheit mallëngjim-i
erhaben madhërish|ëm, -me, i/e

Erhabenheit madhërí-a
erhalten marr *a/e/o*
erheben ngr|e, -ita, -itur *e/i*
Erhebung kryengritj|e, -a; *Umfrage* anket|ë, -a
erhitzen zhegoj; nxeh
Erholung çlodhj|e, -a
erinnern, sich ~ kujtoj; kujtohem; **ich erinnere mich** më kujtohet
Erinnerung kujtim-i; mendtë *n.*; kujtes|ë, -a; hatër-i, *pl.* -e-t
Eritrea Eritré-ja
Erkältung ftóhur-a, e; ftohj|e, -a; flam|ë, -a
erkämpfen fitoj
erkennen shquaj
erkenntlich mirënjohës, -e
Erkenntnis njohj|e, -a; **~theorie** *phi.* gnoseologjí-a
erkenntnistheoretisch gnoseologjik, -e
Erkennungsmarke matrikulll-i, *pl.* -j-t; *mil.* matrikulli i ushtarit
Erkenntlichkeit mirënjohj|e, -a
erklären qartësoj; deklaroj; shpjegoj; ftilloj; sqaroj; shtjelloj; **einen Vertrag für ungültig** ~ denoncoj traktatin
erklärend shpjegues, -e; **~es Wörterbuch** fjalor shpjegues
Erklärung sqarim-i; deklarat|ë, -a
erkundigen, sich ~ informohem
erkunden vëzhgoj
Erkundung vëzhgim-i
erlahmen ndryshk
erlauben lejoj
Erlaubnis autorizim-i; lej|e, -a
Erlaubtes hallall-i, *pl.* -ë-t *rel.*
erläutern komentoj; sqaroj; shpjegoj; shtjelloj
Erläuterung koment-i, *pl.* -e-t; sqarim-i
Erlaß dekret-i, *pl.* -e-t
Erle *bot.* verr-i, *pl.* -a-t
erleben përjetoj; **erlebte Rede** ligjëratë e zhdrejtë e lirë
Erlebnis përjetim-i
erleichtern lehtësoj; erleichtert lehtësuar, i/e
erleichternd *jur.* lehtësues, -e
Erleichterung lehtësim-i; lehtësí-a, *pl.* -ra-t
erleiden pësoj; **eine Niederlage** ~ pësoj disfatë
Erlenwald verrisht|ë, -a
erleuchten ndritoj; zdris *s/t*; dritësoj
erlogen fals, -e
erlöschen shu|aj, -ova, -uar; venitem; fikem
erlösen *rel.* shëlboj

Erlöser *rel.* shëlbues-i
ermangeln mungoj; **in Ermangelung von** në mungesë të (+ *G*)
ermatten lodh; këpus *s/t*
ermüden lodh; molis; këputem; gajasem; kërdis; këpus *s/t*
ermüdend lodhsh|ëm, -me, i/e
Ermüdung lodhj|e, -a
ermutigen inkurajoj
Ermutigung inkurajim-i
ernähren ushqej; **er hatte eine Kinderschar zu ernähren** kishte një zheguli për të ushqyer
ernennen emëroj
erneuern përsëris *s/t*
erneut sërish
erniedrigen ul; poshtëroj
erniedrigend poshtërues, -e
ernst ernstlich serioz, -e; **es ist nichts Ernstes** nuk ka gjë serioze
Ernte korrj|e, -a
ernten korr; vjel *e/i/o*
ernüchtern *transitiv*; ~ **lassen** zhdeh
Ernüchterung zhdehj|e, -a
eröffnen hap; çel; filloj; **einen Kredit von 1000 DM, Lek eröffnen** çel një kredi prej një mijë markash, lekësh
erörtern shoshit *s/t*
Erörterung shqyrtim-i
erotisch erotik, -e
Erpressung shtrëngim-i
erregen ngacmoj
erreichen kap; *Ziel* arri|j, -ta, -tur
errichten ngreh; **das Zelt** ~ ngreh çadrën
erröten skuq
Errungenschaft arritj|e, -a
Ersatzleistung kompensim-i
Ersatzmann lojtar rezervë
Ersatzmine *Kugelschreiber* rezerv|ë, -a
Ersatzspieler dublues-i; *spo.* lojtar rezervë
Ersatzteil pjesë shkëmbimi
Erschaffung krijim-i
erscheinen dukem; botohem; paraqitem
Erscheinen das ~ dalj|e, -a
Erscheinung fenomen-i, *pl.* -e-t; dukurí-a; shfaqj|e, -a
erschießen pushkatoj
erschlaffen gajasem; ~ **lassen** zhap
erschöpfen lodh; kërdis
Erschöpfung lodhj|e, -a
erschrecken llahtaris; frikësoj; tmerroj
erschüttern dynd; trondis *s/t*
Erschütterung dyndj|e, -a; lëkundj|e, -a; tronditj|e, -a
erschwerend *jur.* rëndues, -e
ersehnen gjakoj
ersetzbar zëvendësuesh|ëm, -me, i/e
ersetzen zëvendësoj; dubloj

Ersetzung zëvendësim-i
ersichtlich duksh|ëm, -me, i/e
ersinnen trilloj
erstarren mpij; . piksem; shtangem; nguros; **~lassen** mpij
erstarrt *spr.* ngurosur, i/e
Erstarrung mpirj|e, -a; ngrirj|e, -a; ngathëtësí-a
Erstauftritt debutim-i
erstaunen habitem; çuditem; **erstaunt** habitur, i/e; me gojë hapur
Erstaunen habí-a
erstaunlich çuditsh|ëm, -me, i/e
Erstausgabe botim fillestar
erster parë, i/e; **~ Mai** një maji
Erstickung asfiksi-a
erstklassig deli *Adj.*
erstrahlen lassen *fig.* ylltoj
erstrecken shtri|j, -va, -rë; **sich ~** zgjatem
ersuchen kërkoj
Ersuchen kërkes|ë, -a
ertappen zë; kap; **auf frischer Tat ~ ertappt werden** zihem në presh; kapem me presh në duar
Ertrag *ök.* rendiment-i
ertragen duroj; honeps
ertränken mbys *s/t*
erträumen tjerr *e/i/o*
ertrinken mbytem
Ertrinken, das ~ mbytj|e, -a
Erudition erudicion-i
Erve *bot.* urov-i
erwachen zgjohem
Erwachen, das ~ zgjim-i
erwachsen rritur, i/e
Erwachsener rritur-i, i
erwähnen përmend; citoj; zë ngoje
Erwähnung citat-i, *pl.* -e-t
erwarten pres; **er kann es kaum ~ , daß** 'mezi ç'pret të. . .
Erwartung pritj|e, -a; **in ~ von** në pritje të
erweicht zbutur, i/e
erweisen tregoj; **er erwies sich als gleich** doli barabar
erweitern zgjeroj; rindërtoj
erweitert zgjeruar, i/e, *spr.* përshtrirë, i/e
Erweiterung zgjerim-i; rindërtim-i; gjerësim-i
erwidern ia kthej
erzählen tregoj; rrëfej *e/ye*; **ausführlich ~** qëndis
erzählend tregimtar, -e
Erzählung rrëfim-i; tregim-i
Erzbischof *kathol.* argjipeshk|ëv, -vi, *pl.* -vij-të; *orthodox* kryepeshkop-i, *pl.* -ë-t
Erzbistum *rel.* argjipeshkvi-a
Erzeugnis produkt-i, *pl.* -e-t; prodhim-i
Erzgestein xeheror-i
erziehen edukoj
Erzieher edukator-i; arsimtar-i
Erziehung edukim-i; arsim-i;

edukat|ë, -a
Erziehungs- arsimor, -e; **~smaßregel** masë edukuese; **~swesen** arsim-i
erzürnen hundoj
erzürnt zemëruar, i/e
es *Pers. Pron.* kjo; kjo gjë; kjo punë
Esche *bot.* frash|ër, -ri, *pl.* -ra-t
Eschenwald frashërisht|ë, -a
Esel gomar-i, *pl.* -ë-t
Eselei gomarí-a; gomarllë|k-u, *pl.* -qe-t
Eselin gomar|e, -ja; gomaric|ë, -a
Esperanto gjuhë ndihmëse
Espresso *Kaffee* ekspres-i; **~-Maschine** aparati i ekspresit
Essay esé-ja
essen ha, hëngra, ngrënë; **gut ~ nach Zeit der Enthaltsamkeit** burbuletem; **zu Abend ~** darkoj; **zu Mittag ~** drekem; drekoj
Essen haj|e, -a
Essig úthull-a; **~behälter, ~flasche** uthullor|e, -ja; uthullnik-u, *pl.* -ë-t; **~gemüse** armé-ja
essigsauer uthullt, i/e
Eßgeschirr gavet|ë, -a
Eßtisch sof|ër, -ra
Eßzimmer dhomë buke; oda e bukës
Estland Estoní-a

Estrade estrad|ë, -a
Etage kat-i, *pl.* -e-t
Etappe etap|ë, -a
Ethik etik|ë, -a
ethisch etik, -e
Ethnie etní-a
ethnisch etnik, -e
Ethnogenese etnogjenez|ë, -a
Ethnograph etnograf-i, *pl.* -ë-t
Ethnographie etnografí-a
Ethnolinguistik etnolinguistik|ë, -a
Ethnologe etnolog-u, *pl.* -ë-t
Ethnonym etnonim-i
Etikett, das ~; die Etikette etiket|ë, -a
etikettieren vendos etiketat
etrurisch, etruskisch etrusk, -e
Etsch *FN* Adíxh|e, ja
Etui këllëf-i, *pl.* -ë-t
etwa athúa; kushedí ⟨*adv*⟩; vallë ⟨*adv*⟩; **hast du es ~ gemacht?** athua e bëre?
etwas diçka; gjëkafshë; xheç; çoç; **~ anderes** gjë tjetër; **~ Neues** diçka e re
Etymologie *spr.* etimologjí-a
etymologisch etimilogjik, -e; **~e Schreibweise** grafi etimologjike
Euböa *Insel* Eubé-ja
euer juaj ⟨*Poss. Pron.*⟩
Eugenik eugjenik|ë, -a
Eukaliptus, Eukaliptusbaum

eukalipt-i, *pl.* -e-t
Eunuch eunuk-u, *pl.* -ë-t
Euphemismus eufemiz|ëm, -mi
Euphonie bukurtingëllim-i
Euphorie euforí-a
Euphrat *FN* Eufrat-i
Europa Evrop|ë, -a
europäisch evropian, -e
Euter mjelm-i
evakuieren boshatis
evaluieren vlerësoj
Evangelisation *rel.* ungjillëzim-i
evangelisieren *rel.* ungjillëzoj
Evangelist *rel.* ungjillor-i, *pl.* -ë-t
Evangelium *rel.* ungji|ll-i, *pl.* -j-të
Evidenz evidenc|ë, -a
Evolution zhvillim-i; evolucion-i
ewig amshuar, i/e; përjetsh|ëm, -me, i/e; përhersh|ëm, -me; etern, -e; përjetësisht ⟨*adv*⟩; **~e Wahrheiten** të vërteta të amshuara
Ewigkeit amshim-i; përjetësí-a
Ex- ish-
ex quay *ök.* franko në molo
ex trinken pi me fund
Exaktheit saktësí-a
Examen prov|ë, -a
Exekution ekzekutim-i
Exempel shëmbu|ll-i, *pl.* -j-t
Exemplar ekzemplar-i, *pl.* -ë-t; ksomb|ël, -la, *pl.* -la-t; kopj|e, -a
exhortativ *spr.* nxitës, -e
Exil mërgim-i; **ins ~ schicken** çatdhesoj
Existenz ekzistenc|ë, -a; jetes|ë, -a; **~kampf** luftë për ekzistencë
Existenzialismus *phi.* ekzistencializ|ëm, -mi
existieren ekzistoj
Exklamation *spr.* thirrm|ë, -a
Exkursion ekskursion-i
Exlibris *n.* ekslibris
Exodus *2. Buch Mose* Dalja *rel.*
Exogamie ekzogamí-a
exotisch ekzotik, -e
Expansion ekspansion-i
expedieren nis
Expedition ekspedit|ë, -a
Experiment eksperiment-i
experimentell eksperimental, -e
experimentieren eksperimentoj
Experte ekspert-i, *pl.* -ë-t
Expertise ekspertim-i; ekspertiz|ë, -a
expiratorisch *spr.* frymëqitës, -e
explizieren shtjelloj
explizit shtjelluar, i/e
Explosion shpërthim-i

Explosion shpërthim-i; krism|ë, -a, *pl.* -a-t; plasj|e, -a
explosiv eksploziv, -e; *spr.* shpërthyes, -e
Exponat eksponat-i, *pl.* -e-t
Exponent eksponent-i; *math.* tregues-i
exponieren, sich ~ katandisem
Export eksport-i
Exporteur eksportues-i
Exportgut eksportim-i
exportieren eksportoj
Expressionismus ekspresionizëm, -mi
Expressivität shprehësí-a
exterritorial eksterritorial, -e
Exterritorialität eksterritorialitet-i
extra *absichtlich* apostafat ⟨*adv*⟩; énkas ⟨*adv.*⟩; kastíle ⟨*adv*⟩; nérgut ⟨*adv.*⟩
extrem ekstrem, -e
Extremismus ekstremiz|ëm, -mi
Extremist ekstremist-i
Exzellenz shkëlqesí-a

F

Fabel fábul-a, *pl.* -a-t
Fabrik fabrik|ë, -a; uzin|ë, -a
Fabrikant fabrikant-i, *pl.* -ë-t
Fabrikation fabrikim-i
Fabriksirene sirena e uzinës
Fach- profilizuar, i/e; **~arzt** specialist-i; **~ausdruck** term-i, *pl.* -a-t; skaj-i, *pl.* -e-t; **~bibliothek, Fachbücherei** bibliotekë e profilizuar; **~bücher** literatur|ë, -a
Fächer, der ~ erashk|ë, -a; eror|e, -ja
fächerübergreifend interdisiplinar, -e
Fachliteratur literatur|ë, -a
Fachmann ekspert-i, *pl.* -ë-t
Fachrichtung deg|ë, -a; specialitet-i
Fachsprache gjuhë teknike; zhargon profesional
fad *Geschmack*, amësht, i/e; amështiq, -e
Fädchen fíjëz-a
fade zbarët, i/e; fade sein zbaritem
Faden pe-ri, *pl.* -nj-të; fi|ll-i, *pl.* -je-t; fij|e, -a, *pl.* -e-t; **den ~ in die Nadel einführen** përshkoj perin në gjilpërë
Fagott *mus.* fagot-i, *pl.* -ë-t
fähig aftë, i/e
Fähigkeit aftësí-a
fahl verdhac, verdhuk, verdhosh
Fahne flám|ur-i, *pl.* -uj-t, -úrë-t

Fähnrich flamurtar-i, *pl.* -ë-t; bajraktar-i
fahrbar ecës, -e; **~e Werkstatt** autooficin|ë, -a
Fähre ferribot-i
fahren vozis *s/t*; **zur See ~** lundroj
Fahrgast pasagjer-i, *pl.* -ë-t
Fahrgestell telajo-ja
fahrlässig pakujdessh|ëm, -me, i/e; *jur.* me pakujdesi
Fährmann vator-i
Fahrplan orar-i, *pl.* -e-t
Fahrrad biçiklet|ë, -a
Fahrschein bilet|ë, -a
Fahrspur korsí-a
Fahrt rot|ë, -a
Fährte gjurm|ë, -a
Fahrzeug automjet-i; veturë|ë, -a
fait accompli fakt-i i kryer
Fäkalien fekale-t
Fakir fakir-i, *pl.* -ë-t
Faksimile faksimil|e, -ja, *pl.* -e-t
faktisch real, -e
Faktitiv *spr.* faktitiv-i
Faktor faktor-i, *pl.* -ë-t
Faktum fakt-i, *pl.* -e-t; **Fakten geltend machen** faktoj
Faktur fatur|e, -a
fakturieren *ök.* faturoj
Fakultät fakultet-i
Falke faj|kua, -oi, *pl.* -ónj-të; gjerak-u, *pl.* -ë-t; **~nweibchen** fajkor|e, -ja; gjeraqin|ë, -a
Fall *m.* rëni|e, -a; rast-i; *spr.*, ras|ë, -a, *pl.* -a-t; **auf jeden ~** me çdo kusht; **auf keinen Fall** kurrsesí; **gib uns auf alle Fälle Bescheid!** gjithsesi, na lajmëro!; **im entgegengesetzten Fall** në rast të kundërt; **in dem Fall** atëherë; atëbotë
Falle *f.* çar|k-u, *pl.* -qe-t; grack|ë, -a; kurth-i, *pl.* -e-t; lak-u, *pl.* leqe-t; kllap|ë, -a
fallen bie, rashë, rënë
fällen pre|s, -va, -rë
Fällen das ~ prerj|e, -a
fallend *spr.* zbritës, -e
fallend rënës, -e
falls në ⟨+ *Opt*⟩; nëqoftëse; nëse; po; në rast se
Fallschirmspringer *mil.* desant-i, *pl.* -ë-t
Fallton *spr.* intonacion zbritës
falsch fallso; fals, -e; gabuar, i/e; rremë, i/e; gënjeshtërt, i/e; kallp, -e; **~ schwören** shpërbetohem; shpërbehem; **auf dem ~en Weg** në rrugë të gabuar; **das ist ~** është gabim; **die ~e Richtung einschlagen** gaboj drejtimin; **~e Artikulation** keqnyejëtim-i
fälschen falsifikoj
Fälscher falsifikues-i; plagjiator-i
fälschlich gabimisht ⟨*adv*⟩

Fälschung falsifikim-i
Falsett falset-i
falten palos
familiär familjar, -e
Familie familj|e, -a; **wohlhabende** ~ derë zengjine
Familien- familjar, -e; ~**name** mbiem|ër, -ri, *pl.* -ra-t; ~**oberhaupt** kryefamiljar-i; ~**stand** gjendje familjare
Fan *spo.* tifoz-i, *pl.* -ë-t
Fanatiker fanatik-u, *pl.* -ë-t
Fanatismus fanatiz|ëm, -mi
Fanfare fanfar|ë, -a
Farbdruck kromotipí-a
Farbe boj|ë, -a, *pl.* -ëra-t; ngjyr|ë, -a
färben ngjyros; ngjyej; bojatis
Farbfernseher televizor me ngjyra
Farbfilm film me ngjyra
Farbkasten kuti bojërash
Farblithographie litografi me ngjyra
Farbstoff boj|ë, -a, *pl.* -ëra-t
Farbung ngjyres|ë, -a; *spr.* ngjyrim-i
Farce fars|ë, -a
Farm ferm|ë, -a
Farn, Farnkraut *bot.* fier-i
Fasan fazan-i, *pl.* -ë-t
Faschismus fashiz|ëm, -mi; **der Faschismus mit seinen Horden** fashizmi me zogoritë e tij
Faschist fashist-i, *pl.* -ë-t; këmishëz|í-u, *pl.* -zez-të
faschistisch fashist, -e
Faser fib|ër, -ra, *pl.* -ra-t
Faß fuçí-a; voz|ë, -a
Fassade fasad|ë, -a; ballin|ë, -a
faßbar, faßlich kapsh|ëm, -me, i/e
fassen kap; nx|ë, -ura, -ënë; **der Saal faßt über 400 Personen** salla nxë mbi katërqind veta; **sie faßte sich rasch wieder** ajo u zbardh shpejt
Fassung rreth-i; formulim-i; gjakftohtësí-a; **die ~ bewahren** mbledh veten; ~**svermögen** nxënësí-a; kapacitet-i
fast për pak; gati; pothuajse; thuajse; ~ **ein** gati një si (+ *Subst.*)
fasten agjëroj; kreshmoj
Fasten- kreshmor, -e; ~**speise** gjellë kreshmore; ~**zeit** kreshm|ë, -a, *pl.* -ë-t
Faszikel fashiku|ll-i, *pl.* -j-t; *eines Lieferungswerks* broshur|ë, -a
Faszination hamgjitj|e, -a; magjepsj|e, -a
faszinieren magjeps; hamgjis *s/t*
faszinierend magjish|ëm, -me, i/e
Fata morgana mirazh-i, *pl.*

-e-t
fatal fatal, -e; ogurz|í, -ezë
Fatalismus fataliz|ëm, -mi
fauchen fishkëllej *e/ye*
faul dembel, -e; përtac, -e
Faulbaum *bot.* zóg|ël, -la, *pl.* -la-t
faulen kalbem; harmohem
Faulheit dembelí-a; dembellëk-u; **er legte die Faulheit ab** u zhvish nga plogështia
Fauna faun|ë, -a
Faust grusht-i, *pl.* -e-t; **~kampf** boks-i
Fayence fajanc|ë, -a -
Februar shkurt-i; fr|uer, -or-i
Feder pen|ë, -a; pend|ë, -a; púp|ël, -la; *tech.* balest|ër, *pl.* -ra-t; zemberek-u; zemrek-u; sust|ë, -a; **die Feder in die Tinte tunken** ngjyej penën në bojë; **~messer** biçak-u, *pl.* -ë-t; **~spitze** xin|ë, -a
Federung balest|ër, *pl.* -ra-t
Fee *myth.* zan|ë, -a; zër|ë, -a; fatí-a
fegen fshij
fehlen mungoj
Fehlen das ~ munges|ë, -a
Fehler gabim-i; gaf|ë, -a; kusur-i, *pl.* -e-t; met|ë, -a, e; cen-i, *pl.* -e-t; **~ machen** bëj një proçkë; **~berichtigung** ndreqje gabimesh [shtypi]
fehlerhaft cenuar, i/e
Fehlgeburt dështim; **~ haben** dështoj
Fehlinterpretation keqinterpretim-i
Feier fest|ë, -a
feierlich solemn, -e
feiern festoj; kremtoj; celebroj; **ein Fest ~** lus *s/t*
Feiertag kremt|e, -ja, e
Feige fi|k-u, *pl.* -q-të
Feigen- fiktë, i/e; **~hain** fikor|e, -ja
Feile lim|ë, -a
feilen limoj
Feilschen pazar-i, *pl.* -e-t; pazarllëqe-t
fein imët, i/e
Feind armik-u
feindlich armik, -e; armiqësor, -e; **~es Element** *in der Bevölkerung* element-i armik
Feindschaft armiqësí-a
feindselig armik, -e; armiqësor, -e; armiqësisht ⟨*adv*⟩
Feinfühligkeit delikates|ë, -a
Feld fush|ë, -a; **~ahorn** *bot.* krek|ë, -a; **~bahn** *tech.* dekovil-i, *pl.* -a-t; **~flasche** pagur-i; matar|e, -ja; matará-ja; **~forschung** punë në terren; **~hüter** bekçí-u, *pl.* -nj-të; **~lerche** çerdhúk|ël, -la, *pl.* -la-t; laureshë|ë, -a; **~maus, rostbraune ~** bok|ërr, -rra, *pl.* -rra-t; **~scher** xherah-u, *pl.* -ë-t; **~stecher** një palë dylbí;

~webel kapter-i, *pl.* -ë-t

Fels shkëmb-i, *pl.* -ínj-të; gur-i, *pl.* -ë-t; **schroffer ~** qet|ë, -a; **~durchgang** gërf|yell-i, *pl.* -éj-të

feminin femëror, -e

Fenchel *bot.* kóp|ër, -ra; maraq-i

Fenster dritar|e, -ja; **zweiflügeliges ~** dritare dyfletëshe; **~chen** dritarez-a, *pl.* -a-t; dritorez-a; **~flügel** kanat-i, *pl.* -e-t; flég|ër, -ra, *pl.* -ra-t; **~glas** xham-i; **~kitt** pastë xhamash; **~laden** gril|ë, -a; **~rahmen** parvaz-i, *pl.* -e-t; çerçivé-ja; çar|k-u, *pl.* -qe-t

Ferien pushim-i; verime-t

Ferizovic *ON* Ferízaj; **aus ~** ferizájas, -e

Ferkel derrkuc-i, *pl.* -ë-t

fern larg ⟨*adv*⟩; **unentschuldigtes ≗bleiben bei der Arbeit** *ök* mungesë e pajustifikuar në punë; **der ≗e Osten** Lindja e Largët; Lindja e Largme; **≗lehrgang** shkollë me korrespondencë; **≗leihe** huazim jashtë qyteti; huazim ndërbibliotekar; **≗licht** *tech.* drita e gjatë

Fernet *Magenbitter* fërnet-i

fernmündlich telefonik, -e; me telefon; **~e Mitteilung** fonogram-i, *pl.* -e-t

Fernost Lindja e Largme

Fernrohr dylbí-a; tejqyr|ë, -a

Fernschreiber teletajp-i, *pl.* -e-t

Fernseh- televiziv, -e; **~apparat, Fernseher** televizor-i, *pl.* -ë-t

Fernsehen televizion-i

Fernsehfilm film televiziv

Fernsehzuschauer telespektator-i

Fernsprecher telefon-i, *pl.* -a-t

fernsteuern *tech.* telekomandoj

Fernstudium shkollë me korrespondencë

Fernversetzung *spr.* metatezë largësore

Ferse shputë e këmbës; themb|ër, -ra, *pl.* -ra-t

fertig hazër ⟨*adv.*⟩; **~ zum Auslaufen** *Schiff* gati për nisje

fertig gati; gatsh|ëm, -me, i/e; **macht euch ~,** bëhuni hazër; **nichts brachte er ~** s'qosi gjë; **≗produkt** produkt i gatshëm

Fertigung përgatitj|e, -a

Fessel prang|ë, -a; *fig.* fërtom|, -a

fest fiks, -e; fort ⟨adv⟩; ngúlas, ngulazi ⟨adv⟩; **~ verschlossen** hermetik, -e

Fest gest|ë, -a; **essen** banket-i, *pl.* -e-t; **~feuer** (zu bestimmten Tagen) flakadan-

i, *pl.* -ë-t
festgefügt themeltë, i/e
festhalten, sich ~ an kapem pas ⟨+ *Abl*⟩
festigen fuqizoj; forcoj
Festigkeit fortësí-a; këmbëngulj|e, -a
Festival festival-i
Festland kontinent-i, *pl.* -e-t
festlegen caktoj
Festlegung caktim; fiksim; përkufizim-i; **~ des Devisenkurses** fiksim i kursit valutor
festlich festiv, -e
festnehmen arrestoj
festsetzen caktoj
Festspiel festival-i
feststellen vë re; vërej, -ta, -tur; konstatoj
Festtag kremt|e, -ja, e; **~sbraten** *muslimisch* kurban-i, *pl.* -e-t
Festung fortes|ë, -a, *pl.* -a-t; kalá-ja
Fetischismus fetishiz|ëm, -mi
Fett dhjam|ë, -i; lyr|ë, -a; yndyr|ë, -a; gráso-ja; **~ entfernen** zhdhjamos; **~ zur Speise hinzufügen** mëlmej
Fett- dhjamor, -e; yndyror, -e; yndyrsh|ëm, -me, i/e
fett majmë, i/e; dhjamur, i/e; yndyrsh|ëm, -me, i/e
fetten lyrësoj; mëlmej; yndyrëzoj; **das Gewehr ~** grasoj pushkën
Fettgewebe ind dhjamor; ind yndyror
fettig yndyrsh|ëm, -me, i/e
Fettlebe buhí-a
Fetzen paçavur|e, -ja; zhel|e, -ja
Feuchtigkeit lagështir|ë, -a; **~smesser** higromet|ër, -ri
feudal feudal, -e; **~e Anarchie** anarki feudale; **≗familien** oxhaqet feudale; **≗herr** feudal-i; çifligar-i, *pl.* -ë-t; *byzantin. Zeit* arkond-i, *pl.* -ë-t
Feudalismus feudaliz|ëm, -mi
Feuer zjarr-i, *pl.* -e-t; **großes ~** flakadan-i, *pl.* -ë-t; **~ fangen** hamulloj; digjem e/ilo
Feuer- zjarrtë, i/e; **~dorn** *bot.* ushinth-i; **~land** Toka e Zjarrtë; **~melder** *Telefon* numri i zjarrfikësve; **~sbrunst** zjarr-i, *pl.* -e-t; **~stahl** uror-i; **~stein** bric|ë, -a; gur çakmaku; gurgac|ë, -a; gurgac-i; gurzjarr-i; **~wehrmann** zjarrfikës-i; **~werker** minandezës-i; zjarrmëtar-i; **~zeug** çakmak-u, *pl.* -ë-t; shkrepës-i
feuergefährlich përflaksh|ëm, -me, i/e
Feuilleton fejton-i, *pl.* -e-t
feurig *fig.* valë, i/e = valët, i/

e; zjarrmor, -e; zjarrtë, i/e; **er küßte sie feurig** e puthi me ashk

Fez fest|e -ja; fes-i

Fiber fib|ër, -ra, *pl.* -ra-t

ficken *vulg.* qi, -va, -rë

Fideismus *phi.* fideiz|ëm, -mi

Fieber eth|e, -ja, *pl.* -e-t; **im ~** përçart ⟨*adv*⟩; **~kurve** *med.* diagram i temperaturës; **~zustand** kllapí-a

fiebernd *med.*, *fig.* ethsh|ëm, -me, i/e

Fiedel violin|ë, -a

Figur *spr.* personazh-i, *pl.* -e-t; figur|ë, -a

Figura etymologica *spr.* figurë etimologjike

figürlich figursh|ëm, -me, i/e; fytyruar, i/e

fiktiv sajuar, i/e

Filet filet|ë-a

Filiale filial-i, *pl.* -e-t; sukursal-i, *pl.* -e-t

Film film-i, *pl.* -a-t; **~klub** kinoklub i; **~kunst** kinematografí-a; **~othek** filmotek|ë, -a; **~schauspieler** aktor filmi; **~studio** kinostudio-ja; **~vorführer** operator i filmit

filmen filmoj

Filter filt|ër, -ri, *pl.* -ra-t

filtern filtroj

Filz shajak-u, *pl.* -ë-t; **~hose** çakçirë-t *m. Pl.*; tirq-it; **~hut** borsalin|ë, -a

Filzkappe qelesh|e, -ja; plis-i; **Hersteller von ~n** qeleshepunues-i

Filzkapuze llaban|e, -ia

Filzstoff, weißer ~ tir|k-u, *pl.* -q-it

Filzumhang zhgun-i, *pl.* -a-t

filzen bastis; këqyr

final *spr.* qëllimor, -e; **≗satz** fjali qëllimore

Finale *spo.*, *mus.* final|e, -ja

Finanzen financa-t

finanziell financiar, -e; **~e Verpflichtung** detyrim në të holla

Finanzier financier-i, *pl.* -ë-t

finanzieren financoj

finden gje|j, -ta, -tur

Finder gjetës-i

Finesse hollësí-a

Finger gisht-i, *pl.* -a-t, -ërinjtë; **~kuppe** mollëz-a; **~nagel** th|ua, -oi, *pl.* -nj-të

fingieren sajoj; **fingiert** sajuar, i/e

finnisch finlandez, -e

Finnland Finland|ë, -a

finno-ugrisch *spr.* ugrofin, -e

finster errët, i/e; mugët, i/e; zymtë, i/e; **~ blicken** vrenjtem; **~ blickend** nursëz, -e; **~ machen** murrëtej *e/ye*; **~ werden** zymtohem

Finsternis terr-i; xëc-i; errësir|ë, -a; skëterr|ë, -a~; zymtësi-a; zymtí-a; **~ der**

Nacht zymtësia e natës
Firma firm|ë, -a, *pl.* -a-t
firmen *rel.* krezmoj
Firmung *rel.* krezmim-i
First kulm-i, *pl.* -e-t
Fisch pesh|k-u, *pl.* -q-it; **~eier** ík|ër, -ra, *pl.* -ra-t **~fang** gjuetí-a; peshkim-i; **~kunde** iktiologjí-a; **~otter** víd|ër, -ra, *pl.* -ra-t; **~schuppe** grisk|ël, -la, *pl.* -la-t; lusp|ë, -a; **~wehr** dajlan-i, *pl.* -e-t
fischen gjuaj peshk; peshkoj
Fischer peshkatar-i; **~boot** anije peshkimi; lundër peshkatarësh; **~netz** rrjet|ë, -a; trat|ë, -a
Fischerei peshkim-i
Fixer drogaman-i, *pl.* -ë-t
fixieren fiksoj
Fjord fjord-i, *pl.* -e-t
flach cekët, i/e; sheshtë, i/e; **~e Hand** pëllëmb|ë, -a, *pl.* -ë-t
Fläche syprin|ë, -a
Flachs li-ri
Flachzange pinc|ë, -a
flackern flakëroj
Fladenbrot simit|e, -ja; kul|aç-i, *pl.* -eç-të
Flagge flám|ur-i, *pl.* -uj-t, -úrë-t
Flak kundërajror-i, *pl.* -ë-t
Flamen flamanë-t; flamandë-t
Flamme flak|ë, -a, *pl.* -ë-t; **~nwerfer** flakëhedhës|e, -ja
flammend flaktë, i/e
Flandern Fland|ër, -ra
Flanell fanellat|ë, -a
Flanierstraße bulevard-i, *pl.* -e-t
Fläschchen boc|ë, -a
Flasche shish|e, -ja; **die ~ geben** ushqej me biberon; **~nzug** *tech.* çikrík-u, *pl.* -ë-t; makará-ja
flattern *Fahne* valëvitem
Flatulenz *med.* urgusj|e, -a
Flaum push-i
Flaute *fig.* zbatic|ë, -a
Flechte *bot.* liken-i, *pl.* -e-t; urdhj|e, -a
Flechtwerk gërshet-i, *pl.* -a-t
Fleck damk|ë, -a; leq|e, -ja; zhíb|ël, -la, *pl.* -la-t; **blauer ~** vurrat|ë, -a; **einen ~ auf den Anzug machen** bëj me një njollë kostumin
Flecken njoll|ë, -a
Flegel edepsëz-i
Flegelei mbrapshtí-a
flegelhaft edepsëz, -e; mbraphstë, i/e
Fleisch mish-i, *pl.* -ra-t; **~ ohne Beilage** mish sade; **~bällchen** qoft|e, -ja; **~brühe** supë me lëng mishi; lëng mishi; **~ermesser** çok|ë, -a; satër-i, *pl.* -e-t; **~spieß** shishqebap-i, *pl.*

-ë-t; ~**suppe** supë me lëng mishi

fleißig zellsh|ëm, -me, i/e

Fleiß zell-i = zelltarí-a

flektierbar *spr.* eptuesh|ëm, -me, i/e; ndryshuesh|ëm, -me, i/e

flektierend, flektiv *spr.* eptues, -e

Flexion *spr.* brendaeptim-i; eptim-i

flicken arnoj

Flicken leck|ë, -a, *pl.* -a-t

Flickwort *spr.* fjalë shtesë

Flieder *bot.* jargavan-i, *pl.* -ë-t

Fliege miz|ë, -a; ~**nfänger** rripoz-i, *pl.* -e-t; ~**nklatsche** vrásës|e, -ja; ~**nnetz** rrjetë mizash

fliegen fluturoj; lundroj

fliegend fluturues, -e; fluturak, -e

Flieger aviator-i, *pl.* -ë-t

fliehen arratisem

Fließband konvejer-i

fließen rrjedh *e/i/o*

flink shpejt ⟨*adv*⟩; zhdërvjellët, i/e

Flinte dyfek-u, *pl.* -ë-t

Flockseide glyt|ër, -ra, *pl.* -ra-t

Flokati postiq|e, -ja

Flora bimësí-a

Florenz *ON* Firenc|e, -ja

Flórina *ON* Follorin|ë, -a

Florteppich sixhadé-ja

Flöte flaut-i, *pl.* -e-t; fye|ll-i, *pl.* -j-t

Flötist flautist-i

Flotte flot|ë, -a

Fluch mallkim-i; ofsh-, *pl.* -e-t; ofsham|ë, -a

fluchen mallkoj

Flucht arratí-a; arratisj|e, -a

flüchtig rënës, -e

Flüchtling arratisur-i, i; refugjat-i, *pl.* -ë-t

Flug fluturim-i

Flug- fluturak, -e; fluturues, -e; ~**abwehrkanone** kundërajror-i, *pl.* -ë-t; ~**bahn** *eines Geschosses* fluturdh|ë, -a; ~**blatt** trakt-i, *pl.* -e-t

Flügel krah-u, *pl.* -ë-t; kanat-i, *pl.* -e-t

Fluggesellschaft shoqëri ajrore

Flughafen aeroport-i, *pl.* -e-t

Fluglinie linjë ajrore

Fluglotse fluturim, udhëheqës i fluturimit

Flugmaschine aeroplan-i, *pl.* -ë-t

Flugpiste pistë e fluturimit

Flugplatz aerodrom-i, *pl.* -ë-t; aeroport-i, *pl.* -e-t

flugs fluturímthi ⟨*adv*⟩

Flugschein bilet|ë, -a

Flugstrecke linjë ajrore

Flugtier *Vögel, Käfer* fluturak-u, *pl.* -ë-t

Flugwissenschaft aeronautik|ë, -a

Flugzeug avion-i, *pl.* -ë-t; aeroplan-i, *pl.* -ë-t; **zweimotoriges** ~ aeroplan dymotorësh; **das** ~ **fliegt** avioni fluturon; ~**träger** *mil.* aeroplanmbajtës|e, -ja
flüssig rrjedhsh|ëm, -me, i/e
flüstern pëshpëris *s/t*
Flüstern pëshpëritj|e, -a
Fluß lum|ë, -i, *pl.* -énj-të
Flußpferd hipopotam-i, *pl.* -ë-t
Föderation federat|ë, -a
föderativ federal, -e; federativ, -e
Fohlen bishtak-u, *pl.* -ë-t; mëz-i, *pl.* -a-t
Föhn *tech.* tharëse flokësh
Folge ndërrim-i; rrjedhoj|ë, -a; pasoj|ë, -a
Folge- pasues, -e
folgen ndjek *e/o/i*
folgend pasardhës, -e; pasues, -e; *spr.* ndjekës, -e
Folgesatz *spr.* fjali rrjedhimore
Foliierung numërtim i fletëve
Folioformat format dysh
Folklore folklor-i
Folklore- folklorik, -e
folkloristisch folklorik, -e
Folter tortur|ë, -a
foltern torturoj
Fonds fond-i, *pl.* -e-t
Fontainebleau Fontenëbloja
Förde fjord-i, *pl.* -e-t

Förderband konvejer-i; transportier-i
Förderleistung *ök.* debit-i
Forelle troft|ë, -a
Forke furk|ë, -a
Form form|ë, -a; trajt|ë, -a
formal formal, -e
Formalismus *phi.* formaliz|ëm, -mi
formalistisch formalist, -e
Formalität formalitet-i, *pl.* -e-t
Formans *spr.* formant-i; formues-i
Format format-i
formatieren formësoj
Formblatt format-i
Formel formul|ë, -a
formell formalisht ⟨*adv*⟩
formen mbruj
Formenlehre morfologjí-a
Formosa Tajvan-i
Formular formular-i; format-i
formulieren formuloj; formësoj
forschen kërkoj
Forscher kërkimtar-i; kërkues-i
Forschung kërkim-i; hulumtim-i
Forschungs- kërkimor, -e; ~**institut** institut kërkimor
Forst py|ll-i, -je-t; ~**wirtschaft** ekonomi pyjore
Fort fortes|ë, -a, *pl.* -a-t
fortgesetzt vazhduesh|ëm.

-me, i/e; vazhdimisht ⟨*adv*⟩
fortlaufend njëpasnjëshëm, i/e
fortschreitend paravajtës, -e
Fortschritt përparim-i; **~e machen** mbroth; përparoj
fortschrittlich përparimtar, -e
fortsetzen vazhdoj; vijoj
Fortsetzung vazhdim-i; vijim-i; **~ folgt** vazhdon; vijon
Forum forum-i, *pl.* -e-t
fossil ngurosur, i/e
fossilisieren nguros
Foto fotografi-a; **~-Sammlung** fototek|ë, -a; **~apparat** fotoaparat-i, *pl.* -e-t; **~graf** fotograf-i, *pl.* -ë-t; **~kopie** fotokopj|e, -a; **~reporter** fotoreporter-i, *pl.* -ë-t
fotokopieren fotokopjoj
Fox *mus.* foks-i, *pl.* -e-t; **~trott** fokstrot-i, *pl.* -e-t
Fracht *Schiff* navllo-ja; **~begleitschein** fletë shoqëruese; **~führer** navllues-i; qiradhënës-i; **~gebühr** navllo-ja; **~schiff, Frachter** anije mallrash
Frack frak-u, *pl.* -ë-t
Frage pyetj|e, -a; çështj|e, -a; **eine ~ stellen** shtroj pyetje; **~bogen** fletanket|ë, -a; pyetësor-i, *pl.* -ë-t; **~partikel** *spr.* pjesëz pyetëse; **~zeichen** pikëpyetj|e, -a
fragen pyes *s/t*
Fragment fragment-i, *pl.* -e-t
fragmentarisch fragmentar, -e
Fraktion fraksion-i
Fraktur- gotik, -e; **~schrift** shkrim gotik
frank und frei troç ⟨*adv*⟩
Frankation *ök.* pagesë e taksave para afatit
Franken *Volksgruppe* frankë-t; *Währung* frang-u, *pl.* -a-t
Frankfurt am Main Frankfurti-mbi-Majn
Frankfurt an der Oder Frankfurti-mbi-Oder
Frankierung pagesë e taksave para afatit
franko franko
Frankreich Franc|ë, -a
Franse xhufk|ë, -a; **~nhaarschnitt** balluke-t
Franziskaner françeskan-i, *pl.* -ë-t; **~pater** fr|ut, *pl.* -ët-ër-it
franziskanisch françeskan, -e
Franzose francez-i, *pl.* -ë-t; frën|g-u, *pl.* -gj-të
französisch francez, -e; frëng, -e; frëngjisht ⟨*adv*⟩
Fräse frez|ë, -a
fräsen frezoj
Fräser frezator-i
Frau grua-ja, *pl.* gra-të; fe-

m|ër, -ra, *pl.* -ra-t; zonj|ë, -a; ~ **werden** grunohem
Frauen- grarishte; ~**arbeit** punë grarishte; **auf** ~**art** grarisht ⟨*adv*⟩; ~**arzt** gjinekolog-u, *pl.* -ë-t; ~**heilkunde** gjinekologjí-a; ~**rock** fund-i, *pl.* -e-t
Fräulein zonjush|ë, -a
free on rail [FOR] franko në vagon *ök.*
frei lirë, i/e; pazënë, i/e; lirisht ⟨*adv*⟩; serbes ⟨*adv*⟩; ~ **erfundene Worte** fjalë të shpikura kot; ~ **haben** kam pushim; ~ **heraus** troç ⟨*adv*⟩; ~**e Offerte** ofertë pa zotim; ~**er Mitarbeiter** *Presse* korrespondent vullnetar
frei ab Kai franko në molo
frei Abgangsstation *ök.* franko në stacion të nisjes
frei an Bord *FOB* franko në bordin e anijes
frei bis zum Bestimmungshafen franko-anije në portin e arritjes
frei Haus franko vendbanim
frei Lager *ök.* franko në depo
frei Station des Empfängers *ök.* franko stacion të arritjes
frei Waggon *ök.* franko në vagon
Freibad banjë publike
Freibrief aktlirim-i
Freifläche zbrazëtí-a
Freifrau baronesh|ë, -a
freigehalten werden *beim Trinken* pi qyl
freigiebig dorëdhënë; dorëçelur
Freihafen port i lirë
Freihandaufstellung *Bibliothek* hyrje e lirë në rafte
Freiheit lirí-a; ~**sberaubung** heqje e lirisë; ~**sentzug** *jur.* heqje e lirisë
Freiherr baron-i, *pl.* -ë-t
freilassen zhburgos; liroj
Freilassung *jur.* lirim-i; ~**sschreiben** aktlirim-i
Freimachung *Post* pagesë e taksave para afatit
Freimaurer mason-i, *pl.* -ë-t
Freimaurerei masonerí-a
Freischar çet|ë, -a
Freischärler partizan-i, *pl.* -ë-t; çetar-i, *pl.* -ë-t
Freistil *spo.* stil i lirë
Freistoß *spo.* goditje e lirë
Freitag premt|e, -ja
Freiübungen ushtrime të lira
freiwillig vullnetarisht ⟨*adv*⟩
Freiwilliger vullnetar-i
Freiwilligkeit vetëdashj|e, -a
Freizeit nge-ja; arallë|k-u, *pl.* -qe-t; ~**maler** piktor amator
fremd huaj, i/e
Fremd- huaj, i/e; ~**enführer** ciceron-i, *pl.* -ë-t; ~**enhaß** ksenofobí-a; ~**sprache**

gjuhë e huaj; **~wörterbuch** fjalor fjalësh të húaja
Frequenz *tech.* dendurí-a; shpeshtësí-a; **~messer** dendurimatës-i
Fresko afresk-u, *pl.* -e-t
fressen copit *s/t*; llup
Fresser hamës-i; hamëtor-i
Freude gëzim-i; gaz-i; haréja; ngazëllim-i; shend-i, *pl.* -e-t; qejf-i, *pl.* -e-t; **ich weinte vor Freude** më qahej nga gëzimi; **~nhaus** bordel-i, *pl.* -e-t; **~nmeldung** sihariq-i, *pl.* -e-t
freudig gëzuesh|ëm -me, i/e; gazmor, -e
Freudismus frojdiz|ëm, -mi
freuen, sich ~ gëzohem; kënaqem; gazmoj; gëzoj
Freund mi|k-u, *pl.* -q-të
Freundin mikesh|ë, -a; shoq|e, -ja
freundlich gazmor, -e; ëmbël, i/e
Freundschaft miqësí-a; **~sgesellschaft** shoqata e miqësisë
freundschaftlich miqësor, -e
Friedhof varreza-t; varrez|ë, -a
frieren ngri|j, -va, -rë; mërdhij
Frikadelle ramstek-u; qoft|e, -ja
Frikassee frikasé-ja
Frikativ *spr.* bashkëtingëllore fërkimore; tingull shushuritës
frisch treskët, i/e; njomë, i/e; taze; *ausgeruht* çlodhur, i/e; **~gebacken** porsapjekur, i/e; **~von der Leber** troç ⟨*adv*⟩
Frische fresk-u
Friseur floktar-i; berber-i, *pl.* -ë-t
Friseuse floktar|e, -ja; parukier|e, -ja
Frisiersalon berberhan|ë, -a
Frisiersalon rrojtor|e, -ja
Frist afat-i
Frisur prerj|e, -a; **eine neue ~ haben** kam ndërruar krehjen e flokëve
fröhlich haresh|ëm, -me, i/e
Fron *a. fig.*, **Fronarbeit** angarí-a
Fronleichnam *rel.* korpi i Krishtit
Front front-i, *pl.* -e-t; ball|ë, -i, *pl.* -ë-t; **~ispiz; ~seite** ballin|ë, -a; frontespic-i, *pl.* -e-t
Frosch bretkos|ë, -a
Frost ngric|ë, -a; ngrirj|e, -a, cikm|ë, -a = cikn|ë, -a; cingërim|ë, -a; **~schutzmittel** antifrixh-i
frösteln mërdhij
Frucht frut|ë, -a, *pl.* -a-t; fryt i, *pl.* -e-t; këpuj|ë, -a. *pl.* -a-t; pem|ë, -a, *pl.* -ë-t; **~knoten** *bot.* vezor|e, -ja

fruchtbar *fig.* frytsh|ëm, -me, i/e; gratsh|ëm, -me, i/e; **~e Zusammenarbeit** bashkëpunim i frytshëm
fruchttragend frytmbartës, -e
früh hersh|ëm, -me, i/e; herët ⟨*adv.*⟩; qëmenatë ⟨*adv*⟩
Früh- herak, -e; **~kirschen** *bot.* qershi herake; **~ling** pranver|ë, -a; **~stück** kafjall-i; sill|ë, -a; mëngjes-i, *pl.* -e-t; **~stücksbude** mëngjesor|e, -ja; **~werk** vepër e hershme
früher mëparsh|ëm, -me, i/e; dikursh|ëm, -me, i/e; më parë; dikur ⟨*adv*⟩
frühzeitig hersh|ëm, -me, i/e
Fuchs dhelp|ër, -ra; **~junges** dhelpërush-i, *pl.* -ë-t
fühlen nd|íej, -jéva, -jerë; **den Puls ~** mas pulsin; **sich krank ~** ndiej veten të sëmurë
Fühler *der Käfer, - Krebse* brirth-i, *pl.* -ë-t
führen udhëheq *e/i*; çoj; përçoj; **~ zu** sjell *e/i/o*; **fast zu Ende ~** zgriptoj; **zur strafrechtlichen Verantwortlichkeit ~** sjell përgjegjësi penale
Führer udhëheqës-i; udhëzues-i; **~schein** patentë shoferi
Fuhrmann qiraxhí-u, *pl.* -njtë
Fuhrpark autopar|k-u, *pl.* -qe-t
Führung udhëheqj|e, -a
füllen mbush; **gefüllte Paprika** speca të mbushur
Füllen, das ~ mëz-i, *pl.* -a-t; bishtak-u, *pl.* -ë-t
Füllfederhalter stilograf-i, *pl.* -ë-t
Füllung *im Börek, Baklava* iç-i, *pl.* -a-t; brendës-i; *im Zahn* e mbúshur-a
Füllwort *spr.* fjalë shtesë
Fund gjetj|e, -a; **~büro** zyrë e sendeve të gjetura; **~ort** *Bodenschätze*; vendburim-i; **~sachen** gjeturin|ë, -a
fünf pesë; **der ~te** i pestë; **~ Jahre** pesë vjet; **~-Lek-Stück, Fünfer** pesësh-i
Fünfjahres- pesëvjeçar, -e; **~plan** plani pesëvjeçar
Fünfkampf pesëgarësh-i
fünfzehn pesëmbëdhjetë; **der ~te** i pesëmbëdhjetë; **~jähriges Mädchen** vajzë pesëmbëdhjetë vjeçe
fünfzig pesëdhjetë
fungieren funksionoj
Funk radiotelegrafí-a; **~einrichtung** radioinstalim-i; **~verbindung** radiondërlidhje, -a
Funke shkëndij|ë, -a; xix|ë, -a; gac|ë, -a; **~nsprühen** xixëllim|ë, -a
funkeln xixëlloj; xixoj; **wie**

Sterne ~ yjëzoj *nur 3. P.*; **das ~** xixëllim|ë, -a
Funker *mil.* radist-i
Funkgerät radiotransmetues|e, -ja
Funkspruch radiogram-i, *pl.* -e-t
Funktion funksion-i, *pl.* -e-t; ofiq-i, *pl.* -e-t
funktional funksional, -e; **~er Stil** stil funksional
Funktionär funksionar-i
funktionell funksional, -e
funktionieren punoj; funksionoj
Funzel kandil-i, *pl.* -a-t
für për ⟨+ *Akk*⟩
Furche hullí-a; brazd|ë, -a; **~n ziehen** brazdoj; hulloj
Furcht frik|ë, -a; **~ einflößen** fus hatanë
furchtbar tmerrsh|ëm, -me, i/e; friksh|ëm, -me, i/e; hatash|ëm, -me, i/e; llahtarsh|ëm, -me, i/e
furchtsam friksh|ëm, -me, i/e
fürchten, sich ~ frigohem; frikësohem; druaj
Furnier kompensat|ë, -a
Furt va-u, *pl.* -të
Furunkel çiban-i, *pl.* -ë-t; *med.* lung|ë, -a
fürwahr! aman
Fürwort përem|ër, -ri, *pl.* -ra-t
Furz pordh|ë, -a; **lautloser ~** fend|ë, -a, *pl.* -ë-t
Fusion *spr.* shkrirj|e, -a
Fuß këmb|ë, -a; **linker ~** këmba e mëngër; **zu ~** këmbas; më këmbë; **~ball** *spo.* futboll-i
Fußball- futbollistik, -e; **~-As** as i skuadrës së futbollit; **~spieler** futbollist-i
Fußballer futbollist-i
Fußboden dyshemé-ja; **~ verlegen** dyshemetis
Fußgänger këmbës-i; këmbësor-i; **~überweg** vijat e bardha të trafikut
Fußknöchel nyjë e këmbës
Fußsohle shput|ë, -a
Fußspitze fliq-i, *pl.* -e-t
Fußtruppe këmbësorí-a
Fußweg këmbësor|e, -ja
Futter kullot|ë, -a; ushqim-i; *im Kleid* astar-i, *pl.* -ë-t; **~ geben** grazhdoj
Futter- foragjer, -e; **~mais** misër foragjer
Futteral këllëf-i, *pl.* -ë-t
füttern mëkoj; *mit Löffel in den Mund* koj; *Vieh* grazhdoj
Futterwicke bucak-u, *pl.* -ë-t
Futur *spr.* ardhm|e, -ja, e; **zweites ~** e ardhme e përparme
Futurismus futuriz|ëm, -mi
Futurum exactum *spr.* e ardhme e përparme

G

Gabardin gabardin|ë, -a
Gabel pirun-i, *pl.* -ë-t; *fig.* big|ë, -a; *Telefon* sust|ë, -a
Gabelung big|ë, -a
gaffen bëj schir
gähnen gogësij; gogësit
Galanteriewaren *Taschen, Gürtel, Spangen* galanterí-a
Galata *ON* Gallát|ë, -a; **aus** ~ gallátas, -e
Galați, Galatz *ON* Galac-i
Galaxis galaktik|ë, -a
Galerie galerí-a
Galgen trekëmbësh-i
Galle vrer-i; tëmb|ël, -li; Gallen blase: tëmb|ël, -li; **~stein** gurth-i, *pl.* -ë-t; **~steine** *med.* gurë tëmthi
Gallien Galí-a
gallig vrertë, i/e
gallisch gal, -e
Gallizismus galiciz|ëm,-mi
Galosche gallosh|e, -ja
galvanisieren galvanizoj
gammelig batall, -e; mykur, i/e
gammeln batallohem
Gams dhi e egër; kamosh-i, *pl.* -e-t
Gang korridor-i, *pl.* -e-t; *beim Auto* marsh-i, *pl.* -e-t; **~art** ecur-a, e; ecurí-a
Ganges *FN* Gang-u
Gangrän *med.* gangren|ë, -a
Gangster gangster-i, *pl.* -ë-t
Gans pat|ë, -a
Gänsefüßchen thonjëza-t
ganz mbarë, i/e; tërë, i/e; biteví ⟨*adv*⟩; krejt ⟨*adv.*⟩; kryekëput ⟨*adv*⟩; ~ **und gar** fare ⟨*adv*⟩
gar nicht nuk ... fare
gar nichts asgjëkafshë; hiçasgjë
Garage garazh-i, *pl.* -e-t
Garant garant-i
Garantie garancí-a; garantim-i; **~schein** fletëgarancí-a; letër garancie
garantieren garantoj
Garbe demet-i, *pl.* -e-t; dúaj-t *m. Pl.*; kallí-ri, *pl.* -nj-të
Garde gard|ë, -a; **~robe** garderob|ë, -a; **~robenfrau** gardërobist|e, -ja
Garn pe-ri, *pl.* -nj-të; **~rolle** rrotk|ë, -a
Garnison garnizon-i
Garnitur komplet-i
Garten kopsht-i, *pl.* -e-t; bahç|e, -ja; **~bar** bar-lulishte; **~bau** hortikultur|ë, -a; kopshtarí-a; **~café** barlulishte; **~schere** gërthap-i, *pl.* -ë-t
Gärtlein bahç|e, -ja
Gärtner kopshtar-i; bahçevan-i, *pl.* -ë-t; ~ **für Gemüse und Melonen** bostanxhí-u, *pl.* -nj-të

Gärtnerei kopshtarí-a
Gas gaz-i; **~flasche** *tech.* bombol-a, *pl.* -a-t; **~leitung** gazsjellës-i; **~messer** gazomet|ër, -ri, *pl.* -ra-t
Gase garz|ë, -a
Gasolin gazolin|ë, -a
Gasometer gazomet|ër, -ri, *pl.* -ra-t
Gasse sokak-u, *pl.* -ë-t; rrugic|ë, -a
Gast mysafir-i, *pl.* -ë-t; mi|k-u, *pl.* -q-të: ftuar, i/e
Gästehaus pension-i
gastfreundlich bujtar, -e; derëçelur, i/e; derëhapur, i/e; mikpritës, -e
Gastfreundlichkeit bujtarí-a
Gastfreundschaft mikpritj|e, -a
Gastgeber bujtës-i
Gastmahl gostí-a; buhí-a
gastrisch *med.* gastrik, -e
Gastritis *med.* gastrit-i
Gaststätte restorant-i
Gatte shoq-i
Gattersäge gat|ër, -ra, *pl.* -ra-t
Gattin bashkëshort|e, -ja
Gattung gjiní-a
Gattungs- gjinisor, -e; **~geschichte** evolucion-i; **~merkmale** tipare gjinore
gattungsmäßig gjinor, -e; **~e Einteilung** ndarje gjinore
Gaukler zhongler-i
Gaul kal|ë, -i, *pl.* kúaj-të; *Klepper* gërdall|ë, -a
Gaumen qiellz|ë, -a
Gaumen- qiellzor, -e; **~segel** qiellzë e butë
Gauner batakçí-u, *pl.* -nj-të
Gaunerei maskarallë|k-u, *pl.* -qe-t
Gazelle gazel|ë, -a
Gdansk *ON* Dancig-u
Gebäck biskot|ë, -a
gebacken pjekur, i/e
Gebärde gjest-i, *pl.* -e-t; **~nsprache** gjuhë e gjesteve
gebären lind
Gebärmutter an-i; mít|ër, -ra, *pl.* ra-t
Gebäude godin|ë, -a; ndërtes|ë, -a; ngrehin|ë, -a
Gebeine eshtra-t
geben jap, jep, dhashë, dhënë; **es gibt** ka
Geber dhënës-i
Gebet urat|ë, -a; lutj|e, -a; *muslimisch* duá-ja, *pl.* -të; **~buch** *rel.* urator|e, -ja; **~shaus** faltor|e, -ja; **~steppich** *rel.* sixhadé-ja
Gebiet rajon-i, *pl.* -e-t; shesh-i; tush|ë, -a; hapësir|ë, -a; lëm|ë, -i, *pl.* -énjtë; ngast|ër, -ra
Gebirge vargmal-i
Gebirgler malësor-i, *pl.* -ë-t; malok-u, *pl.* -ë-t
Gebirgs- malor, -e; **~name** oronim-i; **~paß** qaf|ë, -a; **~übergang** qafalik-u, *pl.*

-ë-t; qafer|e, -ja; qafëmal-i
geboren lindur, i/e; ~ **werden** lind; **er ist geboren** leu; **ich bin geboren am ...** linda më ...
gebraten fërguar, i/e; *in der Pfanne* tiganisur, i/e
Gebrauch përdorim-i
gebräunt zeshkët, i/e
Gebrechen ves-i, *pl.* -e-t; cen-i, *pl.* -e-t; ligështí-a; **ein ~ haben** cenosem
gebrechlich cenuar, i/e
Gebrüll hakërrim|ë, -a
Gebühr taks|ë, -a; tag|ër, -ri, *pl.* -ra-t; çmim-i
gebührend duhur, i/e; siç duhet; **in ~er Form** në formën e duhur
gebunden lidhur, i/e
Geburt lindj|e, -a; **~enrate** lindshmërí-a; **~sdatum** datëlindj|e, -a; **~sort** vendlindj|e, -a; **~stag** ditëlindj|e, -a; **~surkunde** aktlindj|e, -a
Geschlecht gjiní-a; seks-i; **~skrankheiten** sëmundje veneriane
Gedächtnis kujtes|ë, -a
Gedanke mendim-i; ide-ja; **~nreichtum** ideshmërí-a; **~nstrich** *spr.* viz|ë, -a
gedankenreich idésh|ëm, -me, i/e
gedanklich ideor, -e
gedanklich-künstlerisch ideoartistik, -e
gedehnt nderë, i/e
Gedeihen lulëzim-i
Gedenkstein lapidar-i, *pl.* -ë-t
Gedicht vjersh|ë, -a; poezí-a; **~sammlung** antologjí-a
Geduld durim-i
geduldig durimthi ⟨*adv*⟩; **~ sein; sich gedulden** duroj
geeignet përshtatsh|ëm, -me, i/e; duhur, i/e
Gefahr rrezi|K-u, *pl.* -qe-t
gefährlich rreziksh|ëm, -me, i/e
Gefährlichkeit rrezikshmërí-a
Gefährte shok-u, *pl.* -ë-t
Gefälle zbritj|e, -a
gefallen ëndem; pëlqej *e/ye*; **das Mädchen gefällt ihm wohl** çoç i pëlqen ajo vajzë
Gefallen favor-i, *pl.* -e-t; **einen ~ tun** hatëroj
Gefallener vrarë, i/e
gefällig kënaqsh|ëm, -me, i/e
Gefälligkeit, eine ~ erweisen bëj nder; bëj një favor
gefälscht gënjeshtërt, i/e
Gefängnis bur|g-u, *pl.* -gje-t; **~wärter** gardian-i, *pl.* -ë-t
Gefäß en|ë, -a, *pl.* -ë-t
Gefecht betej|ë, -a, *pl.* -a-t
Gefieder pend|ë, -a
Geflecht gërshet-i, *pl.* -a-t
Geflügel shpendë
Geflüster pëshpërim|ë, -a

Gefolgsmann ithtar-i

Gefreiter tetar-i, *pl.* -ë-t

gefroren ngrirë, i/e

Gefühl ndjenj|ë, -a; ndjesí-a

gefühllos pandjesh|ëm, -me, i/e; pamëshirsh|ëm, -me, i/e; ~ **werden** athem

gefühlvoll ndjesh|ëm, -me, i/e

Gege *Volksgruppe* Geg|ë, -a, *pl.* -ë-t

gegen kúndër ⟨+ *Abl*⟩; kundra

gegen- kundër-

Gegenangriff kundërmësymj|e, -a; kundërsulm-i, *pl.* -e-t

Gegend vise-t; krahin|ë, -a, *pl.* -a-t; an|ë, -a

Gegenforderung kundërkërkes|ë, -a

Gegengewicht kundërpesh|ë, -a

Gegenmaßnahme kundërmas|ë, -a

Gegensatz kundërshtí-a; kontrast-i, *pl.* -e-t; kundërvëni|e, -a, kundërti-a; kundërshtim-i; **antagonistische Gegensätze** kundërti antagoniste *phi.*

Gegensätzlichkeit kundërtí-a

Gegenschlag kundërsulm-i, *pl.* -e-t

Gegenseite kundërpal|ë, -a

gegenseitig reciprok, -e; ndërsjellë, i/e

Gegenseitigkeit reciprocitet-i

Gegenstand objekt-i, *pl.* -e-t; send-i, *pl.* -e-t

Gegenteil kundërtí-a; **im** ~ përkúndrazi ⟨*adv*⟩

gegenteilig kúndërt, i/e

gegenüber *Präp.* kundrejt ⟨+ *Abl*⟩; kundrúall ⟨+*Abl*⟩; ndaj ⟨+ *Abl*⟩

gegenüber ⟨*adv*⟩ matanë; përballë; **~stellen** ballafaqoj; kundërvë; **~stellend** kundërshtor, -e; **≗stellung** ballafaqim-i; *spr.* përqasj|e, -a

Gegenwart praní-a; tashm|e, -ja, e; **Gegenwarts-** sot|ëm, -me, i/e

gegenwärtig hëpërhësh|ëm, -me, i/e; tanish|ëm, -me, i/e; tash|ëm, -me, i/e

Gegeria *Landschaft* Gegërí-a

gegisch geg|ë, -e; gegërisht ⟨*adv*⟩

Gegisch *Sprache, Mundart* gegërisht|e, -ja

Gegner kundërshtar-i; armik-u

gegossen shkrirë, i/e

Gehacktes mish i grirë; ~ **auf Nudelgericht** kimá-ja; kím|ë, -a

Gehalt *m.* brendí-a; **~sliste** borderó-ja; **~smitteilung** fletëpages|ë, -a

gehärtet kalitur, i/e

gehässig mërish|ëm, -me, i/e
gehaßt urryer, i/e
geheim fshehtë, i/e; **≗dienst** shërbim i fshehtë; agjentur|ë, -a; **≗haltung** konspirat|ë, -a; fshehtësí-a
Geheimnis sekret-i, *pl.* -e-t; mister-i, *pl.* -e-t; **sie haben keine Geheimnisse** nuk kanë fshehuri
gehen shkoj; ec|i, -ën, -a, -ur; vete, vajta, vajtur; **auf die Nerven ~** vel; **bei jem. ein- und aus~** hyj e dal serbes; **das geht auf keine Kuhhaut** nuk e nxë lëkura; **einige gingen, die übrigen blieben** disa ikën, kusuri ndenjën; **es geht mir gut** jam mirë; **mit der Mode ~** vete pas modës; **seine Schritte lenken** hedh hapin; **wie geht es Ihnen?** si ia çoni?; **wie geht es Ihrer Familie ?** si janë nga familja?
Geheul ulërim|ë, -a
Gehilfe ndihmës-i; kallf|ë, -a, *pl.* -ë-t; çirak-u, *pl.* -ë-t
Gehirn tru-ri; **~blutung** hemorragji cerebrale; **~erschütterung** tronditje e trurit; **~schlag** goditje në tru
Gehör dëgjim-i
Gehör- dëgjimor, -e
gehören përkas *a/e/i; s/t*; **~ zu** hyj në ⟨+ *Akk*⟩; bëj pjesë në
gehörlos shurdhër, i/e
Gehörloser shurdh-i, *pl.* -ë-t
gehorsam dëgjuesh|ëm, -me, i/e
Gehorsam dëgjes|ë, -a
Geige violin|ë, -a
Geisel pen|g-u, *pl.* -gje-t
Geisir gejzer-i, *pl.* -ë-t
Geist mendj|e, -a; mend-të *n.*; shpirt-i, *pl.* -ra-t; frym|ë, -a; **der gute ~ des Hauses**; hallalli i shtëpisë· **böser ~** *Märchenfigur* xhind-i, *pl.* -e-t; **~in der Flasche** xhind në shishe; **~eskranker** idiot-i, *pl.* -ë-t; **~eswissenschaften** shkenca-t humanitare
geistesschwach çyryk nga mendtë
geistig mendor, -e; shpirtëror, -e
Geistlicher *muslimisch* mullá-i, *pl.* -të, *rel.* fetar-i
Geiz kurnacërí-a; **~hals** koprrac-i
geizig kurnac, -e, bukëz|í, -eze
Geißblatt *bot.* dorëzonj|ë, -a
Gekreisch zhangëllim|ë, -a
gelähmt gjytyrym, -e
Gelähmter ulok-u, *pl.* -ë-t
Geländelauf kros-i
Geländeübung *mil.* fushim-i
Gelatine xhelatin|ë, -a
geläufig rrjedhsh|ëm, -me, i/e

gelaunt, gut ~ qejfpaprishur
gelb verdhë, i/e; **~ leuchten, ~ machen** zverdhoj; **≗es Meer** Deti i Verdhë; **~lich** verdhac, verdhuk, verdhosh; **~braun** kakí ⟨*adj*⟩; **≗sucht** *med.* vérdhëz-a
Geld holla-t, të; pará-ja, *pl.* -të; **~ wechseln** prish pare; **~ zählen** njeh të hollat; **~beutel** kulet|ë, -a; **~buße** gjob|ë, -a; **~mittel** fond-i, *pl.* -e-t; **~schein** bankënot|ë, -a; kartëmonedh|ë, -a; **~schrank** kasafort|ë, -a; **~strafe** gjob|ë, -a; **~strafe auferlegen** gjobis; gjoboj; **~verleiher** kamatar-i
Gelegenheit shans-i; lehtësí-a, *pl.* -ra-t; çast-i, *pl.* -e-t; **günstige ~** volí-a
gelegentlich herëpashersh|ëm, -me, i/e; aty-këtú
Gelehrsamkeit erudicion-i
gelehrt ditur, i/e; erudit, -e; *spr.* dituror, -e; libror, -e; letrar, -e
Geleis binar-i, *pl.* -ë-t
geleiten udhoj
Gelenk gjymtyr|ë, -a; kyç-i, *pl.* -e-t; **~band** gilc|ë, -a; **~entzündung** cerm|ë, -a; **~rheumatismus** artrit-i
geliebt dashur, i/e
Geliebte dashnor|e, -ja; **~r** dashnor-i
gelingen më shkon mbarë; **möge es dir ~!** të vaftë mbarë!
geloben *rel.* taks
gelten vlej; vyej
Geltung vler|ë, -a
Gemach kthin|ë, -a
gemächlich avash; javash ⟨*adv*⟩
Gemahl bashkëshort-i, *pl.* -ë-t
Gemahlin bashkëshort|e, -ja
Gemälde piktur|ë, -a; tabló-ja, *pl.* -të
gemäß sipas ⟨+ *Abl*⟩; në pajtim me; në përputhje me
gemein mbrapshtë, i/e
Gemein- përbashkët, i/e; **~gefahr** *jur.* rrezik i përbashkët; **~heit** mbrapshtí-a; **~platz** shtamp|ë, -a; klishé-ja, *pl.* -të
Gemeinde komun|ë, -a
Gemeinde- komunal, -e; **~direktor** kryetar komune
gemeindlich komunal, -e
gemeingefährliches Mittel mjet i rrezikut të përbashkët
gemeinsam përbashkët, i/e; bashkërisht ⟨*adv*⟩; bashkë; së bashku; **~e Sache machen** bëj kauzë të përbashkët; **~er Nenner** emërues i përbashkët
Gemeinsamkeit baskëpërkim-i; bashkësí-a; bashkërí-a

Gemeinschaft komunitet-i
gemeinschaftlich së bashku
Gemeinslawisch *spr.* sllavishte e përbashkët
gemessen vendçe ⟨*adv*⟩; **sie unterhielten sich** ~ bisedúan vendçe
Gemetzel kërdí-a
Gemination *spr.* dyzim-i
gemischt, gemixt përzíer, i/e
Gemse dhi e egër; kamosh-i, *pl.* -e-t
Gemüse perime-t; zarzavate-t; barisht|e, -ja; ~**eintopf** turlí-a; ~**suppe** supë me perime; supë me barishte; çorb|ë, -a
gemütlich javash ⟨*adv*⟩
Gemütsbewegung emocion-i
Gemütswallung afekt-i, *pl.* -e-t
Gen *med.* gjen-i
genäht qepur, i/e
Genalogie genealogjí-a
genau saktë, i/e; përpiktë, i/e; pikërisht ⟨*adv*⟩; fiks; mu; tamam; ~ **genommen** zaten; bash
Genauigkeit përpikërí-a; saktësí-a
genauso njëlloj; gjithashtú ⟨*adv*⟩
Gendarm xhandar-i *hist.*; *in osman. Zeit* zaptij|e, -a
Gendarmerie xhandarmërí-a
Genehmigung licenc|ë, -a
General gjeneral-i, *pl.* -ë-t; ~**direktion von Rundfunk und Fernsehen** Drejtoria e përgjithshme e radiotelevizionit; ~**konsul** konsull i përgjithshëm; ~**oberst** *mil.* gjeneralkolonel-i; ~**police** policë e përgjitshme; ~**stab** shtatmadhorí-a; shtab madhor; ~**streik** grevë e përgjithshme
Generation gjenérat|ë, -a; brez-i, *pl.* -a-t; breznί-a; ~**swechsel** ndërrimi i breznive
generativ gjenerativ, -e; ~**e Grammatik** gramatikë gjenerative
generell përgjithsh|ëm, -me, i/e
generisch gjinisor, -e; gjinor, -e
Genese gjenez|ë, -a
Genesis *1. Buch Mose* zanafilla *rel.*
Genesung shërim-i; konvaleshenc|ë, -a
Genetik gjenetik|ë, -a
Genf *ON* Gjenev|ë, -a
genial gjenial, -e
Genick arrëz-a; **das ~ brechen** thyej qafën
Genie *Genialität* gjení-a; *Genius* gjení-u, *pl.* -të
genieren, sich ~ druhem
genießen gëzoj; shijoj
Genitiv *spr.* gjinor|e, -ja
Genitivus objectivus *spr.* gji-

nore kundrinore
Genitivus partitivus *spr.* gjinore pjesëtore
Genitivus possessionis *spr.* gjinore përkatësie
Genius gjení-u, *pl.* -të
Genosse shok-u, *pl.* -ë-t; **~nschaft** kooperativ|ë, -a; **~nschaftsbauer** kooperativist-i, *pl.* -ë-t; **~nschaftswesen** kooperativiz|ëm, -mi
Genossin shoq|e, -ja
gentil gjinor, -e
Gentilgemeinschaft bashkësi gjinore
Gentilordnung patriarkaliz|ëm, -mi
Genua *ON* Gjenov|ë, -a
genug mjaft ⟨*adv.*⟩
genügen mjaftoj; **das genügt** mjafton me kaq
genügend mjaftuesh|ëm, -me, i/e; boll ⟨*adv*⟩
Genus *spr.* gjiní-a; **~ verbi** diatez|ë, -a; **~kongruenz** përkim në gjini
genußvoll buhish|ëm, -me, i/e
Geodät gjeodezist-i
geodätisch gjeodezik, -e
Geographie gjeografí-a
geographisch gjeografik, -e
Geologe gjeolog-u, *pl.* -ë-t
Geologie gjeologjí-a
geologisch gjeologjik, -e
Geometer gjeomet|ër, -ri *pl.* -ra-t
Geometrie gjeometrí-a
geometrisch gjeometrik, -e
Geopolitik gjeopolitik|ë, -a
geordnet rregulluar, i/e; rrégullt, i/e
Georg *NP* Gjergj-i
Georgien Gruzí-a
Georgier gjeorgjian-i
georgisch gjeorgjian, -e
gepaart werden *weibl. Säugetier* dëbuhem
Gepäck bagazh-i, *pl.* -e-t; **~träger** ham|all-i, *pl.* -éj-të
gepflegt kulturuar, i/e
gerade drejtë, i/e; *soeben* sapo; *Zahl* çift; **~ Seite** faqe çift; **das Buch wird ~ gelesen** libri është në lexim e sipër; **er schreibt ~** po shkruan; **~aus** drejt ⟨*adv.*⟩
Gerade *math.* drejtëz-a
Geranie *bot.* barbaroz|ë, -a; elbaroz|ë, -a
Geraschel fëshfërim|ë, -a
Gerät makin|ë, -a; aparat-i, *pl.* -e-t; veg|ël, -la, *pl.* -la-t
geraten bie; **in eine üble Lage ~** katandisem
Geratewohl, aufs ~ kuturú ⟨*adv*⟩
Geräusch zhurm|ë, -a; **~laut** *spr.* bashkëtingëllore e zhurmët
gerben regj
Gerber lëkurëregjës-i; lëkurëtar-i
gerecht drejtë, i/e

Gerechtigkeit drejtësí-a
Gerede thashetheme-t; thëni|e, -a
Gericht *jur.* gjykat|ë, -a; *Essen* gates|ë, -a; gjell|ë, -a
gerichtlich gjyqësor, -e; ~**e Klärung** shqyrtim gjyqësor; ~**e Schließung** *eines Betriebs* likuidim gjyqësor
Gerichts- gjyqësor, -e; ~**stand** selí zyrtare
gering paktë, i/e; ~**wertig** dobët, i/e
Geringfügigkeit *jur.* rëndësi e vogël
Geringschätzung mospërfillj|e, -a
gerinnen piksem; *Milch* hikrroj
gerissen *schlau* finok, -e
Germanismus gjermaniz|ëm, -mi, *pl.* -ma-t
Germanistik gjermanistik|ë, -a
gern me ëndje; me gjithë qejf
geröstet pjekur, i/e
Gerste *bot.* elb-i
Gerstenkorn *med.* elbth-i; kath-i
Gerte víshkull-i, *pl.* -j-t
Geruch er|ë, -a
Gerücht thashetheme-t; llaf-i, *pl.* -e-t; thëni|e, -a
geruhen denjoj
gerührt *sein* emocionohem
gerundet *spr.* buzorëzuar, i/e
Gerundium përcjellor|e, -ja
gesalzen kripur, i/e; kripës, -e
gesamt tërë, i/e
Gesamtbetrag shumë e përgjithshme
Gesamtpröduktion prodhim i përgjithshëm
Gesamtstrafe *jur.* dënim i shtuar
Gesandtschaft legat|ë, -a
Gesang këng|ë, -a; ~**ssolist** solist këngësh
gesättigt ngopur, i/e
Geschäft biznes-i; ujdí-a; **vorteilhaftes** ~ tregti me leverdi; ~**macher** afarist-i; ~**sbank** bankë pune; ~**sbereich** organik|ë, -a; emërtes|ë, -a; ~**smann** afarist-i; ~**sordnung** rregullor|e, -ja; ~**ssitz** selí zyrtare
geschehen ndodh; ngj|aj, -ava, -arë
Geschenk dhurat|ë, -a; peshqesh-i, *pl.* -e-t; dhuntí-a; dhurëtí-a
Geschichte historí-a; **die** ~ **vom Wolf und dem Lamm** avazi i ujkut me qengjin
geschichtlich historik, -e
Geschichtsschreiber historiograf-i; historishkrues-i
Geschichtsschreibung historiografí-a
Geschick fat-i, *pl.* -e-t
Geschicklichkeit shkathtësí-a; zotësí-a; marifet-i, *pl.* -e-t; tertip-i, *pl.* -e-t; ustallëk-

u, *pl.* -qe-t
geschickt aftë, i/e; i zot-i; ~ **zu Werke gehen** punoj me tertip
Geschirr enë-t *f. Pl.*; ~**regal** rafti i enëve; ~**schrank** bufé-ja; ~**spüler** enëlarës-i; ~**spülmaschine** enëlarës|e, -ja
geschlängelt gjarpnor, -e; gjarpëror, -e
Geschlecht seks-i, *pl.* -e-t; *Familie* oxhak-u; *rel.* brezní-a
geschlechtlich seksual, -e
Geschlechts-, gjinor, -e; ~**organe** *med.* organe gjinore; ~**wort** nyj|ë, -a
geschlossen mbyllët, i/e; mbyllur, i/e
Geschlossenheit mbylltësí-a
Geschmack shij|e, -a; lezet-i, *pl.* -e-t; **saurer** ~ thartir|ë, -a; **verfeinerter** ~ shije e rafinuar
geschmiert lyer, i/e; grasuar, i/e; **die Sache läuft wie** ~ puna shkon vaj; **eine** ~**e Scheibe Brot** një fotë e lyer
Geschnatter *der Enten, Gänse* gagarim|ë, -a
Geschoß *Stockwerk* kat-i, *pl.* -e-t; *Kugel* fishek-u, *pl.* -ë-t
Geschrei gallat|ë, -a
geschrieben shkruar, i/e; *spr.* shkrimor, -e
Geschwätz llomotitj|e, -a; llaf-i, *pl.* -e-t
geschwätzig fjalaman, -e
geschwind me vrap; shpejtë, i/e
Geschwindigkeit shpejtësí-a; ~**sanzeiger** takiomet|ër, -ri, *pl.* -ra-t
Geschworene *jur.* jurí-a
Geschwulst tumor-i, *pl.* -e-t
Geschwür ulcer|ë, -a
gesehen parë, i/e
Geselle shok-u; *Handwerks*~ kallf|ë, -a, *pl.* -ë-t
gesellig foleqesh
Gesellschaft shoqërí-a; *Verein* shoqat|ë, -a; ~**sordnung** rend shoqëror; ~**stanz** bállo-ja, *pl.* -t; ~**swissenschaften** shkenca shoqërore
gesellschaftlich shoqëror, -e; shoqërisht ⟨*adv*⟩; ~**e Moral** moral shoqëror
gesellschaftsgefährlich shoqërisht i rrezikshëm
Gesetz ligj-i, *pl.* -e-t; ~ **der Negation der Negation** *phi.* ligji i mohimit të mohimit; ~**blatt** gazetë zyrtare; ~**buch** kod i, *pl.* e t; ~**entwurf** projektligj-i; ~**gebung** legjislacion-i
gesetzgebend legjislativ, -e
gesetzlich ligjsh|ëm, -me, i/e; ligjor, -e
Gesetzlichkeit *jur.* ligjshmërí-a
gesetzmäßig ligjësor, -e

Gesetzmäßigkeit ligjësí-a; ligjësorí-a; rregullsí-a
gesetzt den Fall, daß në rast se
gesetzwidrig *jur.* paligjsh|ëm, -me, i/e
Gesicht faq|e, -ja; fytyr|ë, -a; shikim-i; surrat-i, *pl.* -e-t; **sein ~ strahlt** i rrëzëllen fytyra; **~sausdruck** çéhr|e, -ja; **~sfarbe** çéhr|e, -ja; **~spunkt** pikëpamj|e, -a; **~sschleier** peç|e, -ja; **~swasser** locion-i; kolonjë për fytyrë
gesondert veç
gespannt tendosur, i/e; *spr.* fuqish|ëm, i/e; *spr.* nderë, i/e
Gespenst *myth.* fantazm|ë, -a
Gespött tallj|e, -a; **er wurde zum ~ des Dorfes** u bë gazi i fshatit
Gespräch bised|ë, -a; bisedim-i; dialog-u, *pl.* -ë-t; bashkëbisedim-i; **~spartner** bashkëbisedues-i
gesprächig fjalëtar, -e
gestählt kalitur, i/e
Gestalt figur|ë, -a
gestalten formësoj
Gestank duhm|ë, -a; afsh-i
gestatten lejoj
Geste gjest-i, *pl.* -e-t
Gestehungskosten kosto-ja
Gestellungsbefehl fletëthirrj|e, -a
gestern dje; **~ abend** mbrëmë ⟨*adv*⟩; **von ~** djesh|ëm, -me, i/e
Gestöhn ofsh-i, *pl.* -e-t; ofsham|ë, -a
gestört prishur, i/e
gestrig djesh|ëm, -me, i/e
gestückelt copëtuar, i/e
Gesumm *n.* zukam|ë, -a; zukatj|e, -a
gesund shëndoshë, i/e; buç, -e; buçkaran, -e; buçkan, -e
gesunden shërohem; **~ lassen** shëroj
Gesundheit shëndet-i
gesundheitlich, gesund me shëndet
Gesundheits- shëndetësor, -e; sanitar, -e; **~wesen** shëndetësí-a
Getöse buçim|ë, -a; oshtim|ë, -a; zhumhur-i; ushtim|ë, -a
Getränk pij|e, -a
Getreide drith|ë, -i, *pl.* -ëra-t; **~brand** kllógj|ër, -ra, *pl.* -ra-t; **~maß** *ca. 6 kg* dum|e, -ja; **~speicher** drithnik-u
getrennt veç; véças; veçan ⟨*adv*⟩; **~ voneinander** veç e veç
Getrenntheit ndasí-a
Getriebe *tech.* kambio-ja; *tech.* kuti shpejtësie
getrocknet tharë, i/e
Gevatter kumbar-i, *pl.* -ë-t

Gevatterin kumbar|ë, -a
gewähren akordoj; jap, jep, dhashë, dhënë
Gewährung dhëni|e, -a
Gewalt dhun|ë, -a; **höhere** ~ forcë madhore; arsye madhore; **mit** ~ me përdhunë
gewaltsam dhunsh|ëm, -me, i/e
gewalttätig zullumqar, -e
Gewand petk-u, *pl.* -a-t
gewandt zhdërvjellët, i/e; ~ **werden** zhdërvillem *e/i/o*
Gewandtheit zhdërvjelltësí-a
Gewebe ind-i, *pl.* -e-t; endurin|ë, -a; pëlhur|ë, -a
Gewehr pushk|ë, -a; **er richtete das** ~ **auf ihn** i zhdrodhi pushkën; ~**kolben** tun-i; qyt|ë, -a; ~**schloß** shul-i
Gewerkschaft bashkimi profesional
Gewicht pesh|ë, -a; ~**verlieren** firoj; **spezifisches** ~ peshë specifike; ~**heben** ngritje peshash; ~**stein** *auf der Waage* dërhem-i, *pl.* -ë-t; ~**szertifikat** vërtetesë peshimi
Gewinde vjask|ë, -a; *tech.* filet|ë-a; ~**bohrer** punto-ja
Gewinn fitim-i; përfitim-i
gewinnbringend rentab|ël, -le
gewinnen fitoj; bëj qar
Gewinner fitues-i
Gewissen ndërgjegj|e, -ja; **reines** ~ ndërgjegje e qelibartë; ~**sbiß** brerje ndërgegjeje
gewissenlos pandërgjegjsh|ëm, -me, i/e
Gewitter shtërngat|ë, -a
gewitzt dhelparak, -e
gewiß sígurt, i/e; **gewiß!** doemos!, patjetër
Gewohnheit zakon-i, *pl.* -e-t; adet-i, *pl.* -e-t; ~**srecht** kanun-i, *pl.* -e-t
gewöhnlich zakonsh|ëm, -me, i/e; banal,-e; vulgar, -e; rëndomtë, i/e; zakonisht ⟨*adv*⟩
Gewölbe qemer-i, *pl.* -ë-t
Gewühl katrahur|ë, -a
gewunden dredhak, -e; dredharak, -e
Gewürze erurina-t; erëza-t
gezahnt dhëmbë-dhëmbë; dhëmbëzuar, i/e
Gezweig gjeth|e, -ja
gezwungen detyruar, i/e
Ghana Gan|ë, -a
ghanaisch, ghanesisch ganez, -e
Ghetto geto-ja
Giaur kaurr-i, *pl.* -ë-t
Gibraltar Gjibraltar-i
Gier lakmí-a
gießen ujis *s/t*; derdh
Gießer fonditor-i
Gießerei fonderí-a; shkritor|e, -ja
Gift helm-i, *pl.* -e-t; zeher-i,

pl. -e-t
Gift- helmues, -e
giftig helmët, i/e; helmues, -e; ~ **werden** vrerosem; ~**er Greis** plak çifteli
Gigant vigan-i, *pl.* -ë-t; ezhdërhá-ja; gjigant-i, *pl.* -ë-t
gigantisch gjigant, -e
Gilde esnaf-i
Gin *Schnaps* xhin-i
Ginster *bot.* gjinesht|ër, -ra, *pl.* -ra-t; *bot.* xan|ë, -a
Gipfel kulm-i, *pl.* -e-t
Gips *chem.* allçí-a; gjips-i
Giraffe gjiraf|ë, -a
Gitarre kitar|ë, -a
Gitarrist *mus.* kitarist-i
Gjirokastra Gjirokast|ër, -ra; **aus** ~ gjirokastrit, -e
glagolitisch *spr.* glagolik, -e
Glanz shndritj|e, -a; aureol|ë, -a; lúst|ër, -ra; ndriçim-i; ~**papier** letër me lustër
glänzen shndris *s/t*; vezulloj
glänzend shkëlqyer, i/e; shkëlqyesh|ëm, -me, i/e; ~ **reiben** lustroj
Glas got|ë, -a; qelq-i; gastar|e, -ja; *Einmach*~ kavanoz-i, *pl.* -a-t; *Fenster*~ **xham-i**; ~**behälter** gastar|e, -ja; ~**kanne** poç-i, *pl.* -e-t; ~**scheibe** xham-i; ~**schneider** diamant-i, *pl.* -e-t; ~**waren** gastarina-t; qelqurina-t
Glaser xhamtar-i
gläsern gastartë, i/e; xhamtë, i/e; qelqor, -e; qelqtë, i/e
glasig werden xhamëzohem *nur 3. P.*
glatt rrëshqitsh|ëm, -me, i/e; rrafshët, i/e; dystë, i/e; mbarë, i/e; dyst ⟨*adv*⟩
Glatteis ngric|ë, -a; cikm|ë, -a; cikn|ë, -a
glätten dystoj; rrafshoj
Glatze, Glatzkopf tull|ë, -a
glatzköpfig kryetullë
Glaube bes|ë, -a; besim-i; ~**nsbekenntnis** krédo-ja; *muslimisch* iman-i
glauben besoj
glaubhaft besuesh|ëm, -me, i/e
Gläubiger besimtar-i; *ök.* kreditor-i
glaubwürdig besuesh|ëm, -me, i/e
gleich barabartë, i/e; njësoj ⟨*adv*⟩; njëtrajtsh|ëm,-me, i/e; baras; bárazi ⟨*adv*⟩; barabar; ~ **nach** fill pas ⟨+ *Abl*⟩; ~**artig** njëllojtë, i/e; ~**falls** gjithashtú ⟨*adv*⟩; ~**förmig** uniform, -e; ~**gültig** indiferent, -e
gleichen ngj|aj, -ava, -arë
Gleichgewicht barapesh|ë, -a; drejtpeshim-i; ekuilib|ër, -ri; balanc|ë, -a; **aus dem** ~ **bringen** zhbalancoj; çekuilibroj; **das** ~ **erschüt-**

tern trondis drejtpeshimin
Gleichgültigkeit mënjanërí-a; indiferenc|ë, -a
Gleichheit barazí-a; barazim-i; **~szeichen** shenjë e barazimit
Gleichlaut homonimí-a
gleichmachen barazoj
Gleichnis shëmbëlltyr|ë, -a
gleichsilbig barasrrokësh, -e
Gleichstand *Sport* barazim-i
gleichstellen barazoj
Gleichstrom *tech.* rrymë e vazhduar; rrymë e vazhdueshme
Gleichung *math.* ekuacion-i; barazim-i
gleichwertig njëvlersh|ëm, -me, i/e; barasvlerës, -e
Gleichwertigkeit paritet-i
gleichzeitig njëkohsh|ëm, -me, i/e; njëkohësisht ⟨*adv*⟩; **~ mit** krahas ⟨+ *Abl*⟩
Gleichzeitigkeit *spr.* njëkohësí-a
gleiten rrëshqas *a/e/l, s/i*
Gleiten *spr.* shkarj|e, -a
Gleitlaut *spr.* glajd-i
Gletscher akullnaj|ë, -a
Glied gjymtyr|ë, -a; *einer Zahlenreihe math.* kufiz|ë, -a
Gliederung nyjëtim-i
glitzern vezulloj; xixëlloj; xixoj; rrëzëllej
Globus glob-i, *pl.* -e-t
Glocke këmbon|ë, -a; këmbor|ë, -a; kamban|ë, -a; **~nblume** *bot.* drédh|ël, -la, *pl.* -la-t; **~nturm** kambanor|e, -ja
Glöckner kambanar-i
Glorie lavdí-a
glorreich lavdish|ëm, -me, i/e
Glossar glosar-i, *pl.* -ë-t; fjalorth-i, *pl.* -ë-t
Glosse *spr.* glos|ë, -a
Glossem *spr.* glosem|ë, -a
glottal, Glottis- *spr.* shtegthor, -e
Glottis shtegth-i i zërit
Glotzen, das ~ sehir-i
Glück lumturí-a; **auf gut ~** dokudó ⟨*adv*⟩; **viel ~** dalsh faqebardhë; **~sbote** siharíqtar-i; **~sbotschaft** sihariq-i, *pl.* -e-t; **~sspiel** bixhoz-i, *pl.* -ë-t; kumar-i; **~sspieler** bixhozçí-u, *pl.* -nj-të
glückbringend fatbardhë
Glucke klloçk|ë, -a; kllук|ë, a
gluckern gurgulloj
glücklich lumtur, i/e; faqebardhë, i/e; mbarë, i/e; **sei ~!** të këndoftë zemra!; **~e Reise!** rrugë të mbarë
glucksen glluguroj
Glückwunsch urim-i; **~schreiben** mesazh urimi
Glüh- inkandeshent, -e; **~birne** llambë me filament;

llamb|ë, -a, *pl.* -a-t; **~lampe** llambë inkandeshente; **~würmchen** bukuré-ja; bukurez|ë, -a; xixëllonj|ë, -a
glühen ndrij; skuqem; ndizem; *fig.* digjem
glühend flaktë, i/e; **~e Kohle** gac|ë, -a
Glut gac|ë, -a; afsh-i; prush-i, *pl.* -e-t
Glyzerin *chem.* glicerin|ë, -a
Gnade hir-i, *pl.* -e-t
gnadenlos qenërisht ⟨*adv*⟩; pa mëshirë
Gnjilane *ON* Gjilan-i
Gnoseologie *phi* gnoseologjí-a
Gockel këndes-i; *fig.* kokosh-i, *pl.* -ë-t
Gold ar-i; florí-ri, *pl.* -nj-të
Gold- florinjtë, i/e; **~bronze** varak-u; **~münzen** florinjtë; **~sachen** arturin|ë, -a; **~sucher** arkërkues-i
golden artë, i/e; florinjtë, i/e; **≗es Horn** Briri i Artë
Golf *spo.* golf-i; **~strom** Golfstrim-i
Gondel vark|ë, -a; bark|ë, -a; góndol|ë, -a
Gondoliere varkar-i
Gong *mus.* gong-u, *pl.* -e-t
Göpel çikrik-u, *pl.* -ë-t
Gorilla gorill|ë, -a
gotisch gotik, -e
Gott hy-u; hyj-i, *pl.* -të; hyjní-a; perëndí-a *m.*; zot-i, *pl.* -a-t; **~ weiß, was [für ein]** zoti e di çfarë; **bei ~, wie schön!** mashalla, sa e bukur; **um Gottes willen!** mashallá ⟨*Int.*⟩
Gottes- hyjnor, -e; **~dienstraum** *orthodox* ajodhim|ë, -a; **~haus** hijeror|e, -ja; faltor|e, -ja; **~lästerung** blasfemí-a
Gottheit hyjní-a
Göttin hyjnesh|ë, -a
göttlich hyjnor, -e
Gottseibeiuns *m.* qoftëlarg-u
Götze ídhu|ll-i, *pl.* -j-t; **~ndiener** idhujtar-i; **~ndienerei** idhujtarí-a
Gouverneur guvernator-i; *hist.* valí-u, *pl.* -nj-të; *in osman. Zeit* mytesarif-i, *pl.* -ë-t
Grab varr-i, *pl.* -e-t
graben gërmoj; zgropoj; prashis *s/t*; zgorkoj; zgafulloj
Graben hendek-u, *pl.* -ë-t; brazd|ë, -a; grop|ë, -a, *pl.* -a-t; **Gräben ausheben** hendekoj
Gräberfeld nekropol-i, ol. -e-t
Grabmal qivur-i, *pl.* -e-t
Grabstein mëkres|ë, -a; qivur-i, *pl.* -e-t
Graburne hinor|e, -ja
Grad grad|ë, -a, *pl.* -ë-t;

shkall|ë, -a
Graf kont-i, *pl.* -ë-t
Grafik grafik|ë, -a
Gräfin kontesh|ë, -a
Gräko-Albaner Arb|ër-i, *pl.* -r-it
grämen, sich ~ vrerosem
Gramm *gr* gram-i, *pl.* -ë-t; **10** ~ dekagram-i, *pl.* -ë-t
Grammatik gramatik|ë, -a; **~alisierung** gramatikorëzim-i; **~er** gramatikan-i, *pl.* -ë-t
grammatisch gramatikor, -e
Granat *Stein* granat-i; **~apfel** sheg|ë, -a, *pl.* -ë-t
Granate *mil.* granat|ë, -a
Granatwerfer *mil.* bombahedhës-i; granathedhës|e, -ja
graniertes Baumaterial granil-i
Granit granit-i
Grapefruit *bot.* grejpfrut-i
Graphem grafem|ë, -a
Graphie grafí-a
Graphik grafik-u, *pl.* -ë-t
graphisch grafik, -e
Graphit grafit-i
Gras bar-i, *pl.* -ëra-t
Gräte hal|ë, -a, *pl.* -a-t
gratis fálas ⟨*adv*⟩; badihavá; xhaba; ~ **essen** ha qyl
Gratisleistung qelepir-i
gratulieren uroj; **gratuliere!** urime!
grau bojë hiri; gri; hirtë, i/e
grauen *dämmern* agoj; **sich ~ vor** tmerrohem nga
grausam mizor, -e
Grausamkeit zullum-i, *pl.* -e-t
gravitätisch hijerëndë
Grazie lezet-i, *pl.* -e-t; hir-i, *pl.* -e-t
Gräzismus *spr.* greqizm|ëm, -mi, *pl.* -ma-t
Greenwich *ON* Grinuiç-i
Greif grif|ë, -a
Grenoble *ON* Grënob|ël, -la
Grenz- kufitar, -e; cakësor, -e; **~bezeichnung** shenjë kufindarëse; **~schutz** rojë kufitare
Grenze kufi-ri, *pl.* -j-të; *spr.* ca|k-u, *pl.* -qe-t
grenzziehend kufindarës, -e
Grieche grek-u, *pl.* -ë-t
Griechenland Greqí-a; Helad|ë, -a
griechisch grek, -e; greqisht ⟨*adv*⟩
Griff dorak-u, *pl.* -ë-t; dorëz|ë, -a
Grille bulkth-i, *pl.* -a-t
grillen fërgoj
Grillraum, Grillstation rostiçerí-a
Grimasse grimas|ë, -a
Grindkopf *Märchenfigur* qeros-i, *pl.* -ë-t
grinsen zgërdhihem
Grippe grip-i; **die ~ hat ihn gepackt** e zateti gripi

grob trashë, i/e; trashanik, -e; avdall, -e; vrazhdë, i/e; egër, i/e; ~ **werden** vrazhdësohem
Grobheit trashësí-a
Grobian qytyk-u, *pl.* -ë-t; firaun-i, *pl.* -ë-t; zullap-i, *pl.* -ë-t
Grog *Rhum mit heißem Wasser* grog-u
Grönland Grënland|ë, -a
Groschen grosh-i, *pl.*--ë-t
Grossist *ök.* grosist-i
groß madh, -e, i/e, *pl.* mëdhénj, f. mëdhá; bojallí, -e; goxhá; **~er Bär** yjësia e Arushës së Madhe; **ein ~er Junge** një goxha djalë
Großangriff ofensiv|ë, -a
Großbauer kulak-u, *pl.* -ë-t; çifligsahibí-u, *pl.* -nj-të *veralt.*
Großbritannien Britanía e Madhe
Großbuchstabe shkronjë e madhe; inicial-i, *pl.* -e-t
Großcousin katrakusherí-ri, *pl.* -nj-të
Größe madhësí-a; madhërí-a; **~nwahn** megalomaní-a; mendjemadhësí-a
größenwahnsinnig megaloman, -e; mendjemadh, -e
Großgrundbesitz latifond-i, *pl.* -e-t
Großgrundbesitzer latifondist-i
Großhandel tregti me shumicë; **~skaufmann** tregtar me shumicë; **~spreis** çmim me shumicë; **~spreisindex** tregues i çmimeve me shumicë
Großhändler grosist-i; tregtar me shumicë
großjährig *jur.* madhor, -e
Großmacht fuqia e madhe
Großmaul gojaç-i, *pl.* -ë-t; kapadaí-u, *pl.* -nj-të
Großmutter gjysh|e, -ja; mëmëzonj|ë, -a; *väterlicherseits* lok|e, -ja
Großvater gjysh-i, *pl.* -ër-it; -a-t; babazot-i; babagjysh-i, *pl.* -ër-it; babamadh-i
großzügig hovardá; bujar, -e; zemërgjerë
Großzügigkeit bujarí-a
grübeln djerroj
Grube grop|ë, -a; minier|ë, -a; **~narbeiter** xehetar-i
grün gjelbër, i/e; blertë, i/e; jeshil, -e; ~ **machen, werden** jeshiloj; ~ **werden** gjelbëroj; **~er Salat** sallatë marule
Grün barisht|e, -ja; **~anlage** gjelbërim-i; lulisht|e, -ja
Grund arsye-ja; motiv-i, *pl.* -e-t; **auf ~ von** në sajë të ⟨+ *G*⟩; **im Grunde** zaten; **triftiger ~** *jur.* arsye-ja; **~bedeutung** kuptim themelor; nocion bazë

Grundbuchauszug *jur.* tapí-a
gründen bazoj; themeloj
Grundherr be-u, *pl.* bej-lerë-t; çifligar-i, *pl.* -ë-t; agá-i, *pl.* -llarë-t
Grundlage themel-i, *pl.* -e-t
grundlegend rrënjësor, -e; themelor, -e; themeltar, -e; rrënjësisht ⟨*adv*⟩; **grundlegend verschiedene Züge** tipare qenësisht të ndryshme
Grundlohn, Grundvergütung pagë bazë
grundlos pathemeltë, i/e; pa arsye
Gründonnerstag enjte e madhe, e
Grundrechenarten aritmetik|ë, -a
Grundsatz parim-i
Grundschule shkollë fillore
Grundstoff element-i, *pl.* -e-t; lëndë e parë
Grundstück shesh-i
Grundstufe *spr.* shkallë pohore
Gründungs- themeltar, -e
Grundwort fjalë parme; fjalë bosht
Grundzahl numëror themelor
grünen bleroj; gjelbëroj; jeshiloj
Grünschnabel djalurçin|ë, -a, *pl.* -a-t
Grünzeug barisht|e, -ja
Grüppchen grupazh-i, *pl.* -e-t
Gruppe grup-i, *pl.* -e-t; to|g-u, *pl.* -gje-t; kompleks-i, *pl.* -e-t; komplet-i; tub|ë, -a
gruppieren grupoj
Gruppierung grupazh-i, *pl.* -e-t; grupim-i
Grusien Gruzí-a
Grusinier gjeorgjian-i
Gruß përshëndetj|e, -a; **beste Grüße!** të fala!
grüßen përshëndes *s/t*
Grütze, süße ~ *Nachtisch* ashúr|e, -ja
Guangdong Guandun-i
Guatemalteke Guatemalas i
Guerilla- gueril, -e; **~kampf** *mil.* guerilj|e, -a
Guillotine gijotin|ë, -a
Guinea Guiné-ja
Gulasch gulash-i
gültig vlefsh|ëm, -me, i/e
Gummi gom|ë, -a; llastik-u; **aus ~** gomtë, i/e; **~handschuh** dorashkë prej gome; **~schlauch** tub gome; **~schuh** llastik|ë, -a; **~stiefel** çizme gome; **~verarbeitungswerkstatt** gomisteri-a
gummieren gomoj
Gunst dashamirësí-a; hatër-i, *pl.* -e-t
günstig favorsh|ëm, -me, i/e; volitsh|ëm, -me, i/e
Gurgel gryk|ë, -a, *pl.* -a-t; fyt-i
Gurgeln, das ~ *med.* gar-

gar|ë, -a
Gurke kastravec-i, *pl.* -ë-t; trángu|ll-i, *pl.* -j-t; **~nsalat** sallatë me kastravecë
gurren gugas *s/t*
Gurt gjerdan-i, *pl.* -ë-t; rrip-i, *pl.* -a-t; qemer-i, *pl.* -ë-t
Gürtel rrip-i, *pl.* -a-t; brez-i, *pl.* -a-t; **~schlaufe** ili|k-u, *pl.* qe-t
Gusinje *ON* Gucí-a; **aus ~** gucjan, -e
Guß shkrirj|e, -a; derdhj|e, -a
Guß- shkrirë, i/e; **~eisen** giz|ë, -a
gut mirë, i/e; mirë ⟨*adv*⟩; **~!** nejse!; **es möge dir ~ gehen!** bëfsh hair!; **~e Reise!** udha mbarë e qofsh me fat!; **~e Stube** oda e mirë; sob|ë, -a
Gut mall-i, -ra-t; *Hof* çifli|g-u, *pl.* -gje-t; e mir|ë, -a; **~achten** ekspertiz|ë, -a; **~achter** ekspert-i; oponent-i, *pl.* -ë-t; **~achtertätigkeit** ekspertim-i; **~sverwalter** qeha|já-i, *pl.* -llárë-t *hist.*
Güte mirësí-a
Güterbahnhof stacion mallrash
Güterbeförderungsleistung trafik i mallrave
Güterwagen vagon mallrash
gutgehend *ök.* që kërkohet, që shkon
Gutgläubigkeit mirëbesim-i
Guthaben depozitim-i
Guttapercha gutaperk|ë, -a
Guttural *spr.* bashkëtingëllore grykore; **~isierung** grykorëzim-i
Güwetsch gjyveç-i, *pl.* -ë-t
Gymnasiast gjimnazist-i, *pl.* -ë-t; liceist-i
Gymnasium gjimnaz-i, *pl.* -e-t; licé-u, *pl.* -të
Gymnastik gjimnastik|ë, -a; **~übungen** ushtrime gjymnastikore
Gynäkologe *med.* gjinekolog-u, *pl.* -ë-t
Gynäkologie gjinekologjí-a

H

Haar *Körper~* qim|e, -ja; **lockiges ~** kaçurrela-t; **~band** fjongo-ja; **~klammer** furqet|ë, -a
Haare *Kopf~* flokë-t
haarig qimosh, -e
Haarschneider floktar-i; berber-i, *pl.* -ë-t
Haarwaschmittel shampo-ja
Haarwasser ujë flokësh

Haarwurzel bulb i flokut
haben kam, pata, pasur; **ich habe keine Zeit dafür** s'ia kam volinë
Habenichts *m.* fukará-ja, *pl.* -énj-të
Hackbraten qoft|e, -ja
Hacke shat-i, *pl.* -a-t; kazm|ë, -a, *pl.* -a-t
hacken prashis *s/t*
Hackfleisch mish i grirë
Hafen port-i, *pl.* -e-t; liman-i, *pl.* -e-t; **~lotse** pilot i portit; **~polizei** policia e skelës
Haft burgim-i; **aus der ~ entlassen** zhburgos
Haftanstalt bur|g-u, *pl.* -gje-t
Häftling burgosur-i, i/e
Hagel bresh|ër, -ri
hageln bie breshër
Hahn gjel-i, *pl.* -a-t; këndés-i, *pl.* -a-t; kokosh-i, *pl.* -ë-t; *tech.* muslluk-u, *pl.* -ë-t
Hahnenfuß *bot.* zhabin|ë, -a; zhabil-i, *pl.* -ë-t
Hai peshkaqen-i
Haken grep-i, *pl.* -a-t; grremç-i, *pl.* -a-t; kërrab|ë, a; **~kreuz** svastik|ë, -a; **~schlagen** dredhoj
halb gjysmë; gjysmak, -e; **es ist ~ drei** ora është dy e gjysmë; **~amtlich** gjysmë-zyrtar, -e; **~dunkel** mugët, i/e; **~fertig** gjysmak, -e; **≗finale** *spo.* gjysmëfinal|e, -ja; **~jährlich** gjashtëmujor, -e
halbieren përgjysmoj; zhdymëzoj
Halbierung përgjysmim-i
Halbinsel gadíshull-i; sinisí-a *veralt.*
Halbkreis gjysmërr|eth-i, *pl.* -athë-t; **~fläche** gjysmëqar|k-u, *pl.* -qe-t
Halbkugel hemisfer|ë, -a; gjysmërrúzu|ll-i, *pl.* -j-t
Halbleiter *tech.* gjysmëpërçues-i
halblinks gjysmëmajtas ⟨*adv*⟩
Halbmond gjysmëhën|ë, -a
halbnomadisch gjysmendacak, -e
Halbpension gjysmë pensioni
Halbvokal gjysmëzanor|e, -ja
Halbzeit *spo.* gjysmë loje
Hälfte gjysm|ë, -a
Halle sall|ë, -a; **~ des Mähdreschers** bunker i kombaj nës
Halleluja *rel.* alilluja
Hallenbad pishinë e mbuluar
hallo! álo!
Halluzination halucinacion-i
Halm bis|k-u, *pl.* -qe-t
Halogen *chem.* halogjen-i, *pl.* -ë-t
Hals qaf|ë, -a; **~ über Kopf** veresíe ⟨*adv*⟩; **~entzündung** laringjit-i, *pl.* -e-t; **~kette** zinxhir qafe;

gjerdan-i, *pl.* -ë-t; varës|e, -ja; ~ **aus Münzen** bilan-i, *pl.* -ë-t; ~**loch** qáfëz-a; ~**wirbel** arrëz-a
halsstarrig kryeneç, -e
Halsstarrigkeit kryeneçësí-a
halt! ndal!
Halt ndales|ë, -a
Haltbarkeit duk
halten mbaj, -ta, -tur; **in Ordnung** ~ qeveris
Halteplatz vendqëndrim-i
Halter mbajtës|e, -ja
Haltestelle stacion-i
Halteverbot ndalim qëndrimi
Haltung qëndrim-i
Halunke horr-i, *pl.* -a-t
Halva hallv|ë, -a
Hamburg *ON* Hamburg-u
Hammel dash-i, *pl.* desh-të
Hammer çekiç-i, *pl.* -ë-t; çekan-i, *pl.* -ë-t; ço|k-u, *pl.* -qe-t; ~ **und Sichel** drapër e çekan; ~**schlag** zgjyr|ë, -a
Hämoglobin *med.* hemoglobin|ë, -a
Hämorrhagie *med.* gjakrrjedhj|e, -a; hemorragjí-a
Hämorrhoiden *med.* hemorroide-t
Hamsterer akaparues-i
Hamsterkäufe akaparim-i
hamstern akaparoj
Hand dor|ë, -a, *pl.* dúar-t; ~ **in Hand** dora-dorës; dorë për dore; **er hat schmutzige Hände** i ka duart helaq; **mit abgestorbenen Händen** me duar të thara; **mit vollen Händen** duarplot ⟨*adv*⟩; **rechte** ~ dorë e djathtë; **unter der** ~ nën banak; **von** ~ **zu Hand** dúar-dúar; **von der** ~ ndoresh; ~**arbeit** punë dore; ~**arbeiten** punime dore; ~**ball** *spo.* hendboll-i; ~**ballspieler** hendbollist-i; ~**bohrer** trapano dore; ~**buch** doracak-u; manual-i, *pl.* -e-t
Händchen dorëz-a
Handel tregtí-a; pazarllëqe-t; ~ **treiben** tregtoj; ~**sbeziehung** lidhje tregtare; ~**sflotte** flotë tregtare; **internationale** ~**skammer** dhoma e tregtisë ndërkombëtare; ~**sschiff** anije tregtare; ~**sschule** shkollë tregtare; ~**svertretung** përfaqësia tregtare
handeln veproj; tregtoj
Handfläche pëllëmb|ë, -a, *pl.* -ë-t; shuplak|ë, -a
Handgeld kapar-i
Handgelenk kyçi i dorës
Handkarre karrocë dore
Handlanger des Imperialismus çirakë / ortakë të imperializmit
handlich doracak, -e
Handlung veprim-i; **gesellschaftsgefährliche** ~ vepër

shoqërisht e rrezikshme; **strafbare** ~ vepër penale; **unzüchtige** ~ *jur.* vepër e turpshme
Handpflege manikyr-i
Handrücken ballës-i
Handschelle kllap|ë, -a
Handschrift dorëshkrim-i; autograf-i, *pl.* -e-t
Handschuh dorashk|ë, -a; doréz|ë, -a
Handtuch peshqir-i, *pl.* -ë-t
Handvoll dorëz-a
Handwagen karro-ja; karrocë dore
Handwebstuhl avlëmend-i, *pl.* -e-t
Handwerk artizanat-i, *pl.* -e-t; mjeshtëri-a; zanat-i, *pl.* -e-t; zej|e, -a *pl.* -e-t; zejtarí-a
Handwerker zanatçí-u, *pl.* -nj-të; zejtar-i; **sorgfältiger** ~ mjeshtër merakli
handwerklich artizanal, -e
Handwerkszeug vegla-t; alet-i, *pl.* -e-t
Handzettel trakt-i, *pl.* -e-t
Hang breg-u, *pl.* brigje-t
Hangar hangar-i, *pl.* -ë-t
hängenbleiben ngec; ngel
hängend varur, i/e
Hängewaage zigj-i, *pl.* -e-t
Hannover *ON* Hanover-i
Hans *NP* Gjon-i
Hänselei qesëndí-a
hänseln qesëndis
Hanswurst karagjoz-i, *pl.* -ë-t
Hantel dorak-u, *pl.* -ë-t
Hanum *hist.* hanem|e, -ja, bejleresh|ë, -a
Happen çik|ë, -a
Harem *hist.* harem-i, *pl.* -e-t
Häresie herezí-a
häretisch *rel.* heretik, -e
Harfe harp|ë, -a
Harfenist *mus.* harpist-i
Harke dhëmbës-i; dhëmbor|e, -ja
harmlos butë, i/e
Harmonie harmoní-a
harmonisch harmonik, -e; harmonish|ëm, -me, i/e
harmonisieren harmonizoj; gërshetoj
Harn *med.* ujët e hollë; **~blase** fshikëz-a; **~stoff** uré-ja
hart fortë, i/e; gurtë, i/e; ashpër, i/e
Härte ashpërsí-a
hartherzig zemërákull; zemërgur, -e
hartnäckig këmbëngulës, -e; ~ **bleiben** ngulmoj
Hartwurst sallam-i, *pl.* -e-t
Haschaner *Bewohner von Has* hasjan, -e
Hase lépu|r-i, *pl.* -j-t; **~nscharte** *med.* buzëlépur-i
Haselnuß lajthí-a
hassen urrej; mërij

hassenswert urrejtsh|ëm, -me, i/e; mërish|ëm, -me, i/e
hasten nxitoj
hastig me rrëmbim; **~er Entschluß** vendim i rrëmbyer
Haube skufj|e, -a; **~nlerche** kësuler-i, *pl.* -ë-t; **~ntaucher** kredharak-u
Haubitze *mil.* obus-i, *pl.* -ë-t
hauchen hukas *s/t*
Haufen morí-a; grúmbu|ll-i, *pl.* -j-t; turm|ë, -a; **ein ~ Zweifel** luzmë dyshimesh
häufig shpeshtë, i/e; dendur, i/e; shpesh ⟨*adv*⟩; **~er zu Besuch kommen** dendësoj vizitat
Häufigkeit shpeshtësí-a; dendurí-a
Haupt kok|ë, -a; kr|ye-t *n.*, *pl.* -erë-t
Haupt- kryesor, -e; kapital, -e; krye-; **~balken** kryetrau, *pl.* -rë-t; **~buchhalter** shef i llogarisë; **~fach** specialitet-i; **~investitionen** *ök.* investime kapitale; **~mann** *mil.* kapiten-i, *pl.* -ë-t; **~satz** fjali kryesore; **~schlagader** aort|ë, -a; **~stadt** kryeqytet-i; **~strafe** *jur.* dënim kryesor; **~stück** kapítu|ll-i, *pl.* -j-t; kr|ye, -eu; **~werk** kryevep|ër, -ra, *pl.* -ra-t
hauptsächlich kryesor, -e; themelor, -e; kryesisht ⟨*adv*⟩
hauptstädtisch kryeqytetas, -e
Haus shtëpí-a; **~ an Haus** dérazi ⟨*adv*⟩; **zweistöckiges ~** shtëpi dykatëshe; **~frau** amvis|ë, -a; nikoqir|e, -ja; shtëpiak|e, -ja; zonja, e; **~frauenarbeit** amvisj|e, -a; **~friedensbruch** *jur.* dhunim i banesës; **~halt** buxhet-i, *pl.* -e-t; amvisj|e, -a; **~haltsgegenstand** almis|e, -ja; **~haltsjahr** vit buxhetor; **~haltsvorstand** kryefamiljar-i; **~herr** nikoqir-i, *pl.* -ë-t; **~rat** orendí-a; tesha-t *f. pl.*; **~schuh ohne Sohle** *gestrickt* gjurmashk|ë, -a; **~schuhe** pandofla-t; **~stand** konak-u, *pl.* -ë-t
Haut lëkur|ë, -a; *des Obstes* lëvor|e, -ja; **~ abschürfung** rënie e lëkurës; **~arzt** dermatolog-u, *pl.* -ë-t; **~ausschlag** ekzem|ë, -a
Häutchen cip|ë, -a
Havarie avarí-a
Hawaii Havai
Haß urrejtj|e, -a; mërí-a; mërzí-a; mllef-i
häßlich shëmtuar, i/e; **~machen** shëmtoj
he ehú *Int.*
Hebamme mamí-a
Hebekran vinç-i, *pl.* -a-t

herabsteigen zdryp
herabstürzen zdirgjem *e/i/o*
heranschaffen qas
heranwachsen zburritem; *Mädchen* grunohem
Herausbildung formim-i
herausfordern provokoj
Herausforderung provokim-i
Herausgabe botmi-i; emision-i
herausgeben lëshoj
herauskommen dal *a/e/i/o*; **es kam heraus** doli ashiqare
Herauskommen, das ~ dalj|e, -a
herausreißen çrras; shqit
herausstrecken, die Brust ~ krekosem
herausziehen nx|jerr, -ora, -jerrë *e/i/o*; çrras; qis *s/t*
herb thartë, i/e; ashpër, i/e
Herbarium bimëtor|e, -ja
herbeiführen sjell *e/i/o*
herbeisehnen gjakoj
Herberge bujtin|ë, -a = bujtor|e, -ja; han-i, *pl.* -ë-t *veralt.*
Herbergswirt hanxhí-u, *pl.* -nj-të
Herbheit thartí-a
Herbst vjesht|ë, -a
Herbst- vjeshtak, -e; vjeshtor, -e
Herd shporet-i; furnel|ë, -a; **~feuer** vat|ër, -ra; zjarrisht|ë, -a; **~stein** cara|n-i, *pl.* -nj-të
Herde grigj|ë, -a; bagëtí-a; mánd|ër, -ra, *pl.* -ra-t; kopé-ja; tub|ë, -a; **~nsteuer** torllak-u *hist.*
hereinstürzen beh
Hering hareng|ë, -a
Herkunft prejardhj|e, -a; far|ë, -a
herleiten, sich ~ jam prejardhur
Hermannstadt *ON* Sibíu
hermetisch hermetik, -e
Hermetismus *phi.* hermetiz|ëm, -mi
Heroine heroin|ë, -a, *pl.* -a-t
heroisch, heroik, -e; heroikisht ⟨*adv*⟩
Heroismus heroiz|ëm, -mi
Herold tellall-i, *pl.* -ë-t; kasnec-i, *pl.* -ë-t *veralt.*
Heros hero-i, *pl.* -nj-të
Herr zotërí-a, *pl.* -nj-të
Herr *vor Eigennamen* zot-i, *pl.* -ër-it; **hochwürdiger ~** *Titel kath. Priester* dom-i, *pl.* -ër-it; **~en der Erde** zotërit e dheut
herrisch hijerëndë
Herrschaft mbretërim-i; zotërim-i; **~ erschleichen** uzurpoj
herrschen mbretëroj; sundoj
herrschend zotërues, -e; **~e Kreise** qarqe sunduese
Herrscher sundues-i; perandor-i, *pl.* -ë-t
herrühren von rrjedh *e/i/o*

Herstellung përgatitj|e, -a
Hertz *Maßeinheit* herc-i
herumlungern harboj; dergjem
herumreißen *Steuer* çrrotulloj
herumschlagen, sich~ kacafytem
herumtreiben, sich ~ endem
Herumtreiber vagabond-i, *pl.* -ë-t; zullap-i, *pl.* -ë-t; zagar-i, *pl.* -ë-t; rrugaç-i, *pl.* -ë-t; zuzar-i, *pl.* -ë-; **~ei** rrugaçërí-a
herumziehen bredh *e/i/o*
herunterkommen *fig.* bie nga vakti
heruntersteigen zbres; zdirgjem *e/i/o*
hervorgehen *jur.* buroj
hervorheben vë në dukje; shquaj
Hervorhebung *spr.* spikatj|e, -a
hervorkommen vete, vajta, vajtur
hervorquellen brufulloj; buroj
hervorragend shkëlqyesh|ëm, -me, i/e
hervorrufen provokoj; ngjall
hervorspringen gufoj
hervortreten spikas *s/t*; dal në pah; i vjen era
hervorziehen zhgropos
Herz zem|ër, -ra; **das Volk liegt ihm am Herzen** i dhimbset populli; **was hast du auf dem Herzen?** ç'hall ke?
Herz- kardiak, -e; **~anfall** atak në zemër; **~infarkt** infarkt i miokardit; **~kammer** dhomëz e zemrës; **~klappen** valvolat e zemrës
Herzegowina Hercegovin|ë, -a
herzkrank kardiak, -e
herzlich përzemërt, i/e; përzemërsisht ⟨*adv*⟩; **~e Begrüßung** përshëndetje e përzemërt
Herzog duk|ë, -a *m.*, *pl.* -ë-t; **~tum** dukat|ë, -a
heterogen heterogjen, -e; dygjinish|ëm, -me, i/e
Heteroklisie *spr.* lakimndryshmërí-a
Heu san|ë, -a
Heuchelei hipokrizí-a
Heuchler hipokrit-i; njeri dyfaqësh
heuchlerisch hipokrit, -e
heuer sivjet ⟨*adv*⟩
heuern navlloj
heulen hungëroj; ulërij
heute sot; **~ abend** sonte ⟨*adv*⟩; **~ morgen** sot në mëngjes
heutig sot|ëm, -me, i/e
Hexagon *math.* gjashtëkëndësh-i
Hexenschuß lumbago-ja
Hiatus *spr.* hiat-i

hier këtú; **~ und da** vende-vende ⟨*adv*⟩; aty-këtú; tek-tuk
Hierarchie hierarkí-a
hierarchisch hierarkik, -e
Hieroglyph hieroglif-i, *pl.* -ë-t
Hilfe ndihm|ë, -a; **zu ~!** ndihmómëni!
Hilfs- ndihmës, -e; **~verb** folje ndihmëse; **~wort** fjalë shërbyese; fjalë ndihmëse
Himmel qie|ll-i; *pl.* -j-t; **~fahrt** të Ngjítunt e Jezu Krishtit, **~reich** mbretëria e qiellit
himmelblau bojë qielli
Himmels- qiellor, -e; **~körper** trupa qiellorë
himmlisch qiellor, -e
Hin- und Rückfahrt vajtje-ardhj|e, -a
hinabwerfen gremis
hinaufgehen ngjitem
hinausgehen dal *a/e/i/o*
hinauswerfen qis *s/t*
hinbringen çoj, çova, çuar
hindern pengoj
Hindernis penges|ë, -a
Hindustan Industan-i
hinein brenda ⟨*adv.*⟩
hineindrücken hup
hineinpressen dend
hineinschlüpfen futem brenda
hineinstecken fus *s/t*; ngul; kall
hineinstopfen zhap
hineinziehen *fig.* zhyej *e/ye*
Hingabe devocion-i; devotshmërí-a
hingeben kushtoj; **sich ~** epem
Hingebung an përkushtim-i ndaj ⟨+ *Abl*⟩
hingebungsvoll kushtuar, i/e
hingegen kursé ⟨*Konj.*⟩
hinkend çalaman, -e
hinknien, sich ~ gjunjëzohem
hinlegen, sich ~ shtrihem, u shtriva, shtrirë
hinsehen vështroj
Hinsicht vështrim-i
hinsichtlich ndaj ⟨+ *Abl*⟩
hinten mbrapa ⟨*adv.*⟩; prapa
hinter mbrapa ⟨+ *Abl*⟩; prapa
Hinter- pasm|ë, -a, i/e
Hinterbeine këmbët e pasme; **auf die ~** qiríthi ⟨*adv*⟩
hintereinander me radhë
Hintergedanke zhíb|ël, -la, *pl.* -la-t
Hintergrund prapasken|ë, -a
Hinterhalt pusí-a; **in einen ~ geraten** bie në pritë
Hinterland hinterland-i; prapatok|ë, -a
hinterlegen depozitoj
Hinterlegung depozitim-i; **~ der Herstellermarke** depozitim i markës së fabrikës

Hinterlist hil|e, -ja; kinezërí-a
hinterlistig shtrembër, i/e; dinak, -e; dredhak, -e; dredharak, -e
Hintern byth|ë, -a, *pl.* -ë-t
Hintersinn nënkuptim-i; nëntekst-i
Hinterteil byth|ë, -a, *pl.* -ë-t
Hinterzungen- *spr.* prapagjuhor, -e
hinübergehen kapërcej
hinzudenken nënkuptoj
hinzufügen shtoj
Hinzufügung shtim-i
Hirn tru-ri; **~gespinst** trillim-i; **~hautentzündung** meningjit-i
Hirsch dre-ri, *pl.* -rë-t; **~kuh** drenush|ë, -a
Hirse *bot.* mel-i
Hirt barí-u, *pl.* -nj-të; çoban-i, *pl.* -ë-t; shterpar-i; **~enmantel** tallagan-i, *pl.* -ë-t; **~enschalmei** zamar|e, -ja; **~enstab** kërrab|ë, -a; **~entasche** calik-u, *pl.* -ë-t
Hissung ngritj|e, -a
Historiker historian-i, *pl.* -ë-t; historiograf-i; historishkrues-i
historisch historik, -e
Historismus historiz|ëm, -mi
Hitze nxehtësí-a; vap|ë, -a; ashk-u; ávu|ll-i, *pl.* -j-t; **die ~ ließ die Maiskolben verdorren** vapa zhuriti misrat
hitzig zjarrmor, -e; çiftelí, -e
hitzköpfig gjaknxehtë
Hobel zdrug-u, *pl.* -gje-t; zdrukth-i; **~bank** banak-u; **~späne** zdrugulina-t
hobeln zdrukthoj
hoch lartë, i/e; lart ⟨*adv.*⟩; **~!** rroftë!; **~erhoben** cákërr ⟨*adv*⟩; **Hohe Pforte** Porta e Lartë
Hochachtung konsiderat|ë, -a; nderim-i
hochachtungsvoll *Briefschluß* me nderime; me nderimet më të thella / larta
Hochdeutsch gjermanishte e lartë
Hochformat format gjatësor
hochgeschossen bojallí, -e
hochgewachsen shtatlartë
Hochhaus grataçiel-i; qiellgërvishtës-i
hochkrempeln *Ärmel* përvesh
Hochland malësí-a
Hochländer malësor-i, *pl.* -ë-t
Hochmut madhështí-a; krekosj|e, -a
Hochofen furrë e lartë; furrnalt|ë, -a
Hochspannung *tech.* voltazh i lartë
Hochsprung *spo.* kërcim së larti
Hochstand ushez|ë, -a
Höchstgeschwindigkeit

shpejtësi maksimale
Hochstimmung euforí-a
hochwüchsig vizak, -e
Hochwürden *rel.* hirësí-a; **Ew.** ~ hirësia Juaj
Hochzeit dasm|ë, -a; kurorëzim-i; ~ **feiern** dasmoj
Hochzeits- dasmor, -e; ~**gast** dasmor-i; ~**spaar** të porsa martuarit
Hocker shkam-i, *pl.* -a-t; stol-i, *pl.* -a-t; fron-i, *pl.* -a-t
Hockey *spo.* hokej-i
Hodscha *muslim. Geistlicher* hoxh|ë, -a, *pl.* -allarë-t
Hodscha-Frau hoxhesh|ë, -a
Hof oborr-i, *pl.* -e-t
hoffen shpresoj
hoffentlich makar ⟨*adv*⟩
Hoffnung shpres|ë, -a; uzdaj|ë, -a *dial.*
höfisch oborrtar, -e
höflich sjellsh|ëm, -me, i/e; me mirësjellje; oborrtar, -e
Höflichkeit mirësjellj|e, -a; oborrësí-a; **umständliche** ~ **kinezërí-a**
Höfling oborrtar-i
Höhe lartësí-a; **in die** ~ havadan ⟨*adv*⟩
Hoheit madhërí-a
Höhepunkt pisk-u
höher epror, -e
höhergestellt, epror, -e
hohl gërryer, i/e; zgávërt, i/e; fyl, -e; fyrbë; ~**er Baum** dru fyl

Höhle shpell|ë, -a; zgafell|e, -ja; zgav|er, -ra, *pl.* -ra-t; *med.* fejz|ë, -a; *mit zwei Ausgängen* gërf|yell-i, *pl.* -éj-të; strofk|ë, -a
Hohlkehle ullu|k-u, *pl.* -qe-t
Hohlmaße njësitë matëse të vëllimit
Höhlung zgav|ër, -ra, *pl.* -ra-t
Holismus holiz|ëm, -mi
Holland Holand|ë, -a; Vendet e Ulëta
Holländer holandez-i
holländisch holandez, -e
Hölle ferr-i; skëterr|ë, -a; *der Muslime* xhehenem-i; xhehnem-i
Hollywood *ON* Hollivud-i
Holunder *bot.* luleshtog-u
Holz dru-ri, *pl.* -nj-të; ~ **hakken** ashëroj; **abgelagertes** ~ dru i ushtuar; **dürres** ~ zhgardhin|ë, -a
Holz- drusor, -e = drunor, -e; ~**becher** *mit langem Stiel* qeft-i, *pl.* -e-t; ~**birnbaum** gorric|ë, -a; ~**birne** dardhisht|ë, -a; dardhuk|ël, -la, *pl.* -la-t; gorric|ë, -a; ~**bock** këpush|ë, -a; ~**fäller** druvar-i; *im Gebirge* maltar-i; ~**kohle** qymyr-i, *pl.* -e-t; *für Schmiede* eshk|ë, -a; thëngji|ll-i, *pl.* -j-të; ~**kohlenbecken** stuf|ë, -a; ~**kohlengrill**

skar|ë, -a; zgar|ë, -a; ~**scheit** dru-ja, *pl.* dru-të; **brennendes Holzscheit** ur|ë, -a, *pl.* -ë-t; ~**schnitzer** drugdhendës-i; ~**schnitzerei** gdhendje në dru; gdhendarí-a; ~**späne** ashkla druri; ~**splitter** zhíb|ël, -la, *pl.* -la-t; ~**wurm** kërrmí-a; kri-a
hölzern drunjtë, i/e
homogen homogjen, -e
homonym *spr.* homonimik, -e
Homonym *spr.* homonim-i, *pl.* -e-t
Homonymie *spr.* homonimí-a
Homosexualität homoseksualiz|ëm, -mi
homosexuell homoseksual, -e
Honig mjalt|ë, -i; **türkischer** ~ hallv|ë, -a; ~**wabe** bromkëz-a; h|úall-i, *pl.* -oje-t
Honorar honorar-i, *pl.* -ë-t
hörbar dëgjuesh|ëm, -me, i/e
horchen veshtoj
Horde hordhí-a; zogorí-a
hören dëgjoj
Hörer dëgjues-i; kufj|e, -a; dëgjues|e, -ja; *Telefon* receptor-i; **den** ~ **auflegen** mbyll telefonin
Hörerin dëgjues|e, -ja
Horizont horizont-i, *pl.* -e-t
horizontal horizontal, -e
Hormon *med.* hormon-i, *pl.* -e-t
Hörmuschel kufj|e, -a
Horn bri-ri; **Goldenes** ~ Briri i Artë
Hornisse greth-i, *pl.* -a-t
Hornklee *bot.* groshëz-a
Hörsaal auditor-i, *pl.* -e-t
horten akaparoj
Hörvermögen dëgjim-i
Hose brekë-t; **in die** ~ **machen** dhitem; **Hosen** *der Volkstracht* çakçirë-t *m. Pl.*; tirq-it; ~**nband** ushkur-i, *pl.* -ë-t; ~**ntasche** xhep-i, *pl.* -a-t; ~**nträger** tiranda-t
Hospital spital-i, *pl.* -e-t
Hostie *orthodox* mesh|ë, -a; blat|ë, -a; ost|e, -ja
Hotel hotel-i, *pl.* -e-t
hübsch búkur, i/e; hijeshuar, i/e; hijsh|ëm, i/e
Hubschrauber helikopter-i, *pl.* -ë-t
Hufschmied kovaç-i, *pl.* -ë-t
Hüfte vithe-t; ij|ë, -a
Hüftknochen kërdhókull-a; çapok-u, *pl.* -ë-t
Hügel kod|ër, -ra; breg-u, *pl.* brigje-t; **kleiner** ~ bregor|e, -ja
Hügel- bregor, -e; kodrinor, -e; ~**grab** kodërvarr-i, *pl.* -e-t; túmul-a, *pl.* -a-t
Hügelchen kodrin|ë, -a; kodrisht|ë, -a
hügelig bregor, -e; kodrinor, -e

Huhn pul|ë, -a
Hühnerbein kofshë pule
Hühnerkäfig flanikth-i, *pl.* -a-t
Hühnerstall kotec-i, *pl.* -e-t
Hülle koperton-i, *pl.* -ë-t
Hülse bishtaj|ë, -a
Humanismus humaniz|ëm, -mi
humanistisch humanist, -e
humanitär humanitar, -e
Humor humor-i
Humoreske gazmor|e, -ja
humoristisch humoristik, -e
humorvoll humoristik, -e
humpeln çaloj
humpelnd çalë, i/e
Humus húmus-i
Hund qen-i, *pl.* qen-të; **weißer** ~ balo-ja, *pl.* -t; **~ehütte** kolib|e, -ja; **~ekette** hallkë qeni
hundert njëqind; qind; **der hundertste** njëqindtë, i/e
Hundert-Lek-Schein qindlékësh|e, -ja
Hunderter qindësh|e, -ja
Hundertjahrfeier njëqindvjetor-i; qindvjetor-i
hundertjährig qindvjeçar, -e
Hundertstel e qindt|ë, -a
Hündin búsht|ër, -ra, *pl.* -ra-t
Hundstage djegagur-i
Hundszahn *bot.* gram-i, *pl.* -a-t
Hüne dërdyl-i, *pl.* -a-t
Hunger urí-a; **~snot** zi buke
hungern uritem; ~ **lassen** urëtoj
hungrig uritur, i/e; zorrëbosh, -e; barkthatë
Hunne hun-i, *pl.* -ë-t
Hupe borí-a
Hürdenlauf *spo.* vrapim me pengesa
Hure kurv|ë, -a
Huri *Jungfrau im Paradies der Muslime* hyrí-a
Hurra! urrá! *Int.*
husten kollítem
Husten koll|ë, -a
Hut kapel|ë, -a, kapel|e, -ja; **~macher** kapelabërës-i
Hütehund qen-ujlk-u, *pl.* -q-it
hüten rúaj, -ta, -tur; *Vieh* kullos *s/t*
Hütte kasoll|e, -ja; kolib|e, -ja
Hyäne hien|ë, -a
Hyazinthe zymbyl-i, *pl.* -a-t
hybrid hibrid, -e
Hydra hid|ër, -ru, *pl.* ru-t; *Insel* Hid|ër, -ra
Hydraulik *tech.* hidraulik|ë, -a
Hygiene higjien|ë, -a
hygienisch higjienik, -e
Hygrometer, higromet|ër, -ri
Hylozoismus *phi.* hilozoiz|ëm, -mi
Hymne himn-i, *pl.* -e-t

hyper- stër-; **hyperkorrekt** *spr.* hiperkorrekt, -e
Hyperbel hiperbol|ë, -a
Hypnose hipnoz|ë, -a
hypnotisch hipnotik, -e
hypnotisieren hipnotizoj
hypokoristisch *spr.*, përkëdhelës, -e
Hypokrisie hipokrizí-a
Hypostase *phi.* hipostaz|ë, -a
Hypotenuse *math.* hipotenuz|ë, -a
Hypothek *ök.* hipotek|ë, -a
Hypothese hipotez|ë, -a
hypothetisch hipotetik, -e
Hysterie *med.* histerí-a
hysterisch histerik, -e

I

Iberer iber-i, *pl.* -ë-t
iberisch iberik, -e
Ibrik Tepe *ON* Qytez|ë, -a
ich unë; **das Ich** égo-ja; un|ë, -i
Ichthyologie iktiologjí-a
Ideal ideal-i, *pl.* -e-t
idealisieren idealizoj
Idealismus idealiz|ëm, -mi
Idealist *phi.* idealist-i
idealistisch idealist, -e
Idee idé-ja
Ideen- ideor, -e; **~gehalt** ideshmërí-a
identifizieren identifikoj
Identifizierung identifikim-i
identisch identik, -e
Identität identitet-i; njëjtësí-a
Ideogramm ideogram-i, *pl.* -e-t
Ideologe ideolog-u, *pl.* -ë-t
Ideologie ideologjí-a
ideologisch ideologjik, -e; ideor, -e; **~-politisch** ideopolitik, -e
Idiom *spr.* idiom|ë, -a; *Redewendung* idiomatiz|ëm, -mi
idiomatisch *spr.* idiomatik, -e; **~e Wendung** idiomatiz|ëm, -mi
Idiot budall|á-i, *pl.* -enj-të; idiot-i, *pl.* -ë-t
Idiotie *med.* idiotësí-a
Idiotin budallaq|e, -ja
Idol ídhu|ll-i, *pl.* -j-t
Idylle idil-i, *pl.* -e-t
Igel iriq-i, *pl.* -ë-t
ignorant injorant, -e;
Ignorant injorant-i; xhahil-i, *pl.* -ë-t
Ignoranz injoranc|ë, -a
Igumenitsa *ON* Gumenic|ë, -a
ihr ju
Ihr juaj ⟨*Poss. Pron.*⟩
Ikone ikon|ë, -a; konizm|ë, -a; **~nmalerei** ikonografí-a

Ikonographie ikonografí-a
Ikonostase ikonostas-i, *pl.* -e-t
illegal ilegal, -e
Illegalität ilegalitet-i
Illusion iluzion-i
Illustration ilustrim-i
illustrieren ilustroj; **illustrierte Zeitschrift** revistë e ilustruar
Illyrer ilir-i, *pl.* -ë-t
illyrisch ilir, -e
Illyrisch ilirisht|e, -ja
Iltis fishnjar-i, *pl.* -ë-t; qelbës-i
imaginär imagjinar, -e
Imagination imagjinat|ë, -a; përfytyrim-i
Imam imam-i, *pl.* -ë-t *rel.*; **Imambayıldı** *Speise* imambajalldí-a
Imbiß drekë e vogël; darkë e vogël; zëm|ër, -ra; mez|e, -ja; **~stand, ~bude** byrektor|e, -ja; mengjesor|e, -ja; mezerí-a; **~-Inhaber** qebaptor-i
imitieren imitoj; çinoj
Imker bletar-i, *pl.* -ë-t; **~beruf** bletarí-a
Imkerei bletor|e, -ja; bletarí-a
immanent imanent, -e
immateriell jomaterial, -e
Immatrikulation regjistrim-i
immatrikulieren regjistroj
immer gjithmonë; gjithnjë; gjithherë; përherë; kurdoherë; **~ schwerer** përherë e më vështirë; **~ wieder** herë pas here
immerwährend gjithmonsh|ëm, -me, i/e; gjithnjësh|ëm, -me, i/e
Immobilienbesitz irat-i, *pl.* -e-t
immunisieren *med.* imunizoj
Immunität paprekshmërí-a; imunitet-i
Imperativ *spr.* urdhëror|e, -ja
imperfekt, imperfektiv pakryer, i/e
Imperfekt *spr.* e pakryer-a
Imperialismus imperializ|ëm, -mi
Imperialist imperialist-i
imperialistisch imperialist, -e
impersonell *spr.* jovetor, -e
impfen vaksinoj
Impfpaß, Impfschein certifikatë vaksinimi; kartelë vaksinimi
Impfstoff vaksin|ë, -a
Impfung vaksinim-i
implizit pashtjelluar, i/e
Implosion *spr.* mbërthim-i
implosiv *spr.* mbërthyes, -e
Import import-i; importim-i
Importeur importues-i
importieren importoj
Importware importim-i
Impression përshtypj|e, -a
Impressionismus impresioni-

z|ëm, -mi
Impressum dhëna të botimit
Improvisation improvizim-i
improvisieren improvizoj
Impuls impuls-i, *pl.* -e-t
impulsiv impulsiv, -e
in në ⟨+ *Akk*⟩; **in Überschreitung von** *jur.* me kapërcim të ⟨+ *G*⟩; **in Ordnung bringen** rregulloj
inaktiv *spr.* joveprор, -e
inakzeptabel papranuesh|ëm, -me, i/e
Inbetriebnahme vënie në veprim
inchoativ *spr.* fillimor, -e
Incoterms *ök.* inkoterma-t
indeklinabel *spr.* palakuesh|ëm, -me, i/e
indem duke ⟨+ *pt. pf.*⟩
Inder indian-i
indessen mirëpo; kursé; porse; veçsé
indeterminiert *spr.* pashquar, i/e
Indeterminiertheit *spr.* pashquarësí-a
Index indeks-i, *pl.* -e-t; tregues-i
Indexierung fiksim i kursit valutor
Indien Indí-a
Indienstnahme vënie në shërbim
Indigo çivit-i
Indikativ *spr.* dëftor|e, -ja
indirekt zhdrejtë, i/e; tërthórazi ⟨*adv.*⟩; zhdréjtazi ⟨*adv*⟩; anësisht ⟨*adv*⟩; **~e Rede** ligjëratë e tërthortë
indisch indian, -e
Individualismus individualiz|ëm, -mi
Individualist individualist-i
Individualität individualitet-i
individuell individual, -e
Individuum individ-i, *pl.* -ë-t
Indochina Indokin|ë, -a
indogermanisch indoevropian, -e
Indonesien Indonezí-a
indonesisch indonezian, -e
indossieren *einen Wechsel* prapashkruaj një kambial
Induktion induksion-i
induktiv *phi.* induktiv, -e
Indus *FN* Ind-i
industrialisieren industrializoj
Industrialisierung industrializim-i
Industrie industrí-a
industriell industrial, -e
Industrieller *ök.* industrialist-i
induzieren përçoj; induktoj
induzierend përçues, -e
induziert *spr.* përçuar, i/e
infam mbraphstë, i/e
Infamie mbrapshtí-a
Infanterie *mil.* këmbësorí-a
Infanterist *mil.* këmbës-i; këmbësor-i
Infarkt *med.* infarkt-i

Infektion *med.* infeksion-i
Infinitiv *spr.* paskajor|e, -ja
Infix *spr.* brendashtes|ë, -a
infizieren infektoj; moleps
Inflation *ök.* inflacion-i
Inflexion *spr.* brendaeptim-i
Influenza *med.* grip-i
Informant informator-i
Informatik informatik|ë, -a
Information informat|ë, -a; informacion-i
Informations- informativ, -e; **~theorie** teori e informacionit; **~verarbeitung** përpunimi i informacioneve; **~wissenschaft** informatik|ë, -a
informieren njoftoj
Ingenieur inxhinier-i, *pl.* -ë-t
ingressiv *spr.* nistor, -e
Inhalt brendí-a; përmbajtj|e, -a
Inhalts- nocionor, -e; **~verzeichnis** pasqyrë e lëndës; përmbajtj|e, -a
inhuman çnjerëzor, -e
Initiale inicial-i, *pl.* -e-t
Initiative iniciativ|ë, -a
Injektion injeksion-i
Inkasso arkëtim-i; **~Anweisung** mandatarkëtim-i
inklusiv *spr.* përfshirës, -e; duke përfshirë
Inkorporation *spr.* brendatrupëzim-i
Inkubationszeit *med.* inkubacion-i
Inkunabel inkunabul-i
Inlands- brendsh|ëm, -me, i/e
inlautend *spr.* mesor, -e
inmitten mes ⟨+ *Abl.*⟩; në mes të ⟨+ *Gen*⟩
innen brenda ⟨*adv.*⟩; brendapërbrenda ⟨*adv*⟩; **~ verfault** fyl, -e; fyrbë
Innen- brendsh|ëm, -me, i/e
inner brendsh|ëm, -me, i/e; **das ≗e** brendësí-a; bar|k-u, *pl.* -qe-t; brendës-i
innerhalb brenda ⟨*adv.*⟩; brendapërbrenda ⟨+ *Abl*⟩; në gjirin e ⟨+ *Gen*⟩
Innovation inovacion-i; risí-a
Innovator novator-i
Innsbruck *ON* Insbruk-u
inoffiziell jozyrtar, -e
insbesondere në veçantí; veçanërisht ⟨*adv*⟩
Inschrift mbishkrim-i; **~enkunde** epigrafí-a
Insekt insekt-i, *pl.* -e-t
Insektizid insektembytës-i; insektevrasës-i
Insel íshu|ll-i, *pl.* -j-t; ujdhes|ë, -a; **~gruppe** arkipelag-u, *pl.* -ë-t
insgeheim fshéhurazi, vjédhurazi ⟨*adv*⟩; fshehtas; fshéhtazi
insgesamt gjithsej ⟨*adv*⟩
Inspektion inspektim-i; **staatliche ~** inspektorat shtetëror; **eine ~ durchführen** *tech.* revizionoj

inspirieren frymëzoj
inspizieren inspektoj
Inspizierung inspektim-i; kontroll-i
instabil paqëndruesh|ëm, -me, i/e; lëkundsh|ëm, -me, i/e
Installateur hidraulik-u, *pl.* -ë-t; teknik-u
installieren instaloj
instandsetzen riparoj
Instandsetzung riparim-i
Instanz *jur.* instanc|ë, -a
Instinkt instinkt-i, *pl.* -e-t
Institut institut-i, *pl.* -e-t; ent-i, *pl.* -e-t
Institution institucion-i, *pl.* -e-t; **die dem Ministerium entsprechende** ~ institucioni i ngjashëm me ministrinë
instruieren instruktoj
Instrukteur instruktor-i
Instrument veg|ël, -la, *pl.* -la-t; *mus.* instrument-i, *pl.* -e-t
instrumental instrumental, -e
Instrumentalis *spr.* mjetor|e, -ja
Instrumentalkonzert *mus.* koncert instrumental
Integration integrim-i
integrieren integroj
Integrität integritet-i; tërësi-a; **territoriale ~ tërësia tokësore**
Intellektuelle [Intelligentsia] inteligjenci|e, -a
Intellektueller intelektual-i, *pl.* -ë-t
Intelligenz inteligjenc|ë, -a
Intendantur *mil.* intendenc|ë, -a
Intensität intensitet-i; *spr.* fuqí-a
intensiv intensiv, -e
intensivieren intensifikoj
intensivierend përforcues, -e
inter- ndër-
Interdental *spr.* bashkëtingëllore ndërdhëmbore
interdependent ndërvarur, i/e
Interdependenz bashkëvarësí-a; ndërvarësí-a; bashkëveprim-i; **in ~ stehen** bashkëveproj
interdisziplinär interdisiplinar, -e
interessant interesant, -e
Interesse interes-i, *pl.* -a-t; **~losigkeit** mosinteresim-i
interessieren interesoj
Interferenz interferenc|ë, -a
Interimskatalog skedar i përkohshëm
Interjektion *spr.* pasthirrm|ë, -a
interkaliert *spr.* ndërshtënë, i/e
Intermezzo *mus.* interméxo-ja
Internat konvikt-i, *pl.* -e-t; **~szögling** konviktor-i

international ndërkombëtar, -e; **~es Format** format ndërkombëtar
International Commercial Terms inkoterma-t
Internationale, die ~ internacional|e, -ja
Internationalismus internacionaliz|ëm, -mi; *spr.* ndërkombëtariz|ëm, -mi
internieren internoj
Internierung *jur.* internim-i
Interpret interpretues-i
Interpretation interpretim-i
interpretieren interpretoj
Interpunktion *spr.* pikësim-i
Interrogativpronomen *spr.* përemër pyetës
Intervall interval-i, *pl.* -e-t
intervenieren ndërhy|j, ra, -rë
Intervention intervencion-i; ndërhyrj|e, -a
Interventions- ndërhyrës, -e; **~truppen** trupat ndërhyrëse
Interview intervist|ë, -a
interviewen intervistoj
intervokalisch *spr.* ndërzanor, -e
Intonation *spr.*, *mus.* intonacion-i
intransitiv jokalimtar, -e
Intransitivität jokalimtarësí-a
Intrige fitme-t; intrig|ë, -a, *pl.* -a-t
intrigieren intrigoj
Intuition *phi.* intuit|ë, -a
Invalid invalid-i, *pl.* -ë-t
Inventar inventar-i, *pl.* -ë-t; **~nummer** numër inventari; **~verzeichnis** regjistër inventarizimi
Inventur *ök.* inventar-i, *pl.* -ë-t
Inverkehrbringen *jur.* vënie në qarkullim
invers anasjelltë, i/e
Inversion anasjell|ë, -a, *pl.* -a-t
invertiv anasjelltë, i/e
investieren investoj
Investition investim-i; **~sbauwesen** *ök.* ndërtime kapitale; ndërtime themelore
Ioannina *ON* Janin|ë, -a; **aus ~** janínas, -e
Iraker irakian-i
irakisch irakian, -e
Iraner iranian-i
iranisch pers, -e; persian, -e; iranian, -e
irdisch dhesh|ëm, -me, i/e
Ire irlandez-i
irgendein ndonjë; filan
irgendeine ndonjëra
irgendeiner ndonjëri; dikush
irgendwann dokurdó; ndonjëherë; dikur
irgendwer ndokush
irgendwie disí
irgendwo diku; gjëkundi; do-

kudó ⟨*adv*⟩
Iris *med.* irid|ë, -a; ylberth-i, *pl.* -e-t
irisch irlandez, -e
Irland Irland|ë, -a
Ironie ironí-a
ironisch ironik, -e
irrational irracional, -e
irre marrë, i/e; dclí *Adj.*
irreal joreal, -e
Irredentismus irredentiz|ëm, -mi
irregulär çrregullt, i/e
Irregularität parregullsí-a
irrelevant jorëndësor, -e
irren, sich ~ gabohem; gaboj; lajthis *s/t*
Irrenhaus çmendin|ë, -a
irrereden flas në kllapi; flas përçart
Irresein trení-a; çmendurí-a
irrig gabuar, i/e
Irrtum lajthitj|e, -a; gabim-i
irrtümlich gabimisht ⟨*adv*⟩
Ischias *med.* shiatik-u
Islam islam-i; islamiz|ëm, -mi; muhamedaniz|ëm, -mi; myslimaniz|ëm, -mi
islamisch islam, -e
islamisieren islamizoj
Island Island|ë, -a
isländisch islandez, -e
isolieren izoloj
Isolierung *tech.* izolim-i
isosyllabisch *spr.* barasrrokësh, -e
Isotop izotop-i, *pl.* -e-t
Israel Izrael-i
israelisch, israelitisch izraelit, -e
Istanbul *ON* Stamboll-i
Isthmus *Landenge* ist|ëm, -mi, *pl.* -me-t
Istrien Istri|e, -a
Italien Italí-a
Italiener italian-i, *pl.* -ë-t
italienisch italian, -e
italienisch italisht ⟨*adv.*⟩
Italo-Albaner arbëresh-i, *pl.* -ë-t
Iterativkompositum *spr.* amredit|ë, -a
Ithaka Itak|ë, -a
Izmir *ON* Izmir-i

J

ja po; ëhë *Int.*; ~ **sicher!** posi jo!
Jabo *mil.* gjuajtës-bombardues-i
Jacht jaht-i, *pl.* -e-t
Jacke, Jackett xhaket|ë, -a
Jagd gjuetí-a; **auf die** ~ **gehen** gjuaj
Jagd gjah-u; ~**bomber** gjuajtës-bombardues-i; ~**hund** çap-i, *pl.* -a-t; gjahtor-i; ~**sitz** ushez|ë, -a

jagen gjuaj
Jäger gjahtar-i; gjuetar-i; *mil.* gjuajtës-i
Jaguar jaguar-i, *pl.* -ë-t
jäh rrëmbyer, i/e; rrëmbimthi ⟨*adv*⟩
Jahr vit-i, *pl.* vjet-ët, vite-t; **dieses** ~ sivjet; **laufendes** ~ vit në vazhdim; **voriges** ~ vjet ⟨*adv*⟩; ~**buch** vjetar-i; **die vergangenen** ~**e** vitet e kaluara
Jahres- vjetor, -e; ~**abo** pajtim vjetor; ~**wechsel** motmot-i; ~**zeit** stin|ë, -a
Jahrhundert shéku|ll-i, *pl.* -j-t; qindvjetor-i
jährlich vjetor, -e
Jahrzehnt dekad|ë, -a
jähzornig hidhnak, -e; zemërak, -e
Jalousie gril|ë, -a
Jamaika Xhamajk|ë, -a
Jambus *spr.* jamb-i, *pl.* -e-t
Jammerlappen *fig.* ulërak-u, *pl.* -ë-t
jammern ahoj; bobotij; ulërij; rënkoj
Jangtsekiang *FN* Jancé-ja
Janitschare jeniçer-i, *pl.* -ë-t *hist.*
Jänner, Januar janar-i
Japan Japoní-a
Japaner japonez-i
japanisch japonez, -e; ~**e Sprache** japonisht|e, -ja
Jasmin *bot.* jasemin-i, *pl.* -ë-t
jaulen hungëroj
Jause zëm|ër, -ra
Jazz xhaz-i, *pl.* -e-t
je nga; ~ **zwei** nga dy
Jeans-Hosen bluxhins
jede secil|i, -a
jeder çdo; çdokush; çdonjër|i, -a; cilido; gjithkush; secil|i, -a
jederlei çdofarësh|ëm, -me, i/e; çdolloj ⟨+ *Abl*⟩; çdollojtë, i/e; ~ **Arbeit** punë, çdolloj pune
jederzeit kurmos; gjithmonë; gjithnjë; gjithherë; kurdoherë
jedoch por; porse; mirëpo
jeglich gjithfarë
jemand dikush; ndokush; ndonjerí-u; filan-i; njerí-u, *pl.* njérëz-it; ~ **einen Gefallen tun** i bëj një favor dikujt; **spricht** ~ **Deutsch?** flet ndonjëri gjermanisht?
Jemen Jemen-i, **aus** ~; **jemenitisch** jemenas, -e
Jena *ON* Jen|ë, -a
jene ajó *f. Sg.*; **jene Stadt** ai qytet
jener, ai, *f.* ajo ⟨*Pers. Pron.*⟩
jenseits andej ⟨*adv*⟩
Jerusalem *ON* Jerusalem-i
jetzig tanish|ëm, -me, i/e; tash|ëm, -me, i/e
jetzt taní; tash; tashtí; ~ **oder nie** ose tani ose kurrë

Joch zgjedh|ë, -a; kular-i, *pl.* -ë-t
Jod *chem.* jod-i
Johannes *NP* Gjon-i; **~brotbaum** çiçibanoz-i, *pl.* -ë-t
Joker fant-i, *pl.* -e-t
Jon *chem.* jon-i, *pl.* -e-t
Jongleur zhongler-i
Jonier jon-i, *pl.* -ë-t
Jonisches Meer Deti Jon
Jonosphäre jonosfer|ë, -a
jordanisch jordanez, -e
Joul *Maßeinheit* xhául-i, *pl.* -ë-t
Journalist gazetar-i, *pl.* -ë-t
Journalistik gazetarí-a
jovial begenisur, i/e; bejendisur, i/e
Jubel galdim-i; gazmend-i, *pl.* -e-t; gazmim-i; haré-ja; ngazëllim-i; shend-i, *pl.* -e-t
jubeln galdoj
Jubiläum jubilé-u, *pl.* -të
Jubiläums- jubilar, -e; **~ausgabe** botim jubilar
jucken xixëmoj *nur 3. P.*; **es juckt ihn** i ka rënë kurteshi
Juckreiz kurtesh-i
Judas *fig.* jud|ë, -a
Jude çifut-i, *pl.* -ë-t; hebré-u, *pl.* -nj-të
jüdisch çifut, -e
Jugend rini-a
Jugend- rinor, -e
jugendlich rinor, -e
Jugendlicher ri-u, i, *pl.* -nj-të; **Jugendliche** të rinjtë
Jugoslawe jugosllav-i, *pl.* -ë-t; **~ntum** jugosllavërí-a; jugosllavní-a
Jugoslawien Jugosllaví-a
jugoslawisch jugosllav, -e
Juli korrik-u
jung i ri, *f.* e re, *pl.* të rinj, *f.* të reja; **~ aussehen lassen** rinoj; **~e Kürbisse** kunguj të njomë
Jung-Rind dem-i, *pl.* -a-t
Jungbiene zog|ë, -a
Junge djal|ë, -i, djem-të; máshkull-i, *pl.* méshkuj-t; **grüner ~** djalurçin|ë, -a, *pl.* -a-t
Jünger *rel.* dishépu|ll-i, *pl.* -j-t
Junges *von Tieren* këlysh-i, *pl.* -ë-t
Jungfrau virgjëresh|ë, -a
jungfräulich vírgjër, i/e = virgjëror, -e
Junggeselle beqar-i
Junghenne zog|ë, -a
Jungsteinzeit neolit-i
Jungstier dem-i, *pl.* -a-t
jungtürkisch xhonturk, -e *hist.*
Juni qershor-i
Junta [Militärkomitee] junt|ë, -a
Jurist jurist-i
juristisch juridik, -e
Jury jurí-a; **~-Mitglied** oponent-i, *pl.* -ë-t
jussiv *spr.* urdhëror, -e

justieren *tech.* drejtvendos
Justierung *tech.* drejtvendosj|e, -a
Justiz drejtësí-a
Jute jut|ë, -a
Jütland Jutland|ë, -a
Juwelierwaren bizhuterí-a
Juxtaposition *spr.* pranëvëni|e, -a

K

K. O. *spo.* nokaut-i
Kaaba *in Mekka* Qabé-ja
Kabarett kabaré-ja
kabbeln, sich ~ kacafytem
Kabel kabllo-ja
Kabeljau bakalaro-ja
Kabine *Schiffs-* kabin|ë, -a, *pl.* -a-t
Kabinett kabinet-i, *pl.* -e-t
Kabuff kuvlí-a
Kacke *vulg.* të pëgërë-t
kacken *vulg.* dhjes
Kadaver kërm|ë, -a
Kader kuád|ër, -ri, *pl.* -ro-t; **~schmiede** farkë e kuadrove
Kadett *mil.* kadet-i, *pl.* -ë-t
Kadi kadí-u, *pl.* -lerë-t *hist.*
Käfer kánd|érr, -rra, *pl.* -rra-t
Käfernest bun-i, *pl.* -e-t
Kaffee kaf|e, -ja; ~ **schwarz** kafe sade; kafe të hidhët; **~kanne** kanë kafeje; xhezv|e, -ja
Käfig kafaz-i, *pl.* -e-t; kuvlí-a
Kaftan xhybe, -ja
kahl, kahlköpfig tullac, -e
Kahn vark|ë, -a; bark|ë, -a
Kai bankin|ë, -a; mol-i, *pl.* -e-t
Kairo *ON* Kajro-ja
Kaiser perandor-i, *pl.* -ë-t
Kakao kakao-ja
Kakophonie keqtingëllim-i
Kaktus *bot.* káktus-i, *pl.* -e-t
Kalabrese kalabrez-i
Kalabrien Kalabrí-a
Kalauer kalambur-i, *pl.* -e-t
Kalb viç-i, *pl.* -a-t; dem-i, *pl.* -a-t; **~sschnitzel** rosto viçi; **~szunge** gjuhë viçi
Kalender kalendar-i, *pl.* -ë-t
Kalender- kalendarık, -e
Kalk gëlqer|e, -ja; **poröser ~stein** çmërs-i, *pl.* -e-t
Kalkandelen *ON* Tetov|ë, -a
Kalligraphie bukurshkrim-i
kalt ftohtë, i/e; **es ist** ~ bën ftohtë; **mir ist** ~ kam të ftohtë
kaltblütig gjakftohtë
Kaltblütigkeit gjakftohtësí-a
Kälte të ftohtë; cingërim|ë, -a; acarí-a; *fig.* ftohtësí-a; **schneidende** ~ acar-i

Kamel devé-ja, *pl.* -të; gamil|e, -ja; **~haar** lesh deveje
Kamera kamer|ë, -a; fotoaparat-i, *pl.* -e-t; **~mann** kameraman-i, *pl.* -ë-t
Kamerad shok-u, *pl.* -ë-t
kameradschaftlich kameratesk, -e
Kamille *bot.* kamomil-i
Kamin oxhak-u, *pl.* -ë-t; tymtar-i; **~feuer** zjarrisht|ë, -a; **~kehrer** oxhakpastrues-i
Kamm kreh|ër, -ri, *pl.* -ra-t
kämmen kreh *e/i*
Kämmen, das ~ krehj|e, -a
Kammer dhómëz-a, *pl.* -a-t; kuvlí-a; **~ton a** diapazon-i, *pl.* -e-t
Kampagne fushat|ë, -a
Kampf luft|ë, -a; luftim-i; **~ der Gegensätze** lufta e të kundërtave
Kampf- i luftimit; luftarak, -e; **~mittel** mjet i luftimit
kämpfen luftoj; militoj; **~ die Berserker** luftoj derrçe
Kämpfen, das ~ luftim-i
Kampfer *chem.* kámfur-i
Kämpfer luftëtar-i, *pl.* -ë-t
kämpferisch militues, -e; luftarak, -e
Kanada Kanadá-ja
Kanadier kanadez-i
Kanal llagëm-i, *pl.* -e-t; kanal-i, *pl.* -e-t
kanalisieren kanalizoj

Kanapee kanapé-ja
Kanaren Kanarie-t
Kanarienvogel kanarin|ë, -a
Kanarische Inseln Kanarie-t
Kandidat kandidat-i, *pl.* -ë-t
Kaneel *Zimt* kanell|ë, -a
Känguruh kangur-i, *pl.* -ë-t
Kaninchen kunel-i, *pl.* -ë-t; lépu|r-i, *pl.* -j-t
Kanister bidon-i, *pl.* -ë-t
Kännchen brok|ë, -a
Kanne kan|ë, -a; *aus Kupfer oder Zinkblech* gjym-i, *pl.* -a-t; ibrik-u, *pl.* -ë-t
Kanone top-i, *pl.* -a-t; **~nboot** *mil.* kanonier|ë, -a; **~nkugel** gjyle topi; gjyl|eja
Kanonier topçí-u, *pl.* -nj-të *hist.*
kanonisch kanonik, -e
kanonisieren kanonizoj
Kantine mens|ë, -a
Kanton *ON* Guandun-i
Kanun *Gewohnheitsrecht* kanun-i, *pl.* -e-t
Kanzlei kancelarí-a
Kanzler kancelar-i; **~amt** kancelarí-a
Kaolin *chem.* deltinë e bardhë; glin|ë, -a
Kap kep-i, *pl.* -a-t
Kapazität kapacitet-i
kapital kapital, -e
Kapital *n.* kapital-i, *pl.* -e-t; **~anlage** investim-i; **~investitionen** investime theme-

lore; **~ismus** kapitaliz|ëm, -mi; **~ist** kapitalist-i
kapitalistisch kapitalist, -e
Kapitän kapedan-i, *pl.* -ë-t; kapiten-i, *pl.* -ë-t
Kapitel kapítu|ll-i, *pl.* -j-t; kr|ye, -eu
Kapitell kapitel-i, *pl.* -e-t
Kapitulantenclique klikë kapitulluese
Kapitulation kapitullim-i; **~en** kapitulacione-t
kapitulieren kapitulloj
kapitulierend kapitullues, -e
Kappe kap|ë, -a; *ohne Schirm oder Krempe* kësul|ë, -a; qelesh|e, -ja
Kapstadt *ON* Kejptaun-i
kaputt prishur, i/e; këputur, i/e; ligsht ⟨*adv*⟩; **~machen** batërdis; batis; dëkoj
Kapuze kapuç-i, *pl.* -a-t
Kapverdische Inseln Kepi i Gjelbër
Karabiner *mil.* karabin|ë, -a
Karaffe boc|ë, -a; brok|ë, -a
Karagöz *Spielfigur* karagjoz-i, *pl.* -ë-t
Karambolage përplasj|e, -a; gërvishtj|e, -a
Karamelle sheqerk|ë, -a; karamel|e, -ja
Karawane karvan-i, *pl.* -ë-t
Kardanwelle *tech.* kollodok-u
Kardinal *rel.* kardinal-i, *pl.* -ë-t; **~zahl** numëror themelor
Karfreitag *rel.* e premte e madhe
Karibik Karaíbe-t
Karikatur karikatur|ë, -a
karikieren karikaturizoj
Karl-Marx-Stadt *ON* Karl-Marks-Shtadt-i
Karlovy Vary; Karlsbad *ON* Karlovi-Vari
Karmesinrot kërmëz-i
Karneval karnaval-i, *pl.* -e-t
Karo *Spielkarte* karó-ja
Karosserie karrocerí-a
Karotte *bot.* karot|ë, -a
Karpaten Karpate-t
Karpfen kr|ap-i, *pl.* -ep-të
Karre karroc|ë, -a, *pl.* -a-t; qerr|e, -ja
Karriere karrier|ë, -a
Karsamstag *rel.* e shtunë e madhe
Karst- karstik, -e; **~see** liqen karstik
Karte kart|ë, -a; kartel|ë, -a; tallon-i; **~nspiel** kumar-i; bixhoz-i, *pl.* -ë-t; **~nverkaufsschalter** biletarí a
Kartei skedar-i; **~karte** sked|ë, -a; kartel|ë, -a
Kartell kartel-i, *pl.* -e-t
Kartoffel *bot.* patat|e, -ja, *pl.* -e-t; *dial.* kërtoll|ë, -a; **~-Auflauf** musaká-ja; **~brei** pure patatesh; **~mehl** niseshté-ja; **~püree** pure pa-

tatesh; ~**suppe** supë patatesh
Kartographie hartografí-a
Karton karton-i, *pl.* -ë-t; kartuç-i, *pl.* -a-t
kartoniert me karton; ~**er Einband** lidhje me karton
Kartothek kartotek|ë, -a; skedar-i
Kasachstan Kazakistan-i
Käsblatt *Zeitung* fletushk|ë, -a
Käse djath|ë, -i, *pl.* -ëra-t
Kaserne kazerm|ë, -a
kasernieren kazermoj
Kaspi-See; Kaspisches Meer Kaspik-u; Deti Kaspik
Kassata-Eis kasat|ë, -a
Kasse ark|ë, -a
kassieren arkëtoj
Kassierer arkëtar-i
Kassiererin arkëtar|e, -ja
Kastanie gështenj|ë, -a; ash|ër, -ra, *pl.* -ra-t
Kästchen arkëz-a
Kaste kast|ë, -a
Kastell kështjell|ë, -a
Kasten kutí-a; ark|ë, -a; *aus Holz für Küchenartikel* dum|e, -ja
Kastilien Kastilj|e, -a
Kastoria *ON* Kostur-i
kastrieren çjerr *e/i/o*; tredh
Kasus ras|ë, -a, *pl.* -a-t; ~ **obliquus** *spr.* rasë e zhdrejtë
Kasus- *spr.* rasor, -e; ~**attraktion** tërheqje në rasë; ~**kongruenz** përkim në rasë
Katachrese *spr.* katakrez|ë, -a
Katalog katalog-u, *pl.* -ë-t
katalogisieren skedoj; katalogoj
Katalogisierung katalogim-i
Katalonien Katalonj|ë, -a
Katalyse *chem.* katalíz|ë, -a
Katapult katapult|ë, -a; hobé-ja
Kataster kadast|ër, -ra, *pl.* -ra-t
Kataster- kadastror, -e
Katastrophe kiamet-i, *pl.* -e-t; katastrof|ë, -a
Kate plevic|ë, -a
Katechismus *rel.* katekiz|ëm, -mi, *pl.* -ma-t
Kategorie kategorí-a
kategorisch kategorik, -e
Kater dac-i, *pl.* -a-t; maçok-u, *pl.* -ë-t
Kathedrale katedral|e, -ja
Katholik katolik-u
katholisch katolik, -e
Katholizismus *rel.* katolicíz|ëm, -mi
Katode *tech.* katod|ë, -a
Kattun basm|ë, -a; dok-u
Katze mac|e, -ja; **die ~ läßt das Mausen nicht** dhelpra s'e harron zanatin; ~**nhai** dac deti
Kauderwelsch zhargon-i, *pl.* -e-t
kauen përtyp

Kauf blerj|e, -a; **~haus** mapo-ja; shtëpia e mallrave; **~mann** tregtar-i; **~vertrag** aktblerj|e, -a; kontratë blerjeje
kaufen blej
Käufer blerës-i; myshterí-u, *pl.* -nj-të
kaukasisch kaukazian, -e
Kaukasus Kaukaz-i
Kaulquappe fultérëz-a
kaum mezí; porsa; sapo; **~ jemand** rrallëkush
Kausalität shkakësí-a
Kausalsatz *spr.* fjali shkakore
Kausalzusammenhang lidhje shkakësore
Kautschuk kauçuk-u
Käuzchen kukuvajk|ë, -a; herëkeq|e, -ja
Kavallerie kalorësí-a
Kaviar havjar-i
Kebab qebap-i, *pl.* -ë-t; **~-Verkäufer** qebaptor-i
Kefir kos-i
Kegel kon-i, *pl.* -e-t
kegelförmig konik, -e
Kehle gurmaz-i; fyt-i; gush|ë, -a; gryk|ë, -a, *pl.* -a-t
Kehl- faringal, -e; **~deckel** mbishtekth-i
Kehlkopf laring-u; **~verschluß** mbyllje laringale
Kehre kthes|ë, -a, *pl.* -a-t; *Fluß; Straße* bërryl-i, *pl.* -a-t
kehren fshij
Kehrreim avaz-i
keilen kunjoj
Keil kunj-i, *pl.* -a-t; rumb-i, *pl.* -e-t; **~riemen** rrip trapezoidal; **~schrift** shkrim kunjor
kein asnjë; **~e Sorge!** mos ki merak
keiner asnjër|i, -a; asnjerí-u
keineswegs aspak; kurrsesí
Keks biskot|ë, -a
Kelch kup|ë, -a
Kelim qilim-i; hallí-a
Kelle qepsh|e, -ja
Keller bodrum-i, *pl.* -e-t; qilar-i, *pl.* -ë-t; **~lokal** tavern|ë, -a
Kellner kamerier-i, *pl.* -ë-t
keltisch kelt, -e; **~e Sprache** keltisht|e, -ja
kennen njoh *eli*; **~lernen** njoh
Kenntnis dijení-a; dituri-a; njohj|e, -a; njohurí-a; **zur ~ geben** njoftoj
Kennzeichen kriter-i, *pl.* -e-t
kennzeichnen damkos
Kennzeichnung marketim i mallrave; damk|ë, -a
Kentaur *myth.* centaur-i, *pl.* -ë-t
Kentucky Kentuki
Keramik qeramik|ë, -a; poçarí-a
Kerbtier insekt-i, *pl.* -e-t

Kerker hapsan|ë, -a; bur|g-u, *pl.* -gje-t
Kerkyra Korfuz-i
Kerl burr|ë, -i; **armer ~** qyq-i, *pl.* -ër-it; zavall-i, *pl.* -e-t; **guter ~** babaxhan-i, *pl.* -ë-t
Kern thel|b-i, *pl.* -pinj-të; bërtham|ë, -a
Kern- bërthamor, -e; **~frage** *fig.* çështje kapitale; **~gebiet** epiqénd|ër, -ra, *pl.* -ra-t; **~kraftwerk** *KKW* central-i bërthamor **~physik** fizikë bërthamore
Kerze qirí-u, qiri-ri, *pl.* -nj-të; **dicke ~** llambadh|e, -ja; **~nmacher** qiribërës-i; **~nständer** qirimbájtës|e, -ja; kandiler-i, *pl.* -ë-t; shandan-i
Kessel tenxher|e, -ja; kazan-i, *pl.* -ë-t; kusí-a
Kette zinxhir-i, *pl.* -ë-t; var|g-u, *pl.* -gje-t; hallk|ë, -a; **~n anlegen** vë hallkat; **~nglied** verig|ë, -a; hallk|ë, -a; **~nreaktion** zbërthim zinxhir
keuchen dihas *s/t*; mekem
Keuchhusten kollë e bardhë
Keule topuz-i, *pl.* -ë-t; mëzdrak-u, *pl.* -ë-t; kofsh|ë, -a
Kfz = Kraftfahrzeug automjet-i
Kfz-Kennzeichen targ|ë, -a
Kfz-Transportwesen autotransport-i
khaki kakí ⟨*adj*⟩
Khartum *ON* Hartum-i
Kichererbse *bot.* qíq|ër, -ra, *pl.* -ra-t
Kiebitz kicirib|ë, -a
Kiefer *f.bot.* pish|ë, -a; **~nhain** halisht|ë, -a; vgjerisht|ë, -a; vgjesht|ë, -a
Kiefer *m.* nófull-a, *pl.* -a-t
Kiemen verz|ë, -a
Kienspan mashallá-ja *veralt.*
Kiepe kofin-i, *pl.* -ë-t
Kies zhavorr-i, *pl.* -e-t; zhur-i; mit **~ belegen** zhavorroj; **~elstein** guralec-i, *pl.* -ë-t; guraçok-u, *pl.* -ë-t; za|ll-i, *pl.* -je-t; guriçk|ë, -a; fiçor-i, *pl.* -ë-t; **~grube** zhavorrisht|ë, -a
killern gudulis
Kilogramm, Kilo kilogram-i, *pl.* -ë-t; kil|e, -ja
Kilo- kilësh, -e
Kilometer *km* kilomet|ër, -ri, *pl.* -ra-t; **~stein** gur kilometrazhi; **~zähler** aparat i kilometrazhit; numerator kilometrazhi; **~zählung** kilometrazh-i, *pl.* -e-t
Kilowatt *Kw* kilovat-i, *pl.* -ë-t; **~-Stunde** *Kwh* kilovator|ë, -a, *pl.* -ë-t
Kimme *mil.* thjekëz-a
Kind fëmij|ë, -a, *pl.* -ë-t; kalamá, -ni *pl.* -j-të; **kleines ~** **çilimí-u**, *pl.* -nj-të; **~bett** *med.* lehoní-a

Kinder- fëmijëror, -e; fëminor, -e; **~-Ballon** fluturush|ë, -a; **~ei** kalamallë|k-u, *pl.* -qe-t; axhamillë|k-u, *pl.* -qe-t; **~garten** kopsht fëmijësh; **~gärtnerin** edukator|e, -ja; **~kram** axhamillë|k-u, *pl.* -qe-t; **~krippe** çerdh|e, -ja, **~lähmung** poliomielit-i; **~schar** zhegulí-a; **~spielzeug** lodër fëmijësh; **~tagesstätte, Kita** çerdhe ditore
Kindestötung *jur.* vrasje e foshnjës
Kindheit fëmijëri-a; feminí-a; vogëlí-a
Kindheits- fëminor, -e
kindisch foshnjarak, -e; axhamí
kindlich fëmijëror, -e
Kindschaft birërí-a
Kinematik kinematik|ë, -a
Kinetik kinetik|ë, -a
Kino kinemá-ja; **~-Wagen** autokinemá-ja
Kiosk kiosk-u; qosh|k-u, *pl.* -qe-t
Kippe bisht-i, *pl.* -a-t
Kippe *Zigarette* duq-i, *pl.* -e-t
Kirche kish|ë, -a; **~ndiener** dhjak-u, *pl.* -ë-t; kishar-i; **~nglocke** kamban|ë, -a; **~nschiff** navat|ë, -a
kirchenrechtlich kanonik, -e
Kirchhof varrez|ë, -a
kirchlich kishtar, -e
Kirsche *bot.* qershí-a
Kissen jastëk-u; **~bezug** këllëf jastëku
Kiste ark|ë, -a; **~nöffner** levë për të hapur arkat
Kitt zamk|ë, -a; *aus Zinn und Blei für Töpfe* kólës-i
Kittel përparës|e, -ja; grykës|e, -ja; xhybe, -ja
kitzeln gudulis
KKW central bërthamor
Kladde fletor|e, -ja; fletore shënimesh
klaffen *Wunde* zgërdhihem
kläffen cafulloj
Klage ankim-i; vajtim-i; *Anklage* padí-a; **~ erheben** *jur.* ngre padi
Klage- vajtues, -e; **~schrift** *jur.* aktpadí-a; **~weib** britmëqar|e, -ja; gjamator|e, -ja; gjëmëtar|e, -ja; vajtor|e, -ja
klagen vajtoj; bëj medet *hajmedet*; **sein Leid ~** dertoj
klagend vajtues, -e; vajtimthi ⟨*adv*⟩
Kläger paditës-i; ankues-i
Klammer parantez|ë, -a; *spr.* kllap|ë, -a; *Spange* karfic|ë, -a
Klamotten leck|ë, -a, *pl.* -a-t; **die ~ einpacken** mbledh leckat
Klang kumbim-i; **schlechter ~** keqtingëllim-i
Klangfarbe timb|ër, -ri, *pl.*

-re-t; ngjyr|ë, -a
Klappbett krevat i zbërthyeshëm
Klappbrücke urë e lëkundshme
Klappe valvol|ë, -a
klappen vete, vajta, vajtur; **das klappt nicht** kjo s'punon
Klappmesser biçak-u, *pl.* -ë-t
Klappstuhl karrige e lëkundshme; karrige që paloset
Klapsmühle *Irrenanstalt* çmendin|ë, -a
klar qartë, i/e; kulluar, i/e; pastër, i/e; qelqor, -e; qelqtë, i/e; *Wetter* kthjellët, i/e açik, -e; qart ⟨*adv*⟩
klären qartësoj; ftilloj; shqyrtoj
Klarheit qartësí-a
Klarinette *mus.* klarinet|ë, -a
Klärung shqyrtim-i; sqarim-i
Klasse klas|ë, -a
klasse deli *Adj.*; **ein klasse Mädchen** një deli vajzë
Klassen- klasor, -e; **~bewußtsein** ndërgjegje klasore; **~kampf** luftë e klasave
Klassifikation; Klassifizierung klasifikim-i
Klassik klasiciz|ëm, -mi
klassisch klasik, -e
Klassizismus klasiciz|ëm, -mi
klatschen duartrokas *a/e/i; s/t*; gojavis *s/t*
klatschmäulig gjuhúlstër
Klatschmohn lulekuq|e, -ja
klatschnaß qull; xúrxull
Klaue kthét|ër, -ra, *pl.* -ra-t
klauen vjedh *e/i/o*
Klausel klauzol|ë, -a
Klausenburg *ON* Kluzh-i
Klaviatur tastier|ë, -a
Klavier piano-ja
kleben ngjis *s/t*
Klebstoff ngjitës|e, -ja; zamk|ë, -a
Klecks njoll|ë, -a
Kleid fustan-i, *pl.* -e-t; rrob|ë, -a; *mit großem Ausschnitt* dekolté-ja
kleiden vesh *e/i*; **sie kleideten sich gleich** visheshin njësoj
Kleiderabgabe garderob|ë, -a
Kleiderbügel varëse rrobash
Kleiderhaken grremç-i, *pl.* -a-t; mbajtës|e, -ja; varës|e, -ja
Kleidung veshj|e, -a; **~ und Schuhe** veshmbathj|e, -a
Kleidungsstück rrob|ë, -a; tesha-t *f. pl.*
klein vogël, i/e, *m. pl.* végjël, *f. pl.* vogla
klein hollë, i/e; vocërr; vóckël; **~ schneiden** çokanis; **~er werden** tkurrem
Kleinasien Azia e Vogël
Kleinbuchstabe shkronjë e vogël

Kleinbürger mikroborgjez-i
kleinbürgerlich mikroborgjez, -e; **~es Mitleid** zemërbutësi mikroborgjeze
Kleinbürgertum vegjëlí-a
Kleinbus mikrobus-i
kleingeistig shpirtvogël
Kleingeld vogla-t, të
kleinkariert *fig.* shpirtvogël
Kleinkind foshnj|ë, -a; ferisht|e, -ja; **~ im Krabbelalter** bishtak-u, *pl.* -ë-t
kleinlich meskin, -e
Kleinvieh *Ziege, Schaf* berr-i, *pl.* -a-t; **~mist** fushnjí-a
Kleister qiriç-i; kólës-i; zamk|ë, -a
Klemme karfic|ë, -a; *fig.* telashe-t; **in der ~ sein** e shoh pisk; **in die ~ geraten** bie fill
Klempner teneqepunues-i; hidraulik-u, *pl.* -ë-t; kallajxhí-u, *pl.* -nj-të
Klepper *Pferd* gërdall|ë, -a
Kleptoman kobar-i
klerikal klerikal, -e
Klerus kler-i
Klient klient-i, *pl.* -ë-t
Klima klim|ë, -a
Klima aj|ër, -ri; **~anlage** ajër i kondicionuar; klimatizim-i; **~veränderungen** ndryshime klimatike
klimatisch klimatik, -e
Klimatisierung klimatizim-i
Klimax *spr.* shkallëzim-i
Klinge pres|ë, -a
Klingel zil|e, -ja; **~knopf** sust|ë, -a
klingeln i bie ziles; **≗ des Telefons** rënia e telefonit
klingen tingëlloj; kërcëlloj
Klinik klinik|ë, -a, *pl.* -a-t
klinisch klinik, -e
klirren kërcëlloj; **die Gläser ~** kërcëllojnë gotat
Klischee klishé-ja, *pl.* -të; shtamp|ë, -a
Klissura *ON* Këlcyr|ë, -a; **aus ~** këlcyrjot, -e
Klistier klizm|ë, -a
Klo halé-ja; qenef-i; **~papier** letër higjienike
klobig avdall, -e
klopfen trokas *a/e/i; s/t*; **auf die Schultern ~** bie shpatullave
Klopfen *tech.* rrahj|e, -a
Klöppel *in der Glocke* gjúhëz-a
Kloster manastir-i; **~vorsteher** baba-i, *pl.* -llarë-t, **~zelle** qelí-a
Klub klub-i, *pl.* -e-t
Kluft gremin|ë, -a
klug mençur, i/e, zgjuar, i/e; **~ werden** hollohem
Klugheit dinakërí-a
Klüngel grupazh-i, *pl.* -e-t
Klusil *spr.* mbylltor|e, -ja; bashkëtingëllore mbylltore
knabbern gërmis *s/t*
Knabe djal|ë, -i, djem-të; **~nliebe** pederasti-a

knacken kërcas *a/e/i; s/t*
Knall krism|ë, -a, *pl.* -a-t
knapp fjalëkursyer
Knarrstimme *spr.* kriklim-i
Knäuel lëmsh-i, *pl.* -e-t
Knauserei kurnacërí-a
knautschen rrudhosem
kneifen nduk; pickoj
Kneifzange dar|ë, -a, *pl.* -ë-t
Kneipe mejhan|e, -ía; pijetor|e, -ja
Kneipier mejhanexhí-u, *pl.* -nj-të
kneten ngjesh *e/i*; hup; mbruj
Knie gju-ri, *pl.* -një-t
knien gjunjëzohem
knipsen fotografoj
Knirps fiçor-i, *pl.* -ë-t
knirschen kërcëlloj
knistern zhuzhas *a/e/i;s/t*; zhuzhuris *s/t*
Knitterfalte zhub|ër, -ra, *pl.* -ra-t
knitterfrei nuk rrudhoset
knittern zhubrosem; rrudhosem
Knoblauch *bot.* húdh|ër, -ra, *pl.* -ra-t
Knöchel noçk|ë, -a; nyc|ll-i, *pl.* -j-t
Knochen asht-i, *pl.* eshtra-t; kock|ë, -a, *pl.* -a-t; **großer ~** dók|ërr, -rra, *pl.* -rra-t
Knochen- eshtak, -e; **~bau** eshtërí-a; **~bruch** thyerje e kockës; frakturë|ë, -a
knochig eshtak, -e
Knolle *bot.* zhardhok-u, *pl.* -ë-t; **~ ansetzen** *z. B. Kartoffel* zhardhokëzoj
Knollen- zhardhokor, -e
Knopf kops|ë, -a, *pl.* -a-t; **~loch** ili|k-u, *pl.* qe-t
knöpfen kopsis *s/t*
Knorren gdhe-ri, *pl.* -nj-të
Knospe *bot.* burbuq|e, -ja; gonxh|e, -ja; bul|ë, -a
knospen gonxhoj
Knoten xhung|ë, -a; komb-i, *pl.* -e-t; nyj|ë, -a; pisk-u
Knüppel shkop-i, *pl.* -ínj-të; dajak-u, *pl.* -ë-t
Knute kamxhik-u, *pl.* -ë-t; **unter die ~ bringen** vë nën kërbaç
ko- bashkë-
Koalition koalicion-i, *pl.* -e-t
Koautor bashkautor-i
Koblenz *ON* Koblenc-i
Kobra kób|ër, -ra, *pl.* -ra-t
kochen gatuaj; ziej, z|iej, -jeva, -ier; **ein gekochtes Ei** një kokërr vezë
Koch kuzhinier-i; **~kunst** gjellëtarí-a; **~nische** aneks kuzhine; **~platte** furnel|ë, -a; **~topf** kusí-a; tenxher|e, -ja
Kode kod-i, *pl.* -e-t
Köder josh|ë, -a
ködern josh
Kodex kodik-u, *pl.* -ë-t
Kodierung kodim-i
kodifizieren kodifikoj

Koexistenz bashkekzistenc|ë, -a; bashkëjetes|ë, -a
koexistieren bashkekzistoj; bashkëjetoj
Koffer valixh|e, -ja; **~raum** vend valixhesh
Köfte qoft|e, -ja
Kognak konjak-u
Kohäsion *tech.* kohezion-i
Kohl lak|ër, -ra, *pl.* -ra-t; **~dampf haben** i bëhet barku gropë; zijosem; **~meise** çin|ërr, -rra-, *pl.* -rra-t; **~rabi** rrep|ë, -a; **~roulade** sarmá-ja; **~n mit Reis und Hackfleisch** japrak-u, *pl.* -ë-t; **~rübe** rrep|ë, -a
Kohle qymyr-i; **~becken** mangall-i, *pl.* -j-të; **~ndioxyd** dyoksid i karbonit; **mit ~nsäure versetzen** gazoj; **~nstoff** thëngji|ll-i, *pl.* -j-të, *chem.* karbon-i; **~papier** letër karboni
Köhler qymyrtar-i; qymyrxhí-u, *pl.* -nj-të
kohortativ *spr.* këshillues, -e; nxitës, -e
Kokain kokain|ë, -a
Kokon fshikë, -a; **~ der Seidenraupe** fshikë e krimbit të mëndafshit
Koks kok-u; koks-i
Kolben piston-i, *pl.* -ë-t; tun-i; *am Gewehr* kondak-u, *pl.* -ë-t; **~ring** fashollastik|ë, -a
Kolchis Kolkid|ë, -a
Kolchose kolkoz-i, *pl.* -e-t
Kolibri kolíb|ër, -ri
Kolitis *med.* kolit-i
Kollaborateur kolaboracionist-i; kuisling-u, *pl.* -ë-t
Kollaboration bashkëpunim-i
Kolleg kolegj-i, *pl.* -e-t
Kollege koleg-u, *pl.* -ë-t
kollegial kolegjial, -e; **~e Führung** udhëheqje kolegjiale
Kollegium *jur.* kolegj-i, *pl.* -e-t; kolegjium-i, *pl.* -e-t
Kollektion koleksion-i, *pl.* -e-t
kollektiv kolektiv, -e
Kollektiv kolektiv-i
Kollektiv- kolektiv, -e; *spr.* përmbledhës, -e
kollektivieren kolektivizoj
Kollektivierung kolektivizim-i
Kollektivismus kolektiviz|ëm, -mi
Kollektivum *spr.* emër përmbledhës
Kollektivwirtschaft ekonomi kolektive
Kollision përplasj|e, -a
Köln *ON* Këln-i; **~isch Wasser** kolonj|ë, -a
Kolonialismus kolonializ|ëm, -mi
Kolonie koloní-a

kolonisieren kolonizoj
Kolonne kolon|ë, -a, *pl.* -a-t
Kolorit ngjyres|ë, -a
Koloss kolos-i, *pl.* -ë-t
kolossal kolosal, -e
Kolumbien Kolombí-a
Kolumne shtyll|ë, -a
Kombi-Zange çelës papagall
Kombinat kombinat-i, *pl.* -e-t
Kombination kombinim-i; **~szange** çelës papagall
kombinatorisch kombinator, -e; **~e Variante** variant kombinator
Kombine *tech.* kombajn|ë, -a
kombinieren kombinoj; gërshetoj
Komet komet|ë, -a
komisch komik, -e
Komitee komitet-i, *pl.* -e-t
Komma *spr.* presj|e, -a
Kommandant, Kommandeur komandant-i, *pl.* -ë-t
kommandieren komandoj
kommandierend komandues, -e
Kommando komand|ë, -a
Kommando- komandues, -e; **~brücke** *naut.* kabinë e komandës
kommen vij, érdha, árdhur; **zu Rande ~** qos
Kommentar koment-i, *pl.* -e-t
Kommentator komentues-i
kommentieren komentoj
Kommissar komisar-i, *pl.* -ë-t
Kommissariat komisariat-i, *pl.* -e-t
Kommission komision-i, *pl.* -e-t; **in ~ bei** *ök.* në komision; **~slager** *ök.* depo konsinjacioni
Kommissionär komisioner-i, *pl.* -ë-t
Kommittent ngarkuar-i, i
Kommißbrot galet|ë, -a
Kommode komó-ja
kommunal komunal, -e
Kommune komun|ë, -a
Kommunikation komunikim-i; ndërlidhj|e, -a
kommunikativ kumtues, -e; **~e Einheit** njësi kumtuese
Kommunion *rel.* kungim-i
Kommuniqué komunikat|ë, -a
Kommunismus komuniz|ëm, -mi
Kommunist komunist-i, *pl.* -ë-t
Kommunistin komunist|e, -ja
kommunistisch komunist, -e
Komödie komedí-a
Kompaktregal raft i lëvizshëm
Kompanie *mil.* kompaní-a
Komparation *spr.* krahasim-i; **~sstufe** *spr.* shkallë krahasimi
Komparativ *spr.* krahasor|e,

-ja; shkallë krahasore; **~satz** *spr.* fjali krahasore
Kompaß búsull-a, *pl.* -a-t
Kompensation përplotësim-i; kompensim-i; **~sgeschäft** ujdi kompensuese
kompetent kompetent, -e
Kompetenz kompetenc|ë, -a
kompilieren kompiloj
Komplex kompleks-i, *pl.* -e-t
Komplikation ndërlikim-i
Kompliment kompliment-i, *pl.* -e-t
komplizieren koklavis /s/t
Komplott komplot-i, *pl.* -e-t
Komponente komponent-i, *pl.* -ë-t
komponieren *Filmmusik, Opernlibretto* muzikoj; *mus.* kompozoj
Komponist kompozitor-i
Komposition kompozicion-i
Kompositum kompozit|ë, -a
Kompott komposto-ja
Kompresse *med.* kompres|ë, -a
Kompressor kompresor-i, *pl.* -ë-t
komprimieren dendësoj
Kompromiss kompromis-i, *pl.* -e-t
kompromittieren komprometoj
Kondensator kondensator-i
Kondition kondit|ë, -a, *pl.* -a-t; kusht-i, *pl.* -e-t
Konditionalsatz fjali kushtore
Konditionierung kushtëzim i
Konditor pastiçier-i
Konditorei pastiçerí-a
konfektioniert gatsh|ëm, -me, i/e
Konfektionswaren rroba të gatshme
Konferenz konferenc|ë, -a
Konfession besim-i
Konfirmation krezmim-i
konfiszieren konfiskoj
Konfiszierung konfiskim-i
Konfitüre konfetur|ë, -a; reçel-i, *pl.* -e-t; glikó-ja
Konflikt konflikt-i, *pl.* -e-t
Konföderation konfederat|ë, -a
konform konform, -e
Konformismus konformiz|ëm, -mi
Kongreß kongres-i, *pl.* -e-t; **~teilnehmer** kongresist-i
Kongruenz *spr.* përkim-i
König mbret-i, *pl.* -ër-it; **~reich** mbretërí-a; **~sberg** *ON* Kaliningrad-i; **~smörder** mbretvrasës-i
Königin mbretëresh|ë, -a
königlich mbretëror, -e
konisch konik, -e
Konitsa *ON* Konic|ë, -a
Konjugation *spr.* zgjedhim-i
konjugierbar zgjedhuesh|ëm, -me, i/e
konjugieren *spr.* zgjedhoj
Konjunktion *spr.* lidhëz-a

Konjunktionalsatz fjali lidhëzore
Konjunktions- lidhëzor, -e
konjunktionslos *spr.* palidhëzor, -e
Konjunktiv lidhor|e, -ja
Konjunktur *ök.* koniunktur|ë, -a; **~schwäche** *ök.* depresion-i
Konkordanz *spr.* bashkëpajtim-i
konkret konkret, -e
Konkretheit, Konkretion konkretësí-a
konkretisieren konkretizoj
Konkurrent konkurrent-i
Konkurrenz konkurrenc|ë, -a
konkurrieren konkurroj
Konkurs konkurs-i, *pl.* -e-t
können mund; **er konnte kaum seine Wut im Zaum halten** mezi e mbante zemërimin; **ich kann das nicht hören** s'e dëgjoj dot; **ich kann nicht schlafen** s'më flihet; **ich kann nicht schreiben** nuk di t'ia zhgrap; **nicht mehr laufen ~** gajasem së ecuri; **sich nicht einmal selbst in Ordnung halten ~** nuk qeveris dot as veten e tij; **sich vor Lachen nicht halten ~** gajasem së qeshuri
Könner *m.* as-i, *pl.* -ë-t
Konossament; Konossement *ök.* fletëngarkesë detare; konosament-i, *pl.* -e-t
konsekrieren blatoj
Konsekutivsatz *spr.* fjali rrjedhimore
konsequent konsekuent, -e; me konsekuencë
Konsequenz konsekuenc|ë, -a; pasoj|ë, -a; rrjedhoj|ë, -a
konservativ konservator, -e
Konservativismus konservatoriz|ëm, -mi
Konserve konserv|ë, -a
konservieren konservoj
Konsignant *ök.* konsinjant-i
Konsignation konsinjacion-i
Konsignator konsinjatar-i
Konsonant *spr.* bashkëtingëllor|e, -ja; **liquider~** bashkëtingëllore e lëngët
konsonantisch bashkëtingëllor, -e
Konspekt konspekt-i, *pl.* -e-t
konstant *spr.* qëndruesh|ëm, -me, i/e
Konstantinopel *ON* Konstandinopol-i; Kostandinopoj|ë, -a; Stambull-i
Konstanz *spr.* qëndrueshmërí-a
Konstanz *ON* Konstanc|ë, -a
konstatieren konstatoj
Konstrukteur konstruktor-i
Konstruktion konstruksion-i; *spr.*; ndërtim-i
Konsul kónsull-i, *pl.* -j-t

konsularisch konsullor, -e
Konsulat konsullat|ë, -a
Konsultation konsult|ë, -a
Konsum konsum-i; konsumim-i
Konsument konsumues-i
konsumieren konsumoj
Kontakt kontakt-i, *pl.* -e-t; **~versetzung** *spr.* metatezë fqinjësore
Kontamination kontaminim-i
Kontemplation soditj|e, -a
konter- kundër-
Konteradmiral kundëradmiral-i, *pl.* -ë-t
Konterrevolution kundërrevolucion-i
konterrevolutionär kundërrevolucionar, -e
Kontext kontekst-i, *pl.* -e-t
kontextuell kontekstual, -e
Kontinent kontinent-i, *pl.* -e-t
Kontingent kontingjent-i
Kontingentierung kontingjentim-i
kontinuierlich pandërprerë, i/e
Kontinuität vijueshmërí-a; vazhdimësí-a
Konto llogarí-a
Kontrabaß *mus.* kontrabas-i, *pl.* -ë-t
Kontrahent kontratues-i
kontrahiert tkurrur, i/e
Kontraktion *spr.* tkurr|je, -a
Kontrast kontrast-i, *pl.* -e-t
kontrastiv *spr.* përqasës, -e; **~e Grammatik** gramatikë përqasëse
Kontrolle mbikëqyrj|e, -a; këqyrj|e, -a; kontroll-i
Kontrolleuchte llambë kontrolli
Kontrolleur kontrollues-i; kontrollor-i, *pl.* -ë-t
kontrollieren kontrolloj; mbikëqyr; doganoj; këqyr
Kontusion kontuzion-i
Konus kon-i, *pl.* -e-t
Konvent kuvend-i, *pl.* -e-t
Konvention konvent|ë, -a
Konventionalstrafe gjobë për mosplotësim detyrimi; *ök.* kamatëvones|ë, -a
Konvergenz konvergjenc|ë, -a
Konversation bisedim-i
Konversationslexikon enciklopedí-a
Konversion *spr.* përkthes|ë, -a
konvertieren konvertoj
Konvertierung përkthes|ë, -a
Konvikt konvikt-i, *pl.* -e-t
Konzentration përqendrim-i; **~slager** kamp përqendrimi
konzentrieren koncentroj; përqendroj
konzentrisch bashkëqendror, -e
Konzept koncept-i, *pl.* -e-t

Konzern trust-i, *pl.* -e-t
Konzern *ök.* koncern-i, *pl.* -e-t; **multinationaler ~** korporat|ë, -a
Konzert koncert-i, *pl.* -e-t
Konzession koncesion-i
konzessiv *spr.* lejor, -e
Konzessivsatz fjali lejore
Konzil koncil-i, *pl.* -e-t
Konzinnität *spr.* përkim në rasë
konzipieren konceptoj
Kooperation kooperim-i; bashkëveprim-i
Kooperative kooperativ|ë, -a
kooperieren kooperoj
kooptieren kooptoj
Koordinate koordinat|ë, -a
Koordination bashkërenditj|e, -a
koordiniert bashkërenditur, i/e
Kopenhagen *ON* Kopenhag|ë, -a
Kopf kok|ë, -a; kr|ye-t *n.*, *pl.* -erë-t; qyp-i, *pl.* -a-t; **sich den ~ zerbrechen** vras mendjen; **den ~ verlieren** hutohem; **~grind** qer|e, -ja; qeros|ë, -a; **~haar** flokë-t; **~hörer** kufj|e, -a; **~hörer aufsetzen** vë kufjet; **~kissen** jastëk-u, *pl.* -ë-t; nënkres|ë, -a; **~kissenbezug** këllëf jastëku; **~salat** marul|e, -ja; **~stimme** falset-i; **schwarzes ~tuch** jemení-a; máf|ër, -ra, *pl.* -ra-t; **~zerbrechen** kokëçarj|e, -a
Kopie kopj|e, -a
Kopier- kopjativ, -e; **~papier** letër kopjative
kopieren kopjoj
Kopierer aparat shumëfishimi
Koppel *mil.* rrip shpate
Kopula *spr.* këpuj|ë, -a, *pl.* -a-t
kopulativ *spr.* këpujor, -e
Koralle koral-i, *pl.* -e-t
Koran kuran-i *rel.*
Korb kosh-i, *pl.* -a-t; shport|ë, -a; *für Trauben* kofin-i, *pl.* -ë-t; **großer ~** garravel-i, *pl.* -a-t; **~ball** basketboll-i; **große ~flasche** *für Wein, Schnaps* damixhan|ë, -a
Kordel jétull-a, *pl.* -a-t; kordel|e, -ja
Kordon kordon-i, *pl.* -ë-t
Korea Koré-ja
Koreaner korean-i, *pl.* -ë-t
Korfu Korfuz-i
Korinth *ON* Korint-i
korinthisch korintik, -e
Korken tap|ë, -a; **~zieher** nxjerrës tapash
Kormoran karabullak-u, *pl.* -ë-t
Korn kók|ërr, -rra, *pl.* -rra-t; *Getreide* drith|ë, -i, *pl.* -ëra-t; grur|ë, -i; *Zielvorrichtung*

am Gewehr thep-i, *pl.* -a-t
Körnchen kokrriz|ë, -a
koronal *spr.* kunoror, -e; paragjuhor, -e
Körper trup-i, *pl.* -a-t; shtat-i; korp-i; ~ **abhärten** regj trupin; ~**erziehung** fizkultur|ë, -a; ~**größe** shtat-i; ~**haar** qim|e, -ja; ~**verletzung** *jur.* plagosj|e, -a
körperlich trupor, -e; fizik, -e
Korporal tetar-i, *pl.* -ë-t
Korporation korporat|ë, -a
Korps *mil.* kórpus-i, *pl.* -e-t; **konsularisches** ~ trupi kon sullor
Korpus *Gebäude* kórpus-i, *pl.* -e-t; *am Kreuz* korp-i *rel.*
Korreferat bashkëreferat-i, *pl.* -e-t
Korreferent oponent-i, *pl.* -ë-t
korrekt korrekt, -e
Korrektur ndreqj|e, -a; ~**fahne** korrektur|ë, -a; boc|ë, -a, *pl.* -a-t
Korrelation bashkëlidhj|e, -a
Korrespondent korrespondent-i, *pl.* -ë-t
Korrespondenz letërkëmbim-i; korrespondenc|ë, -a
Korridor korridor-i, *pl.* -e-t
korrigieren korrigjoj; ndreq
korroborativ *spr.* përforcues, -e
korrumpieren korruptoj
Korsett korsé-ja
Korsika Korsik|ë, -a
Koryphäe korifé-u, *pl.* -nj-të
Kose- përkëdhelës, -e
Kosmetik kozmetik|ë, -a; ~**salon** sallon kozmetike
kosmisch kozmik, -e
Kosmonaut kozmonaut-i, *pl.* -ë-t
Kosmopolit kozmopolit-i, *pl.* -ë-t
Kosmopolitismus kozmopolitiz|ëm, -mi
Kosmos kózmos-i
kosovarisch, kosovar, -e
Kosovo Kosov|ë, -a; ~ **Polje** Fushë-Kosovë; **aus** ~ kosovar, -e
kosten kushtoj; shijoj; provoj
Kosten kosto-ja; shpenzime-t
kostenlos fálas ⟨*adv*⟩
Kostüm *Damen* kostum-i
Kot të pëgërë-t; ujët e trashë
Kotangente *math* kotangjent|e, -ja
Kotelett bërxoll|e, -a; kotolet|ë, -a; ~**n** favorite-t
Kotor *ON* Kotorr-i
kotzen *vulg.* vjell *e/i/o*, volla, vjellë; **mir ist zum** ~ më gërditet
Kotzen *m. Umhang* zhgun-i, *pl.* -a-t; gun|ë, -a
Krabbe karkalec-i, *pl.* -a-t; gaforr|e, -ja; gërthj|e, -a

Krach katrahur|ë, -a; zallahí-a; degam|e, -ja
krachen uturij *nur 3. P.*; kërcas *a/e/i; s/t*; **der Blitz kracht** kërcëllon rrufeja
Krachen, das ~ uturim|ë, -a
Kraft forc|ë, -a; **außer ~ setzen** shfuqizoj; **in ~ treten** hyj në fuqi; **~fahrer** shofer-i, *pl.* -ë-t; automobilist-i; **~fahrzeug** automjet-i; automobil-i, *pl.* -a-t; makin|ë, -a; **~fahrzeugpark** autopar|k-u, *pl.* -qe-t; **~fahrzeugservice** shërbim automjetesh; **~stoff** benzin|ë, -a; **~verkehr** autotransport-i
kräftig fortë, i/e; fuqimisht ⟨*adv*⟩
kräftigen forcoj
Kräftigung forcim-i
Kragen jak|ë, -a, *pl.* -a-t; qáfëz-a
Krähe korb-i, *pl.* -a-t; sorr|ë, -a
Krakau *ON* Krakov-i
Krake oktapod-i, *pl.* -ë-t
Kralle th|ua, -oi, *pl.* -nj-të; kthét|ër, -ra, *pl.* -ra-t
Krämer bak|all-i, *pl.* -éj-të, -áj-të
Kramladen tregtiz|ë, -a
Krampf *med.* ngërç-i; spazm|ë, -a
Kran *Hebe~* vinç-i, *pl.* -a-t; *Wasserhahn* muslluk-u, *pl.* -ë-t; **~führer** vinçier-i, *pl.* -ë-t
krank sëmurë, i/e; ligsht ⟨*adv*⟩; **~werden** bie i sëmurë; **~e untersuchen** ekzaminoj të sëmurët
kränkend fyes, -e
Krankenhaus spital-i, *pl.* -e-t
Krankenölung *rel.* vojim-i
Krankenpflegerin, Krankenschwester infermier|e, -ja
Krankenstation *med.* infermierí-a
Krankenwagen autoambulanc|ë, -a
Krankheit sëmundj|e, -a
Kränkung fyerj|e, -a
Kranzkuchen kul|aç-i, *pl.* -eç-të
Krasis *spr.* kras-i
Krätze *med.* krom|ë, -a; zgjeb|e, -ja
kratzen kruaj *ua/o/u*; gërvisht; **sich ~** kruhem; **sich am Kopf ~** fërkoj tëmthat
kraulen ledhatoj
Kraulen *n.*, **Crawl-Stil** *spo.* krol-i; not krol
Krause kaçurrela-t
krausköpfig flokëkaçurrel, -e
Kraut bar-i, *pl.* -na-t; **wie ~ und Rüben** lesh e li; **~wikkel** dollmá-ja
Kräuter barna-t *m.*
Krawall degam|e, -ja; gjullurdí-a
Krawatte kravat|ë, -a; **~nna-**

del gjilpërë kravate
kreativ krijues, -e
Kreativität krijimtarí-a
Krebs gaforr|e, -ja; gërthj|e, -a; *med.* iriqi i zi; kancer-i
Kredit kredí-a; ~ **gewähren** akordoj kredí; kreditoj; ~**absprache** marrëveshje kredie
kreditieren kreditoj
Kredo krédo-ja
kregel brumç, -e
Kreis rreth-i, *pl.* -e-t; qar|k-u, *pl.* -qe-t; **nur im ~e der Familie** brendapërbrenda familjes; ~**lauf** cirkuit-i, *pl.* -e-t; rrethqarkullim-i; ~**laufstörung** *med.* çrregullim i qarkullimit të gjakut; ~**säge** *tech.* sharrë disk; ~**verkehr** trafik rrethor
kreischen zhangëlloj
Kreisel trafik rrethor
kreisen vërtitem; xhiroj
Krem krem-i, *pl.* -ra-t
Krematorium kremator-i
Krement ndajrritj|e, -a
Krempel gërdall|ë, -a
kreolisch kreol, -e
krepieren ngordh; cofur, i/e
Krepp krep-i
Kreta Kret|ë, -a
Kreuz kryq-i, *pl.* -e-t; *mus. erhöht um einen Halbton* diez-i, *pl.* -ë-t; ~**bein** kërbisht-i, *pl.* -e-t; ~**fahrer** kryqtar-i *hist.*; ~**hacke** sqepar-i
kreuz und quer tejembanë ⟨*adv.*⟩
kreuzen kryqëzoj; bastardoj; *bot.* hibridizoj
kreuzigen *rel.* kryqëzoj
Kreuzkatalog katalog-fjalor
Kreuzritterorden urdhri i kryqtarëve
Kreuzung kryqëzim-i; udhëkryq-i, *pl.* -e-t
Kreuzverweisung referim i ndërsjellë
Kreuzzug kryqëzat|ë, -a *hist.*
kriechen zvarritem
Kriecher dallkauk-u, *pl.* -ë-t
Kriechtier zvarranik-u, *pl.* -ë-t
Krieg luft|ë, -a
Kriegs- luftarak, -e; ~**gefallener** dëshmitar-i; ~**gefangener** rob-i, *pl.* -ër-it; ~**hetzer** luftënxitës-i; ~**schiff** luftanij|e, -a; ~**treiber** luftënxites-i; ~**verbrecher** kriminel lufte
kriegstreiberisch luftënxitës, -e
Krim, Halbinsel ~ Krimé ja
Kriminal- kriminal, -e
Kriminalist kriminalist-i, *pl.* -ë-t
Kriminalität kriminalitet-i
kriminell kriminal, -e
Krisis kriz|ë, -a
Kristall kristal-i, *pl.* -e-t; bilur-i

kristallin kristalor, -e
kristallisieren kristalizoj
kristallklar kristaltë, i/e
Kriterium kriter-i, *pl.* -e-t
Kritik kritik|ë, -a
Kritikaster kritizer-i, *pl.* -ë-t
Kritiker kritik-u, *pl.* -ë-t
kritisch kritik, -e
kritisieren kritikoj
kritzeln zhgrap
Kroatien Kroací-a
Krokodil krokodil-i, *pl.* -ë-t; **~stränen weinen** qaj me lotë grabofçi
Krone kuror|ë, -a, *pl.* -a-t; ombrell|ë, -a; *Münze* koron|ë, -a
krönen kurorëzoj
Krönung kurorëzim-i
Kropf gush|ë, -a
Kröte zhab|ë, -a; **männliche ~, Kröterich** zhaban-i, *pl.* -ë-t
Krug bot|e, -ja; brojc|ë, -a; poç-i, *pl.* -e-t; shtamb|ë, -a
Kruja Kruj|ë, -a; **aus ~ krutan, -e**
Krümel thërrim|e, -ja; grim|ë, -a; grimc|ë, -a
krumm shtrembër, i/e
Krummholzkiefer *bot.* hartin|ë, -a; klek|ë, -a
Krümmung përkulj|e, -a
Krüppel sakat-i, *pl.* -ë-t
Kruste krodh|ë, -a
Kryptochrist *hist.* laraman-i, *pl.* -ë-t

Kuba Kub|ë, -a
Kubaner kuban-i, *pl.* -ë-t
Kubik- kub, -e
Kubikmeter *cbm* metër kub
kubisch kub, -e
Kubismus kubiz|ëm, -mi
Küche kuzhin|ë, -a, *pl.* -a-t; **~nlatein** latinishte makaronike
Kuchen ëmbëlsir|ë, -a; **rundes ~blech** tepsí-a; **~kringel** kul|aç-i, *pl.* -eç-të
Kuckuck qyq|e, -ja
Küfer fuçibërës-i; fuçipunues-i; vozëtar-i
Küferei vozëtarí-a
Kugel fishek-u, *pl.* -ë-t; *Kanonen~* **gjyl|e-ja;** *aus Metall oder Elfenbein*, bil|ë, -a; **~hagel** breshëri plumbash; **~lager** *tech.* kushinetë me sfera; **~schreiber** stilolaps-i, *pl.* -a-t; **~stoßen** *spo.* shtytje e gjyles
kugelrund grumbullor, -e
Kuh lop|ë, -a, *pl.* -ë-t; **~ mit Spitzenerträgen an Milch** lopë rekordiste; **~handel** *fig.* pazarllëqe-t; **~hirt** lopar-i; çoban-i, *pl.* -ë-t
Kühl- ftohës, -e; **~kasten** akullmbajtës|e, -ja; **~maschine** makinë ftohëse; **~mittel** lëndë ftohëse; **~schrank** frigorifer-i, *pl.* -ë-t; **~ung** ftohj|e, -a; **~wasser** ujë për ftohje

kühlend ftohës, -e
Kühler *tech.* radiator i
kuhwarm vakur, i/e; **~e Milch** qumësht i vakur
Kult kult-i, *pl.* -e-t
kultivieren lëroj; kultivoj
kultiviert kulturuar, i/e
Kultur kultur|ë, -a; **~ verbreiten** masivizoj kulturën
Kultur- kulturor, -e; **~film** film dokumentar; **~gefälle** disnivel kulturor; **~palast** Pallati i Kulturës
kulturell kulturor, -e
Kümmel qimnon-i; *Schnaps* kumel-i
Kummer andrall|ë, -a; gajl|e, -ja; pikëllim-i; kob-i, *pl.* -ë-t; ligështí-a
Kümmerling bukamel-i, *pl.* -ë-t
Kumpanei tarafllë|k-u, *pl.* -qe-t
kumulativ, kumulierend grumbullues, -e
Kunde klient-i, *pl.* -ë-t; **~ndienstwagen** karroofiçin|ë, -a
kündigen shkarkoj; pushoj; lajmëroj largimin nga puna; *ök.* denoncoj
Kündigung *eines Vertrags* denoncim-i
Kundin klient|e, -ja
Kundschaft klientur|ë, -a
Kungelei frymë grupazhi; akrabällë|k-u, *pl.* -qe-t
Kunst art-i, *pl.* -e-t; **moderne ~** dekadentiz|ëm, -mi; **~akademie** akademi e arteve; **~faser** fibër sintetike; **~geschichte** historia arti
kunstbeflissen artdashës, -e
Künstler artist-i
künstlerisch artistik, -e
Künstlerwerkstatt atelié-ja
künstlich sajuar, i/e; artificial, -e; **~e Befruchtung** mbarsje artificiale
kunstliebend artdashës, -e
Kunstliebhaber dashamir i artit
Kunstmaler piktor-i
Kunstseide atllas-i, *pl.* -e-t
Kunstspringen kërcim artistik
Kunststoff plastmas|ë, -a; **aus ~** plastik, -e
Kupfer bak|ër, -ri; rem-i; **mit ~ überziehen** bakëroj; **~kanne** ibrik-u, *pl.* -ë-t; **~kessel** kazan-i, *pl.* -ë-t; **~platte** çarkí-a; **~sachen** bakëre-t *f. Pl.*; **~schmied** bakërpunues-i; **~staub** varak-u; **~stich** gravur|ë, -a; **~sulfat** *chem.* gurkali; **~teller** sahan-i, *pl.* -ë-t; **~töpfe** bakëre-t *f. Pl.*
Kuppel kubé-ja; kupol|ë, -a
Kuppler kodosh-i, *pl.* -ë-t
Kupplung friksion-i
Kur kur|ë, -a; **eine ~ machen** kuroj; **~klinik** sanatorium-

i, *pl.* -e-t; **~ort** vend klimaterik
Kurbel *tech.* manivel|ë, -a; **~welle** bosht transmisioni
Kürbis kúngu|ll-i, *pl.* -j-t
kuren kuroj
Kurier korrier-i, *pl.* -ë-t
kurieren mjekoj; kuroj; shëroj
Kuriosität kureshtí-a
Kurs kurs-i, *pl.* -e-t
Kürschner gëzofpunues-i; gëzoftar-i; lëkurëtar-i
Kürschnerei gëzoftor|e, -ja
kursiv kursiv, -e
Kursteilnehmer kursant-i, *pl.* -ë-t; kursist-i
Kursus kurs-i, *pl.* -e-t
Kurusch *türk. Münze* grosh-i, *pl.* -ë-t
Kurve kthes|ë, -a, *pl.* -a-t; dredh|ë, -a; *math.* lakor|e, -ja
kurz shkúrt|ër, i/e, *fpl.* -ra; shkurt ⟨*adv*⟩; **~ angebunden** fjalëshkurtër; **~ und bündig** shkúrtazi ⟨*adv.*⟩; **~ vor dem Untergang** në mbytje e sipër; **ein Vulkan kurz vor dem Ausbruch** një vullkan në shpërthim e sipër
Kürzel shkurtim-i; sig|ël, -la, *pl.* -la-t
kürzen thjeshtoj; shkurtoj; qeth
kurzfristig afatshkurtër
kurzhaarig flokëprerë
kurzlebig jetëshkurtër
Kurzschluß lidhje e shkurtër; *tech.* qark i shkurtër
kurzsichtig dritëshkurtër; *med.* miop, -e
Kurzsichtigkeit dritëshkurtësí-a; *med.* miopí-a
Kürzung shkurtim-i
Kurzwaren kinkalerí-a
Kurzwellen valë të shkurtra
Küste breg-u, *pl.* brigje-t; bregdet-i, *pl.* -e-t; anëdet-i; *mit schöner Aussicht* rivier|ë, -a
Küsten- bregdetar, -e; **~bewohner** bregdetas-i; bregdetar-i; **~gewässer** ujëra bregdetare; **~schiffahrt** kabotazh-i; lundrim bregdetar; **~tiefebene** ultësirë bregdetare
Küster *rel.* kishar-i
Kutsche karroc|ë, -a, *pl.* -a-t
Kutscher karrocier-i, *pl.* -ë-t
Kutte *rel.* zhgun-i, *pl.* -a-t
kutzovlachisch arumun, -e; arumanisht ⟨*adv*⟩
Kuvert zarf-i, *pl.* -e-t
kuwaitisch kuvajtjan, -e
Kybernetik kibernetik|ë, -a
Kykladen-Inseln Ciklade-t
Kyniker-Schule *phi.* cinizëm, -mi
kyrillisch cirilik, -e

L

Labe *Volksgruppe* l|ab-i, *pl.* -ébër-it
Labial *spr.* bashkëtingëllore buzore
labialisiert buzorëzuar, i/e
Labialisierung buzorëzim-i
Labiodental bashkëtingëllore buzëdhëmbore
Labiovelar *spr.* bashkëtingëllore buzoprapaqiellzore
labisch lab, -e
labisch labçe; labërisht ⟨*adv*⟩
Labor laborator-i
Laborant laborant-i
Laboratorium laborator-i
Labyrinth labirint-i, *pl.* -e-t
lächeln buzëqesh; nënqesh; bëj buzën në gaz
Lächeln gaz-i; buzagaz-i, *pl.* -e-t
lachen qesh
lächerlich, lachhaft qesharak, -e
Lachsforelle koran-i, *pl.* -ë-t
Lachtaube dudí-a; kumrí-a
Lack lak-u; lúst|ër, -ra
lackieren lakoj
Laden dyqan-i, *pl.* -e-t
Ladeprofil *naut.* gabarit-i
Laderaum hambar anijeje
Ladung ngarkes|ë, -a; **~sverzeichnis** manifest-i
Lage situat|ë, -a; *im Buch* fashikul|ll-i, *pl.* -j-t
Lager fushim-i; kamp-i, *pl.* -e-t; depo-ja, *pl.* -t; magazin|ë, -a; *tech.* kushinet|ë, -a; *Tiere* strofk|ë, -a; **revisionistisches ~** stan revizionist; **~arbeiter** magazinier-i, *pl.* -ë-t; **~halle** bunker-i, *pl.* -ë-t; **~schein** vërtetesë depozitimi; varrant-i; **~statt** krevat-i, *pl.* -e-t; **~ung** magazinim-i; **~wache** truprojë e fushimit
lagern magazinoj
lahm çalaman, -e; gjytyrym, -e
Lähmung paraliz|ë, -a
Laie diletant-i, *pl.* -ë-t
Laien- laik, -e
Lakai laké-u, *pl.* -nj-të
Laken çarçaf-i, *pl.* -ë-t
Lallwort *spr.* fjalë fëminore
Lamm qengj-i, *pl.* -a-t
Lampe llamb|ë, -a; **~nkugel** glob-i, *pl.* -e-t; **~nschirm** dritëprítës|e, -ja; kapuçi i llambës
Land vend-i, *pl.* -e-t; tok|ë, -a; **~adliger** be|j, -u, *pl* bej-ler-ë-t; **~besitz** myl|k-u, *pl.* -qe-t *hist.*; **~besitzer** çifligar-i, *pl.* -ë-t
landen ulem; bregëzohem; *mil.* zbarkoj; **~ lassen** bregëzoj
Landenge ist|ëm, -mi, *pl.*

-me-t
Landessitte, nach ~ vendçe ⟨*adv*⟩
Landesverrat tradhti-a ndaj atdheut
Landfahrer bredhacak-u; cergatar-i; arixhí-u
Landkarte hart|ë, -a
Landmann buj|k-u, *pl.* -q-it
Landmesser gjeomet|ër, -ri *pl.* -ra-t
Landscape-Format format gjerësor
Landschaft krahin|ë, -a, *pl.* -a-t; nahij|e, -a; vise-t
Landsmann atdhetar-i; bashkatdhetar-i
Landung akostim-i; ulj|e, -a; zbritj|e, -a
Landungs- zbarkues, -e; **~brücke** shkallë e zbritjes; **~schiff** *mil.* anije zbarkuese; **~steg** mol-i, *pl.* -e-t
Landwirt agronom-i, *pl.* -ë-t; **~schaft** ekonomi bujqësore; bujqësí-a
landwirtschaftlich bujqësor, -e
Landwirtschafts- agrar, -e; bujqësor, -e
Landzunge gjuhëz dheu; **felsige ~** kep-i, *pl.* -a-t
lang gjatë, i/e; **10 Jahre ~** dhjetë vjet rresht; **das Kleid hat zu lange Ärmel** fustani ka mëngët e gjata
Länge gjatësí-a; **~ des Urlaubs** kohëvazhdim i lejes; **~nmaß** masë gjatësie
lange për një kohë të gjatë; **kennen Sie ihn schon ~?** keni kohë që e njihni?; **mögest du ~ leben!** paç ymër!; **sind Sie schon ~ in Tirana?** keni kohë në Tiranë?
langfristig afatgjatë
langhaarig flokëgjatë
Langhaariger flokësh-i, *pl.* -a-t
langhalsig qafëgjatë
langhörnig brigjatë
langlebig jetëgjatë
längs gjatë ⟨+ *Abl*⟩
langsam ngadalsh|ëm, -me, i/e; dalëngadalë; kadalë; ngadalë ⟨*adv.*⟩; avash; javash ⟨*adv*⟩
Langstreckenlauf vrapim i distancave të gjata
langweilen bezdis; **sich ~** mërzitem
langweilig pa lyrë; *auch von Menschen* zbarët, i/e
langziehen zvarg
Lanze usht|ë, -a; hesht|ë, -a, *pl.* -a-t; mëzdrak-u, *pl.* -ë-t; shtiz|ë, -a
laotisch laosian, -e
Lappen pec|e, -ja; zhel|e, -ja
Lappland Laponí-a
Lärm zhurm|ë, -a; buçim|ë, -a; oshtim|ë, -a; batërdí-a; buj|ë, -a; gallat|ë, -a; gjullurdí-a; gurgulé-ja; ush-

tim|ë, -a; zallahí-a; **der ~ hat uns verrückt gemacht** na çmendi me atë zhurmë
lärmen oshtij *nur 3. P.*; zhurmëroj; zhurmoj; brambulloj; brambullij; ushtoj
lärmend zhurmët, -i/e; zhurmsh|ëm, -me, i/e; **~e Menge** gurgulé-ja
lärmig bujsh|ëm, -me, i/e
lärmschluckend zhurmëthithës, -e
Larve larv|ë, -a; krimbalesh-i, *pl.* -ë-t; vemj|e, -a
laryngal *spr.* laringal, -e
Laryngitis *med.* laringjit-i, *pl.* -e-t
Larynx laring-u
lasch amësht, i/e; ameshtiq, -e
lassen lë, lashë, lënë
Last barr|ë, -a; **~naufzug** vinç-i, *pl.* -a-t; **~kahn** maun|ë, -a; **~wagen** furgon-i, *pl.* -e-t; kamion-i, *pl.* -ë-t
lasten mëshoj; **~ auf** rëndoj mbi
Laster *m.* kamion-i, *pl.* -e-t
Laster *n.* ves-i, *pl.* -e-t
lästig neveritsh|ëm, -me, i/e; bezdissh|ëm, -me, i/e
Latein latinisht|e, -ja; **~amerika** Amerika Latine
lateinisch latin, -e; latinisht ⟨*adv*⟩
lateral *spr.* anësor, -e
Lateral *spr.* bashkëtingëllore anësore
Laterne kandil-i, *pl.* -a-t; fener-i, *pl.* -ë-t
Latifundie latifond-i, *pl.* -e-t
Latinismus *spr.* latiniz|ëm, -mi, *pl.* -ma-t
Latium Lacio-ja
lau vakët, i/e
Laub gjethe-t; **~ als Viehfutter schneiden** bëj dushk; **~ treiben** gjethoj; **~frosch** gargaliq-i, *pl.* -ë-t; **~krone** gjethnaj|ë, -a
Laube çardak-u, *pl.* -ë-t
Lauch *bot.* presh-i
Lauf vrap-i; vrapim-i; ecj|e, -a; **~ der Ereignisse** ecurí e ngjarjeve; **~bahn** karrier|ë, -a; **~katze** *tech.* vinçurë
laufen eci; vrapoj; **~der Monat** muaj në vazhdim; **~des Konto** llogari-a rrjedhëse
Läufer *Fußball* gjysmëmbrojtës-i; *Schach* oficer-i, *pl.* -ë-t
Lauheit vaktësí-a = vakësí-a
Laune mërzí-a; qejf-i, *pl.* -e-t; huq-i, *pl.* -e-t
Laus morr-i, *pl.* -a-t
Lausanne *ON* Lozan|ë, -a
lauschen përgjoj
Lauscher përgjues-i
laut zësh|ëm, -me, i/e; me zë të lartë; sipas ⟨+ *Abl*⟩
Laut tíngu|ll-i, *pl.* -j-t; **durch**

zwei Buchstaben dargestellter ~ dyshkrónjësh-i, *pl.* -a-t
Laut- fonetik, -e; **~bildung** *spr.* fonacion-i; **~gesetz** ligj fonetik
Laute *mit 8 Saiten* llaut|ë, -a; *Volksinstrument mit 1 Saite* lahut|ë, -a; ~ **des Hochlands** *Epos von Gjergj Fishta* Lahuta e Malcís; **~nbogen** *mus.* kular i lahutës
lautlich fonetik, -e
lautmalend, lautmalerisch *spr.* tingullimitues, -e
Lautmalerei onomatopé-ja
Lautmischung kras-i
Lautschrift *spr.* shkrim fonetik
Lautsprecher *tech.* altoparlant-i, *pl.* -e-t
Lautveränderung ndryshim fonetik
Lautverschiebung *spr.* përkalim bashkëtingëllor
Lautversetzung vendkëmbim-i
Lautwandel, Lautwechsel ndryshim fonetik
lauwarm vakët, i/e; ~ **machen** vak
Lava lav|ë, -a
Lawine ortek-u, *pl.* -ë-t
Le Havre *ON* Hav|ër, -ra
Leasing *ök.* qirá-ja
leben jetoj; rroj, -ta, -tur; gjalloj; gjëllij
Leben jet|ë, -a; jetes|ë, -a; **das ~ schwer machen** zymtoj jetën
lebendig gjallë, i/e; gjallsh|ëm, -me, i/e; ~ **machen** jetësoj
Lebendigkeit gjallërí-a
Lebens- jetësor, -e; **~alter** mosh|ë, -a; **~art** jetes|ë, -a; **~beschreibung** biografí-a; jetëshkrim-i; **~gefühl** botëndijim-i; **~mittel** haj|e, -a; buk|ë, -a, *pl.* -ë-t; ushqim-i; **~mittel-** ushqimor, -e; **~mittelgeschäft** ushqimor|e, -ja; **~weise** jetes|ë, -a; rroj|ë, -a
Leber mëlçí-a; *des Viehs* xhiger-i, *pl.* -ë-t; **~zirrhose** *med.* cirrozë e mëlçisë së zezë
lebhaft gjallë, i/e; gjallsh|ëm, -me, i/e; me gjallëri
Lebhaftigkeit gjallërí-a
Lebwohl! lamtumirë! *Grußformel*
Lebzeiten: zu seinen ~ për të gjallë
lecken lëpij; *Wasser verlieren* lagësoj
lecker shijsh|ëm, -me, i/e
Leder lëkur|ë, -a; **aus** ~ lëkurtë, i/e
ledern lëkurtë, i/e
ledig beqar, -e
leer bosh, -e; zbrazët, i/e;

bosh ⟨*adv*⟩; **~e Worte** fjalë të kota; **~en Bauch haben** zgropem
Leere boshësí-a; bosh-i, *pl.* -e-t; boshllëk-u; zbrazëtí-a
leeren boshatis; zbraz
Leerlauf *tech.* punim në boshllëk
leertrinken shpik
Leerung zbrazj|e, -a
legal legal, -e; ligjor, -e
legalisieren ligjoroj
legen vë *é/i*, vura, vënë; **der Wind hat sich gelegt** era ka rënë
legendär legjendar, -e
Legende legjend|ë, -a; gojëdhën|ë, -a
Legierung aliazh-i, *pl.* -e-t
legislativ legjislativ, -e
Legislaturperiode *einer Körperschaft* legjislatur|ë, -a
legitim ligjor, -e
Lehen *Besitz eines Spahis* timar-i, *pl.* -e-t *hist.*
Lehm argjil|ë, -a; **~ziegel** plithar-i; qerpiç-i, *pl.* -ë-t
Lehnübersetzung kalkim-i; kalk-u, *pl.* -e-t
Lehnwort fjalë e huazuar
Lehrbuch libër mësimi; **hektographiertes ~** dispens|ë, -a
lehren arsej *e/ye*; arsimoj
Lehrer mësues-i; arsimtar-i; *in einer Medrese* myderriz-i, *pl.* -ë-t; **ein beliebiger ~** një mësues dosido; **~bildungsanstalt** shkollë normale *hist.*
Lehrerin mësues|e, -ja
Lehrgang kurs-i, *pl.* -e-t
Lehrjunge fiçor-i, *pl.* -ë-t
Lehrling nxënës në profesion
Lehrsatz teorem|ë, -a
Lehrstuhl kated|ër, -ra
Leib trup-i, *pl.* -a-t; *rel.* korp-i
Leibchen barkor|e, -ja; kanatier|e, -ja
Leibeigener bujkrob-i, *pl.* -ër-it
Leibeigenschaft bujkrobërí-a
Leibgarde truproj|ë, -a; karakoll-i, *pl.* -ë-t
Leibwäsche ndërresa-t *f.*
Leiche kufom|ë, -a; **aufgebahrte ~** xhenaz|e, -ja *muslim.*
leichenblaß werden bëhem meit; **er wurde leichenblaß** u bë dyllë i verdhë
Leichenhalle, Leichenhaus kufomor|e, -ja; morg-u
Leichentuch *muslimisch* qefin-i, *pl.* -ë-t
Leichenverbrennungsanstalt kremator-i
Leichenzug kortezh i përmortshëm
Leichnam kufom|ë, -a
leicht lehtë, i/e; kollaj ⟨*adv*⟩; **~ verderblich** që prishet

shpejt; ~ **zerbrechliche Tasse** filxhan i brishtë; **es ~ haben** kam të lehtë; **es geht ihm ~ von der Hand** i vjen ndoresh; **~e Schuhe** këpucë hafife; **~es Essen** gjellë hafife
Leichtathlet atlet-i
Leichtathletik atletik|ë, -a
Leichtathletin atlet|e, -ja
leichtathletisch atletik, -e
Leichter *naut.* maun|ë, -a
leichtfertig *jur.* me mendjelehtësi
Leichtfertigkeit mendjelehtësí-a
Leichtsinn mendjelehtësí-a
leichtsinnig firifiu; **~ sein** e ka kokën cakërr
leiden vuaj; lëngoj; ahoj; pësoj; sfilitem; **an Altersschwachsinn ~** matufosem
Leiden breng|ë, -a; vuajtj|e, -a
Leidenschaft afsh-i; pasion-i
leidenschaftlich epshor, -e
leider fatkeqësisht; mjerisht *adv*; më vjen keq
leidgeprüft kusuremadh, -e; kusureshumë; **~e Frau** hallexhesh|ë, -a; **~er Mensch** hallexhí-i, *pl.* -nj-të
leidtun dhimbsem; **das tut mir leid** më vjen keq; më dhimbset
leihen huazoj; huaj
Leihfrist afat i dorëzimit; afat i huazimit
Leihgeber húajtës-i
Leim ngjitës|e, -ja; zamk|ë, -a
leimen ngjis *s/t*
Leinen lino-ja; li-ri; **~einband** lidhje me pëlhurë
Leinwand ekran-i, *pl.* -e-t
Leipzig *ON* Lajpcig-u
leise qétas; qétazi ⟨*adv*⟩
leisten *Hilfe* jap, jep, dhashë, dhënë
Leisten, der ~ kallëp-i, *pl.* -e-t
Leitartikel krycartíkull-i
leiten administroj; dirigjoj; kryesoj; drejtoj; përçoj
Leiter drejtor-i, *pl.* -ë-t; shef-i, *pl.* -a-t; drejtues-i; kryetar-i; administrator-i
Leitfaden udhëzues-i
Leitkarte skedë drejtuese
Leitlinie direktiv|ë, -a; orientim-i
Leitmotiv *mus. spr.* lajtmotiv-i
Leitung *Draht~* tel-i, *pl.* -a-t; *tech.* tubacion-i; *Führung* drejtorí-a; udhëheqj|e, -a; kryesí-a; *Telefon* linj|ë, -a; **~swasser** ujë natyral
Lek *alb. Währungseinheit* lek-u, *pl.* -ë-t
Lektion mësim-i
Lektüre lexim-i; **er versank in der ~** u zhyt në lexim
Lemberg *ON* Lvov-i

Lemma *spr.* fjalë títull
Lende ij|ë, -a
Lenierung *spr.* lenicion-i
Leninismus leniniz|ëm, -mi
lenken drejtoj
Lenkrad timon-i, *pl.* -ë-t
Lenkung *tech.* sistem drejtimi
Leopard leopard-i, *pl.* -ë-t
Lerche lauresh|ë, -a
lernen mësoj
lesen lexoj; këndoj; *Messe* meshoj; *Wein* vjel *e/i/o*; **~ und Schreiben** shkrim-lexim-i
Leser lexues-i
Lesesaal sallë e leximit
Lethargie letargjí-a
Lettland Letoní-a
Lettner ikonostas-i, *pl.* -e-t
letzter fundit, i/e; **letzten Endes** tekefundit ⟨*adv*⟩
Leu *Löwe* asllan-i, *pl.* -ë-t *veralt*
Leuchte llamb|ë, -a, *pl.* -a-t; kandil-i, *pl.* -a-t
leuchten ndriçoj; zbardh; zbardhoj
Leuchten, das ~ ndriçim-i
leuchtend ndritur, i/e; **~ rot** all, -e
Leuchter llambadar-i; shandan-i; kandiler-i, *pl.* -ë-t; dorës-i, *pl.* -a-t
Leuchtrakete fishekzjarr-i; *mil.* raketë dritëhedhëse
Leuchtturm fanar-i, *pl.* -ë-t; far-i, *pl.* -e-t; fener-i, *pl.* -ë-t
Leukämie *med.* leucemí-a
Leukoplast leukoplast-i
Leute bot|ë, -a; **alle ~** gjithë bota; **kleine ~** vegjëlí-a
Leutnant *mil.* toger-i, *pl.* -ë-t
leutselig begenisur, i/e; bejendisur, i/e; foleqesh
Leutseligkeit begení-a
Lexem *spr.* leksem|ë, -a
Lexik *f.* leksik-u
lexikalisch leksikor, -e
Lexikalisierung leksikalizim-i
lexikographisch leksikografik, -e
Lexikologie leksikologjí-a
Lexikon fjalor-i; *spr.* fjalës-i
Libanese libanez-i
Libanon Liban-i
Liberalismus liberaliz|ëm, -mi
Liberia Liberí-a
Libero *spo.* qendërmbrojtës i lirë
Libretto *mus.* libret-i, *pl.* -e-t
Libyen Libí-a
Libyer libian-i
Licht drit|ë, -a; **das ~ einschalten** ndez elektrikun; **grünes ~ geben für etw.** hap dritat jeshile
Lichtbild fotografí-a
lichtempfindlich dritëndjesh|ëm, -me, i/e
lichten: den Anker ~ çoj spirancën

Lichtjahr vit-dritë, *pl.* vjet-dritë
Lichtmaschine dinámo-ja
Lichtspielhaus kinemá-ja
lieb dashur, i/e; shtrenjtë, i/e
Liebe dashurí-a; dhemb-shurí-a; **~sbrief** letër e dhembshur
Liebelei dashuriçk|ë, -a
lieben dua, do, desha, dashur; dashuroj; dhimbsem; **er liebte sie wahnsinnig** e dashuronte çmendurisht; **sie liebten sich wie Brüder** duheshin si vëllézër
liebevoll dhembshur, i/e
Liebhaber dashamir-i; qejflí-u, *pl.* -nj-të; dashnor-i; amator-i, *pl.* -ë-t; ashik-u, *pl.* -ë-t
Liebhaberin qejflesh|ë, -a; dashnor|e, -ja
liebkosen osh; ledhatoj; zbunoj; bëj xhan
liebkosend përkëdhelës, -e
Liebkosung ledh|ë, -a
Liebschaft dashuriçk|ë, -a
Liechtenstein Lihtenshtajn-i
Lied këng|ë, -a; avaz-i
Lieferant furnitor-i; furni-zues-i
Lieferdatum datë e dorëzimit
liefern furnizoj; livroj
Lieferung furnizim-i; fashi-ku|ll-i, *pl.* -j-t; **~swerk** botim në fashikuj
Liege dyshek-u, *pl.* -ë-t; **~geld** *für Schiffe* kundër-stalí-a; **~kur** kurë shtrirë; **~platz** vend ankorimi; **~stuhl** shezlong-u
liegen rri shtrirë; **~ nach** bie nga; **das Problem liegt hier** problemi qëndron këtu
Liftboy ashensorist-i
Liga lig|ë, -a; lidhj|e, -a
Ligatur ligatur|ë, -a
Liguster *bot.* vósht|ër, -ra, *pl.* -ra-t
Likör liker-i
lila lejla; ngjyrë lejla
Lilie zambak-u, *pl.* -ë-t
Lille *ON* Lil-i
Lima *ON* Lim|ë, -a
Limit ca|k-u, *pl.* -qe-t
Limitierung kufizim-i
Linde bli-ri, *pl.* -ë-t; **~nwald** blinisht|ë, -a
Lineal vizor|e, -ja
lineare linear, -e; drejtvizor, -e; **~ Aktionsart** *spr.* pamje e vijimësisë
Lingua franca gjuhë franke
lingual *spr.* gjuhor, -e
Linguist gjuhëtar-i, *pl.* -ë-t
Linguistik gjuhësí-a
Linie linj|ë, -a; vij|ë, -a; viz|ë, -a; rav|ë, -a; *Schiff-fahrt* rot|ë, -a; **~nmaschine** avion i linjës
link majtë, i/e; mëngjër, i/e
links majtas ⟨*adv.*⟩; **~abweichlerisch; linksradikal** majtist, -e

Linksopportunismus; Linksradikalismus majtiz|ëm, -mi
Linotype linotip-i, *pl.* -e-t
Linse *bot.* grosh|ë, -a, *pl.* -ë-t; thjerrëz-a; *opt.* lent|e, -ja
Linzenz lej|e, -a
Lippe buz|ë, -a; **~nstift** të kuq-të buzësh
Liquida *spr.* bashkëtingëllore e lëngët
liquidieren shlyej; likuidoj
Liquidierung likuidim-i
Liquidität *ök.* gjendje arke
Lira *ital. Währung* liret|ë, -a; lir|ë, -a
lispeln thuthuqëzoj
Lissabon *ON* Lisbon|ë, -a
List dhelpërí-a; kopilí-a; marifet-i, *pl.* -e-t; dinakërí-a; dredhí-a; hil|e, -ja
Liste list|ë, -a
listig dinak, -e; dhelparak, -e; dhelpërisht ⟨*adv*⟩; **~ sein** dredhoj
Litanei *rel.* litaní-a
Litauen Lituaní-a
Litauer lituan-i
Liter lít|ër, -ri, *pl.* -ra-t; **10 ~** dekalit|ër, -ri, *pl.* -ra-t
literarisch letrar, -e
Literatur letërsí-a; **~kritik** kritik|ë, -a
Litho, Lithographie litografí-a
Liturgie *rel.* liturgjí-a
Litze *f.* gajtan-i, *pl.* -ë-t
livresk libror, -e
Lizenz licenc|ë, -a
Lob lavdí-a; lavd-i, *pl.* -e-t; lëvdat|ë, -a
loben lavdëroj; lavdoj; lëvdoj
lobhudeln bëj elozhe
Lobspruch elozh-i, *pl.* -e-t; **Lobsprüche ohne Wert** dëngla-t *f. Pl.*
Loch vrim|ë, -a; grop|ë, -a, *pl.* -a-t; bic|e, -ja; strofk|ë, -a
Locken rica-t; kaçurrela-t; **~wickler** bigudí-a
locker çlirët, i/e; **~er Einband** lidhje e dobësuar
lockern labërgoj
Loden shajak-u; **~mantel** cibun-i, *pl.* -e-t; cibun|e, -ia; **~umhang** gun|ë, -a
lodern brambulloj; brambullij
Löffel lug|ë, -a, *pl.* -ë-t
Loge lozh|ë, -a
Loggia çardak-u, *pl.* -ë-t
logieren buj, -ta, -tur
Logik logjik|ë, -a
logisch logjik, -e; logjiksh|ëm, -me, i/e; **~ denkend** logjiksh|ëm, -me, i/e; **~e Sache** gjë e logjikshme
Lohn pag|ë, -a; rrog|ë, -a; **~abrechnungsschein** fletëpages|ë, -a
lohnend rentab|ël, -le
lokal vendit, i/e; *spr.* vendor, -e

Lokalsatz fjali vendore
Lokomotive lokomotiv|ë, -a, *pl.* -a-t
Lokoware *ök.* mall në gjendje
Lokum llokum-i, *pl.* -e-t
Lokus *vulg.* halé-ja; qenef-i
Lombardei Lombardí-a
London *ON* Lond|ër, -ra
Lorbeer *bot.* dafin|ë, -aj lar-i
Lorbeer- dafintë, i/e; **~baum** dafin|ë, -a; lar-i; **~kranz** kurorë dafine; kurorë e dafintë
Los Angeles *ON* Los Anxhelos-i
los! obúrrani! *Int.*; *spo.* nisu!; hajdeni *Int.*; nejse; **~ auf den Feind!** oburrani, bjerini armikut!
Los *ök.* partí-a
lösbar zgjidhsh|ëm, -me, i/e; **~es Problem** problem i zgjidhshëm
löschen fik; shuaj; *ök.* shkarkoj; shlyej
Löschkalk gëlqere e shuar
Löschpapier letër thíthëse; letërthithës|e, -ja
Löschung *ök.* shkarkim-i
lose shqitur, i/e; çlirët, i/e; **~s Blatt** fletë e shqitur
lösen labërgoj; zbërthej *e/ye*; **den Knoten ~** zgjidh kombin
loslassen lëshoj
loslösen shkëpus *s/t*; shqit
Loslösung shkëputj|e, -a; **~ der Theorie von der Praxis** shkëputja e teorisë nga praktika
lossagen, sich ~ von zhbëhem me
lossprechen dëlir
Losung deviz|ë, -a; parull|ë, -a
Lösung zgjidhj|e, -a; *chem.* tretësir|ë, -a; solucion-i; **~smittel** solucion-i
Lot plumbç-i, *pl.* -a-t; plumbç|e, -ja; qerpí-a; **er ist aus dem ~** s'është në terezi
löten saldoj me kallaj
Lotion locion-i
Lötkolben haví-a
Lotse pilot-i, *pl.* -ë-t; pilot i portit
Lotterie lotarí-a
Louisiana Luizian|ë, -a
Löwe luán-i, *pl.* -ë-t; **~nmaul, ~nmäulchen** *bot.* gojasllan-i, *pl.* -ë-t; gojujku; gojëluán-i, *pl.* -ë-t; lulegoj|ë, -a
Loyalität besnikërí-a
LPG = landwirtschaftliche Produktionsgenossenschaft kooperativë bujqësore; kolkoz-i, *pl.* -e-t;
Lücke boshllëk-u; munges|ë, -a; bosh-i, *pl.* -e-t; arallë|k-u, *pl.* -qe-t; **~n füllen** mbush boshet

Luft aj|ër, -ri; er|ë, -a; **keine ~ bekommen** mekem
Luft- ajror, -e; ; **~angriff** inkursim ajror; **~ballon** fluturush|ë, -a; **~druck** presion atmosferik; presion ajri; **~fahrt** aviacion-i; **~fahrtgesellschaft** shoqëri ajrore; **~kurort** qendër klimaterike; **~matratze** dyshek me ajër; **~post** postë ajrore; **~raum** hapësirë ajrore; **~röhre** gabzherr-i, *pl.* -ë-t; **~schacht** oxhak-u, *pl.* -ë-t; **~schutz** mbrojtje kundërajrore; mbrojtje civile; **~schutzraum** vendstrehimi; **~zug** rrymë ajri; er|ë, -a
Lüftchen fllad-i, *pl.* -e-t
lüften ajroj; ajros
Lüftung ajrim-i; ajrosj|e, -a
Lüge gënjesht|ër, -ra
lügen gënjej; rrej
Lügner gënjeshtar-i
lügnerisch gënjeshtërt, i/e; rremash, -e
Luke kapanxh|e, -a; **~nzertifikat** *ök* vërtetesë ngarkese në hambar të anijes
Lump batakçi-u, *pl.* -nj-të; húdh|ër, -ra, *pl.* -ra-t; edepsëz-i; maskar|á-i, *pl.* -enj-të; rezil-i, *pl.* -ë-t
Lumpen leck|ë, -a, *pl.* -a-t; **~proletariat** lumpenproletariat-i
Lunchpaket pako ushqimi
Lunge mushkërí-a
Lunte fitil-i, *pl.* -a-t
Lust qejf-i, *pl.* -e-t; ëndj|e, -a; epsh-i, *pl.* -e-t; **~ haben auf** tekem; **~film** kinokomedí-a; **~spiel** komedí-a; **~spieldichter** komediograf-i
lustwandeln gjezdis
Lüstling ashik-u, *pl.* -ë-t; lakmitar-i; lakmues-i
Lüttich *ON* Liezh-i
Luxemburg *ON* Luksemburg-u
luxuriös luksoz, -e
Luxus luks-i, *pl.* -e-t
Luzerne *bot.* jonxh|ë, -a; **~nfeld** jonxhisht|ë, -a
Lvov *ON* Lvov-i
Lymphe *med.* limf|ë, -a; ujth-i; **~knoten** nyjë limfatike
Lyon *ON* Lion-i
Lyrik lirik|ë, -a
lyrisch lirik, -e

M

machen bë|j, -ra, -rë; **Überstunden ~** punoj me orar të zgjatur; **macht euch bereit!** bëhuni hazër!

Macht pushtet-i; fuqí-a
mächtig fuqish|ëm, i/e
machtvoll fuqimisht ⟨*adv*⟩
Mädchen vajz|ë, -a; vash|ë, -a; cuc|ë, -a; çup|ë, -a; goc|ë, -a; keç|e, -ja; çik|ë, -a; ~ **oder Junge?** mashkull a femër?; **ein klasse** ~ një deli vajzë
Made veth-i, *pl.* -ë-t; vemj|e, -a; krimbalesh-i, *pl.* -ë-t
Madrid *ON* Madrid-i
Magazin depo-ja, *pl.* -t; magazin|ë, -a; *Zeitschrift* revistë e ilustruar; *Schußwaffe mil.* gush|ë, -a
Magaziner magazinier-i, *pl.* -ë-t
magazinieren magazinoj
Magazinierung magazinim-i
Magellan-Straße ngushtica e Magelanit
Magen stomak-u, *pl.* -ë-t
Magen- gastrik, -e; ~**beschwerden** trazirë në stomak; ~**bitter** fërnet-i; ~**geschwür** ulcerë e stomakut
Magie magjí-a
Magier magjistar-i
magisch magjik, -e
Magma magm|ë, -a
Magnesium *chem.* magnez-i
Magnet magnet-i, *pl.* -e-t
magnetisch magnetik, -e
magnetisieren magnetizoj
Magnetismus magnetiz|ëm, -mi
Magnetophonband magnetofon-i
Mahd kos|ë, -a; korrj|e, -a
Mähdrescher kombajn|ë, -a; **selbstfahrender** ~ autokombajn|ë, -a; ~**-Fahrer** kombajner-i
mähen korr; kosis *s/t*
Mäher kosëtar-i; kositës-i
mahlen bluaj
Mahlzeit buk|ë, -a, *pl.* -ë-t
Mähne krësht|ë, -a
Mahngebühr kamatëvones|ë, -a
Mähren Moraví-a
Mai maj-i; ~**feier** festë e Majit; ~**fisch** kub|ël, -la, *pl.* -la-t; ~**glöckchen** *bot.* drékëz-a
Mailand *ON* Milano-ja
Main *FN* Majn-i
Mais *bot.* mis|ër, -ri; ~**brei** mëmëlig|ë, -a; ~**brot** babanac|e, -ja
Maizena niseshté-ja
Majestät lartmadhërí-a
majestätisch madhështor, -e
Major major-i, *pl.* -ë-t
Majoran *bot.* manxuran|ë, -a; rigon-i
Majuskel *spr.* shkronjë e madhe
makaber makabër
Makedonien Maqedoní-a
makedonisch maqedonas, -e; maqedonisht ⟨*adv*⟩; ~**e Sprache** maqedonisht|e, -ja

Makel leq|e, -ja; cen-i, *pl.* -e-t; damk|ë, -a
Makkaroni makarona-t *f.*
makkaronisch *spr.* makaronik, -e
Makler broker-i; **~gebühr** kurtazh-i, *pl.* -e-t
Mal her|ë, -a; hop-i, *pl.* -e-t
mal herë; **mal ... mal** herë ... herë; **fünf ~** pesë herë
Malaria *med.* malari|e, -a; **~-Fliege** anofel|e, -ja
malariakrank malarik, -e
Malaysia Malajzí-a
malen lyej
Maler bojaxhí-u; piktor-i
Malerei piktur|ë, -a
Mallorca Majork|ë, -a
malnehmen shumëzoj
malochen vardoj
Malta Malt|ë, -a; **aus ~** maltez, -e
Malve *bot.* mëllag|ë, -a
Mama mamá-ja; mámi
manchmal nganjëherë ⟨*adv*⟩
Mandarin *Beamter* mandarin-i, *pl.* -ë-t
Mandarine *bot.* mandarin|ë, -a
Mandat mandat-i, *pl.* -e-t
Mandel bajam|e, -ja; **~baumpflanzung** bajamisht|ë, -a; **~hain** bajamisht|ë, -a
Mandoline *mus.* mandolin|ë, -a; *zweisaitig* çiftelí-a; *mit 4 Paar Saiten* ut-i, *pl.* -e-t
Mandragora *bot.* madërgon|ë, -a; duhan i egër
mandschurisch mançurian, -e
Mangel defekt-i; cen-i, *pl.* -e-t; met|ë, -a, e; munges|ë, -a; yçk|ël, -la, *pl.* -la-t
mangelhaft eksiq; cenuar, i/e; metë, i/e; **~e Vorbereitung** përgatitje e çalë
Mängelware *ök.* mall skarco
Mangold *bot.* bif|ë, -a
Manier mënyr|ë, -a
Manifest manifest-i
Maniküre manikyr-i
Mann burr|ë, -i, *pl.* -a-t; máshkull-i, *pl.* méshkuj-t; **~werden** zburritem; **junger ~** djalosh-i, *pl.* djelmosha-t; **stattlicher ~** burran-i, *pl.* -ë-t; **wie unter Männern** burrni për burrni
Männchen máshkull-i, *pl.* méshkuj-t
Mannequin manekin|e, -ia
mannhaft burrërisht ⟨*adv*⟩
Mannhaftigkeit burrní-a
Mannigfaltigkeit shumëllojshmërí-a
männlich mashkullor, -e
Mannschaft ekip-i, *pl.* -e-t; skuad|ër, -ra
Mannskerl burr|ë, -i, *pl.* -a-t
Manometer manomet|ër, -ri
Manöver manov|ër, -ra, *pl.* -ra-t; lojë ushtarake
manövrieren manovroj

Manschette manshet|ë, -a; dorëz-a; **~nknöpfe** kapëse manshetash
Mantel pallto-ja; pardesy-ja; mantel-i, *pl.* -e-t; *eines Reifens* koperton-i, *pl.* -ë-t; **leichter ~** mantó-ja; **den ~ verlängern** zgjatoj pallton
Mäntelchen *fig.* xhybe, -ja
Mantua *ON* Mantov|ë, -a
Manufaktur manifaktur|ë, -a
Manuskript dorëshkrim-i
Marathon *ON* Maraton|ë, -a; **~lauf** *spo.* maraton|ë, -a; **~läufer** maratonist-i
Märchen përrall|ë, -a
Märchen-, **märchenhaft** përrallor, -e
Marder fishnjar-i, *pl.* -ë-t
Margarine margarin|ë, -a
Marge marzh-i
marginal skajor, -e; anësor, -e
Marine marin|ë, -a; **~infanterist** desant-i, *pl.* -ë-t
Marionette lod|ër, -ra; manekin-i, *pl.* -ë-t
Mark [DM] mark|ë, -a
Marke shenj|ë, -a, *pl.* -a-t; mark|ë, -a
markiert tiparizuar, i/e
Markt pjac|ë, -a; tre|g-u, *pl.* -gje-t; *Tiere u. Lebensmittel* pazar-i, *pl* -e-t; **~gewölbe** bezistan-i, *pl.* -e-t; **~halle** treg i mbuluar; **~platz** pjac|ë, -a; pazar-i, *pl.* -e-t; **~viertel** çarshí-a *hist.*
Marmara-Meer Marmará-ja
Marmelade marmelat|ë, -a; glikó-ja
Marmor mermer-i, *pl.* -ë-t; **aus ~, marmorn** mermertë, i/e
Marokko Marok-u
Marsch marsh-i, *pl.* -e-t; **~route** itinerar i marshimit; **~wiese** ligatin|ë, -a
Marschall mareshal-i, *pl.* -ë-t
marschieren marshoj
Marseille *ON* Marsej|ë, -a
Martinique Martinik|ë, -a
Martinshorn siren|ë, -a
Märtyrer martir-i, *pl.* -ë-t; dëshmor-i, *pl.* -ë-t; dëshmitar-i
Marxismus marksiz|ëm, -mi
Marxist marksist-i
marxistisch marksist, -e
Maryland Merilend-i
März mars-i
Maschine makin|ë, -a; aparat-i, *pl.* -e-t; **die ~n** makinerí-a
Maschinenbau ndërtim makinash
Maschinenbau- makinandërtues, -e; **~industrie** industri-a makinandërtuese
Maschinengewehr mitraloz-i, *pl.* -a-t
Maschinenschreiberin daktilografist|e, -ja
maschinenschriftlich daktilo-

grafuar, i/e
Maschinerie makinerí-a
Maschinist makinist-i
Masern *med.* fruth-i
Maske mask|ë, -a; **~nball** ballo me maska; **~rade** maskarad|ë, -a; grim-i
maskieren maskoj; **maskiert** i veshur tebdil
maskulin *spr.* mashkullor, -e
Massage masazh-i
Massaker masak|ër, -ra, *pl.* -ra-t; vrasí-a; therj|e, -a
massakrieren masakroj; ther
Massen- masiv, -e; **~artikel** mallra të konsumit të gjerë; **~gut** rinfuzo-ja; **~szene** skenë masive; **~verbrauchsgüter** mallra të konsumit të gjerë; **~versammlung** mitin|g-u, *pl.* -gje-t
massenhaft masiv, -e
Masseur masazhator-i
Mast direk-u, *pl.* -ë-t
Mastdarm *med.* zgurdh|ë, -a
mästen majm; ngjall; vel
Masut *Brennstoff* mazut-i
Match *spo.* ndeshj|e, -a
Material material-i, *pl.* -e-t
Materialismus materializ|ëm, -mi
Materie materi|e, -a
materiell material, -e
Mathematik matematik|ë, -a
Mathematiker matematikan-i
mathematisch matematik, -e
Matratze minder-i, *pl.* -e-t; dyshek-u, *pl.* -ë-t
Matriarchat matriarkat-i
Matrikel amz|ë, -a; matríku|ll-i, *pl.* -j-t
Matrize matric|ë, -a
Matrose anijetar-i; detar-i, *pl.* -ë-t; marinar-i
Matt *Schach* mat-i
Matte hás|ër, -ra, *pl.* -ra-t; dyshek-u, *pl.* -ë-t; rrogoz-i, *pl.* -a-t
Matura matur|ë, -a
Mauer mur-i, *pl.* -e-t
mauern muroj; muros
Maul goj|ë, -a; qep-i, *pl.* -a-t; sqep-i
Maulbeerbaum, Maulbeere *bot.* man-i, *pl.* -a-t
Maulesel mushk|ë, -a
Maulwurf urith-i, *pl.* -ë-t; **~sgrille** búsht|ër, -ra, *pl.* -ra-t
Maurer murator-i; **~gehilfe** llac-i, *pl.* -ë-t
Mauretanien Mauritani-a
Maus mi-u, *pl.* -nj-të
Mäuschen minuk-i, *pl.* -ë-t; miush-i, *pl.* -ë-t
Mausoleum mauzolé-u; tyrb|e, -ja *hist.*
Mautgebühr, Mautgeld taksë kalimi
Mauthausen *ON* Mathauzen-i
maximal maksimal, -e
Mayonnaise majonez|ë, -a

Maß *n.* mas|ë, -a; matj|e, -a; përmas|ë, -a; **~nahme mas|ë, -a; ~nahmen ergreifen** marr masa; **~regel** mas|ë, -a; **~stab** shkall|ë, -a
mäßig mesatar, -e; arsyesh|ëm, -me, i/e; **~er Verkauf** shitje e dobët
Mechanik mekanik|ë, -a
Mechaniker mekanik-u
mechanisch mekanik, -e
mechanisieren mekanizoj
Mechanismus mekaniz|ëm, -mi
Meckerfritze kritizer-i, *pl.* -ë-t
Medaille medalj|e, -a
Mediation ndërmjetësí-a
Medikament ilaç-i, *pl.* -e-t
Medina *ON* Medin|ë, -a
Mediopassiv *spr.* mesore-pësore
mediterran mesdhetar, -e
Medium *spr.* mesor|e, -ja; diatezë mesore
Medizin mjekësí-a; *Arznei* barna-t
Meer det-i, *pl.* -e-t; **~äsche** qéfu|ll-i, *pl.* -j-t; **~enge** ngushtic|ë, -a; **~schweinchen** derrkuc Indie; **~wasser** ujë deti
Meeting tubim-i; mitin|g-u, *pl.* -gje-t
Mehl miell-i
mehlig míellt, i/e
mehr më; më tepër; **fünfmal ~** pesë hise më shumë; **~bändig** shumëvëllimësh, -e
Mehrbetrag tepric|ë, -a
Mehrdeutigkeit shumëkuptimësí-a
Mehrprodukt *ök.* mbiprodukt-i
mehrseitig shumëpalësh, -e; **~e Handelsvereinbarung** konventë tregtare shumëpalëshe
mehrsilbig shumërrokësh, -e
mehrsprachig shumëgjuhësh, -e
Mehrwert *ök.* mbivler|ë, -a
Mehrzahl shumic|ë, *pl.* a-t; *spr.* shumës-i
Meile [M] milj|e, -a
mein im, *f.* ime; **~ Lieber!** more djalë; **~e Herren!** zotërinj!
Meineid betim i rremë; **einen ~ leisten** shpërbetohem; shpërbehem
meinen nënkuptoj; pandeh; kujtoj; **man meint damit** nënkuptohet
Meinung opinion-i; **~sverschiedenheit** mosmarrëveshj|e, -a
Meistbegünstigungsklausel *ök.* e drejtë e kombit më të favorizuar; klauzolë e kombit më të favorizuar
meistens më së shumti
Meister mjésht|ër, -ri, *pl.* -r-

it; *spo.* kampion-i, *pl.* -ë-t; **~schaft** zotësí-a; *spo.* kampionat-i, *pl.* -e-t
Meißel dalt|ë, -a
meißeln daltoj; latoj
Mekka *ON* Mek|ë, -a; **~-Pilger** haxhí-u, *pl.* -nj-të
Melancholie melankolí-a
melancholisch melankolik, -e
Melasse melas|ë, -a
melden lajmëroj
Melder lajmëtar-i; ndërlidhës-i
Meldung kallëzim-i; lajm-i, *pl.* -e-t
Melioration bonifikim-i
meliorieren bonifikoj
Melkeimer *aus Holz* véd|ër, -ra, *pl.* -ra-t
melken mjel *e/i/o*
Melker mjelës-i
Melodie melodí-a
melodisch melodish|ëm, -me, i/e
Melodrama melodram|ë, -a
Melonen, Melonenfeld bostan-i, *pl.* -e-t
Membrane cip|ë, -a; diafragm|ë, -a
Memel *FN* Neman-i
Memoiren kujtime-t
Menge *Quantität* sasí-a; *Mehrzahl* shumic|ë, *pl.* a-t; *Vielfalt* shumësí-a; partí-a; burí-a; kallaballëk-u; bollëk-u; grúmbu|ll-i, *pl.* -j-t; morí-a; ortek-u, *pl.* -ë-t; turm|ë, -a; barr|ë, -a; zhgan-i, *pl.* -e-t; luzm|ë, -a; prush-i, *pl.* -e-t; tuf|ë, -a; *Kinder* zhegulí-a; **~ Lichter** mirí dritëzash; **kleine ~** pakic|ë, -a
Meningitis *med.* meningjit-i
Mensa mens|ë, -a
Mensch njerí-u, *pl.* njérëz-it; *Sterblicher* vdekatar-i; **~ ohne Anstand** njeri pa edukatë; **~ von morgen** njeriu i nesërm; **raffinierter ~** njeri i rafinuar; **~enwürde** dinjitet njerëzor; **~heit** njerëzim-i
menschlich njerëzor, -e
Menschlichkeit njerëzí-a
Menstruation menstruacione-t
Mentalität mendësí-a; mentalitet-i
Menuett *mus.* minuet-i, *pl.* -e-t
Meridian mesditës-i; meridian-i, *pl.* -ë-t
Merkmal kriter-i, *pl.* -e-t; tipar-i, *pl.* -e-t
merkmalhaft tiparizuar, i/e
messapisch mesap, -e
Meßbecher matës-i
Meßbuch *rel.* meshar-i, *pl.* -ë-t
Messe *kathol.* mesh|ë, -a *rel.*; *ök.* panair-i, *pl.* -ë-t
messen mas *s/t*

Messer thik|ë, -a; *Dolch* kam|ë, -a; **~scheide** kanic|ë, -a
Meßgerät matës-i; **~e** vegla matëse
Messina *ON* Mesin|ë, -a
Meßkelch *kathol.* këlshejt-i, *pl.* -a-t
Meßlatte shabllon-i, *pl.* -e-t; **~ des Landmessers** zhalon-i, *pl.* -ë-t
Meßstab nivelator-i
Messung matj|e, -a
Metalinguistik *spr.* metagjuhësí-a
Metall metal-i, *pl.* -e-t
Metall- metalik, -e; **~späne** zgjyr|ë, -a; **~tablett** sini-a; **~urgie, ~verarbeitung** metalurgjí-a
metallen, metallisch metaltë, i/e; metalik, -e
Metamorphose metamorfoz|ë, -a
Metapher *spr.* metafor|ë, -a
metaphorisch metaforik, -e
Metaphysik *phi.* metafizik|ë, -a
metaphysisch metafizik, -e
Metathese *spr.* metatez|ë, -a; vendkëmbim-i
Metatonie *spr.* metatoní-a
Meter [m] met|ër, -ri, *pl.* -ra-t
Methode metod|ë, -a
Methodik metodik|ë, -a
methodisch metodik, -e
Methodologie metodologjí-a
Metohija Rrafshi i Dukagjinit
Metonymie *spr.* metonimí-a
metonymisch *spr.* metonimik, -e
Metropolie *rel.* mitropolí-a
Metropolit *rel.* mitropolit-i, *pl.* -ë-t
Metzelei therj|e, -a
Metzger kasap-i, *pl.* -ë-t
mexikanisch meksikan, -e
Mexiko Meksik|ë, -a; Meksiko
MG-Schütze mitraljer-i, *pl.* -ë-t
Miami Majami
Mickerling bukamel-i, *pl.* -ë-t
Mief duhm|ë, -a
mies keq, i/e; **~ leben** rroj qenërisht
Miesmuschel midhj|e, -a
Miete qirá-ja
mieten marr me qirá; *heuern, chartern* navlloj
Mieter qiraxhí-u, *pl.* -nj-të
Migräne *med.* migren|ë, -a
Mikrobe mikrob-i, *pl.* -e-t
Mikrofilm mikrofilm-i; **~-Lesegerät** aparat për lexim filmash
Mikroskop mikroskop-i, *pl.* -ë-t
Milan, Roter ~ qift-i, *pl.* -e-t
Milch qumësht-i; tâmël *dial.*; bulmet-i, *pl.* -ra-t; **~eimer**

véd|ër, -ra, *pl.* -ra-t; **~geschäft** bulmetor|e, -ja; **~kännchen** brokë qumështi; **~kanne** matar|e, -ja; matará-ja; **~produkt** bulmet-i, *pl.* -ra-t; **~reis** qumështoriz-i; **~schaf** cangadh|e, -ja; **~schleuder** centrifug|ë, -a; **~straße** galaktik|ë, -a; Kashta e Kumtrit; káshtull-a; qumështor|e, -ja; **~ziege** cangadh|e, -ja

mild *jur.* butë, i/e

Milde butësí-a; *jur.* klemenc|ë, -a;

mildern butësoj; urtësoj; urtoj; zbus *s/t*; **~de Umstände** *jur.* rrethana lehtësuese

Milderung *jur.* zbutj|e, -a

Milieu ambient-i, *pl.* -e-t; mjedis-i, *pl.* -e-t

militant sein militoj

Militär ushtrí-a; **~akademie** akademi-a ushtarake

militärisch ushtarak, -e

militarisieren militarizoj

Militarismus militariz|ëm, -mi

Miliz milicí-a

Milizionär milic-i, *pl.* -ë-t

Millennium mijëvjetor-i

Milliarde miliard-i, *pl.* -ë-t, -a-t; bilion-i, *pl.* -ë-t

Millimeter *mm* milimet|ër, -ri, *pl.* -ra-t

Million milion-i, *pl.* -ë-t

Millionär milioner-i, *pl.* -ë-t

Milz shpretk|ë, -a

Mimose mimoz|e, -a

Minarett minar|e, -ja

Minderheit minoritet-i; pakic|ë, -a

Minderheiten- minoritar, -e; **~schule** shkollë minoritare

minderjährig mitur, i/e; mitar, -e; **~es Mädchen** vajzë mitare

Minderjährigkeit *jur.* miturí-a

Mindestmaß minimum-i

Mine min|ë, -a; *Grube* minier|ë, -a; **~nräumboot, ~nsuchboot** *mil.* dragamin|ë, a; minambledhës|e, -ja; **~nsuchgerät** minakërkues-i; **~nwerfer** *mil.* minahedhës|e, -ja; minavënës|e, -ja

Mineral mineral-i, *pl.* -e-t; xeheror-i

Mineral- mineral, -e; **~bad** banjë me ujë mineral

mineralisch mineral, -e

Mineralogie mineralogjí-a

Mini-Buch libër xhuxh

Miniatur miniatur|ë, -a; **~haus** shtëpi në miniaturë

minimal minimal, -e

Minimalpaar *spr.* çift minimal

Minirock minifund-i, *pl.* -e-t

Minister minist|ër, -ri; **~präsident** kryeminist|ër, -ri, *pl.*

-ra-t
Ministerium ministrí-a; dikaster-i, *pl.* -e-t
Minorität minoritet-i; pakic|ë, -a
Minuend *math.* i zbritshmi
Minus-Zeichen minus-i, *pl.* -e-t
Minuskel shkronjë e vogël
Minute minut|ë, -a
Mirakel mrekullí-a
mischen përz|íej, -jéva, -íer
Mischling bastard-i, *pl.* -ë-t
Mischmasch *m.* mishmash-i, *pl.* -e-t
mißachten dhunoj
Mißachtung mospërfillj|e, -a; *jur.* mosrespektim-i
Missale *rel.* meshar-i, *pl.* -ë-t
Mißbrauch keqpërdorim-i; shpërdorim-i; abuzim-i; ~ **treiben** shpërdoroj
mißbrauchen shpërdoroj; abuzoj; keqpërdor; keqpërdoroj; keqtrajtoj
Mißerfolg mossukses-i; ~ **haben** dështoj
Mißgeschick fatkeqësí-a
Mißgriff proçk|ë, -a
Mißgunst smir|ë, -a; zilí-a
mißgünstig vëngërosh, -e
mißhandeln keqpërdor; keqpërdoroj; keqtrajtoj
Missetäter keqbërës-i
Mission mision-i, *pl.* -e-t
Missionar misionar-i, *pl.* -ë-t
mißlich bjerrafat, -e
mißlingen dështoj; shkoj dëm
Missolunghi *ON* Misolongji
Missouri *FN* Misuri
Mißtrauen mosbesim; keqbesim-i
Mißverständnis moskuptim-i; ckuivok-u; keqkuptim-i
mißverstehen moskuptoj; keqkuptoj
Mißwirtschaft çorganizim-i
Mist pleh-u, *pl.* -ra-t; **wie der Hahn auf dem** ~ si gjel në pleh; ~**beet** oxhak-u, *pl.* -ë-t; ~**käfer** brúmbu|ll-i, *pl.* -j-t; bubuzhel-i, *pl.* -ë-t; vush|ë, -a; ~**stück** koler|ë, -a
Mistel *bot.* véshtull-a, *pl.* -a-t
mit me ⟨+ *Akk*⟩; ~ **Autorität versehen** *Adj.* autoritetsh|ëm, -me, i/e; ~ **den Händen in den Hosentaschen** me duar-t e rrasura në xhepa; ~ **Gewalt** dhúnas ⟨*adv*⟩; ~ **untergeschlagenen Beinen sitzen** rri shtruar këmbëkryq; ~ **vollen Händen kommen** vij duarplot; ~ **zwei anderen** vetë i tretë
mit- bashkë-
Mitarbeiter punonjës-i; bashkëpunëtor-i; **leitender** ~ kuádër; **wissenschaftlicher** ~ punëtor shkencor
Mitarbeiterin punonjës|e, -ja

Mitarbeiterliste organik|ë, -a
Mitbesitzer bashkëpronar-i
Mitbürger bashkëqytetar-i
Miteigentümer bashkëpronar-i
Mittelfeldspieler *spo.* qendërmbrojtës-i
mitfühlend zemërbutë
Mitgefühl zemërbutësí-a
Mitgift dhuntí-a; dhurëtí-a
Mitglied anëtar-i; **~sbuch** *einer Organisation* téser|ë, -a; **~schaft** anëtarësí-a = anëtarí-a; **~skarte** karta e anëtarësisë
Mitkämpfer bashkëluftëtar-i
Mitlaut *spr.* bashkëtingëllor|e, -ja
Mitleid mallëngjim-i; mëshir|ë, -a; përdëlles|ë, -a; përdëllim-i; dhimbsurí-a; **~ haben mit jem.** përdëllej ⟨+ *Akk*⟩
mitnehmen marr me vete
Mitra mít|ë, -ra, *pl.* ra-t
Mitschüler bashkënxënës-i
Mitstreiter bashkëluftëtar-i
Mittag mesdit|ë, -a; **zu ~ essen** ha drekë; **~essen** drek|ë, -a; **~szeit** drekëher|ë, -a
Mittäter *jur.* bashkëpunëtor-i; **~schaft** *jur.* bashkëpunim-i
Mitte mes-i, *pl.* -e-t
mitteilen kumtoj; komunikoj
mitteilend kumtues, -e
Mitteilung kumtes|ë, -a
Mitteilungs- kumtues, -e; **~blatt** buletin-i
mittel mes|ëm, -me, i/e
Mittel mjet-i; çaré-ja; **~alter** mesjet|ë, -a; **~amerika** Amerika Qendrore
mittelbar tërthortë, i/e; zhdrejtë, i/e; zhdréjtazi ⟨*adv*⟩; tërthórazi ⟨*adv.*⟩
Mitteleuropa Evropa Qendrore
mittellos kallam ⟨*adj*⟩
Mittelmäßigkeit mediokritet-i
Mittelmeer Mesdhe-u
mittelmeerländisch mesdhetar, -e
Mittelmerraum Mesdhe-u
Mittelpunkt kërthiz|ë, -a
Mittelschiff *rel.* anijat|ë, -a
Mittelsmann kodosh-i, *pl.* -ë-t
Mittelstreckenlauf vrapim i distancave të mesme
Mittelstürmer qendersulmues-i
Mittelwort *spr.*, pjesor|e, -ja
Mittelzungen- mesgjuhor, -e
Mitternacht mesnat|ë, -a
Mittlerer Osten Lindja e Mesme
Mittwoch mërkur|ë, -a, e
Mitverfasser bashkautor-i
Mixed Pickles turshí-a
Möbel mobili|e, -a; orendí-a; mobilierí-a; **~fabrik** mobi-

licrí-a
Mobiliar mobili|e, -a; orendí-a
mobilisieren, mobilmachen mobilizoj
Mobilmachung *mil.* mobilizim-i
möblieren mobiloj
modal mënyror, -e
Modalsatz fjali mënyrore
Mode mod|ë, -a; **aus der ~ kommen** dal mode; **aus der ~ gekommene Musik** muzikë bajate
Módel stamp|ë, -a; kallëp-i, *pl.* -e-t
Modell model-i, *pl.* -e-t; yrnek-u, *pl.* -ë-t; gjedh|e, -ja; maket-i, *pl.* -e-t; **~bildung** modelim-i
modellieren modeloj
Modellierung modelim-i
modern sot|ëm, -me, i/e; modern, -e; **~es Albanisch** shqipja e sotme
Moderne, die ~ *spr.* moderniz|ëm, -mi
modernisieren modernizoj
Modernismus moderniz|ëm, -mi
modifizieren modifikoj
modisch modern, -e
Modistin modist|e, -ja
Modus *spr.* mënyr|ë, -a
Mogelei dallaver|e, -ja
mögen dua, do, desha, dashur; **mag es wenigstens so sein!** makar le të jetë edhe ashtu! **sich gegenseitig ~** duhem; **was möchtest du trinken?** ç'ke qejf të pish?
möglich mundsh|ëm, -me, i/e; mundur, i/e
Möglichkeit mundësí-a
Mohammed *NP* Mehmet-i
Mohammedaner muhamedan-i, *pl.* -ë-t; mysliman-i, *pl.* -e-t
mohammedanisch islam, -e
Mohn, ~blume *bot.* lulekuq|e, -ja
Mohr zezak-u, *pl.* -ë-t
Möhre *bot.* karot|ë, -a
Mokassins *sohlenlose Schuhe* oping|ë, -a
Moldau, Moldawien Moldaví-a; **aus ~** moldavian, -e
Mole skel|ë, -a; mol-i, *pl.* -e-t
Molekül molekul|ë, -a; thërrmij|ë, -a
Molke hirr|ë, -a
Molkerei baxho-ja
Molybdän *chem.* molibden-i
Moment çast-i, *pl.* -e-t; imt|ë, -a; moment-i, *pl.* -e-t; grim|ë, -a; grimc|ë, -a; një çikë herë; **er zögerte einen ~** qëndroi një hop në mëdyshje; **im ~** hëpërhë ⟨*adv*⟩
momentan çastit, i/e; çastm|ë, -me, i/e
Momentaneität *spr.* çastësí-a
Monaco *ON* Monako-ja

Monarch monark-u, *pl.* -ë-t
Monarchie monarkí-a
monarchisch monarkik, -e
Monarchismus monarkiz|ëm, -mi
Monarchist monarkist-i
Monastir *ON* Manastir-i
Monat muaj-i, *pl.* -t; **~blutung** menstruacione-t
Mönch mur|g-u, *pl.* -gj-it; *orthodox* kallogjer-i, *pl.* -ë-t
Mond hën|ë, -a
Mond- hënor, -e; **~finsternis** eklips hënor; eklips-i, *pl.* -e-t
mondän mondan, -e
Mongolei Mongolí-a
mongolisch mongol, -e
Monogenese *spr.* monogjenez|ë, -a
Monokel monók|ël, -la, *pl.* -a-t
Monolith monolit-i, *pl.* -e-t
monolithisch monolit, -e
Monolog monolog-u, *pl.* -ë-t
Monophthong *spr.* monofton|g-u, *pl.* -gje-t
Monophthongierung *spr.* monoftongim-i
Monopol monopol-i, *pl.* -e-t
Monopolist monopolist-i
Monosemie *spr.* njëkuptimësí-a
monosyllabisch njërrokësh, -e
Monotheismus monoteiz|ëm, -mi
monotheistisch monoteist, -e
monoton monoton, -e
Monotonie monotoni-a
Monotype *Setzmaschine* monotip-i, *pl.* -a-t
Montag hën|ë, -a, e
Montage montim-i; montazh-i
Monte Carlo Montekarlo-ja
Montenegro Mali i Zi; **aus ~** malaz|ías, -eze
montieren montoj
Montreal *ON* Monreal-i
Monument monument-i, *pl.* -e-t; përmendor|e, -ja
Moor kënet|ë, -a, *pl.* -a-t
Moos myshk-u
moosig myshket, i/e
Moral moral-i; **~ predigen** moralizoj
moralisch moral, -e; moralsh|ëm, -me, i/e
moralisieren moralizoj
Morast batak-u, *pl.* -ë-t; moçal-i, *pl.* -e-t; vur|g-u, *pl.* -gje-t
Morava Morav|ë, -a
Mord vrasj|e, -a
Mörder vrasës-i
More *spr.* mor|ë, -a, *pl.* -a-t
Morea Moré-ja
morgen nésër
Morgen mëngjes-i, *pl.* -e-t
Morgen- mëngjesor, -e; herak, -e; **~röte** auror|ë, -a
morgens mëngjeseve
morgig nésërm, i/e

Morphem *spr.* morfem|ë, -a
Morphologie *spr.* morfologjí-a
morphologisch morfologjik, -e
Morphonologie *spr.* morfofonologjí-a
morphosyntaktisch *spr.* morfosintaksor, -e
Morse-Alphabet mors-i
Mörser havan-i, *pl.* -ë-t; *mil.* mortaj|ë, -a
Mörtel llaç-i; qereç-i; suvá-ja
Mosaik mozaik-u, *pl.* -ë-t
Moschee xhamí-a; **~-Diener** mullá-i, *pl.* -të; **~turm** minar|e, -ja
Moschopolis *ON* Voskopoj|ë, -a
Moschopolit voskopojar-i, *pl.* -ë-t
Moskau *ON* Mosk|ë, -a
Moskito anofel|e, -ja; **~netz** xhiblik-u, *pl.* -ë-t; rrjetë mizash
Moslem mysliman-i, *pl.* -e-t
Most musht-i
Mostrich mustard|ë, -a
Motion *spr.* lëvizje gjiniore
Motiv motiv-i, *pl.* -e-t
motivieren motivoj
motiviert motivuar, i/e
Motivierung motivim-i
Motor motor-i; **der ~ röhrt** motori zhuzhet; **~boot** motobark|ë, -a; motoskaf-i, *pl.* -ë-t; **~pumpe** *tech.* motopomp|ë, -a; **~rad** motoçiklet|ë, -a; **~säge** motosharr|ë, -a
Motto moto-ja
mouilliert *spr.* zbutur, i/e
Mount Everest Çomolangm|ë, -a
Möwe pulëbardh|ë, -a
Mücke kunup-i, *pl.* -ë-t; mushkonj|ë, -a; miz|ë, -a
müde lodhur, i/e
Müdigkeit lodhj|e, -a
Mufti *rel.* myftí-u, *pl.* -lerë-t
Mühe pocaqí-a
Muhib *rel.* myhib-i, *pl.* -ë-t
Mühle mullí-ri, *pl.* -nj-të; **~nteich** bend-i, *pl.* -e-t
Mühlstein mók|ër, -ra, *pl.* -ra-t
mühsam lodhsh|ëm, -me, i/e
mühselig zorsh|ëm, -me, i/e
Mukden *ON* Shenian-i
Mull garz|ë, -a
Mulla *rel.* mullá-i, *pl.* -të
Müller mullis-i, *pl.* -ë-t
multiplizieren shumëzoj
mumifizieren balsamoj
Mumps *med.* shyta-t *f.*
München *ON* Munih-u
Mund goj|ë, -a; qep-i, *pl.* -a-t; sqep-i; **~art** dialekt-i, *pl.* -e-t; e folm|e, -ja; **~artforscher** dialektolog-u, *pl.* -gje-t; **~artforschung** dialektologjí-a
mundartlich dialektor, -e
mundartübergreifend mbi-

dialektor, -e
Mundharmonika harmonik|ë, -a; **~spieler** harmonist-i
Mundhöhle zgavër e gojës
mündlich gojarisht ⟨*adv*⟩; me gojë
Mundstück *mus.* biul|e, -ja
Mündung *Fluß* grykëderdhj|e, -a; gojk|ë, -a
Mundvoll kafshat|ë, -a; bulçí-a; **~ Brot** një bulçi bukë
Munition municion-i
munter brumç, -e
Münze monedh|ë, -a; pará-ja, *pl.* -të; **~nkunde** numizmatik|ë, -a
murmeln belbëzoj; murmuris *s/t*; nunuris *s/t*; *Wasser* gurgulloj
mürrisch hijerëndë
Musaka musaká-ja
Muschel guaë deti; midhj|e, -a
Muse muz|ë, -a
Museum muzé-u
Musik muzik|ë, -a; **lärmende ~** muzikë e zhurmshme; **~instrument** vegël muzikore; **~liebhaber** qejfli për muzikë; **~wissenschaft** muzikologjí-a
musikalisch muzikor, -e
Musikantengruppe ahen|gu, *pl.* -gje-t; saze-t
Musiker muzikant-i, *pl.* -ë-t; muziktar-i
Muskel músku|l-i, *pl.* -j-t; **~zerrung** *med.* strapo muskulare
Muslim mysliman-i, *pl.* -e-t
muslimisch islam, -e
Muße arallë|k-u, *pl.* -qe-t
müssen duhet; **der Wagen muß abgeschmiert werden** makina ka nevojë për grasatim
Muster most|ër, -ra, *pl.* -ra-t; kampion-i, *pl.* -ë-t; maket-i, *pl.* -e-t; yrnek-u, *pl.* -ë-t; gjedh|e, -ja; imazh-i, *pl.* -e-t; **~ an Heldentum** imazh i trimërisë; **~ ohne Wert** mostra pa çmim; **~messe** panair kampionesh; **~vertrag** kontratë-tip
mustergültig paradigmatik, -e
Mut guximi-i
Mutation *spr.* përkalim-i
mutig guximtar, -e
Mutmaßung hamendj|e, -a; pandehm|ë, -a
Mutter ëm|ë, -a; mëm|ë, -a; nën|e, -a; luk|e, -ja; *tech* matravid|ë, -a; *tech.* kundërvidh|ë, -a; *tech.* dado-ja; **seine/ihre ~ e ëma**
Mutter- amnor, -e; amtar, -e; amënor, -e; **~korn** klló-gj|ër, -ra, *pl.* -ra-t; **~liebe** dashuri amënore; dhembshuri e nënës; **~recht** e

drejta amtare; **~schaft** *jur.* mëmësí-a; amësí-a; **~schlüssel** çelës poligon; **~schwester** motërmëm|ë, -a; **~sprache** gjuhë amtare; **~tier** prind-i, *pl.* -ër-it
mütterlich amënor, -e; amnor, -e; amtar, -e
Mutti mamá-ja = mámi
Mütze skufj|e, -a; qelesh|e, -ja; kësul|ë, -a; kasket|ë, -a; beret|ë, -a; kap|ë, -a; **~macher** qeleshepunues-i
Mykene *ON* Miken|ë, -a
Myrte *bot.* mërsin|ë, -a
Mysterium mister-i, *pl.* -e-t
mystifizieren mistifikoj
Mystik mistik|ë, -a
Mystizismus misticiz|ëm, -mi
mythisch mitik, -e
Mythologie mitologjí-a
Mythos mit-i, *pl.* -e-t
Mytilene *ON* Mitilen|ë, -a

N

N-Gespräch fonogram-i, *pl.* -e-t
na! hë-ni *Int.*
Nabe *f.* bucel|ë, -a
Nabel *m.* kërthiz|ë, -a
nach pas ⟨+ *Abl*⟩; për ⟨+ *Akk*⟩; sipas ⟨+ *Abl*⟩; **~ dem Anschein** sipas gjasës; **~ drinnen** brenda; **~ hinten** prapa ⟨*adv.*⟩; **~ innen** brenda ⟨*adv.*⟩; **~ unten** poshtë ⟨*adv*⟩; **~ vorne** përpara ⟨*adv.*⟩; **~ Vorprüfung** sipas kontrollit paraprak; **er ist verrückt ~ ihr** është çmendur pas saj; **es ist Viertel ~ zwei** ora është dy e një çerek
nachäffen çinoj
nachahmen imitoj; çinoj
Nachahmung imitim-i
Nachbar fqinj-i, *pl.* -ë-t; komshí-u, *pl.* -nj-të; **~haus** shtëpia fqinje; **~in** fqinj|ë, -a; **~schaft** fqinjërí-a
nachdem mbasi; pasi
Nachdenken reflektim-i
Nachdruck ribotim-i; *spr.* emfaz|ë, -a
nacheinander njëri pas tjetrit; rresht ⟨*adv*⟩
nacherzählen ritregoj
Nachfolger pasardhës-i
Nachforschung zhbirim-i; **~en anstellen** bëj një zhbirim
Nachfrage kërkes|ë; -a
nachgereift *nach dem Pflükken* zhungë
nachgestellt *spr.* prap|ëm, -me, i/e; prapavendosur, i/e; **~er Artikel** nyjë e prapme

Nachkomme pasardhës-i
nachlaufen vrapoj pas; **den Mädchen ~** harboj me vajza
nachmittags mbasdite; pasdite; pasdreke ⟨*adv*⟩; **~ einen Imbiß nehmen** zëmëroj
Nachmittagsimbiß zëm|ër, -ra
nachplappern gojavis *s/t*
nachreifen *nach dem Pflükken* ndulkem *nur 3. P.*
Nachricht lajm-i, *pl.* -e-t; **~enagentur** agjencia e lajmeve; **~enübermittlung** komunikim-i; **~enwesen** ndërlidhj|e, -a
Nachruf nekrologjí-a
Nachsatz apodoz|ë, -a
Nachsilbe prapashtes|ë, -a
nächst ardhsh|ëm, -me, i/e; **~e Woche** javën që vjen; **der Nächste bitte!** radhën!
Nachstellung *spr.* prapavendosj|e, -a
Nacht nat|ë, -a, *pl.* net-ët; **~geschirr** oturak-u, *pl.* -ë-t; **~hemd** këmishë nate; **~schicht** ndërresa e natës, turni i natës; **~tisch** komodin|ë, -a, *pl.* -a-t; **~tischlampe** llambë nate; **~topf** oturak-u, *pl.* -ë-t
Nachteil dëm-i; **zum ~ von** në dëm të ⟨+ *G*⟩
Nachtigall bilbil-i, *pl.* -a-t
Nachtisch mbas buke; desert-i; ëmbëlsir|ë, -a
Nachtmahr lug|at-i, *pl.* -étërit
nachtonig *spr.* pastheksor, -e
Nachtrag amendament-i
nachtragen azhurnoj
Nachtrags- suplementar, -e; plotësues, -e
nachts nétëve ⟨*adv.*⟩; **ist ~ geöffnet?** a është hapur natën?
Nachwort pasthëni|e, -a; epilog-u, *pl.* -ë-t
Nachzügler, vonestar-i
Nacken zver|k-u, *pl.* -qe-t; qaf|ë, -a
nackt zhveshur, i/e; lakuriq, -e; dákull ⟨*adv*⟩; **≗schnecke** jargavec-i, *pl.* -ë-t
Nacktheit lakuriqësí-a
Nadel gjilpër|ë, -a; **~baum** halor-i, *pl.* -ë-t; **~holz** halor-i, *pl.* -ë-t; **~kissen** jastëçk|ë, -a
Nagel gozhd|ë, -a; *Finger~* th|ua, -oi; **~lackentferner** aceton-i
nageln gozhdoj
nagen brej; gërmis *s/t*
Nager, Nagetier brejtës-i
nah afërm, i/e; afërt, i/e; afër ⟨*adv.*⟩
Nähe afërsí-a
nahebringen afroj
nähen qep
näherbringen qas
Naher Osten Lindja e Afërt

Näherin rrobaqepës|e, -ja
nähern afroj; **sich** ~ afrohem; qasem
Nähmaschine makinë qépëse
Nahost Lindja e Afërt
Nähr- ushqyes, -e; **~wert** vlerë ushqyese
nahrhaft ushqyesh|ëm, -me, i/e
Nahrung ushqim-i
Nähseide byrynxyk-u, *pl.* -ë-t
Naht gropsht|ë, -a; tegel-i, *pl.* -a-t
Nahversetzung *spr.* metatezë fqinjësore
naiv naiv, -e
Name em|ër, -ri, *pl.* -ra-t; **~ der Mutter** amësí-a
namens në emër të ⟨+ *G*⟩
Namens- emëror, -e; **~kunde** onomastik|ë, -a
Namibia Namibi-a
namibisch namibian, -e
Nantes *ON* Nant|ë, -a
nanu ëhë *Int.*
Napf çanak-u
Naphtha naft|ë, -a
Narbe blan|ë, -a; vurrat|ë, -a; mbres|ë, -a
Narkose *med.* narkoz|ë, -a
narkotisch narkotik, -e
narkotisieren trullos
Narr budall|á-i, *pl.* -enj-të
narrativ *spr.* tregimtar, -e
Narretei marrëzí-a; budallallë|k-u, *pl.* -qe-t
Närrin budallaq|e, -ja
närrisch marrë, i/e; marrak, -e; marrash, -e; marroq, -e; marrok, -e; gomarisht ⟨*adv*⟩
Narzisse *bot.* fulj|e, -a
nasal *spr.* hundor, -e
Nasal *spr.* bashkëtingëllore hundore; hundor|e, -ja
Nasalierung hundorëzim-i
Nase hund|ë, -a, *pl.* -ë-t; **~bluten** hemoragji nga hunda; **~flügel** flég|ër, -ra, *pl.* -ra-t; **~loch** hójëz-a; **~löcher** fejzat e hundës; **~ring** *für Tiere* balçik-u, *pl.* -ë-t; **~scheidewand** *med.* diafragma e hundës
näseln hundëroj
näselnd *spr.* hundak, -e
Nashorn hundëbri-ri, *pl.* -rë-t; rinoqeront-i
naß lagur, i/e; **~ machen** lag
Nassauer *fig.* sahanlëpirës-i; qylaxhí-u, *pl.* -nj-të
Nässe lagështir|ë, -a
Nation komb-i, *pl.* -e-t
national kombëtar, -e; nacional, -e; **~e Minderheit** pakicë kombëtare
Nationalbibliothek bibliotekë kombëtare
Nationale Front Balli Kombëtar *hist.*
Nationale Wiedergeburt Rilindja Kombëtare
Nationalhymne himn shtetëror

nationalisieren kombëtarizoj
Nationalismus nacionaliz|ëm, -mi
Nationalität kombësí-a
Nationalitäten- nacional, -e; **~konflikt** grindje nacionale
Nationalitätskennzeichen *tech.* targë kombësie
Nationalpark park kombëtar
Nationalsozialismus naziz|ëm, -mi
Natur natyr|ë, -a
Natur- natyror, -e; **~forscher** natyralist-i; **~schätze** pasuri të natyrës; **~schutzgebiet** park kombëtar; **~wissenschaften** shkenca të natyrës; shkenca-t natyrore
Naturalismus natyraliz|ëm, -mi
Naturalist *spr.*; natyralist-i
natürlich natyrsh|ëm, -me, i/e; natyror, -e; natyrisht ⟨*adv*⟩; doemos; helbeté; **~es Geschlecht** *spr.* gjini natyrore
Natürlichkeit natyrësí-a; natyrshmërí-a
Navicert *ök.* deftesë tLcture
Navigationsoffizier shturman-i, *pl.* -ë-t
Nazi nazist-i; **~verbrechen** krimet e nazistëve
nazifaschistisch nazifashist, -e
Nazismus, Nazitum naziz|ëm, -mi
Neandertaler neandertal-i, *pl.* -ë-t
Neapel *ON* Napoli
Nebel mjégull-a; **~krähe** sorr|ë, -a
neben përbri ⟨+ *Abl*⟩; pranë ⟨+ *Abl*⟩; ánash ⟨+ *Abl*⟩; krahas ⟨+ *Abl*⟩
Neben- anësor, -e; **~satz** fjali e nënrenditur; **~strafe** *jur.* dënim plotësues
nebeneinander pranë njëri tjetrit; **wir wohnen ~** banojmë derazi
neblig mjégullt, i/e; **~ sein** ka mjegull
Neffe nip-i, *pl.* -ër-it; -a-t
Negation mohim-i
negativ mohues, -e
Negativ negativ-i, *pl.* -a-t
Neger zezak-u, *pl.* -ë-t; **~musik** amerikanat|ë, -a
negieren mohoj
nehmen marr; **in Besitz ~** zotoj; pushtoj
Neid smir|ë, -a; zilí-a; maraz-i, *pl.* -e-t; **~verspüren** zileps
Neider, Neidhammel smirëzí-u
neidisch zilar, -e; ziliqar, -e; **~ sein** zileps
neigen zu etw. anoj nga ⟨+ *Nom*⟩
Neigung tendenc|ë, -a; prirj|e, -a
nein jo
Nekrolog nekrologjí-a

Nektar *bot.* nektar-i; *bot.* ujëmjalt|ë, -i
Nelke karafil-i, *pl.* -a-t
nennen quaj, -ta, -tur
Nenner *math.* emërues-i
Neolithikum neolit-i
Neologismus *spr.* neologji-z|ëm, -mi
Neonröhre *tech.* llambë neoni
Nephritis *med.* nefrit-i
Nerv nerv-i, *pl.* -a-t
Nerven- nervor, -e; **~system** sistemi nervor; **~zelle** qelizë nervore
nervig gazepqar, -e
nervös nervoz, -e; nevrik, -e; nevrikosur, i/e; **~ machen** nevrikos; nervozoj
Nest folé-ja; çerdh|e, -ja; **ein warmes ~ finden** gjej një bice
netto neto
Nettogewinn fitim neto
Netz rrjet|ë, -a; *fig.* rrjet-i, *pl.* -e-t; **~haut** *med.* rrjetëz-a
neu i ri, *f.* e re, *pl.* të rinj, *f.* reja; **das Neue** e're-ja
neu- ri-
Neu Delhi Nju-Delhi
Neu-Guinea Guineja e Re
Neuauflage, Neuausgabe ribotim-i
Neubewertung rivlerësim-i
Neubildung analogjí krijuese
Neuerer novator-i
Neuerung *spr.* inovacion-i; risí-a
Neuerwerbungskatalog katalog i hyrjeve të reja
Neufassung *Gesetz* amendament-i
Neugier kërshërí-a; kureshtj|e, -a; **~ befriedigen** ngop kureshtjen
neugierig kureshtar, -e
Neuheit, Neuigkeit risí-a
Neujahr Viti i Ri; Motmoti i Ri; kryemot-i; kryevit-i
neulateinisch neolatin, -e
Neumond hënë e re; **bei ~** hënabrenda ⟨*adv*⟩
neun nëntë; **der neunte** i nëntë; **~zehn** nëntëmbëdhjetë; **der ~zehnte** i nëntëmbëdhjetë; **~zig** nëntëdhjetë
Neuralgie *med.* nevralgjí-a
Neurasthenie *med.* nevrastení-a
Neurologe neurolog-u, *pl.* -ë-t
Neurose *med.* neuroz|ë, -a
Neusatz *ON* Novi-Sad
Neuschöpfung analogjí krijuese
Neuseeland Zelanda e Re
Neusilber *Kupfer-Nickel-Legierung* fakfun-i
neutral asnjanës, -e
neutralisieren asnjanësoj; neutralizoj
Neutralisierung asnjanësim-i
Neuzugänge hyrjet e reja

New Orleans Nju-Orleans-i
New York Nju-Jork-u
nicht nuk; s'; mos; ~ **einmal** as; ~ **eßbar** cíqër, i/e; ~ **gastfreundlich** bukëz|í, -czë; ~ **können** s'mund; dot *Partikel*; ~ **seßhaft** endacak, -e; ~ **verantwortlich** *jur.* papërgjegjsh|ëm, -me, i/e; ~ **vor Ablauf von zwei Stunden essen** pa kaluar dy orë mos hani
Nichtbeachtung, Nichtbefolgung moszbatim-i
Nichte mbes|ë, -a; **seine/ihre** ~ e mbesa
Nichteinigung mosmarrëveshj|e, -a
Nichterscheinen, das ~ mosparaqitj|e, -a
nichtig asgjësh|ëm, -me, i/e
Nichtigkeit asgjësí-a
Nichtlieferung mosdorëzim-i
nichts asgjë; hiç; hiçgjë; hiçmosgjë; **das macht** ~ s' prish punë; ~ **ausrichten** bëj një vrimë në ujë
Nichts, das ~ hiç-i; asgjësí-a
nichtsdestoweniger asgjëmángut; megjithatë
Nichtsein, das ~ mosqeni|e, -a
Nickel *chem.* níkel-i
Nickerchen dremk|ë, -a; **ein** ~ **machen** marr një sy gjumë
nie kurrë ⟨+ *Neg*⟩; askurrë; asnjëherë
Niederdeutsch gjermanishte e poshtme
niederdrücken tulatem
Niedergang rëni|e, -a
niedergehen ulem
niedergeschlagen përvúajtur, i/e
Niedergeschlagenheit përvuajtj|e, -a
Niederlage disfat|ë, -a; *spo.* humbj|e, -a
Niederlande Vendet e Ulëta; Holand|ë
Niederländer holandez-i
niederländisch holandez, -e
niedermachen bëj rrapitoll me tokën
niedermetzeln kërdis
Niederschlag reshj|e, -a
Niederschrift procesverbal-i, *pl.* -e-t
Niedertracht sherr-i, *pl.* -e-t; mbrapshtí-a
niederträchtig mbraphstë, i/e
Niederung ultësir|ë, -a; **feuchte** ~ ligatin|ë, -a
niederwerfen rrëzoj
niedrig ulët, i/e; *Qualität* dobët, i/e; ~**er Beweggrund** *jur.* shkak i dobët
niemals kurrë ⟨+ *Neg*⟩; askurrë; asnjëherë ⟨*adv*⟩
niemand askush; kurrkush; xhanxhin; asnjër|i, -a; asnjerí-u
Niere veshk|ë, -a; ~**nentzün-**

dung *med.* nefrit-i; **~nstein** gurth-i, *pl.* -ë-t; **~nsteine** gurë në veshkat
Nieselregen shiu i imtë
niesen teshtij, -va, -rë
Niesen, das ~ teshtitj|e, -a
Nigeria Nigerí-a
nigerianisch nigerian, -e
nikaraguanisch nikaraguan, -e
Nikotin nikotin|ë, -a
Nil *ON* Nil-i
Ninive *ON* Niniv|ë, -a
nirgends asgjëkundi ⟨*adv*⟩; hiçgjëkund; kurrkund; askund
Nisch *ON* Nish-i
Nische kamar|e, -ja
Niveau nivel-i, *pl.* -e-t; **~unterschied** disnivel-i, *pl.* -e-t
Nivellierung nivelim-i
Nizza Nic|ë, -a
nobel bujar, -e; fisnik, -e
Noblesse bujarí-a; fisnikërí-a
noch akoma; ende; edhe; halá; **~ einmal** édhe një herë; **~ nicht** ende s'; **~ vor Morgengrauen** ende s'kishte zbardhëlluar
Nockenwelle bosht me gunga
nolens volens dashur padashur
nomadisierend nomad, -e; endacak, -e
Nomen em|ër, -ri, *pl.* -ra-t; **~ agentis** *spr.* emër vepruesi; **~klatur** emërtes|ë, -a
nominal nominal, -e; *spr.* emëror, -e; **~e Wortgruppe** togfjalësh emëror
Nominativ emëror|e, -ja
Nonne murgesh|ë, -a *orthodox* kallogré-ja
Nord- boreal, -e; verior, -e; **~irland** Irlanda e Veriut; **~licht** aurorë polare; aurorë boreale; **~osten** verilindj|e, -a; **~pol** poli i Veriut; **~see** Deti i Veriut; **~westen** veriperëndi-i; **~wind** goren-i
Norden verí-u; goren-i
nördlich verior, -e
Nörgler ankoj|ë, -a, *pl.* -a-t; kritizer-i, *pl.* -ë-t
Norm norm|ë, -a; standard-i, *pl.* -e-t; *ök.* normativ|ë, -a
normal normal, -e; **Ihr Blutdruck ist ~** tensionin e keni normal
normalisieren normalizoj
Normandie Normandí-a
Normativ normativ|ë, -a
normen normoj
normieren *spr.* normëzoj
Normwert normativ|ë, -a
Norwegen Norvegjí-a
norwegisch norvegjez, -e
Not mjerim-i; vështirësí-a; zi-a; **~ausgang** dalje alarmi; **~bremse** *tech.* fren sigurimi; **~dienst, ~arzt** ndihma e shpejtë; **~durft** nevojë; **seine ~durft ver-**

richten bëj nevojën; **~landung** ulje për arsye difekti; **~stand** *jur.* nevojë ekstreme; **~wehr** *jur.* mbrojtje e nevojshme
Notabeln parí-a
Notar noter-i, *pl.* -ë-t
Notariat *jur.* noterí-a
Note not|ë, -a
notieren shënoj
nötig domosdosh|ëm, -me, i/e; **~ sein** lypsem
nötigen shtrëngoj; detyroj
Nötigung shtrëngim-i
Notiz shënim-i
notwendig nevojsh|ëm, -me, i/e; domosdosh|ëm, -me, i/e; duhur, i/e
Notwendigkeit domosdoshmërí-a; nevoj|ë, -a
Nouakchott *ON* Nuakshot-i
Novelle novel|ë, -a; *jur.* amendament-i
November nëntor-i; vjeshta e tretë
Novi Sad *ON* Novi-Sad
Nuance nuanc|ë, -a
nüchtern ésëll, i/e; ésëll ⟨*adv*⟩
Nudel makarona-t; **~gericht** brum|ë, -i, *pl.* -ëra-t; **säuerliche gebundene ~suppe** supë magjerica
nuklear bërthamor, -e
Null zero-ja
Numerale *spr.* numëror-i, *pl.* -ë-t
numerieren numërtoj; numëroj
Numerierung numërtim-i
Numerus *spr.* num|ër, -ri, *pl.* -ra-t
Numismatik numizmatik|ë, -a
Nummer num|ër, -ri, *pl.* -ra-t; **~nschild** targ|ë, -a
nun taní, tash; **~!** nejse
nur vetëm; **er blies nur auf der Flöte** s'bënte gjë tjetër veçse i binte fyellit
Nürnberg *ON* Nuremberg-u
nuscheln nunuris *s/t*
Nutzen dobí-a; dobishmërí-a; leverdí-a; interes-i; **~ ziehen** nxjerr grat
nutzen shfrytëzoj; **ich nutze das schöne Wetter** shfrytëzoj kohën e mirë; **es nutzt nichts** është e kotë
Nutzleistung rendiment-i
nützlich dobiprurës, -e; dobish|ëm, -me, i/e; gratsh|ëm, -me, i/e
Nützlichkeit dobishmërí-a
nutzlos padobish|ëm, -me, i/e; bosh ⟨*adv*⟩
Nutzung shfrytëzim-i
Nuß arr|ë, -a; **~-Blätterteig** bakllavá-ja; **~baum** arr|ë, -a; **~baumhain** arrisht|ë, -a; **~schale** lëvozhgë arre
Nylon najlon-i
Nymphaion nimfé-u, *pl.* -të

O

o . . . ! *Partikel zur Bezeichnung des Vokativs*; or; oré; *f.* moj; **o weh!** ububú!; pupu; medet *Int.*; hajmedet; vajmedet; **oh** eh; u; uá *Int.*; **oh, wie das wehtut!** u, sa më dhemb; **oh, wie schön!** uá, sa bukur!
O-Bus trolejbus-i, *pl.* -ë-t
Oase oaz|ë, -a
ob a *Partikel, leitet Satzfrage ein*; palé *Konj*; **ob er wohl . . . ist** mos është . . .
Obelisk obelisk-u, *pl.* -ë-t
oben lart; **nach ~** lart; **von ~** nga lart; **~erwähnt** lartpërmendur, i/e
Ober kamerier-i, *pl.* -ë-t
Ober- mësipërm, -e, i/e; krye-; **~-Steward; ~kellner** kryekamerier-i; **~arm** llër|ë, -a, *pl.* -ë-t; **~deck** kuvertë madhore; **~deutsch** gjermanishte e epërme; **~fläche** sipërfaq|e, -ja; syprin|ë, -a
Ober-Volta Volta e Sipërme
oberer épërm, -e, i/e; **oberes Viertel** lagje e epërme
oberflächlich sipërfaqsh|ëm, -me, i/e
Oberflächlichkeit cektësí-a; -a; **ideologische ~** cektësi-a ideologjike
Obergeschoß kat-i i mësipërm
Oberhaupt kryetar-i; **~ einer Sippe** babazot-i; **~der Bektaschi-Derwische** kryegjysh-i *rel.*; **~ der Schäfer** *bei den Aromunen* çelnik-u, *pl.* -ë-t; **Oberhäupter** parí-a
Oberkommandierender kryekomandant-i, *pl.* -ë-t
Oberleutnant *mil.* kapiten i klasës së dytë
Oberschenkel kofsh|ë, -a; çapok-u, *pl.* -ë-t; **~knochen** këllk-u; çapok-u, *pl.* -ë-t
Oberschicht oxhakërí-a; parí-a; *spr.* mbishtres|ë, -a
Oberschwester *med.* kryeinfermier|e, -ja
Oberst kolonel-i, *pl.* -ë-t; **~leutnant** nënkolonel-i, *pl.* -ë-t; **er wurde zum ~leutnant befördert** u gradua nënkolonel
Oberton *spr.* mbiton-i
obgleich ndonëse 〈*Konj.*〉; megjithëqë; mejithëse
obig mësipërm, -e, i/e
Objekt objekt-i, *pl.* -e-t; send-i, *pl.* -e-t; *spr.* kundrin|ë, -a; **~satz** fjali kundrinore; **~skasus** rasë pë-

sore
objektiv objektiv, -e; objektivisht ⟨*adv*⟩
Objektiv objektiv-i, *pl.* -a-t
Objektivismus *phi.* objektiviz|ëm, -mi
Objektivität *phi.* objektivitet-i
Oblate blat|ë, -a; ost|e, -ja; mblat|ë, -a
Obligation detyres|ë, -a; *ök.* zotim-i
obligatorisch detyruesh|ëm, -me, i/e; detyrimisht ⟨*adv*⟩
Oboe *mus.* zurná-ja
Observant përgjues-i
Observation përgjim-i
Observatorium observator-i
Obskurantismus obskurantiz|ëm, -mi
Obst frut|ë, -a, *pl.* -a-t; pem|ë, -a, *pl.* -ë-t; ~ **und Gemüse** fruta dhe perime
Obst- frutor, -e; ~**bau** pemëtarí-a; ~**baum** pem|ë, -a, *pl.* -ë-t; ~**bäume** drurët frutorë; ~**korb** zymbyl|e, -ja
Obstipation *med.* kapsllëk-u
obwohl megjithëqë; megjithëse; ndonëse ⟨*Konj.*⟩
Ochse ka-u, *pl.* qe-të; **weißer** ~ balo-ja, *pl.* -t; ~**nstachel** hosten-i, *pl.* -ë-t
Ode *spr.* od|e, -ja
oder a; apó; o *dial.*; ósc
Oder *FN* Oder-i
Odessa *ON* Odes|ë, -a
Ofen furr|ë, -a; forum-i, *pl.* -e-t; stuf|ë, -a; sob|ë, -a; ~**rohr** qyng i sobës; qyn|g u, *pl.* -gje-t
ofenfrisch porsapjekur, i/e
offen çélur, i/e; hapët, i/e; háptazi ⟨*adv*⟩; *unentschieden* pézull ⟨*adv.*⟩; *unbekümmert* troç ⟨*adv*⟩; *deutlich* ashiqare ⟨*adv*⟩
Offenbarung zbules|ë, -a; *jur.* përhapj|e, -a
Offenheit haptësí-a
Offensive ofensiv|ë, -a
öffentlich botor, -e; publik, -e; botërisht ⟨*adv*⟩; ashiqare; háptazi; ~**e Meinung** opinion publik; ~**e Rüge** qortim shoqëror; ~**es Bad** banjë publike; ~**es Gebäude** ndërtesë botore
Offerte *ök.* ofert|ë, -a
offiziell zyrtar, -e; zyrtarisht ⟨*adv*⟩
Offizier oficer-i, *pl.* -ë-t; **zweiter** ~ *naut.* shturman-i, *pl.* -ë-t
öffnen hap; zhdryj; çel; **sich** ~ shpërthej
Öffner, der ~ hapës|e, -ja
Öffnung hapj|e, -a; haptësí-a
Öffnungsgrad *spr.* hapj|e, -a
Offset-Druck ofset-i; shtyp-i ofset
oft shpesh ⟨*adv*⟩
Ohm *Meßeinheit des elektr.*

Widerstands om-i, *pl.* -e-t
ohnmächtig alivanosur, i/e; ~ werden alivanosem; zalisem; i bie të fikët
ohne pa ⟨+ *Akk*⟩; ~ **zu** pa~; **Hände und Füße zu bewegen** pa lëvizur as këmbë, as duar; ~ **weiteres** patjetër; ~ **Zusatz** sade
Ohnmacht zalí-a; alivan-i; alivaní-a; pazotësí-a; ligështí-a; *med.* mekth-i; fikët, të; kllapí-a
oho! obobó *Int.*; ëhë *Int.*; ehú *Int.*
Ohr vesh-i, *pl.* -të; ~**ensausen** cingërim|ë, -a; ~**feige** flakaresh-i, *pl.* -a-t; shput|ë, -a; shuplak|ë, -a; ~**läppchen** llap|ë, -a; ~**ring** vath-i, *pl.* -ë-t; ~**wurm** karrabisht-i, *pl.* -a-t
Ohrid *ON* Oh|ër, -ri
Okka *Gewichtseinheit in osman. Zeit, 400 Dirhem* ok|ë, -a
Okklusion *spr.* mbyllj|e, -a
Okklusiv *spr.* bashkëtingëllore mbylltore; mbylltor|e, -ja
Okkupation pushtim-i
okkupieren pushtoj
Ökologie ekologjí-a
ökologisch ekologjik, -e
Ökonom ekonomist-i
Ökonomie ekonomí-a
ökonomisch ekonomik, -e
Okra *bot.* bamj|e, -a
Oktav *mus.* oktav|ë, -a; ~**format** format tetësh
Oktober tetor-i; vjeshta e dytë
ökumenisch *rel.* ekumenik, -e
Öl vaj-i; **raffinieriertes** ~ vaj i rafinuar; **wilder** ~**baum** ullast|ër, -ra, *pl.* -ra-t; egërlé-ja; ~**einfüllstutzen** *tech.* vend lubrifikimi; ~**kännchen** vajnik-u, *pl.* -ë-t; ~**kanne** vajor|e, -ja; vajnik-u, *pl.* -ë-t; ~**leuchte** mashallá-ja; ~**meßstab** nivelator vaji; ~**stand** nivel i vajit
Oleander *bot.* dafinë deti; land|ër, -ra, *pl.* -ra-t
ölen vajoj; vajos; *salben* miros; *tech.* lyrësoj
Oligarchie oligarkí-a
Olive *bot.* ullí-ri, *pl.* -nj-të; ~**nbaum** ullí-ri, *pl.* -nj-të; ~**nhain** ullisht|ë, -a = ullisht|e, -ja
Ölung mirosj|e, -a; **letzte** ~ *rel.* vojim-i
Olymp Olimp-i
Olympiade olimpiad|ë, -a
olympisch olimpik, -e
Omelette omëlet|ë, -a
Omen ogur-i; **gutes** ~ ogur i mirë
Omnibus autobus-i, *pl.* -ë-t
Ondulierung ondulacion-i

Onkel ungj-i, *pl.* -ër-it; axh|ë, -a; daj|ë, -a; xhaxhá-i; bac|ë, -a
Onkelchen xhaxho-ja
Onomastik onomastik|ë, -a
onomatopoetisch *spr.* onomatopeik, -e; tingullimitues, -e
Onomatopöie *spr.* onomatopé-ja
Opa babagjysh-i, *pl.* -ër-it; babamadh-i
Opanken oping|ë, -a; **~macher, ~verkäufer** opingar-i
Oper oper|ë, -a; **~nhaus** oper|ë, -a
Operation operacion-i
Operations-, operativ, -e; **~saal** sallë operacioni; **~zone** *mil.* zonë operative
operativ operativ, -e
Operator operator-i
Operette *mus.* operet|ë, -a
operieren *med.* operoj
Opfer fli-ja; sakrific|ë, -a; viktim|ë, -a; kurban-i, *pl.* -e-t; **~bereitschaft** therorí-a; **~gang** therorí-a; **~tier** kurban-i, *pl.* -e-t
opfern flijoj; therorizoj
Opferung flijim-i
Opium opium-i
Opportunismus oportuniz|ëm, -mi
Opportunist oportunist-i
opportunistisch oportunist, -e
Opposition opozit|ë, -a
Opposition kundërshtim-i
Opposition *spr.*, kundërvëni|e, -a
Oppositions- opozitar, -e; **~partei** parti opozitare
Optativ *spr.* dëshiror|e, -ja
Optik optik|ë, -a
optimal optimal, -e
Optimismus optimiz|ëm, -mi
Optimist optimist-i
optimistisch optimist, -e
optisch optik, -e
Orakel oráku|ll-i, *pl.* -j-t
oral *spr.* gojor, -e
Orange *bot.* portoka|ll-i, *pl.* -j-të
Orangeade arançat|ë, -a; portokallat|ë, -a
Orbit orbit|ë, -a
Orchester orkest|ër, -ra
Orchester- orkestral, -e; **~leiter** dirigjent-i, *pl.* -ë-t; **~musik** muzikë orkestrale
Orchidee *bot.* orkidé-ja
Orden medalj|e, -a; nishan-i, *pl.* -e-t; *rel.* urdh|ër, -ri, *pl.* -ra-t; **~ der Arbeit Erster Klasse** Urdhri i Punës i Klasit të Parë
ordentlich mbarë, i/e; rrégullt, i/e
Order porosí-a; **~lagerschein** *ök.* varrant-i
Ordinalzahl numëror rreshtor
Ordination *rel.* shugurim-i

ordinieren *rel.* dorëzoj; shuguroj
ordnen kanalizoj
Ordnung rend-i, *pl.* -e-t; rrégull-i; regjim-i; renditj|e, -a; **in ~** në rrégull; **~ssinn** tertip-i, *pl.* -e-t; **~szahl** numëror rreshtor
Ordonnanz *mil.* ordinanc|ë, -a
Oregano *bot.* rigon-i
Organ organ-i, *pl.* -e-t
Organisation organizat|ë, -a
Organisations- organizativ, -e **~fragen** çështje organizative **~talent;** tertip-i, *pl.* -e-t
Organisator organizator-i
organisch organik, -e
organisieren organizoj
Organismus organiz|ëm, -mi
Organist organist-i
Orgel *mus.* órgano-ja; **~spieler** organist-i
Orgie zdërhallj|e, -a; orgjí-a
orientalisch oriental, -e
Orientalistik orientalistik|ë, -a
orientieren orientoj
Orientierung orientim-i
Orientierungs- orientues, -e; **~punkt** *mil.* orientues-i; **~zeichen** shenjë orietuese
original origjinal, -e
Originalität origjinalitet-i
Orkan uragan-i, *pl.* -e-t
Orleans *ON* Orlean-i
Oronym oronim-i
Ort vend-i, *pl.* -e-t; vis-i, *pl.* -e-t; **~leihe** sektor huazimi; **~name** toponim-i
orthodox ortodoks, -e
Orthodoxie *rel.* ortodoksí-a
Orthoepie drejtshqiptim-i
Orthographie drejtshkrim-i
Orthopäde *med.* ortoped-i, *pl.* -ë-t
Orthopädie ortopedí-a
örtlich vendit, i/e; vendas, -e
Ortung *mit Radar* radiolokacion-i
ösbekisch uzbek, -e
Öse ili|k-u, *pl.* qe-t
Osmane osman-i, *pl.* -ë-t; *Schimpfname* halldup-i, *pl.* -ë-t *hist.*
osmanisch osman, -e; **~e Sprache** osmanisht|e, -ja; **~es Reich** Perandoria Osmane
Osmose osmoz|ë, -a
Ost- lindor, -e; **~-Deutschland** Gjermania Lindore; **~europa** Evropa Lindore
Osten lindj|e, -a
Ostern pashk|ë, -a, *pl.* -ë-t
Österreich Austrí-a; **~-Ungarn** Austro-Hungarí-a
Österreicher austriak-u, *pl.* -ë-t
österreichisch austriak, -e
östlich lindor, -e
Ostsee Baltik-u; deti Baltik
Oświęcim *ON* Osviencim-i

Ottawa *ON* Otav|ë, -a
Ouvertüre *mus.* uvertur|ë, -a
Ouzo uzo-ja
oval oval, -e; vezak, -e
Ovation ovacion-i
Oxford *ON* Oksford-i
oxydieren oksidoj
Oxymoron *spr.* oksimoron-i
Ozean oqean-i, *pl.* -e-t
Ozean- oqeanik, -e; **~dampfer** anije transoqeanike; anije oqeanike; oqeanik-u, *pl.* -ë-t
Ozeanien Oqeaní-a
Ozon *chem.* ozon-i

P

paar: ein ~ do; disá; ca
Paar *n.* çift-i, *pl.* -e-t
paaren ndërzej *e/ye*
paarig çift ⟨*adv*⟩
Paarung ndërzim-i
Pacht arend|ë, -a qirá-ja
Pächter buj|k-u, *pl.* -q-it
Pack, der ~; Packen, der ~ ball|ë, -a, *pl.* -a-t; den|g-u, *pl.* -gje-t
Päckchen kolipost|ë, -a; paket|ë, -a; pako-ja
packen rrëmbej *e/ye*; **ihn packte das Fieber** e zaptuan ethet
Pädagoge arsimtar-i
Pädagogik pedagogjí-a
Päderastie pederastí-a
paff bof *Int.*
Paginierung numërtim i faqeve
Paket paket|ë, -a; pako-ja
pakistanisch pakistanez, -e
Paläographie paleografí-a
Palast pallat-i, *pl.* -e-t
Palästina Palestin|ë, -a
palästinensisch palestinez, -e
palatal *spr.* qiellzor, -e
palatalisiert *spr.* zbutur, i/e
Palatum *spr.* qiellz|ë, -a
Palette *fig.* gam|ë, -a; *fig.* diapazon-i, *pl.* -e-t
Palmsonntag e diel e larit
Pampelmuse *bot.* grejpfrut-i
panamaisch, panamesisch panamez, -e
Panik panik-u
Panne avarí-a
Panorama pamj|e, -a; tabló-ja, *pl.* -të
Pantoffel pandofla-t
Panzer korac|ë, -a; tank-u, *pl.* -e-t; tanks-i, *pl.* -e-t; *Tier* guask|ë, -a; **~fahrer** tankist-i; **~faust** kundërtanku, *pl.* -e-t; bazuk|ë, -a; **~wagen** autoblind|ë, -a
panzern blindoj

Panzerung korac|ë, -a; blind|ë, -a
Papa bab|ë, -a *m.*; *Anrede* bac|ë, -a; babá-i, *pl.* -llarë-t
Papi babi
Papier let|ër, -ra; kart|ë, -a; dokument-i, *pl.* -e-t; **vergilbtes ~** letër e zverdhur; **~geld** kartëmonedh|ë, -a; **~korb** kosh letrash; **~schneider** prerëse letrash; **~servietten** letër buzësh
Pappe karton-i, *pl.* -ë-t; kartuç-i, *pl.* -a-t
Pappel plep-i, *pl.* -a-t
Paprika spec-i, *pl.* -a-t; piper i kuq; *eine Art rund wie Tomaten* gogozhar|e, -ja; **~schote** spec-i, *pl.* -a-t
Parabel parabol|ë, -a; *Gleichnis* shëmbëlltyr|ë, -a
Parade parad|ë, -a
Paradies parajs|ë, -a; *der Muslime* xhenet-i
paradigmatisch *spr.* paradigmatik, -e
Paragraph paragraf-i, *pl.* -ë-t; kryerresht-i, *pl.* -a-t
Parallelismus paraleliz|ëm, -mi
Paralyse *med.* paraliz|ë, -a
paramilitärisch paraushtarak, -e
parasitisch parazit, -e
parataktisch bashkërenditur, i/e; paratak̂tik, -e
Parataxe *spr.* pranërenditj|e, -a
Parenthese ndërshtëni|e, -a
parenthetisch ndërshtënë, i/e
Parfum parfum-i, *pl.* -e-t
Paris *ON* Paris-i
Parität paritet-i
Park par|k-u, *pl.* -qe-t; **~anlage** lulisht|ë, -a; lulisht|e, -ja; **~uhr** automat parkimi; **~verbot** ndalim parkimi; **~platz** shesh parkimi; vendqëndrim-i; **~ für PKWs** vendqëndrimi për vetura
parken parkoj
Parkett platé-ja
parlamentarisch parlamentar, -e
Parlamentsmitglied deputet-i, *pl.* -ë-t
Parole parull|ë, -a; *spr.* ligjërim-i
Paroxytonon *spr.* fjalë me theks njëparafundor
Partei partí-a; an|ë, -a; **~ ergreifen für** anoj; marr anën e ⟨+ *G*⟩; **~buch** tesera e partisë; librez|ë, -a; **~tag** kongres-i, *pl.* -e-t
parteifeindlich antipartí
parteilich anësisht ⟨*adv*⟩
Parteilichkeit anësí-a; partishmërí-a
Parterre kat-i përdhes; platé-ja
Partie *ök.* partí-a; **eine ~ Baumwolle** një parti pam-

buku
partiell pjessh|ëm, -me, i/e; pjesërisht ⟨*adv*⟩
Partikel *spr.* pjesëz-a; **angehängte** ~ mbishtes|ë, -a
Partisan partizan-i, *pl.* -ë-t
partitiv *spr.* pjesëtor, -e
Partizip pjesor|e, -ja; ~ **Perfekt** pjesore e shkuar; ~ **Präsens** pjesore e tashme
partizipial pjesor, -e
Partner ortak-u, *pl.* -ë-t; ~**schaft** ortakëri-a
Parze *myth.* fatí-a
Passage kalim
Passagier pasagjer-i, *pl.* -ë-t; udhëtar-i
Passant udhëtar-i
passend duhur, i/e; volitsh|ëm, -me, i/e
passieren ndodh; ngj|aj, -ava, -arë
Passierschein lejekalim-i
Passion pasion-i
passiv pasiv, -e; *spr.* pësor, -e; ~**e Wortschatzschicht** shtresë pasive e leksikut
Passiv pësor|e, -ja
Paste past|e, -a
Pastor *rel.* famullitar-i
Patent patent|ë, -a
patentieren patentoj
Patient *med.* pacient-i, *pl.* -ë-t
Patriarch patriark-u; *rel.* patrik-u, *pl.* -ë-t
patriarchalisch patriarkal, -e
Patriarchalismus patriarkaliz|ëm, -mi
Patriarchat patriarkat-i; *Peć, Istanbul* patrikan|ë, -a
Patriot atdhetar-i
Patriotismus atdhetarí-a
Patrone fishek-u, *pl.* -ë-t; ~**ngurt** kollan-i, *pl.* -ë-t; gjerdan-i, *pl.* -ë-t, fishekor|e, -ja; ~**hülse** *mil.* gëzhoj|ë, -a; ~**tasche** fishekor|e, -ja
Patronymikon *spr.* patronim-i
Patsche: in die ~ **geraten** bie në kurth
Paul *NP* Pal-i
pausbäckig buç, -e; buçkaran, -e; buçkan, -e
Pause pushim-i; pauz|ë, -a; *spr.* ndales|ë, -a; ~ **machen** pushoj
Pauspapier letër karboni; kalk-u, *pl.* -e-t
Pay-roll *ök.* borderó-ja
Pazifik, Pazifischer Ozean Paqësor-i; Oqeani Paqësor
Paß pasaport|ë, -a; *im Gebirge* qafëmal-i; qaf|ë, -a; gryk|ë, -a, *pl.* -a-t; **kleiner** ~ qafalik-u, *pl.* -ë-t; qafer|e, -ja; ~**straße** rrugë e qafës
Peć *ON* Pej|ë, -a; **aus** ~ pejan, -e
Pech pis|ë, -a; *fig.* tersllë|ku, *pl.* -qe-t; belá-ja, *pl.* -ra-t

Pedal pedal-i
Pein dhembj|e, -a
Peitsche kërbaç-i; kamxhik-u, *pl.* -ë-t
pejorativ *spr.* keqësues, -e
Peking *ON* Pekin-i
pelasgisch pellazg, -e
Pelikan bozhor-i, *pl.* -ë-t; dash deti; laradash-i, *pl.* -ë-t
pellen zdërvij; zhaparis *s/t*
Pelz gëzof-i, *pl.* -e-t; **~mantel** qyr|k-u, *pl.* -qe-t; **~mütze** kapë gëzofi
peng bof *Int.*; bam *Int.*
penibel përpiktë, i/e; pedant, -e
Pension pension-i
Peperoni *bot.* spec-i, *pl.* -a-t
per me; **~ Luftfracht** me avion; **~ Luftpost** me aeroplan; **~ Schiff** me rrugë detare
perfekt përkryer, i/e; kryer, i/e
Perfekt *spr.* kryer-a, e
perfektiv kryer, i/e; **~e Aktionsart** pamje e kryer
Periode *spr.* periudh|ë, -a; *med.* menstruacione-t
Periodikum përkohshm|e, -ja, e
Periphrase perifraz|ë, -a
periphrastisch perifrastik, -e
Perle margaritar-i, *pl.* -ë-t; perl|ë, -a; rruaz|ë, -a; inxhí-a
Perser iranian-i
Persien Persí-a
persisch pers, -e; persik, -e; iranian, -e; **≗er Golf** Gjiri Persik
Person person-i; *spr.* vet|ë, -a; personazh-i, *pl.* -e-t; **~enkraftwagen** autovetur|ë, -a; **~enname** emër vetjak; **~enwagen** *Eisenbahn* vagon udhëtarësh; **~enzug** tren i udhëtarëve
personal *spr.* vetor, -e
Personal personel-i; **~ausweis** letërnjoftim-i; **~endung** mbaresë vetore; **~pronomen** *spr.* përemër vetor; **~verzeichnis** evidenc|ë, -a; organik|ë, -a
persönlich vetjak, -e; vetor, -e; **~es Eigentum** prona vetjake
Perzeption *phi.* perceptim-i
Pessimismus pesimiz|ëm, -mi
Pest murtaj|ë, -a
Peter *NP* Pjet|ër, -ri
Petersilie *bot.* majdanoz-i
Petro-Industrie industri-a vajgurore
Petroleum vajgur-i
Petroleum- vajguror, -e
Pfad sht|eg, *pl.* -ígje-t; rav|ë, -a; **schmaler ~** dhiar|e, -ja; **~finder** bojskaut-i, *pl.* -ë-t; pionier-i, *pl.* -ë-t
Pfahl hu-ri, *pl.* -nj-të

pfählen vë në hu
Pfand peng-u; ~**brief** *ök.* obligacion-i
Pfanne tigan-i, *pl.* -ë-t; fulter|e, -ja; tav|ë, -a
Pfarramt meshtarí-a; qel|ë, -a
Pfarrei famullí-a
Pfarrer meshtar-i; famullitar-i
Pfarrhaus *kathol.* qel|ë, -a
Pfeffer piper-i; **spanischer** ~ spec-i; ~**minzbonbons,** ~**minzlikör** ment|ë, -a; ~**minze** *bot.* mend|ër, -ra, *pl.* -ra-t; ~**streuer** mbajtëse piperi
pfeffern djegësoj
Pfeife pip|ë, -a; llull|ë, -a
pfeifen vërshëllej; fishkëllej *e/ye*
Pfeifen, das ~ zukam|ë, -a; zukatj|e, -a; ~ **der Kugeln** zukama e plumbave
Pfennig qindark|ë, -a
Pferch mánd|ër, -ra, *pl.* -ra-t; vath|ë, -a; stan-i, *pl.* -e-t
Pferd kal|ë, -i, *pl.* kúaj-të; **großes und starkes** ~ dërdyl-i, *pl.* -a-t; ~**erennbahn** hipodrom-i, *pl.* -e-t; ~**erennsport** hipiz|ëm, -mi; ~**estärke** *PS* kalë-fuqi, *pl.* kúaj-fuqi
Pfifferling: keinen ~ **wert sein** s'vlej asnjë grosh
pfiffig finok, -e
Pfiffigkeit finokërí-a; qerratallë|k-u, *pl.* -qe-t; tertip-i, *pl.* e-t
Pfingsten *rel.* rrëshajë-t
Pfingstrose *bot.* bozhur|e, -ja
Pfirsich pjeshk|ë, -a, *pl.* -ë-t
Pflanze bim|ë, -a
Pflanzen, die ~ barisht|e, -ja; ~**fett** lyrë bimore; ~**wuchs** bimësí-a
pflanzlich barishtor, -e
Pflanzung plantacion-i; ~ **von Zitrusfrüchten** agrumisht|ë, -a
Pflaster leukoplast-i; *Straßen*~ kalldrëm-i, *pl.* -e-t
Pflaume kúmbull-a, *pl.* -a-t; ~**nplantage** kumbullisht|ë, -a
Pflege përkujdesj|e, -a; mjekim-i; ~**personal** personel mjekësor
pflegen lëroj; kultivoj; rúaj, -ta, -tur; trajtoj
pflücken mbledh *e/i/o*; vjel *e/i/o*
Pflug plu|g-u, *pl.* -gje-t; ~**sterz** dorak-u, *pl.* -ë-t
pflügen lëroj; *nur oberflächlich* cekoj
Pforte portinerí-a; port|ë, -a
Pförtner derës-i; derëtar-i; portier-i
Pfosten hu-ri, *pl.* -nj-të; trari, *pl.* -rë-t
Pfriem fëndye|ll-i, *pl.* -j-t; biz|ë, -a

pfui! ptu ⟨*Interj.*⟩
Pfund peshëqind gram; gjysmë kile; *Sterling* stërlin|ë, -a; *türk. und brit. Währung* lir|ë, -a
Pfütze bllac|ë, -a; hurdh|ë, -a
Phänomen dukurí-a; fenomen-i, *pl.* -e-t
Phänomenologie *phi.* fenomenologjí-a
Phantasie fantazí-a
phantastisch fantastik, -e; ëndërrt, i/e
Phantom fantaz|ëm, -mi; **~wort** fjalë fantazëm
Pharao faraon-i, *pl.* -ë-t *hist.*
pharmazeutisch farmaceutik, -e
Pharmazie farmací-a; farmaceutik|ë, -a
pharyngal *spr.*, faringal, -e
Pharynx faring-u
Phase faz|ë, -a
Philadelphia *ON* Filadelfia
Philatelie filatelí-a
Philatelist filatelist-i
Philharmonie filarmoní-a
Philippinen Filipine-t
philippinisch filipinas, -e
Philister *fig.* filistin-i, *pl.* -ë-t
Philologe filolog-u, *pl.* -ë-t
Philologie filologjí-a
philologisch filologjik, -e
Philosoph filozof-i, *pl.* -ë-t
Philosophie filozofí-a
Philosophieren filozofoj
philosophisch filozofik, -e
phlegmatisch flegmatik, -e
Phonem *spr.* fonem|ë, -a
phonematisch fonematik, -e
Phonetik *spr.* fonetik|ë, -a
Phonetiker fonetikan-i, *pl.* -ë-t
phonetisch fonetik, -e
Phönix *myth.* feniks-i, *pl.* -ë-t
Phönizien Fenikí-a
phönizisch fenikas, -e
Phonologie *spr.* fonologjí-a
phonologisch fonologjik, -e; **~e Opposition** kundërvënie fonologjike
Phosphat *chem.* fosfat-i, *pl.* -e-t
Phosphor *chem.* fosfor-i
Photographie fotografí-a
photographieren fotografoj
photographisch fotografik, -e
Phrase *mus.* fraz|ë, -a; **laß die hohlen ~n!** lëri dënglat!; **~ologie** frazeologjí-a
phraseologisch frazeologjik, -e; **~e Verbindung** bashkim frazeologjik
Phrygien Frigjí-a
Physik fizik|ë, -a
physikalisch fizik, -e
Physiker fizikan-i, *pl.* -ë-t
Physiognomie fizionomí-a
Physiologie fiziologjí-a
physiologisch fiziologjik, -e
physisch fizik, -e
Piana degli Albanesi *ON* Hora e Arbëreshëve

Piano *mus.* piano-ja
Piaster *hist.* grosh-i, *pl.* -ë-t
Pickel çiban-i, *pl.* -ë-t; lung|ë, -a; rrjébull-a
picken quk
pieken *zwicken* gjemboj
Pilav pilaf-i, *pl.* -ë-t
Pilger *nach Jerusalem oder Mekka* haxhí-u, *pl.* -nj-të; **~fahrt** *ins Heilige Land* haxhillëk-u
Pille hap-i, *pl.* -a-t, -e-t
Pilot pilot-i, *pl.* -ë-t
Pilsen *ON* Pëlzen-i
Pilz kërpudh|ë, -a
Pimpf fatos-i, *pl.* -a-t
Pindus Pind-i
Pingeligkeit acarí-a
Pinienkiefer *ON* harmoç-i, *pl.* -ë-t
pinkeln përmjerr *e/i/o*; shurr
Pinsel penel-i, *pl.* -a-t
Pinzette pincet|ë, -a
Pionier xhenier-i, *pl.* -ë-t; *Jugendorganisation* pionier-i, *pl.* -ë-t; **~einheit** *mil.* xhénio-ja
Pipette pikator|e, -ja; **~ zur Blutentnahme** çar|k-u, *pl.* -qe-t
Pirat pirat-i; kusar deti
Piraterie piraterí-a
Piräus *ON* Piré-u
Pirogge byre|k-u, *pl.* -kë-t; -qe-t
Pirol ben|g-u, *pl.* -gje-t; cikof|úa, -oi, *pl.* -ónj-të; **~weibchen** fug|ë, -a
Pisa *ON* Piz|ë, -a
Pisse *vulg.* shurr|ë, -a
pissen *vulg.* shurr
Pissoir shurrëtor|e, -ja
Piste pist|ë, -a
Pistole kobur|e, -ja
Pjöngjang *PN* Phenian-i
Pkw = Personenkraftwagen autovetur|ë, -a
Plackerei hamallë|k-u, *pl.* -qe-t
Plagiat plagjiat-i, *pl.* -ë-t
Plagiator plagjiator-i
Plakat pllakat-i, *pl.* -e-t; afish|e, -ja
plakatieren afishoj
Plakatierung afishim-i
Plan plan-i, *pl.* -e-t
Plane *Zelt~* mushamá-ja
planschen zhabaritem
Planung planifikim-i
Plastik plastmas|ë, -a; **~beutel** qese plastmase; **~folie** letër plastike
plastisch plastik, -e
Platin platin-i
platt sheshtë, i/e; dystë, i/e
Plattdeutsch *spr.* gjermanishte e poshtme
Platte pjat|ë, -a; pjatanc|ë, -a; tav|ë, -a; tavll|ë, -lla; *Stein~*; *Schall~* pllak|ë, -a; **~nspieler** gramafon-i
Plattensee Balaton-i
Platz shesh-i; *Markt~* pjac|ë, -a; **~ am Ofen** bu-

cak-u, *pl.* -ë-t; ~ **im Schatten** zezelin|ë, -a; ~ **nehmen** shtrohem; ~**anweiserin** punonjëse e sallës
Plätzchen *Gebäck* biskot|ë, -a; **ruhiges** ~ bic|e, -ja
platzen plas, pëlcas; *explodieren* shpërthej; brufulloj; gufoj; **vor Wut** ~ bëj bof
Plauderei muhabet-i; bisedim-i
plauderig muhabetqar, -e
plaudern bisedoj
Plav *ON* Plav|ë, -a; **aus** ~ plavjan, -e
Plebiszit plebishit-i
Pleite falimentim-i
Plejaden Shenjëza-t
Plenar- plenar, -e
Pleonasmus *spr.* pleonaz|ëm, -mi
Pleophonie *spr.*, plotzaní-a
Pleuellager *tech.* kapelfotë bjelle
Pleuritis *med.* pleurit-i
Plisseerock *der Männer-Volkstracht* fustanell|ë, -a
Ploeşti *ON* Ploesht-i
Plombe plumb-i, *pl.* -a-t
plötzlich papritur, i/e; beftë, i/e; béfas ⟨*adv*⟩
Pluderhose *der Frauen-Volkstracht* çitjane-t; dimitë
plump trashanik, -e
Plumpsklosett qenef-i *veralt.*
plündern grabit *s/t*; plaçkis *s/t*; zhvesh
Plünderung plaçkitj|e, -a; zhveshj|e, -a
Plural *spr.* shumës-i; ~**e tantum** *spr.* vetëmshumës-i; ~**is modestiae** *spr.* shumës thjeshtësie
Pluralismus pluraliz|ëm, -mi
Plusquamperfekt *spr.* më se e kryer-a, e; e tejshkuar-a; e kryer-a e plotë
Plzeň *ON* Pëlzen-i
Po *FN* Po-ja
Pöbel harbut-i, *pl.* -ë-t
Pocken *med.* li-a; ~**narben** mbresa lie
Podujevo *ON* Podujev|ë, -a
Poesie poezí-a
Poet poet-i, *pl.* -ë-t
poetisch poetik, -e
Pokal kup|ë, -a
Pol pol-i; ~**arstern** Ylli Polar
Pole polak-u, polonez-i
Polen Poloní-a
Polenta mëmëlig|ë, -a
Police *ök.* polic|ë, -a
polieren feks
Poliklinik poliklinik|ë, -a; ambulanc|ë, -a
Polio *med.* poliomielit-i
Politbüro byroja politike
Politik politik|ë, -a; ~**wissenschaften** shkenca-t politike
politikfrei apolitik, -e
politisch politik, -e; ~**e Gruppierung** grupim poli-

tik
Politologie shkenca politike
Polizei polici-a; **~präfekt** qarkkomandant-i *hist.*; **~präsidium** kuestur|ë, -a
Polizist polic-i; detektiv-i, *pl.* -ë-t
Pollen *bot.* end-i; end|ë, -a; pjalm-i
Pollution ndotj|e, -a
polnisch polak, -e; polonez, -e
Polnoglasie *spr.* plotzaní-a
Polsterbank minder-i, *pl.* -e-t
polyglott shumëgjuhësh, -e
Polynesien Polinezí-a
polynesisch polinezjan, -e
Polysemie *spr.* shumëkuptimësí-a
polysyllabisch shumërrokësh, -e
polysynthetisch polisintetik, -e
Pomade pomad|ë, -a
Pommern Pomeraní-a
Pommes frites patate të fërguara
Pomp salltanet-i
pompös me salltanet
Pontus Pont-i
Pony-Frisur balluke-t
populär popullor, -e
popularisieren vulgarizoj; popullarizoj
Pornographie pornografí-a
pornographisch pornografik, -e
Porree presh-i
Portal port|ë, -a
Portier portier-i; **~sloge** portinerí-a
Portikus hajat-i, *pl.* -e-t
Portion porcion-i; partí-a
Porto çmim-i
Portrait-Format format gjatësor
Porträt portret-i, *pl.* -e-t
Portugal Portugalí-a
portugiesisch portugez, -e
Portwein portovin-i
Porzellan farfurí-a; porcelan-i; bilur-i
porzellanen farfurinjtë, i/e
Posen *ON* Poznan-i
Positiv *spr.* shkallë pohore
positiv pohor, -e
possessiv *spr.* pronor, -e; **≈adjektiv** *spr.* mbiemër përkatësie; **≈pronomen** përemër pronor
Post post|ë, -a
Post- postar, -e; **~amt** zyra postare; post|ë, -a; **~anweisung** mandapost|ë, -a; **~beamter** nëpunës poste; **~bote** postier-i, *pl.* -ë-t; **~karte** kartëpostal|e, -ja; kartolin|ë, -a; kart|ë, -a; **~scheck** çek postar; **~sendung** pako postare
postbukkal *spr.* pasgojor, -e
Pöstchen ofiq-i
poste restante restante
Pöstek postiq|e, -ja

Posten roj|ë, -a; ofiq-i
postlagernd ruhet në postë; restante
postpalatal *spr.* prapaqiellzor, -e
postponiert *spr.* prapavendosur, i/e
Postposition *spr.* prapafjal|ë, -a
postpositiv *spr.* prap|ëm, -me, i/e; prapavendosur, i/e
postwendend *fig.* atypëratysh|ëm, -me, i/e
Potenz fuqí-a; **dritte** ~ *math.* fuqia e tretë; kub-i, *pl.* -e-t
Potpourri *mus.* potpurí-a
Pracht madhështí-a
prächtig madhështor, -e
Prädikat *spr.* kallëzues-i; ~**satz** *spr.* fjali kallëzuesore
Prädikativum gjymtyrë kallëzuesore
Präfekt kujdestar i konviktit
Präfigierung *spr.* parashtesim-i
Präfix *spr.* parashtes|ë, -a
Präfix- parashtesor, -e
Prag *ON* Prag|ë, -a
Prägung formim-i
prahlen kapardisem; mburrem; krekosem
Prahlerei kapadaillë|k-u, *pl.* -qe-t; kapardisj|e, -a; krekosj|e, -a
Prahlhans kapadaí-u, *pl.* -nj-të
praktisch praktik, -e
praktizieren praktikoj
Prämie prim-i
Präposition *spr.* parafjal|ë, -a
präpositional *spr.* parafjalor, -e; ~**e Rektion** *spr.* drejtim parafjalor; ~**e Wendung** lokucion parafjalor; ~**es Objekt** kundrinë parafjalore
Präpositions- parafjalor, -e
präpositiv *spr.* paravendosur, i/e
Präsens *spr.* e tashm|e, -ja
Präsentation paraqitj|e, -a
Präsenz praní-a
Präsident kryetar-i
Präsidium presidium-i
prasseln brambulloj; brambullij
prätendieren pretendoj
Präterito-Präsens *spr.* preterit i tashëm
Präteritum *spr.* preterit-i; e shkuar-a
Praxis praktik|ë, -a
präzis hollë, i/e; saktë, i/e; përpiktë, i/e; pikërisht ⟨*adv*⟩
präzisieren saktësoj
predigen predikoj
Prediger *rel.* predikues-i
Predigt *muslimisch* vaz-i, *pl.* -e-t
Preis çmim-i; **einen vernünftigen** ~ **festsetzen** caktoj ~ të arsyeshëm; ~**aufschlag** shtesë mbi çmimin; ~**ga-**

rantie garantim i çmimeve; **~liste** listë çmimesh; **~nachlaß** rabat-i, *pl.* -e-t; **~schießen** garë e qitjes; **~schleuderei** dumping-u; **~senkung** ulje çmimesh; **~spanne** marzh-i; **~steigerung** ngritja e çmimit; **~träger** laureat-i, *pl.* -ë-t
preisgeben braktis; **Dienstgeheimnisse ~** dekonspiroj
preiswert me çmim të ulët
Premiere premier|ë, -a
Prespa-See Presp|ë, -a
Presse shtyp-i; *tech.* pres|ë, -a; **~konferenz** konferencë shtypi
pressen trys; trus; shtrëngoj
Prestige prestigj-i
Preußen Prusí-a
preußisch prusian, -e
Preßlufthammer çekiç pneumatik
Preßburg *ON* Bratislav|ë, -a
Priester prift-i, *pl.* -ërinj të; *orthodox* ikonom-i, *pl.* -ë-t; **~mütze** *orthodox* kamillaf-i, *pl.* -ë-t; **~schüler** xhakon-i, *pl.* -ë-t; **~weihe** *rel* shugurim-i
primär *spr.* parësor, -e; **~er Dual** dyjës parësor
Primel *bot.* lule pranvere
Prinz princ-i, *pl.* -a-t; -ër-it
Prinzessin princesh|ë, -a
Prinzip parim-i
prinzipiell, prinzipienfest parimor, -e
Priorität përparësí-a
Prise pisk|ë, -a; **eine ~ Salz** një pëlqyer kripë
Priština Prishtin|ë, -a; **aus ~** prishtinas, -e
privat vetjak, -e
privativ mohues, -e
Privileg privilegj-i
Prizren *ON* Prizren-i; **aus ~** prizrenas, -e
pro nga; **~ forma** formalisht ⟨*adv*⟩; **~ forma-Rechnung** *ök.* faturë paraprake; faturë pro-formë
Probe prov|ë, -a; kampion-i, *pl.* -ë-t; **~druck** boc|ë, -a, *pl.* -a-t; **~zeit** kohë prove
probieren provoj
Problem problem-i; çështj|e, -a
Produkt produkt-i; prodhim-i
Produktion prodhim-i; **~smittel** mjet i prodhimit; **~sverhältnisse** marrëdhënie në prodhim; **~sweise** mënyra e prodhimit
produktiv *spr.* prodhues, -e
Produktivkräfte forca-t prodhuese
professionell profesional, -e
Professor profesor-i
Profit grat-i; përfitim-i; fitim-i
profitabel fitimsh|ëm, -me, i/e

profitieren përfitoj; fitoj
Prognose parashikim-i
Programm program-i, *pl.* -e-t
progressiv përparimtar, -e; *spr.* paravajtës, -e
prohibitiv *spr.* ndalimor, -e
Projekt projekt-i, *pl.* -e-t
projektieren projektoj
Projektierung projektim-i
proklamieren proklamoj
Prokletije-Gebirge Bjeshkët e Nemuna
Proklise *spr.* prokliz|ë, -a
proklitisch *spr.* proklitik, -e
Prolepse *spr.* hershim-i
Proletariat proletariat-i
proletarisch proletar, -e; ~**er Internationalismus** internacionalizëm proletar
Pronomen *spr.* përem|ër, -ri, *pl.* -ra-t
pronominal *spr.* përemëror, -e
Propaganda propagand|ë, -a; përhapj|e, -a
Propeller *tech.* helik|ë, -a
proportional përpjesëtimisht ⟨*adv*⟩
Prosa proz|ë, -a
Prosaismus prozaiz|ëm, -mi
Prosaschriftsteller prozator-i
Prosit! gëzuar!
Prosodie *spr.* prozodí-a
Prostitution kurvërí-a
Prótasis *spr.* protaz|ë, -a
Protektionismus proteksioniz|em, -mi
Protest protest|ë, -a
Protestant protestant-i, *pl.* -ë-t
Prothese *spr.* protez|ë, -a
Protokoll procesverbal-i, *pl.* -e-t
Provence Provans|ë, -a
Provinzialismus krahinoriz|ëm, -mi
provisorisch përkohsh|ëm, -me, i/e; provizorisht ⟨*adv.*⟩
Provokation provokim-i
provozieren provokoj
provozierend provokator, -e
Provozierung provokim-i
Prozent përqind; ~**satz** përqindj|e, -a
Prozession kortezh-i, *pl.* -e-t
Prozeß proces-i, *pl.* -e-t; *jur.* gjyq-i, *pl.* -e-t; procedim-i
prüfen shqyrtoj; përsias *s/t*; provoj; *eine Maschine* kolaudoj
Prüfer kontrollor-i, *pl.* -ë-t
Prüftisch banköprov|ë, -a
Prüfung shqyrtim-i; vërtetim-i; prov|ë, -a; *Examen* provim-i; ~ **machen** diplomohem
Prügel, Prügelei goditj|e, -a; rrahj|e, -a
Pseudo- rremë, i/e
Psychiater psikiat|ër, -ri, *pl.* -r-it
psychisch psikik, -e
Psychoanalyse frojdiz|ëm,

-mi
Psycholinguistik *spr.* psikolinguistik|ë, -a
Psychologe psikolog-u, *pl.* -ë-t
Publikum klientur|ë, -a
publizierbar botuesh|ëm, -me, i/e
publizieren botoj
Pudding buding-u
Puder pud|ër, -ra
puertorikanisch, aus Puerto Rico portorikan, -e
Puff bordel-i, *pl.* -e-t
Pullover pulov|ër, -ri; trikoja
Puls *med.* puls-i
Pulver plúhur-i, *pl.* -a-t; barut-i, *pl.* -e-t
Pulver- míellt, i/e; **~faß** fuçi-a me barut
Pump: auf ~ kaufen blej me kredi
Pumpe pomp|ë, -a
Punkt pik|ë, -a; **es ist ~ drei Uhr** ora është tre fiks
Punsch ponç-i
Puppe kúkull-a, *pl.* -a-t; lod|ër, -ra; nusk|ë, -a; *eines Schmetterlings* bub|ë, -a
pur sade
puristisch *spr.* purist, -e
Pute quk|ë, -a
Puter biban-i, *pl.* -ë-t; qukan-i, *pl.* -ë-t
Putsch puç-i
putzen hijeshoj; *reinigen* pastroj
Putzfrau pastrues|e, -ja
Putzlappen leckë për të fshirë
Putzwolle pambuk për pastrim
Pyjama pizhame-t
Pyramidenpappel *bot.* kavak-u, *pl.* -ë-t
Pyrenäen Pirenej-të

Q

Qingdao *ON* Cindao-ja
Quadrat kuadrat-i, *pl.* -e-t
Quadrat- katror, -e; **~meter** *qm* metër katror; **~wurzel** rrënjë katrore
quadratisch katror, -e
quaken gargaris *s/t*; karkas *s/t* *nur 3. P.*
Qual mundim-i; pocaqí-a; vuajtj|e, -a
quälen mundoj
qualifizieren kualifikoj; cilësoj
Qualifizierung cilësim-i
Qualität cilësí-a
Qualle kandilë deti; meduz|ë, -a
Quant, das ~ kuant-i, *pl.* -e-

t; ~**enthorie** teoria e kuanteve
Quantität sasí-a
quantitativ sasior, -e; ~**er Ablaut** këmbim sasior i zanoreve
Quarantäne karantin|ë, -a
Quark gjiz|ë, -a
Quartett kuartet-i, *pl.* -e-t
Quart-Format format katërsh
Quarz *chem.* kuarc-i
quasseln llomotis *s/t*
Quaste xhufk|ë, -a
Quästur kuestur|ë, -a
Quecke gram-i, *pl.* -a-t
queckiger Boden gramisht|ë, -a
Quecksilber *chem.* engjërdhí-a; zhiv|ë, -a; merkur-i
Quelle kr|ua, -oi, *pl.* -óje-t; burim-i, *pl.* -e-t; gurr|ë, -a; **gefaßte** ~ çezm|ë, -a
quellen zbruhem; ~ **lassen** bymej *e/ye*
Quellgebiet vendburim-i
Quellwasser ujë taze
quer tërthortë, i/e
Querbalken kryqësor|e, -ja
Querformat format gjerësor
Querpaß *Fußball* kros-i
Querulant ankoj|ë, -a, *pl.* -a-t
quetschen shtrëngoj
Quetschung *med.*, kontuzion-i
quietschen kuis *s/t*
Quisling kuisling-u, *pl.* -ë-t
Quito *ON* Kuito-ja
Quitte ft|ua, -oi, *pl.* -onj-të
Quittung kuitanc|ë, -a
Quote kontingjent-i; kuot|ë, -a, *pl.* -a-t
Quotient *math.* herës-i

R

Rabatt *ök.*, rabat-i, *pl.* -e-t
Rabbiner *rel.* rabin-i, *pl.* -ë-t
Rabe korb-i, *pl.* -a-t
Rache hakmarrj|e, -a
Rachen fyt-i; *spr.* faring-u
Rachen- faringal, -e
rächen, sich ~ **marr hak**
Rächer hakmarrës-i; gjakmarrës-i
rachitisch *med.* rakitik, -e
Rad rrot|ë, -a; *Fahrrad* biçiklet|ë, -a; ~**kappe** kapak rrote; ~**rennen** garë çiklistike; ~**rennsport** çiklizj|ëm, -mi; ~**sportler** çiklist-i
Radar radar-i, *pl.* -ë-t
Radau batërdí-a; gjullurdí-a; zallahí-a
Rädelsführer *jur.* organiza-

tor-i
Räderwerk ingranazh-i, *pl.* -e-t
Radiergummi gom|ë, -a
Radierung gravur|ë, -a
Radieschen *bot.* rrepk|ë, -a
radikal rrënjësor, -e; rrënjësisht ⟨*adv*⟩
Radikalismus radikaliz|ëm, -mi
Radio radio-ja; **~aktivität** radioaktivitet-i; **~empfänger** radiomarrës-i; **~loge** *med.* radiolog-u, *pl.* -ë-t; **~röhren** llambat e radios
radioaktiv radioaktiv, -e
Raffinement stërhollim-i
raffineriert rafinuar, i/e
raffinierieren rafinoj
raffiniert, raffineriert rafinuar, i/e
Ragout ragú-ja
Ragusa *ON* Dubrovnik-u; Raguz|ë, -a
Rahatlokum *türk Delikatesse* llokum-i, *pl.* -e-t
Rahm ajk|ë, -a
Rahmen korniz|ë, -a; kuád|ër, -ri, *pl.* -ro-t; **im ~ des Festes** në kuadrin e festës
Rakete raket|ë, -a
Ramadan *rel.* ramazan-i
Rand skaj-i, *pl.* -e-t; qenar-i; qosh|e, -ja; **~ eines Abgrunds** zgrip-i, *pl.* -e-t; **am Rande des Abgrunds** në buzë të greminës
Rand-, anësor, -e; skajor, -e; **~notiz** anëshkrim-i; **~stein** basamak-u, *pl.* -ë-t
randvoll plot e përplot ⟨*adv*⟩; **~ mit Arbeit sein** jam fytas me punë; **er machte die Tasche ~** e mbushi çantën deng
Rang ran|g-u, *pl.* -gje-t
Ränke intrig|ë, -a, *pl.* -a-t; fitme-t
Raphael *NP* Rrapo-ja
Rappen vranç-i, *pl.* -a-t
Rarum antik|ë, -a
rasch shpejtë, i/e; shpejt ⟨*adv*⟩
rascheln feshfërij
Rascheln, das ~ fëshfërim|ë, -a
rasen vrapoj; **vor Wut ~** xhindosem
Rasierapparat makinë rroje
Rasiercreme pastë rroje
rasieren rr|uaj, -ova, -uar; **sich ~ lassen** rruhem, u rrova
Rasiermesser bris|k-u, *pl.* -qe-t
Rasierpinsel furçë rroje
Rasierwasser locion për rrojë; kolonj|ë, -a
Rasse rac|ë, -a
Rassen- racor, -e; **~merkmale** tipare racore
rassisch racial, -e
Rassismus raciz|ëm, -mi
rassistisch racist, -e

rasten çlodh
Rast pushim-i; **~platz** qas|ë, -a; mriz-i, *pl.* -e-t
Rasur bris|k-u, *pl.* -qe-t; rroj|ë, -a
Rat *m.* këshill-i, *pl.* -a-t; këshill|ë, -a; *Redaktionskonferenz u. ä.* kolegjium-i, *pl.* -e-t; **~sherr** këshilltar-i; **~smitglied** këshilltar-i
Rate, ~nzahlung këst-i, *pl.* -e-t
raten këshilloj
ratifizieren ratifikoj
Ration racion-i, *pl.* -e-t
rational racional, -e
rationalisieren racionalizoj
Rationalisierung racionalizim-i
Rationalismus racionaliz|ëm, -mi
rationieren racionoj
Ratschlag këshill|ë, -a; mendj|e, -a
Rätsel enigm|ë, -a; gjëz|ë, -a; gjëegjëz|ë, -a; rebus-i, *pl.* -e-t
Raub grabitj|e, -a; **~druck** botim i paligjshëm, i palejuar
rauben rrëmbej *e/ye*; **geraubt** rrëmbyer, i/e
Räuber cub-i, *pl.* -a-t; hajdut-i, *pl.* -ë-t; kusar-i; kaçak-u, *pl.* -ë-t *hist.*; **auf ~art** hajdutçe ⟨*adv*⟩; **~idiom** zhargon hajdutësh; **~nest** fole hajdutësh; **~tanz** valle hajdutçe
räuberisch grabitqar, -e
Raubtier bish|ë, -a
Rauch tym-i, *pl.* -ra-t; **~fang** tymtar-i; oshmak-u, *pl.* -ë-t; **~schwade** shtëllung|ë, -a
rauchen pi duhan; **er raucht nicht** nuk e nget duhanin
Räucherfleisch mish i tymosur
räuchern tymoj; tymos
rauchig tymtë, i/e
Räude zgjeb|e, -ja
räudig zgjebosur, i/e
raufen kacafytem
rauh ashpër, i/e; egër, i/e; hidhnak, -e
Rauhheit ashpërsí-a
Rauhreif brym|ë, -a; cikm|ë, -a; cikn|ë, -a
Raum *phi.* hapësir|ë, -a
Raum- hapësinor, -e; **~fahrer** astronaut-i, *pl.* -ë-t; **~fahrt** astronautik|ë, -a; **~inhalt** *eines Schiffes* nxënësí-a; **~inhalt** *in cbm* kubatur|ë, -a; **~pflegerin** pastrues|e, -ja
räumlich hapësinor, -e
Raupe bub|ë, -a
Rausch dehj|e, -a; euforí-a
Rausch- narkotik, -e
rauschen gjëmoj; gumëzhij; gumëzhis *s/t*; zhurmëroj; zhurmoj
Rauschgift narkotik-u, *pl.*

-ë-t
Rauschgift- narkotik, -e
rausschmeißen gremis
Ravenna *ON* Raven|ë, -a
Rayon rajon-i, *pl.* -e-t
reagieren reagoj
Reaktion reaksion-i; **klerikale** ~ reaksion klerikal
reaktionär reaksionar, -e; jopërparimtar, -e
Reaktionär prapanik-u
Reaktor reaktor-i
real real, -e
realisieren realizoj; **Versprechungen** ~ *ök.* vë në jetë zotimet
Realismus realiz|ëm, -mi
realistisch realist, -e
Realität realitet-i
Reaya rajá-ja, *pl.* -të *hist.*
Rebe hardhí-a
Rebell rebel-i, *pl.* -ë-t
rebellieren rebelohem
Rebellion rebelim-i
Reblaus filokser|ë, -a
Rechen *tech.* grabuj|ë, -a; dhëmbës-i; dhëmbor|e, -ja
Rechenmaschine makinë llogaritese
Rechenschaft verlangen kërkoj llogarí
Rechenschaftsbericht dhënie llogaríe
rechnen llogaris *s/t*
Rechnen, das ~ llogaritj|e, -a
Rechner kompjúter-i, *pl.* -ë-t
rechnerisch richtig *ök.* saktësia e llogarisë
Rechnung fatur|ë, -a; llogarí-a; ~ **stellen** faturoj; **die** ~ **ohne den Wirt machen** bëj hesapet pa hanxhinë; ~**sabschluß** saldo-ja; ~**sführung** kontabilitet-i
recht djathtë, i/e
Recht e drejt|ë, -a; **ein** ~ **genießen** gëzoj një të drejtë; **du hast** ~ ke hak; ke të drejtë; **mit** ~ drejtësisht ⟨*adv*⟩; ~**eck** *math.* drejtkëndësh-i, *pl.* -a-t; ~**sanwalt** avokat-i; ~**spflege** drejtësí-a; ~**swissenschaft** jurisprudenc|ë, -a
rechteckig drejtkëndor, -e; katërkëndësh, -e
rechtfertigen justifikoj; përligj
Rechtfertigung shfajësim-i; racionaliz|ëm, -mi
rechtgläubig ortodoks, -e
rechtlich juridik, -e
rechtmäßig drejtësisht ⟨*adv*⟩
rechts djathtas ⟨*adv*⟩
Rechtschreibung drejtshkrim-i
Rechtschreibungs- drejtshkrimor, -e
Rechtsfraktion *in einer kommunist. Partei*, **Rechtsopportunismus** djathtiz|ëm, -mi
rechtswidrig padrejtë, i/e; ~e

Hissung *jur.* ngritje pa të drejtë
Reck *spo.* hekur-i
Redakteur redaktor-i
Redaktion redaksí-a
Rede fjalim-i; *spr.* ligjërat|ë, -a; *spr.* ligjërim-i; **~teile** *spr.* pjesë të ligjëratës; **~wendung** idiom|ë, -a; lokucion-i; **~nsart** shprehj|e, -a; **~nsarten** frazeologjí-a
reden flas, fola, folur*a/e/i/o; s/ t*; fjalëtoj; fjalos
redigieren redaktoj
Reduktion *spr.* rrëgjim-i
Redundanz tepërsí-a; *spr.* fjalëteprí-a;
Reduplikation *spr.* dyfishim-i
reduziert ulur, i/e; shkurtuar, i/e; *spr.* rrëgjuar, i/e
Reede *naut.* rad|ë, -a
Reeder armator-i, *pl.* -ë-t
Reederei shoqëri lundrimi
Reexport rieksport-i
Refektorium trapezarí-a *veralt.*
Reflexion reflektim-i
reflexiv *spr.* vetvetor, -e
Reflexivpronomen përemër vetvetor
Reform reform|ë, -a
reformieren reformoj
Reformismus reformiz|ëm, -mi
Refrain refren-i, *pl.* -e-t; avaz-i
Regal raft-i, *pl.* -e-t
Regel rrégull-a, *pl.* -a-t; *med.* menstruacione-t; **~haftigkeit**, **~mäßigkeit** rregullsí-a
regelmäßig rrégullt, i/e; rregullisht ⟨*adv*⟩
regeln ftilloj; rregulloj; *vereinbaren* ujdis; *jur.* parashikoj
Regelung rregullim-i
regen, sich ~ shkundem
Regen shi-u, *pl.* -ra-t; **der ~ hat aufgehört** oshi shiu; **~bogen** ylber-i, *pl.* -e-t; **~cape** mushamá-ja; **~guß** rrebesh-i, *pl.* -e-t; **~schauer** shi-u, *pl.* -ra-t; **~schirm** çad|ër, -ra; ombrell|ë, -a; **~wurm** glist|ër, -ra, *pl.* -ra-t
regenbogenfarben ylbertë, i/e
Regie regjí-a
regieren qeveris; *spr.* drejtoj
Regierung qeverí-a
Regierungs- qeveritar, -e
regierungsfeindlich antiqeveritar, -e; antipushtet
Regime regjim-i
regimefeindlich antipushtet
Regiment *mil.* regjiment-i, *pl.* -e-t
Region krahin|ë, -a, *pl.* -a-t; **~albibliothek** bibliotekë krahinore
Regisseur regjisor-i

Register regjist|ër, -ri; indeks-i, *pl.* -e-t; tregues-i
registrieren regjistroj; **registriert werden** regjistrohem
Registrierung regjistrim-i
regnen bie shi; **es hat aufgehört zu ~** u ndal shiu
Regression prapavajtj|e, -a
regressiv *spr.* prapavajtës, -e
regulär rrégullt, i/e
Reh kaproll|e, -ja; **~bock** kapro|ll-i, *pl.* -j-të
Reibelaut *spr.* bashkëtingëllore fërkimore
reiben fshij; fërkoj; **die Hände ~** fërkoj duart
reich begatsh|ëm, -me, i/e; pasur, i/e
Reich perandorí-a; *fig.* mbretërí-a
reichen jap; zgjas /*t*; mjaftoj; **das Brot reicht nicht** buka nuk del
Reiche, der ~ pasanik-u, *pl.* -ë-t; kamës-i, *pl.* -it
reichlich gratsh|ëm, -me, i/e; boll ⟨*adv*⟩
Reichtum pasurí-a, kamj|e, -a; hapé-ja
Reife *f.* pjekuri-a; pjekj|e, -a
Reifen *m.* gom|ë, -a; **~band** shin|ë, -a; **~druck** presioni i gomave; **~panne** çarje gome; **~wechsel** ndërrim gome
Reifeprüfung matur|ë, -a
Reifung pjekj|e, -a
Reigen vall|e, -ja
Reihe radh|ë, -a, *pl.* -ë-t; rresht-i, *pl.* -a-t
reihen *Kleider* ildis
Reiher qafëgjat|ë, -a
Reihnaht ildí-a
Reim *spr.* rim|ë, -a
reimen rimoj
Reimport *ök.* riimport-i
rein *sauber* pastër, i/e; *klar* qelibartë, i/e; acar, -e; dëlirë, i/e; kthjellët, i/e; kulluar, i/e; sade; *unberührt* virgjër, i/e; virgjëror, -e
Reinheit pastërtí, -a
reinigen pastroj; qëroj; çndot; dëlir
Reinigung çndotj|e, -a; **in die ~ bringen** çoj në pastërti; **~smittel** mjet pastrimi
Reinlichkeit higjien|ë, -a
Reinmachefrau pastrues|e, -ja
Reis oriz-i; **~ mit Fleisch** gjyveç-i, *pl.* -ë-t; **~feld** orizor|e, -ja; **~gericht** rizoto-ja; **~pudding** sytliaç-i; **~suppe** supë orizi
Reise udhëtim-i; **~büro** byro e udhëtimeve; **~leiter** shoqërues-i; **~leiterin** shoqërues|e, -ja; **~leitung** udhëheqje e udhëtimit; **~paß** pasaport|ë, -a; **~scheck** çek udhëtimi; **~wecker** orë me zile
reisen udhëtoj; gjezdis

Reisender udhëtar-i; *Vertreter* përfaqësues-i
Reisig myc|ë, -a
reiten hip|i, -ën, -a, -ur
Reiter kalorës-i
Reiterei kalorësí-a
Reithose kilota-t
Reitsporen mamuz-i, *pl.* -e-t
Reiz irritim-i; vesk-u
reizbar zemërak, -e
reizen acaroj; ngacmoj; nga|s *a/e; s/t*, -va -rë
Reizung irritim-i
Reißnagel mbërtheck|ë, -a
Reißverschluß zinxhirë-t
Reißzwecke mbërtheck|ë, -a
reißen gris; **in Stücke ~** xhavalit; **man riß ihm die Uhr vom Arm** i zhvatën orën nga dora
Reklamation reklamim-i
Reklame reklam|ë, -a
reklamieren reklamoj
Rekonstruktion *spr.* rindërtim-i
Rekonvaleszenz konvaleshenc|ë, -a; përmirësim-i
Rekord rekord-i, *pl.* -e-t; **~halter** rekordist-i
rekrutieren rekrutoj
Rektion *spr.* drejtim-i
relativ relativ, -e; **~pronomen** përemër lidhor; **~satz** fjali lidhore
Relativität relativitet-i; **~stheorie** teoria e relativitetit
relevant rëndësor, -e
Relief reliev-i, *pl.* -e-t; spikam|ë, -a
Religion fe-ja, *pl.* -të
Religions-, religiös fetar, -e
Relikt relikt-i, *pl.* -e-t
Reling *naut.* gardhor-i, *pl.* -ë-t; parapet-i, *pl.* -e-t
Reliquie *rel.* hir-i, *pl.* -e-t; relik|e, -ja
Renaissance rilindj|e, -a
Rendezvous pikëpjekj|e, -a
Rendite rendiment-i
Rennbahn pistë vrapimi
rennen vrapoj
Rennen, das ~ vrap-i; vrapim-i
Renommee nam-i; fam|ë, -a
rentabel rentab|ël, -le
Rentabilität rentabilitet-i
Rente rent|ë, -a; pension-i; **in ~ gehen** dal në pension
Rentner pensionist-i; rentier-i, *pl.* -ë-t
reorganisieren riorganizoj
Reparation reparacion-i
Reparatur rregullim-i; remont-i, *pl.* -e-t; riparim-i
reparieren meremetoj; rindërtoj; riparoj; rregulloj; ndreq; godis *s/t*
repatriieren riatdhesoj
Repertoire repertor-i
Replik replik|ë, -a
Reportage reportazh-i, *pl.* -e-t
Reporter reporter-i, *pl.* -ë-t

Repräsentant agjent-i, *pl.* -ë-t; përfaqësues-i
Reprint *m.* ribotim-i
Reproduktion riprodhim-i; faksimil|e, -ja, *pl.* -e-t
reproduzieren riprodhoj
Reptil zvarranik-u, *pl.* -ë-t
Republik republik|ë, -a
Requisit rekuizit|ë, -a; **~en** *Theater* butaforí-a
Reserve rezerv|ë, -a; **~rad** rrotë rezervë; **~soldat** rezervist-i
reservieren rezervoj; prenotoj
Reservierung *Zimmer* prenotim-i
Reservist rezervist-i
Reservoir rezervuar-i, *pl.* -ë-t
Resolution rezolut|ë, -a
Resonanz ushtim|ë, -a
Resonator *spr.* rikumbues-i
respektiert autoritativ, -e
Respektierung respektim-i
Ressort dikasterial, -e; **~geist** frymë dikasteriale
Ressource burim-i, *pl.* -e-t
Rest mbeturin|ë, -a; tepric|ë, -a; kusur-i, *pl.* -e-t; *im Schnaps-Glas* hulm-i, *pl.* -e-t; **~bestand** mbetj|e, -a; **~betrag** kusur-i, *pl.* -e-t; **~posten** mbetj|e, -a
Restaurant gjellëtor|e, -ja; restorant-i
restaurieren restauroj
Resultante *math.* rezultant|e, -ja
Resultat rezultat-i, *pl.* -e-t
resultativ përfundimor, -e
Retouche retush-i, *pl.* -e-t
retroflex *spr.* prapaepur, i/e
retten shpëtoj; *rel.* shëlboj
Rettung shpëtim-i; **~sboot** barkë shpëtimi
retuschieren retushoj
Reue *jur.* pendim-i
Reval *ON* Talin-i
Revanche revansh-i, *pl.* -e-t
Revanchismus revanshiz|ëm, -mi
revidieren rishikoj; revizionoj
Revision rishqyrtim-i; *ök.* revizion-i
Revisionismus revizioniz|ëm, -mi
Revisionist revizionist-i; **~enbande** klani revizionist
revisionistisch revizionist, -e
Revolte revolt|ë, -a
revoltieren revoltoj
Revolution revolucion-i
revolutionär revolucionar, -e; **~ gestalten** revolucionarizoj
Revolutionär revolucionar-i, *pl.* -ë-t
revolutionieren revolucionarizoj
Revolver revol|e, -ja; revolver-i; kobur|e, -ja
Rezensent recensues-i

Rezension recension-i, *pl.* -e-t
Rezept *med.* recet|ë, -a
Rezeption pritj|e, -a
Reziprozität reciprocitet-i
rezitieren recitoj; ligjëroj
Rhapsodie *mus.* rapsodí-a
Rhein *FN* Rin-i; **~land** Renaní-a
Rhetorik retorik|ë, -a; gojëtarí-a
Rheuma, ~tismus *med.* reumatiz|ëm, -mi
Rhinozerus rinoqeront-i
Rhizinus ricin-i; **~öl** vaj ricini
Rhizom rizom|ë, -a
Rhône *FN* Ron|ë, -a
Rhotazismus *spr.* rotaciz|ëm, -mi
Rhum rum-i
rhythmisch ritmik, -e
Rhythmus rit|ëm, -mi
richten ndreq; **~ auf** zhdredh *e/i/o*
Richter gjykatës-i; *jur.* gjyqtar-i
richtig mbarë, i/e; drejtë, i/e
Richtigkeit drejtësí-a; saktësí-a
Richtkanonier *mil.* gradues-i
Richtung drejtim-i; kah-u, *pl.* -e-t; **in ~ auf** drejt ⟨*adv.*⟩, **~sanzeiger** *tech.* blinker-i
Ricke kaproll|e, -ja
riechen nuhas *s/t*; kundërmoj
Riedgras *bot.* zhuk|ë, -a
Riemen, rrip-i, *pl.* -a-t; *Boot* rrem-i, *pl.* -a-t; **er legte sich in die ~** u mëshoi rremave
Riese bind-i, *pl.* -e-t; div-i, *pl.* -a-t; gjigant-i, *pl.* -ë-t
Rille vjask|ë, -a; hep-i, *pl.* -a-t
Rind, ~vieh gjedh-i, *pl.* -ë-t; **~erragout** tasqebap-i, *pl.* -ë-t
Ring unaz|ë, -a; hallk|ë, -a; *spo.* rin|g-u, *pl.* -gje-t; **~e** rrathë-t
Ringeltaube gogesh-i, *pl.* -ë-t; gugash-i
Ringelwurm unazor-i, *pl.* -ë-t
ringen mundem; *nach Worten* përtyp
Ringer *Sport* mundës-i
Ringkampf mundj|e, -a
ringsum përreth ⟨*adv*⟩
Rinnsal rrëké-ja; gurr|ë, -a; bis|k-u, *pl.* -qe-t
Rippe brinj|ë, -a; **~nfellentzündung** *med.* pleurit-i
Risiko rrezi|k-u, *pl.* -qe-t; **~ und Gefahr zu Lasten des Auftraggebers** *ök.* dëmi dhe rreziku në ngarkim të porositësit
riskieren rrezikoj
Risotto rizoto-ja
Ritter *hist.* kalorës-i
Ritual ritual-i, *pl.* -e-t
Ritus *rel.* rit-i, *pl.* -e-t
Rivale rival, -e

rivalisierend rival, -e
Rivalität rivalitet-i
Robbe fok|ë, -a
Roboter *tech.* robot-i, *pl.* -ë-t
röcheln gulçoj
Röcheln, das ~ gulçim|ë, -a
Rock fustan-i, *pl.* -e-t; fund-i, *pl.* -e-t; **langer** ~ fust|ë, -a
Rogen ík|ër, -ra, *pl.* -ra-t
Roggen *bot.* thek|ër, -ra, *pl.* -ra-t
roh papërpunuar, i/e; *hart* mizor, -e; *ungekocht* gjallë, i/e
Rohbau karabiná-ja
Rohöl vajgur-i; naft|ë, -a
Rohr tub-i, *pl.* -a-t; gyp-i, *pl.* -a-t; **~flöte** *mus.* kallam-i, *pl.* -a-t; **~leitung** tubacion-i; **~schlange** llull|ë, -a
Röhre fejz|ë, -a; gyp-i, *pl.* -a-t
röhren gulçoj
Rohstoff lëndë e parë; ~ **sparen** ekonomizoj lëndën e parë
Röllchen rrotk|ë, -a; **ein** ~ **Nähfaden** një rrotkë pe
Rolle rol-i, *pl.* -e-t; *tech.* rul-i, *pl.* -e-t; **eine** ~ **spielen** luaj rol
rollen rrokullis
Rollfeld pistë e fluturimit
Rolltreppe shkallë lëvizëse
Rom *ON* Rom|ë, -a
Roma *Volksgruppe* evgjit-i, *pl.* -ë-t; jev|g-u, *pl.* -gj-it; cigan-i, *pl.* -ë-t
Roman roman-i, *pl.* -e-t; **~autor** romancier-i, *pl.* -ë-t
Romanismus *spr.* romaniz|ëm, -mi
Romanistik romanistik|ë, -a
Romantik romantik|ë, -a; *Stil* romantiz|ëm, -mi
romantisch romantik, -e
Romanze *mus.* romanc|ë, -a
Römer romak-u, *pl.* -ë-t
Römerin romak|e, -ja
römisch romak, -e
röntgen bëj një radiografi
Röntgen- rëntgen; **~arzt** radiolog-u, *pl.* -ë-t; **~aufnahme** radiografi-a; **~strahlung** rrezatimi rëntgen
rosa, rosafarben rozë
Rose trëndafil-i, *pl.* -a-t; **~nkranz** *katholisch* rruzar|e, -ja; *islamisch* tespihe-t; **~nstrauß** tufë trëndafila
Rosmarin *bot.* rozmarin|ë, -a
Rost ndryshk-u; zgjyr|ë, -a; ~ **zerfrißt Eisen** ndryshku e grin hekurin; **~entferner** çoksidues-i; **~laube** *Kfz* karakatin|ë, -a
rosten ndryshkem; ~ **lassen** zgjyros
rösten fërgoj; thek
Röstkartoffel patate të fërguara
rot kuq, i/e; ~ **leuchten** kuqoj; kuqëloj; ~ **machen** ku-

qësoj; ~ **sein** kuqoj; kuqëloj; ~**-schwarz** *Nationalfarben der Albaner* kuqezí; ≗**es Meer** Deti i Kuq; ~**haarig** flokëkuq, -e
Rot, das ~ të kuq-të; ~**auge** drang|ë, -a
Röte *f.* kuqësí-a
Röteln *med.* fruth-i
röten kuqësoj; skuq
rötlich kuqëlosh, -e
Rotschwänzchen bishtkuq-i, *pl.* -ë-t
Rotwelsch *spr.* argó-ja
Rouge të kuq-të buzësh
Roulade rolé-ja
Route itinerar-i, *pl.* -e-t; rot|ë, -a
Routine rutin|ë, -a
Rowdy rrugaç-i, *pl.* -ë-t; zagar-i, *pl.* -ë-t; ~**tum** rrugaçërí-a
Roß kal|ë, -i, *pl.* kúaj-të
Rübe rrep|ë, -a; panxhar-i; *fig.* qyp-i, *pl.* -a-t
Rubel rúb|ël, -la, *pl.* -la-t
Rubrik rubrik|ë, -a
Rückbildung *spr.* prejardhje prapavajtëse; prapavajtj|e, -a
Rücken kurriz-i; shpin|ë, -a; *Messer, Axt* tun-i; qyr|ë, -a; **auf dem** ~ shpinas ⟨*adv*⟩; ~**schwimmen** not shpine
Rückfall *med.* recidiv-i, *pl.* -a-t
rückfällig *jur.* recidivist, -e
Rückgabe kthim-i
rückgängig machen zmbraps
Rückkehr kthim-i
rücklings shpinas ⟨*adv*⟩
Rücknahme shfuqizim-i
Rucksack çantë shpine
rückschreitend prapavajtës, -e
Rückschritt regres-i, *pl.* -e-t
rückschrittlich regresiv, -e
Rückseite faqe e prapme
Rücksendung prapësim dërgese; prapësim-i
rücksichtslos brutal, -e
Rücksitz sedilje e pasme
Rückspiegel *tech.* pasqyr|ë, -a
rückständig prapanik, -e
Rückständiger prapanik-u
Rücktritt abdikim-i; *jur.* heqje dorë
Rückverrechnung *ök.* prapësim-i
rückwärtig pasm|ë, -a, i/e
Rückwärtsgang *tech.* marsh për mbrapa
rückwirkend prapaveprues, -e; *spr.* prapavajtës, -e
Rückzahlung prapësim-i
Rückzug zbythj|e, -a
Rudel kopé-ja; *Wölfe* llav|ë, -a; lukuní-a; zhgan-i, *pl.* -e-t; zogorí-a; ~ **Schakale** kope çakejsh
Ruder rrem-i, *pl.* -a-t; *Steuer*~ timon-i; ~**boot** varkë me lopata; kaik|e, -ja

Ruderer lopatar-i; vozitës-i
rudern vozis *s/t*
Rudern, das ~ *spo.* kanotazh-i
Ruderwettkampf gara kanotazhi
Ruf klithm|ë, -a; piskam|ë, -a; thirrm|ë, -a; *Ruhm* fam|ë, -a; nam-i
rufen thërras *a/e/i; s/t*, thirra, thirrur; **wieder ins Gedächtnis** ~ zhgropos
Ruffall *spr.* thirror|e, -ja
Rüge qortim-i
Rugovo Rugov|ë, -a
Ruhe pushim-i; ndej|ë, -a; qetësí-a; rehat-i; rehatí-a; **laß mich in Ruhe!** mos më trazo!; **nur mit der** ~**!** javash, javash!; ~ **sanft!** ndjesë pastë!; ~**pause** çlodhj|e, -a; ~**tag** ditë pushimi; pushim-i
ruhig qetë, i/e; qetë; qetësisht ⟨*adv*⟩; rehat; vendçe; ~ **schlafen** fle qete
Ruhm lavd-i, *pl.* -e-t; fam|ë, -a; lavdí-a; zulm|ë, -a
ruhmreich zulmëmadh, -e; lavdish|ëm, -me, i/e
Ruhr *FN* Rur-i; *med.* dizenterí-a
Rührei vezë e fërguar; gajganá-ja
rühren lëviz; **rühr dich nicht von der Stelle!** mos luaj vendit!
Rührung ngashërim-i; mallëngjim-i
Ruin rrënim-i
Ruine rrënoj|ë, -a; rrënim-i; gërmadh|ë, -a, *pl.* -a-t
ruinieren rrënoj; çart; faroj; batërdis; batis; fik
rülpsen gromësij
Rülpser gromësir|ë, -a
Rum rum-i
Rumäne Rumun-i, *pl.* -ë-t
Rumänien Rumaní-a
rumänisch rumun, -e
Rumpsteak ramstek-u
rund rrumbullakët, i/e
Rundbrief qarkor|e, -ja
Runde *spo.* raund-i, *pl.* -e-t
Rundfahrt xhiro-ja
Rundfunk radiopërhapj|e, -a; radio-ja; ~ **und Fernsehen** radiotelevizion-i; ~**empfänger** *tech.* aparat radiomarrës; ~**welle** radioval|ë, -a, *pl.* -ë-t
rundherum rrótull ⟨*adv*⟩
Rundtanz vall|e, -ja
Rune *spr.* run|ë, -a, *pl.* -a-t
Runen- runik, -e
Runkelrübe bif|ë, -a
Runzel rrudh|ë, -a, zhub|ër, -ra, *pl.* -ra-t
runzeln rrudh; **die Stirn** ~ *fig.* vrenjtem
Rüpel gdhe-ri, *pl.* -nj-të
rupfen nduk
Ruß *m.* bloz|ë, -a; zhym-i
Rüssel feçk|ë, -a

russisch rus, -e
Rußland Rusí-a
Rüstung korac|ë, -a
Rüstungsgegenstand, armatim-i
Rute víshkull-i, *pl.* -j-t
rutschen shkas; rrëshqas; slitoj; **die Kupplung rutscht** friksioni sliton
rutschig rrëshqitsh|ëm, -me, i/e
rütteln shkund

S

Saal sall|ë, -a
Saale *FN* Zal|e, -ja
Saar *FN* Sarr|ë, -a
Säbel kordh|ë, -a; jatagan-i, *pl.* -ë-t; **~kämpfer** kordhëtar-i
Sabotage sabotim
sabotieren sabotoj
Sache pun|ë, -a; gjë-ja, *pl.* -ra-t; send-i, *pl.* -e-t; kauz|ë, -a; **die ~ geht die Regierung** an çështja i takon qeverisë; **eine beliebige ~** çfarëdo pune; **er zog auch seinen Freund in diese ~ hinein** zheu edhe shokun në atë punë; **verzwickte ~** mesele e koklavitur; **~n** teshat *f. pl.*; plaçka-t
Sachgruppe rubrik|ë, -a
Sachkatalog katalog lëndor; **~isierung** skedim-i sipas lëndës
Sachkunde kompetenc|ë, -a
sachkundig kompetent, -e
Sachse sakson-i, *pl.* -ë-t
Sachsen Saksoní-a
sächsisch sakson, -e
Sack thes-i, *pl.* thasë-t; torb|ë, -a; **kleiner ~** cak|ë, -a; **~gasse** rrugë qorre; *fig.* qorrsokak-u, *pl.* -ë-t
Säckchen qesk|ë, -a
säen mbjell *e/i/o*
Saft lën|g-u, *pl.* -gje-t; *Kirschen, Pflaumen* kjom|ë, -a
saftig njomë, i/e
Sage mit-i, *pl.* -e-t
Säge sharr|ë, -a; *für zwei Personen* zhak|e, -ja; **Zähne der ~** dhëmbëzat e sharrës; **~blatt** arká-ja; fletë sharre; **~mehl** byk-u, *pl.* -ra-t
sagen them, thashë, thënë; **sagst du die Wahrheit?** a thua të vërtetën ?
sagenhaft mitik, -e; legjendar, -e
Sahara Saharà-ja
Sahne ajk|ë, -a; krem-i, *pl.* -ra-t
Saison sezon-i; stin|ë, -a
Saite *mus.* tel-i; kord|ë, -a

Sakko xhaket|ë, -a
Salami sallam-i, *pl.* -e-t
Salamis Salamin|ë, -a
Salat sallat|ë, -a
Salbe vazelin|ë, -a; pomad|ë, -a
salben miros; lyej; krezmoj
Salböl *rel.* krezm-i; miro-ja
Saldo *ök.* saldo-ja
Salisbury *ON* Sollsberi
Salon sallon-i
Saloniki *ON* Selanik-u
Salpeter *chem.* nishadër-i; **~säure** *zum Reinigen von Metall* gjczap-i
salvadorenisch salvadorian, -e
Salve *mil.* breshëri-a
Salz krip|ë, -a; **~schälchen** kripës-i; **~streuer** kripor|e, -ja; kripës-i; **~gehalt** kripësí-a
Salzburg *ON* Salcburg-u
salzen krip
salzig njelmë, i/e
salzlos zbarët, i/e
Sammelband përmbledhës-i
sammeln mbledh *e/i/o*; qëmtoj; tuboj; grupoj; grumbulloj
Sammelschrift krestomací-a
Sammler mbledhës-i; përmbledhës-i
Sammlung mbledhj|e, -a; koleksion-i, *pl.* -e-t; grupim-i
Samstag e shtun|ë, -a
Samt kadif|e, -ja; kadifé-ja
Sanatorium sanatorium-i, *pl.* -e-t
Sand rër|ë, -a; **grober ~** zhur-i; **in den ~ setzen** *fig.* dështoj; dhje|s, -va, -rë *s/t*; **~bank** cekëtin|ë, -a; **~boden** ranisht|ë, -a; **~strand** breg ranor; ranisht|ë, -a
Sandale sandal|e, -ja
sandfarben ngjyrë kremi
Sandwich sanduiç-i, *pl.* -e-t
sanft butë, i/e
Sanftheit zemërbutësí-a
sanftmütig gjakbutë; zemërbutë
Sanftmütigkeit gjakbutësí-a
Sänger këngëtar-i
Sängerin këngëtar|e, -ja
sanitär sanitar, -e
Sanktion sanksion-i
sanktionieren sanksionoj
Santi Quaranta *ON* Sarand|ë, -a
Sarajevo *ON* Sarajev|ë, -a
Saranda *PN* Sarand|ë, -a; **aus ~** sarandjot, -e
Sardelle açug|e, -ia; sardel|e, -ja
Sardinien Sardenj|ë, -a
Sarg arkivol-i, *pl.* -e-t; tabut-i, *pl.* -e-t; qivur-i, *pl.* -e-t
Sarkophag sarkofag-u, *pl.* -ë-t
Satellit satelit artificial
Satin saten-i
satt ngopur, i/e; **~ machen** ngop; **~ werden** ngopem

Sattel shal|ë, -a; **~gurt** qingjé-ja; qíng|ël, -la, *pl.* -la-t; **~tasche** *am Reittier* hejbe-të
sättigen ngop
Sattler samarxhí-u, *pl.* -nj-të
Satz fjalí-a; fraz|ë, -a; *Set* komplet-i; *Lehr~* teorem|ë, -a; **~ des Pythagoras** teorema e Pitagorës; **~anfang** *spr.* fillesë absolute; **~aussage** kallëzues-i; **~gegenstand** kryefjal|ë, -a; **~lehre** sintaks|ë, -a; **~teil** gjymtyrë fjalie; **~zeichen** shenja pikësimi
Satzung statut-i, *pl.* -e-t
Sau *f.* dos|ë, -a; **~bohne** bath|ë, -a, *pl.* -ë-t
sauber dëlirë, i/e; pastër, i/e
Sauberkeit pastërtí, -a; dëlirësí-a; acarí-a; higjien|ë, -a
säubern pastroj; qëroj
Säuberung spastrim-i
Saucière salcier|ë, -a
Saudi-Arabien Arabia Saudite
sauer athët, i/e; thartë, i/e; *chem.* acetik, -e; ; **~ werden** thartohem
Sauerampfer *bot.* uthullisht|ë, -a; uthullisht|e, -ja
Sauerbraten çomlek me uthull
Sauerei lapërdhí-a
Sauerkirsche, Sauerkirschenbaum víshnj|ë, -a
Sauerkohl armé-ja
säuern athëtoj; thartoj; uthulloj
Sauerstoff *chem.* oksigjen-i
saugen thith
säugen mënd
Säugetier gjitar-i, *pl.* -ë-t
Sauglaut *spr.* tingull frymëthithës
Säuglingsflasche biberon-i
Säule kolon|ë, -a, *pl.* -a-t; shtyll|ë, -a
saumäßig qenërisht ⟨*adv*⟩
Säure acid-i, *pl.* -e-t; thartí-a; thartir|ë, -a
Saustall *fig.* grazhd-i, *pl.* -e-t
Save *FN* Sav|ë, -a
Savoyen Savoj|ë, -a
Schablone shabllon-i, *pl.* -e-t
Schach, ~spiel shah-u
Schacht pus-i; **~arbeit** gërmim-i
Schachtel kutí-a
Schädel kafk|ë, -a
schaden dëmtoj; **es schadet mir** më bën keq
Schaden dëm-i, *pl.* -e-t; zarar-i, *pl.* -e-t; zullum-i, *pl.* -e-t; **~ersatz** zhdëmtim-i; **~saufmachung** *ök.* dispash|ë, -a
schädigen dëmtoj; bëj qeder; fik; **gesundheitlich ~** dokëndis
Schädigung *jur.* dëmtim-i
schädlich dëmprurës, -e; dëmsjellës, -e; dëmsh|ëm,

-me, i/e; dëmtar, -e
Schädling dëmtues-i
Schaf del|e, -ja, *pl.* dhen-të; ~**fell zum Sitzen** postiq|e, -ja; ~**hirt** delmer-i, *pl.* -ë-t; barí-u, *pl.* -nj-të; shterpar-i; ~**hürde** vath|ë, -a; ~**skäse** kaçkavall-i, *pl.* -e-t
Schäfer dhenar-i; dhenrritës-i
schaffen krijoj
Schaffung krijim-i; ~ **eines Bestandes** *ök.* krijim rezerve
schafskopfig kokëlopë; kokëtrashë
Schakal çaka|ll-i, *pl.* -ej-të; -aj-të
Schal shall-i
Schale gëzhoj|ë, -a; lëvozhg|ë, -a; tavll|ë, -lla; filxhan-i, *pl.* -ë-t; zaz|ë, -a; guall-i, *pl.* -j-t; *Eier*~, *Nuß*~ guask|ë, -a; ~**nwaage** kandar-i, *pl.* -ë-t
schälen qëroj; zdërvij; *Baum* zbloguroj
Schall tíngu|ll-i, *pl.* -j-t; kumbim-i; ~**analyse** analizë ritmore; ~**fülle** *spr.* përkapshmërí-a; ~**platte** pllakë gramafoni; dis|k-u, *pl.* -qe-t; ~**plattensammlung** diskotek|ë, -a
schallen buças *a/e/i; s/t*; kumboj
Schalter sportel-i, *pl.* -e-t; dritarez-a, *pl.* -a-t; *tech.* çelës-i, *pl.* çelësa-t; ~**beamter** sportelist-i; ~**raum** sall|ë, -a
Schalthebel, Schaltknüppel lev|ë, -a; levë marshesh
Schaltsatz *spr.* fjali e ndërmjetme; fjali e ndërshtënë; ndërshtëni|e, -a
Schaltwort fjalë e ndërmjetme
Scham zor-i; **ohne einen Funken** ~ pa pikë turpi
Schande turp-i, *pl.* -e-t; ~ **tragen** zezohem; ~! jazëk *Int.*
schänden dhunoj; turpëroj
schändlich turpsh|ëm, -me, i/e
Schandmaul gjuhëhelm-i; gojaç-i, *pl.* -ë-t
Schändung dhunim-i
Schankfrau banakier|e, -ja
Schanktisch banak-u
Schar kopé-ja
scharf mprehtë, i/e; athët, i/e; acar, -e; ashpër, i/e; djegës, e; ~**sinnig** mendjehollë; ~**züngig** gojëspec, -e
Schärfe mprehtësí-a; djegësir|ë, -a
schärfen mpreh; grih; grihoj; eh
Scharlach *med.* skarlatin|ë, -a; fruth i zi; fruth i keq
Scharnier çiví-a; mentesh|ë, -a; çerçivé-ja

Schaschlik shishqebap-i, *pl.* -ë-t
Schatten hij|e, -a
schattig hijëzuar, i/e; me hije; **~e Stelle** mriz-i, *pl.* -e-t
Schatz thesar-i, *pl.* -e-t; visar-i, *pl.* -e-t; **~meister** arkëtar-i; hazinedar-i *hist.*
schätzen çmoj; vlerësoj
Schauder dridhm|ë, -a
schauen vështroj; shikoj; **schau doch!** pa shiko!
Schauen, das ~ sehir-i
Schaufel qyrek-u, *pl.* -ë-t; lopat|ë, -a
Schaufenster vitrin|ë, -a
Schaukasten stend|ë, -a
Schaukel shilarës-i
schaukeln *in der Wiege* djepoj
Schaum shkum|ë, -a; **~löffel** qepgjir-i, *pl.* -ë-t
schäumen shkumëzoj; **vor Wut ~** bëhem harbi
Schauspiel dram|ë, -a; **~haus** teat|ër, -ri; **~truppe** ansamb|ël, -li; trup|ë, -a
Schauspieler aktor-i; artist-i
Schauspielerin aktor|e, -ja
Scheck çe|k-u, *pl.* -qe-t
scheel vëngër, i/e; vëngërosh, -e
Scheibe rrótull-a, *pl.* -a-t; dis|k-u, *pl.* -qe-t; tabel|ë, -a; *Brot, Wurst, Käse* fet|ë, -a; **~nbremse** fren me disqe; **~nwischer** fshesë xhamash
Scheide këllëf-i, *pl.* -ë-t; *für Stichwaffen* mill-i, *pl.* -e-t
Scheidung *jur.* divorc-i
Schein dukj|e, -a; **~werfer** fener-i, *pl.* -ë-t
scheinen ndriçoj
Scheitel maja e kokës; **~punkt** *math.* kulm-i, *pl.* -e-t
scheißen *vulg.* dhje|s, -va, -rë *s/t*
schelten sha|j, -va, -rë; qortoj
Schema skem|ë, -a; **~zeichnung** grafik-u, *pl.* -ë-t
Schemel stol-i, *pl.* -a-t; shkam-i, *pl.* -a-t; kofsh|ë, -a
schenken dhuroj; blatoj; fal
Schenker dhurues-i
Schere gërshër|ë, -a
scheren *Schafe* qeth
Scherz shaká-ja; hok|ë, -a; gazel|e, -ja; tallj|e, -a; gaz-i
scherzen tallem; bëj shaká; hokohem; qesëndis
Scheune hambar-i, *pl.* -ë-t
Schicht shtres|ë, -a; turn-i, *pl.* -e-t; ndërres|ë, -a; **~wechsel** ndërrim turni
Schichtung shtresëzim-i
schicken dërgoj; **ins Exil ~** mërgoj
Schicksal fat-i, *pl.* -e-t
schicksalhaft fatal, -e
schieben shtyj
Schieber dallaveraxhí-u, *pl.*

-nj-të; afarist-i; matrapaz-i, *pl.* -ë-t

Schieberei matrapazllë|k-u, *pl.* -qe-t

Schiebung *fig.* allishverish-i, *pl.* -e-t; dallaver|e, -ja

Schiedsgerichtsbarkeit arbitrazh-i

Schiedsgerichtsbeschluß vendim arbitror

Schiedsmann arbit|ër, -ri, *pl.* -ra-t; urtar-i *veralt.*

Schiedsrichter *spo.* gjyqtar-i; arbit|ër, -ri, *pl.* -ra-t

schief shtrembër, i/e

Schiefer grill-i

schielen gemem; vëngëroj

schielend mëngjër, i/e; vëngërt, i/e; vëngërosh, -e

Schiene shin|ë, -a

schier gjallsh|ëm, -me, i/e; ~**es Fleisch** mish i gjallshëm

Schießscharte frengjí-a

schießen shtie; *Tor* shënoj; **es schoß ihm durch den Kopf** i vetoi ndër mend; **geschossener Kohl** gallaber|e, -ja

Schießen qitj|e, -a

Schießpulver barut-i, *pl.* -e-t

Schießscheibe *spo.* tabel|ë, -a

Schießsport qitje sportive

Schießstand poligon për qitje

Schiff anij|e, -a, *pl.* -e-t; ~**bruch** anijethyerj|e, -a; lundërthyerj|e, -a; ~**seigner** armator-i, *pl.* -ë-t; ~**sfrachtbrief** fletëngarkesë detare; konosament-i, *pl.* -e-t; ~**sführer** kapiten-i, *pl.* -ë-t; ~**skollision** përplasje anijesh; ~**sladeraum** tonazh-i; ~**sraum** hambar anijeje; ~**sroute** udhëtim detar; ~**stau** zdral|e, -ja

schiffbar lundruesh|ëm, -me, i/e

Schiffbau- anijendërtues, -e

Schiffer lundërtar-i; marinar-i; ~**erklavier** fizarmonik|ë, -a

Schild tabelë, -a; targë, -a; *Mützen*~ strehë, -a; *Schutz*~ mburoj|ë, -a; ~**chen** etiket|ë, -a; ~**kröte** breshk|ë, -a

Schilf kallam-i, *pl.* -a-t; xunkth-i, *pl.* -a-t; ~**matte** rrogoz-i, *pl.* -a-t; ~**rohr** kallam-i, *pl.* -a-t

Schimmel myk-u

Schimmel- mykor, -e; ~**pilz** kërpudhë mykore

schimmelig mykor, -e; mykur, i/e

schimmeln mykem

Schimmer shkëlqim-i; vezullim-i; prarim-i

schimmern zbardh; zbardhoj

Schimpf turp-i, *pl.* -e-t; ~**wort** fjalë sharëse; shprehje sharëse

schimpfen sha|j, -va, -rë
schimpfend sharës, -e
Schindel ash|ër, -ra, *pl.* -ra-t
schinden ngordh; **das Pferd bei der Arbeit ~** ngordh kalin në punë
Schindmähre gërdall|ë, -a
Schinken proshut|ë, -a
Schlabberlatz grykashk|ë, -a
Schlacht betej|ë, -a, *pl.* -a-t
schlachten ther
Schlachten, das ~ therj|e, -a
Schlächter, Schlachter kasap-i, *pl.* -ë-t; *fig.* xhahil-i, *pl.* -ë-t; katil-i, *pl.* -ë-t
Schlachterei, Schlachthof kasaphan|ë, -a
Schlachtmesser hanxhar-i, *pl.* -ë-t
Schlacke *tech.* skori|e, -a
Schlaf gjum|ë, -i; **~anzug** pizhame-t; **~couch** divan-i; **~losigkeit** pagjumësí-a; **~mittel** *med.* gjumës-i; **~mohn** *bot.* hashash-i; **~platz** bujtin|ë, -a; bujtor|e, -ja; **~saal** fjetor|e, -ja; **~sack** dyshek alpinisti; **~tabletten** hape gjumi; **~zimmer** dhom|ë gjumi; dhomë fjetje; fjet|ë, -a; dhomë gjumi
Schläfchen dremk|ë, -a
Schläfe tëmth-i, *pl.* -a-t
schlafen fle, fjeta, fjetur *e/i*; **~ gehen** bie të fle; **schlaf ruhig!** fli rehat; **er schlief, während die anderen arbeiteten** teksa të tjerët punonin, ai flinte; **im Sitzen ~** kotem
schlaff ngathët, i/e; **~ machen** zhap
Schlaffheit ngathëtësí-a
schlaflos pa gjumë; **~ sein** gdhij
Schläfrigkeit letargjí-a
Schlag goditj|e, -a; krism|ë, -a, *pl.* -a-t; **der ~ soll dich treffen!** të vraftë rrufeja!; **~anfall** apopleksí-a; damllá-ja; **~wort** fjalëlëndë; fjalë-brendí; **~zeug** *mus.* xhaz-i, *pl.* -e-t
schlagen godas *a/e/i; s/t*; rrah *a/e/i*; qëlloj; përplas; thek; *mit der Faust* ~ grushtoj; mëshoj
Schlägerei rrahj|e, -a
Schlamm balt|ë, -a, *pl.* -ërat; lluc|ë, -a
schlammig baltak, -e
Schlampe fëlig|ë, -a
Schlange gjárp|ër, -ri, *pl.* -ërínj-të, -ínj-të; buç-i; **gelbe ~** astrit-i, *pl.* -ë-t; **~ngift** zhardec-i
schlängeln, sich ~ gjarpëroj
schlangenartig gjarpnor, -e; gjarpëror, -e
schlank belhollë; vizak, -e; hollë, i/e
schlapp dobët, i/e; ngathët, i/e; **~ machen** *intransitiv* li-

gështohem
schlau dinak, -e; finok, -e
Schlauch tub gome; *tech.* kamerdar|e, -ja
Schläue dhelpërí-a; dinakërí-a
Schlaufe ili|k-u, *pl.* qe-t
Schlaukopf mendar-i; qerrat|á-i, *pl.* -énj-të
Schlaumeier qerrat|á-i, *pl.* -énj-të
schlecht keq, -e, i/e; *pl.* këqíj, -a; çalë, i/e; lig, li|g, -ë, *pl.* -gj, *f.* -ga; ~ **beleumundet** famëkeq, -e; ~ **erziehen** çedukoj; ~**en Ruf haben** kam nam të keq
Schlehe *bot.* kullumbrí-a
Schleier vel-i, *pl.* -a-t; *Umhang oriental. Frauen* ferexhé-ja; **bedeckt mit einem** ~ **von Dampf** mbuluar me një tis avull; **das Gespräch lag unter einem** ~ **von** biseda kishte sipër një tis . . .
Schleif- zvarritës, -e
Schleife fjongo-ja
schleifen eh; zhgërryej; grih; grihoj; zhargoj; zvarris *s/t*
schleifend zvarritës, -e
Schleifscheibe gur zmeril
Schleifstein gurmprehës-i; mpréhës|e, -ja; grih|ë, -a; grihës-i; gur zmeril
Schleim jarg|ë, -a, *pl.* -ë-t; ~**haut** mukoz|ë, -a
Schlepp: in ~ **nehmen** rimorkioj
schleppen zhargoj; zhgërryej
schleppend zvarrë ⟨*adv*⟩
Schlepper, Schleppschiff rimorkiator-i, *pl.* -ë-t
Schlesien Silezí-a
Schleswig-Holstein Shlesvig-Holshtejn-i
Schleuder hobé-ja; *tech.* centrifug|ë, -a; ~**gefahr** rrezik rrëshqitjeje
schleudern vërvis *s/t*
schlichten urtësoj; urtoj
Schlick lluc|ë, -a
schließen mbyll; kyç
schlimm keq, -e, i/e, *pl.* këqíj, -a
Schlingpflanze dredh|e, -ja; dredhk|ë, -a; dredhor|e, -ja
Schlitten saj|ë, -a
schlittern rrëshqas *a/e/i, s/t*
Schloß keshtjell|ë, -a; *Tür*~ brav|ë, -a; ~**reparierer** bravapunues-i; bravandreqës-i
Schlosser mekanik-u; bravapunues-i; bravandreqës-i
Schlucht gryk|ë, -a, *pl.* -a-t
schluchzen dënes
Schluck gllënjk|ë, -a; ~**auf** lemz|ë, -a; ~**auf haben** lemzoj
schlucken kapërdij; gëlltis *s/t*
schlummern dremis *s/t*
Schlund zgurdh|ë, -a
schlürfen rrufis *s/t*
Schluß fund-i; përfundim-i;

konkluzion-i; ~ **machen mit etw.** i vë kapak; **logische ~folgerung** përfundim i logjikshëm; konkluzion-i; **~leuchte** dritë e pasme; **~partie** epilog-u, *pl.* -ë-t
Schlüssel hapës-i; çélës-i, *pl.* çelësa-t; kyç-i, *pl.* -e-t; **~etui** çelësambajtës|e, -ja
schmachten dergjem; gjakoj
schmackhaft shijsh|ëm, -me, i/e
schmal ngushtë, i/e
Schmalspurbahn *mit Güterwagen oder Loren* dekovil-i, *pl.* -a-t
Schmalz sallo-ja; ushúj-i
Schmarotzer sahanlëpirës-i
schmecken pëlqej *e/ye*; shijoj; **es schmeckt mir** më shijon
Schmeichelei lajk|ë, -a
Schmeichler lajkatar-i
schmelzen shkrij
Schmelzen, das ~; Schmelzung shkrirj|e, -a
Schmerz dhimbj|e, -a; dhèmbj|e, -a
schmerzen dhemb
schmerzhaft dhembsh|ëm, -me, i/e
Schmetterling flutur-a, *pl.* -a-t
Schmied farkëtar-i
Schmiede fark|ë, -a; farkëtarí-a; **~handwerk** farkëtarí-a
schmieden farkëtoj; **schmiede das Eisen, solange es heiß ist** rrihe hekurin sa është i nxehtë; **ein Komplott ~** komplotoj; **Ränke ~** shtie fitme
schmieren grasoj; lyej; *fig.* koj
Schmierfett *tech.* gráso-ja
Schmiergeld ryshfet-i, *pl.* -e-t; **~ geben** koj me para
Schmirgel zumpará-ja; zumpar|e, -ja; **~papier** letër zmerile; zumpará-ja; zumpar|e, -ja
Schmöker *Buch* qitap-i, *pl.* -ë-t
Schmuck bizhuterí-a; **~kasten** peshtaf-i, *pl.* -ë-t; **~stücke** bizhuterí-a
schmücken hijeshoj; **die Braut ~** godis nusen
Schmuggel, ~gut kontraband|ë, -a
Schmuggler kontrabandist-i
Schmutz zhul-i; papastërtí-a; zgjyr|ë, -a; balt|ë, -a; **~fink** zgjyran-i, *pl.* -ë-t
schmutzig ndyrë, i/e; zhyer, i/e; helaq, -e; **~e Verleumdung** shpifje e qelbur
Schnabel sqep-i, *pl.* -a-t; qep-i, *pl.* -a-t
Schnake harrj|e, -a
Schnalzlaut *spr.* kliks-i, *pl.* -e-t; tingull frymëthithës
schnappen zates *s/t*; kap; zap-

toj
Schnaps rakí-a; **~glas** gotë rakie
schnarchen gërhas *s/t, a/e/i*
Schnarchen, das ~ gërhitj|e, -a
schnattern gagaris *s/t*
Schnattern, das ~ gagarim|ë, -a
schnauben shfryj
Schnauzbart mustaqe-t
Schnecke kërmi|ll-i, *pl.* -j-të
Schnee bor|ë, -a; dëbor|ë, -a; **~flocke** flokë dëbore; **~lawine** drag|ë, -a; **~regen** borim|ë, -a; cakërrí-a; **~sturm** goren-i; **~wehe** bornaj|ë, -a
Schneide eh-u; pres|ë, -a; **~gerät** presës|e, -ja
schneiden pres, pre|s, -va, -rë *i/e; s/t*; *Getreide* kosis *s/t*; *Haare* qeth; *mit der Sichel* draperoj; **~der Wind** erë e acartë
Schneider rrobaqepës-i; *von Trachten* terzí-u, *pl.* -nj-të *veral.*, **im ~sitz** këmbëkryq ⟨*adv*⟩
schneien bie borë
schnell shpejtë, i/e; shpejt ⟨*adv*⟩
Schnellboot motoskaf-i, *pl.* -ë-t
Schnellfeuergewehr automatik-u, *pl.* -ë-t
Schnelligkeit shpejtësí-a; temp-i, *pl.* -e-t; **~sprämie** *im Hafen* dispaç-i, *pl.* -e-t
Schnellzug tren i shpejtë
schneuzen shfryj
Schnitt prerj|e, -a
Schnitter kositës-i; kosëtar-i
Schnitzel shnicel; skallop-i
schnitzen gdhend; latoj
Schnitzer *Fehler* proçk|ë, -a
Schnitzerei gdhendarí-a
Schnorrer qelepirxhí-u, *pl.* -nj-të; qylaxhí-u, *pl.* -nj-të
schnüffeln nuhas *s/t*; *fig.* përgjoj
Schnüffler përgjues-i
Schnuller biberon-i
Schnupfen rruf|ë, -a; flam|ë, -a
Schnupftabak tabako-ja; burnot-i
schnuppern nuhas *s/t*
Schnur cikom|ë, -a; jétull-a, *pl.* -a-t; kordel|e, -ja; litar-i, *pl.* -ë-t; gajtan-i, *pl.* -ë-t; kordon-i, *pl.* -ë-t
Schnurrbart mustaqe-t
schnurren gërhij
Schnürschuhe këpucë me qafa
Schnürsenkel lidhësa këpucësh
Schnute *dial.* gojë, -a; **eine ~ machen** prish buzët
Schock tronditj|e, -a
Schokolade çokollat|ë, -a
Scholastik skolastik|ë, -a
Scholle zvol-i, *pl.* -e-t

schon tanimë ⟨*adv*⟩; tashmë
schön búkur, i/e
Schönheit bukurí-a; hijeshí-a
Schönschrift bukurshkrim-i
Schöpfeimer kov|ë, -a
schöpfen shpik; *Wasser aus dem Boot* ~ cekoj
schöpferisch krijues, -e
Schöpferkraft krijimtarí-a
Schöpflöffel qepsh|e, -ja
Schöpfung krijim-i
Schornstein oxhak-u; tymtar-i; *der über das Dach ragende Teil* oshmak-u, *pl.* -ë-t; ~**feger** oxhakpastrues-i
Schoß gji-ri, *pl.* -nj-të; **aus dem ~ des Volkes** nga gjiri i popullit
Schote bishtaj|ë, -a
Schotte Skocez-i, *pl.* -ë-t
schottisch skocez, -e
Schottland Skocí-a
schräg tërthortë, i/e; pjerrët, i/e; pjérrtazi ⟨*adv*⟩
Schrank dollap-i, *pl.* -ë-t
Schränkchen komodin|ë, -a, *pl.* -a-t
Schraube vidh|ë, -a; vid|ë, -a; ~**nmutter** *tech.* kundërvidh|ë, -a; dado-ja; vidhë femër; matravid|ë, -a; ~**nschlüssel** çélës-i poligon; ~**nzieher** kaçavid|ë, -a
Schrecken tmerr-i, *pl.* -e-t; lemerí-a; hatá-ja; ~**snachricht** mandat|ë, -a
Schreckgespenst gogol-i, *pl.* -ë-t
schrecklich friksh|ëm, -me, i/e; tmerrsh|ëm, -me, i/e; hatash|ëm, -me, i/e
Schrei britm|ë, -a; piskam|ë, -a; klithm|ë, -a
schreiben shkruaj; *verfassen* hartoj
Schreiben, das ~ shkrim-i, *pl.* -e-t; *Brief* shkres|ë, -a; **formelles** ~ mesazh-i, *pl.* -e-t
Schreiberling kalemxhí-u, *pl.* -nj-të; qatip-i, *pl.* -ë-t
Schreibfeder pend|ë, -a; pen|ë, -a
Schreibtisch skrivaní-a
Schreibung *spr.* grafí-a
Schreibwarenladen kartolerí-a
schreien bërtas *a/e/i; s/t*
Schreihals ulërak-u, *pl.* -ë-t
Schreiner marangoz-i, *pl.* -ë-t; zdrukthëtar-i; lëndëtar-i; ~**ei** zdrukthëtarí-a
Schrift shkrim-i; **defektive** ~ shkrim i mangët; **kyrillische** ~ shkrim cirilik
Schrift- grafik, -e; shkrimor, -e; letrar, -e; ~**satz** shkres|ë, -a; ~**sprache** *spr.* gjuhë letrare; ~**steller** shkrimtar-i; *üb.* pen|ë, -a; ~**stück** shkres|ë, -a; dokument-i, *pl.* -e-t; ~**tum** literatur|ë, -a; ~**zeichen** hieroglif-i, *pl.* -ë-t

schriftlich me shkrim
Schritt hap-i, *pl.* -a-t, -e-t; çap-i, *pl.* -a-t; -e-t; **die ersten Schritte machen** bëj çapat e parë
schrittweise gradual, -e
schroff vrazhdë, i/e; acar, -e
Schroffheit vrazhdësí-a
Schrott rrángulla-t; **das ist ~** është rrangulla; **~platz** hekurisht|e, -ja
schrubben fajkoj
Schrulle huq-i, *pl.* -e-t
schrumpfen tkurr; tulatem; tkurrem
Schuber këllëf-i, *pl.* -ë-t
Schubfach sirtar-i
Schubkarre karrocë dore
Schublade sirtar-i
Schuft maskar|á-i, *pl.* -enj-të; horr-i, *pl.* -a-t; rezil-i, *pl.* -ë-t
schuften vardoj
Schuh këpuc|ë, -a; **ausgetretener ~** zharg|ë, -a; **~e putzen** lustroj këpucët; **hohe ~** këpucë me qafa; **~macher** këpucar-i; **~macherei** këpucarí-a; **~putzer** lustraxhí-u, *pl.* -nj-të; **~werk** mbathj|e, -a; **~zunge** llapa e këpucës
Schul- shkollor, -e; **~buch** teksti shkollor; **~bücherei** bibliotekë shkollore; **~meister** dhask|al-i, *pl.* -énj-të; **~wörterbuch** fjalor shkollor
Schuld borxh-i, *pl.* -e-t; faj-i, *pl.* -e-t; fajësí-a; detyres|ë, -a; **verjährte ~** borxh i motuar; **~en begleichen** shlyej borxh; **~schein** obligacion-i
schuldhaft me faj
Schuldhaftigkeit fajësí-a
schuldig fajtor, -e
Schuldiger fajtor-i
schuldlos pafajsh|ëm, -me, i/e
Schuldner borxhlí-u, *pl.* -nj-të; debitor-i; detyrës-i
Schule shkoll|ë, -a
Schüler nxënës-i; **~heim** konvikt-i, *pl.* -e-t; **~verzeichnis** amz|ë, -a
schulisch shkollor, -e
Schulter shpátull-a, *pl.* -a-t; sup-i, *pl.* -e-t; krah-u, *pl.* -ë-t; **~last** hamallë|k-u, *pl.* -qe-t
Schulung *mil.* instruksion-i
schummerig vagët, i/e
Schuppe lusp|ë, -a; **~n** *auf dem Kopf* zbokth-i
Schuppen bunker-i, *pl.* -ë-t; vendstrehim-i; hambar-i, *pl.* -ë-t
Schüreisen, Schürhaken uror-i
Schurke *Lump* maskar|á-i, *pl.* -enj-të; *Flegel* edepsëz-i
Schurkerei maskarallë|k-u, *pl.* -qe-t
Schürung nxitj|e, -a

Schürze përparës|e, -ja; **~njäger** lakmitar-i; lakmues-i
Schuß shtënë, -a, e; fishek-u, *pl.* -ë-t
Schüssel tas-i, *pl.* -e-t; çanak-u; misur-i, *pl.* -ë-t
Schuster këpucar-i; **~ei** këpucarí-a
Schüttelfrost të dridhura-t; rrëqethj|e, -a; *med.* cingërim|ë, -a
schütteln lëkund; tund; shkund
Schüttware *ök.* rinfuzo-ja
Schutz mbrojtj|e, -a; **~brief** lejekalim-i; **~helm** helmetë mbrojtëse; **~maske** maskë mbrojtëse; **~platte, ~schild** mburoj|ë, -a; **~umschlag** mbulesë kapaku
Schütze qitës-i; **~ngraben** *mil.* llogor|e, -ja; transhéja; hendek-u, *pl.* -ë-t
schützen mbroj, -ta, -tur
schutzlos pa mbrojtje; krahëthatë, i/e
schwach dobët, i/e
Schwäche dobësí-a; met|ë, -a, e; ligështí-a
schwächen dobësoj
schwächlich brishtë, i/e
Schwächling burrec-i, *pl.* -ë-t
Schwachstufe *spr.* shkallë e rrëgjuar
schwachtonig *spr.* pathek-suar, i/e
Schwächung dobësim-i
Schwager kun|at-i, *pl.* -étër-it; krushk-u, *pl.* -q-it; dhënd|ër, -ri, *pl.* -úrë-t; *über die Frauen verschwägert* baxhanank-u, *pl.* -ë-t
Schwägerin kunat|ë, -a
Schwalbe dallëndysh|e, -ja
Schwall rrëké-ja; **~ Worte** ortek fjalësh
Schwamm sfungjer-i, *pl.* -ë-t
schwanger shtatzënë; me barrë; **~ werden** mbarsem
schwängern mbars
Schwangerschaft shtatzënësí-a; shtatzëní-a; barr|ë, -a; **~sabbruch, ~sunterbrechung** dështim-i; abort-i
schwanken dyzoj; *vor Trunkenheit* bëhem kaike
schwankend lëkundsh|ëm, -me, i/e
Schwankung lëkundj|e, -a
Schwanz bisht-i, *pl.* -a-t
Schwarm luzm|ë, -a
schwärmen luzmoj
schwarz i zi, *f.* e zezë, *pl.* të zinj, *f.* zeza; *Kaffee* sade; **~ werden** zezohem
Schwarzbrot bukë e zezë
schwärzen nxij
Schwarzes Meer Deti i Zi
Schwarzhandel matrapazllë|k-u, *pl.* -qe-t
Schwarzhändler matrapaz-i, *pl.* -ë-t

Schwarzhemd këmishëz|í-u, *pl.* -zez-të
Schwarzkiefer *bot.* borig|ë, -a; vgje-ri, *pl.* -nj-të; gdheri, *pl.* -nj-të; çetin|ë, -a
schwärzlich murrmë, i/e
schwatzen llomotis *s/t*
Schwätzer llafazan-i; qyfyrexhí-u, *pl.* -nj-të
Schwebe: in der ~ bleiben mbetem pezull
Schwede suedez-i, *pl.* -ë-t
Schweden Suedí-a
schwedisch suedez, -e
Schwefel *chem.* squfur-i
Schwefel-, **schwefelhaltig** sulfuror, -e
schweigen hesht
Schweigen heshtj|e, -a; **~ herrscht** mbretëron heshtja
schweigend heshtur, i/e; qetë, i/e
schweigsam heshtur, i/e
Schwein derr-i, *pl.* -a-t; thi-u, *pl.* -të; **~eborsten** grathe derri; **~ehirt** derrar-i; **~erei** qenërí-a; **~eschnitzel** rosto derri; **~ezucht** rritje derrash
Schweiß djers|ë, -a; **~gerät** aparat saldimi
schweißen *tech.* ngjis *s/t*; saldoj
schweißgebadet djersitur, i/e
Schweiz Zvic|ër, -ra
Schweizer, schweizerisch zviceran, -e
Schwelle pra|g-u, *pl.* -gje-t
schwellen ënjtem
Schwellung ënjtj|e, -a
schwenken valëvit *s/t*
Schwenkreis pilaf-i, *pl.* -ë-t
schwer rëndë, i/e; *schwierig* vështirë, i/e; **es fällt mir ~** kam vështirë në të folur; **~ werden** rëndohem; **~e körperliche Schädigung** *jur.* dëmtim i rëndë trupor
Schwerarbeiter krahatar-i
Schwerbeschädigter invalid-i, *pl.* -ë-t
Schwere *f.* rëndes|ë, -a
schwerfällig kokëlopë; kokëtrashë
Schwergewicht peshë e rëndë
Schwerkraft rëndes|ë, -a
Schwermut trishtim-i
schwermütig melankolik, -e
Schwert shpat|ë, -a; këllëç-i, *pl.* -e-t; **auf des Schwertes Spitze** në majën e shpatës; **~lilie** *Asphodelus* bad|ër, -ra, *pl.* -ra-t
Schwester mot|ër, -ra; *fig.* simot|ër, -ra; **~ der Mutter** tez|e, -ja; **~des Vaters** hall|ë, -a, *pl.* -a-t; **~chen** mótërz-a
Schwiegereltern vjehrr-it
Schwiegermutter krushk|ë, -a; vjéh|ërr, -rra
Schwiegersohn dhënd|ër, -ri, *pl.* -úrë-t
Schwiegervater vjéh|ërr,

-rri; krushk-u, *pl.* -q-it
schwierig vështirë, i/e
Schwierigkeit vështirësí-a; telash-i, *pl.* -e-t; belá-ja, *pl.* -ra-t; **~en aus dem Weg geben** u shmangem vështirësive
Schwimmbad pishin|ë, -a
Schwimmbagger drag|ë, -a
Schwimmbecken pishin|ë, -a
Schwimmdock dok pluskues, notues
schwimmen notoj; lundroj; **er schwamm im Reichtum** lundronte në pasuri
Schwimmen not-i
Schwimmer *tech.* notar-i; galexhant-i
Schwimmweste xhaketë shpëtimi
Schwindel *med.* marrje mendsh
schwinden venitem
schwindend venitur, i/e; rënës, -e
Schwindler mashtrues-i; afarist-i
Schwindsucht *med.* oftik|ë, -a; verem-i; tuberkuloz-i
schwingen *intransitiv* dridhem
Schwingung *tech.* dridhj|e, -a; **~smesser** *tech.* dridhjematës-i
schwitzen dërsij; djersit *s/t*
schwören bëj be; betohem; përgjërohem
Schwüle *f.* zagushí-a; afsh-i
Schwund rëni|e, -a; firo-ja
Schwundstufe *spr.* shkallë zero
Schwung hov-i, *pl.* -e-t; flug-u; ngut-i; vrull-i; furí-a; **~rad** volant-i
Schwur be-ja
sebstverständlich vetëkuptohet
sechs gjashtë; **~eckig** gjashtëkëndësh, -e; **der ~te** i gjashtë
Sechseck gjashtëkëndësh-i
Sechskampf gjashtëgarësh-i
sechzehn gjashtëmbëdhjetë; **der ~te** i gjashtëmbëdhjetë
sechzig gjashtëdhjetë
See *der* liqen-i, *pl.* -e-t; *die* det-i, *pl.* -e-t; **aufgewühlte ~** bur|ë, -a
See- ujor, -e; **~barbe** barbu|n-i, *pl.* -nj-të; **~barsch** levrek-u; **~fahrer** lundërtar-i; **~fahrt** detarí-a; lundërtarí-a; lundrarí-a; **~frachtbrief** fletëngarkesë detare; konosament-i, *pl.* -e-t; **~gang** bur|ë, -a; **~hafen** port-i, *pl.* -e-t; **~hund** fok|ë, -a; **~koffer; ~kiste** baull|e, -ja; **~krankheit** zënie deti; **~mann** detar-i, *pl.* -ë-t; marinar-i; anijetar-i; **~räuber** kusar deti; **~räuberei** piraterí-a; **~reise** udhëtim detar; **~schildkröte**

breshkujës|e, -ja; **~schnecke** oklonj|ë, -a; **~schwalbe** zgalem-i, *pl.* -a-t; **~stern** yll deti; **~taucher** *Vogel* zhyt|ër, -ra, *pl.* -ra-t; **~wasser** ujë deti; **~weg** rrugë detare

Seele shpirt-i; -ra-t

seelisch psikik, -e; **~e Erkrankung** sëmundje psikike; **~e Störungen** turbullime psikike

Segel vel-i, *pl.* -a-t; **~boot** barkë me vela; **~schiff** gjemí-a *veralt.*

Segen bekim-i

Segment segment-i, *pl.* -e-t

segnen bekoj; shuguroj

Segnung bekim-i

sehen shoh *o/e/i*, pashë, parë

Sehne de|ll-i, *pl.* -j-të; *med.* ligament-i; gilc|ë, -a; **~nzerrung** përdredhje ligamentesh

sehnen, sich ~ lakmoj

sehnig delltë, i/e

Sehnsucht mall-i, *pl.* -ra-t; merak-u, *pl.* -e-t; lektisj|e, -a, zhur i; **~ haben** lektis

sehnsüchtig me mall

sehr shumë; fort ⟨*adv*⟩; tepër; vendçe; çmendurisht; **~ schlecht** beter ⟨*adv*⟩

Sehvermögen shikim-i

seicht cekët, i/e

Seichtheit cektësí-a

Seide mëndafsh-i; **dunkelrote ~** mëndafsh kërmëz; **~nfaden** *zum Sticken* bikm|e, -ja; **gedrehter ~nfaden** ibërshim-i; **~nstoff** byrynxyk-u, *pl.* -ë-t

Seidelbast *bot.* xerxel|e, -ja

Seier sit|ë, -a; kullor|e, -ja; qepgjir-i, *pl.* -ë-t

Seife sapun-i; **~nblase** flluskë sapuni

Seil litar-i, *pl.* -ë-t; cim|ë, -a; kavo-ja; pallamar-i, *pl.* -ë-t; *aus Ziegenhaar* tërkuz|ë, -a; cikom|ë, -a; fërtom|ë, -a; konop-i, *pl.* -ë-t; kordon-i, *pl.* -ë-t

Seiler tërkuzar-i

sein *Kopula* jam, qeshë, qenë; **sei es** qoftë; **sei es ... sei es** makar ⟨*Konj.*⟩; **ich bin auf der Durchreise** jam transit

sein *Possessivpronomen* i tij; vet, i/e; **sein/ihr Vater** i ati

Sein, das ~ të qenë-t

Seine *FN* Sen|ë, -a

seismisch sizmik, -e

seit prej; që; qëkúrse ⟨*Konj*⟩; qysh; **~ dem ersten Tage** qysh ditën e parë; **~ er abreiste, haben wir uns nicht mehr gesehen** qëkurse u nis, s'jemi parë më; **~ langem** qëkúr; qëkuri; **~ letztem Monat** që muajin e kaluar; **~ seiner Jugend** që i ri

Seite an|ë, -a, *pl.* -ë-t; faq|e,

-ja; *Verwandtschaft* taraf-i, *pl.* -e-t; ; **~linie** vijë anësore; **~nschwimmen** not ijas
seitlich ánash ⟨+ *Abl*⟩; anësor, -e; íjas = íjazi ⟨*adv*⟩; mënjanë ⟨*adv*⟩
seitwärts mënjanë ⟨*adv*⟩
Sekretär sekretar-i
Sektion seksion-i
Sektor sektor-i
sekundär dytësor, -e; sekondar, -e
Sekundärliteratur literatur|ë, -a
Sekunde sekond|ë, -a; imt|ë, -a
selbdritt vetë i tretë
selbst vetë; vetvet|e, -ja; vet|e, -ja; vetvetish|ëm, -me, i/e; **er hat es ~ gesehen** ai vetë e ka parë; **von ~** vetíu ⟨*adv*⟩; vetvetiu
selbständig autoqefal, -e
Selbstbestimmung vetëvendosj|e, -a
Selbstbewußtsein vetëbesim-i; vetëndërgjegj|e, -a
Selbstgespräch monolog-u, *pl.* -ë-t
selbstgesteuert vetdrejtues, -e
Selbstherrschaft autokrací-a
Selbstjustiz vetëgjyqësí-a
Selbstkosten kosto-ja
Selbstkritik autokritik|ë, -a; vetëkritik|ë, -a
Selbstlaut zanor|e, -ja
Selbstlosigkeit altruiz|ëm, -mi
Selbstmord vetëvrasj|e, -a
Selbstmörder vetëvrasës-i
Selbstporträt autoportret-i, *pl.* -e-t
selbststeuernd vetdrejtues, -e
Selbstverleugnung vetëmohim-i
selbstverständlich vetëkuptimsh|ëm, -me, i/e; natyrsh|ëm, -me, i/e; natyrisht ⟨*adv*⟩; patjetër
Selbstverteidigung vetëmbrojtj|e, -a
Selbstverwaltung vetadministrim-i; vetëqeverisj|e, -a
Selbstwertgefühl sed|ër, -ra
selig lumtur, i/e; *verstorben* ndjerë, i/e
Sellerie *bot.* sélino-ja
selten rrallë, i/e; rrallë ⟨*adv.*⟩, rrallëherë
seltsam çuditsh|ëm, -me, i/e
Semantem *spr.* semantem|ë, -a
semantisch semantik, -e; kuptimor, -e; **~ selbständiges Wort** fjalë mëvetësishme
Semasiologie *spr.* semasiologjí-a
Semikolon pikëpresj|e, -a
Seminar seminar-i; *islamisch* medresé-ja

Seminarist xhakon-i, *pl.* -ë-t; *einer Medrese* mullá-i, *pl.* -të
Semiologie *spr.* semiologjí-a
Sendbote emisar-i
senden dërgoj
Sender dhënës-i
Sendung emision-i; dërges|ë, -a; rubrik|ë, -a
Senf mustard|ë, -a; hardall-i, *pl.* -ë-t; **~pflanze** hardall-i, *pl.* -ë-t
sengen përvëloj
Seniorenheim azil-i, *pl.* -e-t
Senkblei plumbç-i, *pl.* -a-t; plumbç|e, -ja; qerpí-a
Senke *spr.* ultësí-a; gropësir|ë, -a; fushëgrop|ë, -a; ultësir|ë, -a; grop|ë, -a, *pl.* -a-t
senken ul
senkrecht pingultë, i/e; pingul; cákërr ⟨*adv*⟩
Senkrechte *math.* pingul|e, -ja
Senkung ulj|e, -a
Senner stopan-i, *pl.* -ë-t
Sennerei stan-i, *pl.* -e-t; bjeshkí-a; baxho-ja
Sennhütte bun-i, *pl.* -e-t
Sense kos|ë, -a
sensenförmig kosërak, -e
sensibel brishtë, i/e
separat veçuar, i/e; véças ⟨*adv*⟩; veç; veçan
Separatum separat-i, *pl.* -e-t
separieren veçoj
September shtator-i; vjeshta e parë
Serbe serb-i, *pl.* -ë-t
Serbien Serbí-a
serbisch serb, -e
Serie serí-a; **~nstück** fashiku|ll-i, *pl.* -j-t
seriös serioz, -e
Serpentine rrugë dredhake; rrugë gjarpërore
Service shërbim-i; *Geschirr* komplet-i
servieren shërbej
Serviette pecet|ë, -a; pecetë buke
Sessel kolltuk-u, *pl.* -ë-t
setzen vë *e/i*, vura, vënë; *Druck* radhit *s/t*; **sich ~** ulem; **in Betrieb ~** vë në veprim; **in Kenntnis ~** vë në dijeni
Setzling fidan-i, *pl.* -ë-t
Seuche lëngat|ë, -a; *Vieh~* sëmundje epidemike epizootike
seufzen psherëtij; ofshaj
Sevilla *ON* Sevilj|e, -a
sexuell seksual, -e
Shampoo shampo-ja
Shanghai *ON* Shangai
Shenyang *ON* Shenian-i
Shkodra *ON* Shkod|ër, -ra; **aus ~** shkodran, -e
Shorts brekë-t
Sibilant *spr.* bashkëtingëllore fishkëllore
Sibirien Siberí-a

sibirisch siberian, -e
sich vet|e, -ja; *Strukturwort, Mediopassiv* u; ~ **erheben** ngrihem; ~ **unterhalten** bisedoj; **er nimmt es mit** ~ e merr me vete
Sichel dráp|ër, -ri, *pl.* -ínj-të; -ërinj-të
sicher sigurt, i/e; sigurisht ⟨*adv*⟩; helbeté ⟨*adv*⟩; ~! doemos
Sicherheit sigurí-a; sigurim-i; **technische** ~**saufsicht** inspektorat i sigurimit teknik; ~**sbeauftragter** përgjegjës i sigurimit teknik; ~**sgurt** rrip sigurimi; ~**snadel** karficë; ~**sobmann** përgjegjës i sigurimit teknik
sichern siguroj
Sicherung sigures|ë, -a; sigurim-i
Sicht vështrim-i
sichtbar duksh|ëm, -me, i/e
Sichtbarkeit dukshmërí-a
Sichtvermerk viz|ë, -a; ~ **erteilen** vizoj
Sickergrube gjiriz-i, *pl.* -e-t
sie ajó *f. Sg.*; **Sie** ju
Sieb shosh|ë, -a, *pl.* -ë-t; kullor|e, -ja; sit|ë, -a
sieben *Zahl* shtatë
sieben shoshit *s/t*
Siebenschläfer gjer-i, *pl.* -a-t
Siebmacher shoshar-i
siebte, der ~ i shtatë
siebzehn shtatëmbëdhjetë; **der** ~**te** ishtatëmbëdhjetë
siebzig shtatëdhjetë
siechen lëngoj
sieden z|iej, -jeva, -ier
siedendheiß valë, i/e; valët, i/e
Siedewurst salsiç|e, -ja
Siedler kolon-i, *pl.* -ë-t
Siedlung qytez|ë, -a
Sieg fitor|e, -ja; fitim-i; ngadhënjim-i; **dieser** ~ **stellte den ersten in den Schatten** kjo fitore eklipsoi të parën
Siegel vul|ë, -a, *pl.* -a-t; ~**bewahrer** vulëmbajtës-i; ~**ring** myhyr-i, *pl.* -ë-t *veralt.*
siegen fitoj; *triumphieren* ngadhënjej *e/ye*
Sieger fitues-i
siegreich fitimtar, -e
Sigel sig|ël, -la, *pl.* -la-t
sigmatisch sigmatik, -e
Signal sinjal-i, *pl.* -e-t
Signatar nënshkrues-i
signieren nënshkruaj; **signiertes Stück** ekzemplar me autograf
Signierung marketim i mallrave
Silbe *spr.* rrokj|e, -a
Silben- rrokjesor, -e; ~**grenze** cak i rrokjes; ~**schichtung** mbivendosje rrokjesore; ~**trennung** *spr.* rrokjezim-i

Silber argjend-i; serm-i; **~brokat** serm-i; **~schmied** argjendar-i; arpunues-i; **~zeug** argjendurina-t
silbern argjendtë, i/e
silbisch rrokjesor, -e
Silo-Futter silazh-i
simplifizieren thjeshtëzoj
simulieren shtirem
simultan njëkohsh|ëm, -me, i/e
Simultaneität njëkohësí-a
sinfonisch simfonik, -e
singen këndoj
singend këndues, -e
Singular njëjës-i
Singulare tantum *spr.* vetëmnjëjës-i
sinken ulem; mbytem; **das Schiff sinkt** anija mbytet
Sinken, das ~ mbytj|e, -a
Sinn shqis|ë; -a; *spr.* kuptim-i; vështrim-i; *unausgesprochener* nëntekst-i; **im ~** ndërmend ⟨*adv.*⟩; **im engeren ~** *spr.* mirëfilltë, i/e; **in den ~ kommen** shkoj nëpër mend; **mir steht der ~ nach** më rri mendja; **~figur** *spr.* figurë mendimi
sinnlos absurd, -e; pakuptimtë, i/e
Sippe fis-i, *pl.* -e-t; klan-i, *pl.* -e-t; gjiní-a; oxhak-u; **~nverband** mal-i, *pl.* -e-t
Sirene siren|ë, -a
Sitte zakon-i, *pl.* -e-t; **andere Länder, andere ~n** fshat e zanat, derë e tabiat; **~n** doke-t *f. Pl.*; **~n und Gebräuche** doke e zakone
sittenlos amoral, -e
sittlich etik, -e
Situation situat|ë; -a
Situations- situatësor, -e
Sitz sedilj|e, -a; karrig|e, -ia; kolltuk-u, *pl.* -ë-t; ndénjës|e, -ja; fron-i, *pl.* -a-t; selí-a; **~ des Präsidenten** rezidenca e presidentit; **~bank** bank|ë, -a, *pl.* -a-t; stol-i, *pl.* -a-t; **~gelegenheit** ndénjës|e, -ja
sitzen rri, ndenja, ndenjur; jam shtruar; **sich setzen im Schneidersitz** shtrohem këmbëkryq
Sitzen, das ~ ndenjj|e, -a
Sitzung seanc|ë, -a; **~speriode** sesion-i
Sizilien Sicilí-a; Siqelí-a
Skala shkall|ë, -a
Skander *NP* Skënder-i
Skandinavien Skandinaví-a
Skandinavier skandinav-i, *pl.* -ë-t
skandinavisch skandinav, -e
Skelett skelet-i; zgorr|e, -ja; eshtërí-a
Sketch skeç-i
Ski, Skier *spo.* ski-të
Skizze skic|ë, -a
Sklave skll|av-i, *pl.* -évër-it; **~nhalter** skllavopronar-i

Sklavin robinj|ë, -a; robëresh|ë, -a; skllav|e, -ja
Skonto *ök.* skontim-i; skonto-ja
Skopje *ON* Shkup-i; **aus ~** shkupjan, -e
Skorpion akrep-i, *pl.* -a-t
Skutari *ON* Shkod|ër, -ra
Skutariner *Adj* shkodran, -e; **auf ~ Art** shkodrançe ⟨*adv*⟩; **~ Dialekt** shkodranç|e, -ja
skutarinisch shkodran, -e
Skythen skithë-t
Slang argó-ja; zhargon-i, *pl.* -e-t; **~-Ausdruck** argotiz|ëm, -mi; **~-Wort** zhargoniz|ëm, -mi, *pl.* -a-t
Slawe Sllav-i, *pl.* -ë-t
slawisch sllav, -e
Slawismus *spr.* sllaviz|ëm, -mi
Slawistik *spr.* sllavistik|ë, -a
Slovenien Sllovení-a
slowakisch sllovak, -e
slowenisch slloven, -e
Smaragd smerald-i; **~eidechse** zhapí-u, *pl.* -nj-të; zhapik-u, *pl.* -ë-t; zhabjak-u, *pl.* -ë-t
Smyrna *ON* Izmir-i
so ashtú; kështú; **~, daß** aq sa; **so daß** kështu që; **~ ein** atillë, i/e; tillë, i/e; **~ lala** ashtú-ashtú; ashtú-kështú; **~ sei es** amin ⟨*Int.*⟩; hair qoftë!; **der Pfad war ~ schmal, daß sie nicht durchkamen** shtegu ishte i ngushtë aq sa nuk mund të kalonin
Soda sifon-i, *pl.* -ë-t; **~wasser** ujë sifon
Sodbrennen djegësir|ë, -a
soeben teksá; qëparë ⟨*adv*⟩; qëpari; qëparthi; porsa ⟨*adv.*⟩; sapo ⟨*adv*⟩
Sofa minder-i, *pl.* -e-t; divan-i, *pl.* -e-t
Sofia *ON* Sofj|e, -a
sofort menjëherë ⟨*adv.*⟩; sakaq ⟨*adv*⟩; fill ⟨*adv*⟩; aty për aty
sofortig atypëratysh|ëm, -me, i/e; imediat, -e; menjëhersh|ëm, -me, i/e
sogar bilé; madje; zaten
sogenannt ashtuquájtur, i/e
Sohn bir-i, *pl.* bij-të; **der verlorene ~** *rel.* djali plangprishës; **sein/ihr ~** i biri
Sohnschaft birërí-a
solch atillë, i/e; këtillë, i/e; ; tillë, i/e
Soldat ushtar-i
Söldner mercenar-i
solide themeltë, i/e
Solingen *ON* Zolingen-i
Solist solist-i
Soll *ök.* debí-a
sollen duhet; le *Partikel zur Bildung des Jussivs*; **sollen sie möglichst bald abreisen** le të nisën sa më parë; **wie**

soll ich armer Mensch es dir sagen? si të të them, zavalli unë?
Solo-Tänzer kërcimtar solist
Solözismus *spr.* solecizl|ëm, -mi
solvent *ök.* aftë të paguajë
Solvenz *ök.* aftësí paguese
Somali-Land Somalí-a
somalisch somalez, -e
Sommer ver|ë, -a
Sommer- veror, -e; **~frischler** verues-i; **~mantel** pardesy-ja
sommerlich veror, -e
Sonder- special, -e; posaç|ëm, -me, i/e; **~druck** separat-i, *pl.* -e-t; **~katalog** katalog i posaçëm; **~marken** emision special pullash; **~sprache** argó-ja; zhargon-i, *pl.* -e-t
sondieren zhbiroj; gërmoj
Sondierung zhbirim-i
Sonnabend e shtun|e, -a
Sonne diell-i; **die ~ geht unter** hyn dielli
Sonnen- diellor, -e; **Sonnenaufgang** lindje dielli; **~bad** banjë dielli; **~blende** tend|ë, -a; **~blume** lulediell-i; **~brand** djegie nga dielli; **~deck** kuvertë diellore; **~finsternis** eklipsi i diellit; eklips-i, *pl.* -e-t; **~öl** vaj plazhi; **~platz** diellisht|ë, -a; **~schirm** çadër dielli; ombrell|ë, -a; **~schutzcreme** krem plazhi; **~stich** *med.* goditje dielli; **~untergang** perëndim dielli
Sonntag diel-a, e
Sonorisierung *spr.* zëshmim-i
Sonorität *spr.* tingullsí-a
sonst ndryshe ⟨*adv.*⟩; **sonst noch etwas?** tjetër?
sonstwo gjetíu ⟨*adv*⟩; gjetkë
Sorge hall-i, *pl.* -e-t; kokëçarj|e, -a; sëkëlldí-a; andrall|ë, -a; gajl|e, -ja; telash-i, *pl.* -e-t; pikëllim-i; merak-u, *pl.* -e-t; zavall-i, *pl.* -e-t; **mach dir keine ~!** mos ki dert!; mos ki gajle!; **~ haben** zezohem; **sich ~n machen** merakosem; **~berechtigter** kujdestar-i, *pl.* -ë-t
sorgen, sich ~ brengosem; drithërohem për; sëkëlldisem; merakosem
Sorgfalt kujdesí-a; merak
sorgfältig kujdessh|ëm, -me, i/e; meraklí, -e; ndërgjegjsh|ëm, -e, i/e
Sorglosigkeit pakujdesí-a; indiferenc|ë, -a
sorgsam kujdessh|ëm, -me, i/e
Sorte lloj-i; far|ë, -a; **sie sind von derselben ~** një yrnek janë
Sortiment asortiment-i
Soutane *rel.* veladon-i, *pl.*

-ë-t
Souvenir dhuratë për kujtim; **~bude** kinkalerí-a
Souveränität sovranitet-i
soviel aq; kaq; **~ wie** aq sa; **er arbeitet ~ wie du** ai punon aq sa punon ti
soweit me ç'; me sa; **ich bemerke** me ç'vërej
sowie si dhe
sowjetisch sovjetik, -e
sowohl ... als auch edhe ... edhe
sozial shoqëror, -e; **~imperialistisch** socialimperialist, -e; **~ökonomisch** ekonomiko-shoqëror, -e
Sozialismus socializ|ëm, -mi
sozialistisch socialist, -e; **~e Internationale** Internacionalja socialiste; **~es Eigentum** pasuri-a socialiste
Sozialversicherung sigurim-i shoqëror
Sozialwissenschaften shkenca-t shoqërore
sozio-ökonomisch *phi.* ekonomiko-shoqëror, -e
Soziolinguistik *spr.* sociolinguistik|ë, -a
Soziologie sociologjí-a
sozusagen pothuajse ⟨*adv.*⟩; kínse; thuajse
Soße salc|ë, -a; **~nschüssel** salcier|ë, -a
Spalte shtyll|ë, -a; rubrik|ë, -a
spalten ça|j, -va, -rë; çikëloj
Spaltung ndasí-a
Span ashk|ël, -la, *pl.* -la-t; gdhend|ël, -la, *pl.* -la-t; kleçk|ë, -a; **~korb** shportë kashte; **Späne** zdrugulina-t
Spange karfic|ë, -a
Spanien Spanj|ë, -a
Spanier spanjoll-i, *pl.* -ë-t
spanisch spanjoll, -e
spannen ngreh; tendos; *intransitiv* tendosem; **ins Joch ~** zgjedhoj
spannend ngacmues, -e
Spannung tendosj|e, -a; tension-i; *spr.* nderj|e, -a; *tech.* voltazh-i, *pl.* -e-t; **~smesser** voltmatës-i
Sparbuch librezë kursimi; librez|ë, -a
Sparbüchse, Spardose kumbará-ja
sparen kursej *e/ye*
Spargel *bot.* shpargu|ll-i, *pl.* -j-t
Sparkasse arkë kursimi
spärlich rrallë, i/e; paktë, i/e; **~ werden** rrallohem
Sparre qép|ër, -ra, *pl.* -ra-t
sparsam ekonomiqar, -e; **~ umgehen mit** ekonomizoj; zgriptoj; **~ verwenden** terezis *s/t*
Sparsamkeit nikoqirllëk-u
Sparta *ON* Spart|ë, -a
spartanisch spartan, -e
spät vonë, i/e; vonsh|ëm,

-me, i/e

Spaten lopat|e, -a; **dreieckiger** ~ bel-i, *pl.* -a-t

später mëvonsh|ëm, -me, i/e

Spatz harabel-i, *pl.* -a-t

spazieren, ~ **gehen** shëtis *s/t*; gjezdis

Spazierfahrt, **Spaziergang** shëtitj|e, -a

Spaziergänger shëtitës-i

Spazierstock bastun-i, *pl.* -ë-t

Spaßmacher bufon-i, *pl.* -ë-t; gaztor-i

Spaßvogel qyfyrexhí-u, *pl.* -nj-të

spaßig zbavitës, -e

Specht qokaç-i, *pl.* -ë-t; qukapik-u, *pl.* -ë-t

Speck dhjamë derri

Speiche *tech.* tel i rrotës

Speichel pështym|ë, -a; jarg|ë, -a; ~**lecker** dallkauk-u, *pl.* -ë-t

Speierling *bot.* vodh|ë, -a

Speise gjell|ë, -a; gates|ë, -a; gjell|ë, -a; ~**eis** akullor|e, -ja; ~**karte** menú-ja; meny-ja; lista e gjellëve; **lokal** gjellëtor|e, -ja; ~**röhre** zorrat e kuqe; kapërcell-i, *pl.* -j-të; ~**saal** sallë e ngrënies

Spender dhurues-i

Sperber krahathád|ër, -ra, *pl.* -ra-t; krahathat|ë, -a

Sperling harabel-i, *pl.* -a-t

Sperrgürtel *gegen Seuchen* kordon sanitar

Spezereien erëza-t

Spezial- posaç|ëm, -me, i/e; special, -e

spezialisiert profilizuar, i/e

Spezialist ekspert-i, *pl.* -ë-t; specialist-i

Spezialität specialitet-i

speziell veçantë, i/e; special, -e; posaç|ëm, -me, i/e

Spezifikation specifikim-i

Sphäre sfer|ë, -a

Spiegel pasqyr|ë, -a; ~**bild** imazh-i, *pl.* -e-t; ~**bildung** kalk-u, *pl.* -e-t; ~**ei** vezë syzë

Spiel loj|ë, -a, *pl.* -ëra-t; **wir besiegten sie im Spiel** i mundëm në lojë; ~**art** ndryshor-i

Spielart variant-i, *pl.* -e-t; varietet-i; **olympische** ~**e** lojëra olimpike; ~**gruppe** ansamb|ël, -li; ~**karte** let|ër, -ra; ~**karten** letra loje; ~**plan** plani i shfaqjeve; ~**raum haben** *fig.* luaj, -ta, -tur; ~**verlängerung** shtesë loje; ~**zeug** lod|ër, -ra

spielen loz; luaj, -ta, tur

Spielen, das ~ luajtj|e, -a

Spieler lojtar-i, *pl.* -ë-t; bixhozçí-u, *pl.* -nj-të

Spieß he|ll-i, *pl.* -j-të; hesht|ë, -a, *pl.* -a-t; mëzdrak-u, *pl.* -ë-t; shtiz|ë, -a ~**braten** *Art Schaschlik* qebap-i, *pl.* -ë-t

Spießer filistin-i, *pl.* -ë-t
Spill *naut.* argano-ja
Spinat spinaq-i
Spindel bosht-i, *pl.* -e-t
Spinne merimang|ë, -a; **~nnetz** éndëz-a; pëlhur|ë, -a; cerg|ë, -a
spinnen tjerr *e/i/o*; *fig.* trilloj
Spinngewebe éndëz-a
Spinnrocken furk|ë, -a
Spinnwebe cerg|ë, -a
Spion spiun-i
Spionage spiunazh-i; **~abwehr** kundërspiunazh-i, *pl.* -e-t
Spirale spiral|e, -ja
Spirans, Spirant *spr.* spirant-i, *pl.* -e-t
Spitzbergen Shpicbergen-i
Spitze maj|ë, -a; xip-i, *pl.* -a-t; *eines Berges* kep-i, *pl.* -a-t; *der Schreibfeder* xin|ë, -a; cep-i, *pl.* -a-t; thep-i, *pl.* -a-t; *Textil~* dantell|ë, -a
Spitzel përgjues-i
Spitzhacke kazm|ë, -a, *pl.* -a-t
Spitzname llagap-i, *pl.* -e-t; nofk|ë, -a; ofiq-i, *pl.* -e-t
Splint cifël druri; gjemb-i, *pl.* -a-t; zhíb|ël, -la, *pl.* -la-t; *am Wagenrad* zab|úa, -oi, *pl.* -ónj-të
Splitter cíf|ël, -la, *pl.* -la-t; gdhend|ël, -la, *pl.* -la-t; gjemb-i, *pl.* -a-t; kleçk|ë, -a
spontan beftë, i/e; vetvetishëm, -me, i/e
Spontaneität *phi.* spontaneitet-i
sporadisch sporadik, -e
Spore *f.* shpor-i, *pl.* -ë-t; mamuz-i, *pl.* -e-t; **dem Pferd die ~ geben** i grah kalit
Sporn *m. am Reitstiefel* shpor-i, *pl.* -ë-t; *des Hahns* çap|úa, -oi, *pl.* -ónj-të
Sport sport-i, *pl.* -e-t; **~akademie** akademi-a e sporteve; **~anlage** stadium-i; **~schau** *im Fernsehen* rubrika sportive; **~schießen** qitje sportive; **~schuhe** atlete-t
sportlich sportiv, -e
Spott shpotí-a; gaz-i; qesëndí-a
Spötter hokatar-i
Sprachbund lidhje gjuhësore
Sprache gjuh|ë, -a
Sprachgefühl ndjenjë gjuhësore
Sprachlehre gramatik|ë, -a
sprachlich gjuhësor, -e
Sprachmelodie melodi e ligjërimit
Sprachnorm normë letrare
Sprachpflege kulturë e gjuhës; lërimi i gjuhës amtare
Sprachverwandtschaft afri gjuhësh
Sprachwandel zhvillim gjuhësor
Sprachwissenschaft gjuhësí-

a; **vergleichende** ~ gjuhësi krahasimtare

Sprachwissenschaftler gjuhëtar-i, *pl.* -ë-t

Sprechakt akt i të folurit

sprechbehindert belbër, i/e

sprechen flas, fola, folur *a/e/i/o; s/t*; ligjëroj

Sprecher zëdhënës-i; *am Rundfunk* spiker-i, *pl.* -ë-t; folës-i; ~ **des Ministeriums** zëdhënës i ministrisë

Sprechsprache gjuhë e folur

Sprechtakt *spr.* takt i ligjërimit; tog fonetik

Sprechtempo ecuri e të folurit

Sprechweise diksion-i

sprengen shpërthej; *benetzen* lag; **in die Luft** ~ hedh në erë

Sprengmeister zjarrmëtar-i

Sprengstoff lëndë plasëse; dinamit-i

Sprengung plasj|e, -a

sprenkeln cirkoj

Spreu bërllok-u; byk-u. *pl.* -ra-t

Sprichwort fjalë e urtë

sprießen bleroj; brufulloj

Springer *Schach* kal|ë, -i, *pl.* kúaj-të

Spritze injeksion-i; *med.* shiring|ë, -a; gjilpër|ë, -a; ~**setzen** gjilpëroj

spritzen *med.* gjilpëroj

spröde thyesh|ëm, -me, i/e; *Stimme* ngjirur, i/e; ~ **werden** xhamëzohem *nur 3. P.*

Sproß filiz-i

Sproß- anaptiksor,-e; ~**vokal** zanore anaptiksore

Spruch fjalë e urtë; *jur.* vendim-i; ~**band** pankart|ë, -a

Sprung kërcim-i; hop-i, *pl.* -e-t; **dialektischer** ~ hop dialektik; ~**brett** trampolinë noti

spucken pështyj

Spülbecken lavapjat|ë, -a, *pl.* -a-t

Spule bobin|ë, -a; rrótull-a, *pl.* -a-t

Spüle *f.* lavapjat|ë, -a, *pl.* -a-t

spülen kulloj

Spülstein sqoll-i

Spulwurm *med.* rre-ja, *pl.* -të; glist|ër, -ra, *pl.* -ra-t

Spur gjurm|ë, -a; trag|ë, -a, *pl.* -ë-t; mbres|ë, -a; tav|ë, -a

spürbar duksh|ëm, -me, i/e

spüren nd|iej, -jéva, -jerë

sputen, sich~ nxitoj; **spute dich!** thyki këmbët

Sputnik satelit artificial

Sredska *ON* Sreck|ë, -a

St. Gotthard *Paß* Sen-Gotard-i

St. Helena *Insel* Shën-Elen|ë, -a

Staat shtet-i, *pl.* -e-t; ~**enbund** konfederat|ë, -a;

~**sangehöriger** shtetas-i; shtetësí-a; ~**sanwalt** prokuror-i; ~**sanwaltschaft** prokurorí-a; ~**sbürger** shtetas-i; qytetarësí-a; shtetësí-a; ~**sregie** monopol-i, *pl.* -e-t; ~**sstreich** puç-i
staatlich shtetëror, -e
staatsfeindlich antishtetëror, -e; kundërshtetëror, -e
staatsmonopolistischer Kapitalismus *Stamokap* kapitalizëm monopolist shtetëror
Stab shkop-i; *pl.* -ínj-të; *mil.* shtab-i, *pl.* -e-t; ~**hochsprung** *spo.* kërcim me shkop; ~**reim** aliteracion-i
stabil qëndruesh|ëm, -me, i/e
Stabilität qëndrueshmërí-a
Stachel hep-i, *pl.* -a-t; gjemb-i, *pl.* -a-t; thumb-i, *pl.* -a-t
Stadion *spo.* stadium-i
Stadium *Zeitabschnitt* stad-i
Stadt qytet-i, *pl.* -e-t; **die** ~ **lärmt** zhurmëron qyteti; ~**bücherei** bibliotekë qyteti; ~**mauer** beden-i, *pl.* -a-t; ~**rundfahrt** shëtitje nëpër qytet; ~**verkehr** transport qytetor; ~**verwaltung** Komiteti Ekzekutiv; ~**viertel** lagj|e, -ja; *außerhalb der Mauern* varosh-i, *pl.* -e-t *hist.*; ~**zentrum** qendër e qytetit
Städtchen qytez|ë, -a
Städteplanung urbanistik|ë, -a
Städter qytetas-i, *pl.* -it
städtisch qytetës, -e, qytetor, -e; urban, -e
Stafette, Staffellauf *spo.* stafet|ë, -a
Stagnation amullí-a; bunac|ë, -a
Stahl çeli|k-u, *pl.* -qe-t; ~**kocher** çelikshkrirës-i; fonditor-i; ~**panzer** blind|ë, -a; ~**schmelze** shkrirje e çelikut
stählen çelikos; regj; kalis *s/t*
stählern çeliktë, i/e
Stakkato *mus.* temp-i me ndërprerje
Stalinismus staliniz|ëm, -mi
Stall ahur-i, *pl.* -e-t; stall|ë, -a; grazhd-i, *pl.* -e-t; ~**hase** kunel-i, *pl.* -ë-t
Stallung stall|ë, -a
Stamm far|ë, -a; fis-i, *pl.* -e-t; *spr.* trun|g-u, *pl.* -gje-t; ~**baum** dru gjenealogjik; ~**bildung** *spr.* formim temor; ~**erweiterung** *spr.* ndajrritj|e, -a
stammeln belbëzoj
stammelnd belbër ⟨*adv*⟩
stammen aus rrjedh *e/i/o* nga
Stammes- fisnor, -e; ~**führer** vojvod|ë, -a *hist.*; bajraktar-i
stampfen tulatem
Stand stend|ë, -a; nivel-i, *pl.* -e-t; ~**festigkeit** ngurtësí-a;

~**licht** dritë ndalese; ~**ortkatalog** katalog topografik; katalog-skedar; skedar topografik; ~**punkt** qëndrim-i; pikëpamj|e, -a
Standard standard-i, *pl.* -e-t
standardisieren standartizoj; njësoj
standardisiert *spr.* tipizuar, i/e
Standardisierung njësim-i
Ständer mbajtës|e, -ja
Standesamt zyrë e gjendjes civile
standesamtlich heiraten celebroj
standfest qëndruesh|ëm, -me, i/e
standhaft qëndrak, -e
ständig përhersh|ëm, -me, i/e; gjithmonsh|ëm, -me, i/e; gjithnjësh|ëm, -me, i/e; bot ⟨*adv*⟩; përgjithmonë; ~**er Wohnsitz** banim i përhershëm
Stange shufl|ër, -ra, *pl.* -a-t; ~**nbohnen** mashurk|ë, -a; ~**nzaun** kangjella-t
Stanze stamp|ë, -a; shtamp|ë, -a
stark fortë, i/e; fort ⟨*adv*⟩
Stärke koll-i; ~**mehl** niseshté-ja
stärken fuqizoj; forcoj; *Wäsche* kollaris
Stärkung forcim-i
starr gurtë, i/e; amull ⟨*adv*⟩
Starre mpirj|e, -a
Start *spo.* nisj|e, -a; ~**bahn** pistë e fluturimit
starten nisem; i grah makinës; ndez *e/i*
Station stacion-i
statisch statik, -e
statthaft lejuesh|ëm, -me, i/e
stattlich shtatlartë
Statue statuj|ë, -a
Status constructus *spr.* gjendje e ndërtuar
Statut statut-i, *pl.* -e-t
Stau bllokim-i; **es bildet sich ein** ~ rruga bllokohet; ~**damm** dig|ë, -a; pend|ë, -a
Staub plúhur-i, *pl.* -a-t; toz-i, *pl.* -e-t; ~**sauger** pluhurthíthës|e, -ja; ~**zucker** sheqer pluhur
Stauen, das ~ *naut.* stivim-i
staunen trullosem; ~ **lassen** mrekulloj
Stauwehr pend|ë, -a
Stechdorn *bot.* driz|ë, -a
stechen qepoj; quk; gjemboj
stechen thek; **es sticht mich in der Brust** kam një pickim në gjoks
Stechen, das ~ pickim-i
stechend thekët, i/e; thekesh|ëm, -me, i/e
Stechfliege zegal-i, *pl.* -ë-t; zég|ël, -li, *pl.* -la-t; zekth-i, *pl.* -a-t; harrj|e, -a
Stechpalme dushk i egër

Steckdose priz|ë, -a
stecken fus *s/t*; ngul
Stecker spin|ë, -a; *Steckdose* priz|ë, -a
Steckling fidan-i, *pl.* -ë-t
Stecknadel gjilpërë me kokë
Steckschlüssel *tech.* çelës fiso
Steg sht|eg, *pl.* -ígje-t; vi|g-u, *pl.* -gje-t
stehen rri, ndenja, ndenjur; qëndroj; **~de Wendung** shprehje e qëndrueshme
Stehlampe abazhur-i, *pl.* -ë-t
stehlen vjedh *e/i/o*; kobis *s/t*
steif mpirë, i/e; dákull ⟨*adv*⟩; **~ werden** athem
Steigbügel yzengjí-a
steigend *spr.* ngjitës, -e
steigen *Treppen* ngjitem; *Preise* rritem; *aufsitzen* hipi
Steigerung ngritj|e, -a; rritj|e, -a; *spr.* shkallëzim-i; krahasim-i
Steigton *spr.* intonacion ngjitës
Steigung ngjitj|e, -a
Steilhang tatëpjet|ë, -a
Stein gur-i, *pl.* -ë-t; **~eiche** *bot.* ilq|e, -ja; **~gut** poçerina-t; **~gutplatte** *mit Henkeln* gjyvcç-i, *pl.* -ë-t; **~gutschüssel** misur-i, *pl.* -ë-t; **~kauz** quk|ë, -a; herëkeq|e, -ja; **~klee** *bot.* makth-i, *pl.* -e-t; **~kohle** qymyrgur-i, *pl.* -e-t; **~kohle-** qymyrguror, -e; **~kohlebecken** pellg qymyrguror; **~sarg** sarkofagu, *pl.* -ë-t; **~schlaggefahr** rrezik rënie guri; **~schloß-flinte** karajfil|e, -ja; **~schloß-Pistole** pisqoll|ë, -a; **~weg** kalldrëm-i, *pl.* -e-t
Steinchen gurth-i, *pl.* -ë-t; haliç-i, *pl.* -ë-t; guriçk|ë, -a
steinern guror, -e; gurtë, i/e
Stelle vend-i, *pl.* -e-t; pik|ë, -a
stellen vë *ë/i*, vura, vënë; **sich auf die Hinterbeine ~** ngrihem qirithi; **auf die Probe ~** vë në provë; **die Vertrauensfrage ~** kërkoj votëbesimin; **in den Schatten ~** eklipsoj; **sich schlafend ~** bëj kinse fle
Stellung pozicion-i; ofiq-i, *pl.* -e-t; *bei der Miliz jur.* paraqitj|e, -a; **~ der maximalen Unterscheidung** *spr.* pozicion i fortë; **befestigte ~** *mil.* mburoj|ë, -a
Stellvertreter zëvendës-i
Stempel vul|ë, -a, *pl.* -a-t; **~karte** *ök.* kartel|ë, -a; **~kissen** jastëçk|ë, -a
stempeln vulos
Stengel bis|k-u, *pl.* -qe-t; duq-i, *pl.* -e-t; kërce|ll-i, *pl.* -j-të
Stephan *NP* Shtjef|ën, -ni
Steppdecke jorgan-i, *pl.* -ë-t
sterben vdes *e/i*, vdiqa, vde-

kur; **ich wäre fast vor Hitze gestorben** plasa vape; **sie ~ vor Hunger** vdesin urie
Sterbeurkunde akt-vdekj|e, -a
sterblich vdeksh|ëm, -me, i/e; mortsh|ëm, -me, i/e
Sterblicher vdekatar-i
Sterblichkeit vdekshmëri-a
sterilisieren dezinfektoj
Sterling *ök.* stërlin|ë, -a
Stern y|ll-i, *pl.* -je-t; **~bild** yjësí-a; **~chen** asterisk-u; yllëz-a, *pl.* -a-t; yllth-i, *pl.* -e-t
sternklar yjendczur; yjeplotë
Stetigkeit qëndrueshmërí-a; vazhdimësí-a
Steuer *f.* *ök.* tatim-i; taks|ë, -a; **~immunität** imunitet fiskal; **~zahler** tatimpagues-i
Steuer *n.* *Auto* timon-i, *pl.* -ë-t; **~bord** bord drejtues; **~mann** *naut.* timonier-i, *pl.* -ë-t; shturman-i, *pl.* -ë-t; **~rad**; **~ruder** *Schiff* timon-i, *pl.* -ë-t
steuern drejtoj
Stewardess stuardes|ë, -a
Stich shpim-i; gravur|ë, -a; pickim-i; **im ~ lassen** lë në baltë; braktis; **~elei** romuze-t; **~wort** fjalë titull
sticken qëndis
Stickerei qëndism|ë, -a
Stickerin qëndistar|e, -ja
Sticknadel biz|ë, -a
Stickrahmen gjergjef-i, *pl.* -ë-t
Stickstoff azot-i
Stiefel çizm|e, -ja; **~sporen** mamuz-i, *pl.* -e-t
Stiefkind gjet|e, -ja; ardh ës-i
Stiefmutter njerk|ë, -a; vitër-kesh|ë, -a
Stiefsohn thjesht|ër, -ri, *pl.* -ër-it
Stieftochter thjesht|ër, -ra, *pl.* -ra-t
Stiefvater njerk-u, *pl.* -ë-t; vitërk-u
Stieglitz kryekuq-i, *pl.* -të
Stiel bisht-i, *pl.* -a-t; **~topf** bishtak-u, *pl.* -ë-t; *für Kaffee* xhezv|e, -ja
Stier dem-i, *pl.* -a-t; búa|ll-i, *pl.* -j-t
Stift *m.* laps-i; thumb-i; *Lehrling* çirak-u; fiçor-i, *pl.* -ë-t
Stifter dhurues-i
Stil stil-i, *pl.* -e-t; **~blüte** xhevahir-i, shtypi
Stilistik stilistik|ë, -a
stilistisch stilistik, -e; **~e Färbung** ngjyrim stilistik
still qetë, i/e; qetë; qetësisht ⟨*adv*⟩
Stille qetësí-a
stillen mënd
Stillstand bunac|ë, -a
stillstehen ndalem

Stimmabgabe votim-i
Stimmband tejz|ë, -a; **~schwingungen** dridhje të tejzave
Stimme zë-ri, *pl.* -ra-t
stimmen *Instrument* akordoj; votoj
Stimmgabel diapazon-i, *pl.* -e-t
stimmhaft *spr.* tingullt, i/e; zësh|ëm, -me, i/e; **~ werden** *spr.* zëshmohem *nur 3. P.*
stimmlos *spr.* shurdhët, i/e; **~ machen** *spr.* shurdhoj
Stimmritze shtegth i zërit
stinken afshoj; kundërmoj
stinkend afshët, i/e; qelbës, -e; qélbët, i/e; qelbanik, -e
Stipendium burs|ë, -a
Stirn ball|ë, -i, *pl.* -ë-t
Stock dajak-u, *pl.* -ë-t; shkop-i, *pl.* -ínj-të; **erster ~** kati i dytë
stockbesoffen xúrxull; **~ werden** bëhem tapë
Stockfisch bakalaro-ja
Stockung ngecj|e, -a
Stockwerk kat-i, *pl.* -e-t; **~saufseher** *im Hotel* dezhuri i katit
Stoff stof-i, *pl.* -a-t; -ra-t; rrob|ë, -a; *phi.* lënd|ë, -a; **~fetzen** leck|ë, -a, *pl.* -a-t; **~wechsel** shkëmbim i lëndëve
stöhnen rënkoj; gulçoj
Stollen *Bergwerk* galerí-a
stolz krenar, -e; kryelartë; krenarisht ⟨*adv*⟩
Stolz krenarí-a; krekosj|e, -a
Stop ndales|ë, -a
stopfen rras
Stopfen *m.* tap|ë, -a
Stoppelfeld hamullor|e, -ja
stoppen ndaloj
Stör bli-ni, *pl.* -nj-të
Storch lejlek-u, *pl.* -ë-t
stören çrregulloj; gumëzhij; gumëzhis *s/t*; turbulloj; bezdis; tundoj
störrisch xanxar, -e; këmbëngulës, -e
Störung turbullim-i; çrregullim-i; *Fernsehen* prishje figure
stottern belbëzoj
stotternd belbër, i/e; belbër ⟨*adv*⟩
Stoßdämpfer amortizator-i
Stößel qysqí-a
stoßen shtyj; trys; trus; **gestoßen werden** shtyhem; **~ auf etw.** has në ⟨+ *Akk*⟩
Stoßen, das ~ shtyrj|e, -a
Stoßton *spr.* intonacion i vrazhdë
Stoßzeit orë dyndjeje
Straf- penal, -e
strafbar dënuesh|ëm, -me, i/e; **~e Übertretung** *jur.* kundërvajtje penale
Strafe dënim-i
Straffreiheit *jur.* përjashtim nga dënimi; imunitet-i

Strafgesetz ligj penal; **~buch** kod penal; **~gebung** legjislacion penal
strafrechtlich penal, -e; **~e Verantwortlichkeit** *jur.* përgjegjësi-a penale
Strafsache çështje penale
Strafstoß *spo.* goditje dënimi
Straftat krim-i, *pl.* -e-t
Straftäter fajtor-i
Strafverfahren *jur.* çështje penale; procedim penal
Strafverfolgung *jur.* ndjekje penale
Strafvollzugsanstalt bur|g-u, *pl.* -gje-t
Strahl rrez|e, -ja; curril-i, *pl.* -a-t
strahlen rrëzëllej; shndris *s/t*
Strahlung rrezatim-i
Strand plazh-i, *pl.* -e-t; bregdet-i, *pl.* -e-t
Strang litar-i; rrip-i; **über die Stränge schlagen** vërshoj
Straps mbajtëse çorapesh
Stratifikation *spr.* shtresëzim-i
Strauch shkurr|e, -ja; **~dieb** cub-i, *pl.* -a-t
straucheln rrëshqas *a/e/i; s/t*
Strauß tuf|ë, -a; *Blumen~* tub|ë, -a; *Vogel* struc-i, *pl.* -ë-t; **~ Rosen** buqetë trëndafilash
Sträßchen rrugic|ë, -a
Straße rrug|ë, -a; ngushtic|ë, -a
Straßen- rrugor, -e; **~bahn** tramvaj-i, *pl.* -e-t; **~gabelung** bigë e rrugës; **~kehrer** fshesaxh|í-u, *pl.* -inj-të; **~kreuzung** udhëkryq-i, *pl.* -e-t; **~mädchen** kurv|ë, -a; **~theater** estrad|ë, -a; **~verkehr** qarkullim rrugor; **~zustand** gjendje e rrugëve
Streber arrivist-i; karrierist-i
Strecke itinerar-i, *pl.* -e-t; *spo.* distanc|ë, -a
Streich shaká-ja; **~holz** shkrepës|e, -ja
streicheln zbunoj; fërkoj
Streifen tis-i
Streik grev|ë, -a
Streik- grevist, -e; **~brecher** grevëthyes-i
streiken bëj grevë
Streikender, Streiker grevist-i
Streit sherr-i, *pl.* -e-t; zënk|ë, -a; përleshj|e, -a; përçarj|e, -a; davá-ja; grindj|e, -a; çart|ë, -a; luftim-i; **~ suchen** kërkoj sebep për konflikt; **~kräfte** forcat ushtarake; **~punkt** çështj|e, -a
streiten, sich ~ grindem
streitsüchtig grindavec, -e
streng rreptë, i/e; vrazhdë, i/e; rreptësisht ⟨*adv*⟩
Strenge rreptësí-a
Strich viz|ë, -a; **~punkt** pikëpresj|e, -a
Strick konop-i, *pl.* -ë-t; tër-

kuz|ë, -a; litar-i, *pl.* -ë-t
stricken thur
Stricken, das ~ thurj|e, -a
Strickjacke triko-ja; xhup-i, *pl.* -a-t;
Stricknadel furqet|ë, -a; shtiz|ë, -a;
Strickware triko-ja; **~n** trikotazh-i
Stroh kasht|ë, -a, *pl.* -ëra-t; **~halm** biul|e, -ja
strohblond bojëkashtë
Strolch zuzar-i, *pl.* -ë-t
Strom *Fluß* lum|ë, -i, *pl.* -énj-të; *tech.* elektrik-u; korrent-i; rrym|ë, -a; **~quelle** *tech.* dhënës-i; **~spannung** voltazh-i, *pl.* -e-t
Strömung rrym|ë, -a
Strophe *spr.* strof|ë, -a; vjersh|ë, -a
Strudel *im Wasser* gjir-i, *pl.* -e-t *Speise* byrek-u
Struktur struktur|ë, -a
Struktur- strukturor, -e; **~wort** fjalë ndihmëse
Strukturalismus strukturaliz|ëm, -mi
strukturell strukturor, -e; **~e Linguistik** gjuhësi strukturale
Strumpf çorap-i, *pl.* -e-t, -ë-t; **~halter** mbajtëse çorapesh; **~hose** gete-t
Stubben kërcú-ri, *pl.* -nj-të
Stube od|ë, -a; konak-u, *pl.* -ë-t; qosh|k-u, *pl.* -qe-t; **gute ~** dhomë pritje
Stück cop|ë, -a; kopj|e, -a; çik|ë, -a; **~ Land** ngast|ër, -ra, *pl.* -ra-t; **zwei ~ Zucker** dy kokrra sheqer; **~eschreiber** dramaturg-u; **~liste** specifikim-i
stückeln çikëloj; copëtoj
Student student-i, *pl.* -ë-t
Studentin student|e, -ja
Studie studim-i
studieren studioj
Studium studime-t; **~ beenden** diplomohem
Stufe shkall|ë, -a
Stuhl karrig|e, -ia; **der Heilige ~** *rel.* selia e shenjtë; **~gang** *med.* ujët e trashë
stumm memec, -e
stumpf topitur, i/e; pa shkëlqim; apatik, -e; **~e Seite** *der Axt* qyt|ë, -a; *der Klinge* qyr|ë, -a
Stumpf cun|g-u, *pl.* -gje-t
Stunde or|ë, -a; sahat-i, *pl.* -e-t; **~nplan** orar-i, *pl.* -e-t
stur kokëfortë; këmbëngulës, -e
Sturheit derrërí-a; ngurtësí-a
Sturm furtun|ë, -a, *pl.* -a-t; stuhí-a; furí-a; vërsulj|e, -a; duhí-a
Stürmer *spo.* sulmues-i
stürmisch duhish|ëm, -me, i/e; furish|ëm, -me, i/e; hovsh|ëm, -me, i/e; hidhnak, -e
Sturz përmbysj|e, -a;

shembj|e, -a; **~bach** cem-i, *pl.* -a-t; përr|ua, -oi, *pl.* -énj-të

stürzen rrëzoj; përmbys; bie; **sich ~ auf** sulem; **er stürzte ihn in Schulden** e zhyti në borxhe; **er stürzte zur Tür** brofi te dera

Stute pel|ë, -a

Stuttgart *ON* Shtutgart-i

Stütz- mbështetës, -e; **~balken** maxhallëk-u, *pl.* -ë-t; pajand|ër, -ra, *pl.* -ra-t; **~punkt** baz|ë, -a

Stütze mbështetes|ë, -a; shtyll|ë, -a

stutzen shkurtoj; *stutzig werden* trullosem

stützen, sich ~ auf mbështetem në

stützend mbështetës, -e

Subjekt subjekt-i; *spr.* kryefjal|ë, -a; **~satz** fjali kryefjalore; **~skasus** *spr.* rasë veprore

Substandard thjeshtligjërim-i

Substandard- *spr.* thjeshtligjërimor, -e

Substantiv *spr.* em|ër, -ri, *pl.* -ra-t

substantivieren emërzoj; **substantiviertes Adjektiv** mbiemër i emërzuar

Substantivierung emërzim-i

Substrat nënshtres|ë, -a

Subsystem nënsistem-i, *pl.* -e-t

Subtrahend *math.* zbritës-i

subtrahieren zbres, zbrita, zbritur *e/i; s/t*

Subtraktion *math.* zbritj|e, -a

suchen kërkoj; gërmoj

Süd- jugor, -e; **~afrika** Afrika e Jugut; **~albanien** Toskërí-a; Shqipëria jugore; **~europa** Evropa Jugore

sudanisch sudanez, -e

Süden jug-u

Sudetenland Sudetë-t

südlich jugor, -e

Südost- juglindor, -e

Südosten juglindj|e, -a

Südosteuropa Evropa Juglindore

Südwesten jugperëndim-i

südwestlich jugperëndimor, -e

Südwind frashí-a; jug|ë, -a; zefir-i

Suffigierung *spr.* prapashtesim-i

Suffix *spr.* prapashtes|ë, -a

Suffix- prapashtesor, -e

Suhl *ON* Sul-i

Suizid vetëvrasj|e, -a

Sulawesi Sulavesi

suliotisch suliot, -e

Sultan mbret-i, *pl.* -ër-it

Sumach *bot.* cërmëdell-i

Sumatra Sumat|ër, -ra

Summe *math.* shumë e përgjithshme

summen brumbulloj; brumbullij; gumëzhij; zëzëlloj; zukas *s/t*; zhurmoj; zhuzhas *a/e/i;s/t*; zhuzhuris *s/t*
Summen, das ~ zukam|ë, -a; zukatj|e, -a; zhuzhitj|e, -a; ~ **der Bienen** zukama e bletëve
Sumpf batak-u, *pl.* -ë-t; kënet|ë, -a, *pl.* -a-t; moçal-i, *pl.* -e-t; lluc|ë, -a; vur|g-u, *pl.* -gje-t
Sünde *rel.* mëkat-i; *pl.* -e-t; gjynah-u, *pl.* -e-t
Sünder mëkatar-i
sündhaft, sündig mëkatsh|ëm, -me, i/e
sündigen mëkatoj
Sunna *rel.* synet-i
super- stër-
Superlativ *spr.* shkallë sipërore
Supermacht superfuqí-a
Superstrat *spr.* mbishtres|ë, -a
Supinum *spr.* supin-i
Suppe çorb|ë, -a; sup|ë, -a
Suppletivismus *spr.* supletiviz|ëm, -mi
Supradental *spr.* bashkëtingëllore mbidhëmbore
Surne *oriental. Blasinstrument* zurná-ja
suspendieren pezulloj
Süßwaren ëmbëlsira-t; ~**geschäft** bonbonerí-a; ~**händler** sheqerxhí-u, *pl.* -nj-të
süß ëmbël, i/e
Süße *f.* ëmbëlsí-a
süßen ëmbëlsoj; ëmbëltoj
süßlich ëmbëlsiq, -e
Süßigkeit, Süßspeise ëmbëlsir|ë, -a; tëmb|ël, -la, *pl.* -la-t
Sveti Naum *ON* Shën-Naum-i
Sweater pulov|ër, -ri
Swimming pool pishin|ë, -a
syllabisch rrokjesor, -e
Symbol simbol-i
Symbolik simboliz|ëm, -mi
Symbolismus simboliz|ëm, -mi
Symphonie simfoní-a; ~**konzert** koncert simfonik
symphonisch simfonik, -e
Synärese *spr.* sinerez|ë, -a
Synchronie *spr.* sinkroní-a
synchronisch sinkronik, -e
synchronisieren *Film* dubloj
Synkope *spr.* sinkop|ë, -a
Synonym sinonim-i, *pl.* -e-t
synsemantisch *spr.* bashkëkuptimor, -e; ~**es Wort** fjalë ndihmëse; fjalë shërbyese
Syntagmatik *spr.* sintagmatik|ë, -a
syntagmatisch *spr.* sintagmatik, -e
syntaktisch sintaksor, -e
Syntax *spr.* sintaks|ë, -a
Synthese sintez|ë, -a
Synthetics plastmas|ë, -a

Syrakus *ON* Sirakuz|ë, -a
Syrer sirian-ı, *pl.* -ë-t
Syrien Sirí-a
syrisch sirian, -e
System sistem-i, *pl.* -e-t
System- sistemor, -e
Systematik sistematik|ë, -a
systematisch sistematik, -e
systembildend, **systemhaft** sistemor, -e
Szenario skenar-i
Szene sken|ë, -a; kuád|ër, -ri, *pl.* -ro-t

T

T-Shirt fanell|ë, -a
Tabak duhan-i; **~feld** duhanor|e, -ja; duhanisht|e, -ja; **~laden** duhantor|e, -ja; **~schneidemesser** havan-i, *pl.* -ë-t; çar|k-u, *pl.* -qe-t; **~sdose** tabaká-ja; **~spfeife** pip|ë, -a; llull|ë, -a; **~warenhändler** duhanshitës-i; duhanxhí-u, *pl.* -nj-të
Tabelle tabel|ë, -a; pasqyr|ë, -a;
Tablett *n.* tabaká-ja; siní-a; *zum Auftischen von Naschwerk od. Getränk* dhis|k-u, *pl.* -qe-t
Tablette *f.* tablet|ë, -a; hap-i, *pl.* -e-t
Tabu tabú-ja, *pl.* -të
tabuisiert tabuizuar, i/e
Tachometer takiomet|ër, -ri, *pl.* -ra-t
Tadel qortim-i; vërejtj|e, -a; fyerj|e, -a
tadeln qortoj; **~swert** qortuesh|ëm, -me, i/e
Tafel grafik-u, *pl.* -ë-t; pasqyr|ë, -a; **~bild** tabló-ja, *pl.* -të
Tag dit|ë, -a; **am ~** ditën; **es wird ~** agon; **es wird ~** gdhihet; **~- und Nachtgleiche** *21. 3. und 21. 9.* barasn|atë, -ata, *pl.* -et-ët; **~ebuch** ditar-i; **~edieb** bjerraditës-i; **~egeld** diet|ë, -a; **~elöhner** argat-i, *pl.* -ë-t; punëtor me mëditje; **bei ~esanbruch** qëmenatë ⟨*adv*⟩; **in ~lohn nehmen** pajtoj
tagaus-tagein dita-ditës ⟨*adv*⟩
tagen zbardhelloj; gdhihem; agoj; **die Kommission tagt regelmäßig** komisioni funksionon rregullisht
Tages- ditor, -e; **~lohn** *ök.* mëditj|e, -a; **~schau** *im Fernsehen* kinoditar-i; **~zeitung** gazetë e përditshme

tagsüber gjatë ditës
Tagung kongres-i, *pl.* -e-t; **~steilnehmer** kongresist-i
Taille bel-i; **mit schlanker ~** belhollë
Taiwan Tajvan-i
Takt takt-i, *pl.* -e-t; **~gefühl** delikates|ë, -a
taktisch taktik, -e
taktlos pa takt
Tal lugin|ë, -a, *pl.* -a-t
Talar veladon-i; *pl.* -ë-t; *der Hodschas und Derwische* xhybe, -ja
Talent talent-i, *pl.* -e-t
Talisman hajmalí-a; nusk|ë, -a
Talkum *chem.* talk-u
Tallinn *ON* Talin-i
Tamariske *bot.* bruk|ë, -a
Támaron *Berg* Tomor-i
Tambur tambur-i, *pl.* -e-t
Tamburin *mus.* dajr|e, -ja; def-i, *pl.* -e-t; **~spielerin** defator|e, -ja
Tangente *math.* tangjent|e, -ja
Tanger *ON* Tangjer-i
Tango *mus.* tángo-ja
Tank serbator-i; cistern|ë, -a; *mil.* tank-u, *pl.* -e-t; tanks-i, *pl.* -e-t; **~stelle** pikë furnizimi me karburant; pikë karburanti; **~wagen** vagon-cisternë; autobot-i, *pl.* -e-t; **~wart** punëtor i karburantit
Tanker *naut.* anije-stern|ë, -a, *pl.* -a-t
Tanne bredh-i, *pl.* -a-t; çam-i, *pl.* -e-t; **~nwald** bredhisht|ë, -a; çamisht|ë, -a
tansanisch tanzanian, -e
Tante hall|ë, -a, *pl.* -a-t; tez|e, -ja; emt|ë, -a; teto-ja; motërmëm|ë, -a; motërtat|ë, -a; *Frau des Vaterbruders* xhaxhesh|ë, -a
Tante-Emma-Laden tregtiz|ë, -a
Tanz vallëzim-i; vall|e, -ja; bállo-ja, *pl.* -t; **~abend** mbrëmje vallëzimi; **~fläche** pist|ë, -a; **~musik** muzikë vallëzimi; muzikë vallëzimi; **~partnerin** dam|ë, -a; **~saal** sallë e vallëzimit
Tanzania Tanzaní-a
tänzelnd; tanzend kërcimthi ⟨*adv*⟩
tanzen vallëzoj; valloj; kërcej *e/ye*; *Volkstanz in der Gruppe aufführen* hedh valle
Tänzer kërcimtar-i; valltar-i
Tänzerin valltar|e, -ja
Taoist *phi.* daocist-i, *pl.* -ë-t
tapfer burrërisht ⟨*adv*⟩
Tara *ök.* ambalazh-i, *pl.* -e-t; tar|ë, -a; **~satz** tarifë ambalazhi
Tarif tarif|ë, -a; *Steuer* tag|ër, -ri, *pl.* -ra-t
tarnen kamufloj

Tasche xhep-i, *pl.* -a-t; çant|ë, -a; këllëf; qes|e, -ja; bors|ë, -a; **~nausgabe, ~nbuch** botim xhepi; **~ndieb** brac-i, *pl.* -ë-t; xhepash-i, *pl.* -ë-t; grep-i, *pl.* -a-t; **~ndiebstahl** brací-a; **~nlampe** elektrik dore; **~nmesser** biçak-u, *pl.* -ë-t; **~ntuch** shami xhepi; facolet|ë, -a; máf|ër, -ra, *pl.* -ra-t; **~nuhr** orë xhepi; **~nwörterbuch** fjalor xhepi
Tasse filxhan-i, *pl.* -ë-t
Tastatur tastier|ë, -a
Taste *mus.* tast-i, *pl.* -e-t
Tat veprim-i; bëm|ë, -a; **die ~en Skanderbegs** bëmat e Skënderbeut; **in ~mehrheit** *jur.* i kryer më shumë se një herë
Täter fajtor-i; bërës-i
Tätigkeit veprimtarí-a; **schädliche ~** veprimtari keqbërëse; **~swort** folj|e, -a
Tätowierung tatuazh-i, *pl.* -e-t
Tatra, Hohe ~ Tatra-t
Tatsache fakt-i, *pl.* -e-t
Tattergreis plak matuf; gërxho-ja, *pl.* -t
Tau ves|ë, -a; *naut.* zdral|e, -ja; cim|ë, -a; kavo-ja; pallamar-i, *pl.* -ë-t
taub shurdhër, i/e; *Ähre* zonak, -e; zonë, i/e; **~e Nuß** arrë fyl
Taube pëllumb-i, *pl.* -a-t
Tauber *Täuberich* vidan-i, *pl.* -nj-të; *Gehörloser* shurdh-i, *pl.* -ë-t
Taubnessel *bot.* hithërbut|ë, -a
Taubstummer eng-u, *pl.* -ë-t
Tauchboot batiskaf-i, *pl.* -ë-t
tauchen zhytem
Taucher zhytës-i; zhytar-i
Tauchsieder *tech.* ujëngrohës-i; shuf|ër, -ra, *pl.* -a-t
tauen: es taut shkrin akulli, dëbora
Taufbecken enë e pagëzimit
Taufe pagëzim-i
taufen pagëzoj
Taufpate kumbar-i, *pl.* -ë-t
Taufpatin kumbar|ë, -a
Taumel-Lolch *bot.* égjër, -ra
Tausch shkëmbim-i
täuschen mashtroj; **sich ~** gënjehem
Täuschung gënjesht|ër, -ra; **optische ~** mirazh-i, *pl.* -e-t
tausend mijë; **~jährig** mijëvjeçar, -e; **der ~ste** mijtë, i/e
Tausender mijësh|e, -ja
Tausendjahrfeier mijëvjetor-i
Tautologie tautologjí-a
tautologisch tautologjik, -e
tautosyllabisch *spr.* tautosilabik, -e
Taverne tavern|ë, -a

Taxe *ök.* tag|ër, -ri, *pl.* -ra-t
Taxi taksí-a; **~stand** park taksish; vend taksish
Team skuad|ër, -ra
Technik teknik|ë, -a
Techniker teknik-u
technisch teknik, -e; **~e Mängel** të meta teknike
Technologie teknologjí-a
technologisch teknologjik, -e
Tee çaj-i; **~becher** çajor|e, -ja; **~glas** çajor|e, -ja; **~haus** çajhan|e, -ia; **~kanne** çajnik-u, *pl.* -ë-t; **~löffel** lugë çaji; **~stube** çajtor|e, -ja
Teer katran-i; zift-i
teeren katranoj; katranos; bitumoj
Teheran *ON* Teheran-i
Teig brum|ë, -i, *pl.* -ëra-t; **~ herstellen** brumëzoj; **~knetemaschine** brumëtor|e, -ja; **gefüllte ~taschen** byre|k-u, *pl.* -kë-t; -qe-t; **~waren** brum|ë, -i, *pl.* -ëra-t
Teil pjes|ë, -a; ble-u, *pl.* -j-të; **~nahme** pjesëmarrj|e, -a; **~nehmer** pjesëmarrës-i; *am Telefon* abonent-i; pajtimtar-i
teilbar ndash|ëm, -me, i/e
Teilchen pjesëz-a; thërrmij|ë, -a
teilen nda|j, -va, -rë; **es wurde in drei Stücke geteilt** u nda trish
teilnahmslos apatik, -e
Teilnahmslosigkeit apatí-a
teilnehmen marr pjesë; bëj pjesë; **an einem Wettbewerb ~** konkurroj
Teilung ndarj|e, -a; copëtim-i
teilweise pjessh|ëm, -me, i/e; pjesërisht ⟨*adv*⟩
Tekke *rel.* teqé-ja
Telefon telefon-i, *pl.* -a-t
Telefon- telefonik, -e; **~buch** numërator-i; **~gespräch** telefonat|ë, -a; **~hörer** dëgjues|e, -ja; **~netz** rrjet telefonik; **~vermittlungsmitarbeiter** centralist-i
Telefonat telefonim-i; telefonat|ë, -a
telefonieren telefonoj
telefonisch telefonik, -e
Telegramm telegram-i, *pl.* -e-t; **~schalter** dritarez e telegrameve
Telegraph telegraf-i, *pl.* -ë-t
Telegraphen- telegrafik, -e; **~amt** telegraf-i, *pl.* -ë-t
telegraphieren telegrafoj
telegraphisch telegrafik, -e
Teleobjektiv teleobjektiv-i, *pl.* -a-t
Teleskop tejqyr|ë, -a
Teller pjat|ë, -a
Temesvár *ON* Timishoar|ë, -a

Tempel témpu|ll-i, *pl.* -j-t
Temperatur temperatur|ë, -a
Tempo temp-i, *pl.* -e-t
temporal kohor, -e; **~satz** *spr.* fjali kohore
tendentiös tendencioz, -e
Tendenz tendenc|ë, -a; prirj|e, -a
Tennis tenis-i
Teppich *größer als sixhadé* hallí-a; qilim-i; **~brücke** sixhadé-ja; **~weberin** qiliméndës|e, -ja; qilimpunues|e, -ja
Terebinthenpistazie *bot.* qelbës-i
Termin afat-i; **~verschiebung** shtyrja e afatit
terminativ *spr.* cakësor, -e
Terminologie terminologjí-a
terminologisch terminologjik, -e
Terminus skaj-i, *pl.* -e-t; term-i, *pl.* -a-t
ternär *spr.* trijar, -e
Terpentin terpentin|ë, -a
Terrain terren-i, *pl.* -e-t
Terrasse tarrac|ë, -a
territorial tokësor, -e
Territorium territor-i, *pl.* -e-t; terren-i, *pl.* -e-t
Terror terror-i
terrorisieren terrorizoj
Terrorismus terroriz|ëm, -mi
terroristisch terrorist, -e
Terzett *mus.* trio-ja
Tespih *rel.* tespihe-t
Testament testament-i, *pl.* -e-t; dhiat|ë, -a; **Altes ~** *rel.* besëlidhja e vjetër; dhiata e vjetër
Tetanus *med.* tetanos-i
Tetovo *ON* Tetov|ë, -a; **aus ~** tetovar, -e
teuer shtrenjtë, i/e; dashur, i/e; vyesh|ëm, -me, i/e
Teufel dja|ll-i, *pl.* -j-të; dreq-i, *pl.* -ër-it; brijanac-i, *pl.* -ë-t; lanet-i, *pl.* -ë-t; qoftëlarg-u; **der ~ soll dich holen!** të marrtë djalli!; **hol ihn der ~!** e hëngërt morti!; **mal nicht den ~ an die Wand!** mos na ndill zi!; **vom ~ geritten werden** xhindosem; **~ei** dreqësí-a; djallëzí-a
Text tekst-i, *pl.* -e-t
Textil endurin|ë, -a; pëlhur|ë, -a; **~arbeiter** tekstilist-i
Textologie tekstologjí-a
Thailand Tajland|ë, -a
Theater teat|ër, -ri
Theater- teatral, -e; **~autor** dramaturg-u; **~ensemble** trup|ë, -a; **~schriftsteller** dramaturg-u; **~stück** pjes|ë, -a
theatralisch teatral, -e
Theben *ON* Teb|ë, -a
Theismus *phi.* teiz|ëm, -mi
Theiß *FN* Tis|ë, -a
Theke banak-u; **~nbedie-**

nung banakier|e, -ja
Thema tem|ë, -a
Themse *FN* Tamiz-i
Theologe teolog-u, *pl.* -ë-t
Theologie teologjí-a
theologisch teologjik, -e
Theoretiker teoricien-i, *pl.* -ë-t
theoretisch teorik, -e
Theorie teorí-a
Therapie *med.* terapí-a
Thermalquelle ujëra-t termale
Thermometer termomet|ër, -ri, *pl.* -ra-t
thermonuklear termobërthamor, -e
Thermopylen Termopile-t
Thermosflasche; Thermoskanne termos-i, *pl.* -e-t
Thermostat *tech.* termostat-i, *pl.* -e-t
These tez|ë, -a
Thessalien Tesalí-a
Thrakien Trakí-a
thrakisch trak, -e
Thron fron-i, *pl.* -a-t
Thüringen Tyringí-a
tibetanisch, tibetisch tibetian, -e
Ticket bilet|ë, -a
tief thellë, i/e
Tiefdruck shtyp i thellë
Tiefe thellësí-a; theqafj|e, -a; **~nrausch** *med.* dehje e thellësisë
Tiefebene rrafshulët-a, *pl.* -a-t; ultësir|ë, -a
Tiefland ultësir|ë, -a
Tiefschlaf kllapí-a
tieftonig *spr.* aton, -e
Tiegel fulter|e, -ja; tigan-i, *pl.* -ë-t
Tier kafsh|ë, -a; frymor-i, *pl.* -ë-t; **ein hohes ~** një goxha kuadër
Tier- epizootik, -e; **~arzt** veteriner-i; **~kreis** zodiak-u; **~reich** mbretëria shtazore; **~zucht** blegtorí-a
Tiger tig|ër, -ri, *pl.* -ra-t
Tigris *FN* Tig|ër, -ri
Timbre ngjyr|ë, -a; *mus.* timb|ër, -ri, *pl.* -re-t
Timişoara *ON* Timishoar|ë, -a
Tinte boj|ë shkrimi; **~nfaß** kallamar-i, *pl.* -ë-t; **~nfisch** kallamar-i, *pl.* -ë-t
Tirana *ON* Tiran|ë, -a; **aus ~** tiranas, -e
Tirol Tirol-i
Tisch tryez|ë, -a; tavolin|ë, -a; **den ~ decken** shtroj tryezën; **niedriger ~** sof|ër, -ra; **~decke** sofrabez-i, *pl.* -ë-t; mbulesë tavoline; mbules|ë, -a; **~lein** tavolin|ë, -a; **~ler** marangoz-i, *pl.* -ë-t; zdrukthëtar-i; lëndëtar-i; **~lerbank** banak-u; **~lerei** zdrukthëtarí-a; **~tennis** pingpong-u; **~tuch** syprin|ë, -a; mbulesë tavo-

line
Tisza *FN* Tis|ë, -a
Titel títu|ll-i, *pl.* -j-t; **~aufnahme** katalogim-i; **~bild** ballin|ë, -a; frontespic-i, *pl.* -e-t; **~blatt** ballin|ë, -a; **~inhaber** *spo.*, titullar-i, *pl.* -ë-t; **~verteidiger** titullar-i, *pl.* -ë-t
Tmesis *spr.* tmez|ë, -a
Toast dollí-a; **~brot** bukë e thekur; **belegtes ~brot** kanapé-ja
toben tërbohem; harlis; **der Saal tobt** salla uturin
Tochter bij|ë, -a, *pl.* -a-t; vajz|ë, -a; **seine/ihre ~** e bija
Tod vdekj|e, -a; mort-i; mortj|e, -a
todbringend vdekjeprurës, -e; vdekjesjellës, -e
Todes- mortor, -e; mortsh|ëm, -me, i/e; **~angst** ankth mortor; **~kampf** agoní-a; grahm|ë, -a; heq|ë, -a; **~nachricht** mandat|ë, -a; **~strafe** denim kapital; *jur.* dënim me vdekje; **~tag** ditëvdekj|e, -a
tödlich mortsh|ëm, -me, i/e; vdekjeprurës, -e; vdekjesjellës, -e
Toga tog|ë, -a
Toilette nevojtor|e, -ja; banj|ë, -a; **öffentliche ~** VC [vëcë] publike; **~npapier** letër higjienike
Toleranz toleranc|ë, -a; *tech.* dures|ë, -a
Tollkirsche *bot.* helmarin|ë, -a
Tölpel hardall-i, *pl.* -ë-t; fok|ë, -a
Tomate domat|e, -ja; **~nsalat** sallatë me domate
Tomorr *Berg* Tomor-i
Ton kumbim-i; ton-i, *pl.* -e-t; *Lehm* argjil|ë, -a; deltin|ë, -a; glin|ë, -a; balt|ë, -a; **keinen ~ von sich geben** s'bëj gëk; **mitklingender ~** *spr.* mbiton-i
Ton- folës, -e; baltërt, i/e; **~band** shirit-i, *pl.* -a-t; **~erde** deltin|ë, -a; **~fall** intonacion-i; **~film** film folës; **~krug** shtamb|ë, -a; poç-i, *pl.* -e-t; großer *Tonkrug für Speisevoräte* qyp-i, *pl.* -a-t; kleiner *~krug* brojc|ë, -a; **~leiter** gam|ë, -a; **~umfang** *mus.* diapazon-i, *pl.* -e-t; **~waren** balturin|ë, -a
tonal tonik, -e; tonor, -e
tönen buças *a/e/i; s/t*; kumboj
tönend zësh|ëm, -me, i/e
tönern baltërt, i/e
tonhaltig deltinor, -e
Tonikum tonik-u
Tonnage tonazh-i
Tonne fuçí-a; *Gewichtsein-*

heit tonellat|ë, -a; ton-i, *pl.* -ë-t
Tönung sfumatur|ë, -a
Topas topaz-i, *pl.* -e-t
Topf vazo-ja; tenxher|e, -ja
Töpfer deltinar-i; poçar-i; **~arbeit** poçarí-a; **~scheibe** rrotovil|e, -ja; **~waren** poçerina-t
Toponym *spr.* toponim-i
Topos *spr.* shtamp|ë, -a
Tor port|ë, -a; *Narr* budallá-i, *pl.* -enj-të; *spo.* **~heit** gomarí-a; gomarllë|k-u, *pl.* -qe-t; budallallë|k-u, *pl.* -qe-t; marrëzí-a; **~schütze** *spo.* golashënues-i; **~wart** *spo.* portier-i
Torf torf|ë, -a
töricht çméndur, i/e; marrëzish|ëm, -me, i/e; marrë, i/e; marrak, -e; marrash, -e; marroq, -e; **~er Plan** plan i marrëzishëm
Törin budallaq|e, -ja
Torte tort|ë, -a
Tortur tortur|ë, -a
tosen gjëmoj; zhurmëroj
Toske tosk|ë, -a, *pl.* -ë-t
Toskenland Toskërí-a
toskisch tosk|ë, -e; toskërisht, -e
tot vdekur, i/e; **≗es Meer** Deti i Vdekur
töten vra|s *a/e/i; s/t*, -va, -rë; mbys *s/t*
Totenklage kukatj|e, -a; kuj|ë, -a; gjëm|ë, -a
Totenschein aktvdekj|e, -a
Toter vrarë, i/e
Tötung vrasj|e, -a
Toulon *ON* Tulon-i
Toulouse *ON* Tuluz|ë, -a
Tour udhëtim-i
Tourismus turiz|ëm, -mi
Tourist turist-i, *pl.* -ë-t; udhëtar-i; **~enführer** *Buch* udhërrëfyes-i
Tournee turné-u, *pl.* -të
Trab revan-i
Tracht veshj|e, -a; **~enhose** *Männer* tirq-it
trächtig barrsë
Tradition tradit|ë, -a
Tragbahre barel|ë, -a
träge krahëthatë, i/e
tragen mbaj, -ta, -tur; mbart; bart; **die Stadt trägt ihr Winterkleid** qyteti ka veshur qyrkun e bardhë
tragend *Baum* frytmbartës, -e
Trägheit përtací-a; letargjí-a; *tech.* inercí-a
tragisch tragjik, -e
Tragödie tragjedí-a
Trainer *spo.* trajner-i, *pl.* -ë-t
Training stërvitj|e, -a
Traktor traktor-i; **~enpark** parku i traktorëve; **~enschuppen** vendstrehim i traktorëve
Tram tramvaj-i, *pl.* -e-t

Trampolin *spo.* trampolin|ë, -a
Träne lot-i, *pl.* -ët; këpuj|ë, -a. *pl.* -a-t; **~nsack** qesk|ë, -a
Tranquilizer *med.* qetësues-i
trans- tej-
Transformations- transformacional, -e; **~grammatik** gramatikë transformacionale
transformativ transformacional, -e
Transformator transformator-i
Transfusion transfuzion-i
Transhumanz shtegtim-i
Transistor *tech.* transistor-i
Transit udhëkalim-i; transit-i, *pl.* -e-t
transitiv kalimtar, -e
Transitivität kalimtarësí-a
transkribieren transkriptoj
Transkription transkriptim-I; tejshkrim-i
Transliteration transliterim-i
transparent dritëpërshkuesh|ëm, -me, i/e; tekshi|ëm, -me, i/e; *spr.* motivuar, i/e; **~ sein** tejdukem
Transparenz tejdukshmërí-a
Transport transport-i, *pl.* -e-t; transportim-i; **~band** transportier-i; **~mittel** mjete transporti; **~schaden** avarí-a; **~wesen** transport-i, *pl.* -e-t
transportieren transportoj
Transportierung transportim-i
Transsilvanien Transilvaní-a
Trassant *ök.* heqës-i; pritës-i
Tratte *ök.* trat|ë, -a
Trauben rrush-i, *pl.* -të; **~eiche** *bot.* bun|g-u, *pl.* -gje-t; bung|ë, -a; **~most** dukagjin|e, -ia; **~zucker** glukoz|ë, -a
trauen *verheiraten* martoj; vë kurorë; *vertrauen* besoj
Trauer hidhërim-i; zi-a; breng|ë, -a
trauern vajtoj; brengosem; mbaj zi
Trauerspiel tragjedí-a
Traum ënd|ërr, -rra; **~deuter** ëndërrshpjegues-i
träumen ëndërroj
traumhaft ëndërrt, i/e
traurig zymtë, i/e; melankolik, -e; **~ machen** zymtoj
Traurigkeit trishtim-i
Trauring unazë e martesës
Trauung kurorëzim-i
Trauzeuge kumbar-i, *pl.* -ë-t
Trauzeugin kumbar|ë, -a
Traverse kryqësor|e, -ja; kolon|ë, -a, *pl.* -a-t
treffen takoj; ndesh; zates *s/t*; qëlloj; **~auf etw.** has në ⟨+ *Akk*⟩; **er traf ihn mitten ins Herz** e godiste mu në zemër; **sich ~ mit** takohem me ⟨+ *Akk*⟩

Treffen, das ~ takim-i; tubim-i; miting-u, *pl.* -gje-t
Treibriemen rrip-i, *pl.* -a-t
Treibstoff karburant-i
Trekker traktor-i
Trema *spr.* trem|ë, -a
Trenn- ndarës, -e; ~**karte** skedë ndarëse
trennen ndaj; shkëpus *s/t*; veçoj; **sich** ~ ndahem; shkëputem
trennend ndarës, -e
Trennung ndasí-a; ndarj|e, -a; copëtim-i; shkëputj|e, -a
Trennwand zdatk-u, *pl.* -ë-t
Treppe shkall|ë, -a; ~**ngeländer** basamak-u, *pl.* -ë-t
Tresen banak-u
Tresor kasafort|ë, -a
Trester rraki rrushi
treten shkel; **zur Seite** ~ shtyhem
treu besnik, -e; besnikërisht ⟨*adv*⟩
treubrüchig besëthyes, -e
Treue besnikërí-a
Tribüne tribun|ë, -a
Tribut haraç-i, *pl.* -e-t *hist.*
Trichter hink|ë, -a
trichterförmig hinkët, i/e
Trick hill|e, -ja; truk-u, *pl.* -e-t; **laß die Tricks!** lëri zhiblat!
Trieb prirj|e, -a; shtytj|e, -a; instinkt-i; *bot.* filiz-i; ~**werk** motor-i
Triest *ON* Triest|e, -ja
triftig arsyesh|ëm, -me, i/e; rëndësish|ëm, -me, i/e
Trikala *ON* Tërhall|ë, -a; Trikall|ë, -a
Trikotagen trikotazh-i
Trimmen *Fracht* stivim-i
Trinität *rel.* triní-a
Trink- pijsh|ëm, -me, i/e; ~**glas** qelq|e, -ja; got|ë, -a; ~**halle** sallë për të pirë ujë; pijetor|e, -ja; ~**halm** biul|e, -ja; ~**spruch** dollí-a; ~**wasser** ujë i pijshëm
trinkbar pijsh|ëm, -me, i/e
trinken pi
Trio tresh|e, -ja; *mus.* trio-ja;
trist hirtë, i/e
Triumph triumf-i; ngadhënjim-i
triumphieren triumfoj; ngadhënjej *e/ye*
Trochäus *spr.* troké-u, *pl.* -të; **vierfüßiger** ~ tetërrokësh-i, *pl.* -a-t
trocken thatë, i/e; tharë, i/e
Trockendock dok i thatë
Trockenheit thatësí-a; thatësir|ë, -a
trockenlegen thaj; *Säugling* laj të pëgërat; i ndërroj pelenat foshnjës
Trockenlegung tharj|e, -a
Trockenmilch qumësht i miellt; qumësht pluhur
Trockenperiode thatësir|ë, -a

Trockenschuppen *für Getreide oder Tabak* hangar-i, *pl.* -ë-t
trocknen tha|j, -va, -rë
Trocknung tharj|e, -a
Troddel xhufk|ë, -a
Trog govat|ë, -a
Troika trojk|ë, -a
trojanisch trojan, -e
Trolleybus trolejbus-i, *pl.* -ë-t
Trommel daull|e, -ja; tambur-i, *pl.* -e-t; **~revolver** gjashtar|e, -ja *hist.*
Trommler daullexhí-u, *pl.* -nj-të; daulltar-i
Trompete *mus.* borí-a; trumbet|ë, -a; **~ blasen** trumbetoj
Trompeter borizan-i, *pl.* -ë-t
Trope *spr.* trop-i, *pl.* -e-t; **die ~n** zona e tropikut; **~nklima** klimë tropikale
tropfen pikoj; lagësoj; rrjedh e/i/o
Tropfen pik|ë, -a; bul|ë, -a; këpuj|ë, -a, *pl.* -a-t; komb-i, *pl.* -e-t
tropfnaß qull ⟨*adv*⟩
tropisch tropikal, -e
Trost ngushëllim-i
trösten përdëllej
Tröstung ngushëllim-i
Trott trok-u; *fig.* rutin|ë, -a
Trottel dangall-i, *pl.* -ë-t
Trottoir trotuar-i, *pl.* -e-t; këmbësor|e, -ja

trotzdem megjithëkëtë; asgjëmángut, megjithatë
Trotzkist trockist-i
Trst *ON* Triest|e, -ja
trübe turbullt, i/e
trüben turbulloj
Trübsinn trishtim-i
Trübung turbullim-i
Trümmer gërmadh|ë, -a, *pl.* -a-t
Trupp *m.* njësit-i, *pl.* -e-t
Truppe *f.* trup|ë, -a; **~nstandort** garnizon-i; **~nversorgungsstelle** intendenc|ë, -a
Trust *ök.* trust-i, *pl.* -e-t
Truthahn gjel deti; biban-i, *pl.* -ë-t; qukan-i, *pl.* -ë-t
Truthenne quk|ë, -a
Tschad Çad-i; **aus ~, tschadisch** çadjan, -e
Tschador ferexhé-ja
Tschame Çam-i
tschamisch çam, -e
Tscheche çek-u, *pl.* -ë-t
Tschechei Çekí-a
tschechisch çek, -e; çekisht ⟨*adv*⟩
Tschechoslowakei Çekosllovakí-a
tschechoslowakisch çekosllovak, -e
Tscherkesse çerkez-i, *pl.* -ë-t
Tse-tse-Fliege cecé-ja
Tsingtao *ON* Cindao-ja
Tube tubet|ë, -a

Tuberkulose *med.* tuberkuloz-i
Tuch shamí-a; coh|ë, -a, *pl.* -ëra-t
Tüchlein facolet|ë, -a
Tücke djallëzí-a; dredhí-a; kopilí-a; hil|e, -ja
tückisch pabesë, i/e; ~ **machen**; ~ **sein** djallëzoj
Tugend virtyt-i, *pl.* -e-t
tugendhaft virtytsh|ëm, -me, i/e
Tüll tyl-i, *pl.* -e-t
Tulpe *bot.* tulipan-i, *pl.* -ë-t; lulekup|ë, -a
Tumor *med.* tumor-i, *pl.* -e-t
Tümpel hurdh|ë, -a
Tumulus túmul-a, *pl.* -a-t
tun bë|j, -ra, -rë; **aufs Geratewohl** ~ kuturis; **Zucker in den Kaffee** ~ i qis sheqer kafes
Tunesien Tunizí-a
tunesisch tunizian, -e
Tunichtgut faqezí-u, *pl.* -njtë
Tunis *ON* Tuniz-i
tunken ngjyej
Tunnel tunel-i, *pl.* -e-t; galerí-a
tüpfeln cirkoj
Tür der|ë, -a, *pl.* dyer-t; ~ **an Tür** dérazi ⟨*adv*⟩; **die** ~ **knallt** kërcëllon dera; ~**chen** deriçk|ë, -a; ~**flügel** flég|ër, -ra, *pl.* -ra-t; ~**hüter** portier-i; ~**klopfer** trakullor|e, -ja; ço|k-u, *pl.* -qe-t; ~**lein** deriçk|ë, -a; ~**rahmen** parvaz-i, *pl.* -e-t; çerçivé-ja; ~**riegel** mandall-i, *pl.* -ë-t; ~**schloß** brav|ë, -a
Turban çallm|ë, -a
Türbe tyrb|e, -ja *hist.*
Turbine turbin|ë, -a
Türke tur|k-u, *pl.* -q-it; ~**nsäbel** jatagan-i, *pl.* -ë-t
Türkei Turqí-a
türkisch turk, -e; *Sprache* turqisht, -e; turqisht ⟨*adv*⟩;
turkmenisch turkmenas, -e
Turm kull|ë, -a; pyr|g-u, *pl.* -gje-t; *Schach* kalá-ja
Turnen fizkultur|ë, -a; gjimnastik|ë, -a
Turnhemd fanell|ë, -a
Turnhose kilota-t
tuscheln pëshpëris *s/t*
Typ tip-i, *pl.* -a-t
Typhus *med.* tifo-ja
Typologie tipologjí-a
typologisch tipologjik, -e
Typus tip-i, *pl.* -a-t
Tyrann tiran-i, *pl.* -ë-t; despot-i, *pl.* -ë-t
Tyrannei despotiz|ëm, -mi
Tyrrhenisches Meer Tirren-i

U

U-Boot *mil.* nëndétës|e, -ja
übel i li|g, e -gë, *pl.* të -gj, *f.* -ga; keq, -e, i/e; *pl.* këqíj, -a; **alles ~ sei ferne!** të keqen!; **mir wird ~, wenn ich ihn sehe** më vjen krupë kur e shoh
Übelkeit trazirë në stomak
übelriechend afșhët, i/e; qelbur, i/e
Übeltäter keqbërës-i; firaun-i, *pl.* -ë-t
üben ushtroj
über sipër ⟨+ *Abl*⟩; nëpër ⟨+ *Akk*⟩; **~ den Klassen stehend** mbiklasor, -e; **nicht über** jo më shumë
über- tej-; stër-
überall kudó; gjithkah; gjithkund; kumos; tekdo ⟨*adv*⟩
Überangebot *ök.* shitje e dobët
überbacken i furrës
Überbau superstruktur|ë, -a
überbewerten mbivlerësoj
Überbleibsel relik|e, -ja; mbeturin|ë, -a; **verkohltes ~** shkrumb-i
überdialektal mbidialektor, -e
überdrüssig mërzitur, i/e; **~ sein** mërzitem
Übereinkunft ujdí-a; marrëveshj|e, -a
übereinstimmen përputhem
Übereinstimmung përputhj|e, -a; bashkërí-a; bashkëpajtim-i; përkim-i; *spr.* baskëpërkim-i; **lautliche ~** bashkëgjegjësi fonetike
Überempfindlichkeit mbindjeshmërí-a
übererfüllen tejkaloj
Überfall vërsulj|e, -a
Überfluß bollëk-u; hapé-ja
Übergabe dorëzim-i
Übergang kalim-i; kapërcell-i, *pl.* j-të
Übergangs- transitor, -e; **~laut** glajd-i; **~periode** periudhë transitore
übergeben dorëzoj; bëj teslim; **sich ~** vjell *e/i/o*, volla, vjellë
übergenau hiperkorrekt, -e
übergeordnet kundërrenditur, i/e; *spr.* kundërrendër tuar, i/e
Übergewicht mbipesh|ë, -a
übergießen kulloj
überhaupt në përgjithësí; përgjithësisht; **~ nicht** fare; aspak ⟨+ *Neg*⟩; **~ nicht!** për kiamet!
überheblich fodull, -e; prepotent, -e
überhitzen mbingroh
Überhitzung mbingrohj|e, -a
überholen tejkaloj

Überholverbot ndalim parakalimi
Überland- ndërqytetor, -e; **~dienst** shërbim ndërqytetor
überlang tejgjatë, i/e
überlassen lë; lë teslim; **dem Schicksal ~** lë në mëshirën e fatit
Überlassung lëni|e, -a
überlasten mbingarkoj
überleben mbijetoj
Überleben, das ~ mbijetoj|ë, -a; mbetëz-a
überlegen mendohem; reflektoj; përsias *s/t*
überlegen *Adj.* i zoti; epërm, -me, i/e; peshuar, i/e
Überlegenheit epërsí-a
Überlegung përsiatj|e, -a
übermächtig madhor, -e
übermäßig tepërt, i/e
übermenschlich mbinjerëzor, -e
übermitteln transmetoj
übermorgen pasnésër
übermütig mendjemadh; **~ sein** harlis; **~ werden** harlisem
übernatürlich mbinatyrsh|ëm, -me, i/e; mbinatyror, -e
Überprüfung rishikim-i; verifikim-i; revizion-i; kontroll-i; rishqyrtim-i; shqyrtim-i
überquellen gufoj
überqueren kaloj; depërtoj; **den Fluß getaucht ~** kaloj lumin zhytas
überraschen beh; befasoj; **überrascht sein** çuditem
Überraschung papritur-a, e
überreif fice
Überrest mbeturin|ë, -a; gërmadh|ë, -a, *pl.* -a-t
überschatten hijesoj
überschäumen harlis
überschnappen trenohem
überschreiten kaloj; kapërcej; *Frist* skadoj; tejkaloj
Überschreitung kapërcim-i; kalim-i
Überschuh gallosh|e, -ja
Überschuß tepërsí-a; tepric|ë, -a
Überschwemmung boen|ë, -a
übersetzen hidhem [në bregun tjetër]
übersétzen përkthej *e/ye*
Übersetzer përkthyes-i
Übersetzung përkthim-i
übersinnlich mbishqisor, -e
Überspannung *tech.* mbitension-i, *pl.* -e-t
überspringen, übersteigen kapërcej
Überstellung transferim-i
Überstunden orar i zgjatur
überstürzen *fig.* marr me fugë
überstürzt rrëmbyer, i/e
übersüß hojm|ë, -e, i/e

übertölpeln befasoj
Übertölpelung blof-i, *pl.* -ë-t
übertragbar transferue-sh|ëm, -me, i/e
übertragen përkthej *e/ye*
übertragen *Adj.* bartur, i/e; metaforik, -e; *spr.* figur-sh|ëm, -me, i/e; fytyruar, i/e
übertreiben teproj; vërshoj
Übertreibung teprim-i; hi-perbol|ë, -a
übertreten shkel
Übertretung kundërvajtj|e, -a; kalim-i; **strafrechtliche ~** kundërvajtje penale
Übertritt kalim-i
überübermorgen mbipasné-sër ⟨*adv*⟩
übervoll deng; dengëza ⟨*adv*⟩
übervorteilen kobis *s/t*
überwachen kujdesem
Überwachung mbikëqyrj|e, -a; përgjim-i
überweisen *ök.* xhiroj
Überweisungsauftrag *ök.* urdhërxhirim-i
überwinden mund; kapërcej; **die Hindernisse ~** kapërcej pengesat
überwintern dimëroj
überzeugen bind
überzeugend bindës, -e
überzeugt bindur, i/e; **~ werden** bindem
Überzeugung bindj|e, -a
Überzieher pallto-ja; par-desy-ja
üblich rëndomtë, i/e
übrigens ⟨*adv*⟩ meqë ra fjala
Übung stërvitj|e, -a; ush-trim-i
UdSSR BRSS
Ufer bregdet-i, *pl.* -e-t; breg-u, *pl.* brigje-t; **~befestigung** *Deich* argjinatur|ë, -a
ugandisch ugandas, -e
Uhr or|ë, -a; sahat-i, *pl.* -e-t; **~feder** zemberek-u; zem-rek-u; **~kette** qostek-u, *pl.* -ë-t; **~macher** orëndreqës-i; **~zeiger** akrep-i, *pl.* -a-t
Uhu buf-i, *pl.* -ë-t; hut-i, *pl.* -a-t
Ukraine Ukrain|ë, -a
UKW = **Ultrakurzwellen** valë ultra të shkurtra
Ulcinj *ON* Ulqin-i; **aus ~** ul-qinak, -e
Ulcus *med.* ulcer|ë, -a
Ulme *bot.* vidh-i, *pl.* -e-t
Ultimatum ultimatum-i, *pl.* -e-t
Ultrakurzwellen [Ukw] valë ultra të shkurtra
Ultraschall ultratíngull-i
ultraviolett ultravjollcë
um më; me; për; **um ... herum** rrótull ⟨+ *Abl*⟩; rreth ⟨+ *Abl*⟩; **~ punkt acht Uhr** në orën tetë fiks; **~ Geld spielen** luaj me para; **umso mehr** jomë
um- ri-

umarmen përqafoj; qaf; qafoj; qafos
Umarmung përqafim-i
Umbau rindërtim-i
umbauen rindërtoj
umbenennen riemërtoj
umbringen mbys *s/t*; vra|s, -va, -rë *a/e/i*, *s/t*
Umdrehung përdredhj|e, -a; xhiro-ja
Umdruck maket-i, *pl.* -e-t; dispens|ë, -a
umerziehen riedukoj
Umerziehung riedukim-i
Umfang vëllim-i
umfangreich vëllimsh|ëm, -me, i/e
umfassen përbëj; përfshij; përmbaj
Umfassungs- rrethues, -e
Umformung shndërrim-i
Umfrage anket|ë, -a; **eine ~ durchführen** anketoj
Umgangssprache gjuhë bisedore; thjeshtligjërim-i
umgangssprachlich thjeshtligjërimor, -e
umgeben rrethoj
umgebend rrethues, -e
Umgebung afërsira-t; rrethin|ë, -a; ambient-i, *pl.* -e-t
umgéhen mënjanoj; shmang; shmangem
úmgehend menjëhersh|ëm, -me, i/e
Umgehung shmangi|e, -a
umgekehrt kúndërt, i/e; anasjelltë, i/e; anasjelltas ⟨*adv*⟩
umgürten ngjesh *e/i*
Umhang mushamá-ja; *der Hirten* tallagan-i, *pl.* -ë-t; *muslim. Frauen* ferexhé-ja
umherschlendern harboj
Umkleideraum dhomë zhveshjeje
umkommen vdes; **vor Hitze fast ~** zhegitem *s/t*
umkreisen rrethoj; qerthulloj
Umlauf qarkor|e, -ja; qarkullim-i; **~bahn** *der Gestirne* orbit|ë, -a; **~fonds** *ök.* fonde të xhirimit; **~mittel** mjetet e xhiros
umlaufen qarkulloj
Umlaut *spr.* metafoní-a
Umleitung devijim-i
umringen qarkoj; qerthulloj
umrühren trazoj
Umsatz *ök.* xhiro-ja
Umschlag kapak-u, *pl.* -ë-t; kopertin|ë, -a; zarf-i, *pl.* -e-t
Umschmelzen shkrirj|e
umschreibend perifrastik, -e
Umschreibung perifraz|ë, -a
umsonst *gratis* fálas ⟨*adv*⟩; xhaba; badihavá; qyl; *vergeblich* kot së koti; veresíe; **~ leben** rroj qelepir
Umstand rrethan|ë, -a; **ohne Umstände** pa teklif
Umstands- rrethanor, -e

Umstandsbestimmung *spr.* plotës-i; ~ **der Art und Weise** plotës mënyre
Umstandswort ndajfolj|e, -a
Umstellung zhvendosj|e, -a; *spr.* metatez|ë, -a; vendkëmbim-i
Umsturz përmbysj|e, -a; revolucion-i
umstürzen përmbys *s/t*
Umstürzler revolucionar-i, *pl.* -ë-t
umwandeln *jur.* zëvendësoj
Umwandlung shndërrim-i
Umweg rrugë e tërthortë; **auf ~en** tërthortë, i/e; **~e der Entwicklung** zigzaget e zhvillimit
Umwelt mjedis-i, *pl.* -e-t; ambient-i, *pl.* -e-t; **Entgiftung der ~** çndotje e mjedisit; **~verschmutzung** ndotja e ambientit
umzäunen gardhoj, qerthuiloj
umziehen ia ndërroj rrobat; shpërngulem; mbartem; ndërroj shtëpi
Umzug shpërngulj|e, -a; parakalim-i; procesion-i; demonstrat|ë, -a
un- jo-; pa-
unabdingbar domosdosh|ëm, -me, i/e
unabhängig pavarur, i/e; pavarësisht ⟨*adv*⟩; ~ **davon, ob** pavarësisht nëse
Unabhängigkeit pavarësí-a
unablässig pareshtur, i/e
unabsichtlich gand ⟨*adv*⟩
unangenehm pakëndsh|ëm, -me, i/e; *süßlich* ëmbëlsiq, -e; ters, -e; bezdissh|ëm, -me, i/e
unannehmbar papranuesh|ëm, -me, i/e
Unannehmlichkeit bezdí-a
Unantastbarkeit papreksh-mërí-a
unausgesprochen pashprehur, i/e
unbarmherzig zemërgur, -e
unbedacht rrëmbyer, i/e; **handeln** kuturis
unbedingt pakufizuar, i/e; plotë, i/e; domosdó ⟨*adv*⟩; pa derman; patjetër
unbegreiflich pakapsh|ëm, -me, i/e
unbegründet pathemeltë, i/e
unbeherrscht impulsiv, -e
unbeholfen krahëthatë, i/e
unbeirrbar ngulas; ngúlazi ⟨*adv*⟩
unbekannt panjohur, i/e
unbelebt jofrymor, -e
unbequem ters, -e
unberührbar papreksh|ëm, -me, i/e
unberührt vírgjër, i/e; virgjëror, -e
unbeschädigt pashkelur, i/e
unbeseelt jofrymor, -e
unbesetzt pazënë, i/e

unbeständig paqëndruesh|ëm, -me, i/e
unbestimmt pashquar, i/e; **~er Artikel** nyjë joshquese
unbetont aton, -e; pathek-suar, i/e
unbeweglich fiks, -e; amull ⟨*adv*⟩
Unbeweglichkeit amullí-a
unbrauchbar batall, -e
Unbrauchbarkeit mospërdorim-i
und dhe; e; **~ so weiter** e tjera
undeklinierbar palakuesh|ëm, -me, i/e
undemokratisch jodemokratik, -e
uneindeutig dyansh|ëm, -me, i/e
unendlich pafund, i/e; **~e Begeisterung** frymëzim i pashtershëm
Unendlichkeit *phi.* pafundm|e, -ja, e
Unentschieden *spo.* barazim-i; **~ erzielen** barazoj
unentschuldigt pajustifikuar, i/e
unerheblich asgjësh|ëm, -me, i/e; jorëndësor, -e; dokudó ⟨*adv*⟩
unerhört pabesuesh|ëm, -me, i/e; paqenë, i/e
unerlaubt palejuar, i/e; pa leje
unerläßlich domosdosh|ëm, -me, i/e
unermüdlich pareshtur, i/e
unerschöpflich pashtersh|ëm, -mc, i/e
unerwartet papritur, i/e; beftë, i/e; papritmas ⟨*adv*⟩; béfas
unfähig paaftë, i/e
Unfähigkeit paaftësí-a; pazotësí-a
Unfall aksident-i, *pl.* -e-t; **~verhütungsvorschrift** rregullore e mbrojtjes në punë
unfaßbar pakapsh|ëm, -me, i/e
unfortschrittlich jopërparimtar, -e
unfreundschaftlich jomiqësor, -e
Ungar hungarez-i
ungarisch hungarez, -e
Ungarn Hungarí-a
Ungebräuchlichkeit mospërdorim-i
Ungeduld padurim-i
ungefähr afërsish|ëm, -mc, i/e; afërsisht ⟨*adv*⟩; ndonja; nja; rreth ⟨+ *Abl*⟩
ungeheftet *Buch* paqepur, i/e
Ungeheuer *Monster* ezhdërhá-ja
ungehindert mbarë, i/e; për së mbari
ungehobelt trashë, i/e; **~er Mensch** gërxho-ja, *pl.* -t
ungemischt sade
ungenäht paqepur, i/e

ungenügend pamjaftueshëm, -me, i/e; metë, i/e
ungerade tek, -e
ungerechtfertigt pajustifikuar, i/e
ungerundet *spr.* pabuzorëzuar, i/e
ungeschlacht avdall, -e
ungeschlechtig *spr.* pagjinish|ëm, -me, i/e
ungeschminkt *fig.* lakuriq, -e
Ungeschminktheit *fig.* lakuriqësí-a
Ungestörtheit rehat-i; rehatí-a
ungewiß pasigurt, i/e; pézull ⟨*adv.*⟩
Ungewißheit pasigurí-a; dyshim-i; merak-u, *pl.* -e-t
Ungläubiger *rel.* kaurr-i, *pl.* -ë-t
unglaublich pabesuar, i/e; paqenë, i/e; pabesuesh|ëm, -me, i/e
ungleich pabarabartë, i/e
Ungleichheit pabarazí-a
ungleichmäßig dúar-dúar ⟨*adv*⟩
ungleichsilbig jobarasrrokësh, -e
Unglück fatkeqësí-a; kiamet-i, *pl.* -e-t; kob-i, *pl.* -ë-t; tersllë|k-u, *pl.* -qe-t; belája, *pl.* -ra-t; kusur-i, *pl.* -e-t; hatá-ja; zezon|ë, -a; katastrof|ë, -a; mjerim-i; mynxyr|ë, -a
unglückbringend ogurz|í, -ezë
unglücklich fatkeq, -e
unglückverheißend ogurz|í, -ezë
ungreifbar pakapsh|ëm, -me, i/e
ungünstig pafavorsh|ëm, -me, i/e; ters, -e
unhaltbar pathemeltë, i/e
Unheil mynxyr|ë, -a; gjëm|ë, -a
unheilkündend zindjellës, -e
Unhold katallan-i, *pl.* -ë-t; koler|ë, -a
unhygienisch johigjienik, -e
uniform njëtrajtsh|ëm, -me, i/e
Uniform *mil.* diviz|ë, -a; **~mantel** *mil.*; kapot|ë, -a
Union bashkim-i
universal, universell gjithëmbarsh|ëm, -me, i/e
Universiade *Sportveranstaltung* universiad|ë, -a
Universität universitet-i; fakultet-i; **~sbibliothek** bibliotekë universitare; **~sstudent** universitar-i
Universum univers-i
unklar tymtë, i/e
unkonjugierbar *spr.* pazgjedhuesh|ëm, -me, i/e
unkonzentriert shpërqendruar, i/e
Unkosten shpenzime-t; harxh-i, *pl.* -e-t

Unkraut bar i keq; **~vertilger** *bot.* herbicid-i, *pl.* -e-t
Unmensch çnjerí-u
unmenschlich çnjerëzor, -e
unmittelbar drejtpërdrejtë, i/e; menjëhershëm, -me, i/e; pandërmjetm|ë, -me, i/e; drejtpërdrejt ⟨*adv*⟩; drejtpërsëdrejti
unmißverständlich pa ekuivok
unmodern bajat, -e
unmöglich pamundur, i/e
Unmöglichkeit pamundësí-a
unmoralisch amoral, -e
unnormal anormal, -e
unnütz padobish|ëm, -me, i/e; **~e Worte** llafe të kota
Unordnung anarkí-a; **~ machen** përshtjelloj
unpaarig tek, -e
unparteiisch paansh|ëm, -me, i/e
Unparteilichkeit paanshmërí-a
unpersönlich *spr.* pavetor, -e; jovetor, -e; **~es Prädikat** kallëzues pavetor
unpolitisch apolitik, -e
unproduktiv joprodhimtar, -e; joproduktiv, -e
unrealistisch jorealist, -e
unregelmäßig parrégullt, i/e
Unregelmäßigkeit parregullsí-a
unreif papjekur, i/e; axhamí; firifiu
unreligiös afetar, -e
unruhig shqetësuar, i/e; zhurmsh|ëm, -me, i/e; zevzek, -e; **~ schlafen** fle me gretha
uns na; neve
Unsauberkeit papastërtí-a
unscharf turbullt, i/e
unschätzbar paçmuesh|ëm, -me, i/e
unschuldig pafajsh|ëm, -me, i/e; mitar, -e
unser ynë, *f.* jonë
unsere *f. Sg.* jonë *m. Pl.* tanë
unsicher pasigurt, i/e
Unsicherheit pasigurí-a
unsichtbar paduksh|ëm, -me, i/e
Unsinn gjépur-a, *pl.* -a-t; **~ reden** flas dokrra; flas kuturu; flas qyl
unsinnig absurd, -e
Unsitte ves-i, *pl.* -e-t
unsittlich imoral, -e
Unsittlichkeit imoralitet-i
unsorgfältig pandërgjegjsh|ëm, -me, i/e
unsterblich pavdeskh|ëm, -me, i/e
unsympathisch antipatik, -e; **~es Gesicht** fytyrë antipatike
unteilbar pandarë, i/e; papjesëtuesh|ëm, -me, i/e; pazbërthyesh|ëm, -me, i/e
Unteilbarkeit *spr.* pandash-

mëri-a
unten poshtë ⟨*adv*⟩
unter nën ⟨+ *Akk*⟩; midis ⟨+*Abl*⟩; ndër ⟨+ *Abl*⟩; mes ⟨+ *Abl.*⟩; ~ **anderem** veç të tjerave; midis tjerave; ~ **der Bedingung, daß** me kusht që; ~ **uns** mes nesh; ~ **Vorbehalt** me rezervë; **nicht** ~ jo më pak
Unterart varietet-i
Unterbauch baqth-i, *pl.* -e-t
Unterbewußtsein nënvetëdij|e, -a
Unterbietung dumping-u
unterbinden ndaloj
Unterbindung ndalim-i
unterbrechen ndërpre|s, -va, -rë; osh
Unterbrechung ndërprerj|e, -a; ndërprerj|e, -a
unterbringen vendoj; vendos
Unterbringung vendosj|e, -a; strehim-i
unterdessen mbi këto e sipër
Unterdrückung shtypj|e, -a
unterfertigen nënshkruaj
Untergang zhytj|e, -a; gremin|ë, -a; tatëpjet|ë, -a
untergehen mbytem; zhytem
untergeordnet nënrenditur, i/e
untergetaucht zhytas ⟨*adv*⟩; zhytthi
untergraben minoj
unterhalten *amüsieren* argëtoj; **sich** ~ argëtohem; *sprechen* bisedoj; fjalëtoj; fjalos
unterhaltsam zbavitës, -e
Unterhaltung bised|ë, -a; bisedim-i; bashkëbisedim-i; mbajtj|e, -a; ~**smusik** ahen|g-u, *pl.* -gje-t
Unterhemd kanotjer|ë, -a; ~ *mit Ärmeln* fanell|ë, -a
Unterhose mbathj|e, -a
unterirdisch nëntokësor, -e
Unterkleid fust|ë, -a
Unterkunft strehim-i; ~ **gewähren** strehoj
Unterlassung *jur.* moszbatim-i; *einer Anzeige* mostregim-i; mosbërj|e, -a; moskryerj|e, -a; mosveprim-i; ~ **einer Meldung** moskallëzim-i
Unterlegscheibe *tech.* rondel|ë, -a
Unterleib baqth-i, *pl.* -e-t
Untermensch nënnjeri-u
unternehmen marr; ndërmarr *a/e/o*; **einen solchen Schritt** ~ marr një hap të tillë
Unternehmen ndërmarrj|e, -a
Unteroffizier nënoficer-i; nëntoger-i, *pl.* -ë-t
Unterpfand amanet-i, *pl.* -e-t; pen|g-u, *pl.* -gje-t
Unterredung bashkëbisedim-i; bisedim-i
Unterricht mësim-i; arsim-i; **im** ~ **zurückbleiben** çaloj

në mësime
unterrichten arsimoj; arsej *e/ye*
Unterrichtsstoff dituri-a
unterschätzen nënçmoj
unterscheiden diferencoj; dalloj; shquaj; **sich ~** ndryshoj
unterscheidend dallues, -e; **~e Ergänzung** plotës dallimi
Unterscheidung dallim-i
Unterschenkel kërcí-ri, *pl.* -nj-të; kërce|ll-i, *pl.* -j-të
Unterschicht vegjëlí-a; *spr.* nënshtres|ë, -a
Unterschied diferenc|ë, -a; dallim-i
Unterschlupf bic|e, -ja; strehim-i
unterschreiben firmoj; firmos; nënshkruaj
Unterschrift nënshkrim-i
Unterseeboot nëndétës|e, -ja
unterspülen gërryej
Unterstand vendstrehim-i; **befestigter ~** blindazh-i, *pl.* -e-t
untersteichen theksoj; nënvizoj
unterstützen përkrah; kontribuoj
Unterstützung përkrahj|e, -a
untersuchen ekzaminoj; hetoj; hulumtoj; këqyr; **sich~ lassen** vizitohem; **untersucht werden** vizitohem
Untersuchung hetim-i; hulumtim-i
Untersuchungs- *jur.* hetimor, -e; **~haft** *jur.* paraburgim-i; **~kommission** komision hetimor; **~richter** *jur.* hetues-i
Untertasse pjatë filxhani
untertauchen *transitiv* zhys *s/t*
Untertitel nëntítu|ll-i, *pl.* -j-t
Unterwäsche të linjta; ndërresa-t *f.*
unterwegs rrugës ⟨*adv*⟩
unterweisen arsej *e/ye*
Unterwerfung nënshtrim-i
unterzeichnen firmoj; firmos; nënshkruaj
Unterzeichner *e. Schecks od. e. Überweisung* xhirues-i; nënshkrues-i
unterziehen marr; nënshtroj; **einer Prüfung ~** marr në shqyrtim; **sich ~** nënshtrohem
Untiefe cekëtin|ë, -a; cekësí-a; **in eine ~ geraten** cekoj
untrennbar *spr.* pazbërthyesh|ëm, -me, i/e
Untrennbarkeit pandashmërí-a
unüberlegt rrëmbyer, i/e; veresíe ⟨*adv*⟩
Unumgänglichkeit domosdoshmërí-a
ununterbrochen gjithmon-

sh|ëm, -me, i/e; gjithnjë-sh|ëm, -me, i/e; pandër-prerë, i/e; vazhdimisht; bot ⟨*adv*⟩; **es regnete** ~ binte shi pareshtur
unveränderlich pandryshue-sh|ëm, -me, i/e
unveränderlich fiks, -e
unverbüßt pavuajtur, i/e
unvergessen, unvergeßlich paharruar, i/e
unverheiratet beqar, -e
Unverletzlichkeit imunitet-i
unvermeidbar, unvermeidlich pashmangsh|ëm, -me, i/e
unverpackt *ök.* rinfuzo-ja
unverrückbar ngurtë, i/e
unversehens gand ⟨*adv*⟩
Unversehrtheit tërësí-a
unversöhnlich papajtue-sh|ëm, -me, i/e; ~**e Gegensätze** kundërshti të papajtu-eshme
unverständlich pakuptimtë, i/e; hermetik, -e
unverzeihlich pafalsh|ëm, -me, i/e
unvollendet papërfunduar, i/e; pakryer, i/e
unvollständig paplotë, i/e
unvorbereitet gafil ⟨*adv*⟩; ~ **sein** gjendem gafil
unwandelbar pandryshue-sh|ëm, -me, i/e
unwert padenjë, i/e
unwichtig jorëndësor, -e
unwiderruflich paprapësue-sh|ëm, -me, i/e parevokue-sh|ëm, -me, i/e; ~**er Kredit** kredi e paprapësueshme
unwiderstehlich papërballu-esh|ëm, -me, i/e
unwillkürlich pavullnet-sh|ëm, -me, i/e; padashur ⟨*adv*⟩
unwirksam paefektsh|shëm, -me, i/e; pavlefsh|ëm, -me, i/e
unwissend injorant, -e
Unwissenheit injoranc|ë, -a
unwürdig padenjë, i/e
unzüchtig *jur.* turpsh|ëm, -me, i/e
unzufrieden pakënaqur, i/e
unzurechnungsfähig *jur.* pa-përgjegjsh|ëm, -me, i/e
unzureichend metë, i/e
up-to-date bringen azhurnoj
üppig buhish|ëm, -me, i/e; bujar, -e
Ur- stër-
Uran *chem.* uranium-i
Urenkel stërnip-i
Urenkelin stërmbes|ë, -a
Urfehde bes|ë, -a
Urgroßvater katragjysh-i, *pl.* -ër-it; stërgjysh-i
Urgroßmutter stërgjysh|e, -ja
Urheber autor-i, *pl.* -ë-t; bë-rës-i; ~**recht** e drejtë e au-torit
Urin *med.* urin|ë, -a; ujët e

hollë; shurr|ë, -a
urinieren bëj shurrë
Urkunde diplom|ë, -a
Urlaub pushim-i; *ök.*, *jur.* leje e zakonshme; verime-t; ~ **machen** veroj; ~ **nehmen** marr leje; **in** ~ **fahren** shkoj me leje; ~**sschein** fletëlej|e, -a
Urne urn|ë, -a; himbajtës|e, -ja; hinor|e, -ja
Urologie *med.* urologjí-a
Uroševac *ON* Ferízaj; **aus** ~ ferizájas, -e
Ursache shka|k-u, *pl.* -qe-t; arsye-ja
Ursächlichkeit shkakësí-a
Ursprung origjin|ë, -a; zanafill|ë, -a; fi|ll-i, *pl.* -je-t; burim-i, *pl.* -e-t; ~**sort** vendnisj|e, -a; ~**szertifikat** certifikatë origjine; vërtetesë prejardhjeje
ursprünglich fillestar, -e; origjinal, -e; parm|ë, -e, i/e; zanafillës, -e; zanafilltas ⟨*adv*⟩
Urteil gjykim-i
urteilen *phi.* arsyetoj
Urteilen, das ~ *phi.* arsyetim-i
Urwald pyll i virgjër
USA Shtetet e Bashkuara të Amerikës
usbekisch uzbek, -e
Üsküp *ON* Shkup-i
usuell *spr.* rëndomtë, i/e
Usurpator uzurpues-i
usurpieren uzurpoj
usw. = **und so weiter** etj.
Uterus *med.* mít|ër, -ra, *pl.* -ra-t
utilitaristisch utilitar, -e
Utopie *phi.* utopí-a
utopisch utopik, -e
Utopismus *phi.* utopiz|ëm, -mi
Uvula *med.* njerith-i; dërçikth-i
uvular njerithor, -e

V

Vaduz *ON* Vaduz-i
Vagabund vagabond-i, *pl.* -ë-t
vagabundieren bredh *e/i/o*
Vakuf *hist.* vakëf-i, *pl.* -e-t
Valencia *ON* Valenci|e, -a
Valenz *chem.* valenc|ë, -a
Valuta valut|ë, -a
Vampir lug|at-i, *pl.* -étër-it; vurkollak-u, *pl.* -ë-t
Vandalismus vandaliz|ëm, -mi, *pl.* -ma-t
Vanille *bot.* vanilj|e, -a
Vardar *FN* Vardar-i

Varia të ndryshme-t
variabel ndërruesh|ëm, -me, i/e
Variante variant-i, *pl.* -e-t; *spr.* ndryshor-i
Variété varieté-ja; estrad|ë, -a
Vase vazo-ja
Vater bab|ë, -a *m.*; babá-i, *pl.* -llarë-t; prind-i, *pl.* -ër-it; at|ë, -i, *pl.* étër-it; ~ **Staat** baba dovleti; **sein** ~ **selig** i ndjeri baba
Vater- atëror, -e; atësor, -e; ~**haus** shtëpia atërore; ~**land** atm|e, -ja *poet.*; atdhé-u; mëmëdhé-u; ~**landsliebe** atdhedashj|e, -ja; atdhedashurí-a; atdhetarí-a; ~**mord** atëvrasj|e, -a; ~**mörder** atëvrasës-i; ~**schwester** motërtat|ë, -a; ~**sname** atësí-a
väterlich atëror, -e; atësor, -e; ~**e Fürsorge** kujdes atëror
Vati babi
Vatikan *ON* Vatikan-i
vatikanisch vatikanas, -e
Vegetation bimësí-a
Veilchen *bot.* manushaq|e, -ja; vjollc|ë, -a
Velar *spr.* bashkëtingëllore grykore
velar prapaqiellzor, -e
Velarisierung *spr.* grykorëzim-i
Velo biçiklet|ë, -a
Venedig *ON* Veneci|e, -a; Venedik-u
venerisch *med.* venerian, -e
Venezianer venedikas-i, *pl.* -it
venezianisch venedikas, -e
venezolanisch venezuelian, -e
Ventil ventil-i; valvol|ë; -a
Ventilator ventilator-i
Verabredung pikëpjekj|e, -a
Verachtung përbuzj|e, -a
Verallgemeinerung përgjithësim-i
Veralterung vjetërsí-a
veraltet vjetruar, i/e
veränderlich ndryshuesh|ëm, -me, i/e; ndërruesh|ëm, -me, i/e
Veränderung ndryshim-i; **quantitative** ~ ndryshim sasior
Veranlagung prirj|e, -a
veranlassen detyroj
verantwortlich përgjegjës, -e; ~ **sein** përgjigjem
Verantwortlichkeit përgjegjësí-a
Verantwortung përgjegjësí-a
verarbeiten përpunoj; bluaj
verärgern grind; zemëroj
verarmen varfërohem
Veräußerung *jur.* tjetërsim-i
Verb *spr.* folj|e, -a
verbal foljor, -e
Verbaladverb *spr.* ndajfolje

prejfoljore
Verbalflexion eptim foljor
Verbalisierung foljezim-i
Verbalklasse *spr.* klasë foljesh
Verbalnomen emër foljor
Verband fash|ë, -a; bandazh-i, *pl.* -e-t; pec|e, -ja; band|ë, -a; *Vereinigung* bashkësí-a; **~szeug** bandazh-i, *pl.* -e-t
verbannen syrgjynos; dëboj
Verbannung *jur.* dëbim-i; **in die ~ schicken** dërgoj syrgjyn; syrgjynos
verbergen fsheh *e/i*; errësoj
Verbergung *jur.* mostregim-i
verbessern përmirësoj
Verbesserung përmirësim-i; rregullim-i; bonifikim-i; fisnikërim-i; ndreqj|e, -a
verbieten ndal; ndaloj; **strengstens verboten** ndalohet rreptësisht
verbinden lidh; bashkoj; *med.* fashoj
Verbindlichkeit detyres|ë, -a
Verbindung bashkim-i; linj|ë, -a; *spr.* pikëlidhj|e, -a
Verbindungs- lidhës, -e; ndërlidhës, -e; **~graben** *mil.* hendeklidhj|e, -a
verbittert vrerosur, i/e; **~ sein** hidhërohem; vrerosem; **~ werden** bëhem zeher
Verbitterung hidhësir|ë, -a
verbleichen zbërdhulem *nur 3. P.*; **verblichen** zbërdhulur, i/e; zbërdhulët, i/e
verblüffen befasoj; **verblüfft** habitur, i/e; **~ sein** ngel gojëhapur
Verblüffung habí-a
verborgen fshehtas ⟨*adv*⟩; fshéhtazi
Verbot ndalim-i
verboten ndaluar; i/e; **≗es** *rel.* haram-i
Verbrauch konsum-i; konsumim-i
verbrauchen konsumoj
Verbraucher konsumues-i
Verbrechen krim-i, *pl.* -e-t; **Kampf gegen das organisierte ~** lufta kundër banditizmit
Verbrecher kriminel-i, *pl.* -ë-t
verbreiten përhap; masivizoj
Verbreitung përhapj|e, -a; **~sgebiet** *spr.* areal-i, *pl.* -e-t
verbrennen djeg *e/i/o; g/gj*; karbonizoj; furroj; zhuris *s/t*; përvëloj
Verbrennung djegi|e, -a; **~sofen** kremator-i
verbringen kaloj; **den Sommer ~** veroj
verbrüdern vëllazëroj
verbrühen përvëloj
verbunden lidhur, i/e

Verbündeter aleát-i, *pl.* -ë-t
Verbundkatalog katalog i përbashkët, përmbledhës
verbürgerlichen borgjezoj
verbüßen vuaj
Verbüßung *jur.* vuajtj|e, -a
verchromen kromoj; nikeloj
Verdacht *jur.* pandehj|e, -a
verdauen imshtoj; tres *s/t*; honeps; bluaj
Verdauung tretj|e, -a
Verdeck mbules|ë, -a
verdecken mbuloj; fsheh; **verdeckt** *spr.* pashprehur, i/e
verderben prish; zvetënoj; përçudnoj; çedukoj; kalbem; zbaltem; **das Fleisch ist verdorben** u zbalt mishi
Verderben gremin|ë, -a; tatëpjet|ë, -a
verderblich zbërthyesh|ëm, -me, i/e
verdichten dendësoj
verdienen meritoj; fitoj
Verdienst *n.* merit|ë, -a; *m.* përfitim-i
Verdienstspanne *ök.* marzh-i
verdoppeln dyfishoj, dyzoj
Verdopplung dyfishim-i
verdorren zhegitem *s/t*; ~ **lassen** zhuris *s/t*
verdrecken, sich ~ bubuzhelem
verdreckt helaq, -e
verdrehen shtrembëroj
verdreifachen trefishoj
verdrießen mërzis *s/t*; **laß es dich nicht** ~! hajt, mos u mërzit!
Verdruß bezdí-a; havalé-ja
verdunkeln errësoj
verdünnen *Alkohol* zbus *s/t*
verdunsten fluroj
veredeln bujaroj; fisnikëroj
Veredelung fisnikërim-i
verehren adhuroj
Verehrer adhurues-i
vereidigen përgjëroj
vereinbaren ujdis
Vereinbarung konvent|ë, -a; marrëveshj|e, -a
vereinfachen thjeshtëzoj; thjeshtoj
vereinheitlichen njësoj; njëtrajtësoj; unifikoj
Vereinheitlichung njësim-i
vereinigen dyzoj; bashkoj
Vereinigung shoqat|ë, -a; grupim-i; bashkësí-a; bashkim-i; federat|ë, -a
vereinsamt qyqar, -e
vereinzeln veçoj; **vereinzelt** vetmuar, i/e
Vereinzelung mvetësim-i
vereisen akulloj; **vereist** ngrirë, i/e
Vereiterung *med.* malcim-i
verenden ngordh; **verendet** cofur, i/e
verengen ngushtoj
verewigen amshoj; përjetësoj
Verfahren procedim-i; *jur.*

procedur|ë, -a; *Prozeß* gjyq-i, *pl.* -e-t
verfallen skadoj; ligështohem
verfälschen falsifikoj
verfärben irnoj; irnos; **sich ~** irnohem; irnosem
verfassen përpiloj; hartoj
Verfasser autor-i, *pl.* -ë-t; **~katalog** katalog sipas emrave të autorëve
Verfassung kushtetut|ë, -a
verfassunggebend kushtetues, -e; **~e Versammlung** asambleja kushtetuese
verfaulen kalbem
verfeinert rafinuar, i/e
Verfeinerung stërhollim-i
verfestigen fiksoj
Verfettung dhjamëzim-i
verfilmen *eine literar. Vorlage* ekranizoj
verfinstern *transitiv* terroj; zymtoj; eklipsoj; hijesoj; **sich ~** murrëtehem; zymtohem; vrenjtem
verflechten gërshetoj
verfluchen nëm; ofshaj; mallkoj; **verflucht** mallkuar, i/e
verflüchtigen, sich ~ fluroj
verfolgen ndjek *e/o/i*; vijoj; gjuaj
Verfolger ndjekës-i
Verfolgung ndjekj|e, -a; **~sverjährung** parashkrim i ndjekjes penale
verformen deformoj
Verfrachter *ök.* navllues-i; qiradhënës-i
verfrüht parakohsh|ëm, -me, i/e
verfügen disponoj
Verfügung dispozicion-i
verführen tundoj
vergangen kaluar, i/e; dikursh|ëm, -me, i/e
Vergangenheit e kaluar-a; *spr.* preterit-i
vergänglich kalimtar, -e; paqëndruesh|ëm, -me, i/e
vergasen gazifikoj
Vergaser *tech.* karburator-i; avullues-i
vergeblich kotë, i/e
vergeblich, vergebens kot ⟨*adv.*⟩; havadan ⟨*adv*⟩; qyl ⟨*adv*⟩; badihavá ⟨*adv*⟩; **sich ~ bemühen** bëj një vrimë në ujë
Vergebung ndjes|ë, -a
vergegenwärtigen përfytyroj; paraqit *s/t*; **sich ~** marr parasysh
vergehen kaloj
vergelten shpërblej; përligj
vergesellschaften shoqërizoj
vergessen harroj
Vergessenheit harres|ë, -a
Vergewaltigung *jur.* dhunim-i; marrëdhënie seksuale me dhunë
vergeßlich harraq, -e; harrestar, -e; hutaq, -e

Vergeßlichkeit harres|ë, -a
vergiften farmakos; helmatoj; helmoj
Vergiftung helmim-i
vergilben zverdhem; **vergilbt** zverdhur, i/e
Vergißmeinnicht *bot.* lule mosmëharró
Vergleich krahasim-i; *spr.* përqasj|e, -a; **im ~ zu** kundrejt ⟨+ *Abl*⟩
vergleichen krahasoj
vergleichend krahasor, -e; krahasues, -e
Vergleichssatz fjali krahasore
Vergnügen argëtim-i; kënaqësí-a; qejf-i, *pl.* -e-t; **mit ~** gëzohem
vergnügen argëtoj; **sich ~** argëtohem; dëfrehem; zbavitem
vergnüglich argëtues, -e
Vergoldung prarim-i
vergöttlichen hyjnizoj
vergraben gropos
vergriffen *ök.* sosur, i/e; mbaruar, i/e
vergrößern zmadhoj
vergüten shpërblej
verhaften arrestoj
Verhaftung arrestim-i
Verhalten sjellj|e, -a; **~svorschriften** etiket|ë, -a
verhalten, sich ~ sillem
Verhältnis marrëdhëni|e, -a
verhandeln shoshit *s/t*
Verhandlung gjyq-i, *pl.* -e-t
verhängen mbuloj; vë; shpall; *Strafe* jap; zbatoj; **Embargo ~** vë embargon
Verhängnis prapësí-a; fatalitet-i
Verhängung *jur.* zbatim-i
verhärten ashpëroj
verhaßt urryer, i/e
verhauen zhdëp
Verheimlichung *jur.* moskallëzim-i; mostregim-i
verheiraten martoj; **die Tochter gut ~** vendoj mirë vajzën; **verheiratet** martuar, i/e
verhexen ysht; magjeps
verhindern pengoj; ndaloj
Verhinderung *jur.* ndalim-i
verhüllen errësoj
verhunzen djallos
verifizieren verifikoj
verirren, sich ~ humb trup e gjurmë
verjagen flak; përz|ë, -ura, -ënë
verjährt motuar, i/e
Verjährung parashkrim-i
verjüngen rinoj
verkalken matufosem; matufepsem ; **verkalkt sein** matufepsem
Verkauf shitj|e, -a; **~sbude** qosh|k-u, *pl.* -qe-t
verkaufen shes *e/i, s/t*
Verkäufer shitës-i
Verkehr komunikacion-i;

trafik-u; qarkullim-i; lëvizj|e, -a; **aus dem ~ ziehen** heq nga qarkullimi
verkehren qarkulloj
Verkehrs- rrugor, -e; **~ampel** semafor-i, *pl.* -ë-t; **~aufsichtsbehörde** autoinspektorat-i; **~polizei** policia rrugore; **~schild** tabelë qarkullimi; **~zeichen** shenjë rrugore
Verkettung vargim-i
Verkleidung maskim-i; **~sutensilien** grim-i
verkleinern ngushtoj
verkleinernd, Verkleinerungs- zvogëlues, -e
verknüpfen gërshetoj
verkohlen karbonizoj
verkoksen koksifikoj
verkommen batallohem
verkörpern mishëroj
Verkörperung përfytyrim-i; mishërim-i
verkrüppeln gjymtoj; **verkrüppelt** sakat, -e; çyryk, -e
verkümmern ligështohem
verkünden deklaroj; lajmëroj
Verkünder shpallës-i; zgalem-i, *pl.* -a-t
Verkündung shpallj|e, -a
verkupfern bakëroj
verlachen përqesh
Verlag shtëpí-a botuese
verlangen kërkoj; **das Problem verlangt eine Entscheidung** çështja do zgjidhje
Verlangen kërkes|ë, -a; lakmí-a
verlängern zgjatoj; zgjas *s/t*
Verlängerung zgjatj|e, -a; **~sstück** mbishtes|ë, -a
verlangsamen ngadalësoj
Verlassen, das ~ lëni|e, -a; braktisj|e, -a
verlassen braktis
Verlauf zhvillim-i; **der ~ der Krankheit** ecuria e sëmundjes
verlaufen kaloj; zhvillohem
Verlautbarung komunikat|ë, -a
verlegen zhvendos
verleihen jap hua; huaj; jap borxh; **verliehen** huazuar, i/e
Verleiher húajtës-i
verletzen plagos; vra|s *a/e/i; s/t*, -va, -rë; dhunoj; *übertreten* shkel; cenoj; gandoj
Verletzung *med.* plagosj|e, -a; *Vorschrift* shkelj|e, -a; dhunim-i; **rücksichtslose ~ der Rechte** shkelje brutale e të drejtave
verleumden shpif
Verleumdung shpifj|e, -a; llaf-i, *pl.* -e-t; bigoní-a
verlieben, sich ~ dashurohem; dashuroj; **verliebt sein** dashuroj; **verliebter Blick** vështrim i dhembshur

verlieren humb; humbas*a/e/i; s/t*; bjerr, bora, bjerrë *e/i/o; rr/r*; **die Lust ~ an** çmobilizohem; **verlorengehen** bi-rrem
verloben fejoj; vloj; **verlobt** fejuar, i/e
Verlobte, die ~ e fejuar-a
Verlobter i fejuar-i
Verlobung fejes|ë, -a; vles|ë, -a
verlogen rremash, -e
verlöschen fikem; shuhem; venitem; falem
Verlust firo-ja; humbj|e, -a
Vermächtnis dhiat|ë, -a; trashëgim-i
Vermehrung shtes|ë, -a; shtim-i
vermeiden evitoj; mënjanoj; shmang; shmangem
vermeinen *jur.* kujtoj
Vermessungs- gjeodezik, -e; **~kundler** gjeodezist-i
vermindern rregjoj; zvogëloj
vermischen trazoj
vermitteln transmetoj
vermittels në saje të ⟨+ *Gen*⟩; nëpërmjet ⟨+ *Abl*⟩
Vermittler ndërmjetës-i
Vermittlung ndërmjetësim-i; *Telefon* central-i, *pl.* -e-t; ndërmjetësí-a
Vermittlungs- ndërmjet|ëm, -me, i/e; **~beamter** *Telefon* centralist-i
Vermögen pasurí-a
Vermögens- pasuror, -e
Vermutung pandehm|ë, -a
vernebeln mjegulloj; mistifikoj; **vernebelt** mjégullt, i/e
verneinen mohoj
Verneinung mohim-i
vernichten asgjësoj; grilloj; rropos; faroj
vernichtend vdekjeprurës, -e; vdekjesjellës, -e
Vernichtung asgjësim-i
vernickeln nikeloj
Vernunft mendj|e, -a; arsyeja
vernünftig racional, -e; arsyesh|ëm, -me, i/e
veröffentlichen botoj; **veröffentlicht werden** botohem
Veröffentlichung botimi-i
veröffentlichungsfähig botuesh|ëm, -me, i/e
Verordnung urdhëres|ë, -a; **ärztliche ~** recet|ë, -a
verpachten jap në arendë
Verpachtung arend|ë, -a
verpacken ambalazhoj; paketoj
Verpackung tar|ë, -a; ambalazh-i, *pl.* -e-t
Verpfändungsschein *ök.* varrant-i
Verpflegung ushqim-i
verpflichten detyroj; **sich ~** detyrohem; zotohem; marr përsipër; **verpflichtet** mirënjohës, -e
verpflichtend detyruesh|ëm,

-me, i/e; detyrimisht ⟨*adv*⟩
Verpflichtung detyrim-i; detyres|ë, -a; zotim-i
verprassen fërkas *s/t*
verprügeln çekanis; dëkoj; çokanis; dend; hup
Verputz suvá-ja
verputzen *mit Mörtel* suvatoj
verqualmen tymoj; tymos; **verqualmt** tymtë, i/e
Verrat tradhtí-a; kob-i, *pl.* -ë-t
verraten tradhtoj; dekonspiroj
Verräter tradhtar-i; jud|ë, -a
Verrechnung *ök.* klering-u; **~sverkehr** klering-u
verrotten prishem; **die Maschinen ~ in Wind und Wetter** makineritë dergjen në shi e në diell
verrückt çméndur, i/e; marrë, i/e; marrak, -e; marrash, -e; marroq, -e; marrok, -e; marroq, -e; **verrückt machen** çmend; trullos; **~ sein** çmendem; **~ nach etw. sein** jam i dhënë pas ⟨+ *Abl*⟩; **~ werden** marrosem; trenohem
Verrücktheit budallallë|k-u, *pl.* -qe-t; çmendurí-a
Verruf nam i keq; **in ~ bringen** diskreditoj
Vers var|g-u, *pl.* -gje-t; **~e machen** vjershëroj
Versailles *ON* Versaj|ë, -a
versalzen kripësoj
versammeln mbledh; **sich ~** tubohem
Versammlung mbledhj|e, -a; tubim-i; takim-i; kuvend-i, *pl.* -e-t; asamblé-ja; **verfassunggebende ~** asambleja kushtetuese; **~sort** vendtakim-i
Versand dërgim-i; dërges|ë, -a
versauen pëgëj; dhje|s, -va, -rë *s/t*
Versäumniszuschlag *ök.* kamatëvones|ë, -a
verschärfen ashpërsoj
Verschärfung ashpërsim-i
verschieden ndrysh|ëm, -me, i/e
Verschiedenes të ndryshme-t
verschießen zbërdhulem *nur 3. P.*
verschimmeln mykem; **verschimmelt** mykur, i/e
verschlechtern keqësoj
verschleißen gris
verschlimmern ashpërsoj
verschlingen gllabëroj; gëlltis *s/t*; fërkas *s/t*; llup
verschlossen mbyllët, i/e; mbyllur, i/e
Verschlossenheit mbylltësí-a
verschlucken gëlltis *s/t*
verschlüsseln shifroj; **verschlüsselt** mbyllët, i/e; mbyllur, i/e
Verschluß mbyllj|e, -a;

~**laut** *spr.* bashkëtingëllore mbylltore; mbylltor|e, -ja; ~**reibelaut** afrikat|e, -ja
verschmelzen *intrans.* shkrihem
Verschmelzung shkrirj|e, -a
verschmutzen ndot; zhulos; zgjyros
Verschmutzung ndotj|e, -a
verschneiden tredh
Verschnittener eunuk-u, *pl.* -ë-t
verschönern zbukuroj; hijeshoj
Verschönerung zbukurim-i
Verschonung *jur.* përjashtim-i
verschossen *Farbe* vagët, i/e; zbërdhulur, i/e; zbërdhulët, i/e
verschrauben vidhos
verschuldet sein jam me borxhe
Verschwägerung krushqi-a
verschwenden harxhoj
verschwenderisch plangprishës, -e
Verschwiegenheit konspirat|ë, -a
verschwinden zhdukem; ~ **lassen** zhduk
Verschwinden, das ~ zhdukj|e, -a
verschwitzt djersitur, i/e
Verschwörer komplotist-i; përbetuar-i, i
versehen pajis; **sich** ~ **mit** pajisem
Versehen gabim-i; **aus** ~ gand ⟨*adv*⟩
versehentlich me hata; ~ **schlagen** godas gand
versehrt çyryk, -e
versenden dërgoj
versengen zhaparis *s/t*
versenken fundos
versetzen transferoj
Versetzung transferim-i
Versicherer sigurues-i
versichern siguroj
Versicherung sigurim-i; ~**sprämie** prim sigurimi; ~**schein** polic|e,-a; ~**vertreter** agjent i një shoqërie sigurimi; ~**zertifikat** vërtetesë sigurimi
versiegen shter
versilbern argjendoj
versinken zhytem; humboj; ~ **lassen** zhys *s/t*
Versinken, das ~ zhytj|e, -a
versklaven robëroj; skllavëroj
Versöhnung pajtim-i
versorgen vendoj; kujdesem; **mit Gas** ~ gazifikoj; **mit Strom** ~ elektrifikoj
Versorgung furnizim-i
verspäten, sich ~ vonohem; jam me vonesë
Verspätung vones|ë, -a
verspotten gazoj; tallem
Versprechen besa-bes|ë, -a; bes|ë, -a; zotim-i

versprechen premtoj; taks
verstaatlichen kombëtarizoj
Verstaatlichung shtetëzim-i
verstädtern urbanizoj
Verstand mend-të; **den ~ verlieren** marrosem
Verständnis kuptim-i
verstärken përforcoj
verstärkend përforcues, -e
Verstärker përforcues-i
verstauben pluhuros
Verstauchung *med.* përdredhj|e, -a
verstecken fsheh *e/i* -
verstehen kuptoj; marr vesh; *etwas Unausgesprochenes* nënkuptoj
Versteigerung ankand-i, *pl.* -e-t
versteinern gurëzoj; guroj; guros; ngurtësoj; nguros
versteinert ngurosur, i/e; gurtë, i/e; ngurtë, i/e
verstellen zhvendos
versteuern tatoj
verstimmen prish qejfin; **verstimmt** *Instrument* çakorduar, i/e
verstohlen tinëzar, -e; vjédhurazi ⟨*adv*⟩
verstopfen bllokoj; *intrans.* bllokohem
verstopft kaps ⟨*adv*⟩
Verstopfung kapsllëk-u
verstorben ndjerë, i/e
verstoßen gegen shkel; cenoj
Verstoß shkelj|e, -a
verstreichen kaloj; skadoj; **verstrichene Frist** afat i skaduar
verstümmeln cungoj; gjymtoj; **verstümmelt** gjymtë, i/e
Verstummen memecim-i
verstummend *spr.* venitur, i/e
Versuch *jur.* tentativ|ë, -a
versuchen tentoj; provoj; orvatem; **versuchen Sie es noch einmal!** provójeni édhe një herë!
Versuchs- eksperimental, -e
Versuchung *rel.* ngasj|e, -a; *rel.* tundim-i; **in ~ führen** *rel.* tundoj
versumpfen kënetëzohem
verteidigen mbroj, -ta, -tur
Verteidiger *spo.* mbrojtës-i
Verteidigung mbrojtj|e, -a
verteilen qarkulloj
Verteiler *tech.* shpërndarës-i
Verteilung shpërndarj|e, -a; *Gewinn* përndarj|e, -a
vertiefen thelloj
Vertiefung grop|ë, -a, *pl.* -at; ullu|k-u, *pl.* -qe-t
vertikal pingultë, i/e
Vertrag kontrat|ë, -a; traktat-i, *pl.* -e-t; marrëveshj|e, -a; **~sangebot** ofert|ë, -a; **~sbestimmungen** kapitulacione-t; **~snehmer** kontraktues-i; **~spartner** kontraktues-i; **~sstrafe** gjobë kontraktore
vertragen duroj; mbaj; **sich**

~ pajtohem; *mit dem Ehepartner* trashëgohem
vertrauen besoj
Vertrauen besim-i; bes|ë, -a; **~sabstimmung** votëbesim-i; **~swürdigkeit** mirëbesim-i
verträumt ëndërrues, -e; ëndërrtar, -e
vertreiben arratis; zboj; dëboj; përz|ë, -ura, -ënë; çatdhesoj
Vertreibung dëbim-i
Vertreter përfaqësues-i; **amtlicher ~** titullar-i, *pl.* -ë-t
Vertretung përfaqësí-a
Vertrieb *m.* nxjerrj|e, -a; shpërndarj|e, -a; përhapj|e, -a
vertrocknen fishkem
verunglimpfen denigroj
verursachen shkaktoj; bëhem shkas
Verursachung shkaktim-i
verurteilen dënoj
Verurteilte, der ~ i dënuari
Verurteilung *jur.* gjykim-i
vervielfachen shumëzoj
vervielfältigen shumëfishoj; shumëzoj; shaptilografoj
Vervielfältigungsapparat ciklostil-i, *pl.* -ë-t; aparat shumëfishimi
vervierfachen katërfishoj
Vervollkommnung përsosj|e, -a
vervollständigen plotësoj; **vervollständigt** plotësuar, i/e
verwaist jetim, -e; qyqar, -e
verwalten administroj; qeveris
Verwalter administrator-i
Verwaltung administrat|ë, -a
Verwaltungs-, verwaltungsrechtlich administrativ, -e; **~e Übertretung** kundërvajtje administrative
verwandtschaftlich farefisnor, -e
verwandt *spr.* afrish|ëm, -me, i/e
Verwandte afërm-it, të
Verwandtschaft farefis-i; fisi, *pl.* -e-t; gjiní-a; afrí-a; **die ~ sagte sich vom Verurteilten los** farefisi zhbëhej me të dënuarin; **angeheiratete ~** krushqí-a
Verwandtschafts- farefisnor, -e
verwechseln ngatërroj; përz|íej, -jéva, -íer
Verwechslung ngatërres|ë, -a
verweigern nuk jap; nuk pranoj; refuzoj
Verweigerung *Leistung* mosdhëni|e, -a
verweilen qëndroj
Verweilen, das ~ qëndrim-i
Verweisung referim-i; përcjellj|e, -a

verwelken fishkem; **verwelkt** vyshkur, i/e
verwenden përdor; përdoroj; shfrytëzoj
Verwendung shfrytëzim-i; përdorim-i
verwesen dekompozohem; shpërbëhem; zbërthehem
Verwesung shpërbërj|e, -a
verwirklichen realizoj
verwirren hutoj; ndërlikoj; ngatërroj; koklavis /s/t; trullos; çakërdis; turbulloj
Verwirrung dalldí-a; turbullim-i
verwischen fshij; **verwisch nicht die Grenze zwischen Gut und Böse!** mos përziej hallallin me haramin!
Verwischung fshirj|e, -a; ~ **des Unterschieds** fshirja e dallimit
verwitwen vejërohem; **verwitwet** i/e ve
verwöhnen çedukoj
verworren ndërlikuar, i/e; turbullt, i/e
verwunden plagos; varroj
verwunderlich habitsh|ëm, -me, i/e
verwundern mrekulloj; **verwundert** me habi; habitur, i/e
Verwunderung çuditj|e, -a; habí-a; plagosj|e, -a
verwünschen nëm; **verwünscht, verwunschen** nëmur, i/e
verwurzeln rrënjos
verzaubern magjeps
verzehnfachen dhjetëfishoj
Verzeichnis list|ë, -a; matríku|ll-i, *pl.* -j-t; amz|ë, -a; tregues-i
verzeihen ndje|j, -va, -rë; fal
verzeihlich falsh|ëm, -me, i/e
Verzeihung ndjes|ë, -a
verzerren shëmtoj
verzetteln skedoj
Verzicht heqje dorë
verzichten heq dorë; *Thron* abdikoj
verziehen çedukoj
verzieren godis *s/t*; qëndis
Verzierung dekor-i, *pl.* -e-t
verzinken zinkoj; **verzinkt** zinkuar, i/e
verzögern shtyj; vonoj; **verzögert** vonsh|ëm, -me, i/e
verzollen zhdoganoj
Verzückung ekstaz|ë, -a
Verzug vones|ë, -a; **~szinsen** *ök.* kamatëvones|ë, -a
verzweifeln dëshpëroj
Verzweiflung dëshpërim-i
verzweigen degëzoj
verzwickt koklavitur, i/e
vespern zëmëroj; ha zëmër
Vesuv Vezuv-i
Veterinär veteriner-i; **~medizin** veterinarí-a; **~wesen** veterinarí-a
Veto veto-ja; ~ **einlegen** vë veton

Vetter kushërí-ri, *pl.* -nj-të; **~nwirtschaft** akraballë|k-u, *pl.* -qe-t
Vibrant *spr.* bashkëtingëllore dridhëse
Vichy *ON* Vishí-a
Vieh bagëtí-a; gjë e gjallë,
Vieh- epizootik, -e; **~krankheit** lëngat|ë, -a; **~stall** stall|ë, -a; **~zucht** blegtorí-a; **~züchter** blegtor-i; **~zuchtspezialist** zooteknik-u
viel shumtë, i/e; shumë; boll; **er hat viele Freunde** ka taraf të madh; **mehr** me; më tepër; **nicht mehr** jo më; **es waren dort viele Menschen** kishte plot njerëz; **~ essen** llup; copit *s/t*
Vielfalt larmí-a; shumëllojshmërí-a
vielfältig larmish|ëm, -me, i/e
vielleicht ndoshta ⟨*adv.*⟩; kushedí
vielsagend kuptimplotë; **~es Lächeln** buzëqeshje gjithë nënkuptim
vier katër; **der ~te** i/e katërt
Viereck katërkëndësh-i; kuadrat-i, *pl.* -e-t
viereckig katërkëndësh, -e; katror, -e
Viererkonferenz konferencë katërpalëshe
vierfach katërfish ⟨*adv*⟩
vierhundert katërqind
viermotorig katërmotorësh, -e
vierseitig katërpalësh, -e
Viertel e katërt-a; **ein ~** një e katërt; **~stunde** çerek-u; *Stadt~* lagj|e, -ja; **~finale** *spo.* çerekfinal|e, -ja; **~jahrhundert** çerekshékull-i; **~stunde** çerek-u
vierzehn katërmbëdhjetë; **der ~te** i/e katërmbëdhjetë
vierzig dyzet; *dial.* katërdhjetë; **der ~ste** dyzetë, i/e
vietnamesisch vietnamez, -e
Vigil *rel.* vigjilj|e, -a; **~fasten** *kathol.* mënjill|e, -ja, *pl.* -e-t
Villa vil|ë, -a
violett ngjyrë vjollcë
Violine violin|ë, -a
Viper nepërk|ë, -a
vis-à-vis kundrúall ⟨+*Abl*⟩
Visage surrat-i, *pl.* -e-t
Visite vizit|ë, -a; **~nkarte** kartëvizit|ë, -a
visuell pamjesor, -e
Visum viz|ë, -a; **~ eintragen** vizoj pasaportën
vital jetësor, -e
Vitamin vitamin|ë, -a
Vitrine vitrin|ë, -a
Vogel zo|g-u, *pl.* -gj-të; *großer* shpend-i, *pl.* -ë-t; **~-Strauß-Taktik** diplomaci e strucit; **~bauer** kafaz-i, *pl.* -e-t; flanikth-i, *pl.* -a-t; kuvlí-a; **~beerbaum;**

~**beere** *bot.* vadhë e egër; ~**dreck** *Ausscheidungen der Vögel* glas|ë, -a; ~**falle** bat-i, *pl.* -a-t; çar|k-u, *pl.* -qe-t; ~**scheuche** dordolec-i, *pl.* -ë-t
vögeln *vulg.* qi, -va, -rë
Vogesen Vozhe-t
Vöglein zóg|ël, -la, *pl.* -la-t
Vokal *spr.*, zanor|e, -ja; **flüchtiger** ~ zanore rënëse; ~**harmonie** sinharmoniz|ëm, -mi; ~**viereck** katërkëndësh i zanoreve
vokalisch *spr.* zanor, -e
Vokalismus vokaliz|ëm, -mi
Vokativ *spr.* thirror|e, -ja
Volk pópu|ll-i, *pl.* -j-t
Völkerkundler etnolog-u, *pl.* -ë-t
Völkermord gjenocid-i
Völkername etnonim-i
völkisch etnik, -e
Volks- popullor, -e; *spr.* thjeshtligjërimor, -e; ~**abstimmung,** ~**befragung** plebishit-i; ~**demokratie** demokraci-a popullore; ~**kunde** etnografí-a; folklor-i; **kunde-** etnografik, -e; ~**kundemuseum** muze etnografik; ~**kundler** folklorist-i; etnograf-i, *pl.* -ë-t; ~**kunst** folklor-i; ~**lied** këngë popullore; ~**macht** pushtet popullor; ~**musik** ahen|g-u, *pl.* -gje-t; ~**name** etnonim-i; ~**rat** këshill popullor; ~**republik** republikë popullore; ~**sage** gojëdhën|ë, -a; ~**sprache** thjeshtligjërim-i; ~**tracht** veshje popullore; ~**tum** etní-a; ~**versammlung** kuvendi popullor; ~**weisheit** urtësi popullore
volksfeindlich antipopullor, -e
volkskundlich etnografik, -e
volkstümlich popullor, -e; ~ **machen** popullarizoj
voll plotë, i/e; plot ⟨*adv.*⟩; boll; ~ **und ganz** plotësisht; **er hatte den Kopf** ~ **von diesen Narreteien** bluante në kokë gjithë ato marrëzira
Voll- plenar, -e; **Vollaut** *spr.* plotzaní-a
vollenden kr|yej, -eva, -yer *el yely*; **vollendet** kryer, i/e; përkryer, i/e
Volleyball volejboll-i; ~**spieler** vollejbollist-i
vollgefressen barkngopur
völlig krejt; krejtësisht ⟨*adv*⟩; fare; kryekëput; plotësisht
vollkommen përkryer, i/e
vollständig plotë, i/e; tërë, i/e; krejt ⟨*adv*⟩; plotësisht; tërësisht; biteví; gjíthazi
vollstopfen mbufat; dend; zhdëp; ~ **mit Speisen** vel

vollstrecken zbatoj; përmbush; *jur.* ekzekutoj
vollstreckend përmbarues, -e
Vollstreckung; Vollzug ekzekutim-i; zbatim-i
Vollzugs- përmbarues, -e
Volt *tech.* volt-i, *pl.* -ë-t
Volumen vëllim-i
voluminös vëllimsh|ëm, -me, i/e
vomitieren vjell *e/i/o*, volla, vjellë
von prej ⟨+ *Abl*⟩; nga ⟨+ *Nom*⟩; **von ... an** që; **vom ersten Tag an** që ditën e parë; **vom Hundert** *v. H.* përqind; **~ draußen** së jashtmi; **~ jetzt an** këndej e tutje; **~ Mund zu Mund** vesh më vesh; **~ neuem** përsëri ⟨*adv.*⟩; sërish; **~ Tür zu Tür** dérazi ⟨*adv*⟩
vor para ⟨+ *Abl*⟩; **~ allem** në radhë të parë; para së gjithash; **~ Augen** parasysh; **~ einer unvorhergesehenen Situation stehen** ndodhem para një të papriture; **~ langer Zeit** qëmoti; **~ Wut schnauben** shfryj nga zemërimi; **es ist Viertel ~ zwei** ora është dy pa një çerek
Vor- paraprak, -e; **~abend** vigjilj|e, -a
voran përpara ⟨*adv*⟩; **die Arbeit schritt gut ~** puna vente mbroth
vorangehend parashkues, -e
vorangestellt paravendosur, i/e; **~er Artikel** *spr.* nyjë e përparme
Voranmeldung *für Ferngespräch* fletëthirrj|e, -a
voranschreitend paravajtës, -e
voranstellen paravë; paravendos
Vorarbeiter brigadier-i
Voraus- paraprak, -e; **~rechnung** faturë paraprake; faturë pro-formë; **~schau**; **~setzung** kusht-i, *pl.* -e-t; parashikim-i; **~zahlung** paradhëni|e, -a; kapar-i
vorausgehen prij ⟨+ *Dat.*⟩; parashkoj
voraussehen ndjell *e/i/o*
voraussetzen presupozoj
voraussichtlich presupozuar, i/e; **~er Gewinn** fitim i pritshëm
Vorbehalt rezerv|ë, -a
vorbei pranë ⟨+ *Abl*⟩; **das ist ~!** iku mbaroi!; **daran führt kein Weg ~** s'ka çare
vorbeigehen kaloj
Vorbeimarsch parad|ë, -a
vorbereiten përgatis *s/t*; pregadis *dial.*; gatis *s/t*
Vorbereitung përgatitj|e, -a
Vorbeter *muslimisch* imam-i, *pl.* -ë-t
Vorbote lajmëtar-i; shenjë e

parë; ~ **der Revolution** zgalem i revolucionit
Vordach tend|ë, -a
Vordeck parakuvert|ë, -a
Vorder- përpar|më, -me, i/e; ~**lader-Pistole** pisqoll|ë, -a; ~**seite** faqe e përparme; ballin|ë, -a; ball|ë, -i, *pl.* -ë-t; ~**zungen-** paragjuhor, -e
Vordruck format-i; formular-i
Vorfall ndodhí-a
vorführen shfaq; paraqit *s/t*
Vorführung shfaqj|e, -a; paraqitj|e, -a
Vorführwagen *für Filme* autokinemá-ja
Vorgang dosar-i, *pl.* -ë-t; dosj|e, -a; akt-i, *pl.* -e-t
vorgesetzt madhor, -e; epror, -e
Vorgesetzter epror-i, *pl.* -ë-t
vorgestern pardjé ⟨*adv.*⟩
vorhaben matem; kam ndërmend; mendohem
Vorhaben projekt-i, *pl.* -e-t
Vorhalle parasall|ë, -a
vorhanden ekzistues; efektiv, -e; ~ **sein** kam; ekzistoj
Vorhang perd|e, -ja
Vorhängeschloß dry-ni, *pl.* -na-t; dry-ri, *pl.* -rë-t
vorher përpara ⟨*adv.*⟩; më parë; ~**gehend** mëparsh|ëm, -me, i/e; paraprak, -e
vorherig mëparsh|ëm, -me, i/e
vorherrschen mbizotëroj
vorig kaluar, i/e; mëparsh|ëm, -me, i/e; ~**e Woche** javën e kaluar
vorjährig vjét|ëm, -me, i/e
Vorkauf parablerj|e, -a; ~**srecht** *ök.* drejtë parablerjeje
Vorkriegszeit: aus der ~ i/e paraluftës
Vorlage projekt-i; paraqitj|e, -a
vorläufig përkohsh|ëm, -me, i/e; hëpërhësh|ëm, -me, i/e; në mënyrë paraprake; provizorisht ⟨*adv.*⟩; hëpërhë ⟨*adv*⟩
vorlesen këndoj
Vorlesung leksion-i; ligjërat|ë, -a
vorletzt njëparafundor, -e
vormerken prenotoj
vormilitärisch paraushtarak, -e
Vormund *jur.* kujdestar-i, *pl.* -ë-t
Vorname em|ër, -ri, *pl.* -ra-t
vorne përpara ⟨*adv.*⟩
Vorprüfung provë paraprake
Vorrang përparësí-a
Vorrat rezerv|ë, -a; ~**skammer** qilar-i, *pl.* -ë-t; ~**sraum** drithnik-u
Vorrecht privilegj-i
Vorsatz dashje; ~**blatt** astar-i, *pl.* -ë-t

vorsätzlich me dashje
vorschieben paravë
Vorschlag propozim-i; *spr.* protez|ë, -a; **~hammer** çekan-i, *pl.* -ë-t
vorschlagen propozoj
Vorschrift urdh|ër, -ri, *pl.* -ra-t; udhëzim-i; rregullor|e, -ja
Vorschuß *ök.* kapar-i; paradhëni|e, -a
vorsehen parashikoj
Vorsicht kujdes-i; **~!** vini re!
vorsichtig kujdessh|ëm, -me, i/e; **man ging ~ zu Werke** u ec me kujdes
Vorsichtigkeit kujdesí-a
Vorsilbe parashtes|ë, -a
Vorsitz kryesí-a
Vorspeise antipast|ë, -a; mezé-ja
Vorstand kryesí-a
Vorsteher kryetar-i; *eines Dorfes oder Stadtviertels* kryepl|ak-u, *pl.* -eq-të *hist.*
vorstellen imagjinoj; paraqes *e/i; s/t*; paraqit *s/t*; prezantoj
Vorstellung seanc|ë, -a; shfaqj|e, -a; paraqitj|e, -a; përfytyrim-i; koncept-i, *pl.* -e-t; **~skraft** imagjinat|ë, -a
vortäuschen shtirem
Vorteil avantazh-i, *pl.* -e-t; dobí-a; *jur.* përfitim-i; leverdí-a
vorteilhaft leverdish|ëm, -me, i/e
vortonig *spr.* paratheksor, -e
Vortrag ligjërat|ë, -a
vortragen ligjëroj
Vortragender lektor-i; ligjërues-i
vorübergehend përkohsh|ëm, -me, i/e; transitor, -e; përkohësisht ⟨*adv*⟩; kohë pas kohe
Vorurteil paragjykim-i
Vorvergangenheit *spr.* e kryer-a e plotë
Vorwand pretekst-i, *pl.* -e-t
vorwärts mbroth ⟨*adv*⟩; përpara
vorwiegend kryesisht ⟨*adv*⟩
Vorwort parathëni|e, -a; hyrj|e, -a
Vorzeichen ogur-i, *pl.* -e-t
vorzeigen paraqes *e/i; s/t*; tregoj
Vorzeigen, das ~ paraqitj|e, -a
vorzeitig parakohsh|ëm, -me, i/e; **~e Entlassung** lirim para kohe
Vorzugs- parapëlqimor, -e; **~gebühr** taksë parapëlqimore
Voskopoja *ON* Voskopoj|ë, -a; **aus ~** voskopojar, -e
Vucitrn *ON* Vuçitern|ë, -a
vulgär vulgar, -e; trashanik, -e; *spr.* thjeshtligjërimor, -e
vulgarisieren vulgarizoj; masivizoj
Vulgarismus *spr.* vulgari-

z|ëm, -mi, *pl.* -ma-t
Vulkan vullkan-i, *pl.* -e-t
vulkanisch vullkanik, -e
vulkanisieren vullkanizoj

W

Waage balanc|ë, -a; kandar-i, *pl.* -ë-t
Wabe h|úall-i, *pl.* -oje-t
wach zgjuar, i/e; ~ **bleiben** gdhij; yej
Wache roj|ë, -a; *mil.* ndërres|ë, -a; ~ **halten** përgjoj
wachen vigjiloj; gdhij
Wachhabender dezhur-i
Wacholder *bot.* dëllinj|ë, -a; ~**geist** raki dëllinje
Wachs dyll|ë, -i; **mit** ~ **überziehen** dyllos; ~**figuren** kukulla prej dylli; ~**kerze** qiri i dyllte
Wachs-; **wächsern** dylltë, i/e; dyllor, -e
wachsam vigjilent, -e
Wachsamkeit vigjilenc|ë, -a
Wachschiff *mil.* anije ruajtëse
wachsen rritem
Wachtel drenj|ë, -a
Wächter rojtar-i; ruajtës-i; gardian-i, *pl.* -ë-t
Wachtmeister kapter-i, *pl.* -ë-t
Wachturm karakoll-i, *pl.* -ë-t
wackeln luaj, -ta, -tur
Waffe arm|ë, -a; ~**nschmied** armëpunues-i; ~**nstillstand** armëpushim-i
wagen guxoj
Wagen automobil-i, *pl.* -a-t; makin|ë, -a; *Eisenbahn*~ vagon-i; qerr|e, -ja; *mit eisenbeschlagenen Holzrädern* karro-ja; karroc|ë, -a, *pl.* -a-t; **der Wagen quietschte** qerrja kuiste; ~**heber** krik-u; ~**spur** trag|ë, -a, *pl.* -ë-t; ~**wäsche** larje makine; ~**winde** autovinç-i, *pl.* -a-t
wägen peshoj; terezis *s/t*
Waggon vagon-i
Wahl votim-i; zgjedhj|e, -a
Wahl- elektoral, -e; ~**kampagne** fushatë e zgjedhjeve; ~**zettel** fletëvotim-i
wählen zgjedh *e/i/o*; i bie telefonit; **wähl!** *am Telefon* bjeri!
Wähler votues-i; zgjedhës-i
Wahn përçartj|e, -a; ~**sinn** çmendurí-a
wahnsinnig çméndur, i/e; çmendurisht ⟨*adv*⟩
wahr vërtetë, i/e
während ndërsá ⟨*Konj.*⟩; teksá; *adversativ* kursé ⟨*Konj.*⟩; gjatë ⟨+ *Abl*⟩;

dukc *Partikel zur Bildung des Gerundiums*; e sipër; **~dessen** ndërkaq
wahrhaftig vërtetë, i/e
Wahrheit vërtet|ë, -a, e
Wahrnehmbarkeit përkapshmërí-a
wahrnehmen vërej, -ta, -tur; *phi.* perceptoj
Wahrnehmung perceptim-i
wahrsagen falltoj
Wahrsager falltar-i; fallxhí-u, *pl.* -nj-të
Wahrsagerei fall-i, *pl.* -e-t
Wahrsagerin fallxhesh|ë, -a
Wahrsagung fall-i, *pl.* -e-t
wahrscheinlich gjassh|ëm, -me, i/e; me sa duket
Wahrscheinlichkeit probabilitet-i; gjas|ë, -a
Währung valut|ë, -a; **harte ~** valutë e qëndrueshme; **~skursschwankung** lëkundje e kursit valutor
Waidmann gjuetar i; gjahtar-i
Waise jetim-i, *pl.* -ë-t; qyq-i, *pl.* -ër-it
Waisenhaus jetimor|e, -ja
Waisenknabe jetim-i, *pl.* -ë-t
Wal balen|ë, -a
Walache vll|ah-u, *pl.* -eh-të; çoban-i, *pl.* -ë-t
Walachei Vllahí-a
Wald py|ll-i, -je-t
Wales Uells-i
Wali *Verwalter eines Vilajet*, valí-u, *pl.* -nj-të *hist.*
walken dërstiloj
Walkmühle dërstil|ë, -a
Wallfahrt haxhillëk-u
Walnuß *bot.* arr|ë, -a
Walze rul-i, *pl.* -e-t
wälzen rrokullis
Walzer *mus.* vals-i
Wand mur-i, *pl.* -e-t; **~behang; ~teppich** hallí-a; **~karte** hartë muri; **~nische** kamar|e, **~zeitung** fletërrufé-ja
Wandel zhvillim-i
Wander- shtegtar, -e; shëtitës, -e; endacak, -e; **~mönch** fakir-i, *pl.* -ë-t; **~schäfer** bari-u shtegtar; **~tasche** torb|ë, -a
Wanderer shëtitës-i
Wange bulçí-a; mollëz-a; faq|e, -ja
wanken lëkundem; **~ lassen** trondis *s/t*
wann? kur?; **bis ~?** deri kur?
Wanne vask|ë, -a
Wanst bark-u; **sich den ~ vollschlagen** buhitem
Wanze çimk|ë, -a; çím|ërr, -rra, *pl.* -rra t
Wanze tartabiq|e, -ja
Wappen emblem|ë, -a; stem|ë, -a
Ware mall-i, *pl.* -ra-t; **~nbeschriftung** marketim i mallrave; **~nexperte** merceolog-u, *pl.* -ë-t; **~nhaus**

Kaufhaus mapo-ja; shtëpi e mallrave; **~ninspektion** inspektim i mallit; **~nkundler, ~nsachverständiger** *ök.* merceolog-u, *pl.* -ë-t; **~nsendung** partí-a; **~numlauf, ~nverkehr** trafik i mallrave

warm ngrohtë, i/e

Wärme ngrohtësí-a; **~kraftwerk** termocentral-i, *pl.* -e-t

Wärmflasche bors|ë, -a

Warna *ON* Varn|ë, -a

Warndreieck trekëndësh paralajmerimi

warnen paralajmëroj

Warnung paralajmërim-i

Warrant *ök.* vërtetesë depozitimi; varrant-i

Warschau *ON* Varshav|ë, -a

warten pr|es, -ita, -itur *e/i; s/t*; *tech.* gatis *s/t*; **wart mal, ich habe es vergessen** dale, se harrova; **wartet mal!** dále*ni*

Wartesaal sallë e pritjes

Wartung përgatitj|e, -a; **~sdienst** shërbim teknik

warum? përse?; pse?

was? ç'; çka; çfarë; se; **~ für ein?** ç'; çfarë?; **~ sucht Ihr, Alterchen?** çfarë kërkoni, xhaxho?

Waschbecken lavaman-i; sqoll-i

Waschblau çivit-i

waschen la|j, -va, -rë; *Wäsche* finjos; **sich ~** lahem

Waschen, das ~ larj|e, -a

Wäsche larj|e, -a; **~stücke** ndërresa-t; **~rin** rrobalarës|e, -ja; **~stärke** koll-i

Waschfrau rrobalarës|e, -ja

Waschlauge finj|ë, -a

Waschmaschine lavatriç|e, -ja; makinë larëse; rrobalarës|e, -ja

Waschpulver pluhur për larje

Waschraum banj|ë, -a

Waschschüssel legen-i, *pl.* -ë-t

Waschung avdes-i *rel.*

Waschzuber magj|e, -ja

Washington D. C. *ON* Uashington-i

Wasser uj|ë, -i, *pl.* -ëra-t; **~ in den Rhein / Eulen nach Athen tragen** i shes kastravecë bostanxhiut; **~ lassen** shurr; përmjerr *e/i/o*; shurroj; **abgestandenes ~** ujë i bujtur

Wasser- ujor, -e; **~ball** *spo.* vaterpolo-ja; **~fall** ujëvar|ë, -a, *pl.* -a-t; *kleiner ~fall* gámu|ll, -lli, *pl.* -j-t; **~flugzeug** hidroplan-i, *pl.* -ë-t; **~graben** jaz-i, *pl.* -e-t; **~hahn** rubinet|ë, -a; uslluk-u, *pl.* -ë-t; çezm|ë, -a; **~kraftwerk** hidrocentral-i, *pl.* -e-t; **~leitung** ujësjellës-i; **~leitungsrohr** qyng i ujësjellësit; **~linie** ujë, vizë e ujit; **~melone** karpuz-i, *pl.*

-ë-t; shalqí-ri, *pl.* -nj-të; **~pfeife** nargjilé-ja; **~rohr** qyn|g-u, *pl.* -gje-t; **~scheide** hejz|ë, -a; ujëndárës|e, -ja; **~schildkröte** breshkujës|e, -ja; **~stein** çmërs-i, *pl.* -e-t; **~stoff** *chem.* hidrogjen-i; **~strahl** curril-i, *pl.* -a-t; **~uhr** *für Wasserverbrauch* njehsori i ujit; sahati i ujit; **~waage** qepar-i; **~welle** ondulacion-i

wässern vadis *s/t*

Watt *Meßeinheit* vat-i, *pl.* -ët

Watte pambuk hidrofil; pambuk-u

weben end

Weben, das ~ tisazh-i

Weber endës-i; **~ei** fabrika e tisazhit; **~in** endator|e, -ja; endes|e, -ja

Webrahmen, Webstuhl vegj|ë, -a, *pl.* -ë-t; avlëmend-i, *pl.* -e-t; tezgjah-u, *pl.* -ë-t

Webteppich hallí-a; qilim-i

Wechsel kthim-i; ndërrim-i; këmbim-i; *ök.* kambial-i, *pl.* -e-t; **gezogener ~** trat|ë, -a; **~aussteller** heqës-i; pritës-i; **~bürgschaft** dorëzanës-i; dorëzaní-a; **~strom** korrent alternativ

wechseln këmbej *e/ye*; ndërroj; *Geld* th|yej, -eva, -yer

wechselseitig ndërsjellë, i/e; **~e Hilfe** ndihmë reciproke

weder ... noch as ... as

Weg udh|ë, -a, *pl.* -ë-t; sht|eg, *pl.* -ígje-t; rrug|ë, -a; **auf den rechten ~ kommen** vij në din; **auf diplomatischem Wege** në rrugë diplomatike; **aus dem ~ gehen** shmangem; **der falsche ~** rrugë e gabuar; **Hindernisse in den ~ legen** nxjerr pengesa; **~bereiter** udhëçelës-i; **~gefährte, ~genosse** bashkudhëtar-i, *pl.* -ë-t; bashkudhëtar-i, *pl.* -ë-t; **~kreuz** udhëkryq-i, *pl.* -e-t; **~weiser** udhërrëfyes|e, -ja; udhëtregues|e, -ja

wegen për ⟨+ *Akk*⟩; në bazë të ⟨+ *G*⟩; në saje të ⟨+ *Gen*⟩; **~ eines Unfalls** për shkak aksidenti

weggehen vete, vajta, vajtur

Weggehen, das ~ vajtj|e, -a

wegnehmen heq *e/i/o*

wegwerfen, wegschmeißen flak

wegziehen tërheq

wehen fryj; valëvitem; **es weht ein frisches Lüftchen** ka fresk, **~ lassen** valëvit *s/t*

Wehklage ofsh-, *pl.* -e-t; ofsham|ë, -a; vajtim-i

wehklagen bobotij; vajtoj

Wehr pend|ë, -a

Wehr- luftarak, -e; **~bezirk** qarku ushtarak; **~dienst** shërbim ushtarak; **~kraft**

fuqi mbrojtëse; **~pflicht** shërbim i detyrueshëm ushtarak; **~pflichtiger** i detyruar-i ushtarak; **~technik** teknikë luftarake; **~turm** kull|ë, -a; **~überwachung** evidencë ushtarake
wehtun dhemb
Weib fem|ër, -ra, *pl.* -ra-t; gr|ua-ja; *pl.* -a-të
Weibchen fem|ër, -ra, *pl.* -ra-t
Weiber- grarishte
weiblich femëror, -e
weich butë, i/e; zhungë; **~gekochtes Ei** vezë alla kok; **~herzig** zemërbutë
Weichsel *FN* Vistul|ë, -a; **~kirsche** *bot.* mëzhdrav|ë, -a
Weichtier butak-u, *pl.* -ë-t
Weide *bot.* shel|g-u, *pl.* -gje-t; *Wiese* livadh-i, *pl.* -e-t; kullot|ë, -a; blerin|ë, -a; **~nlaubsänger** çik|ë, -a
weiden kullos *s/t.*
Weigerung refuzim-i; heqje dorë
weihen blatoj; *Priester* shuguroj; **geweiht werden** dorëzohem
Weihnachten kërshëndella-t; krishtlindj|e, -a; **Weihnachtsgebäck** kolend|ër, -ra, *pl.* -ra-t
Weihrauch kem-i; temjan-i; **~ verbrennen** temjanis; **~faß** *rel.* temjanic|ë, -a
Weihwasser *rel.* ujë i bekuar; ajazm|ë, -a
weil meqenëse; ngaqë; meqë; pasi; mbasi; sepse
Weile grim|ë, -a; grimc|ë, -a, **eine ~** një copë herë; **er ist schon eine Weile da** ka çosa që ka ardhur
Weiler katund-i, *pl.* -e-t
Wein ver|ë, -a; **~berg** vresht-i, *pl.* -a-t; hardhisht|ë, -a; **~brand** konjak-u; **~faß** voz|ë, -a; **~garten** hardhisht|ë, -a; **~glas** gotë vere; **~keller** kantin|ë, -a; **~schößling** hardhisht|ë, -a; **~stock** hardhí-a; **~traube** rrush-i, *pl.* -të
weinen qa|j, -va, -rë; qahem
weinerlich buzëqarë; qaraman, -e
weise urtë, i/e
Weise mënyr|ë, -a; *Melodie* avaz-i; **auf welche ~?** në ç'mënyrë?; **in beleidigender ~** në mënyrë fyese
Weiser mendar-i
Weisheit urtí-a; urtësí-a
weissagen falltoj
weit gjerë, i/e; largët, i/e; larg ⟨*adv*⟩; **~herzig** zemërgjerë
weiter mëtejsh|ëm, -me, i/e; **ohne ~es** s'ka problem; patjetër
Weitergabe *jur.* tregim-i
Weitherzigkeit bujarí-a

Weitsprung *spo.* kërcim së gjati
Weizen grur|ë, -i
Weizen- grunjtë, i/e; ~**arten,** ~**sorten** grúnjëra-t; ~**feld** grunisht|ë, -a; ~**speicher** grunar-i, *pl.* -ë-t
weiß bardhë, i/e; ~ **wie Schnee** bardhë si biluri; ~ **schimmern** zbardhëlloj; ~ **wie die Wand** i bardhë si qefin; ~**e Farbe** bardhësí-a; ~**e Bohne** fasul|e, -ja; **≗es Meer** Deti i Bardhë; **≗e** bardhësí-a; ~**n** zbardh; zbardhoj
Weißbrot bukë e bardhë; **langes** ~ panin-i, *pl.* -e-t
Weißfisch gjuhc|ë, -a
Weißkohl *bot.* lak|ër, -ra, *pl.* -ra-t
Weißrußland Bjellorusí-a
welcher? cili?
welk vyshkur, i/e
welken venitem; vyshkem; ~ **lassen** vyshk
Welle val|ë, -a; dallg|ë, -a; *Frisur* ond-i, *pl.* -e-t; **die** ~**n der See rauschen** valët e detit zhurmërojnë
Wellen- valor, -e; ~**brecher** dallgëthyes|e, -ja; valëthyes-i
Welt bot|ë, -a; **die ganze** ~ mbarë bota
Welt- botëror, -e; ~**all** kózmos-i; univers-i; gjithësí-a; **im** ~ **fliegen** lundroj në kozmos; ~**bürger** kozmopolit-i, *pl.* -ë-t; ~**hilfssprache** gjuhë ndihmëse; ~**krieg** lufta botërore; ~**meisterschaft** kampionat botëror; ~**raumfahrer** kozmonaut-i, *pl.* -ë-t; ~**verständnis** botëkuptim-i; ~**wirtschaft** ekonomi boterore
weltanschaulich botëkuptimor, -e
Weltanschauung botëkuptim-i
Weltanschauungs- botëkuptimor, -e
weltläufig mondan, -e
weltweit botëror, -e; në shkallë botërore
wem? kujt?
Wemfall *spr.* dhanor|e, -ja
wen? kë? **Wen sehen denn da meine Augen?!** kë po më shikojnë sytë?!
Wende kthes|ë, -a, *pl.* -a-t, ~**kreis** tropik-u, *pl.* -ë-t; ~**kreis des Krebses** *im Norden* tropiku i Gaforres; ~**kreis des Steinbocks** *im Süden* Tropiku i Bricjapit
wenden kth|ej, -eva, -yer; **sich** ~ kthehem *e/ye*; **sich** ~ **an** drejtohem nga ⟨+ *Akk*⟩
Wendung *spr.* figur|ë, -a; **feste** ~ klishé-ja, *pl.* -të; **der Krieg nahm eine neue** ~

ndërroi fati i luftës
Wenfall *spr.* kallëzor|e, -ja
wenig paktë, i/e; pak; **ein ~** një tis; **~ essen** zbaltem; **mit ~ auskommen** jetoj me zgrip; **~stens** së paku; dobare; të paktën; makar
wenn *temporal* kur; *konditional* nëse; në rast se; po ⟨+ *conj*⟩; në ⟨+ *Opt*⟩; nëqoftëse; **~ du willst** në daç; **~gleich** *konzessiv* megjithëqë; mejithëse
wer? kush?; **~ da?** kush është?
Werbung reklam|ë, -a
werden bëhem
Werden, das ~ *phi.* formim-i
Werfall *spr.* emëror|e, -ja
werfen hedh *e/i/o*; vërvis *s/t*; **Anker ~** lëshoj spirancën
Werft kantier anijendërtues
Werft- anijendërtues, -e
Werk vep|ër, -ra, *pl.* -ra-t; *Fabrik* uzin|ë, -a; **~ausgabe** përmbledhje veprash; **~bank** bankë pune; tezgjah-u, *pl.* -ë-t; **~statt** ofiçin|ë, -a; **~statt-Auto** autoofiçin|ë, -a; **~stattwagen** karroofiçin|ë, -a; **~tag** ditë pune; **~tätiger** punonjës-i; **~zeug** hallat-i, *pl.* -e-t; alet-i, *pl.* -e-t; instrument-i, *pl.* -e-t; veg|ël, -la, *pl.* -la-t; **~zeugkasten** arkë veglash
werktätig punonjës, -e
Wermuth vermut-i
wert *lieb* dashur, i/e; *geschätzt* nderuar, i/e; *teuer* shtrenjtë, i/e; *wichtig* rëndësish|ëm, -me, i/e; **~ sein** vyej; vlej; **das ist keinen Pfifferling ~** s'vlen asnjë grosh
Wert vler|ë, -a; vleft|ë, -a, *pl.* -a-t; **~arbeit** punë me duk; **~igkeit** valenc|ë, -a; **~lehre** aksiologjí-a; **~paket** pako me vlerë; **~papiere** letra me vlerë; **~schätzung** çmuarj|e, -a; **~siegel** pull|ë, -a
wertlos kotë, i/e; pavlefsh|ëm, -me, i/e; **~ machen** zhvleftësoj; zhvlerësoj
wertvoll çmuar, i/e; çmuesh|ëm, -me, i/e; vlersh|ëm, -me, i/e; paçmuesh|ëm, -me, i/e; vlefsh|ëm, -me, i/e; vyesh|ëm, -me, i/e
Werwolf vurkollak-u, *pl.* -ë-t; lug|at-i, *pl.* -étër-it
Wesen esenc|ë, -a; qeni|e, -a; thel|b-i, *pl.* -pinj-të; **~ und Erscheinung** qenie e shfaqje; **belebtes ~** frymor-i, *pl.*
wesenhaft thelbësor, -e
wesentlich qenësish|ëm, -me, i/e; qenësor, -e; qenësisht ⟨*adv*⟩; thelbësor, -e; themelor, -e; **die ~en Eigenschaften** vetitë thelbësore

Wesfall *spr.* gjinor|e, -ja
weshalb? përse; pse?
Wesir *hist.* vezir-i, *pl.* -ë-t
Wespe arëz-a; grerëz-a, *pl.* -a-t; grer|ë, -a
wessen? i kujt?
West- perëndimor, -e; **~deutschland** Gjermania Perëndimore
Weste xhup-i, *pl.* -a-t; jelek-u, *pl.* -ë-t; kanatier|e, -ja
Westen perëndim-i
Westfalen Vestfalí-a
Westindien *in der Karibik* Inditë Perëndimore
westlich perëndimor, -e
Wettbewerb emulacion-i; konkurrenc|ë, -a; gar|ë, -a
Wettbewerber konkurrent-i
Wette bast-i, *pl.* -e-t
wetten vë bast
Wetter mot-i, *pl.* -e-t; **~bericht** buletini meteorologjik; buletini i motit
Wettkampf ndeshj|e, -a; gar|ë, -a
Wettlauf, Wettrennen gar|ë, -a
wetzen grih; grihoj; **das Messer ~** eh thikën
Wetzstein grih|ë, -a; grihës-i; gur zmeril
Whisky uiski
wichtig rëndësish|ëm, -me, i/e; me rëndësi
Wichtigkeit rëndësí-a
Wicke *bot.* grashin|ë, -a
Wickelband dizg|ë, -a, *pl.* -gje-t
Wickelgamasche dollak-u, *pl.* -ë-t
Wickelkraut sarmá-ja
wickeln kurdis
Widder dash-i, *pl.* desh-të
wider kúndër ⟨+ *Abl*⟩; kundra
wider- kundër-
Widerhall jeh-u; jehon|ë, -a; rikumbim-i; **~ der Taten Skanderbegs** ushtima e veprës së Skënderbeut
widerhallen jehoj; bëj jeh
Widerruf shfuqizim-i
widerrufen revokoj; shfuqizoj
widerspiegeln pasqyroj; reflektoj
Widerspruch kontradikt|ë, -a; kundërthëni|e, -a; kundërshtim-i; **im ~ zu** në kundërshtim me
widerspruchsfrei pa kundërthënie
Widerstand qëndres|ë, -a; kundërshtim-i; rezistenc|ë, -a, **~ leisten** bëj ballë
widerstehen rezistoj; kundërshtoj; qëndroj; **der Versuchung ~** i qëndroj tundimit
Widerwille gërdí-a; krup|ë, -a; neverí-a
widmen blatoj; kushtoj
wie? si?; qysh?; siç ⟨*Konj*⟩;

sikundër ⟨*Konj*⟩; aq sa; ~ **dem auch sei** gjithsesí ⟨*adv*⟩; ~ **der Vater, so der Sohn** xhins pas xhinsi; ~ **ein Mann** gjithunjí; ~ **geht es Euch?** si je, zotrote?; ~ **geht es Ihnen** si jeni ?; ~ **hast du geschlafen?** si u gdhive?; ~ **im Fluge** fluturímthi ⟨*adv*⟩; ~ **lange?** sa kohë?; ~ **wenn** sikur
wieder përsërí ⟨*adv.*⟩
wieder- ri- ~ **aufnehmen** rifilloj ; ~ **aufrichten** mëkëmb; ~ **einführen** rivendos; ~ **erwachen** ringjallem; ~ **füllen** rimbush; ~ **heiter werden** zbardhem
Wiederaufnahme rigjallërim-i; *jur.* rifillim-i; ~ **der Geschäfte** rigjallërim i veprimtarisë; ~ **des Verfahrens** rifillimi i gjykimit
Wiederausfuhr rieksport-i
wiederbeginnen rifilloj
wiederbeleben ngjall
Wiederbelebung rigjallërim-i
wiederbewaffnen riarmatos
Wiedereinfuhr riimport-i
wiedererkennen rinjoh
wiedererrichten rivendos
wiederfinden rigjej
wiedergeben riprodhoj
wiedergeboren werden rilind
Wiedergeburt rilindj|e, -a
wiedergewinnen rifitoj
wiedergutmachen dëmshpërblej
Wiedergutmachung dëmshpërblim-i; reparacion-i
wiederherstellen restauroj; rindërtoj
Wiederherstellung remont-i, *pl.* -e-t; rindërtim-i
wiederholen përsëris *s/t*
Wiederholung përsëritj|e, -a
wiederkehren rikthehem
wiedersehen shoh përsëri
Wiedersehen ritakim-i; **auf ~!** mirupafshim!
wiedervereinigen ribashkoj
Wiederverkauf rishitj|e, -a
wiederverkaufen rishes *e/i; s/t*
Wiege djep-i, *pl.* -e-t; hol|e, -ja; **~ndruck** inkunabul-i; **~nlied** ninull|ë, -a; ninanan|ë, -a; ullullá-ja; **ein ~nlied singen** nanuris
wiegen peshoj; terezis *s/t*
wiehern hingëllij
Wien *ON* Vjen|ë, -a
wienern fajkoj; feks
Wiesbaden *ON* Visbaden-i
Wiese blerin|ë, -a; livadh-i, *pl.* -e-t
Wiesel buk|ël, -la, *pl.* -la-t
wieso? posi? qysh?; ~ **nicht!** qysh jo!; ~ **willst du nicht?!** qysh, nuk dashke!
wieviel? sa?; ~ **Uhr ist es?** sa është ora?
wild egër, i/e; zemërak, -e; ~ **werden** egërsohem; **~es**

Tier bish|ë, -a
Wild gjah-u; **~ente** baj|ë, -a; **~heit** egërsí-a; **~kastanie** ash|ër, -ra, *pl.* -ra-t; **~leder** kamosh-i, *pl.* -e-t; **~schwein** thi i egër; **~taube** gogesh-i, *pl.* -ë-t; gugash-i; **~wasser** përr|ua, -oi, *pl.* -énj-të; **das ~wasser stürzt vom Berge herab** përroi zdirgjet nga mali
Wille vullnet-i; **der ~Gottes** vullneti hyjnor; **aufgezwungener ~** diktat-i, *pl.* -e-t
willenlos pa vullnet; **~ werden** zhvullnetem
willensstark vullnetsh|ëm, -me, i/e
willkommen mirë se vjen *erdhe/erdhët*; **~!** ardhsh shëndoshë
Willkür zullum-i, *pl.* -e-t; **~akte der Gendarmen** zullumet e xhandarëve
willkürlich arbitrár, -e, vullnetsh|ëm, -me, i/e; **~e Handlung** veprim i vullnetshëm
Wimper qerpik-u, *pl.* -ë-t
Wind er|ë, -a; **frischer ~** fresk-u; **in ~eseile** me shpejtësi vetëtime; **~fang** hajat-i, *pl.* -e-t; **~hund** zagar-i, *pl.* -ë-t; **~schutzscheibe** *um Zweirad* erëpritës-i; **~stille** bunac|ë, -a; **~stoß** duhm|ë, -a
Winde *bot.* dredhk|ë, -a; *tech.* vinç-i, *pl.* -a-t; arganoja; makará-ja; çikrik-u, *pl.* -ë-t; *auf einem Wagen installierte* **~** autovinç-i, *pl.* -a-t
Windel shpërgë-ri; pelen|ë, -a; brekor|e, -ja
winden kurdis; **sich ~** gjarpëroj; **sich ~** zhdërvillem *e/i/o*
Windung dredh|ë, -a
Winkel kënd-i, *pl.* -e-t; skut|ë, -a; zgëq-i, *pl.* -e-t
winseln kuis *s/t*; hungëroj; **der Hund winselt** qeni kuit
Winseln, das ~ kuisj|e, -a
Winter dim|ër, -ri, *pl.* -ra-t; **winters, im Winter** dimrit
Winter- dimërak, -e; dimëror, -e; **~apfel** mollë dimërake; **~futter** dimërisht|ë, -a; **~garten** xhamllëk-u, *pl.* -qe-t; **~goldhähnchen** çikë e vogël; **~mantel** kapot|ë, -a; **~vorrat** zahiré-ja; **~weide** vërrí-a; dimërisht|ë, -a
winterlich dimëror, -e
Winzer vreshtar-i
Winzerei vreshtari-a
winzig vocërr; vóckël
wir ne; **~ beide** ne të dy
Wirbel *med.* rrótull-a, *pl.* -a-t; **~säule** shtyllë kurrizore; shpina e kurrizit; **~sturm** ciklon-i, *pl.* -e-t
wirken veproj

wirklich vërtetë, i/e; real, -e; vërtet ⟨*adv*⟩; aman!
Wirklichkeit realitet-i
Wirkung veprim-i; efekt-i, *pl.* -e-t
Wirkwaren trikotazh-i
Wirtschaft ekonomí-a; **~ler** ekonomist-i; **~lichkeit** rentabilitet-i; **~spolitik** politikë ekonomike; **~swissenschaften** shkenca ekonomike
wirtschaftlich rentab|ël, -le; ekonomik, -e; **~er Ruin** rrënim ekonomik; **~er Stillstand** amulli-a ekonomike
wischen fshij
Wismut *chem.* bismut-i
wissen di, -ta, -tur
Wissen dij|e, -a; njohurí-a; **~schaft** shkenc|ë, -a; **~schaftler** dijetar-i; shkencëtar-i; **junger ~ aspirant-i,** *pl.* -ë-t; **~schafts-** shkencor, -e; **~sdurstiger** arsimdashës-i; **~sgebiet** diturí-a
wissenschaftlich shkencor, -e
Witwe e ve-ja; vejush|ë, -a
Witwer vejan-i, *pl.* -ë-t; vejush-i, *pl.* -ë-t
Witz barcelet|ë, -a; shaká-ja; gazel|e, -ja; qyfyr-i, *pl.* -e-t; shpotí-a; tallj|e, -a; **~e erzählen** tregoj qyfyre; **~e machen** tallem
wlachisch vllah, -e
wo ? ku?; **~ bist du, mein Dickerchen!** ku je, moj dume!; **~ warst du, Bursche?!** ku ishe, xhanëm?!
Woche jav|ë, -a, *pl.* -ë-t
Wochen- përjavsh|ëm, -me, i/e; **~bett** *med.* lehoní-a; lodhnim-i; **~schau** *im Kino* kinokronik|ë, -a; kinoditar-i
wöchentlich javor, -e; përjavsh|ëm, -me, i/e
Wöchnerin *med.* lehon|ë, -a; grua e dergjur; **~nenstation** maternitet-i
Wodka vodk|ë, -a
Woge tallaz-i, *pl.* -e-t; dallg|ë, -a
woher? nga?; prej nga?; **~ kommst du?** nga vjen?
wohin? për ku? ku?
wohl *gut* mirë; vallë *Partikel*; **~riechend** mermë, -e, i/e; **~tätig** bamirës, -e; **~wollend** vullnetmirë
wohlan! hajdeni *Int.*
Wohlergehen mirëqeni|e, -a; begatí-a
Wohlgeruch arom|ë, -a
Wohllaut bukurtingëllim-i
Wohlstand mirëní-a; begatí-a; mirëqeni|e, -a
Wohltäter bamirës-i; mirëbërës-i
Wohltätigkeit bamirësí-a
Wohlwollen dashamirësí-a
Wohnblock pallat-i, *pl.* -e-t

Wohneinheit lagj|e, -ja

wohnen banoj; *zu Gast* buj, -ta, -tur

Wohnen, das ~ banim-i

Wohngemeinschaft bashkëbanim-i

Wohnhaus banes|ë, -a

Wohnort qendër e banimit; vendbanim-i

Wohnraum kthin|ë, -a

Wohnsitz banim-i

Wohnung apartament-i, *pl.* -e-t

Wohnzimmer dhom|ë ndeje; dhomë banimi; odë e bukës; **~schrank** bufé-ja

Wolf uj|k-u, *pl.* -q-it; **~sfell** ujkth-i; **~shund** qen-uj|k-u, *pl.* -q-it; **~smilch** *bot.*; qumështor|e, -ja

Wölfin ujkesh|ë, -a; ujkonj|ë, -a

Wolfram *chem.* volfram-i

Wolga *FN* Vollg|ë, -a

Wolke re-ja; **~nbruch** rrebesh-i, *pl.* -e-t; **~kratzer** qiellgërvishtës-i

wolkenlos pa re

Wolldecke jamullí-a; velenx|ë, -a; kuvertë leshi; **rauhe ~** cerg|ë, -a

Wolle lesh-i; **aus ~, wollen** leshtë, i/e

wollen dua, do, desha, dashur; dëshiroj; kërkoj; **er wollte etwas sagen** u mat të thoshte diçka

Wollflocke shtëllung|ë, -a

Wollkamm dhëmbec-i, *pl.* -e-t

Wollkämmerin gërhanëtor|e, -ja

Wollschürze barkor|e, -ja

Wollstoff coh|ë, -a, *pl.* -ëra-t

womit? me se?

womöglich kushedí ⟨*adv*⟩

Wort fjal|ë, -a; llaf-i, *pl.* -e-t; **abgeleitetes ~** rrjedhoj|ë, -a; **das ~ ergreifen** marr fjalën; **geflügeltes ~** fjalë fluturake; **~anlaut** *spr.* pjesë nistore e fjalës; **~arten** pjesë të ligjëratës; **~bestand** fjalës-i; **~bildung** fjalëformim-i; **~bildungs-** fjalëformues, -e; **~bildungslehre** morfologji e fjalëformimit; **~bruch, ~brüchigkeit** çartabes|ë, -a; **~familie** çerdhe fjalësh; **~führer** zëdhënës-i; **~gruppe** togfjalësh-i, *pl.* -a-t; **~herkunft** etimologjí-a; **~schatz** fjalës-i; leksik-u; **~schatz-** leksikor, -e; **~schatzeinheit** leksem|ë, -a; **~schatzforschung** leksikologjí-a; **~schwall** rrëke fjalësh; **~verbindung** togfjalësh-i, *pl.* -a-t; **~zusammensetzung** *spr.* fjalëpërbërj|e, -a

wortbrüchig besëshkalë

Wörterbuch fjalor-i

Wörterbüchlein fjalorth-i,

pl. -ë-t
wortkarg fjalëkursyer
wörtlich fjalëpërfjalsh|ëm, -me, i/e; tekstualisht ⟨*adv*⟩; fjalë për fjalë
wortreich fjalaman, -e
wortwörtlich shkronjë për shkronjë
wovon për se?; nga ç'? ~ **sonst?** nga ç'tjetër?
Wroclaw *ON* Vroclav-i
Wucherer fajdexhí-u, *pl.* -nj-të; kamatar-i
Wucherkapital kryegjë-ja
wuchern harlisem; harlis
Wucherzins fajdé-ja
Wucht fuqí-a; vrull-i; furí-a
Wuhan *ON* Uhan-i
Wühlarbeit diversion-i
wühlen gërmoj; rrëmoj; trazoj
Wundarzt xherah-u, *pl.* -ë-t *veralt.*
Wunde plag|ë, -a, *pl.* -ë-t
Wunder mrekullí-a
wunderbar hyjnor, -e; çuditsh|ëm, -me, i/e
wundern, sich ~ habitem; çuditem
wundertätig çudibërës, -e
wundervoll admiruesh|ëm, -me, i/e
Wundstarrkrampf tetanos-i
Wunsch dëshir|ë, -a; hatër-i, *pl.* -e-t
wünschen dëshiroj; uroj
wünschenswert dëshiruesh|ëm, -me, i/e
Würde dinjitet-i; sed|ër, -ra
würdevoll dinjitoz, -e
würdig denjë, i/e; dinjitoz, -e; denjësisht ⟨*adv*⟩
würdigen nxjerr në pah
Würdigkeit denjësí-a
Würfel zar-i, *pl.* -e-t; kub-i, *pl.* -e-t
Wurfschleuder hobé-ja
Wurm krimb-i, *pl.* -a-t
wurmig, wurmstichig krimbçe
Wurst sallam-i, *pl.* -e-t; ~**braterei** mezerí-a; ~**scheibe** kurmagjak-u, *pl.* -ë-t
Würstchen salsiç|e, -ja
Württemberg Vyrtemberg-u
Wurzel rrënj|ë, -a
Wurzel- rrënjor, -e; ~**aorist** aorist rrënjor; ~**stock** *bot.* rizom|ë, -a; ~**wort** fjalë rrënjë
würzen lezetoj
Wüste shkretëtir|ë, -a
Wüstling firaun-i, *pl.* -ë-t
Wut zemërim-i; inat-i; maraz-i, *pl.* -e-t; tërbim-i; mllef-i; **vor** ~ **toben** tërbohem; ~**ausbruch** duf-i; histerí-a
wütend frysh|ëm, -me, i/e; zemëruar, i/e; ~ **machen** zemëroj; ~ **werden** tërbohem; zemërohem; vrenjtem

Wüterich mllefqar-i, *pl.* -ë-t

X

Xerographie kserografí-a

Xylophon ksilofon-i, *pl.* -ë-t

Y

Yankee jankí

Yard *91,44 cm*, jard-i, *pl.* -e-t

Yuan *Währung* juan-i

Z

z. B. = zum Beispiel f. v. *fjala vjen*

Zacken cep-i, *pl.* -a-t; hep-i, *pl.* -a-t; grath-i, *pl.* -ë-t

Zahl num|ër, -ri, *pl.* -ra-t; **in die roten Zahlen kommen** kaloj në debi; **~wort** numëror-i, *pl.* ë t

zahlen paguaj

zählen njeh; numëroj

Zähler njehsor-i, *pl.* -ë-t

zahlreich shumtë, i/e

Zahlung pages|ë,-a; këst-i, *pl.* -e-t; **~en aussetzen** pezulloj pagesat; **~sanweisung** urdhërpages|ë, -a; **~sbilanz** bilanc i pagesave; **~sfähigkeit** gjendje arke; aftësí paguese; **~srate** këst-i, *pl.* -e-t; **~sweise** mënyrë e pagesës

zahlungsfähig i aftë të paguajë

zahlungsunfähig i paaftë të paguajë

zahm mitar, -e

Zahn dhëmb-i, *pl.* -ë-t; *tech.* dhëmbëz-a, *pl.* -a-t; **der ~ wackelt** luan dhëmbi; **mit den Zähnen knirschen** kërcëlloj dhëmbët

Zahn- dentar, -e; dhëmbor, -e; **~arzt** dentist-i, *pl.* -ë-t; dhëmbëtar-i; mjek dhëmbësh; **~arzt-** dentar, -e; **~fleisch** dud|ë, -a; **~klinik** klinikë dentare; **~laut** *spr.* bashkëtingëllore dhëmbore; **~medizin** stomatologjí-a; **~pasta** pastë dhëmbësh; **~rad** ingranazhi, *pl.* -e-t; **~schmerz** dhembje dhëmbësh

Zähnchen dhëmbëz-a, *pl.* -a-t; grath-i, *pl.* -ë-t

zahnlos pa dhëmbë; dúdësh, -e

Zambia Zambi|e, -a

Zange dar|ë, -a, *pl.* -ë-t

Zank zënk|ë, -a; çart|ë, -a; sherr-i, *pl.* -e-t

Zäpfchen *Uvula* dërçikth-i; njerith-i

Zapfen duq-i, *pl.* -e-t

Zar car-i, *pl.* -ë-t

Zarin caresh|ë, -a

zart brishtë, i/e; delikat, -e; **~fühlend** delikat, -e

Zartheit butësí-a

Zäsium *chem.* cezium-i

Zäsur *spr.*, *mus.* cezur|ë, -a

Zauber- magjik, -e; **~künstler** iluzionist-i; **~ring** unazë magjike

Zauberer magjistar-i

zaubern magjeps

zaudern ngurroj; dyzoj

Zaum fre-ri, *pl.* -rë-t

Zaun gardh-i, *pl.* -e-t

Zebra zéb|ër, -ra, *pl.* -ra-t; **~streifen** vijat e bardha të trafikut

Zecke këpush|ë, -a

Zeder *bot.* céd|ër, -ri, *pl.* -ra-t

zedieren *ök.* cedoj

Zeh *m.* gisht-i, *pl.* -a-t, -ërinj-të; gisht i këmbës; **auf ~enspitzen** në majë të gishtërinjve

Zehe *f. Knoblauch* thel|b-i, *pl.* -pinj-të

zehn dhjetë; **~silbig** dhjetërrokësh, -e; **~tägig** dhjetëditësh, -e; dhjetëditor, -e; **der ~te** i dhjetë

Zehner dhjetësh|e, -ja

Zehnkampf *spo.*, dhjetëgarësh-i, *pl.* -a-t

Zehntel e dhjet|ë, -a

Zeichen shenj|ë, -a, *pl.* -a-t; **~block** bllok vizatimi; **~lehre** semiologjí-a; **~setzung** pikësim-i; **~trickfilm** film multiplikativ

zeichnen vizatoj; *markieren* damkos

Zeichner vizatues-i; **technischer ~** disenjator-i

Zeichnung ravizim-i; vizatim-i

Zeige- dëftues, -e; **~finger** gisht dëftues

zeigen tregoj; dëftej *e/ye*; dëftoj; rrëfej *e/ye*

zeigend dëftues, -e

Zeiger akrep-i, *pl.* -a-t

Zeile radh|ë, -a; rresht-i; **zwischen den ~n lesen** kap nëntekstin e fjalëve; **~nsetzmaschine** linotip-i, *pl.* -e-t

Zeit koh|ë, -a; **freie ~** volí-a; nge-ja; **keine ~ finden** s'gjej arallëk; **zu geeigneter ~** në kohën e duhur; **~ der**

Verbüßung kohë e vuajtjes; ~ **haben** kam nge; ~**abschnitt** periudh|ë, -a; ~**alter** epok|ë, -a; ~**bestimmung** *spr.* plotës kohe; ~**form** *spr.* koh|ë, -a; ~**punkt** çast-i, *pl.* -e-t; ~**schrift** revist|ë, -a; e përkohshm|e, -ja; ~**wort** *spr.* folj|e, -a

zeitgenössisch bashkëkohës, -e; ~**e Quellen** burime bashkëkohëse

zeitlos pakohor, -e

Zeitung gazet|ë, -a, *pl.* -a-t; ~**sausträger** gazetashpërndarës-i; ~**sverkäufer** gazetashitës-i

zeitweilig përkohsh|ëm, -me, i/e

zelebrieren *Messe* meshoj; celebroj

Zell- qelizor, -e; ~**gewebe** ind qelizor; ~**schwund** atrofí-a; ~**teilung** ndarje e qelizës

Zelle celul|ë, -a; qeliz|ë, -a; *Telefon* kabin|ë, -a, *pl.* -a-t; *Kloster* qelí-a

Zellophan celofan-i

Zelluloid celuloid-i

Zellulose celuloz|ë, -a

Zelt shator|e, -ja; çad|ër, -ra; tend|ë, -a; ~**plane** çad|ër, -ra

Zement çimento-ja

zementieren çimentoj

Zenith zenit-i

zensieren censuroj

Zensur censur|ë, -a; **der ~ unterziehen** censuroj

Zentimenter *cm* centimet|ër, -ri, *pl.* -ra-t

Zentner *z* pesëdhjetë kilogram

zentral qendror, -e

Zentral- qendror, -e; ~**heizung** ngrohje qendrore

Zentrale central-i, *pl.* -e-t

zentralisieren centralizoj

Zentralismus centraliz|ëm, -mi; **bürokratischer ~ centralizëm burokratik**

zentrieren centroj

zentrifugal qendërikës, -e

Zentrifuge centrifug|ë, -a

zentripetal qendërsynues, -e

Zentrum qend|ër, -ra; ~**sanhänger** centrist-i

Zephir zefir-i

zerbrechen thyej; copëtoj; **sich den Kopf ~** vras mendjen

zerbrechlich thyesh|ëm, -me, i/e; brishtë, i/e

zerbrochen prishur, i/e; thyer, i/e

zerbröckeln ronitem; harmohem; thërrmoj

zerbröseln drudh; dromcoj

zerebral *spr.* cerebral, -e

Zeremonie ceremoní-a

zerfallen zhgardhohem; harmohem

zerfetzen shqyej; grilloj; xhavalit; zheloj; çjerr *e/i/o*; zhap
zerfressen ha; grij
zerhacken cokëloj
zerkleinern imtësoj; imtoj
zerknautschen, zerknittern rrudh
zerkrümeln grimcoj; drudh; dromcoj; grij
zerlegbar zbërthyesh|ëm, -me, i/e
zerlegen zbëerthej; analizoj
zerlumpt leckosur, i/e
zermalmen, zerreiben thërrmoj
Zerreiche *bot.* qarr-i, *pl.* -e-t
zerreißen zheloj; çjerr *e/i/o*; gris; shqyej; këpus *s/t*; **zerrissen** këputur, i/e
zerren tërheq me forcë; **an den Haaren ~** zvarris për flokësh
Zerrung *med.* strapo-ja
zerschmettern gremis
zersetzen, sich ~ dekompozohem; shpërbëhem; zbërthehem
Zersplitterung dasí-a
zerstören shkatërroj; prish; zhbëj; çart; rropos; shpartalloj
Zerstörung shkatërrim-i; prishj|e, -a
zerstreuen zhdavaris *s/t*; davaris *s/t*; hallakas *s/t*; **zerstreut** hallakatur, i/e; *vergeßlich* hutaq, -e
zerstückeln copëtoj; dërrmoj; çokanis; grij; **zerstükkelt** copëtuar, i/e
Zerstückelung copëtim-i
zerteilen *Fisch* kurmoj
Zertifikat certifikat|ë, -a; vërtetes|ë, -a; dëftes|ë, -a
zertreten shkel
Zettel sked|ë, -a; **~kasten** skedar-i; **~katalog** katalog-skedar
Zeug rroba-t; vegla-t; lënd|ë, -a; **altes ~** vjeturin|ë, -a; **~haus** arsenal-i, *pl.* -e-t
Zeuge dëshmitar-i; **~naussage** *jur.* dëshmí-a
Zeugma *spr.* zeugm|ë, -a
Zeugnis certifikat|ë, -a; dëshmí-a
Zhongnanhai *Regierungsviertel in Peking* Çunanhai
Zichorie radhiq|e, -ja
Zicklein kec-i, *pl.* -a-t; kedhi, *pl.* -ë-t; keç|e, -ja
Zickzackbewegung zigzag-u, *pl.* -e-t
Ziege dhi-a, *pl.* dhi-të
Ziegel qeramidh|e, -ja; tjégull-a, *pl.* -a-t; tull|ë, -a; **~brenner** tjegullar-i; **~stein** tull|ë, -a
Ziegen- dhirtë, i/e; **~bock** cj|ap-i, *pl.* -ep-të; **~böckchen** cjapok-u, *pl.* -ë-t; **~hirt** dhiar-i; **weibliches ~junges** keç|e, -ja

ziehen heq *e/i/o*; çoj, çova, çuar; zhgërryej; **es zieht** fryn erë; **aus dem Stecker ~** heq nga priza; **durch den Kakao ~** gojavis *s/t*; **eine Gerade ~** heq një drejtëz; **in die Länge ~** zvarg; **in Zweifel ~** vë në dyshim
Ziel qëllim-i; **~bahnhof** stacion fundor; **~ort** vendmbërritj|e, -a; **~scheibe** nishan-i, *pl.* -e-t
zielen qëlloj
ziellos pa synim, pa plan; **~ vor sich hinleben** gjëllij
zieren dritësoj; hijeshoj
Ziffer shif|ër, -ra, *pl.* -ra-t, **arabische ~n** shifra-t arabe
Zigarette cigar|e, -ja; **~nspitze** cigarisht|e, -ja; pip|ë, -a
Zigarre puro-ja, *pl.* -t
Zigeuner gabel-i, *pl.* -ë-t; arixhí-u; cigan-i, *pl.* -ë-t; evgjit-i, *pl.* ë-t; **seßhafter ~** jev|g-u, *pl.* -gj-it; evgjit-i
Zigeunerin cigane, -ia; jevg|ë, -a; **herumziehende ~** arixheshk|ë, -a
Zikade cínx|ër, -ra, *pl.* -ra-t; gjinkall|ë, -a
Zimmer dhom|ë, -a; od|ë, -a; kthin|ë, -a; konak-u, *pl.* -ë-t; **das ~ geht nach Süden hinaus** dhoma bie nga jugu; **~decke** tavan-i, *pl.* -e-t; **~mädchen** punonjëse kati; **~mann** karpentier-i, *pl.* -ë-t
Zimt; **~baum** kanell|ë, -a
Zink *chem.* zink-u; **~blech** llamarinë e zinkuar; llamarin|ë, -a
Zinn kallaj-i; **~gießer** kallajxhí-u, *pl.* -nj-të
Zinne beden-i, *pl.* -a-t
Zins kamat|ë, -a; përqindj|e, -a; **~en** interes-i, *pl.* -a-t
Zirkel kompas-i, *pl.* -e-t; **~ des Landmessers** zhalon-i, *pl.* -ë-t
Zirkular qarkor|e, -ja
Zirkulationsfonds *ök.* fonde të qarkullimit
zirkulieren qarkulloj
zirkumflektiert *spr.* lakor, -e
Zirkumflex theks lakor
Zirkus cir|k-u, *pl.* -qe-t
zirpen cinxëroj; zhurmoj; **die Zikaden ~** gjinkallat zhurmojnë
Zirpen, das ~ der Zikade cinxërim|ë, -a
Zirrhose *med.* cirroz|ë, -a
zischen fishkëllej *e/ye*
zischend shushuritës, -e
Zischlaut *spr.* bashkëtingëllore fishkëllore
Zisterne cistern|ë, -a
Zitadelle keshtjell|ë, -a
Zitat citat-i, *pl.* -e-t
zitieren citoj
Zitrone limon-i, *pl.* -ë-t; qitro-ja; **~nsaft** limonad|ë, -a

Zitrusfrüchte agrume-t *f.*
zittern trembem; ~ **um** dridhërohem për ⟨+ *Akk*⟩
Zittern, das ~ dridhj|e, -a; rrëqethj|e, -a; dridhm|ë, -a
Zitze mjelm-i; thumb-i, *pl.* -a-t
zivil civil, -e
Zivilisation qytetërim-i
zivilisieren qytetëroj
Zivilklage aktpadí-a
Zivilschutz, Zivilverteidigung mbrojtje civile
zögern ngurroj
Zoll dogan|ë, -a; *engl. Längenmaß* inç-i; ~ **erheben** doganoj
Zoll- doganor, -e; ~**abgabe** tagër doganor; ~**büro,** ~**amt** agjenci dogane; ~**erklärung** deklaratë doganore; ~**tarif** tarifë doganore
Zöllner doganier-i
Zone zon|ë, -a; brez-i, *pl.* -a-t
Zoologe zoolog-u, *pl.* -ë-t
Zoologie zoologjí-a
zoologisch zoologjik, -e
Zootechnik zootekní-a; zooteknik|ë, -a
Zootechniker zooteknik-u; ~ **und Tierarzt** zooveteriner-i
Zopf gërshet-i, *pl.* -a-t
Zorn inat-i; mllef-i
Zote lapërdhí-a
zu te; tek ⟨+ *Nom.*⟩; rreth ⟨+ *Abl*⟩; ~ **Fuß** më këmbë; ~ **Fuß gehen** ec|i, -ën, -a, -ur; ~ **sehr** tepër; ~ *geschlossen* mbyllët, i/e; mbyllur, i/e; **zur Kritik der Philosophie des Rechts** rreth kritikës së filozofisë të së drejtës; **zur Minna machen** *fig.* zdrugoj; **zur Schule gehen** shkollohem
Zuber govat|ë, -a
zubereiten gatis *s/t*; gatuaj
Zubereitung gatim-i
Zucchini *bot.* kúnguj-t
züchten rris *s/t*
Zucht rritj|e, -å; ~**hengst** hamshor-i; ~**tier** *Hengst, Stier, Bock* damaz-i, *pl.* -ë-t
zucken dridhem; **er zuckte die Achseln** ia shtrëngoi supet
Zucker sheqer-i; ~**bäcker** sheqerxhí-u, *pl.* -nj-të; ~**bäckerei** pastiçerí-a; ~**dose** mbajtëse sheqeri; ~**kranker** diabetik-u; ~**krankheit** diabet-i; ~**melone** pjep|ër, -ra; ~**rohr** kallam sheqeri; ~**rübe** panxharsheqeri
zuerst së pari
Zufall rastësí-a
zufällig rastit, i/e; rastësish|ëm, -me, i/e; rastësisht ⟨*adv*⟩; gand
Zuflucht ndihm|ë, -a; shpë-

tim-i; ~ **gewähren** strehoj
zufrieden kënáqur, i/e
Zufriedenheit ëndj|e, -a; kënaqësí-a
zufriedenstellend kënaqsh|ëm, -me, i/e
zufrieren ngri|j, -va, -rë
Zug tren-i, *pl.* -a-t; tipar-i, *pl.* -e-t; *mil.* tog|ë, -a; kortezh-i, *pl.* -e-t
Zugabe shtes|ë, -a; ~! bis; bizë
Zugang hyrj|e, -a; ~**sbuch** regjistër inventarizimi; ~**svermerk** skedë bazë
Zugehörigkeit përkatësí-a
Zügel kapist|ër, -ra, *pl.* -ra-t; fren-i, *pl.* -a-t; *am Pferd* zaga|ll-i, *pl.* -j-të
Zugeständnis lëshim-i; ~**se machen** bëj lëshime
zugestehen akordoj
Zugezogener ardhës-i
Zugführer *mil.* komandanti i togës
zugunsten në dobi të ⟨+ *G*⟩
zuhören dëgjoj; veshtoj
Zuhörer dëgjues-i
zuknöpfen mbërthej; kopsis *s/t*
Zukunft ardhm|e, -ja, e
zukünftig ardhsh|ëm, -me, i/e; në të ardhmen
zulassen pranoj
zulässig lejuesh|ëm, -me, i/e; pranuesh|ëm, -me, i/e
Zulassung pranim-i; ~**santrag** kërkesë pranimi
zuliebe: dir ~ për hirin tënd
zumauern muros
zumeist më së shumti
zumute në qejf; **mir ist zum Lachen zumute** më vjen për të qeshur
Zuname mbiem|ër, -ri, *pl.* -ra-t
Zündanlage sistem ndezjeje
Zünder *mil.* djegor|e, -ja
Zunder eshk|ë, -a
Zündholz shkrepës|e, -ja
Zündkerze kandel|ë, -a
Zündschloß *tech.* kuadër i ndezjes
Zündschnur fitil-i, *pl.* -a-t
Zündung *tech.* ndezj|e, -a
Zündverteiler *tech.* distributor-i
Zunft esnaf-i; korporat|ë, -a; ~**vorsteher** qeha|já-i, *pl.* -llárë-t
Zunge gjuh|ë, -a; llap|ë, -a
Zungen- gjuhor, -e; ~**rücken** shpinë e gjuhës; ~**spitze** majë e gjuhës; llap|ë, -a
Zünglein gjúhëz-a
zunichte machen prish; asgjësoj; *in Staub und Asche legen* bëj pluhur e hi
zurechtrücken vë në vend
Zurechtweisung vërejtj|e, -a
Zürgelbaum *bot.* carac-i, *pl.* -ë-t
Zürich *ON* Cyrih-u
zurück mbrapsht; ~**bleiben**

çaloj; ngel; **~fordern** rivendikoj; **~geblieben** prapambetur, i/e; **~gezogen** mbyllur në guaskën e vet; **~kehren** kthehem *e/ye*; **~lassen** lë pas; **~legen** *Strecke* mbuloj; **~nehmen, ~senden** prapësoj; **~spulen** *Tonband, Film* kthej mbrapsht; **~treten** heq dorë; **~weichen** zbythem; zmbrapsem; **~weisen** refuzoj; **~werfen** zmbraps; **~ziehen** zmbraps; tërheq

Zurückweisung refuzim-i; prapësim-i

Zurverfügungstellung *jur.* dhëni|e, -a

zusagen premtoj; **es sagt mir zu** më ëndet

zusammen së bashku; bashkë ⟨*adv*⟩

zusammen- bashkë-; **~arbeiten** kooperoj; **~fassen** përmbledh

Zusammenarbeit bashkëpunim-i

Zusammenbruch shembj|e, -a

Zusammenfassung përmbledhj|e, -a; *jur.* bashkim-i; *Resümee* paraqitje e shkurtër

zusammengefaßt përmbledhtas ⟨*adv.*⟩

zusammengesetzt përbërë, i/e; **~e Zeitformen** kohë të përbëra

zusammengezogen tkurrur, i/e

Zusammenhang lidhj|e, -a; nëntekst-i; **im ~ mit** lidhur me

zusammenklappen palos

Zusammenkunft tubim-i

zusammenleben bashkëjetoj

Zusammenleben, das ~ bashkëjetes|ë, -a

zusammenpassen përputhem

zusammenreißen, sich ~ mbledh veten; mbledh kallaballëkun

zusammenschließen bashkoj

zusammenstauchen *fig.* bëj zhele

zusammenstellen kompiloj; përpiloj

Zusammenstoß përleshj|e, -a; përplasj|e, -a

zusammenstoßen përplas

zusammenstürzen shembem

zusammentreiben tulatem

Zusammenwirken bashkëpunim-i; bashkëveprim-i

zusammenziehen mbledh; **die Pflaumen ziehen mir den Mund zusammen** ma athëtojnë gojën kumbullat

Zusammenziehung tkurr|je, -a

Zusatz shtes|ë, -a; shtojc|ë, -a; shtim-i

Zusatz- plotësues, -e; **~artikel** *jur.* nen plotësues; **~ex-**

emplar kopje suplementare; **~frage** pyetje-shtesë; **~strafe** *jur.* dënim plotësues
Zuschauer spektator-i
Zuschlag shtes|ë, -a
zuschließen kyç; mbyll
zusehen shikoj; bëj sehir
zustande bringen qos; **zustande kommen** realizohem; bëhem
zuständig kompetent, -e; përkatës, -e
Zuständigkeit kompetenc|ë, -a
zustimmen aprovoj; miratoj
Zustimmung pëlqim-i; aprovim-i, miratim-i
Zutaten harxh-i, *pl.* -e-t; **~ zum Börek** harxhet e byrekut
zutreffen qëndroj; **das trifft nicht zu** arsyeja nuk qëndron
Zutritt hyrj|e, -a
Zuverlässigkeit saktësí-a
Zuversicht uzdaj|ë, -a *dial.*
zuviel tepër; **~ Luft** tepricë ajri
zuvor përpara ⟨*adv.*⟩
Zuwachs rritj|e, -a; shtim-i
Zwang shtrëngim-i; zor-i; mujshí-a
Zwangs- detyruar, i/e; **~aufenthalt** qëndrim i detyrueshëm; **~sheilung** *jur.* mjekim i detyruar
zwanzig njëzet
zwar vërtet; **~... aber** daç ... daç
Zweck qëllim-i
Zweck- qëllimor, -e
zweckdienlich duhur, i/e
zwei dy; **der ~te** i dytë; **~ Tränen** dy pika lot; **~ und zwei** dy nga dy; **~deutig** dykuptimsh|ëm, -me, i/e; **~fach** dyfish ⟨*adv*⟩; **~farbig** dyngjyrësh, -e
Zweier- dysh, -e
Zweifel dyshim-i
zweifelhaft dyshimtë, i/e; dyshimor, -e
zweifeln dyshoj; druhem
zweiflügelig dyfletësh, -e
Zweig bis|k-u, *pl.* -qe-t; deg|ë, -a
zweigeschlechtig *spr.* dygjinish|ëm, -me, i/e
zweigesichtig dyfaqësh, -e
zweigipflig *spr.* dykulmor, -e
zweigliedrig dygjymtyrësh, -e; **~er Satz** fjali dykryegjymtyrëshe
Zweigstelle filial-i, *pl.* -e-t; sukursal i, *pl.* -e-t
Zweihandsäge zhak|e, -ja
zweihundert dyqind
Zweijahres-, **zweijährig** dyvjeçar, -e
Zweikampf *spo.* dygarësh-i; *Duell* dyluftim-i
zweikantig dyfaqësh, -e
Zweikasus- dyrasësh, -e

zweimal dy herë; dyfish; bis; bizë
Zweimast- dydirekësh, -e
Zweimaster *naut.* anije dydirekëshe
zweimonatlich dymujor, -e
zweimotorig dymotorësh, -e
Zweiphasen- dyfazor, -e; **~strom** *tech.* rrymë dyfazore
zweiphasig dyfazor, -e
Zweireiher kostum dopiopet
zweiseitig dypálësh, -e; dyansh|ëm, -me, i/e
zweisilbig dyrrókësh, -e
zweisprachig dygjuhësh, -e
Zweisprachigkeit dygjuhërí-a
zweistöckig dykátësh, -e
Zweitakt- *tech.* dykóhësh, -e; **~motor** motor dykohësh
zweiter dytë, i/e
zweitrangig sekondar, -e
zweiwertig dyvalent, -e; dyvlersh|ëm, -me, i/e
zweiwöchentlich dyjavor, -e
Zwerchfell *med.* diafragm|ë, -a
Zwerg herr-i, *pl.* -ë-t; xhuxh-i, *pl.* -ë-t; *Märchenfigur, eigentlich Gog und Magog* xhuxhmaxhuxh-i, *pl.* -ë-t; **~ohreule** gjon-i, *pl.* -ë-t; **~scharbe** karabullak-u, *pl.* -ë-t
zwicken pickoj; quk
Zwicken pickim-i
Zwiebel qep|ë, -a; bulb-i, *pl.* -e-t; **~pflanze** qepor|e, -ja
Zwielaut difton|g-u, *pl.* -gje-t
Zwillings- çiftar, -e; **~dose** *für Kaffee und Zucker* çift|e, -ja; **~flinte** çift|e, -ja; **~schwester** motër çiftare
zwingen mujshoj; zorit *s/t*; shtrëngoj; detyroj; **in die Knie ~** gjunjëzoj
zwingend detyrimisht ⟨*adv*⟩
zwischen ndër ⟨+ *Abl*⟩; mes ⟨+ *Abl.*⟩; ndërmjet ⟨+ *Abl*⟩; midis ⟨+*Abl*⟩
Zwischen- ndër-; ndërmjet|ëm, -me, i/e; ndërshtënë, i/e; **~akt** ndërakt-i; **~deck** kuvertë në korridor; **~landung** ndalesë e ndërmjetme; **~zeit** ndërkoh|ë, -a
zwischengeschoben ndërshtënë, i/e
zwitschern cicëroj
Zwitter delędash-i, *pl.* -ë-t; hermafrodit-i, *pl.* -ë-t
zwölf dymbëdhjetë; **der ~te** i dymbëdhjetë
Zwölffingerdarm *med.* duoden-i
Zyklamen ciklamin-i, *pl.* -ë-t
zyklisch ciklik, -e
Zyklon ciklon-i, *pl.* -e-t
Zyklop ciklop-i, *pl.* -ë-t; *im Märchen* katallan-i, *pl.* -ë-t
Zyklus cik|ël, -li
Zylinder cilind|ër, -ri; gyp-i,

pl. -a-t
Zymbal *mus.* cimbal-i, *pl.* -e-t
zynisch cinik, -e
Zynismus ciniz|ëm, -mi
Zypern Qipro-ja
Zypresse *bot.* qiparis-i, *pl.* -a-t
Zypressen- qiparistë, i/e
zypriotisch qipriot, -e
Zyste *med.* cist-i, *pl.* -e-t